Snort 2.0
Intrusion Detection

Syngress

Snort 2.0
Intrusion Detection

Übersetzung aus dem Amerikanischen
von MediaMate

Bibliografische Information Der Deutschen Bibliothek –
Die Deutsche Bibliothek verzeichnet diese Publikation in der
Deutschen Nationalbibliografie; detaillierte bibliografische
Daten sind im Internet über <http://dnb.ddb.de> abrufbar.

ISBN 3-8266-1304-X
1. Auflage 2003

Übersetzung der amerikanischen Originalausgabe: *SNORT 2.0 Intrusion Detection*. Original
English language edition published by Syngress Media, Inc.. Copyright © 2003 by Syngress
Media, Inc. All rights reserved.

Snort™ und das Snort pig logo™ sind Markenzeichen von Sourcefire, Inc.

Printed in Germany
© Copyright 2003 by mitp-Verlag/Bonn,
ein Geschäftsbereich der verlag moderne industrie Buch AG & Co. KG/Landsberg

Lektor: Ernst-Heinrich Pröfener
Satz und Layout: G&U e.Publishing Services GmbH, Flensburg
Druck: Media-Print, Paderborn

Danksagungen

Wir möchten den folgenden Personen für Ihre Freundlichkeit und Ihre Unterstützung danken, die die Erstellung dieses Buchs möglich gemacht haben.

Karen Cross, Lance Tilford, Meaghan Cunningham, Kim Wylie, Harry Kirchner, Kevin Votel, Kent Anderson, Frida Yara, Jon Mayes, John Mesjak, Peg O'Donnell, Sandra Patterson, Betty Redmond, Roy Remer, Ron Shapiro, Patricia Kelly, Kristin Keith, Jennifer Pascal, Doug Reil, David Dahl, Janis Carpenter und Susan Fryer der Publishers Group West dafür, dass Sie uns haben teilhaben lassen an ihrer unglaublichen Marketing-Erfahrung und ihrer Professionalität.

Dem unglaublich hart arbeitenden Team von Elsevier Science mit Jonathan Bunkell, AnnHelen Lindeholm, Duncan Enright, David Burton, Rosanna Ramacciotti, Robert Fairbrother, Miguel Sanchez, Klaus Beran und Rosie Moss für die Gewährleistung, dass unsere Vision weltweit getragen wird.

David Buckland, Wendi Wong, Daniel Loh, Marie Chieng, Lucy Chong, Leslie Lim, Audrey Gan und Joseph Chan von STP Distributors für den Enthusiasmus, mit dem sie unsere Bücher empfangen haben.

Kwon Sung June von Acorn Publishing für seine Unterstützung.

Jackie Gross, Gayle Voycey, Alexia Penny, Anik Robitaille, Craig Siddall, Darlene Morrow, Iolanda Miller, Jane Mackay und Marie Skelly von Jackie Gross & Associates für all ihre Hilfe und ihren Enthusiasmus bei der Vertretung und Präsentation unseres Produkts in Kanada.

Lois Fraser, Connie McMenemy, Shannon Russell und dem Rest der großartigen Gruppe der Jaguar Book Group für ihre Hilfe beim Vertrieb von Syngress Büchern in Kanada.

David Scott, Tricia Wilden, Marilla Burgess, Annette Scott, Geoff Ebbs, Hedley Partis, Bec Lowe und Mark Langley von Woodslane für den Vertrieb unserer Bücher in Australien, Neuseeland, Papua New Guinea, Fiji Tonga, den Solomon Inseln und den Cook Inseln.

Winston Lim von Global Publishing für seine Hilfe und Unterstützung für den Vertrieb der Syngress Bücher auf den Philippinen.

Mitwirkende

Jay Beale ist Sicherheitsspezialist mit dem Schwerpunkt Host-Sicherung und Sicherheitsüberwachung. Er ist Entwicklungsleiter des Bastille-Projekts, das ein Sicherheitsskript für Linux, HP-UX und Mac OS X erstellt. Er ist außerdem Mitglied des Honeypot-Projekts und wichtiger Teilnehmer im Center for Internet Security. Als sehr beschäftigter Dozent und Trainer ist er u. a. auf den Black Hat und Linux-World-Konferenzen anzutreffen. Jay schreibt und entwickelt das Host-Sicherheits-Tool des Center for Internet Security, das weltweit vewendet wird, z. B. von Fortune 500-Unternehmen und dem Verteidigungsministerium. Er verwaltet das Linux Security-Benchmark-Dokument des Centers, und als Kernmitglied im nicht-kommerziellen UNIX-Team des Centers arbeitet er mit privaten Unternehmen und us-amerikanischen Behörden an der Entwicklung von UNIX-Sicherheitsstandards für Industrie und die Regierung. Neben seiner CIS-Arbeit hat Jay eine Reihe von Artikeln und Buchkapiteln zur Sicherheit von Betriebssystemen geschrieben. Er ist Kolumnist beim Information Security Magazine und hat zuvor eine Reihe von Artikeln für SecurityPortal.com und SecurityFocus.com geschrieben. Er ist Autor des Kapitels *Host Lockdown* aus dem Buch *UNIX Unleashed* und des Sicherheitsabschnitts in dem Werk *Red Hat Internet Server*. Derzeit schreibt er an einem Buch mit dem Titel *Locking Down Linux*. Er arbeitete auch als Security Team Director für MandrakeSoft und half beim Entwickeln der Firmenstrategie, beim Entwurf von Sicherheitsprodukten und beim Integrieren der Sicherheit in die drittgrößte Linux-Distrubution. Eer arbeitet nun an dem Ziel, die Betriebssystemsicherheit weiter zu verbessern. Er arbeitet als Sicherheitsberater und Trainer über JJBSec, LLC in Baltimore.

Anne Carasik ist Systemadministratorin am Center for Advanced Computational Research (CACR) am California Institute of Technology. Sie ist derzeit verantwortlich für die Informationssicherheit am CACR, dies umfasst jeden Aspekt der Informationssicherheit, z. B. Intrusion Detection (unter Snort, natürlich), Netzwerksicherheit, Systemsicherheit, interne IT-Überwachung und Netzwerksicherheitsrichtlinien. Zu Ihren Fachgebieten zählen Linux, Secure Shell, Public Key-Technologien, Einbruchstests und Netzwerk-Sicherheitsarchitekturen. Zu ihrem Hintergrund gehören Positionen als Principal Security Consultant bei SSH Communications Security und als Information Security Analyst bei VeriSign, Inc.

Aidan Carty (CCSA/CCSE, CCNA) ist Senior Systems und Security Architect bei der Entropy Ltd., mit Standort in Irland. Zu seinen Fachgebieten gehören Entwicklung und Aufbau von Intrusion Detection Systemen, Firewall-Architektur, Integration und UNIX-Systemsicherheit. Aidan arbeitet auch als Trainer in einer Reihe von Kursen zu den Themen Intrusion Detection, Firewalls und TCP/IP. Aidan möchte seiner Frau Bettina, seinen Freunden, Kollegen und Engineers, mit denen er täglich arbeitet, seinen Dank aussprechen. Er bedankt sich auch bei Dave, Joe, Angela, Niall, Sara, Dan, und besonders auch bei Marty Roesch für die Entwicklung eines, in seinen Worten, so »coolen« Programms: – Snort!

Scott Dentler (CISSP, CCSE, CCSA, MCSE, CCNA) IT-Berater, der für Unternehmen wie Sprint und H&R Block gearbeitet hat und so Erfahrungen mit sehr großen Enterprise-Netzwerken sammeln konnte. Sein Hintergrund zeichnet sich durch eine facettenreiche Arbeit in der Informationstechnologie aus, u. a. in den folgenden Bereichen Cisco Router und Switches, Microsoft NT/2000, Check Point Firewalls und VPNs, Red Hat Linux, Netzwerkanalyse- und -erweiterung, Netzwerk-Design und –Architektur sowie Adressverwaltung in IP-Netzwerken. Außerdem entwickelt er Risikobewertungssysteme und nutzt diese Informationen für die Erstellung von Kontinuitäts- und Desaster Recovery-Plänen für Knowledge-Base-Systeme.

Adam M. Doxtater (CUSA, MCSE) ist Computerspezialist bei MGM MIRAGE in Las Vegas, NV. Vor seiner Arbeit bei MGM MIRAGE war er im Großraum Las Vegas als Computer-Berater angestellt. Neben seinem Vollzeit-Job hat Adam konstruktiv an der Open Sound System-Digital-/Audio-Architektur beigetragen, so dass diese Technologie für ein größeres UNIX/Linux-Publikum portiert werden konnte. Seine Linux-Aktivitäten und –Kolumnen finden sich in Magazinen wie *eWeek* und *Network World* sowie auf Websites wie Linux.com, NewsForge.com und LinuxWorld.com. Adam ist Hauptverantwortlicher für den Betrieb, die Organisation, die Inhalte und das Design des Linux-Portals von MadPenguin.org. Seit dem Start Anfang Januar 2003 konnte MadPenguin.org eine beeindruckende Anhänger- und Benutzergemeinde um sich scharen. Seit über zwei Jahren war Adam Co-Autor bei zahlreichen Syngress/Osbourne-Publikationen aus den Zertifizierungsreihen. Er ist sehr glücklich darüber, auf diese Weise ein solch großes Publikum erreichen zu können. Seine Danksagungen gelten seiner Frau Cristy und seiner Tochter Amber Michelle.

Wally Eaton (Security+, CNX, BSCS, CCNP, CCDP, MCSE, MCP+I, Network+, FCC) ist Chief Security Officer für die City of Jacksonville, FL. Zuvor arbeitete Wally 20 Jahre in der Position des Senior Systems Field Engineers bei der Unisys Corporation. Zu seinen Aufgaben dort gehörten das Installieren, Debuggen und Warten der Hardware und Systemsoftware der Unisys Mainframe-Computer. Derzeit nimmt er Teil an Graduierungsprogramm des Capitol College of Maryland, um einen Abschluss als Master of Science in Network Security (MSNS) zu erzielen.

Jeremy Faircloth (Security+, CCNA, MCSE, MCP+I, A+) ist Senior IT Engineer bei der Gateway, Inc., wo er unternehmens-weite Client/Server- und Web-Technologien entwickelt und verwaltet. Er fungiert auch als technischer Ansprechpartner für die anderen IT-Profis und hilft ihnen über sein Expertentum dabei, ihr Wissen zu erweitern. Als Analytiker mit einer 10-jährigen, praktischen Erfahrung in der IT-Branche hat er sich zum Experten in den Bereichen Web-Entwicklung, Datenbankverwaltung, Unternehmenssicherheit, Netzwerk-Design und Projekt-Management entwickelt. Jeremy ist Co-Autor von zahlreichen Syngress-Publikationen, darunter *Hack Proofing XML* (ISBN: 1-931836-50-7), *ASP .NET Developer's Guide* (ISBN: 1-928994-51-2) und *Security+ Study Guide & DVD Training System* (ISBN: 1-931836-72-8). Jeremy wohnt derzeit in Dakota City, NE, und möchte Christina Williams und Austin Faircloth für ihre Unterstützung bei seinen verschiedenen technologischen Projekten danken.

James C. Foster (CISSP, CCSE) ist Director of Research and Development der Foundstone Inc. und als solcher verantwortlich für alle Aspekte der R&D-Initiativen (Produkte, Consulting usw.). Bevor er zu Foundstone kam, war er Senior Consultant und Research Scientist bei der Guardent Inc., war nebenbei als Autor für das Information Security Magazine tätig und arbeitete als Information Security und Research Spezialist bei der Computer Sciences Corporation. Mit seinen Kernkompetenzen in den Bereichen Programmierung, web-basierende Anwendungen, Kryptografie und Funktechnologien hat James zahlreiche Code-Reviews für kommerzielle BS-Komponenten, Win32- und web-basierende Anwendungsbewertungen, Einbruchstest (wire und wireless) und Prüfungen von kommerziellen Kryptografieimplementierungen durchgeführt. James ist ein begnadeter Referent, der auf Konferenzen, Technologieforen, Sicherheitsgipfeln und Forschungssymposien zuhause ist. Zu den Highlights dieser Veranstaltungen zählen Microsoft Security Summit, MIT Wireless Research Forum, SANS, MilCon, TechGov, InfoSec World 2001 und die Thomson Security Conference. Er wird häufig um Kommentare zu verschiedenen Sicherheitsaspekten gebeten, die in den folgenden Medien erschienen sind: *USAToday, Information Security Magazine, Baseline, Computer World, Secure Computing* und *MIT Technologist*. James Foster ist in den Bereichen Business, Software Engineering, Management of Information Systems und zahlreichen anderen IT/Programmierungsbereichen zertifiziert bzw. graduiert und hat an der Yale School of Business, der Harvard University, dem Capitol College und der University of Maryland gelernt bzw. gelehrt.

Vitaly Osipov (CISSP, CCSE, CCNA) ist Co-Autor der Syngress Publishing-Werke *Check Point Next Generation Security Administration* (ISBN: 1-928994-74-1) und *Managing Cisco Network Security, Second Edition* (ISBN: 1-931836-56-6). Vitaly hat in den letzten sechs Jahren als Berater in Ost-, Mittel- und Westeuropa gearbeitet. Sein Spezialgebiet ist die Entwicklung und Implementierung von IT-Sicherheitslösungen. Derzeit ist Vitaly Teamleiter der Consulting-Abteilung eines großen IT-Sicherheitsunternehmens. In seiner Freizeit widmet er seine Consulting-Fähigkeiten der Anitspam-Firma CruelMail.com. Vitaly möchte seinen vielen Freunden auf den britischen Inseln, und besonders jenem, den er zurückgelassen hat, danken.

Technische Beratung

Jeffrey Posluns (SSCP, CISSP, CISA, CCNP, CCDA, GSEC) ist Gründer der SecuritySage, einem der führenden IT-Sicherheitsunternehmen. Jeffrey leitet und verwaltet die professionellen Service-Teams, und ist zuständig für Produkt-Reviews und innovative Produktentwicklung. Jeffrey verfügt über eine mehr als 11-jährige Erfahrung auf dem Spezialgebiet Sicherheitsmethodik, -überwachung und –steuerung. Er ist Experte in folgenden Bereichen: Analyse von Hacker-Tools und –Techniken, Intrusion Detection, Sicherheitsrichtlinien, Forensik und Sicherheitsprävention. Jeffrey ist in der Branche für seine Fähigkeit, Trends aufzuzeigen und Probleme zu lösen, und seinen qualitativ hochwertigen Kunden-Service, seine anspruchsvollen Seminare und seine impuls-gebenden Präsentationen bekannt. Vor SecuritySage, Jeffrey war er Gründer oder Mitbegründer verschiedener e-Commerce und Sicherheits-Initiativen, wo er als President und/oder Chief Technology Officer tätig war. In seine Verantwortung fielen die Bereiche: Strategie und Implementierung von Firmeninitiativen, Projekt-Management, Verwaltung, Beratung und auch Forschung und Entwicklung. Er hat verschiedene Publikationen aus dem Bereich der Sicherheit geschrieben, darunter das Buch *SSCP Certification Study Guide & DVD Training System* (Syngress Publishing, ISBN: 1-931836-80-9 und einige White Papers. Zudem ist er auch Entwickler von Software für den Finanz- und Sicherheitssektor und von Sicherheits-Toolkits. Jeffrey ist als Referent auf Konferenzen auf den Gebieten der IT-Sicherheit und zu IT-Trends sowie in den Mediensicherheits/gesetzes-Foren sehr begehrt. Er ist regelmäßiger Gastsprecher auf Industriekonferenzen, die von Gruppen wie der Information Systems Audit and Control Association (ISACA) und der Association of Certified Fraud Examiners (ACFE) organisiert werden. Jeffrey ist darüber hinaus Trainer für die CISSP-Zertifizierungskurse.

Ryan Russell arbeitet seit 13 Jahren im IT-Umfeld. Dabei hat sich in den letzen 7 Jahren die IT-Sicherheit als sein Spezialgebiet entwickelt. Er ist Hauptautor des Werks *Hack Proofing Your Network:* (Syngress Publishing, ISBN: 1-928994-15-6) und häufig als technischer Lektor für die Bücher der Hack Proofing-Reihe tätig. Ryan gründete die vuln-dev-Mailing-Liste und moderierte sie drei Jahre lang unter dem alias »Blue Boar«. Er ist häufiger Referent auf Sicherheitskonferenzen und oft als Teilnehmer in Sicherheits-Mailing-Listen und Web-Diskussionsforen zu finden. Ryan hat vor Kurzem das Tool Enforcer geschrieben, bei dem es sich um ein Anti-Wurm-Produkt handelt, das Snort als Sensortechnologie nutzt. Ryan ist Director of Software Engineering von AnchorIS.com.

Technisches Lektorat

Brian Caswell, hoch-respektiertes Mitglied der Snort Community, ist Webmaster der Site Snort.org und trägt als solcher die persönliche Verantwortung für die Regeln, die der wesentliche Kern des Intrusion Detection Systems Snort sind. Er hat sehr viel Erfahrung in der Einrichtung von Intrusion Detection Systemen in kleinen sowie auch in sehr großen Unternehmensumgebungen. Er hat 2002 und 2003 mehrfach über dieses Thema auf den CanSec West-Konferenzen referiert. Brian ist Mitarbeiter von SourceFire, dem Anbieter einer der fortschrittlichsten und flexibelsten Intrusion-Management-Lösungen auf der Basis von Snort-IDS. SourceFire wurde von dem ursprünglichen Entwickler von Snort gegründet. Im Jahre 2002 wurde Sourcefire durch das *Information Security Magazine* als einer der bedeutendsten Anbieter auf dem IT-Sicherheitsmarkt bezeichnet.

Inhaltsverzeichnis

Vorwort

Unsere Welt mit Ihren ständig ansteigenden Internet-Verbindungen ist einer konstanten Bedrohung durch Sicherheitseinbrüche, Denial-of-Service-Angriffe und andere Missbräuche von Netzwerkressourcen ausgesetzt. Angesichts dieser Gefahren hat sich eine Reihe von Unternehmen auf die Herstellung von Software spezialisiert, die diese netzwerk-basierenden Angriffe erkennt und abwehrt. Während eine gute Intrusion Detection-Software mehrere Tausend Euro kosten kann, gibt es einen starken Verfechter in diesem Markt, der dieser Kostenspirale die Stirn bietet: Snort! Snort arbeitet effizient und stabil und hat eine ständig wachsende Benutzergemeinde. Das Highlight aber ist – diese Software kostet Sie nichts!

Der Autor von Snort, Marty Roesch, hat seine Software in einem Understatement als Lightweight Intrusion Detection System bezeichnet, aber Snort ist weit davon entfernt, eine Light-Version zu sein. Snort kann in Echtzeit IP-Traffic-Analysen und Paketaufzeichnungen sowohl für den bescheidenen Home-Anwender, als auch für Firmennetzwerke mit hohem Verkehrsaufkommen durchführen. Die auf Regeln gestützte Engine der Software kann eine eindrucksvolle Vielfalt an Angriffen, darunter CGI-Scans, Buffer Overflows und SMB-Probes, erkennen. Snort ist sogar in der Lage, netzwerkweit nicht-autorisierte Server-Dienste aufzudecken. Es kann darüber hinaus Verdunklungstaktiken und andere Techniken aufspüren, die von Hackern verwendet werden, um ihrer Entdeckung zu entgehen.

Snort ist unter den verschiedensten Plattformen und BS-Konfigurationen lauffähig. Die erweiterbare Architektur und die Open Source-Verbreitung von Snort hat es seit langem schon zu einer populären Option für ein Intrusion Detection System werden lassen. Es ist nicht selten, dass Administratoren, die bereits große Summen für Intrusion Detection Systems ausgegeben haben, Snort nutzen, um die vorhandenen Lücken zu schließen.

In seinem Kern ist Snort ein Netzwerk-Packet-Sniffer. Wenn Sie Snort ohne Angabe eines Regelsatzes ausführen, können Sie den gesamten Traffic, der das Netzwerk auf dem gleichen Segment passiert, beobachten. Die echte Leistungsfähigkeit erhält Snort aber erst durch seinen Regel-Prozessor. Die flexible und leistungsfähige Regelsprache ermöglicht anspruchsvolle Analysen des gesamten Netzwerkverkehrs, um dann das Handling für die einzelnen Pakete zu bestimmen. Snort kann auf verschiedene Weise auf speziellen Netzwerkverkehr reagieren – es kann ihn ignorieren, aufzeichnen oder nach dem Erkennen einen Administrator benachrichtigen. Die Software verfügt über mehrere Aufzeichnungs- oder Benachrichtigungsmethoden, darunter die Nutzung von Syslog, Nachrichten als reinen Text- oder XML-Dateien oder als WinPopup-Fenster für Windows-Clients. Wenn neue Angriffsarten auftreten, kann Snort einfach durch Hinzufügen einer neuen Regel entsprechend aktualisiert werden.

Snort wurde zwar für eine einfache Nutzung angelegt, doch handelt es sich nicht um eine Plug-and-Play-Lösung. Um Snort einsetzen zu können, müssen Sie sich zunächst mit der Leistungsfähigkeit der Software vertraut machen. Die Autoren von *Snort 2.0 Intrusion Detection* haben dieses Werk mit großem Bedacht erstellt, um Sie umfassend über den Einsatz von Snort zu unterrichten. Es beginnt mit den Grundlagen und ersten Gehversuchen und begleitet Sie bis zur fortgeschrittenen Regelkonfiguration. Alle Aspekte für einen Einsatz von Snort werden berücksichtigt. Es folgen Ausführungen zur grundlegenden Installation, zur Konfiguration von Präprozessoren und zur Optimierung Ihres Snort-Systems. Die Autoren stellen Ihnen eine unvergleichbare und wertvolle Erfahrungssammlung sowie Einsichten in dieses einfache, und dennoch mächtige Werkzeug zur Verfügung. Sie werden kein vergleichbares Werk finden, dass Ihnen eine derart detaillierte Dokumentation zur Installation, Konfiguration und zum Einsatz von Snort bietet.

Snort möchte nicht die »Eier legende Wollmilchsau« sein und auch nicht mit kommerziellen Intrusion Detection-Anwendungen konkurrieren. Wenn es jedoch um das Aufspüren von maliziösem Traffic geht, funktioniert es bemerkenswert gut. Um dies zu gewährleisten, ist jedoch ein solides Wissen über die Art und Weise, in der Snort-Regeln konfiguriert werden, erforderlich. Kapitel 5, *Spiel nach Regeln*, erläutert die Komponenten der Snort-Regeln. Sie erfahren, wie Sie wirksame und effiziente Regeln aufbauen, indem Sie detaillierte Informationen über alle verfügbaren Variablen, Optionen und Aktionen erhalten.

Die Kapitel 6 und 7, *Präprozessoren*, bzw., *Implementieren von Snort-Ausgabe-Plugins*, beschäftigen sich ausführlich mit der Arbeit von Präprozessoren sowie mit Ausgabeoptionen, die eine einfache Anpassung und Integration von Snort an und in Ihre vorhandene Netzwerkumgebung ermöglichen. In den verbleibenden Kapiteln erhalten Sie unvergleichliche Informationen zur fortgeschrittenen Optimierung und Nutzung von Snort.

Snort bietet keine benutzerfreundliche grafische Benutzeroberfläche und auch keine »hype« Dokumentationsfunktion oder Online-Hilfe. Was Snort kann, ist das Erkennen von Einbrüchen – und dies kann es gut. Mit der leistungsfähigen Regel-Engine und der schlichten Architektur kann es zweifellos jedes kommerzielle IDS, das Sie vielleicht bereits besitzen, erweitern oder gar ersetzen. Snort ist ein unentbehrliches Netzwerksicherheits-Tool; und das Buch Snort 2.0 Intrusion Detection ist ein unentbehrliches Referenzwerk für jeden, der dieses Tool zum Schutz seines Netzwerks einsetzt.

Mark Burnett

## Kapitel 1

Intrusion Detection Systems

Lösungen in diesem Kapitel

■ Was ist Intrusion Detection?

Eine Trilogie von Sicherheitslücken

Die Bedeutung von Intrusion Detection Systems

Welche Funktionen bieten Intrusion Detection Systems darüber hinaus?

1.1 Einführung

»Einbruchalarm! Einbruchalarm! Achtung, Will Robinson!« Als wir diese ominöse Mitteilung, die ein mit den Armen wedelnder und mit dem Kopf drehender Roboter ausstieß, hörten, saßen wir gebannt vor unseren Fernsehapparaten und warteten darauf, dass sich der Eindringling zeigte. Würde dies das Ende von Will Robinson, so wie wir ihn kannten, sein?

Eingestanden, diese Art von Einführung in die Diskussion über Intrusion Detection mag ein wenig dramatisch sein, doch bei den meisten Sicherheitsadministrationen gibt es diesen Moment der Angst, wenn das Warnsignal ertönt. Ist es der immer gefürchtete Gau? Ist jemand in mein Netzwerk eingebrochen? Führt dieser Eindringling Regie in meinem Netzwerk? Wurden meine Daten bereits entwendet?

Diese und andere Fragen gehen dem gut vorbereiteten Sicherheitsadministrator durch den Kopf. Auf der anderen Seite hat der schlecht vorbereitete Sicherheitsadministrator, dem dieser Einbruch überhaupt nicht bewusst ist, sehr wenig Angst. Für ihn kommt die Angst später.

Also, wie kann ein sicherheitsbewusster Administrator sein Netzwerk vor Einbrüchen schützen? Die Antwort auf diese Frage ist recht einfach – mit einem Intrusion Detection System.

1.2 Was ist Intrusion Detection?

Das Webster's Dictionary definiert eine Intrusion als »Einschleichen oder als Eindringen in einen Ort ohne Einladung, Berechtigung oder Befugnis«. Der Begriff Intrusion Detection bezieht sich auf das Aufdecken oder Erkennen eines unbefugten Eindringens durch einen *Computer* in ein *Netzwerk*. Dieser nicht-autorisierte Zugriff, oder Einbruch (Intrusion), ist ein Versuch, andere Netzwerkgeräte zu kompromittieren oder andersartig zu schädigen.

Bei einem Intrusion Detection System (IDS) handelt es sich um das High-Tech-Äquivalent eines Einbruchserkennungssystems, bei dem bestimmte Zugänge, feindliche Aktivitäten und bekannte Täter überwacht werden. Die einfachste Art ein IDS zu definieren, liegt möglicherweise darin, es als spezialisiertes Werkzeug zu beschreiben, das weiß, wie es die Inhalte der Log-Dateien von Routern, Firewalls, Servern und anderen Netzwerkgeräten lesen und interpretieren muss. Darüber hinaus verfügt ein IDS häufig über eine Datenbank, in der bekannte Signaturen von Angriffen gespeichert sind. Es kann die Muster der Aktivität, des Datenverkehrs oder des Verhaltens, die es in den überwachten Log-Dateien (Logs) erkennt, mit diesen Signaturen vergleichen, um dabei zu erkennen, wenn eine recht enge Übereinstimmung zwischen einer Signatur und dem aktuellen oder dem jüngsten Verhalten auftritt. An diesem Punkt kann das IDS Alarm- oder Warnmeldungen (Alerts) ausgeben, verschiedene automatische Aktionen (vom Schließen der Internet-Verbindungen über das Herunterfahren spezieller Server bis zum Ausführen von Rückverfolgungen) starten, aktive Versuche zur Erkennung von Angreifern ausführen oder aktiv Beweise für deren ruchlosen Aktivitäten sammeln.

Per Analogie führt ein IDS für ein Netzwerk das aus, was eine Antiviren-Software für Dateien, die in ein System eingehen, ausführt: es untersucht die Inhalte des Netzwerkverkehrs, um mögliche Angriffe zu erkennen und abzuwenden, genau wie ein Virenschutzpaket die Inhalte eingehender Dateien, E-Mail-Anhänge, aktive Webinhalte usw. überprüft, um Virensignaturen (Muster, die bekannter Malware entsprechen) oder mögliche böswillige Aktionen (Verhaltensmuster, die zumindest verdächtig, wenn nicht sogar nicht annehmbar erscheinen) zu erkennen.

Genauer ausgedrückt, Intrusion Detection bedeutet das Aufdecken nicht autorisierter Zugriffe oder Angriffe auf ein System oder Netzwerk. Ein IDS dient der Erkennung und anschließender Abwendung oder (wenn möglich) Verhinderung solcher Angriffe und nicht autorisierter Zugriffe auf Systeme, Netzwerke und zugehörige Ressourcen. Wie Firewalls können Intrusion Detection Systems softwarebasierend sein oder aus einer Kombination von Hard- und Software-Komponenten (in Form von vorinstallierten und vorkonfigurierten Standalone-Systemen) bestehen. Häufig wird die IDS-Software auf denselben Systemen oder Servern ausgeführt, auf denen Firewalls, Proxies oder andere Peripherie-Services arbeiten. Ein IDS, das *nicht* auf denselben Systemen oder Servern abläuft, auf denen eine Firewall oder andere Dienste installiert sind, wird solche Systeme genauestens und sorgfältig überwachen. Obwohl solche Systeme tendenziell auf der Netzwerkperipherie operieren, können Intrusion Detection Systems sowohl mit internen wie auch mit externen Angriffen umgehen.

Intrusion Detection Systems können sich durch eine Reihe von Kriterien unterscheiden. Mit der Untersuchung dieser Kriterien wird auch die Beschreibung der verschiedenen Intrusion Detection Systems und ihren Funktionsweisen einfacher. An erster Stelle lassen sich Intrusion Detection Systems an der Art der Aktivitäten, des Traffics, der Transaktionen oder der Systeme, die sie überwachen, unterscheiden. Bei Intrusion Detection Systems wird zwischen netzwerk-basierenden, host-basierenden und verteilten Systemen unterschieden. IDSs, die Netzwerk-Backbones überwachen und nach Angriffssignaturen suchen, werden als *netzwerk-basierende IDSs* (NIDSs) bezeichnet, während jene, die auf Hosts operieren und das Betriebs- und Dateisystem auf Anzeichen von Einbrüchen überwachen und verteidigen, als *host-basierende IDSs* (HIDSs) bezeichnet werden. Gruppen von IDSs, die als Remote-Sensoren fungieren und einer zentralen Management-Station Bericht erstatten, werden als distributed (verteilte) IDSs (DIDSs) bezeichnet.

In der Praxis wird in den meisten kommerziellen Umgebungen eine Kombination aus netzwerk-, und host- und/oder anwendungs-basierenden IDSs verwendet, um das Geschehen auf dem Netzwerk zu observieren und gleichzeitig Schlüssel-Hosts und -Anwendungen zu überwachen. IDSs lassen sich auch durch ihre abweichenden Ansätze bei der Ereignisanalyse unterscheiden. Einige IDSs verwenden primär eine Technik namens *Signatur Detection* (*Signaturerkennung*). Dies ähnelt dem Vorgehen vieler Antivirenprogramme, die Virensignaturen nutzen, um infizierte Dateien, Programme oder aktive Webinhalte zu erkennen und dann daran hindern, in ein Computersystem einzudringen. Der einzige Unterschied ist, dass das IDS eine Datenbank mit Traffic- oder Aktivitätsmustern, die bekannten Angriffen zugeordnet sind und als *Attack Signatures* (*Angriffssignaturen*) bezeichnet werden, nutzt. Auf jeden Fall ist die Signature Detection in der aktuellen kommerziellen IDS-Technologie der populärste Ansatz. Ein weiterer Ansatz wird als *Anomaly Detection* (*Anomalieerkennung*) bezeichnet. Bei diesem Ansatz werden Regeln oder vordefinierte Konzepte über »normale« und »abnorme« Systemaktivitäten (die als *Heuristics* bezeichnet werden) verwendet, um Abweichungen vom normalen Systemverhalten zu unterscheiden und ein Auftreten solcher Anomalien zu überwachen, zu melden oder zu unterbinden. Einige dieser Anomaly Detection-IDSs implementieren Benutzerprofile. **Diese Profile dienen als Richtlinien für normale Aktivitäten. Sie können unter Verwendung von statistischen Aufzeichnungen, neuronalen Netzwerken oder eines auf Regeln gestützten Ansatzes aufgebaut werden.**

Es gibt wirklich Hunderte von Anbietern, die verschiedene Formen von kommerziellen IDS-Implementierungen offerieren. Die effektivsten Lösungen sind stets eine Kombination aus netzwerk- und host-basierenden IDS-Implementierungen. Gleichermaßen arbeitet der Großteil aller Implementierungen hauptsächlich signatur-gestützt, wobei nur begrenzte Anomalieerkennungsfunktionen in einigen spezifischen Produkten und Lösungen vorhanden sind. Schließlich beinhalten die meisten modernen IDSs begrenzte automatische Reaktionsfunktionen. Diese konzentrieren sich jedoch gewöhnlich auf das automatisierte Filtern und Blockieren von Datenverkehr oder auf das Kappen der Verbindung als letzten Ausweg. Obwohl einige Systeme angeblich in der Lage sind, Gegenschläge bei Angriffen auszuführen, sind die nützlichsten Aspekte dieser Systeme die automatischen Erkennungs- und Rückverfolgungsfunktionen. Daher sind dies auch die Funktionen, die am meisten genutzt werden.

IDSs werden aufgrund ihrer Funktionalität klassifiziert und damit in die folgenden drei Hauptkategorien eingeordnet.

Network-Based Intrusion Detection System (NIDS)

Host-Based Intrusion Detection System (HIDS)

Distributed Intrusion Detection System (DIDS)

1.2.1 NIDS

Der Name NIDS wird von der Tatsache abgeleitet, dass das System das gesamte Netzwerk überwacht. Präziser ausgedrückt, überwacht das System ein gesamtes Netzwerksegment. Normalerweise arbeitet eine Netzwerkschnittstellenkarte (Network Interface Card, NIC) im nicht-promiskuren Modus. In diesem Betriebsmodus werden nur Pakete, die an die spezifische MAC (Media Access Control)-Adresse der NIC gerichtet sind, zur Analyse den Stack hinauf weitergeleitet. Das NIDS muss im promiskuren Modus operieren, um auch den Netzwerk-Traffic zu überwachen, der nicht an die eigene MAC-Adresse gerichtet ist. Im promiskuren Modus kann das NIDS die gesamte Kommunikation auf dem Netzwerksegment abhören. Der Betrieb im promiskuren Modus ist notwendig, um Ihr Netzwerk zu schützen. Angesichts der sich ankündenden Datenschutzbestimmungen ist die Überwachung der Netzwerkkommunikation ein Verantwortungsbereich, der wohl überdacht sein sollte.

In Abbildung 1.1 wird ein Netzwerk dargestellt, auf dem drei NIDSs eingesetzt werden. Die jeweiligen Einheiten wurden auf strategischen Netzwerksegmenten platziert und können den Netzwerkverkehr für alle Systeme auf dem Segment überwachen. Diese Konfiguration stellt eine Standardtopologie der Netzwerkperipherie-Sicherheit dar, in der die Subnetze die öffentlichen Server beherbergen, die durch NIDSs geschützt werden. Wenn ein öffentlicher Server in einem Subnetz kompromittiert wird, kann dieser Server die ausführende Plattform für zusätzliche Exploits werden. Eine sorgfältige Überwachung ist notwendig, um weitere Schäden zu vermeiden.

Die internen Host-Systeme werden durch ein zusätzliches NIDS geschützt, um die Bedrohung durch interne Angriffe zu verringern. Die Verwendung mehrerer NIDSs innerhalb eines Netzwerks ist ein Beispiel für eine Sicherheitsarchitektur, deren Abwehr wohl überdacht und mehrfach gesichert ist.

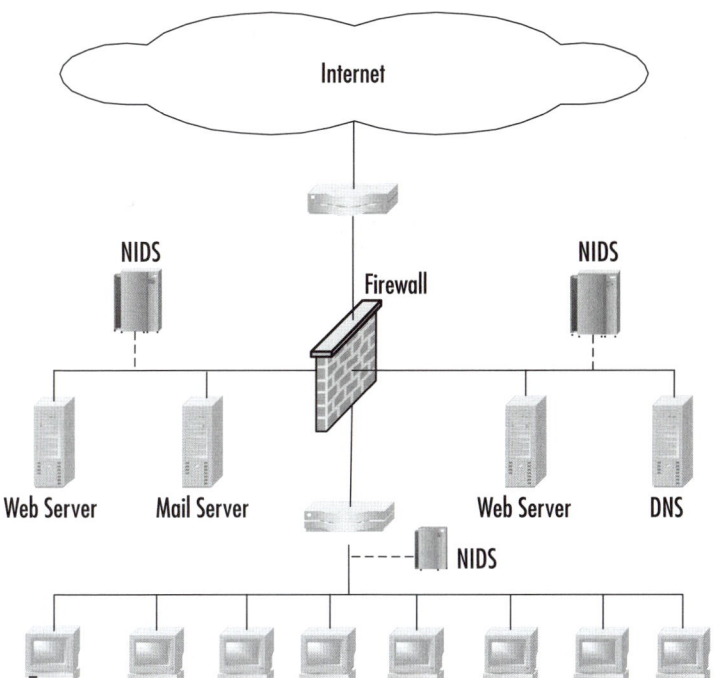

Abb. 1.1:   NIDS-Netzwerk

1.2.2 HIDS

HIDSs unterscheiden sich durch zwei Aspekte von NIDSs. Durch ein HIDS wird lediglich das Host-System, auf dem es sich befindet, geschützt. Die zugehörige Netzwerkkarte arbeitet im nicht-promiskuren Modus. Der nicht-promiskure Betriebsmodus kann in manchen Fällen ein Vorteil sein, da nicht alle NICs in der Lage sind, im promiskuren Modus zu arbeiten. Außerdem kann der Betrieb im promiskuren Modus auf einem langsamen Host-System eine große Belastung für die CPU sein.

Ein weiterer Vorteil von HIDSs ist die Möglichkeit, maßgeschneiderte Regeln für spezielle Bedürfnisse zu konfigurieren. Es ist beispielsweise völlig überflüssig, auf einem System, auf dem kein Domain Name Service ausgeführt wird, mehrere Regeln für die Aufdeckung von DNS-Exploits zu konfigurieren. Logischerweise wird durch die Reduktion der Regelmenge auf eine Anzahl zweckdienlicher Regeln die Prozessorleistung verbessert und der Verwaltungs-Overhead vermindert.

Abbildung 1.2 zeigt ein Netzwerk, das HIDSs auf spezifischen Servern und Hosts nutzt. Wie bereits erwähnt, wurde hier eine Anpassung der Regeln vorgenommenen. Der Regelsatz für das HIDS auf dem Mail-Server schützt das System vor Mail-Server-Exploits, während die Regeln für den Web-Server auf die Vermeidung von Web-Exploits zugeschnitten sind. Während der Installation können individuelle

Host-Computer mit einem gemeinsamen Regelsatz konfiguriert werden. In regelmäßigen Abständen können neue Regeln geladen werden, um neue Sicherheitslücken auszuschließen.

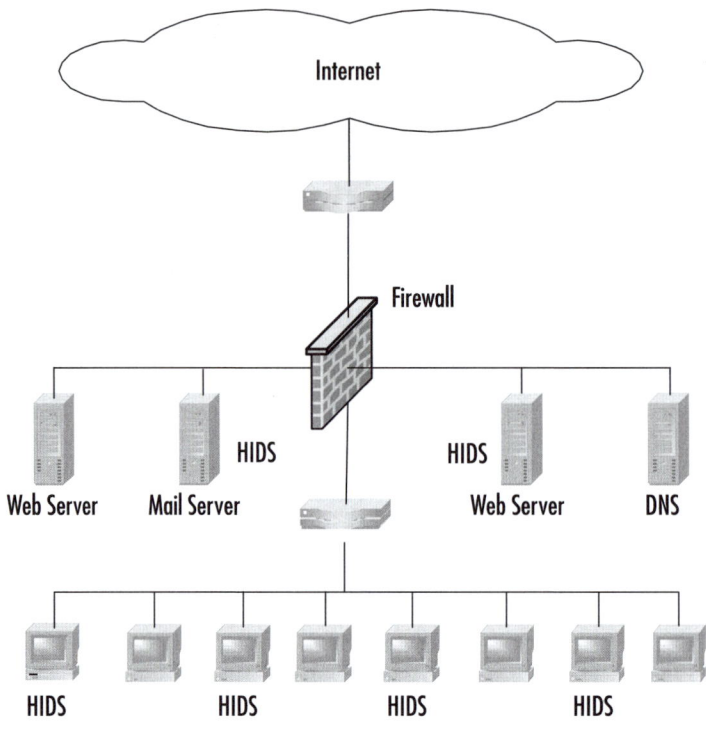

Abb. 1.2:   HIDS-Netzwerk

1.2.3 DIDS

Das Standard-DIDS arbeitet in einer Management-/Probe-Architektur. Die NIDS-Erkennungssensoren befinden sich an entfernten Punkten und berichten einer zentralisierten Management-Station. Angriffs-Logs werden in regelmäßigen Abständen auf die Management-Station geladen und können in einer zentralen Datenbank gespeichert werden; neue Angriffssignaturen werden nach Bedarf auf die Sensoren heruntergeladen. Die Regeln für die einzelnen Sensoren werden an die individuellen Bedürfnisse angepasst. Alarme können an ein Messaging-System auf der Management-Station weitergeleitet und zur Benachrichtigung des IDS-Administrators verwendet werden.

In Abbildung 1.3 sehen Sie eine DIDS-System, dass sich aus vier Sensoren und einer zentralisierten Management-Station zusammensetzt. Die Sensoren NIDS 1 und NIDS 2 operieren im verdeckten promiskuren Modus und schützen die öffentlichen Server. Die Sensoren NIDS 3 und NIDS 4 schützen die Host-Systeme in der vertrauten IT-Basis.

Die Netzwerktransaktionen zwischen Sensor und Management-Station können, wie dargestellt, auf einem privaten Netzwerk stattfinden, oder der Netzwerk-Traffic nutzt die vorhandene Infrastruktur. Wenn das vorhandene Netzwerk für die Management-Daten verwendet wird, ist eine zusätzliche Sicherheit durch Verschlüsselung oder VPN-Technologie im höchsten Grad empfehlenswert.

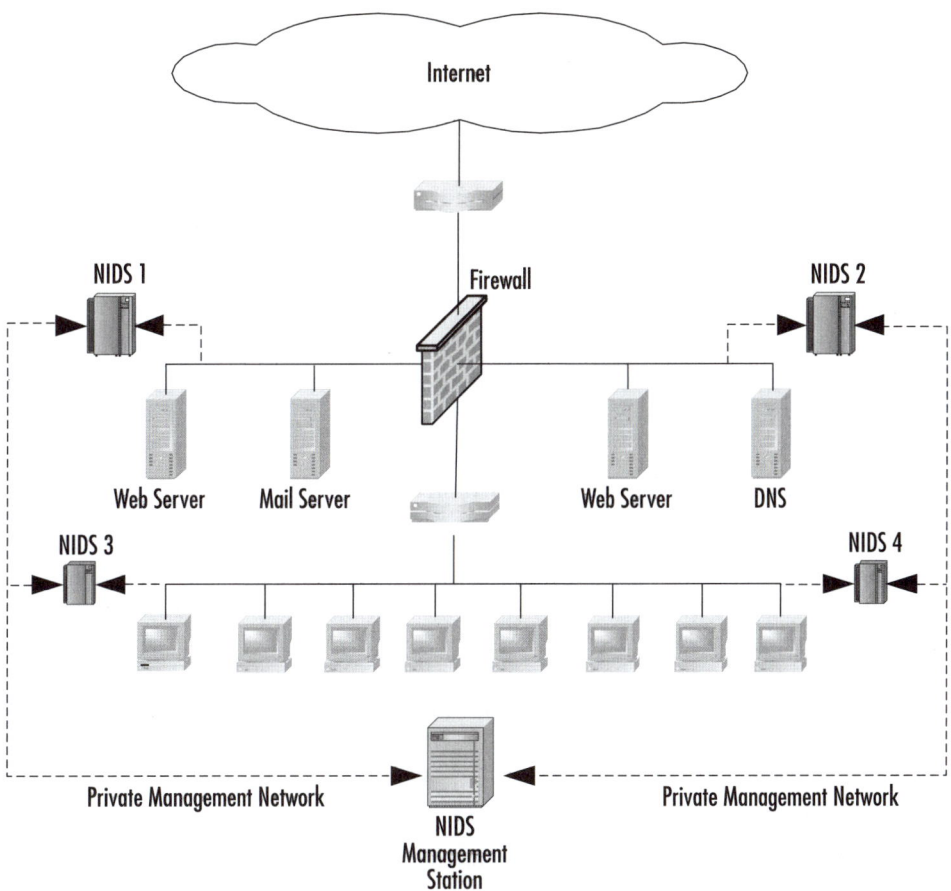

Abb. 1.3:   DIDS-Netzwerk

Im DIDS-Umfeld herrscht Komplexität. Geltungsbereich und Funktionalität variieren in hohem Maße von Hersteller zu Hersteller, das gilt auch für die Definition. In einem DIDS können die individuellen Sensoren vom Typ NIDS oder HIDS sein oder aus einer Kombination von beiden bestehen. Die Sensoren können im promiskuren oder nicht-promiskuren Modus operieren. Auf jeden Fall verlangt das einzig definierende Kriterium aber, dass bei einem DIDS die verteilten Sensoren einer zentralisierten Management-Station Bericht erstatten müssen.

1.3   Eine Trilogie von Sicherheitslücken

Das Jahr 2001 wird uns allen wegen seiner schrecklichen Ereignisse in Erinnerung bleiben. Die tragischen Ereignisse durch den terroristischen Anschlag auf das World Trade Center hatten verheerende Auswirkungen auf das amerikanische Volk und die gesamte Weltbevölkerung. Die schrecklichen Ereignisse warfen die Amerikaner in einen Krieg gegen den Terrorismus, der die Positionen unserer Regierungen hinsichtlich der nationalen Sicherheit neu definiert hat. Die neu gebildeten Sicherheitsagenturen und -initiativen haben die Art, mit der wir unser tägliches Leben und die Sicherheit in unserem Lande sehen, erheblich beeinflusst.

Obwohl sie durch den terroristischen Anschlag überschattet war, erlebte die Internet-Gemeinde im Jahre 2001 einen eigenen Moment der Wahrheit, weil die Anzahl der Internet-Angriffe allein in diesem Jahr alle Angriffe der vorherigen Jahre zusammengenommen übertraf. Kaum hatte man sich von einem Exploit erholt, schon war man mit dem nächsten konfrontiert.

In diesem Abschnitt werden die drei gravierendsten Sicherheitseinbrüche des Jahres 2001 beschrieben. Die Anzahl aller berichteten Vorkommnisse ging in die Millionen, wobei Behebungskosten in Milliardenhöhe entstanden.

1.3.1   Die Sicherheitslücke Directory Traversal

Im Februar 2001 erschien ein Artikel von Steven Shields im SANS-Forum. Shields schrieb, dass ein anonymer Benutzer am 10. Oktober 2000 eine Nachricht im Packetstorm-Forum abgelegt hätte, in dem dieser Benutzer behauptete, dass er durch Nutzung eines bestimmten URLs den Befehl DIR ausführen könnte. Damit wurde eine Sicherheitslücke, die als »Web Server Folder Traversal« bekannt wurde, geboren. In dem Artikel wurde weiterhin ausgesagt, dass diese Sicherheitslücke, obwohl es einen einfachen Fix gäbe, immer noch genutzt würde, und dass es sich dabei um die meist verwendete Methode für Angriffe auf Internet Information Server (IISs) handele.

Damals war dies eine zutreffende Aussage, und in gewissem Maße ist sie das auch immer noch. Zum besseren Verständnis sollte vielleicht ein historischer Abriss erfolgen. Am 10. August 2000 erschien das Microsoft Security Bulletin (MS00-057). In diesem Bulletin wurde die Welt darüber informiert, dass ein Patch für die Sicherheitslücke »File Permission Canonicalization« zur Verfügung stehen würde. Wir erinnern uns an diesen Tag sehr gut, da wir alle an unseren Schreibtischen hochsprangen, um das Patch umgehend herunterzuladen und zu installieren, weil wir wussten, welche Bedeutung »Kanonisierung« für unser Unternehmen hatte. War es bei Ihnen nicht ebenso?

Die Übersicht zum MS00-57-Bulletin besagte, dass Microsoft ein Patch herausgegeben hätte, das die Sicherheitslücke im IIS schließen würde. Unter sehr begrenzten Bedingungen (die nur der gesamten Hacker-Gemeinde bekannt sind) könne sich ein böswilliger Benutzer über diese Sicherheitslücke zusätzliche Zugriffsberechtigungen auf bestimmte, auf einem Webserver abgelegte Dateien beschaffen, wenn dieser mit Microsoft IIS 4.0 oder 5.0 betrieben würde.

Als ob es nicht nötig wäre, dieses Patch zu installieren, gab es in diesem Bulletin weitere Ausführungen, die die tatsächliche Gefahr dieser Sicherheitslücke in Zweifel zogen. Unter der Überschrift »What's the scope of the vulnerability« (Wie gefährlich ist diese Sicherheitslücke) konnte man beispielsweise lesen, dass diese Sicherheitslücke nicht dazu verwendet werden könne, willkürliche Berechtigungen zu setzen. Es wäre nur möglich, die Berechtigungen der jeweils übergeordneten Ordner des betreffenden Ordners auszunutzen. Zu diesem Zeitpunkt dachte niemand daran, dass der Ordner Scripts in dieser Reihe sein könne. Darüber hinaus gab es in diesen Ausführungen das beruhigende Statement, dass diese Sicherheitslücke dem maliziösen Benutzer keine Möglichkeit bieten würde, Dateien auf dem Server zu lokalisieren.

In diesem Statement aus MS00-057 über die Gefahren der Sicherheitslücke wurde nicht berücksichtigt, dass die Sicherheitslücke Directory Traversal die Möglichkeit bietet, das Utility CMD.exe in das Verzeichnis Scripts zu kopieren. Der Sadmind/IIS-Wurm nutzte diese Funktionalität recht effektiv. Der Wurm verunstaltete Tausende amerikanischer Computer mit chinesischer Propaganda und einem nicht sehr schmeichelhaften Verweis auf den Hacker PoizonBox. Die exakte GET-Anforderung, die Sadmind/IIS nutzte, lautet:

```
GET/ scripts/../../winnt/system32/cmd.exe /
c+ copy+\winnt\system32\CMD.exe+root.exe
```

Die GET/ Anforderung nutzt die Traversal-Sicherheitslücke und kopiert CMD.exe als root.exe.

Oink!

Umfassende Informationen zum Solaris Sadmind/IIS-Wurm und seiner Verwendung der Directory Traversal-Schwachstelle finden Sie unter folgendem URL: www.cert.org/advisories/CA-2001-11.html.

Das Bulletin schloss mit einem sehr kurzen Abschnitt mit der Überschrift »What is canonicalization?« (Was ist Kanonisierung?), der aus nur vier Zeilen bestand. Bis zum heutigen Tage wurden Tausende von Zeilen über das Thema und sein infames »Punkt Punkt Slash« geschrieben. Nun Teil der Vergangenheit ist das »Punkt Punkt Slash« (oder ..\) von extrem großer Bedeutung für die Ausführungen zum Thema IDS. Das Muster kann als Footprint oder als Signatur verwendet werden. Weitere Ausführungen zu diesem Thema folgen später in diesem Kapitel.

1.3.2 CodeRed-Wurm

Am 19. Juni 2001 wurde das *CERT-Advisory CA-2001-13 Buffer Overflow in IIS Indexing Service DLL* herausgegeben. Wie üblich hatte dies sehr wenig Auswirkung auf die Informationsgesellschaft und blieb auch bei Systemadministratoren relativ unbemerkt. Dieses kleine, aber teure Programmierungsversehen würde sich jedoch als nur der Anfang von dem erweisen, was sich zu einem Milliarden-Dollar-Exploit auswachsen würde.

Das Advisory sagte aus, dass es eine Sicherheitslücke in dem von Microsoft IIS 4.0 und IIS 5.0 unter Windows NT, Windows 2000 und Beta-Versionen von Windows XP genutzten Indexing-Service geben würde. Durch diese Sicherheitslücke ist es möglich, dass ein externer Eindringling willkürlichen Code auf dem Computer des Opfers ausführt. Die Beschreibung in dem Advisory besagte, dass es in einer der mit den meisten Versionen von IIS 4.0 und 5.0 installierten ISAPI-Erweiterungen einen remote ausnutzbaren Buffer Overflow (Puffer-Überlauf) gäbe. Bei dem spezifischen Internet/Indexing Service Application Programming Interface handelte es sich um IDQ.DLL. Das Versäumnis des Programmierers, die Eingabe zu prüfen, würde sich zu einem der gravierendsten Exploits in der Geschichte auswachsen.

Am 19 Juli 2001, nur einen Monat später, wurde die Welt darüber informiert, dass jemand neben der Indizierung eine andere Verwendung für den Indexing Service gefunden hatte. Das *CERT-Advisory CA-2001-19 »CodeRed« Worm Exploiting Buffer Overflow in Indexing Service DLL* wurde herausgegeben. Es wurde mitgeteilt, dass das CERT/CC Berichte über ein maliziöses, sich selbst verbreitendes Programm erhalten habe, das für die in Advisory *CA-2001-13* beschriebene Sicherheitslücke anfällige IIS-Systeme missbrauchen würde. In dem Bericht wurde darauf hingewiesen, dass der CodeRed-Wurm bereits mehr als 250.000 Server befallen hätte.

Oink!

Das CERT/Coordination Center (CERT/CC) ist ein Expertenzentrum für Internet-Sicherheit, das sich am Software Engineering Institute befindet, einem staatlich gegründeten Forschungs- und Entwicklungszentrum, betrieben durch die Carnegie Mellon University.

1.3.3 Nimda-Wurm

Im September 2001 entwickelte ein Industriehacker, der das Rad (oder das Exploit) nicht neu erfinden wollte, etwas, das zu einem der verheerendsten Internet-Würmer aller Zeiten wurde. Besagter Hacker schnürte einfach ein Paket aus einigen der »besseren« aktuellen Sicherheitslücken und fügte noch ein paar eigene Tricks hinzu. Der so entstandene Wurm sollte bald darauf weltweit als *Nimda* bekannt werden.

Am 18. September 2001 wurde auf der CERT.org.site ein Advisory abgelegt, dass die dritte in einer verwandten Gruppe aus Sicherheitslücken beschrieb. Zu diesem Zeitpunkt ahnte niemand, dass die Beseitigung dieses Exploits über eine Milliarde Dollar kosten würde. Die Übersicht zum *CERT-Advisory CA-2001-26 Nimda Worm* führte aus, dass das CERT Berichte über ein neues, heimtückisches Programm namens W32/Nimda-Wurm erhalten hätte. Dieser neue Wurm schien sich über mehrere Kanäle zu verbreiten.

■ Von Client zu Client via E-Mail

■ Von Client zu Client über Netzwerkfreigaben (Shares)

■ Von Webserver zu Client durch das Durchblättern betroffener Websites

■ Von Client zu Webserver über das aktive Suchen und anschließende Ausnutzen von verschiedenen IIS 4.0/5.0 Directory Traversal-Sicherheitslücken

■ Von Client zu Webserver über das Suchen nach Backdoors, die von den Code-Red II- und Sadmind/IIS-Würmern hinterlassen wurden.

Wahrlich ein Schweizer Taschenmesser in Hinblick auf Exploits! Dieses Universalwerkzeug setzte der Kunst des Hackertums die Krone auf und führte, was die Netzwerksicherheit anging, zu einem neuen Bewusstsein. Die Fassungslosigkeit und daraus resultierende Paranoia der meisten Systemadministratoren stellte sich als gerechtfertigt heraus.

Die drei historischen Exploits, die zuvor erläutert wurden, führten in vielen Unternehmen zu enormen finanziellen Verlusten. Weltweit geschah eine Unterwanderung von Firmen-, Behörden- und privaten Netzwerken. Die Flut der maliziösen Pakete war buchstäblich grenzenlos – das Überwinden von Kontinenten und Umkreisen des Globus eine Sache von Stunden. Schlecht vorbereite Systemadministratoren erlitten dramatische Schäden, große Datenverluste und lang anhaltende Ausfallzeiten. In den schwärzesten Tagen der amerikanischen Geschichte, in denen der Rauch noch aus dem World Trade Center quoll, war es unfassbar, dass jemand eine Zerstörungsgewalt, wie sie der Nimda Wurm besaß, auf die Menschheit loslassen würde. Ungeachtet dessen hat sich jemand erdreistet, genau dies zu tun.

1.3.4 Was versteht man unter einer Intrusion?

Am Tatort eines Verbrechens ist das Sammeln von Fingerabdrücken eine der ersten Aufgaben der forensischen Spurensicherung. Anhand dieser Fingerabdrücke kann die Identität des Täters festgestellt werden. Wie in der kriminalistischen Forensik sammeln die forensischen Techniker für Netzwerke »Fingerabdrücke« am Tatort eines Computer-Verbrechens. Diese Fingerabdrücke werden aus der Computer-Log-Datei des Opfers extrahiert und als *Signaturen* oder *Footprints* bezeichnet. Fast alle Exploits haben eine eindeutige Signatur. Wie sehen die Signaturen der drei genannten Sicherheitslücken – Directory Traversal, CodeRed und Nimda – aus?

- **Directory Traversal-Footprint** Das Directory Traversal Exploit (»../«) konnte gegen IIS 4.0 und 5.0 verwendet werden, wenn zur Darstellung der Zeichen »/« und »\« erweiterte Unicode-Zeichen genutzt wurden. Gäbe ein Hacker beispielsweise die Zeichenkette aus der Abbildung 1.4 in seinen Browser ein, würden die Inhalte eines Verzeichnisses, das sich auf dem Computer des Opfers befindet, auf dem System des Hackers angezeigt. Der bedeutsame Teil in diesem Beispiel ist die Eindeutigkeit des Musters /..%c1. Das Muster kann als digitaler Fingerabdruck oder Signatur/Footprint in einem IDS genutzt werden.

```
http://Victim.com/scripts/..%c1%1c../winnt/system32/cmd.exe?/c+dir
```

Abb. 1.4:   Directory Traversal-Footprint

- **CodeRed-Footprint** Für das CodeRed-Exploit wurde der System-Footprint durch *Advisory CA-2001-19* zur Verfügung gestellt. Dieses besagte, dass der CodeRed-Wurm durch das Vorhandensein des Eintrags in den Log-Dateien des Webservers auf einem Computer nachgewiesen werden kann (Abbildung 1.5). Der Footprint aus Abbildung 1.5 ist aus Sicht der Intrusion Detection von hoher Bedeutung. Er steht für die Informationen, die zur Erkennung der Intrusion, bevor diese Schaden anrichten kann, notwendig sind.

```
/
default.ida?NNNNNNNNNNNNNNNNNNNNNNNNNNNNNNNNNNNNNNNNNNNNNNNNNNNNNNNNNNNN
NNNNNNNNNNNNNNNNNNNNNNNNNNNNNNNNNNNNNNNNNNNNNNNNNNNNNNNNNNNNNNNNNNNNNNNN
NNNNNNNNNNNNNNNNNNNNNNNNNNNNNNNNNNNNNNNNNNNNNNNNNNNNNNNNNNNNNNNNNNNN%u9090
%u6858%ucbd3%u7801%u9090%u6805%ucbd3% u7801 etc.
```

Abb. 1.5:   CodeRed-Footprint

- **Nimda-Footprint** Die zahlreichen Footprints, die in *CERT-Advisory CA-2001-26* beschrieben sind, lesen sich wie ein Lexikon von Exploits. Die Abbildung 1.6 zeigt einige der Exploits aus diesem Advisory. Beim Aufbau einer *Intrusion Detection-Regel* (Rule) bieten die System-Footprints von Nimda viele Signaturen, aus denen Sie wählen können. Da die »Zombie-Computer« oder Hacker-Skripts die ganze Liste durchlaufen, kann darüber hinaus ein beliebiger Eintrag zur Erkennung der Intrusion verwendet werden. Aus der Sicht eines Sicherheitsadministrators liegt es nahe, *GET /scripts/root.exe* zu nutzen. GET root.exe ist in einer HTML-Anforderung ziemlich verdächtig, besonders auf einem Windows-System.

```
GET /scripts/root.exe?/c+dir
GET /c/winnt/system32/cmd.exe?/c+dir
GET /d/ winnt/system32/cmd.exe?/c+dir
GET /scripts/..%5c../..%5c../winnt/system32/cmd.exe?/c+dir
GET /_mem_bin/..%5c...%5c,,/winnt/system32/cmd.exe?/c+dir
GET /_vti_bin/..%5c...%5c../winnt/system32/cmd.exe?/c+dir
```

Abb. 1.6:   Nimda-Footprint

1.3.5 Mit Snort Intrusions abfangen

Snort ist ein Open Source-Netzwerk Intrusion Detection System, das Echtzeit-Traffic-Analysen und Packet-Logging auf IP-Netzwerken durchführen kann. Snort kann Protokollanalysen, Suchläufe nach Inhalten und Vergleiche von Inhalten durchführen. Es kann zur Erkennung einer Reihe von Angriffen und Probes, darunter Buffer Overflows, Stealth Port Scans, CGI-Angriffe, BS-Fingerprinting-Versuche u. v. a. genutzt werden. Snort wird immer mehr zum Tool der ersten Wahl für die Intrusion Detection.

Snort kann in drei verschiedenen Hauptmodi konfiguriert werden. Sniffer, Packet-Logger und Network Intrusion Detection. Im Sniffer-Modus liest Snort die Pakete vom Netzwerk und zeigt sie in einem fortlaufenden Stream auf der Konsole an. Im Packet-Logger-Modus werden die Pakete auf der Festplatte aufgezeichnet. Der Network Intrusion Detection-Modus ist komplexer und bietet viele Konfigurationsoptionen. Mit diesem kann Snort den vorhandenen Netzwerk-Traffic anhand von benutzerdefinierten Regeln analysieren und abhängig von den Ergebnissen verschiedene Aktionen durchführen.

Es folgt ein kurzer Abriss zur Fähigkeit von Snort, die in diesem Kapitel erörterte Trilogie von Sicherheitslücken zu erkennen.

Snort-Erkennung Directory Traversal

Im IDS-Modus kann Snort so konfiguriert werden, dass das System bei Übereinstimmung eines Pakets mit den in seiner Konfigurationsdatei gespeicherten Regeln Alarmmeldungen sendet. In dem ersten Beispiel aus Abbildung 1.2 wurde durch Snort eine Alarmmeldung für ein Directory Traversal-Exploit generiert. Die erste Zeile enthält die Meldung »WEB-IIS cmd.exe access«. Die Quell- und Zieladressen werden in Zeile vier angezeigt. Es handelt sich um 172.16.60.112 (Hacker) bzw. 172.16.60.111 (Opfer). Die letzte Zeile dieser Warnmeldung bietet einige Information in Zusammenhang mit diesem Exploit.

```
[**] [1:1002:5] WEB-IIS cmd.exe access [**]
[Classification: Web Application Attack] [Priority: 1]
11/25-08:27:24.603264 0:60:8:3:48:D0 -> 0:6:29:15:B4:76 type:0x800 len:0x12E
172.16.60.112:1047 -> 172.16.60.111:80 TCP TTL:128 TOS:0x0 ID:62467
IpLen:20 DgmLen:288 DF
***AP*** Seq: 0x2CE2F8 Ack: 0xBFA3664 Win: 0x2238 TcpLen: 20
```

Abb. 1.7: Snort-Alarm Directory Traversal

In Abbildung 1.8 wird ein die Intrusion begleitender Log-Eintrag gezeigt. Die erste Zeile enthält die Meldung »WEB-IIS cmd.exe access«. In der zweiten Zeile können Sie Datum, Zeit, Typ und Länge des Pakets ablesen. Die dritte Zeile zeigt die Quell- und Ziel-IP-Adressen. In diesem Beispiel enthält das Kästchen am Ende von Zeile sechs die Signaturdaten, die diese Warnmeldung generiert haben. Wie bereits erwähnt, handelt es sich um den Directory Traversal-Footprint Get /scripts/ ..%c1%c1../winnt/system32/cmd.exe?/c+dir.

```
[**] WEB-IIS cmd.exe access [**]
11/25-08:27:24.603264 0:60:8:3:48:D0 -> 0:6:29:15:B4:76 type:0x800 len:0x12E
172.16.60.112:1047 -> 172.16.60.111:80 TCP TTL:128 TOS:0x0 ID:62467
IpLen:20 DgmLen:288 DF
***AP*** Seq: 0x2CE2F8  Ack: 0xBFA3664  Win: 0x2238  TcpLen: 20
47 45 54 20 2F 73 63 72 69 70 74 73 2F 2E 2E 25   GET /scripts/..%
63 31 25 63 31 2E 2E 2F 77 69 6E 6E 74 2F 73 79   c1%c1../winnt/sy
73 74 65 6D 33 32 2F 63 6D 64 2E 65 78 65 3F 2F   stem32/cmd.exe?/
63 2B 64 69 72 20 48 54 54 50 2F 31 2E 31 0D 0A   c+dir HTTP/1.1..
41 63 63 65 70 74 3A 20 2A 2F 2A 0D 0A 41 63 63   Accept: */*..Acc
65 70 74 2D 4C 61 6E 67 75 61 67 65 3A 20 65 6E   ept-Language: en
2D 75 73 0D 0A 41 63 63 65 70 74 2D 45 6E 63 6F   -us..Accept-Enco
64 69 6E 67 3A 20 67 7A 69 70 2C 20 64 65 66 6C   ding: gzip, defl
61 74 65 0D 0A 55 73 65 72 2D 41 67 65 6E 74 3A   ate..User-Agent:
20 4D 6F 7A 69 6C 6C 61 2F 34 2E 30 20 28 63 6F    Mozilla/4.0 (co
6D 70 61 74 69 62 6C 65 3B 20 4D 53 49 45 20 35   mpatible; MSIE 5
2E 30 3B 20 57 69 6E 64 6F 77 73 20 39 38 3B 20   .0; Windows 98;
44 69 67 45 78 74 29 0D 0A 48 6F 73 74 3A 20 31   DigExt)..Host: 1
37 32 2E 31 36 2E 36 30 2E 31 31 31 0D 0A 43 6F   72.16.60.111..Co
6E 6E 65 63 74 69 6F 6E 3A 20 4B 65 65 70 2D 41   nnection: Keep-A
6C 69 76 65 0D 0A 0D 0A                           live....

=+=+=+=+=+=+=+=+=+=+=+=+=+=+=+=+=+=+=+=+=+=+=+=+=+=+=+=+=+=+=+
=+=+=+=+=+=+=+=+=+
```

Abb. 1.8:   Snort-Log Directory Traversal

Snort-Erkennung CodeRed

In Abbildung 1.9 sehen Sie einen Snort-Alarm für CodeRed. Die erste Zeile enthält die Meldung »WEB-IIS ISAPI .ida attempt«. In Zeile 2 wird dieser Angriff mit einer Priorität von 1 klassifiziert. Die letzte Zeile des Alarms liefert zusätzliche Informationen in Zusammenhang mit diesem Exploit.

```
[**] [1:1243:6] WEB-IIS ISAPI .ida attempt [**]
[Classification: Web Application Attack] [Priority: 1]
11/25-09:02:48.930399 0:60:8:3:48:D0 -> 0:6:29:15:B4:76 type:0x800 len:0x1E2
172.16.60.112:1051 -> 172.16.60.111:80 TCP TTL:128 TOS:0x0 ID:5636 IpLen:20
DgmLen:468 DF
***AP*** Seq: 0x4D4E13  Ack: 0x2B98C5A9  Win: 0x2238  TcpLen: 20
[Xref => cve CAN-2000-0071][Xref => bugtraq 1065][Xref => arachnids 552]
```

Abb. 1.9:   Snort-Alarm CodeRed

In Abbildung 1.10 wird der die Intrusion begleitende Log-Eintrag gezeigt. Die erste Zeile enthält die Meldung »WEB-IIS ISAPI .ida attempt«. Die Signatur für das CodeRed-Exploit wird in dem Kästchen am Ende von Zeile sechs angezeigt. Die Anzeige ist abgeschnitten und enthält nur einige der notwendigen 254 »N«-Zeichen. Die »N«- Zeichen haben, außer den Puffer überlaufen zu lassen, keine Bedeutung. Beim CodeRed II-Exploit wurde der gleiche Überlaufmechanismus mit 254 »X«-Zeichen verwendet.

```
[**] WEB-IIS ISAPI .ida attempt [**]
11/25-09:02:48.930399 0:60:8:3:48:D0 -> 0:6:29:15:B4:76 type:0x800 len:0x1E2
172.16.60.112:1051 -> 172.16.60.111:80 TCP TTL:128 TOS:0x0 ID:5636 IpLen:20
DgmLen:468 DF
***AP*** Seq: 0x4D4E13 Ack: 0x2B98C5A9 Win: 0x2238 TcpLen: 20
47 45 54 20 2F 47 65 74 25 32 30 2F 64 65 66 61  GET /Get%20/defa
75 6C 74 2E 69 64 61 3F 25 32 30 4E 4E 4E 4E 4E  ult.ida?%20NNNNN
4E 4E 4E 4E 4E 4E 4E 4E 4E 4E 4E 4E 4E 4E 4E 4E  NNNNNNNNNNNNNNNN
4E 4E 4E 4E 4E 4E 4E 4E 4E 4E 4E 4E 4E 4E 4E 4E  NNNNNNNNNNNNNNNN
4E 4E 4E 4E 4E 4E 4E 4E 4E 4E 4E 4E 4E 4E 4E 4E  NNNNNNNNNNNNNNNN
4E 4E 4E 4E 4E 4E 4E 4E 4E 4E 4E 4E 4E 4E 4E 4E  NNNNNNNNNNNNNNNN
```

Abb. 1.10: Snort-Log CodeRed

Snort-Erkennung Nimda

Abbildung 1.11 zeigt den Snort-Alarm für den Nimda-Wurm. Die Warnung enthält die zugehörigen Informationen zu diesem Exploit, darunter die Quell- und Ziel-IP-Adressen sowie einen Verweis auf *CERT-Advisory CA-2001-26*.

```
[**] [1:1256:7] WEB-IIS Nimda access [**]
[Classification: Web Application Attack] [Priority: 1]
11/25-09:24:07.903678 0:60:8:3:48:D0 -> 0:6:29:15:B4:76 type:0x800 len:0x19E
172.16.60.112:1052 -> 172.16.60.111:80 TCP TTL:128 TOS:0x0 ID:7940 IpLen:20
DgmLen:400 DF
***AP*** Seq: 0x60D2AA Ack: 0x3EA1743B Win: 0x2238 TcpLen: 20
[Xref => url www.cert.org/advisories/CA-2001-26.html]
```

Abb. 1.11: Snort-Alarm NIMDA

Wie zuvor erwähnt, produziert der Nimda-Wurm eine wahre Fülle von Signaturen, bei der jede für die Ausführung eines spezifischen Exploits steht. Die Log-Anzeige von Snort aus Abbildung 1.12 zeigt lediglich eine davon – die Signatur »scripts/root.exe«. Die für diese Signatur verwendete Datei wurde vom CodeRed II-Wurm hinterlassen. Sie entstand beim Kopieren der Windows-Datei CMD.exe als root.exe. Snort hat den Versuch von NIMDA, auf diese Backdoor zuzugreifen, erkannt und einen Alarm sowie einen Log-Eintrag generiert.

Oink!

Wurde bereits erwähnt, dass Snort freie Software ist? Sie haben richtig verstanden!

```
[**][WEB-IIS Nimda access][**]
11/25-09:24:07,903678 0:60:8:3:48:D0 -> 0:6:29:15:B4:76 type:0x800 len:0x19E
172.16.60.112:1052 -> 172.16.60.111:80 TCP TTL:128 TOS:0x0 ID:7940 IpLen:20
DgmLen:400 DF
***AP*** Seq: 0x60D2AA  Ack: 0x3EA1743B  Win: 0x2238  TcpLen: 20
47 45 54 20 2F 47 65 74 25 32 30 2F 73 63 72 69   GET /Get%20/scri
70 74 73 2F 72 6F 6F 74 2E 65 78 65 3F 2F 63 2B   pts/root.exe?/c+
64 69 72 20 48 54 54 50 2F 31 2E 31 0D 0A 41 63   dir HTTP/1.1..Ac
```

Abb. 1.12:   Snort-Log-NIMDA

1.4   Die Bedeutung von Intrusion Detection Systems

Jeder kennt das Sprichwort »Was ich nicht weiß, macht mich nicht heiß«. Jeder, der schon einmal einen Gebrauchtwagen gekauft hat, weiß jedoch aus eigener Erfahrung, wie absurd diese Aussage ist. In der Welt der Netzwerksicherheit kann die Fähigkeit zu wissen, dass ein Eindringling dabei ist, maliziöse Aktivitäten durchzuführen, darüber entscheiden, ob das System kompromittiert wird oder nicht. In manchen Situationen kann das, was Sie nicht wissen, sich direkt auf etwas anderes auswirken – z. B. auf Ihre Anstellung.

Intrusion Detection Systems wie Snort können ICMP- oder andere Typen von Netzwerk-Reconnaissance-Scans erkennen, die möglicherweise einen drohenden Angriff anzeigen. Darüber hinaus kann das IDS den Administrator über eine erfolgreiche Unterwanderung informieren, so dass dieser rechtzeitig die Möglichkeit hat, Gegenmaßnahmen zu implementieren, bevor weiterer Schaden angerichtet wird.

IDSs bieten dem Sicherheitsadministrator einen Einblick in das interne Arbeiten des Netzwerks, ähnlich wie eine Röntgenuntersuchung oder ein Bluttest im medizinischen Bereich Einblicke in das Innere des Körpers erlaubt. Die Fähigkeit, den internen Netzwerk-Traffic zu analysieren und das Vorhandensein von Netzwerkviren und -Würmern nachzuweisen, unterscheidet sich nicht sonderlich von den Techniken, die in den medizinischen Berufen genutzt werden. Die Ähnlichkeit von Netzwerkviren und Würmern zu ihren biologischen Gegenstücken hat zu ihren medizinischen Bezeichnungen geführt. Ein IDS ist das Mikroskop, das zu Entdeckung dieser Eindringlinge erforderlich ist. Ohne die Hilfe einer Intrusion Detection bleibt ein Sicherheitsadministrator bezogen auf Exploits in seiner Tätigkeit verwundbar. Er erkennt diese erst nach dem Absturz des Systems oder nach der Korrumpierung einer Datenbank.

1.4.1   Warum sind Angreifer an Ihnen interessiert?

»Der Angriff der Zombies« – hört sich ein wenig nach einem alten B-Movie an, nicht wahr? Leider handelt es sich in diesem Fall nicht um einen fiktiven Kinofilm. Zombie-Angriffe sind real und kosten Unternehmern und Verbrauchern Milliarden. Zombies sind die computerisierten Soldaten, die dem Kommando böswilliger Hacker unterstehen und die beim Ausführen verteilter Denial-of-Service (DoS)-Angriffe blindlings dem Willen ihrer Herren folgen.

Im Februar 2000 blockierte ein enormer DDoS-Angriff den Zugriff auf eBay, Amazon.com, AOL-Time Warner, CNN, Dell Computers, Excite, Yahoo! und andere e-Commerce-Giganten. Der von diesen DDoS angerichtete Schaden reichte vom Ausbremsen der betroffenen Systeme bis hin zu Komplettausfällen. Die U.S.-Staatsanwaltschaft wies das FBI an, eine kriminalistische Untersuchung durchzuführen. Dieser historische Angriff wurde durch eine große Anzahl von kompromittierten Computern verübt, die gemeinsame Arbeit leisteten.

Der Erfahrungswert aus dieser Geschichte ist, dass kein Netzwerk klein genug ist, um ungeschützt zu bleiben. Wenn ein Hacker Ihren Computer nutzen kann, wird er dies tun. Das Hauptziel des CodeRed-Exploits war ein DDoS-Angriff auf die Website des Weißen Haus. Er misslang, weil der Autor statt des Domain Name Services eine festkodierte IP-Adresse genutzt hat. Das Exploit betraf über eine Millionen Computer, darunter Unternehmensnetzwerke und auch Heimanwender.

Im Lichte des Kriegs gegen den Terrorismus und angesichts des durch die Regierung finanzierten Hacking, kann sich das Verwenden eines IDSs wie Snort als äußerst wichtig für den Schutz der weltweiten Netzwerkinfrastruktur erweisen.

Wie Sie in den folgenden Kapiteln erfahren werden, verfügt Snort über viele Regeln, die den Sicherheitsadministrator über das Vorhandensein von Zombie-Vorgängen alarmieren können.

1.4.2 Wie bringen Sie ein IDS in Übereinstimmung mit Ihrem restlichen Sicherheitsplan?

IDSs sind ein großartiger Zusatz zu einer umfassenden Netzwerksicherheitsarchitektur. Sie dienen zum Aufdecken von Sicherheitslücken und Schwachstellen in den Schutzabwehrmechanismen ihrer Peripherie, z. B. in Firewalls und Routern. Die Regeln von Routern und die Access Lists (Zugriffssteuerungslisten) von Firewalls können regelmäßig auf ihre Funktionalität überprüft werden. Wenn diese Systeme neu konfiguriert werden müssen, kann das IDS die Überwachung während der Änderungen übernehmen.

IDS-Logs können zum Durchsetzen von Sicherheitsrichtlinien verwendet werden, und sind eine hervorragende Quelle für die forensische Beweisführung. Inline-IDSs können aktive Angriffe auf Ihr Netzwerk ausbremsen, während sie gleichzeitig den Administrator über die drohende Gefahr informieren.

Richtig platzierte IDSs können Sie über das Vorhandensein interner Angriffe informieren. Die Angaben der Branche über die prozentualen Anteile variieren. Doch man ist sich darüber einig, dass der Großteil der Angriffe von innen ausgeführt wird.

Ein IDS kann fehlgeschlagene Administratoranmeldeversuche und Kennwort-Crack-Programme erkennen. Wenn es mit dem passenden Regelsatz konfiguriert ist, kann es Zugriffe auf kritische Programme überwachen und den Systemadministrator umgehend über potentielle Sicherheitseinbrüche informieren.

1.4.3 Dient denn Ihre Firewall nicht als IDS?

Nein! Nachdem diese Aussage mit Nachdruck erfolgte, sollten Sie Firewall-Administratoren, die diesbezüglich anders denken, nicht verspotten. Zugegebenermaßen kann eine Firewall zur Erkennung bestimmter Intrusion-Typen wie beispielsweise einen Versuch, auf den Port 27374 des Trojanischen Backdoors SubSeven zuzugreifen, erkennen. Darüber hinaus kann eine Firewall so konfiguriert werden, dass sie bei jedem Einbruchsversuch in Ihr Netzwerk einen Alarm generiert. Im strengsten Sinne wäre dies eine IDS-Funktion. Die Technologie einer Firewall beschränkt sich jedoch auf das Erkennen von Dingen, die in das Netzwerk eingehen bzw. dieses verlassen. Sie können nicht erwarten, dass sie in der Lage ist, die internen Inhalte jedes einzelnen Pakets zu analysieren. Selbst eine Proxy-Firewall ist nicht dazu angelegt, die Inhalte jedes Pakets zu untersuchen; die Funktion würde die CPU sehr stark belasten. Nichtsdestotrotz sollte eine Firewall aber integraler Teil einer wirkungsvollen Abwehr sein, die als Hauptfunktion die Rolle eines Torwächters (Gatekeeper) übernimmt.

1.4.4 Wo sollten Sie noch nach Intrusions suchen?

Wenn bei Computern, die ansonsten stabil und ohne Probleme funktionierten, plötzlich ein fehlerhaftes Verhalten auftritt oder diese regelmäßig »hängen« oder den Blue Screen of Death zeigen, sollte ein aufmerksamer Sicherheitsadministrator die Möglichkeit eines *Buffer Overflow-Angriffs* in Betracht ziehen.

Buffer Overflow-Angriffe machen einen großen Prozentsatz der heutigen Computer-Exploits aus. Das Versäumnis von Programmierern, den Code für die Eingabe zu überprüfen, hat bisher zu den zerstörerischsten und kostspieligsten Ausnutzungen von Sicherheitslücken geführt.

Exploits, die darauf angelegt sind, Puffer überlaufen zu lassen, sind gewöhnlich Betriebssystem- bzw. anwendungssoftware-spezifisch. Ohne zu sehr ins Detail zu gehen, erfolgt eine kurze Erläuterung: die Eingabe in die Anwendungssoftware wird derart manipuliert, dass ein Systemfehler (oder das, was einige Sicherheitsexperten als »Smash the Stack« (etwa Zerschlagen des Stacks) bezeichnen) auftritt. An diesem Punkt des Exploits wird maliziöser Code in den Prozess-Stack des Computers eingefügt, und der Hacker gewinnt die Kontrolle über das System.

In einigen Fällen muss der Hacker-Code auf bestimmte BS-Funktionen an bestimmten Speicheradressen zugreifen, damit das Exploit erfolgreich ist. Wenn die Anwendung auf einem anderen Betriebssystem als auf dem, für das sie gedacht war, abläuft, führt das Überlaufen des Puffers lediglich zu einem Systemabsturz, nicht aber zu einer Systemunterwanderung. Das System erscheint unstabil, und es kommt zu häufigen Resets. Interessanterweise besagt die Definition des Exploits, dass diese Situation keine Systemkompromittierung ist, sondern eine DoS-Attacke.

IDSs können Sie bei Buffer Overflows warnen. Snort verfügt über ein großes Arsenal an Regeln, die zur Erkennung dieser Angriffe dienen. Es folgen einige davon:

- Red Hat lprd overflow
- Linux samba overflow
- IMAP login overflow
- Linux mountd overflow

Weitere Informationen zu diesen und anderen Regel erfolgen an späterer Stelle in diesem Buch.

Backdoors und Trojaner

Backdoors und Trojaner treten in großer Vielfalt auf. Was jedoch allen gemein ist – es handelt sich um Programme für die Fernkontrolle. Einige arbeiten mit maliziösem Code, der dazu dient, Ihren Computer in einen Zombie zu verwandeln. Er wird in die Armee eines Hackers aufgenommen, die weitere Exploits durchführen soll. Andere dienen dazu, Ihre Tastatureingaben abzufangen, um ihre privatesten Daten an den Autoren des Programms zu senden. Netbus, SubSeven und BO2k sind solche Programme, die von minimal geschulten Hackern genutzt werden können.

Fernkontrollprogramme können durchaus legitim sein, z. B. Programme für die *Fernsystemadministration* (Remote System Administration). Beispiele für kommerzielle oder freie Fernzugriffsprogramme sind PCAnywhere, Citrix und VNC. Es sollte jedoch darauf hingewiesen werden, das kommerzielle Produkte in den Händen von Hackern genauso leicht für eine Unterwanderung verwendet werden können. Der legitime Einsatz dieser Tools sollte überwacht werden. Dies gilt besonders für den Einsatz in sensiblen und kritischen Umgebungen.

Snort verfügt über viele Regeln, die dem Sicherheitsadministrator dabei helfen, den unbefugten Einsatz dieser Programme zu erkennen.

Geschichten aus dem Untergrund...

Der unpatriotische Computer

Wenn ein Alarm erfolgt, der Sie informiert, dass eine Unterwanderung Ihres Netzwerks im Gange ist, erhalten Sie damit wertvolle Informationen. Mit diesen Informationen können Sie im Vorfeld Gegenmaßnahmen ergreifen, um den Schaden gering zu halten. Danach können Sie überlegen, wie Sie Ihre Peripherieabwehr gegen solche Angriffe weiter verstärken. Gleichermaßen wertvoll, wenn nicht noch bedeutungsvoller, ist die Bestätigung, dass eine Unterwanderung erfolgreich war. Mit anderen Worten, das Wissen um einen Versuch, der erfolgreich hätte sein können, mag nützlich sein, doch das Wissen um eine erfolgreiche Kompromittierung ist von höchster Bedeutung.

In den ersten Stunden des CodeRed-Angriffs war die verfügbare Information für die Konstruktion einer Angriffssignatur recht unzureichend. Der globalen Internet-Gemeinde wurde aufgrund des schieren Umfangs von Attacken fast schwindelig. Sie setzt alles daran, die Netzwerkzerstörung aufzuhalten. Während dieser anfänglichen Stunden kamen wir (die Autoren) hinter die Absicht von Code Red. Eines der Hauptziele von CodeRed war ein DoS-Angriff auf die Website des Weißen Haus. Tausende von Computer-Zombies, die im Konzert arbeiten, würden `www.whitehouse.gov` in Abständen von viereinhalb Stunden pro Instanz des Wurms mit 410MB Daten überflutet haben. Die Datenmenge würde den Regierungs-Computer in kurzer Zeit überwältigt und damit unbrauchbar gemacht haben.

Ausgerüstet mit diesem Wissen konstruierten wir auf unserer Site umgehend eine Angriffssignatur unter Verwendung der IP-Adresse des Weißen Haus von 198.137.240.91 und konfigurierten Snort, den Ausgang zum Internet zu überwachen. Jeder Zugriffsversuch auf diese Adresse würde einen Alarm generieren. Zusätzlich würden uns die Log-Einträge mit der Quelladresse des angreifenden Computers versorgt haben. Was wir im Wesentlichen erreicht hatten, war eine Methode für das Entdecken eines kompromittierten Systems auf unserem internen Netzwerk von entfernter Stelle.

Der Autor von CodeRed hatte die Internet-Adresse fest in der Nutzlast kodiert. Dadurch hatten die Netzwerkadministratoren des Weißen Haus die Möglichkeit, einfach die Internet-Adresse zu ändern, um den Angriff abzuwehren. Wir benutzten weiterhin die Signatur, die mit der alten IP-Adresse konstruiert wurde, und dies erwies sich bei vielen Gelegenheiten als eine Sache von unschätzbarem Wert, die uns vor neu kompromittierten Systemen warnte.

1.4.5 Welche Funktionen bieten Intrusion Detection Systems darüber hinaus?

Der Name Intrusion Detection System lässt die Vorstellung von einem Gerät entstehen, das in der Peripherie Ihres Netzwerks platziert ist und Sie über die Anwesendheit von Eindringlingen informiert. Obwohl diese Vorstellung berechtigt ist, ist es nicht die einzig gültige. Ein IDS kann auch eine wichtige Rolle in der wirkungsvollen Abwehrarchitektur spielen, um zusätzlich zur Peripherieabwehr auch die internen Datengüter zu schützen. Viele interne Funktionen auf Ihrem Netzwerk können auf Sicherheit und Konformität überwacht werden.

Dieser Abschnitt befasst sich mit verschiedenen IDS-Anwendungsbeispielen, und Sie erfahren, wie sie Snort einsetzen können, um Ihre kostbarsten Ressourcen zu schützen.

1.4.6 Überwachen des Datenbankzugriffs

Wenn Sie darüber nachdenken, was die »Kronjuwelen« eines Unternehmens sind, liegen Sie sicherlich richtig, wenn Sie die Datenbank des Unternehmens wählen. Häufig sind die kostbarsten Vermögenswerte eines Unternehmens in dieser Datenbank gespeichert. Versuchen Sie sich die Bedeutung der Daten eines pharmazeutischen Forschungsunternehmens oder eines Hightech-Softwareentwicklers vorzustellen. Denken Sie das Undenkbare – stellen Sie sich den Diebstahl der Daten für den Ausführungscode der U-S.-Militärs für das Interkontinentale Ballistische Missile-System vor. Die Bedeutung von Datenvertraulichkeit, -integrität und -verfügbarkeit in solchen Situationen kann gar nicht genug unterstrichen werden.

Zugegebenermaßen sind Datenbank-Server gewöhnlich tief innerhalb von Netzwerken angesiedelt, und der Zugriff auf diese erfolgt nur durch interne Ressourcen. Wenn Sie jedoch die Statistiken des FBI für interne Kompromittierungen betrachten, scheint dieser Ort nicht so sicher wie angenommen. Ein NIDS, korrekt konfiguriert auf demselben Segment wie Ihr Datenbank-Server, kann in vielerlei Hinsicht interne Kompromittierungen verhindern.

Snort verfügt über einen umfassenden Regelsatz, der zum Schutz von Datenbanken gegen Exploits entwickelt wurde. Es folgen einige Beispiele:

- ORACLE drop table attempt
- ORACLE EXECUTE_SYSTEM attempt
- MYSQL root login attempt
- MYSQL show databases attempt

1.4.7 Überwachen von DNS-Funktionen

Was ist ein Name? Für die Diskussion in diesem Buch ist die wichtige Frage »Was ist ein Name-Server?« Die Antwort ist »Ihre Netzwerkkonfiguration«. Die Einträge in Ihrem Domain Name-Server beinhalten Namen von internen Netzwerkkomponenten, IP-Adressen und andere private Informationen über Ihr Netzwerk. Die einzige Information, die ein Hacker benötigt, um Ihr Netzwerk zu erschließen, kann er aus einem DNS-Zonen-Transfer ableiten. Der erste Schritt in einer DNS-Reconnaissance-Probe ist das Bestimmen der Version Ihres DNS-Servers. Snort erkennt diese Intrusion durch Aufrufen der Regel »DNS Name Version Attempt«. Der zweite Schritt in diesem Exploit wird durch die Snort-Regel »DNS Zone Transfer Attempt« erkannt.

Wenn Sie IDSs an Schlüsselpositionen innerhalb Ihres Netzwerks platzieren, können Sie es vor DNS-Exploits schützen. Snort bietet viele Regeln, um Ihren Namespace (Namensraum) zu schützen.

1.4.8 Schutz des E-Mail-Servers

Beim Schutz des E-Mail-Systems werden häufig E-Mail-Virenscanprogramme genutzt. Diese Programme sind über die Jahre reifer geworden und bieten mittlerweile eine recht brauchbare Abwehr gegen Angriffe, die über E-Mails erfolgen. Snort bietet viele Regeln zum Erkennen von E-Mail-Viren wie dem QAZ-Wurm, dem NAVIDAD-Wurm und den neuesten Versionen von ExploreZip. Als Reaktion auf eine brandneue Bedrohung oder einer Revision eines existierenden Virus können Snort-Regeln umgehend abgeändert werden. Viren befinden sich häufig längere Zeit in der freien Wildbahn, bevor Antiviren-Firmen mit entsprechenden Updates reagieren. Diese Verzögerung kann sich als sehr kostspielig erweisen.

Darüber hinaus sollten Sie einen umfassenden Ansatz für die E-Mail-Sicherheit entwickeln, in dem Sie die Möglichkeit berücksichtigen, dass ein Angriff auf den Server selbst erfolgen kann. Snort hat die Fähigkeit, virenbehaftete E-Mail-Inhalte zu erkennen, während es gleichzeitig den E-Mail-Server vor dem Angriff schützt. Durch diese zusätzliche Fähigkeit hebt sich Snort von anderen Programmen erheblich ab. Snort kann so konfiguriert werden, dass es neben vielen anderen Exploits, die Ihre E-Mail-Services unbrauchbar machen, auch E-Mail-Bomben erkennt und blockiert.

1.4.9 Verwenden eines IDSs zur Überwachung Ihrer Unternehmensrichtlinie

In unserer heutigen streitsüchtigen Gesellschaft, die ein großes Interesse daran hat, Sachverhalte wie z. B. die Rechte an geistigem Eigentum oder ein bestimmtes Verhalten rechtlich zu klären, ist es keine schlechte Idee, wenn Sie eine Überwachung für die Einhaltung Ihrer Unternehmensrichtlinie implementieren. Die großen Kinofirmen haben Mitarbeiter, die auf Diebstahl von intellektuellen Eigentum im Internet spezialisiert sind, für Ihre rechtliche Unterstützung eingestellt. Kürzlich wurden mehrere Firmen verklagt, weil sich deren Mitarbeiter illegal den Kinofilm *Spiderman* heruntergeladen hatten. Einige der involvierten Mitarbeiter waren sich nicht bewusst, dass ihre Computer an einem Verbrechen teilgenommen haben. Nichtsdestotrotz betrug die Geldstrafe in manchen Fällen bis zu 100.000 U.S.-Dollar.

Viele Programme zur gemeinsamen Nutzung von Dateien, wie z. B. Kazaa und Gnutella, werden häufig eingesetzt, um Inhalte, die gesetzlich geschützt sind, gemeinsam zu nutzen. Computer sind mit Computern in anderen Ländern, die eine unterschiedliche Gesetzesgebung haben, vernetzt. In den Vereinigten Staaten ist der Besitz von kinderpornografischem Material ein Verstoß gegen das Bundesgesetz. Man kann für den einfachen Besitz dieses Materials verklagt werden. Dabei spielt es keine Rolle, ob der Download des Inhalts mit oder ohne Absicht erfolgte.

1.5 Zusammenfassung

IDSs können in einer wirkungsvollen Abwehrarchitektur vielen Zwecken dienen. Neben dem Erkennen von Angriffen und verdächtigen Aktivitäten können Sie IDS-Daten zum Auffinden von Sicherheitslücken und Schwachstellen verwenden.

Mit einem IDS können Sicherheitsrichtlinien durchgesetzt werden. Wenn Ihre Sicherheitsrichtlinie beispielsweise die Verwendung von Anwendungen zur gemeinsamen Nutzung von Dateien, wie z.B. Kazaa oder Gnutella, oder die Nutzung von Messaging-Diensten, wie z. B. Internet Relay Chat (IRC) oder Instant Messenger, verbietet, könnten Sie Ihr IDS so konfigurieren, dass solche Verletzungen der Richtlinie erkannt werden und eine entsprechende Meldung generiert wird.

Intrusion Detection Systems sind eine wertvolle Quelle, um Nachweise zu erbringen. Log-Dateien von IDSs spielen eine bedeutende Rolle in der Computer-Forensik und bei der Entwicklung von Maßnahmen gegen Angriffe. IDSs dienen zur Entdeckung von internen Angriffen, indem ausgehender Datenverkehr von Trojanern oder das Tunneling überwacht wird. Des weiteren können Sie es als Ereignisverwaltungs-Tool zum Verfolgen von Angriffen nutzen.

Ein NIDS kann zum Aufzeichnen und Zuordnen von maliziösen Netzwerkaktivitäten verwendet werden. Das NIDS ist unauffällig und kann so implementiert werden, dass es eine Intrusion passiv überwacht oder auf diese reagiert.

Das HIDS spielt eine wichtige Rolle in der wirkungsvollen Abwehr; es stellt die letzte Bastion der Hoffnung im Falle eines Angriffs dar. Wenn der Angreifer alle anderen Abwehrmechanismen der Peripherie überwunden hat, ist das HIDS möglicherweise die letzte Maßnahme, die eine komplette Kompromittierung verhindert. Das HIDS befindet sich auf dem Host-Computer. Dort ist es nur verantwortlich für die Untersuchung aller Pakete von und zu diesem Host. Es kann auf Host-Ebene verschlüsselten Traffic überwachen und ist hilfreich beim Zuordnen von Angriffen, die durch verschiedene Netzwerksensoren erkannt wurden. Wird es auf diese Weise verwendet, kann es darüber bestimmen, ob ein Angriff erfolgreich ist. Die Log-Dateien eines HIDSs sind eine wichtige Ressource für die Rekonstruktion eines Angriffs oder für die Bestimmung des Schweregrads eines Vorkommnisses.

1.6 Lösungen im Schnelldurchlauf

Was ist Intrusion Detection?

- Der nicht-autorisierte Zugriff, oder Einbruch (Intrusion), ist ein Versuch, Ihr Netzwerk zu kompromittieren oder andersartig zu schädigen.

- Intrusion Detection ist das Erkennen von unbefugtem und maliziösem Zugriff durch einen einzelnen oder durch mehrere Computer.

- IDSs nutzen Footprints oder Signaturen, um maliziöse Einbrüche zu erkennen.

- Es gibt netzwerk-basierende, host-basierende oder verteilte Systeme.

Eine Trilogie von Sicherheitslücken

- **Directory Traversal-Footprint** Das Directory Traversal Exploit (»../«) konnte gegen IIS 4.0 und 5.0 verwendet werden, wenn zur Darstellung von »/« und »\« erweiterte Unicode-Zeichen genutzt wurden. Wenn ein Hacker die Zeichenkette mit diesem Muster in seinen Browser eingab, konnte er den Computer des Opfers dazu zwingen, beliebige Befehle nach seinem Willen auszuführen.

- **CodeRed** Am 19. Juli wurde *CERT-Advisory CA-2001-19 »CodeRed« Worm Exploiting Buffer Overflow in Indexing Service DLL* herausgegeben. Es besagte, dass das CERT/CC Berichte über ein neues, sich selbst verbreitendes, arglistiges Programm erhalten habe, das für die in *Advisory CA-2001-13* beschriebene Sicherheitslücke anfällige IIS-Systeme missbrauchen würde. Zum Zeitpunkt als das zweite Advisory herausgegeben wurde, hatte der CodeRed-Wurm bereits mehr als 250.000 Server infiziert.

- **NIMDA** Am 18. September 2001 wurde auf der CERT.org.site ein Advisory abgelegt, dass die dritte in einer verwandten Gruppe aus Sicherheitslücken beschrieb. Die Übersicht zum *CERT-Advisory CA-2001-26 Nimda Worm* führte aus, dass das CERT Berichte über ein neues, maliziöses Programm namens W32/Nimda-Wurm erhalten hätte. Wie ein virtuelles Schweizer Taschenmesser von Exploits konnte sich dieser neue Wurm über mehrere Kanäle verbreiten.

Die Bedeutung von Intrusion Detection Systems

- Kein Netzwerk ist klein genug, um ungeschützt bleiben zu dürfen. Wenn ein Hacker Ihren Computer nutzen kann, wird er dies tun.

- Mehrere Computer arbeiten zusammen, um DDoS-Angriffe durchzuführen. Hacker-Meister sind auf Zombies angewiesen.

- Internet-Piraten nutzen jedes System, das auf dem Web zur Verfügung steht, um gesetzeswidriges Material zu speichern und um gestohlene Software oder pornografische Inhalte zu verbreiten.

- Ohne Ihr Wissen oder Ihre Zustimmung kann Ihr System als Relais für böswillige und häufig illegale Aktivitäten verwendet werden.

- Log-Dateien eines IDSs spielen eine bedeutende Rolle in der Computer-Forensik und bei der Entwicklung von Maßnahmen gegen Angriffe.

- IDSs informieren Sie stets über die Gesundheit und Sicherheit Ihres Netzwerks.

- Ein IDS kann fehlgeschlagene Administratoranmeldeversuche und Kennwort-Crack-Programme erkennen.

- Inline-IDSs können aktive Angriffe auf Ihr Netzwerk ausbremsen, während sie gleichzeitig den Administrator über die drohende Gefahr informieren.

- IDSs dienen zum Aufdecken von Sicherheitslücken und Schwachstellen in den Schutzabwehrmechanismen ihrer Peripherie, z. B. in Firewalls und Routern.

- IDS-Log-Dateien können zur Durchsetzung Ihrer Unternehmensrichtlinie verwendet werden.

- Die Regeln von Routern und die Access Lists (Zugriffssteuerungslisten) von Firewalls können regelmäßig auf ihre Funktionalität überprüft werden.

- Buffer Overflow-Angriffe machen einen großen Prozentsatz der heutigen Computer-Exploits aus. Snort verfügt über ein großes Arsenal an Regeln, die zum Erkennen dieser Angriffe dienen.

- Bei Backdoors und Trojanern handelt es sich um Fernkontrollprogramme, die arglistigen Code enthalten, der darauf ausgelegt ist, die Kontrolle über Ihren Computer zu übernehmen. Snort kann die Kommunikation dieser Trojaner erkennen und Sie entsprechend informieren.

- E-Mail-Server sind Hauptziele für Intrusions. Sie müssen über das Internet erreichbar sein und sind daher anfällig für Angriffe. Snort verfügt über viele Signaturen, die vor direkten Angriffen auf den Server schützen und auch Viren in E-Mails erkennen können.

Welche Funktionen bieten Intrusion Detection Systems darüber hinaus?

■ Neben der Erkennung von Intrusions können IDSs für eine Reihe weiterer Funktionen genutzt werden: zum Überwachen des Datenbankzugriffs, zur Überwachung von DNS-Diensten, zum Schutz Ihres E-Mail-Servers und zur Überwachung von Firmenrichtlinien.

1.7 Häufig gestellte Fragen (FAQs, Frequently Asked Questions)

■ **F**: Ich besitze eine Firewall. Brauche ich ein IDS?

■ **A**: Ja. Firewalls führen eine beschränkte Paketüberprüfung durch, um den Zugriff auf Ihr und von Ihrem Netzwerk zu bestimmen. IDSs untersuchen das gesamte Paket auf maliziöse Inhalte und informieren Sie, wenn Sie etwas Verdächtiges finden.

■ **F**: Was bedeutet promiskurer Betriebsmodus?

■ **A**: Wenn eine NIC ein an ein anderes System adressiertes Paket erhält, verwirft sie dieses normalerweise. Diese Art von Betrieb wird als nicht-promiskurer Modus bezeichnet. Im promiskuren Modus wird das gesamte Paket ungeachtet seiner Adresse verarbeitet. Ein NIDS muss im promiskuren Modus arbeiten.

■ **F**: Wie viele IDSs benötige ich?

■ **A**: Die Anzahl von IDSs in einem Unternehmen wird abhängig von Richtlinie und Budget festgelegt. Da Netzwerktopologien sehr verschieden sind, verhält es sich ähnlich wie mit den Sicherheitsanforderungen. Öffentliche Netzwerke benötigen minimale Sicherheitsinvestitionen, während hochklassifizierte oder sensible Netzwerke meist strengere Kontrollen benötigen.

■ **F**: Kann ein IDS ein Virus unschädlich machen?

■ **A**: Nein. Obwohl ein IDS die Signatur von einigen E-Mail-Viren erkennen kann, bleibt das Unschädlichmachen die Aufgabe einer Antivirensoftware.

■ **F**: Kann ein IDS einen Angriff stoppen?

■ **A**: Ja. Ein Inline-IDS kann eine Intrusion erkennen und blockieren.

■ **F**: Benötige ich ein HIDS und ein NIDS, um sicher zu sein?

■ **A**: Obwohl der Einsatz von NIDS und HIDS einen umfassenderen Ansatz darstellt, ist dies abhängig von der Netzwerktopologie. Einige Netzwerke benötigen nur minimale Sicherheitsinvestitionen, während andere spezialisierte Sicherheitsdesigns erfordern.

## Kapitel 2

Einführung in Snort

Lösungen in diesem Kapitel:

- Was ist Snort?

- Systemanforderungen für Snort

- Merkmale von Snort

- Einsatz von Snort auf Ihrem Netzwerk

- Sicherheitsüberlegungen mit Snort

2.1   Einführung

Vielleicht haben Sie sich dieses Buch zugelegt, weil Sie von Snort als eine Open Source-Netzwerksicherheitslösung gehört haben. Snort ist jedoch noch mehr als das. Snort ist ein Netzwerk-basierendes Open Source-Intrusion Detection System (NIDS) mit vollem Funktionsumfang und vielen Fähigkeiten. Zu diesen Fähigkeiten zählen neben der Intrusion Detection auch Packet-Sniffing und Packet-Logging (Paketprotokollierung). Neben all den Basismerkmalen von Snort können Sie das System zum Versenden vom Echtzeitalarmen einrichten. Dadurch erhalten Sie die Möglichkeit, Alarmmeldungen in Echtzeit zu empfangen, statt Ihr Snort-System ständig überwachen zu müssen.

Snort ist wie ein Vakuum, das einzelne Posten (in diesem Fall Pakete) aufsaugt und Ihnen gestattet, verschiedene Aktionen auszuführen. Sie können die Pakete, wenn sie »aufgesogen« werden, beobachten (Packet-Sniffer), sie in einen Container setzen (Packet-Logging) oder sie sortieren und sich informieren lassen, wenn ein spezielles Paket Ihr NIDS passiert hat.

Weshalb ist Snort so populär? Als elementare Bestandteile bietet Snort Packet-Sniffing- und Protokollierungsfunktionen. Die eigentliche Größe von Snort liegt jedoch in seinen Intrusion Detection-Fähigkeiten, wobei Paketinhalte mit einer Intrusion-Regel verglichen werden. Snort mag als Lightweight-NIDS betrachtet werden. Ein »Lightweight«-Intrusion Detection System ist ein schlankes System, das auf einer ganzen Reihe von Betriebssystemen (BSs) lauffähig ist. Zusätzlich bietet Snort eine Funktionalität, die zuvor nur in kommerziellen Netzwerk-IDSs, wie z. B. in Network Flight Recorder (NFR) und ISS Real Secure, zu finden waren.

Die Popularität von Snort verläuft parallel zu der steigenden Popularität von Linux und anderen freien Betriebssystemen wie den BSD-basierenden Betriebssystemen NetBSD, OpenBSD und FreeBSD. Nur weil die Wurzeln von Snort im Open Source-Umfeld liegen, bedeutet dies nicht, dass es nicht auch für andere kommerzielle Betriebssysteme zur Verfügung steht. Im Gegenteil, Sie finden Portierungen von Snort für Solaris, HP-UX, IRIX und sogar Windows.

Snort ist ein auf Signaturen basierendes IDS, das Ihr Netzwerk mit Hilfe von Regeln auf abweichende Pakete hin überprüft. Eine Regel ist ein Satz von Anforderungen, der einen Alarm auslösen würde. Eine Snort-Regel, die Peer-to-Peer-File-Sharing-Services überprüft, überwacht, dass sich kein Paket mit einer »GET«-Zeichenkette mit einem auf Port 80 laufenden Dienst verbindet. Wenn ein Paket dieser Regel entspricht, löst es einen Alarm aus. Wurde ein Alarm ausgelöst, kann dieser an verschiedene Stellen gesendet werden, z. B. an eine Log-Datei, eine Datenbank oder an ein SNMP-Trap.

Oink!

Das Logo von Snort zeigt ein Schwein mit einer sehr großen Nase – ein Schnüffelschwein –, daher sind viele Verweise, die in dieser Rubrik erscheinen, ein wenig »schnüffelschweinisch« in Ihrem Wesen.

In diesem Kapitel, lernen Sie, was Snort ist, welche Funktionen es bietet und wie Sie es auf Ihrem Netzwerk verwenden. Zusätzlich werden sie über die Geschichte von Snort unterrichtet und erfahren, weshalb es zu solch einem populären IDS geworden ist. Weiterhin beschreibt dieses Kapitel die Bedeutung einer Absicherung Ihres Snort-Systems und einige der Nachteile von Snort. Die Vorteile von Snort machen jedoch seine Nachteile bei Weitem wett.

Oink!

Es gibt auch kommerzielle Lösungen für Snort, doch eine Beschreibung dieser Programme würde den Rahmen dieses Kapitels sprengen. Obwohl Snort frei unter der GNU Public License (GPL) verfügbar ist, können Sie kommerzielle Lösungen für Snort über Sourcefire beziehen.

2.2 Was ist Snort?

Kurz gesagt, ist Snort ein Packet-Sniffer/Packet-Logger/Netzwerk-IDS. Es ist jedoch interessanter, über die Anfänge von Snort und seine Entwicklung zu berichten, als bloß eine kurze Antwort zu liefern.

Ursprünglich sollte Snort ein Packet-Sniffer werden. Im November 1998 schrieb Marty Roesch einen rein Linux-orientierten Packet-Sniffer namens APE. Neben den großartigen Funktionen von APE wollte Marty noch weitere Fähigkeiten für einen Sniffer entwickeln:

- Er sollte auf verschiedenen Betriebssystemen arbeiten

- Er sollte einen Hexdump-Payload-Dump nutzen (TCPDump hatte später diese Funktionalität)

- Er sollte all die verschiedenen Netzwerkpakete auf gleiche Weise anzeigen (TCPDump hatte diese Funktionalität nicht).

Marty Roesch hat das Ziel, einen besseren Sniffer für seine eigene Verwendung zu schreiben. Er schrieb Snort auch als eine libcap-Anwendung, wodurch Snort in Hinblick auf Netzwerk-Filterung und -Sniffing eine Portabilität erhielt. Zu dieser Zeit wurde nur TCPDump auch mit libcap kompiliert, der Systemadministrator erhielt damit also ein weiteren Sniffer, mit dem er arbeiten konnte.

Snort wurde am 22. Dezember 1998 auf der Packet Storm-Website (www. packetstormsecurity.com) zur Verfügung gestellt. Zu diesem Zeitpunkt bestand Snort aus insgesamt zwei Dateien und etwa 1600 Codezeilen. Dies war zu einem Zeitpunkt etwa einen Monat nach der ersten Anfängen. Snort wurde zu diesem Zeitpunkt lediglich als Packet-Sniffer verwendet. Marty verwendete Snort bei seinen ersten Einsätzen zur Überwachung seiner Kabelmodemverbindung und für das Debuggen der von ihm geschriebenen Netzwerkanwendungen.

Oink!

Der Name Snort entstand aus der Tatsache, dass die Anwendung mehr als einen »Sniffer« (nicht nur »schnüffeln« (to sniff), sondern kraftvoll »schnauben« (to snort)) darstellte. Zusätzlich ließ Marty verlauten, er habe zu viele Programme namens a.out in seiner Sammlung, und alle populären Namen für Sniffer, die »TCP-I r g e n d e t w a s« hießen, seien schon vergeben gewesen.

Die erste signatur-basierende Analyse durch Snort (in der Snort-Gemeinde als *regelbasierend* bezeichnet) wurde im späten Januar des Jahres 1999 zu einem Feature. Dies war der erste Schritt auf dem Weg zu einem umfassenden Intrusion Detection System. Snort konnte zu jener Zeit als Lightweight-IDS verwendet werden.

Nach einiger Zeit erschien die Version Snort 1.5. Marty hatte sich für die Snort-Architektur entschieden, die bis zur Version 2.0 genutzt wird. Nach dem Release von Version 1.5 konnte Snort all die verschiedenen Plugins nutzen, die heute zur Verfügung stehen.

Snort wurde jedoch zu Gunsten eines anderen IDSs, an dem Marty für ein kommerzielles IDS-Startup arbeitete, auf die Wartebank gesetzt. Dieses Startup machte eine heftige Bruchlandung und Marty stand ohne Arbeit da. Aufgrund der wachsenden Popularität von Snort dachte Marty, es sei Zeit, wieder an Snort zu arbeiten, um es in seiner Konfiguration zu vereinfachen und für den Einsatz in Unternehmensumgebungen nutzbar zu machen.

Während der Arbeit an Snort stellte Marty fest, dass Snort zwischen der Kodierung und dem Support langsam zu einem Vollzeitjob wurde. Außerdem wusste Marty, dass, würde er Snort für den Einsatz in Unternehmensumgebungen befähigen, es auch Leute gäbe, die in Snort und den zugehörigen Support investieren würden. Marty entwickelte aus dieser Idee den Anfang von Sourcefire. Sourcefire beschäftigte den Großteil des Kernteams, das Snort entwickelte. Dennoch ist Snort immer noch ein Open Source-Produkt und wird es auch immer bleiben. Sourcefire hat viel Arbeit in Snort gesteckt, doch das Programm heißt nicht Sourcefire 2.0, sondern – Snort 2.0. Die aktuellste Version von Snort ist 2.0, bei der eine Überarbeitung der Architektur erfolgte. Zum Zeitpunkt der Drucklegung dieses Buchs besteht der Snort-Quell-Code aus etwa 75.000 Zeilen.

Obwohl Sourcefire Snort in einem kommerziellen Release schreibt und unterstützt, wird ein GNU-Release von Snort zur Verfügung stehen.

Obwohl es sich bei Snort 2.0 um einen völlig neu geschriebenen Code handelt und die Version gegenüber der aktuellen Snort-Implementierung eine Verbesserung darstellt, hat Snort eine noch viel tiefer gehende Evolution durchgemacht. Bei den Anfängen von Snort gab es weder die Präprozessorfähigkeiten noch die Möglichkeit, Plugins zu nutzen. Im Laufe der Zeit bekam Snort eine bessere Netzwerkfähigkeit, Plugins für Datenbanken wie MySQL und Postgres sowie Präprozessor-Plugins, die RPR-Aufrufe und Portscans prüften, *bevor* die Pakete zum Vergleich mit den Regeln geleitet wurden, um ggf. Alarme auszulösen.

Snort sorgt selbst dafür, dass jeder Anwender die neuste Version nutzt, da die aktuellsten Regeln nur von der aktuellsten Version unterstützt werden. Zum Zeitpunkt der Drucklegung dieses Buchs gibt es die aktuellste Revision in der Version 2.0.0, daher arbeiten die Regeln nur unter dieser Version.

Im Laufe der Zeit hat sich auch die Anzahl der Regeln erhöht. Das Download-Volumen für die neuesten Regeln wächst mit der steigenden Anzahl möglicher Exploits. Als Konsequenz wurden die Regeln nach Typ organisiert, so wie sie es heute sind. Zu den Regeltypen zählen P2P, Backdoor, Distibuted Denial of Service (DDos)-Angriffe, Web-Angriffe, Viren und viele andere. Diese Regeln sind einer Nummer zugeordnet, die als Typ eines Angriffs oder Exploits erkannt und als Sensor-ID (SID) bezeichnet wird. Die SID für den SSH Banner-Angriff ist beispielsweise 1838.

Bedingt durch die steigende Popularität des Programms übernehmen andere IDS-Anbieter das Regelformat von Snort. TCPDump übernahm die Hex-Verschlüsselung für Pakete, und die Unterstützung durch die Gemeinde wächst. Sie können mindestens zwei Mailing-Listen für Snort nutzen:

- Eine für Einsatz und Anwendungsmöglichkeiten von Snort unter
  `http://lists.sourceforge.net/lists/listinfo/snort-users`

- Eine, die sich ausschließlich den Snort-Regeln widmet, unter
  `http://lists.sourceforge.net/lists/listinfo/snort-sigs`

2.3 Systemanforderungen für Snort

Bevor Sie ein System zusammenstellen, sollten Sie ein paar Dinge wissen. Erstens können die Snort-Daten eine Menge Festplattenplatz beanspruchen, und zweitens müssen Sie in der Lage sein, das System per Fernkontrolle zu überwachen. Das System, das wir (die Autoren) warten, befindet sich in unserem Maschinenraum (der sehr kalt ist und viele Treppen weiter unten liegt).

Da wir faul sind und nicht die ganzen Treppen hinabsteigen möchten, würden wir unser System gern per Fernzugriff, und zwar sicher, überwachen können. Für Linux und UNIX bedeutet dies den Einsatz von Secure Shell (SHH) und Apache mit Secure Sockets Layer (SSL). Für Windows würde es den Einsatz der Terminal Services bedeuten (mit einem begrenzten Zugriff durch Benutzer und Computer und mit Internet Information Servern [IIS]).

2.3.1 Hardware

Eines der wichtigsten Dinge, die Sie brauchen werden, und das gilt besonders, wenn Sie Snort im NIDS (Network Intrusion Detection System)-Modus ausführen, ist eine wirklich große Festplatte. Wenn Sie Ihre Daten entweder in Syslog-Dateien oder in einer Datenbank aufzeichnen, werden Sie viel Speicherplatz benötigen, um all die Daten zu speichern, die die Detection-Engine von Snort nutzt, um Regelverletzungen aufzuspüren.

Ein weitere, dringend empfohlene Hardwarekomponente für Snort ist eine zweite Ethernet-Schnittstelle. Eine der Schnittstellen ist für die typische Netzwerk-Connectivity (SSH, Web-Services usw.) erforderlich und die andere für das eigentliche »Schnüffeln« (Sniffing) von Snort. Diese Schnittstelle, auf der das Sniffing ausgeführt wird, ist Ihr »Snort-Sensor«.

Snort hat keine speziellen Hardwareanforderungen, die nicht auch Ihr Betriebssystem für seine Ausführung stellen würde. Wenn Sie eine beliebige Anwendung mit einem schnelleren Prozessor ausführen, wird die Anwendung in der Regel dadurch freilich schneller. Bei der Datenmenge, die Sie sammeln können, sind Sie jedoch durch Ihre Netzwerkverbindung und die Größe Ihrer Festplatte eingeschränkt.

Und Sie benötigen auch eine Netzwerkkarte (NIC) in einer angemessenen Größe, um die korrekte Menge an Netzwerkpaketen zu sammeln. Wenn Sie beispielsweise auf einem 100MB-Netzwerk arbeiten, benötigen Sie eine 100MB-NIC, um die korrekte Menge an Daten sammeln zu können. Andernfalls verpassen Sie Pakete und können Alarme somit nicht korrekt sammeln.

Darüber hinaus benötigen Sie eine Festplatte in angemessener Größe, um Ihre Daten zu speichern. Wenn Ihre Festplatte zu klein ist, besteht die Gefahr, dass Alarme weder in eine Datenbank noch in die zugehörigen Log-Dateien geschrieben werden können. Beispielsweise nutzen die Autoren für einen einzelnen Snort-Sensor eine 9GB-Partition für /var.

Betriebssystem

Snort wurde als Lightweight-Network Intrusion System konzipiert. Derzeit ist Snort auf x86-Systemen unter Linux, FreeBSD, NetBSD, OpenBSD und Windows lauffähig. Weitere unterstützte Systeme sind Sparc Solaris, PowerPC MacOS X und MKLinux sowie PA-RISC HP-UX. Snort läuft mittlerweile quasi auf jedem modernen BS.

Oink!

Anwender können regelrecht in religiöse Kriege über die Frage geraten, welches BS das Beste sei. Da *Sie* aber der Administrator des Systems sein werden, sollten Sie auch das BS wählen, das am besten Ihren Bedürfnissen, Ihren Fähigkeiten und Ihrer Umgebung entspricht.

Es gibt anhaltende Diskussionen hinsichtlich des besten Betriebssystems für Snort. Vor kurzer Zeit verfügten die *BSD-Systeme noch über einen besseren IP-Stack. Seit Linux jedoch mit dem 2.4-Kernel ausgestattet ist, sind die IP-Stacks vergleichbar. Das bevorzugte BS der Autoren ist NetBSD, aber treffen Sie Ihre eigene Entscheidung.

Weitere Software

Nachdem Sie das Basis-BS installiert haben, können Sie loslegen. Stellen Sie vor der Installation sicher, dass alle erforderlichen Komponenten zur Verfügung stehen:

- autoconf und automake*
- gcc*
- lex und yacc (oder die GNU-Implementierungen flex bzw. bison)
- die neueste Version der libcap von tcpdump.org

Oink!

Diese Komponenten sind nur erforderlich, wenn Sie Quell-Code kompilieren möchten. Wenn Sie die Linux-RPMs oder Debian-Pakete nutzen, sind sie nicht erforderlich.

Es gibt weitere optionale Software, die Sie installieren können. Dazu zählt:

- MySQL, Postgres oder Oracle (SQL-Datenbanken)

- smbclient, wenn Sie WinPopup-Meldungen nutzen

- Apache oder einen anderen Webserver

- PHP oder Perl, wenn Sie mit Plugins arbeiten, die diese Sprachen benötigen

- SSH für den Fernzugriff (oder Terminal Server für Windows)

- Apache mit SSL-Fähigkeiten für die Überwachung (oder IIS für Windows)

Weitere Einzelheiten zur Installation finden Sie in Kapitel 3, »Installieren von Snort«.

2.4 Funktionen von Snort

Snort hat viele Funktionen, die seine Leistungsfähigkeit begründen: Packet-Sniffer, Packet-Logger und Intrusion Detection. Bevor Sie die Merkmale von Snort untersuchen, sollten Sie sich mit der Architektur von Snort vertraut machen. Snort verfügt über zahlreiche wichtige Komponenten. Die meisten werden über Plugins eingefügt, mit denen Sie Ihre Snort-Implementierung anpassen können. Zu diesen Komponenten zählen Präprozessor- und Alarm-Plugins, durch die Snort ein Paket manipulieren kann, um die Inhalte für die Detection-Engine verwaltbarer zu machen, sowie das Alarmsystem, das seine Ausgaben mit verschiedenen Methoden senden kann.

Snort kann verschiedene einfache Aufgaben ausführen, wenn Sie aber die Architektur verstehen, wird die Arbeit mit Snort viel sinnvoller. Die vier Basiskomponenten von Snort sind:

- Der Sniffer

- Der Präprozessor

- Die Detection-Engine

- Die Ausgabe

In seiner grundlegenden Form ist Snort ein Packet-Sniffer. Es ist jedoch darauf ausgerichtet, Pakete aufzunehmen und diese durch den Präprozessor zu verarbeiten. Dann werden die Pakete (durch die Detection-Engine) gegen eine Reihe von Regeln geprüft.

Abbildung 2.1 zeigt eine abstrahierte Ansicht der Snort-Architektur. In der ursprünglichen Form kann die Snort-Architektur mit einem mechanischen Münzsortiersystem verglichen werden.

1. Es nimmt alle Münzen (Pakete vom Netzwerk-Backbone) auf.

2. Dann sendet es die Münzen durch eine Art Schüttelrinne, um zu bestimmen, ob es sich wirklich um Münzen handelt und wie sie eingerollt werden sollen (der Präprozessor).

3. Im nächsten Schritt werden die Münzen nach dem Münztyp sortiert. Dies geschieht für die Speicherung der verschiedenen Münztypen, z. B. Cent und Euro (beim IDS ist dies die Detection-Engine).

4. Schließlich ist es die Aufgabe des Administrators, zu entscheiden, was mit den Münzen geschehen soll – gewöhnlich werden sie eingerollt und dann gelagert (Logging und Datenbankspeicherung).

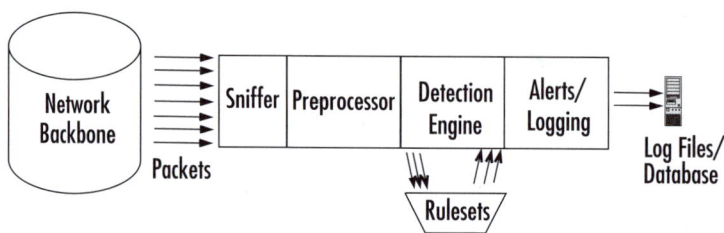

Abb. 2.1: Die Architektur von Snort

Der Präprozessor, die Detection-Engine und die Alarmkomponenten von Snort sind allesamt Plugins. Plugins sind Programme, die kompatibel mit der Plugin-API von Snort sind. Diese Programme waren einst Teil des Kern-Codes von Snort. Sie wurden jedoch getrennt, damit Änderungen an dem Kernquell-Code zuverlässiger und einfacher erfolgen können.

2.4.1 Packet-Sniffer

Bei einem Packet-Sniffer handelt es sich um ein System (Hard- oder Software), das Netzwerke »anzapft«. Das Vorgehen ist vergleichbar mit Anzapfen von Telefonleitungen, doch statt für Voice-Netzwerke wird es für Datennetzwerke verwendet. Ein Netzwerk-Sniffer ermöglicht einer Anwendung oder einem Hardwaregerät das Abhören des Netzwerkdatenverkehrs. Im Falle des Internet besteht dieser gewöhnlich aus IP-Traffic, es kann jedoch auch anderer Traffic sein, wie z. B. IPX- und AppleTalk-Traffic.

Da IP-Traffic aus verschiedenen Netzwerk-Traffic-Typen besteht, z. B. TCP, UDP, ICMP, Routing-Protokollen und IPSec, analysieren viele Sniffer die verschiedenen Netzwerkprotokolle, um die Pakete in ein für den Menschen lesbares Format umzusetzen.

Packet-Sniffer haben verschiedene Anwendungsgebiete:

- Netzwerkanalyse und Fehlerbehebung (Troubleshooting)

- Leistungsanalysen und Benchmarking

- Abhorchen nach Klartextkennworten und anderen interessanten Datenstückchen

Wenn Sie Ihren Netzwerkverkehr verschlüsseln, können Sie verhindern, dass Ihre Pakete ausspioniert und in etwas Lesbares gewandelt werden. Wie jedes Netzwerk-Tool können Packet-Sniffer sowohl zu guten oder böswilligen Aktionen verwendet werden.

Wie bereits erwähnt, benannte Marty Roesch die Anwendung so, weil sie nicht nur schnüffelt – sie »schnaubt und wühlt«. Der Sniffer muss so konfiguriert werden, dass er möglichst vieler Pakete habhaft wird. Als Sniffer kann Snort die Pakete für die spätere Verarbeitung und Anzeige als Packet-Logger speichern. Abbildung 2.2 illustriert die Packet-Sniffing-Fähigkeit von Snort.

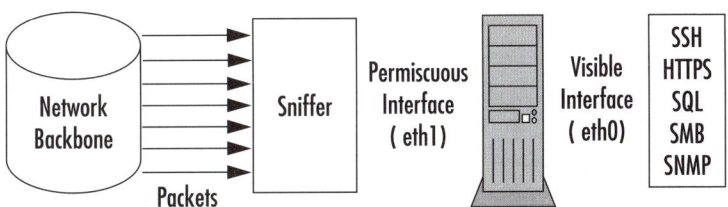

Abb. 2.2:   Die Packet-Sniffing-Funktion von Snort

2.4.2 Präprozessor

An diesem Punkt hat das Münzsortiersystem alle Münzen (Pakete vom Netzwerk) gesammelt, derer es habhaft werden konnte. Nun müssen die Pakete durch die Schüttelrinne gesendet werden. Bevor die Münzen gerollt werden (die Detection-Engine), muss das Münzsortiersystem feststellen, ob es sich auch um Münzen handelt.

Dies erfolgt durch den Präprozessor. Der Präprozessor nimmt die rohen Pakete und prüft sie gegen bestimmte Plugins (z. B. ein RPC-Plugin oder ein Portscan-Plugin). Die Plugins überprüfen die Pakete auf ein bestimmtes Verhalten. Sobald das Paket einem bestimmten Verhaltenstyp zugeordnet wurde, wird es an die Detection-Engine gesendet. Die Abbildung 2.3 zeigt, wie der Präprozessor seine Plugins zur Überprüfung eines Pakets nutzt.

Hier handelt es sich um ein großartiges Feature für ein IDS, da andere Plugins nach Bedarf auf der Präprozessorebene aktiviert bzw. deaktiviert werden können. Sie können beispielsweise bestimmen, dass der RPC-Traffic, der aus irgendwelchen Gründen in Ihr Netzwerk eingeht, keine Rolle für Sie spielt. Also deaktivieren Sie das entsprechende Plugin und nutzen andere.

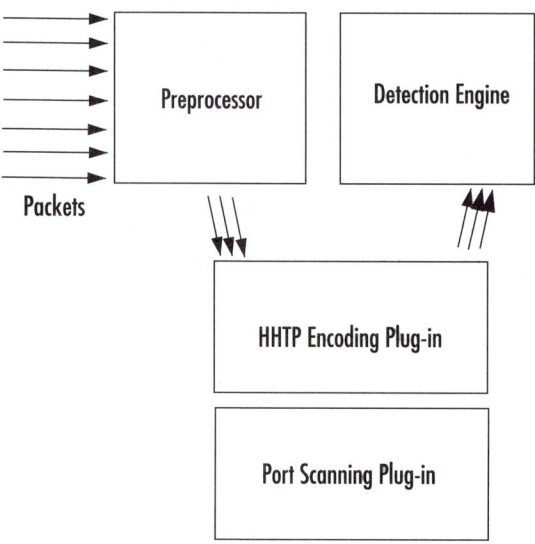

Packets

Abb. 2.3:   Der Präprozessor von Snort

2.4.3   Detection-Engine

Die Detection-Engine ist der Kernpunkt im IDS von Snort. Die Detection-Engine übernimmt die Daten, die vom Präprozessor und seinen Plugins kommen. Diese Daten werden gegen eine Reihe von Regeln geprüft. Wenn die Regeln den Daten in dem Paket entsprechen, werden Sie an den Alarmprozessor gesendet.

An früherer Stelle in diesem Kapitel wurde Snort als signatur-basierendes IDS beschrieben. Die signatur-basierende IDS-Funktion erfolgt mit Hilfe von verschiedenen Regelsätzen. Diese Regelsätze sind nach Kategorien (Trojanische Pferde, Buffer Overflows, Zugriff auf verschiedene Anwendungen) gruppiert und werden regelmäßig aktualisiert.

Die Regeln selbst bestehen aus zwei Teilen:

- **Regel-Header**   Der Regel-Header enthält im Wesentlichen die auszuführende Aktion (Log oder Alarm), den Typ des Netzwerkpakets (TCP, UDP, ICMP usw.), Quell- und Zieladressen sowie Ports.

- **Regel-Option**   Die Option ist der Paketinhalt, durch dessen Vergleich das Paket der Regel entsprechen soll.

Die Detection-Engine und ihre Regeln stellen den größten Block dar, wenn Sie den Umgang mit Snort verstehen und lernen möchten (sicherlich ist dies auch der schwierigste Teil). Snort verwendet im Zusammenhang mit den Regeln eine spezielle Syntax. Zur Regelsyntax können der Protokoll-Typ, der Inhalt, die Länge, der Header und andere Elemente des Pakets gehören, einschließlich der Garbage-Zeichen für das Definieren von Buffer Overflow-Regeln.

Wenn Sie den Umgang mit und das Schreiben von Snort-Regeln erlernt haben, können Sie die IDS-Funktionalität feiner abstimmen und an Ihre Wünsche anpassen. Sie können Regeln definieren, die speziell für Ihre Umgebung von Nutzen sind, und Sie können beliebige Anpassungen vornehmen.

Die Detection-Engine ist der Teil des Münzsortiersystems, der die Münzen sortiert nach Typ einrollt. Die gängigsten europäischen Münzen sind Euro und Cent. Sie könnten aber auch eine Münze finden, die nicht in das Schema passt, wie etwa einen amerikanischen Kennedy Half-Dollar. Diesen würden Sie aussortieren und verwerfen. Dies wird in Abbildung 2.4 illustriert.

Weitere Informationen zu Snort-Regeln finden Sie in Kapitel 5, »Spiel nach Regeln«.

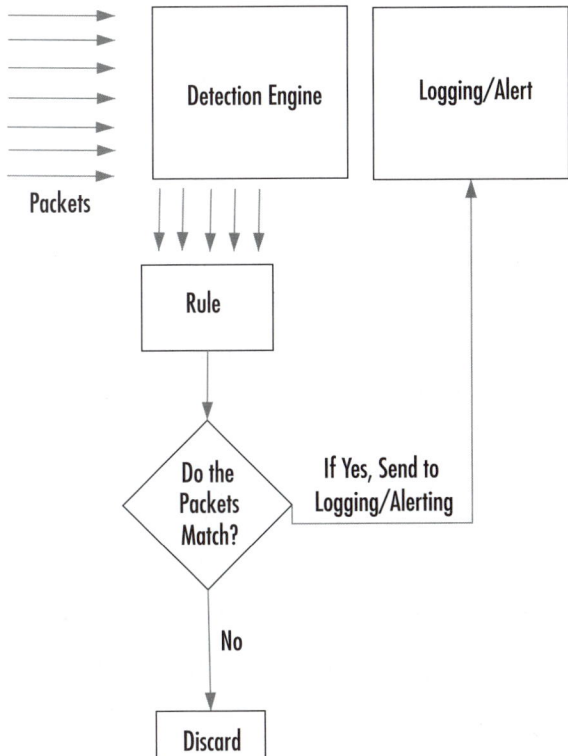

Abb. 2.4:   Die Detection-Engine von Snort

2.4.4 Alarmierungs-/Logging-Komponenten

Nachdem die Snort-Daten die Detection-Engine durchlaufen haben, müssen Sie weitergeleitet werden. Entsprechen die Daten einer in der Detection-Engine hinterlegten Regel, wird ein Alarm ausgelöst. Alarme können in eine Log-Datei, über eine Netzwerkverbindung, über UNIX-Sockets oder Windows Popup (SMB), oder an SNMP-Traps gesendet werden. Die Alarme können ebenso in einer SQL-Datenbank wie MySQL und Postgres gespeichert werden.

Darüber hinaus gibt es noch eine Reihe anderer Werkzeuge, die Sie an dieser Stelle mit Snort nutzen können. Darunter befinden sich verschiedene Plugins für Perl, PHP und auch Webserver, um die Logs über eine Web-Oberfläche anzeigen zu können. Logs werden entweder in Textdateien (standardmäßig in /var/log/snort) oder einer Datenbank wie MySQL und Postgres gespeichert.

Wie die Detection-Engine und der Präprozessor nutzt die Alarmkomponente Plugins, um Alarme an Datenbanken und über Netzwerkprotokolle wie SNMP-Traps und WinPop-Meldungen zu senden. In Abbildung 2.5 sehen Sie eine Illustration der Funktionsweise.

Zusätzlich können Snort-Alarmmeldungen mit Syslog-Tools wie Swatch per E-Mail gesendet werden, um den Systemadministrator in Echtzeit zu benachrichtigen. So muss niemand die Snort-Ausgabe Tag und Nacht überwachen.

In Tabelle 2.1 finden Sie ein Beispiel für nützliche Programme und Tools von Drittanbietern. Weitere Informationen zum Umgang mit den Snort-Daten finden Sie in Kapitel 8, »Tools für die Datenanalyse«.

Ausgabe-Viewer	URL	Beschreibung
SnortSnarf	`www.silicondefense.com/software/snortsnarf`	Ein Snort-Analysesystem von Silicon Defense, das für die Diagnose eingesetzt wird. Die Ausgabe erfolgt im HTML-Format.
Snortplot.php	`www.snort.org/dl/contrib/data_analysis/snortplot.pl`	Ein Perl-Skript, das die Angriffe grafisch darstellt.
Swatch	`http://swatch.sourceforge.net`	Ein Echtzeit-Syslog-Monitor, der auch Echtzeitalarme per E-Mail zur Verfügung stellt.
ACID	`http://acidlab.sourceforge.net`	Die Analyse-Konsole für Intrusion-Datenbanken. Bietet eine Logging-Analyse für Snort. Erfordert PHP, Apache und das Snort-Datenbank-Plugin. Da diese Informationen gewöhnlich sensibel sind, wird dringend empfohlen, dass Sie diese mittels mod_ssl mit Apache oder Apache-SSL verschlüsseln.

Tabelle 2.1:   Nützliche Snort-Addons

Ausgabe-Viewer	URL	Beschreibung
Demarc	`www.demarc.com`	Eine kommerzielle Anwendung, die über eine ACID-ähnliche Oberfläche verfügt. Auch hier ist Perl erforderlich, und die Verschlüsselung der Demarc-Sitzungen wird ebenfalls dringend empfohlen.
Razorback	`www.intersectal-liance.com/projects/RazorBack/index.html`	Ein GNOME/X11-basierendes Echtzeit-Log-Analyseprogramm für Linux.
Incident.pl	`www.cse.fau.edu/~valankar/incident`	Ein Perl-Skript, das Berichte über Vorkommnisse aus einer Snort-Log-Datei erstellt.
Loghog	`http://source-forge.net/projects/loghog`	Ein proaktives Snort-Log-Analyseprogramm, das die Ausgabe übernimmt und Alarme als E-Mails senden oder Traffic durch Konfigurieren von IPTables-Regeln blockieren kann.
Oinkmaster	`www.algonet.se/~nitzer/oinkmaster`	Ein Tool, mit dem Sie Ihre Regeln aktuell halten können.
SneakyMan	`http://sneak.sourceforge.net`	Ein GNOME-basierendes Snort-Regelkonfigurations-Tool.
SnortReport	`www.circuitsmaximus.com/download.html`	Ein Addon-Modul, das in Echtzeit Intrusion Detection-Berichte generiert.

Tabelle 2.1: Nützliche Snort-Addons (Forts.)

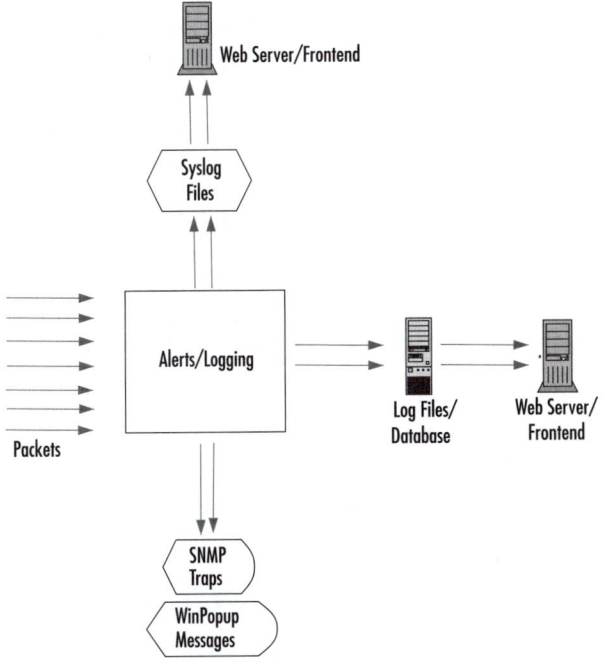

Abb. 2.5: Die Alarm-Komponente von Snort

2.5 Einsatz von Snort auf Ihrem Netzwerk

Ihr IDS kann bloß ein Snort-System nutzen. Sie können aber auch mehrere einsetzen, wenn Sie Redundanz benötigen. Es ist beispielsweise möglich, dass Sie die Aufgabe der Netzwerküberwachung auf mehrere Hosts verteilen. Der größte Vorteil dieser Task-Aufteilung ist die Redundanz – wenn ein Element des Systems ausfällt, kann das Netzwerk weiterhin überwacht und geschützt werden.

Die zuvor beschriebene Netzwerkstruktur kann für *aktives* und *passives Überwachen* verwendet werden. Bei der passiven Überwachung wird lediglich der Netzwerkverkehr abgehört und protokolliert. Das aktive Überwachen erfüllt folgende Aufgaben:

- Überwachen des Verkehrs und anschließendes Senden von Alarmen hinsichtlich des entdeckten Verkehrs

- Tatsächliches Abfangen und Blockieren des Verkehrs

Snort wird hauptsächlich für die aktive Überwachung verwendet. Führen Intrusion Detection-Anwendungen nicht auch signatur-basierende und anomalie-basierende Detection aus? Signatur-basierende Detection bedeutet, im Vorfeld zu definieren, wie ein Angriff aussieht, und dann die Netzwerküberwachungssoftware so zu konfigurieren, dass sie nach dieser Signatur sucht. Anomalie-basierende Detection erfordert, dass das IDS tatsächlich das Netzwerk abhört und Beweise für »normalen« Traffic sucht. Wenn dann Traffic erfolgt, der scheinbar anders ist, reagiert das IDS beispielsweise mit einer Alarmierung des Netzwerkadministrators.

Es ist erstaunlich, wie hilfreich ein Snort-NIDS sein kann, nachdem ein System kompromittiert wurde. Auf der anderen Seite ist es auch frustrierend, wenn das Snort-System einen möglichen Angriff nicht protokolliert. Zur Untersuchung soll ein möglicher Angriff dienen: der IMAP Login Overflow-Angriff. In diesem Fall versucht der Angreifer, einen Buffer Overflow zu erzeugen, um remote ein Root-Exploit zu verursachen.

Snort kann Sie informieren, wenn jemand ein IMAP-Paket sendet, das die Signatur eines IMAP Login-Overflow enthält. Abhängig von Ihrer Snort-Konfiguration, können Sie entweder die Ausgabe überwachen oder sich per E-Mail benachrichtigen lassen. Prinzipiell brauchen Sie Ihr Netzwerk nicht persönlich überwachen und werden dennoch informiert, wenn ein Angreifer in Ihr System einbricht und weitere Aktionen plant.

Die Regel zum Erkennen dieses Angriffs lautet:

```
alert tcp $EXTERNAL_NET any -> $HOME_NET 143 (msg:"IMAP login buffer \
    overflow attempt"; flow:established,to_server; content:"LOGIN";     \
    content:"{"; distance:0; nocase;                                    \
    byte_test:5,>,256,0,string,dec,relative; reference.buglraq,6298;    \
    classtype:misc-attack; sid:1993; rev:1;)
```

Diese Regel überprüft, ob es Pakete vom externen Netzwerk (definiert durch *EXTERNAL_NET*) zu irgendeinem System auf dem internen Netzwerk (definiert durch *HOME_NET*) auf Port 143 (der IMAP-Port) gibt. In der Variablen *msg* wird definiert, welche Meldung als Snort-Alarm gesendet wird. Die restliche Information bezieht sich auf den Inhalt des Pakets. Es gibt Definitionen zum Angriffstyp (*misc-attack*), zur SID-Nummer (*1993*) und den Bugtraq (www-securityfocus.com)-Verweis für Angriff *6298* (den Sie unter www.securityfocus.com/bid/6298) finden.

Oink!

Weitere Informationen zu Regeln und der Detection-Engine finden Sie in Kapitel 5.

Und dann ist da die andere Seite: Snort erkennt einen Angriff auf Ihr System nicht. Nehmen Sie ein anderes UNIX-System, das Sie nutzen. Beispielsweise eins, das Apache mit Front Page-Extensions ausführt. Jemand findet einen neuen Overflow bezogen auf FrontPage, für den es bisher noch keine Snort-Regel gibt – und dann hat er Sie erwischt. Ganz abgesehen davon, dass Ihre Sicherheitslösung Ihnen bei dem Angriff keinerlei Hilfe leistete.

2.5.1 Einsatzgebiete für Snort

Snort hat drei Haupteinsatzgebiete:

- Als Packet-Sniffer

- Als Packet-Logger

- Als NIDS

Alle Einsatzgebiete stehen in Beziehungen zueinander, sie bauen aufeinander auf. Es ist jedoch einfacher, wenn Sie den Packet-Sniffer und den Packet-Logger in eine Kategorie fassen – im Wesentlichen geht es um dieselbe Funktionalität. Der Unterschied ist, dass Sie mit der Logging-Funktionalität die Pakete in einer Datei speichern können. Umgekehrt können Sie die Paket-Logs mit Snort auch lesen.

Verwenden von Snort als Packet-Sniffer und -Logger

In der grundlegenden Form ist Snort ein Packet-Sniffer. Mit dieser Aussage lässt es sich am einfachsten beginnen. Die Kommandozeilenschnittstelle für die Aktivierung des Packet-Sniffing lässt sich leicht merken:

```
# snort -d -e -v
```

Bitte beachten Sie, das die Option *-v* obligatorisch ist. Wenn Sie Snort auf der Kommandozeile ohne jegliche Optionen ausführen, sucht das Programm nach der Konfigurationsdatei (.snortc) in Ihrem Home-Verzeichnis. Weitere Informationen zu Snort-Konfigurationsdateien finden Sie in Kapitel 3.

Tabelle 2.2 listet die Snort-Optionen mit ihren Funktionen auf.

Option	Funktion
-v	Snort wird in den Packet-Sniffing-Modus versetzt (nur TCP-Header)
-d	Einschließen der Header aller Netzwerkschichten (TCP, UDP und ICMP)
-e	Einschließen der Header der Datenverbindungsschicht

Tabelle 2.2:   Snort-Basisoptionen für Packet-Sniffing und -Logging

Sie können die Optionen *-d* und *-e* nicht ohne die gleichzeitige Nutzung der Option *-v* verwenden. Wenn Sie es dennoch ausprobieren, erhalten Sie die gleiche Ausgabe als würden Sie *snort* ganz ohne Optionen nutzen:

```
florida:/usr/share/doc/snort-doc# snort -de
Log directory = /var/log/snort

Initializing Network Interface eth0
using config file /root/.snortrc
Parsing Rules file /root/.snortrc


++++++++++++++++++++++++++++++++++++++++++++++++++++++
Initializing rule chains...
ERROR: Unable to open rules file: /root/.snortrc or /root//root/.snortrc
Fatal Error, Quitting..
```

Wenn Sie *snort* mit der Option *–v* ausführen, erhalten Sie folgende Ausgabe:

```
florida:/usr/share/doc/snort-doc# snort –v
Log directory = /var/log/snort

Initializing Network Interface eth0

    --== Initializing Snort ==--
Decoding Ethernet on interface eth0

    --== Initialization Complete ==--

01/22-20:27:44.272934 192.168.1.1:1901 -> 239.255.255.250:1900
UDP TTL:150 TOS:0x0 ID:0 IpLen:20 DgmLen:297
```

```
Len: 277
=+=+=+=+=+=+=+=+=+=+=+=+=+=+=+=+=+=+=+=+=+=+=+=+=+=+=+=+=+=+=+=+=+=+

01/22-20:27:44.273807 192.168.1.1:1901 -> 239.255.255.250:1900
UDP TTL:150 TOS:0x0 ID:1 IpLen:20 DgmLen:353
Len: 333
=+=+=+=+=+=+=+=+=+=+=+=+=+=+=+=+=+=+=+=+=+=+=+=+=+=+=+=+=+=+=+=+=+=+
[]
```

Nach einer Weile läuft der Text über Ihren Bildschirm. Wenn Sie [Strg]+[C] drücken, erhalten Sie eine Ausgabeübersicht, die die von Snort gesammelten Pakete nach Netzwerktyp (TCP, UDP, ICMP, IPX), Datenverbindungsinformationen (einschließlich ARP), Wireless Paketen und möglichen Paketfragmenten zusammenfasst.

```
Snort analyzed 56 out of 56 packets, dropping 0(0.000%) packets
Breakdown by protocol:        Action Stats:
     TCP: 0      (0.000%)       ALERTS: 0
     UDP: 44     (78.571%)      LOGGED: 0
    ICMP: 0      (0.000%)       PASSED: 0
     ARP: 1      (1.786%)
   EAPOL: 0      (0.000%)
    IPv6: 0      (0.000%)
     IPX: 0      (0.000%)
   OTHER: 11     (19.643%)
 DISCARD: 0      (0.000%)

==============================================================

Wireless Stats:
Breakdown by type:
    Management Packets: 0    (0.000%)
    Control Packets:    0    (0.000%)
    Data Packets:       0    (0.000%)

==============================================================

Fragmentation Stats:
Fragmented IP Packets: 0   (0.000%)
    Fragment Trackers: 0
    Rebuilt IP Packets: 0
    Frag elements used: 0
Discarded(incomplete): 0
    Discarded(timeout): 0
  Frag2 memory faults: 0

==============================================================
```

```
TCP Stream Reassembly Stats:
    TCP Packets Used: 0        (0.000%)
    Stream Trackers:  0
    Stream flushes:   0
    Segments used:    0
    Stream4 Memory Faults: 0
========================================================================
Snort received signal 2, exiting
```

Da dies für das Überprüfen der Paket-Daten nicht sehr sinnvoll ist, soll Snort nun
mit der Option *-dev* ausgeführt werden, um so die meisten Informationen zu liefern:

```
florida:/usr/share/doc/snort-doc# snort -dev
Log directory = /var/log/snort

Initializing Network Interface eth0

    --== Initializing Snort ==--
Decoding Ethernet on interface eth0

    --== Initialization Complete ==--

01/22-20:28:16.732371 0:4:5A:F2:F7:84 -
> 1:0:5E:7F:FF:FD type:0x800 len:0x5B
131.215.183.30:57535 -
> 239.255.255.253:427 UDP TTL:254 TOS:0x0 ID:26121 IpLen:20 DgmLen:77
Len: 57
02 01 00 00 31 20 00 00 00 00 73 70 00 02 65 6E   ....1 ....sp..en
00 00 00 17 73 65 72 76 69 63 65 3A 64 69 72 65   ....service:dire
63 74 6F 72 79 2D 61 67 65 6E 74 00 00 00 00 00   ctory-agent.....
00                                            .

=+=+=+=+=+=+=+=+=+=+=+=+=+=+=+=+=+=+=+=+=+=+=+=+=+=+=+=+=+=+=+=+=+=+=+=+

01/22-20:28:18.354830 0:4:5A:F2:F7:84 -
> 1:0:5E:0:0:2 type:0x800 len:0x3E
131.215.184.253:1985 -
> 224.0.0.2:1985 UDP TTL:2 TOS:0x0 ID:0 IpLen:20 DgmLen:48
Len: 28
00 00 10 03 0A 78 01 00 63 69 73 63 6F 00 00 00   .....x..cisco...
83 D7 B8 FE                                   ....

=|=|=|=|=|=|=|=|=|=|=|=|=+=+=+=+=+=+=+=+=+=+=+=+=+=+=+=+=+=+=+=+=+=+=+=+
```

Wenn Sie zuvor TCPDump genutzt haben, sehen Sie nun, dass die Ausgabe von Snort in diesem Modus recht ähnlich ist. Es ist im Allgemeinen eine recht typische Ausgabe für einen Sniffer.

```
{date}-{time} {source-hw-address} -> {dest-hw-address} {type}
{length} {source-ip-address:port} -> {destination-ip-
address:port} {protocol} {TTL} {TOS} {ID} {IP-length}
{datagram-length} {payload-length} {hex-dump} {ASCII-dump}
```

All diese gesammelten Informationen sind sehr nützlich. Snort kann die Daten in einer Datei ablegen oder auf der Standardausgabe anzeigen. Snort verfügt über einen integrierten Packet-Logging-Mechanismus, mit dem Sie Daten in einer Datei sammeln, in Verzeichnisse sortieren oder als binäre Datei speichern können.

Der Befehl für die Nutzung der Packet-Logging-Funktion ist recht einfach:

```
# snort -dev -l {logging-directory} -h {home-subnet-slash-notation}
```

Wenn Sie die Daten im Verzeichnis /var/adm/snort/logs mit dem Home-Subnetz 10.1.0.0/24 ablegen wollten, müssen Sie folgenden Befehl ausführen:

```
# snort -dev -l /var/adm/snort/logs -h 10.1.0.0/24
```

Möchten Sie die Daten jedoch im binären Format protokollieren, brauchen Sie all die Optionen nicht. Das binäre Format wird als eine TCPDump-formatierte Datendatei bezeichnet. Neben Snort nutzen viele andere Packet-Sniffer das TCPDump-Datenformat.

Das binäre Format für Snort macht die Paketsammlung wesentlich schneller, da Snort die Daten nicht sofort in ein vom Menschen lesbares Format umwandeln muss. Sie benötigen nur zwei Optionen: die Option -L für die binäre Log-Datei und die Option -b für die binäre Ausgabe.

Führen Sie für das binäre Packet-Logging folgenden Befehl aus:

```
# snort -b -L {log-file}
```

Bei jeder Log-Datei hängt Snort an den angegebenen Dateinamen einen Zeitstempel an.

Schön, dass Sie diese Daten sammeln können. Wie aber können sie gelesen werden? Dazu müssen Sie die Daten wieder durch eine Filteroptionen aufbereiten. Sie haben zusätzlich die Möglichkeit, die Daten über TCPDump oder Ethereal anzuzeigen, da diese dasselbe Datenformat nutzen.

```
# snort [-d|e] -r {log-file} [tcp|udp|icmp]
```

Der letzte Punkt in der Zeile ist optional, wenn Sie die Pakete nach Pakettyp (z. B. TCP) filtern möchten. Wenn Sie noch weiter von den Snort-Packet-Logging-Funktionen profitieren möchten, können Sie Snort zusammen mit dem Berkeley Packet Filter (BPF) verwenden.

```
# snort -vd -r <file> <bpf_filter>
```

Mit BPF lassen sich Pakete auf Kernel-Ebene filtern. Dies kann die Leistung von Netzwerk-Sniffern und -Loggern optimieren. Die Pakete werden mit der besten Performance eliminiert, da dies auf einer so niedrigen Ebene des Betriebssystems geschieht.

Es folgen einige Beispiele für BPF-Filter. Sie werden gewöhnlich zum Ignorieren von Paketen eingesetzt und arbeiten mit Ausdrücken (and, or, not).

Wenn Sie den gesamten Traffic zu einem Host ignorieren möchten:

```
# snort -vd -r <file> not host 10.1.1.254
```

Wenn Sie den gesamten Traffic vom Netzwerk 10.1.1.0 zum Ziel-Port 80 ignorieren möchten:

```
# snort -vd -r <file> src net 10.1.1 and dst port 80
```

Wenn Sie den gesamten Traffic, der von Host 10.1.1.20 stammt und für Port 22 gedacht ist, ignorieren möchten:

```
# snort -vd -r <file> not host 10.1.1.20 and src port 22
```

Verwenden von Snort als NIDS

Nun, da Sie die Basisoptionen von Snort kennen, erfahren sie, wo das IDS ins Spiel kommt. Um Snort als IDS auszuführen, müssen Sie der Packet-Logging-Funktion lediglich eine weitere Komponente hinzufügen: die Konfigurationsdatei.

```
# snort -dev -l /var/adm/snort/logs -h 10.1.0.0/24 -c /root/mysnort.conf
```

Ihre Snort-Regeln befinden sich in der Konfigurationsdatei. Die Regeln lösen letztendlich den Alarm aus. Weitere Informationen zu Regeln erhalten Sie in Kapitel 5.

2.5.2   Snort und Ihre Netzwerkarchitektur

Wie können Sie Snort so nützlich wie möglich einsetzen? Sie platzieren das/die Snort-System(e) dort auf Ihrem Netzwerk, wo der beste Nutzen zu erwarten ist. Wo das ist, hängt von verschiedenen Faktoren ab, von der Größe Ihres Netzwerks und von dem Budget, das Ihnen Ihre Geschäftsleitung für die Snort-Systeme zur Verfügung stellt.

Wenn Ihnen nicht ausreichend Geld zur Verfügung gestellt wird, damit Sie genügend Snort-Systeme einrichten können, um das in Abbildung 2.6 gezeigte, optimale Design zu erzielen, müssen Sie schauen, was Sie im praktischen Sinne tun können. Wenn Sie Ihre Ausgaben einschränken müssen, verzichten Sie auf das System innerhalb des Routers, und stellen Sie sicher, dass sie die Snort-Systeme innerhalb der Subnetze, die Sie schützen möchten, platzieren.

Viele Netzwerkadministratoren richten einen Screening-Router ein. Auf diese Weise kann der Router als Poor-Man's-Firewall arbeiten und Pakete auf der Netzwerkebene gewöhnlich über ihre Well-Known-Ports stoppen. Das Problem hier ist, dass viele Pakete durch andere Ports neu geroutet werden können.

Wenn ein Paket Ihren Screening-Router jedoch passieren kann, könnte dies eine gute Stelle zum Platzieren Ihres IDSs sein. Dadurch können Sie das erkennen, was Sie für Angriffe halten. Sie aktivieren ein Art von Filterung, um einige der Probleme mit dem Router abzufangen. Abbildung 2.6 zeigt die IDS-Netzwerkarchitektur mit einem Screening-Router.

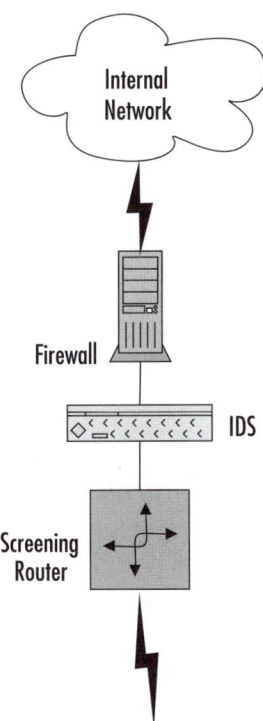

Abb. 2.6:   Eine IDS-Netzwerkarchitektur mit einem Screening-Router

In diesem Fall sollten Sie ein IDS-System innerhalb Ihrer Firewall und ein zweites zwischen Ihrem äußeren Router und Ihrer Firewall platzieren. Hier wird zudem unterstellt, dass Ihr Router auch einigen Datenverkehr über Access Lists filtert. Sie sollten kein Snort-System außerhalb Ihres Netzwerks platzieren, da dadurch Ihre False/Positive-Rate erhöht werden und Ihr Snort-System anfälliger für Angriffe würde. Abbildung 2.7 illustriert das Szenario. Am wichtigsten ist das Snort-System innerhalb Ihrer Firewall. Es ist das System, das Sie häufig auf Angriffe hin überwachen sollten. Dieses System sollte nur Alarme bei möglichen echten Angriffen und weniger falsche Alarme, oder False/Positives, auslösen Das Snort-System zwischen Ihrem Router und Ihrer Firewall wird Sie jedoch auch mit nützlichen Informationen versorgen – besonders nachdem ein System korrumpiert wurde.

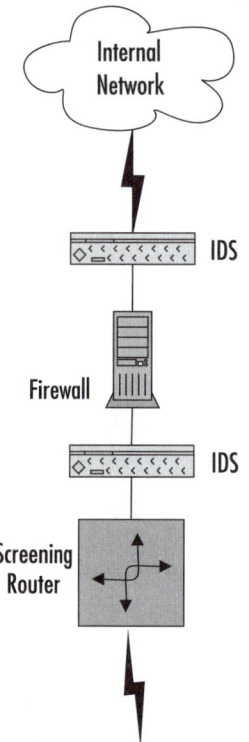

Abb. 2.7:   Ein durch eine Firewall geschütztes Netzwerk mit Snort-Systemen

Viele Netzwerkarchitekturen verfügen jedoch über eine Demilitarized Zone (DMZ, Demilitarisierte Zone), um öffentliche Dienste wie Webserver, FTP-Server und Anwendungs-Server zur Verfügung zu stellen. DMZs können auch für ein Extranet (wobei es sich um eine halb-vertraute Verbindung zu einem anderen Unternehmen handelt), doch hier bleibt es bei der DMZ-Architektur mit öffentlichen Servern. Dies wird in Abbildung 2.8 illustriert.

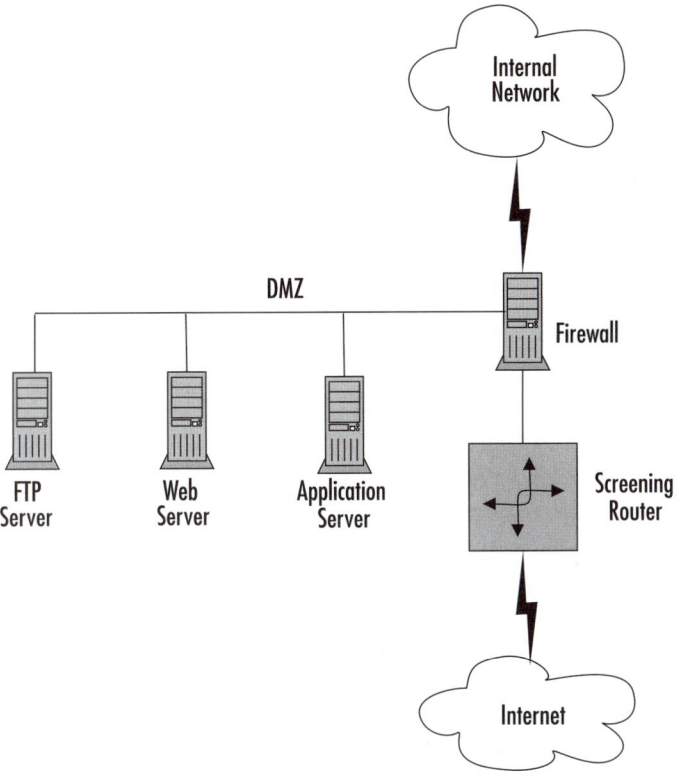

Abb. 2.8: Ein durch eine Firewall geschütztes Netzwerk mit einer DMZ

In diesem Fall sollten Sie drei Snort-Systeme einsetzen. Eins innerhalb des Routers, eins innerhalb der DMZ und eins innerhalb der Firewall. Der Grund für das zusätzliche IDS-System liegt in dem zusätzlichen Subnetz, das Sie beschützen müssen. Eine gute Faustregel für eine optimale Anordnung Ihrer Snort-Systeme ist daher:

- Eins innerhalb des Routers
- Eins innerhalb jedes Subnetzes, das Sie beschützen möchten.

Dies wird in Abbildung 2.9 illustriert.

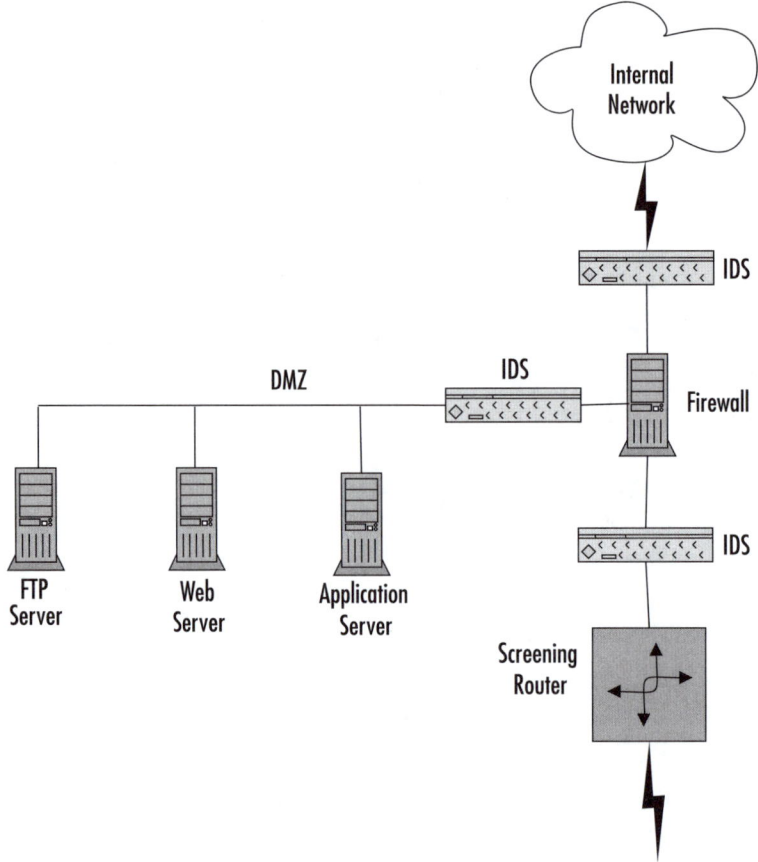

Abb. 2.9: Ein durch eine Firewall geschütztes Netzwerk mit einer DMZ und Snort

Snort und Switch-Netzwerke

Snort kann auch auf Switch-Netzwerken eingesetzt werden. Während Switches immer populärer werden, wird die Überwachung dieser Systeme mit Snort (oder einem anderen IDS) immer wichtiger. Ihr Switch kann sich entweder innerhalb Ihres Routers oder innerhalb Ihrer Firewall befinden.

Ein Switch bietet Ihnen Konfigurationsmöglichkeiten der Schicht 2 (Datenverbindungsschicht im OSI-7-Schichtenmodell), darunter Virtuelle LANs (VLANs), wodurch Sie Subnetze direkt am Switch betreiben können. Switches wurden oft als überteuerte Router genutzt. Sie sollten Ihr Geld sparen, wenn Sie die Funktionen des Switches nicht nutzen.

In diesem Fall Sie können das Snort-System direkt an den Switch anschließen. Der Switch verfügt über einen SPAN-Port (Switch Port ANalyser-Port), an den das Snort-System angeschlossen wird. Das Snort-System nutzt dann »Kopien« der Pakete, die analysiert werden sollen. Dies wird in Abbildung 2.10 illustriert.

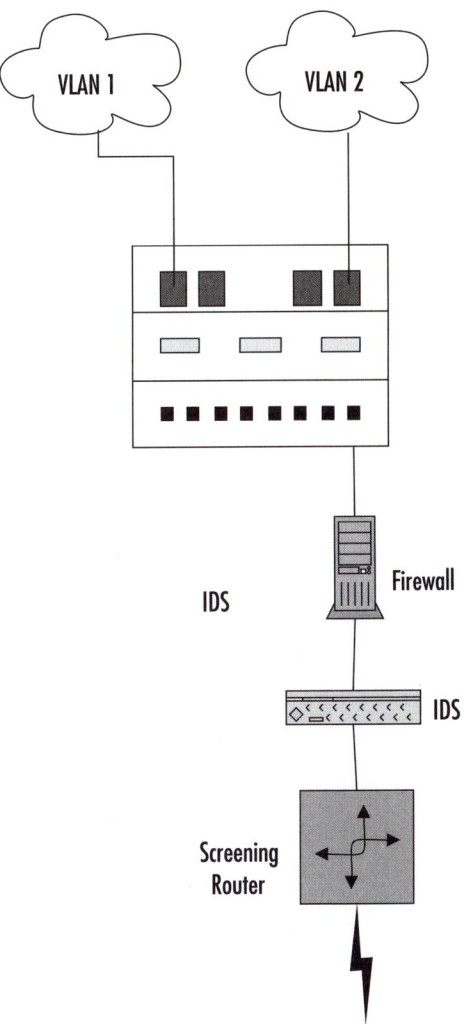

Abb. 2.10: Ein Switch-Netzwerk

In diesem Fall müssen Sie entscheiden, welche anderen Ports Sie auf Ihrem Switch mit dem SPAN-Port überwachen möchten. Gewöhnlich überwachen Sie nur einen Port, andernfalls könnten Sie den SPAN-Port überfluten. Dies kann für die Leistung Ihres Switches und Ihres IDSs tödlich sein. Abbildung 2.11 illustriert das Szenario.

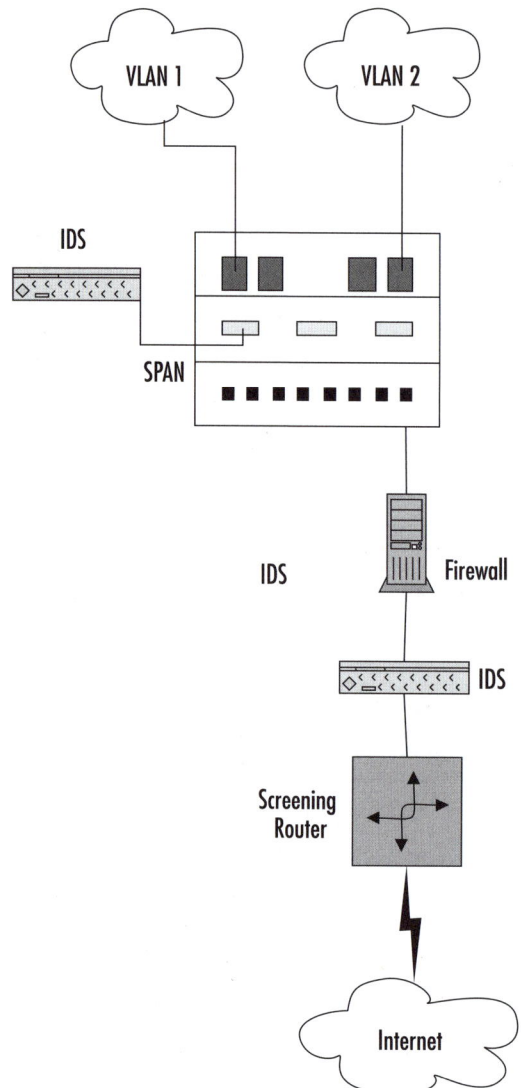

Abb. 2.11: Ein Switch-Netzwerk mit Snort-Systemen

2.5.3 Nachteile beim Ausführen von Snort

Snort ist ein wundervolles Werkzeug. Wie jedes andere Tool, birgt es aber auch Nachteile. Snort hat drei Hauptnachteile:

- Es nimmt nicht alle Pakete auf

- False/Positive-Alarme

- False/Negative-Alarme

Abhängig von der Netzwerkgeschwindigkeit und der Geschwindigkeit der im promiskuren Modus arbeitenden Schnittstelle, nimmt Snort möglicherweise nicht alle Pakete auf. Dies kann auch abhängig von der Netzwerk-Stack-Implementierung des Betriebssystems sein.

Falsche Alarme

Bei False/Positives gibt Snort eine Warnung aus, wo es eigentlich keine geben sollte. Im Wesentlichen ist ein False/Positive ein falscher Alarm. Wenn Sie Snort mit einem Standardregelsatz ausführen, erhalten Sie definitiv viele falsche Alarme. Dies kann zunächst eine Menge von Alarmen auslösen, bis Sie sich entscheiden, was für Ihr Netzwerk relevant ist. Je offener Ihr Netzwerk ist, desto mehr Alarme werden Sie beobachten.

Auf der anderen Seite können Sie False/Negatives erhalten. Mit anderen Worten, jemand unterwandert ein mit Snort überwachtes System und Ihr Snort-System erkennt dies nicht. Möglicherweise denken Sie, dass es das nicht gibt, doch wenn Sie eine E-Mail von einem anderen Systemadministrator erhalten, der eine verdächtige Aktivität beschreibt und Ihr Snort-System diese nicht erkennt, befinden Sie sich in einem sehr realen Szenario. Stellen Sie sicher, dass sich Ihr Snort-Regelsatz stets auf dem aktuellsten Stand befindet, und sorgen Sie dafür, dass Ihr Snort-System Ihren Erwartungen entspricht.

Upgrade von Snort

Ein Upgrade von Snort kann aus zwei Gründen recht ungemütlich sein: Die Regel-Syntax und die Schnittstelle für die Alarm-Logs können sich ändern. Beide Aspekte sind Hindernisse beim Upgrade von Snort-Systemen und können sich als recht anstrengend erweisen.

Zusätzlich hat Snort mit der Version 2.0 seine Architektur geändert, um die Performance zu erhöhen und den Umgang mit den Regelsätzen (hoffentlich) zu einfachen. Das Upgrade könnte sich auch schwierig gestalten, wenn es darum geht, sicherzustellen, dass Snort Ihre benutzerdefinierten Regelsätze lesen und Ihre Alarmschnittstelle nutzen kann.

2.6 Sicherheitsüberlegungen zu Snort

Auch wenn Sie Snort nutzen, um Ihre Sicherheit zu erhöhen, müssen Sie dafür sorgen, dass Snort selbst sicher ist. Wenn jemand in Ihr Snort-System einbricht, können Sie den gesendeten Alarmen nicht trauen. Das System wird völlig unbrauchbar, bis Sie es komplett von der Festplatte löschen und alles neu installieren.

2.6.1 Snort ist anfällig für Angriffe

Eine typische Snort-Installation ist anfällig für Angriffe. Weshalb, werden Sie sich fragen? Sie möchten von entfernter Stelle auf das System zugreifen (SSH), und möglicherweise möchten Sie Alarme in einer Datenbank (MySQL oder Postgres) speichern. Darüber hinaus hätten Sie gerne die Alarme mit einer tollen Oberfläche, die möglicherweise einen Webserver (Apache oder IIS) erfordert, angezeigt.

Dadurch wird Ihr Snort-System zu einer Anwendung wie jede andere, also halten Sie sich in Zusammenhang mit Meldungen über Sicherheitslücken und Betriebssystemsicherheit auf dem Laufenden.

Basierend auf dieser Information müssen Sie bedenken, dass es eine es eine Reihe von offenen Ports auf Ihrem System gibt. SSH (Port 22), HTTP (Port 80), HTTPS (Port 443) und möglicherweise noch MySQL (Port 3306) oder Postgres (Port 5432). Jeder mit Zugriff auf ein Netzwerk kann NMAP nutzen und einen Portscan direkt auf der nicht-promiskuren Schnittstelle Ihres Sniffers ausführen.

Dies ist ein Thema, das berücksichtigt werden muss, da alle der genannten Anwendungen einige ernste Sicherheitsprobleme hatten, selbst noch im letzen Jahr (2002). Neben der Anforderung, dass sich Ihre Anwendungen auf dem aktuellsten Stand befinden, müssen Sie dafür sorgen, dass Ihr Kernel korrekt konfiguriert ist und sich ebenfalls auf dem aktuellsten Stand befindet. Sie sind doch hoffentlich nicht davon ausgegangen, dass Snort Ihnen die Missachtung grundlegender Systemadministrationspraktiken gestattet, oder?

Geschichten aus dem Untergrund...

Sicherheitslücken von Snort

Bei jeder Anwendung werden letztendlich Sicherheitslücken gefunden, bei Snort hält es sich jedoch in Grenzen. Als Sicherheitsanwendung scheint SSH in Sachen Sicherheitslücken »den Vogel abgeschossen zu haben«.

In den wenigen Jahren seiner Existenz, hat Snort nur wenige Lücken gezeigt. Es ist schön, wenn man sieht, dass eine Sicherheitsanwendung auch Sicherheit praktiziert. Mit Ausnahme eines DoS-Angriffs, der möglich ist, wenn Snort in einem nicht-standardisierten Modus konfiguriert wird, hat der Snort-Kern niemals eine netzwerk-basierende Sicherheitslücke aufgewiesen. Plugins von Drittanbietern können Sicherheitslücken haben, allerdings sind diese nicht Bestandteil des eigentlichen Snort-Kerns, wodurch Snort selbst sicher bleibt. Tabelle 2.2 zeigt die bis heute bekannten Schwachstellen von Snort.

Version	Sicherheitslücke	Behoben
1.8	Snort Core-Dump. Dies war ein Bug in der Stream-Präprozessorverarbeitung.	1.8.1
Vor 1.8.1	Unicode-HTTP-Verschlüsselung zum IIS kann zur Umgehung von Snort verwendet werden.	1.8.1
1.8.3	DoS-Angriff aufgrund von fehlerhaftem ICMP-Handling	1.8.4
1.8.6	Statusprobleme durch fragroute	1.8.7 beta1
1.9.0 und früher	Buffer Overflow beim RPC-Präprozessor-Plugin	1.9.1

Tabelle 2.3: Bis heute bekannte Schwachstellen von Snort.

2.6.2 Absichern Ihres Snort-Systems

Obwohl Ihre Snort-Implementierung abgesichert ist, mag das für Ihr System nicht zutreffen. Stellen Sie sicher, dass Sie zumindest die grundlegenden Sicherheitsvorkehrungen getroffen haben. Es gibt einige Dinge, die Sie widerspruchslos erledigen sollten.

■ **Deaktivieren Sie Dienste, die Sie nicht benötigen.** Dienste wie Telnet, die Berkeley-R-Services, FTP, NFS und NIS sollten nicht auf Ihrem System laufen. Darüber hinaus sollten Sie sicherstellen, dass keiner der nutzlosen Dienste, z. B. echo, discard und chargen, ausgeführt wird.

■ **Bewahren Sie die Systemintegrität.** Tripwire ist eine Freeware-Anwendung, die das System auf Backdoors und Trojaner hin überprüft, die Sie nicht vermuten. Es gibt zahlreiche Freeware-Anwendungen wie Tripwire – AIDE und Samheim sind zwei weitere solcher Anwendungen, die erwähnenswert sind.

■ **Schützen Sie die Services, die Sie nutzen, durch Firewalls oder TCP Wrap.** Services wie SSH und MySQL sollten durch Firewalls oder TCP Wrap geschützt werden, da auch diese Dienste eigene Sicherheitslücken aufweisen. Bei Diensten, die Sie nicht mittels TCP Wrap schützen können (wie z. B. Apache), sollten Sie dafür sorgen, dass diese so sicher wie möglich konfiguriert wurden. IPTables ist die neueste Version der Linux-Firewall, und es ist genügend Literatur für eine entsprechende Implementierung zu finden.

■ **Nutzen Sie so häufig wie möglich eine Verschlüsselung und die Public Key-Authentifizierung.** Sie sollten die Public Key-Authentifizierung nur für OpenSSH aktivieren. Andere Funktionen, die Sie für Apache nutzen sollten, um es für die Anzeige von Logs zu verwenden, sind Apache-SSL und digitale Zertifikate für die Client-seitige Authentifizierung. Auf diese Weise halten Sie Anwender, die die sonst üblichen kompromittierenden Kanäle nutzen, aus Ihrem System heraus.

■ **Patchen, patchen, patchen.** Diese Aufforderung kann nicht häufig genug gemacht werden. Sorgen Sie dafür, dass Ihre Patches und Software-Pakete stets auf dem neuesten Stand sind. Halten Sie sich über Ihre Anwendungen und die zugehörigen Sicherheitshinweise auf dem Laufenden. Das Gleiche gilt auch für die Betriebssysteme, die Sie nutzen. Bezogen auf FreeBSD/NetBSD/OpenBSD sollten Sie Ihre Ports und Pakete auf dem neuesten Stand halten. Bei Red Hat Linux sollten Sie auf aktualisierte RPMs achten. Für jene von Ihnen, die Debian nutzen, gilt der Hinweis, dass Sie auf der sicheren Seite bleiben, so lange Sie auf regelmäßiger Basis *apt-get update* & *apt-get upgrade* ausführen.

2.7 Zusammenfassung

Dieses Kapitel lieferte praktische Informationen zum Open Source-IDS Snort und zeigte Ihnen, wie das Tool Ihnen in Sicherheitsfragen helfen kann. Es erfolgten Ausführungen zur Geschichte von Snort, zur Funktionsweise der Snort-Architektur und zu Systemanforderungen.

Darüber hinaus wurden die verschiedenen Anwendungsgebiete von Snort erläutert. Sie können Snort als Packet-Sniffer, Packet-Logger und als IDS einsetzen. Auch die Nachteile von Snort wurden nicht ausgespart, darunter False/Positives.

Schließlich erörterte dieses Kapitel auch einige Sicherheitsaspekte, die Sie, wenn Sie ein Snort-System einsetzen, berücksichtigen sollten. Es ist von höchster Bedeutung, dass Sie das System so sicher wie möglich gestalten und halten, besonders wenn es als aktives Packet-Logging- oder Intrusion Detection System arbeitet.

2.8 Lösungen im Schnelldurchlauf

Was ist Snort?

■ Snort ist ein Packet-Sniffer, ein Packet-Logger und ein Netzwerk-IDS.

■ Snort läuft unter verschiedenen Betriebssystemen und auf unterschiedlichen Hardwareplattformen. Dies gilt für viele UNIX-Systeme und auch für Windows. Als Hardware-Plattformen kommen Intel-basierende Systeme, PA-RISC, PowerPC und Sparc in Frage.

■ Dringend empfohlen ist eine große Festplatte für die Datenspeicherung. Zusätzlich ist die Verwendung von zwei Netzwerkkarten für das System empfohlen: eine, die im promiskuren Modus ausgeführt wird und die zweite für die typische Netzwerk-Connectivity (z. B. für SSH und HTTPS).

Funktionen von Snort

- Die Hauptkomponenten von Snort sind der Präprozessor, die Detection-Engine und die Alarm/Logging-Komponenten. Alle Snort-Komponenten werden als Plugins implementiert, um die Flexibilität zu erhöhen.

- Der Präprozessor nimmt die Paketdaten auf und verarbeitet sie, bevor die Daten gegen die Regeln in der Detection-Engine geprüft werden.

- Die Detection-Engine prüft die Daten in jedem Paket gegen einen Regelsatz. Snort verfügt über einen Standardregelsatz, Administratoren können jedoch auch eigene Regeln schreiben.

- Die Alarm/Logging-Komponente übernimmt die Ausgabe der Daten, nachdem diese gegen den Regelsatz geprüft wurden. Die Daten können direkt in eine Log-Datei in Text- oder Binärform (TCPDump-Daten) geleitet werden. Darüber hinaus können die Daten in SQL-Datenbanken gespeichert oder als SNMP-Traps oder WinPopup-Meldungen über das Netzwerk gesendet werden.

Einsatz von Snort auf Ihrem Netzwerk

- Snort kann auf unterschiedliche Weise auf Ihrem Netzwerk eingesetzt werden. Neben der Nutzung als Netzwerk Intrusion Detection System, können Sie es als Packet-Sniffer oder als Packet-Logger nutzen.

- Snort kann Pakete im Text- und im Binärmodus schreiben. Der binäre Modus ist als TCPDump-Datenformat bekannt. Dieses Format ist zwar für einen Menschen nicht lesbar, dennoch ist es das Standardformat, das Snort, TCPDump und Ethereal zum Lesen und Schreiben von Netzwerkdaten nutzen. Neben dem Schreiben von Daten kann Snort auch ein durch den Menschen lesbares Format aus dem binären Format filtern.

- Wenn Sie Snort als IDS einsetzen, müssen Sie ein System auf jedes private Subnetz, das Sie überwachen möchten, setzen. Es ist ebenfalls hilfreich, wenn Sie ein Snort-System hinter den Screening-Router setzen können.

Sicherheitsüberlegungen zu Snort

- Wie jede andere Anwendung hatte (und hat) auch Snort einige Sicherheitslücken, die zu Buffer Overflows und DoS-Angriffen führten.

- Sie sollten Snort in regelmäßigen Abständen aktualisieren, um in Hinblick auf Signaturen und aktuelle Bug-Fixes für die Anwendung selbst auf dem neuesten Stand zu bleiben.

- Neben der Absicherung des Snort-Systems, sollten Sie auch das Betriebssystem sicher machen. Dazu sollten Sie nicht notwendige Dienste deaktivieren, regelmäßig Patches anwenden und für eine ordnungsgemäße Konfiguration sorgen.

Außerdem sollte sensibler Datenverkehr wie Anmeldungen mit SSH und HTTP-Traffic mit SSL verschlüsselt werden.

2.9 Häufig gestellte Fragen (FAQs, Frequently Asked Questions)

- **F:** Unter welchem Betriebssystem kann ich Snort ausführen? Welches liefert die beste Leistung?

- **A:** Snort ist unter vielen UNIX-Distributionen lauffähig, z. B. unter Linux, FreeBSD, OpenBSD, NetBSD, HP-UX und Solaris. Auch unter Windows kann es ausgeführt werden. Die *BSD-Distributionen sind bekannt für die guten Implementierungen des TCP/IP-Stacks. Ab der Kernel-Version 2.4.x ist Linux jedoch vergleichbar.

- **F:** Weshalb sollte ich die Snort-Daten im Binärformat protokollieren? Welchen Vorteil bietet das?

- **A:** Das binäre Format ist auch als TCPDump-Datenformat bekannt. Wenn das Logging im Binärformat erfolgt, gewinnt das Sammeln von Daten an Geschwindigkeit. Es bedeutet auch, dass Sie die Daten später untersuchen und filtern können, statt sie beim Sammeln zu überwachen. Die Protokollierung im binären Format spart Zeit, weil Snort die Daten nicht direkt vom binären Format in ein vom Menschen lesbares Format umwandeln muss.

- **F:** Wie nutzt Snort Plugins?

- **A:** Snort nutzt Plugins auf verschiedene Arten. Der Präprozessor kann Plugins nutzen, um Daten, wie z.B. HTTP-Daten, in ein lesbareres Format zu übertragen, oder er nutzt Plugins, die nach Mustern suchen, die beispielsweise einen Portscan aufdecken. Die Detection-Engine kann Regelsätze verschiedener Typen nutzen, sie kann aber auch Plugins einsetzen. Die Alarm/Logging-Komponente ist eigentlich die Komponente, für die Sie die meisten Plugins finden. Die Plugins für die Alarmierung und das Logging enthalten die Funktionalität für SQL-Datenbanken, SNMP-Traps und WinPopup-Meldungen.

- **F:** Wie kann ich mein Snort-System sicher halten?

- **A:** Das Sichern eines Snort-Systems ist Bestandteil einer guten Systemadministration. Dazu gehören eine saubere Konfiguration, die Deaktivierung nicht benötigter Dienste, regelmäßige Updates und die Verschlüsselung von sensiblen Daten.

## Kapitel 3

Installieren von Snort

Lösungen in diesem Kapitel

- Ein kurzes Wort zu Linux-Distributionen
- Installieren von PCAP
- Installieren von Snort

3.1   Einführung

In diesem Kapitel werden alle notwendigen Schritte für die Installation eines funktionstüchtigen Intrusion Detection Systems (IDS) beschrieben. Bedingt durch die heutige Vielfalt der Linux-Distributionen können die Installationsanweisungen von Distribution zu Distribution variieren. Es würde den Rahmen dieses Buchs sprengen, wollte man auf jede einzelne eingehen. Aus diesem Grund finden Sie für den Linux-Teil dieser Dokumentation alle spezifischen Informationen für eine Installation auf der Red Hat 8.0-Plattform. Red Hat wurde gewählt, weil es die populärste Linux-Distribution der Welt ist. Außerdem dient sie als eine gute Basis für weitere Installationen. Die meisten Ausführungen sollten für einen Großteil der anderen populären Distributionen ohne große Abänderung ebenfalls gelten. Sollten die Anleitungen abweichen, wird dies nur sehr minimal sein. Später in dieser Einführung erfolgen detailliertere Angaben. Eine Randbemerkung: Wenn Sie Red Hat Linux gerne als Versuchsobjekt für die in diesem Buch beschriebenen Übungen nutzen möchten, können Sie es sich kostenlos von einem der Spiegel unter `www.redhat.com/download/mirror.html` herunterladen. Daneben besteht die Möglichkeit, das komplette Paket (mit Support) bei einem Computersoftware-Händler zu erwerben. Als Verfechter von Linux und freier Software empfehlen wir (die Autoren) letzteres, wenn Sie wirklich Spaß an dem Produkt haben. Ihr Beitrag hilft bei der Fortführung der Linux-Sache, und mit weniger als 40 Euro können Sie eigentlich nichts falsch machen.

Im Folgenden soll der Ansatz für dieses Kapitel erläutert werden. Nicht jeder ist ein Linux-Guru, und es wird nicht erwartet, dass Sie alles verstehen (selbst die Autoren verstehen nicht alles), daher erfolgt eine Annäherung an die einzelnen Themen so, als ob sie zum ersten Mal erklärt würden. Es wird lediglich erwartet, dass bei Ihnen ein grundlegendes Wissen über das Betriebssystem und seine Operationen vorhanden ist. Mit dem Wissen, dass die Information für jene, die sich mit den Prozeduren und der Terminologie bereits auskennen, redundant sein mag, verfolgen die Autoren einen Ansatz mit schrittweisen Anleitungen für die einzelnen Installationen, die einfach zu lesen und aufzufinden sind. Dieses Kapitel kann für diese Lesergruppe als nützliche Informationsquelle dienen. Nur an Punkten, die mögliche Fallstricke bergen, werden die Ausführungen wortreicher, beziehungsweise finden Sie hier möglicherweise einige sachdienliche Randbemerkungen. Langwierige Beschreibungen und Erörterungen werden bei dieser Dokumentation außen vorbleiben.

Wie bei jeder üblichen Installation von Paketen scheint es am besten, mit einer soliden BS-Installation zu beginnen. Sorgen Sie dafür, dass Ihr BS fehlerfrei arbeitet und auf dem neuesten Stand ist. Für diese Installation müssen Sie zunächst sicherstellen, dass die Netzwerkeinrichtung auf dem Ziel-Computer aktuell ist und korrekt funktioniert.

 Die Pakete, die Sie zur Installation des Snort-IDSs benötigen, stehen auf den entsprechenden Internet-Websites kostenfrei zur Verfügung. Das neueste Release (zum Zeitpunkt der Drucklegung) der einzelnen Pakete finden Sie zudem auf der Begleit-CD zu diesem Buch, um Ihnen die Dinge zu erleichtern. Wenn Sie, bevor es losgeht, die neueste Version herunterladen möchten, lassen Sie sich nicht aufhalten. Denken Sie nur daran, dass die Namen der Pakete ggf. ein wenig von denen in den Anleitungen abweichen. Wenn im Buch beispielsweise auf die Datei *snort-2.0.0.tar.gz* verwiesen wird, Sie aber die Version *snort-2.0.3.tar.gz* einsetzen, nutzen Sie Ihre Datei (den entsprechenden Dateinamen), weil Sie aktueller ist. Auf der Begleit-CD finden Sie im Ordner snort-2.0.0 eine README-Datei, die eine entsprechende Liste enthält.

3.2 Ein kurzes Wort zu Linux-Distributionen

Wie bereits ausgeführt, wird der Fokus für den Großteil der hier beschriebenen Beispiele und Ausführungen auf der Linux-Plattform Red Hat 8.0 liegen. Möglicherweise ist Red Hat aber nicht Ihre bevorzugte Distribution. Daher soll hier kurz auf die etwas weiter verbreiteten Versionen und einige Varianten, die in dieser Dokumentation auftauchen, eingegangen werden. Es werden einige Distributionen vorgestellt, die nicht mit dem RPM (Red Hat Package Manager)-Verwaltungssystem arbeiten. Die folgenden Distributionen stützen sich entweder auf eine source-basierende Distribution oder auf proprietäre Methoden für die Software-Verwaltung. Weitere Releases, die RPM für ihre Verwaltung nutzen, sind SuSE, Mandrake, Turbolinux und Conectiva.

3.2.1 Debian

Debian GNU/Linux (aktuell in der stabilen Version 3.0) gab es schon immer. Viele halten es für die stabilste und sicherste Version von Linux, die es gibt. Das Softwarepaket-Verwaltungssystem *apt-get* von Debian ist recht einfach zu nutzen. Die *apt-get*-Syntax sieht etwa so aus:

- **apt-get install <packagename>** (wobei *packagename* für den Namen des Softwarepaketes steht) dient zur Installation neuer Pakete. Diese Pakete können von der Debian-CD, von einem NFS-Share oder direkt von einer der Spiegel-Sites aus dem Internet stammen, und der Download und die Installation erfolgt in einem einfachen Schritt.

- **apt-get remove <packagename>** dient zur Deinstallation von Software, die sich bereits auf dem System befindet.

3.2.2 Slackware

Slackware Linux (aktuell in der stabilen Version 9.0) ist das Lieblingskind der Hardcore-Linux-Anwender, und das aus gutem Grunde. Die Support-Basis ist gewaltig, und das System selbst stabil, schnell und sicher. Obwohl sich diese Distribution nicht für den Zaghaften eignet, kann es nur jedem empfohlen werden, der eine Herausforderung sucht. Slackware Linux verfügt ebenfalls über ein Paketverwaltungssystem, das auf einem Modell basiert, bei dem aus dem Quell-Code (Source) kompiliert wird. Die zugehörigen Pakete können leicht an ihrer .tgz-Erweiterung erkannt werden. Slackware beinhaltet ein integriertes Utility namens *pkgtool*, das zur vereinfachten Paketverwaltung dient. Es besteht aber auch die Möglichkeit, Pakete direkt über die Kommandozeile hinzuzufügen, zu löschen und zu bearbeiten. Ein Beispiel:

- **installpkg <packagename>** installiert das gewählte Paket auf Ihrem System.

- **removepkg <packagename>** deinstalliert das gewählte Pakete von Ihrem System.

- **upgradepkg oldpackage%newpackage** ist eine »Quick-and-Dirty-Methode«, um sofort ein Upgrade Ihrer Pakete durchzuführen.

Ein erwähnenswertes Utility in Zusammenhang mit der Slackware-Distribution ist rpm2targz. Dieses Programm konvertiert RPM-Dateien in ein Format, das auf Systemen ohne RPMs nutzbar ist. Die Syntax für rpm2targz ist:

```
rpm2targz packagename.rpm.
```

3.2.3 Gentoo

Gentoo Linux (derzeit im Pre-Release 1.4rc3) ist eine interessante Distribution, die keiner anderen heutigen gleicht. Eine gewisse, wenn auch entfernte Ähnlichkeit besteht mit dem *Linux From Scratch* (LFS)-Projekt. Die Idee hinter Gentoo Linux ist, Benutzer mit einer minimalen CD (45,3 MB entsprechend der FTP-Mirror) auszustatten, die sich booten lässt und eine Verbindung zum Internet erstellt, um den Rest der Distribution herunterzuladen. Gentoo baut dann das gesamte BS auf, das für Ihre spezifische Hardware optimiert wird. Als Paketverwaltungssystem nutzt Gentoo das *emerge*-System. *Emerge* arbeitet ähnlich wie *apt-get*, ist aber langsamer, da es die einzelnen Pakete optimiert für das entsprechende System aufbaut und kompiliert. Die Arbeitsweise von *emerge* ist recht einfach: es lädt den Quell-Code für die von Ihnen angeforderten Softwarepakete, kompiliert diesen und installiert ihn in das laufende System. Wie bereits gesagt, ist *emerge* ein naher Verwandter von *apt-get*. Der einzig bemerkbare Unterschied ist, dass *apt-get* die Software, die es herablädt, nicht kompiliert. *Emerge*, wie auch *apt-get*, bezieht seinen Softwareindex aus dem sogenannten *Portage Tree*. Der Portage Tree ist im Wesentlichen eine Datenbank, die Informationen über jedes Paket enthält, das auf Gentoo Linux lauffähig ist. Damit Sie eine Vorstellung von der Arbeitsweise und der zugehörigen Syntax von *emerge* bekommen, folgt nun ein Beispiel. In diesem Beispiel wird das Snort-2.0-Paket herabgeladen und installiert. (Das Beispiel könnte zum Thema passen, nicht wahr?)

Zunächst muss festgestellt werden, ob Snort im Portage Tree zur Verfügung steht. Die entsprechende Abfrage erfolgt mit dieser Syntax:

```
emerge -p snort
```

Damit erhält emerge die Information, dass eine Installation von Snort vorgegeben wird (das *-p* steht für pretend (to pretend, etwas vorgeben zu tun)). Emerge erstellt eine Liste mit Software, die herabgeladen wird, um den Abhängigkeiten von Snort nachzukommen. Die Ausgabe sähe dann etwa wie folgt aus (es handelt sich um eine fiktive Ausgabe, aber es geht darum, Ihnen eine Vorstellung zu gehen):

```
Calculating dependencies......... done!
[ebuild    U] sys-libs/lib-1.1.3-r2 to /
[ebuild    U] sys-libs/glib_not-1.2.9 to /
[ebuild N  ] snort-libs/fakelibs-1-a2 to /
[ebuild N  ] snort-base/snort-2.0.0 to /
```

Wenn Sie die Ausgabe akzeptieren, geben Sie einfach den Befehl *emerge snort* ein, und Gentoo führt dann die tatsächliche Installation aus. Nutzen Sie folgenden Befehl, um das Paket wieder zu entfernen: *unmerge snort*. Genug der Ausführungen – Emerge lässt sich wirklich so einfach handhaben, und es ist ein exzellentes Paketwerkzeug.

3.3   Installieren von PCAP

Die libpcap ist eine Packet-Capture-Library für Linux-Systeme. Einmalig an dieser Bibliothek (Library) ist, dass Sie sowohl Pakete, die für lokale Hosts bestimmt sind, als auch Pakete, die für andere Hosts auf dem Netzwerk bestimmt sind, aufzeichnen kann. Dies bedeutet im Wesentlichen, dass Sie ein System an einer strategischen Stelle Ihres Netzwerks platzieren können, damit es die passierenden Pakete analysiert (ein kurzes Beispiel finden Sie in den Abbildungen 3.1 und 3.2). Für Snort ist es erforderlich, dass diese Library funktioniert. Am besten laden Sie bei jedem Upgrade und bei jeder Neuinstallation von Snort die neueste Version aus dem Internet herunter. Es ist in zweifacher Hinsicht vorteilhaft, wenn Sie das neueste Release nutzen: Sie werden eine größere Stabilität *und* eine höhere Ablaufgeschwindigkeit des Programms bemerken. Selbst wenn Ihr System bereits über eine Version von PCAP (so wie Red Hat Linux) verfügt, sollten Sie diesem Rat folgen.

Oink!

Einige Betriebssysteme (wie z. B. Red Hat) enthalten eine modifizierte PCAP-Library. Normalerweise lohnt sich der Aufwand, wenn bei jeder Neuinstallation von Snort auch die neueste Version der libpcap installiert wird. Die Installation der neuesten Version von libpcap bietet zwei Vorteile: Höhere Stabilität und Geschwindigkeit.

Die aktuelle Version der libpcap finden Sie unter www.tcdump.org. Auch auf der Begleit-CD zu diesem Buch finden Sie eine libpcap in der Version 0.7.2 (aktuellstes Release zum Zeitpunkt der Drucklegung dieses Buchs).

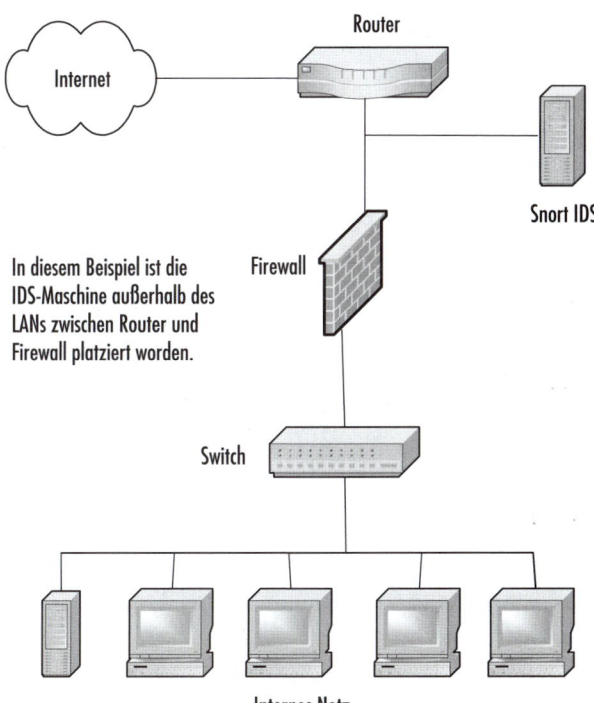

In diesem Beispiel ist die IDS-Maschine außerhalb des LANs zwischen Router und Firewall platziert worden.

Abb. 3.1: Snort IDS im Einsatz

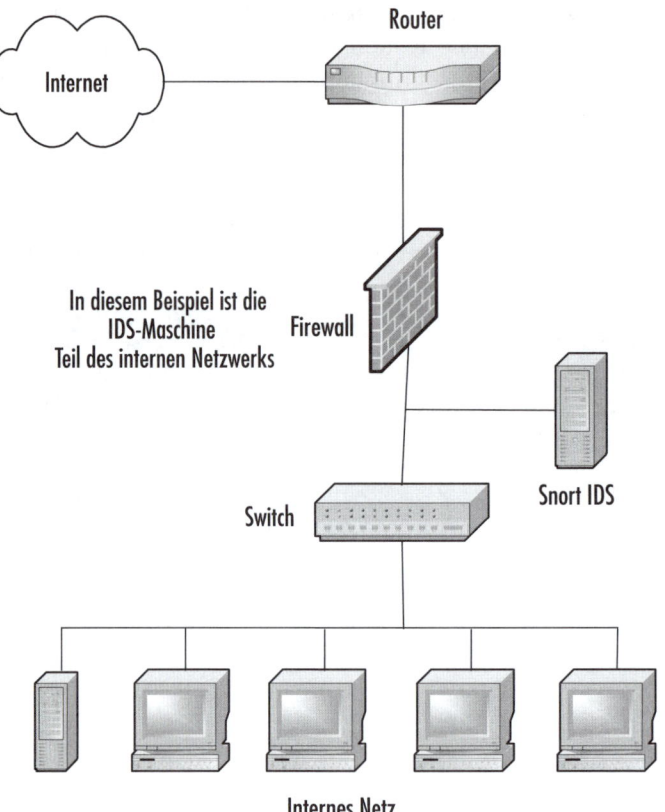

Router

Internet

In diesem Beispiel ist die
IDS-Maschine
Teil des internen Netzwerks   Firewall

Snort IDS

Switch

Internes Netz

Abb. 3.2:   Snort IDS im Einsatz (Forts.)

3.3.1   Installieren der Libpcap aus dem Quell-Code

Die Installation der libpcap aus dem Quell-Code-Tar-Archiv ist relativ einfach, dass gilt besonders für diejenigen, die bereits Erfahrung mit dem Kompilieren von Quell-Code haben. Wichtig ist dabei nur, dass Sie bei Ihrer ursprünglichen Installation des Betriebssystems die Entwicklungswerkzeuge mit installiert haben. Dazu zählen die im Folgenden aufgelisteten Tools, und abhängig von Ihrer Distribution vielleicht einige mehr. Wie bereits angekündigt, wird zum Zwecke der Demonstration Red Hat Linux 8.0 unterstellt.

- **gcc**   Die GNU-cc- und -gcc-C-Compiler. Diese bilden den Kern Ihrer Entwicklungswerkzeuge, ohne die nichts funktionieren würde.

- **automake**   Das GNU-Werkzeug zum direkten Erstellen von Makefiles.

- **autoconf** Das GNU-Utility für das direkte Konfigurieren von Quell-Code.

- **binutils** GNU-Binärwerkzeuge

- **make** Das Gnu-Tool, mit dem man sich das Leben erleichtern kann, wenn der Code individuell kompiliert werden soll. Unter Verwendung des Makefile kann ein Großteil des Prozesses automatisiert werden.

Unter Red Hat Linux 8.0 können Sie diese Tools wie folgt hinzufügen:

1. Öffnen Sie als Benutzer root das Panelmenü, und wählen Sie unter SYSTEM SETTINGS die Option PACKAGES (siehe Abbildung 3.3).

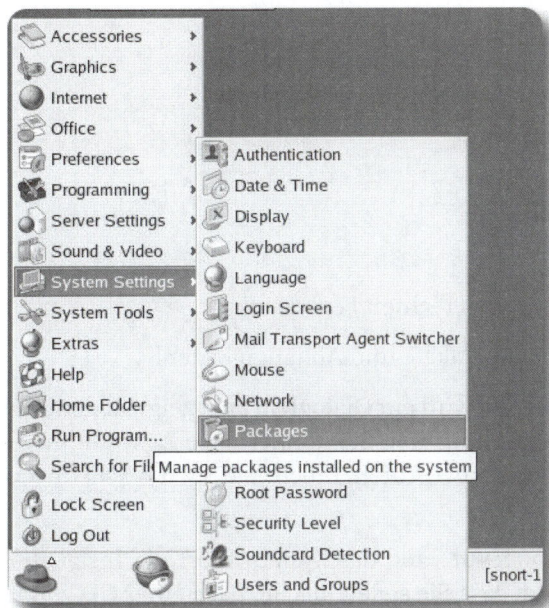

Abb. 3.3: Auswählen des Tools Packages aus dem Panelmenü.

2. Das Dialogfeld PACKET MANAGEMENT wird geöffnet.

3. Blättern Sie bis zum Abschnitt DEVELOPMENT, und aktivieren Sie das Kontrollkästchen neben der Beschriftung DEVELOPMENT TOOLS (siehe Abbildung 3.4).

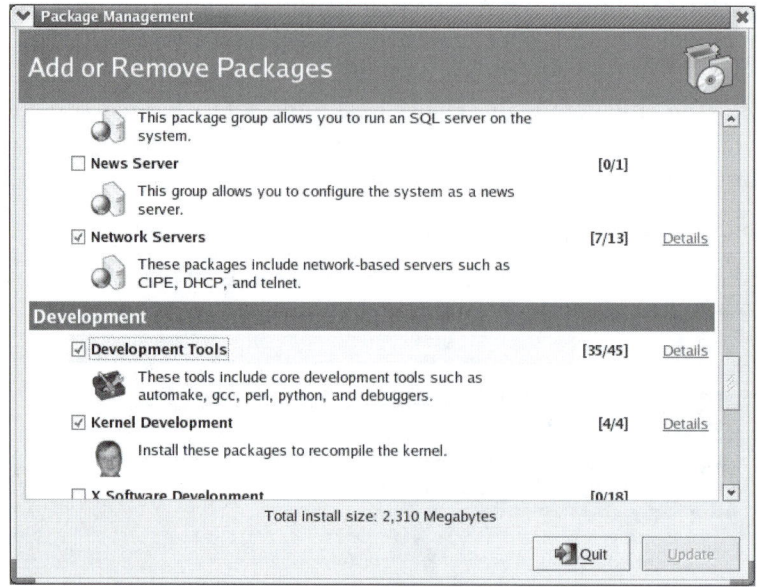

Abb. 3.4:   Das Paketverwaltungssystem

4. Klicken Sie auf UPDATE in der unteren rechten Fensterecke.

5. Das BS berechnet die erforderlichen Pakete und Abhängigkeiten.

6. Wenn der Vorgang abgeschlossen ist, wird ein Dialogfeld angezeigt, in dem Ihre Paketauswahl bestätigt wird (Abbildung 3.5). Sie können Ihre Auswahl in diesem Dialogfeld immer noch einmal überprüfen, indem Sie auf die Schaltfläche SHOW DETAILS klicken.

7. Klicken Sie hier einfach auf CONTINUE, und das System führt die Installation fort. Dies ist das letzte Dialogfeld, dass Sie sehen, bis Sie nach einer CD gefragt werden oder aber Fehler während der Installation auftreten. Wenn der Vorgang erfolgreich durchgeführt wird, erfolgen weder visuelle noch akustische Eingabeaufforderungen.

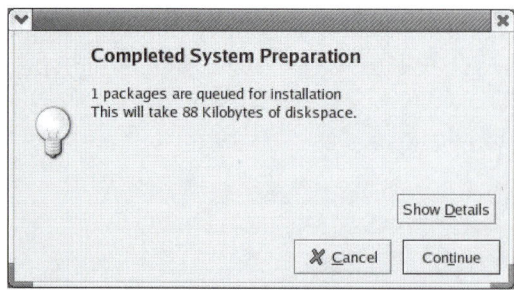

Abb. 3.5:   Abschließen der Paketinstallation

Nun ist Ihr System mit den notwendigen Tools für die Paket-Kompilierung ausgestattet. Im nächsten Schritt beschäftigen Sie sich mit den Konfigurations- und Aufbauphasen. Auch hier gilt, wenn Sie bereits Erfahrung mit dem Kompilieren von Software auf Linux-Systemen haben, werden Sie diesen Abschnitt schnell und problemlos bewältigen. Es soll dem üblichen Format *configure | make | make install* für den Einbau des Pakets in das System gefolgt werden. Aber auch die Linux-Neulinge unter Ihnen brauchen sich nicht zu sorgen, es ist alles recht einfach, wenn alle im letzten Abschnitt beschriebenen Tools auf Ihrem System vorhanden sind.

Für jene unter Ihnen, die nicht mit der Quell-Code-Kompilierung/Installation von Paketen aus sogenannten Tar-Archiven (bei einem Tar-Archiv handelt es sich um ein kompiliertes Paket aus Dateien, ähnlich einer unter Windows mit WinZip oder PKZip erstellten Datei) vertraut sind, erfolgen einige historische Ausführungen zu dem Thema. Entsprechende Informationen finden Sie in den »Geschichten aus dem Untergrund«.

Geschichten aus dem Untergrund...

Configure, Make, Make Install - Definitionen

Die meisten von Ihnen sind sicherlich bereits mit diesen zeitsparenden Methoden der Softwareinstallation unter Linux vertraut, doch es ist bestimmt nützlich für jene, die neu in der Szene sind, auch entsprechende Definitionen bereitzustellen. Auf den ersten Blick mag Linux wie ein gewaltiges Ungeheuer erscheinen, doch der erste Eindruck ist nicht immer der richtige. Obwohl der Prozess für die Installation eines Stückchen Software als viel zu lang erscheint, ist es die Sache wirklich wert. Anders als bei fertig-komprimierter Software ist die Kompilierung aus dem Quell-Code immer besser, da diese speziell für Ihr System erfolgt. Vorgepackte Software wird stets für die kleinsten gemeinsamen Nenner zusammengestellt. Wenn also der kleinste Zielcomputer des Programmierers ein 100MHz-Pentium ist, ist es das, was Sie bekommen.......Software, die zusammengestellt wurde, um auf einem 100MHz Pentium abzulaufen. Wenn Sie einen 2GHz-Prozessor besitzen, können Sie nicht von all den Optimierungen für Ihren Prozessor profitieren. Wenn Sie Software unter Linux kompilieren, erfolgt dies stets durch Sie – und für Sie: Jeder Computer, auf dem Sie die Software kompilieren, erhält sein ureigenstes Setup. Es soll damit nicht gesagt werden, das jede vorgepackte Software schlecht ist, das würde nicht stimmen. Wir (die Autoren) haben selbst schon Unmengen davon ausgeführt, doch wir wollten auf die Vorzüge der Linux-Methode hinweisen. Sie werden später für diese Ausführungen dankbar sein.

Aber nun geht es weiter ...

Ein Großteil der für Linux entwickelten Software wird im sogenannten Tar-Format weitergegeben. Bei einem *Tar-Archiv* handelt es sich lediglich um eine komprimierte Datei, die weitere Dateien und/oder Verzeichnisstrukturen enthält. Der Vergleich mit einer mit WinZip erstellten Datei bietet sich an (für jene unter Ihnen, die mit dem Windows-BS vertraut sind). Tar-Archive können verschiedene Formate haben. Die populärsten weisen die Extensionen tgz, tar.gz oder tar.bz2 auf. Jede dieser Extensionen steht für einen bestimmten Komprimierungsalgorithmus, der zur Erstellung der Datei verwendet wurde. Abhängig von der Quelle können es unterschiedliche Extensionen sein. Alle können jedoch durch moderne Versionen des Programms *tar* entpackt werden. Bei tar handelt es sich um ein Konsolenprogramm, das zum Erstellen und Entpacken von komprimierten Archiven dient. Weitere Informationen zu tar und dessen Funktionen finden Sie unter `www.gnu.org/software/tar/`. Standardmäßig ist tar Bestandteil fast jeder Linux-Distribution. Sie können aber auch unter dieser Adresse die aktuellste Version herunterladen.

Wenn Sie einen solches Tar-Archive erhalten, werden Sie die Datei im ersten Schritt in einem temporären Verzeichnis, wo Sie damit arbeiten können, entpacken. **/tmp** ist gewöhnlich eine gute Wahl, die sich für diese Aufgabe anbietet. Wenn das Tar-Archiv entpackt ist, sollten Sie verifizieren, dass ein neues Verzeichnis mit den Inhalten des Archivs erstellt wurde (gewöhnlich ist dies auch der Fall). In manchen Fällen erfolgt das Entpacken in das aktuelle Arbeitsverzeichnis. Auf jeden Fall sollten Sie nach einer Datei namens *configure* suchen. Die Datei *configure* befindet sich immer im »Root«-Verzeichnis (dieses Verzeichnis wird gewöhnlich nach dem Namen des Pakets benannt) der Dateien, die Sie gerade extrahiert haben. Es ist das Hauptverzeichnis, aus dem Sie arbeiten werden, um Ihr Softwarepaket zu installieren. Fast immer werden Sie die drei folgenden Befehle hintereinander verwenden:

■ **./configure** Die Datei *configure* ist ein Skript, das den Code enthält, mit dem im Wesentlichen abgefragt wird, auf was für einem Computersystem es gerade ausgeführt wird. Es untersucht Umgebungsvariablen, Abhängigkeiten und stellt fest, welche Software ggf. noch fehlt. Wenn Sie den Ablauf des Skripts am Bildschirm verfolgen, sehen Sie eine Reihe von Fragen und Antworten vorbeifliegen. Genau das geschieht auch. Das Skript überprüft, ob alles sich dort befindet, wo es sich befinden sollte. Das Skript *configure* ist verantwortlich für die Erstellung des Makefile. Diese Datei wird für den nächsten Schritt wichtig sein. Wenn bei der Erstellung Fehler auftreten sollten, müssen Sie diese beheben, bevor Sie fortfahren. Die meisten Probleme lösen sich, wenn Sie die Software installieren, die durch das Skript *configure* als fehlend aufgelistet wurde. Wenn alle Abhängigkeiten berücksichtigt sind, können Sie *configure* erneut ausführen.

- **make** Der Befehl *make* ist Bestandteil nahezu aller heute vorhandener UNIX/Linux-Installationen. *Make* ist nicht wie *configure* ein Skript, sondern ein richtiges Dienstprogramm. Es nutzt das Makefile, das durch das Skript *configure* im letzten Schritt erstellt wurde. Die primäre Funktion von *make* liegt darin, den für die endgültige Installation zu nutzenden Code zu kompilieren. Dies geschieht durch Lesen und Ausführen des Codes aus dem Makefile in einer spezifischen Reihenfolge, die wiederum durch das Skript *configure* bestimmt wird. Das Makefile ähnelt vom Layout einer Initialisierungsdatei; es beinhaltet »Überschriften« oder Kategorien für jeden Schritt des *make*-Prozesses. Eine dieser Überschriften lautet *install*, die im nächsten Schritt durch *make install* genutzt wird. Auch hier ist wichtig, dass Sie alle Fehler während des Kompilierungsprozesses registrieren, um sich, bevor Sie fortfahren, zuerst um diese zu kümmern.

- **make install** Dies ist der letzte Schritt im Installationsprozess. Die Aufgabe von *make install* ist recht einfach: es liest die Informationen aus dem Abschnitt install der Makefile-Datei und verteilt die durch *make* erstellten ausführbaren sowie alle anderen dazugehörigen Dateien an die passenden Stellen in der Verzeichnisstruktur des entsprechenden Computers. Wenn dieser Schritt (ohne Fehler) abgeschlossen ist, ist die Software installiert und bereit, eingesetzt zu werden.

Wenn Sie nun die nächste größere Software-Installation durchführen müssen, sind Sie mit dem Wissen gerüstet, was hinter der gesamten Syntax und all diesen Befehlen steckt. Dem Autor hat es immer geholfen, wenn er die Bedeutung dessen, was er tat, auch verstand, und nicht nur stur den beschriebenen Schritten einer Dokumentation folgte. Diese Ausführungen erfolgten in der Hoffnung, dass dies auch für Sie gilt.

Geben Sie an der Eingabeaufforderung einfach die folgenden Befehle ein:

1. Öffnen Sie als angemeldeter Benutzer root über das Panelmenü ein Terminal, indem Sie zunächst SYSTEM TOOLS und anschließend TERMINALS wählen oder mit der Tastenkombination `Strg`+`Alt`+`F2` eine neue Vollbildkonsole öffnen. (Sie können zum Öffnen von Vollbildkonsolen wahlweise eine der Tasten zwischen `F1` und `F6` nutzen, in dieser Übung soll jedoch die Taste `F2` genutzt werden.)

2. Wenn auf Ihrem System das automatische Mounten nicht aktiviert ist, mounten Sie die Begleit-CD durch Eingabe des folgenden Befehls: *mount /dev/cdrom/ mnt/cdrom*. Drücken Sie anschließend die Eingabetaste.

3. Ändern Sie das Arbeitsverzeichnis, indem Sie in das Verzeichnis wechseln, wo sich das Paket auf der CD-ROM befindet, indem Sie *cd /mnt/cdrom/Snort-2.0.0/ Linux/PCAP* eingeben und auf die Eingabetaste drücken.

> **Oink!**
>
> Abhängig von Ihrem Setup und/oder Ihrer Linux-Distribution kann sich Ihr CD-ROM-Laufwerk auch anderer Stelle befinden. Konsultieren Sie die Dokumentation zu Ihrem BS. SuSE Linux nutzt beispielsweise statt des Standardverzeichnisses */mount*, das die meisten Distributionen nutzen, das Verzeichnis */media*. Wenn Sie ein CD-RW besitzen, kann es sein, dass das Gerät statt mit *cdrom* mit *cdrecorder* bezeichnet wird. Achten Sie bitte auf diese Unterschiede, und ersetzen Sie die Namen, falls erforderlich.

4. Kopieren Sie libpcap-0.7.1.tar.gz in Ihr Verzeichnis **/tmp**, indem Sie *cp libpcap-0.7.2.tar.gz /tmp/libpcap-0.7.2.tar.gz* eingeben und die Eingabetaste drücken.

5. Wechseln Sie in das Verzeichnis **/tmp**, extrahieren Sie die Inhalte der Datei, indem Sie *cd /tmp && tar –zxvf libpcap-0.7.2.tar.gz* eingeben und die Eingabetaste drücken. Damit wird ein eines neues Verzeichnis in **/tmp** namens libpcap-0.7.2 erstellt.

   Betrachten Sie einen Augenblick die Optionen, die im letzten Statement im Befehl *tar* verwendet wurden: *z, x, v* und *f*.

   - Die Option *–z* gibt an, dass die Datei durch den gzip-Filter verarbeitet werden muss. Anhand der .gz-Extension können Sie erkennen, dass ein Archiv mittels gzip erstellt wurde.

   - Die Option *–x* bestimmt, dass die Inhalte des Archivs extrahiert werden sollen. Standardmäßig extrahiert die Aktion die Inhalte in das aktuelle Arbeitsverzeichnis, außer Sie geben etwas anders an.

   - Die Option *–v* steht für »verbose« (redselig), das bedeutet, dass tar alle Dateien, die es verarbeitet, auf dem Bildschirm anzeigt. Hierbei handelt es sich um eine persönliche Vorliebe. Für die Ausführung des Befehls spielt diese Option keine Rolle.

   - Die Option *–f* bestimmt die Datei, die durch tar verarbeitet werden soll. Im aktuellen Beispiel ist dies libpcap-0.7.1.tar.gz. Manchmal ist es erforderlich einen kompletten Pfad anzugeben, wenn sich die Datei, mit der Sie arbeiten möchten, in einem anderen Verzeichnis befindet.

6. Wechseln in das neue Verzeichnis, indem Sie den Befehl *cd libpcap-0.7.1* eingeben und auf die Eingabetaste drücken.

7. Geben Sie auf der Kommandozeile *./configure* ein, und drücken Sie die Eingabetaste. Damit wird das Skript *configure* für libpcap ausgeführt (Abbildung 3.6).

8. Wenn das Skript *configure* seine Operationen abgeschlossen hat, sollte wieder die Eingabeaufforderung angezeigt werden. Stellen Sie sicher, dass keine Fehler auf dem Bildschirm angezeigt werden. Wenn Sie die Entwicklungs-Tools, die

zuvor in diesem Kapitel beschrieben wurden, installiert haben, sollte der weitere Ablauf problemlos sein. Geben Sie auf der Kommandozeile *make* ein, und drücken Sie die Eingabetaste.

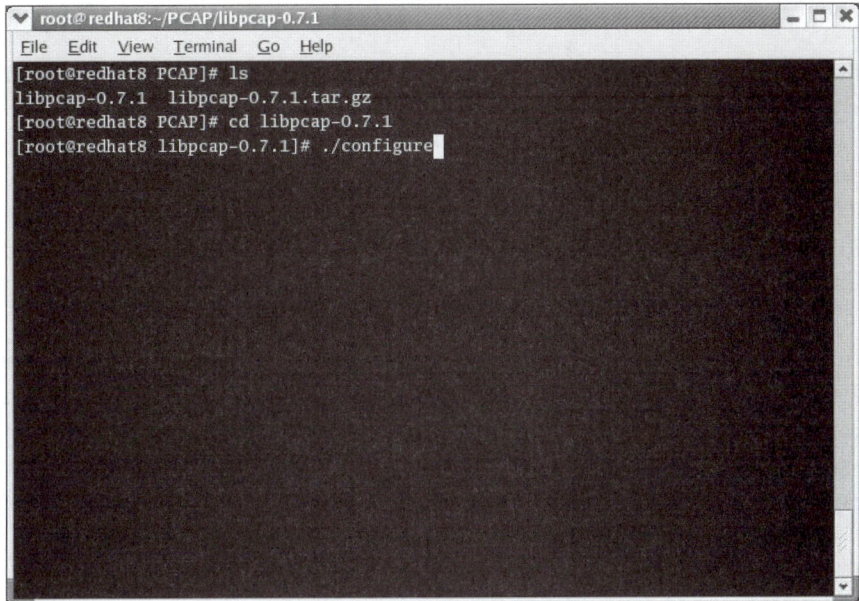

```
root@redhat8:~/PCAP/libpcap-0.7.1
File  Edit  View  Terminal  Go  Help
[root@redhat8 PCAP]# ls
libpcap-0.7.1  libpcap-0.7.1.tar.gz
[root@redhat8 PCAP]# cd libpcap-0.7.1
[root@redhat8 libpcap-0.7.1]# ./configure
```

Abb. 3.6:   Ausführen des Skripts configure

9. Nach Abschluss des Befehls *make*, sollte wieder die Eingabeaufforderung angezeigt werden. Auch hier sollten Sie die von *make* produzierten Ausgaben auf Fehler kontrollieren, um sicherzustellen, dass die Ausführung ohne Probleme erfolgt ist. Geben Sie auf der Kommandozeile *make install* ein, und drücken Sie die Eingabetaste.

10. Nachdem der Befehl *make* die Installation der Software abgeschlossen hat, landen Sie wieder – und mit Glück fehlerfrei – auf der Eingabeaufforderung.

3.3.2   Installieren der Libpcap über RPM

Sie können die libpcap auch aus einem RPM-Paket installieren, wenn Ihre Distribution eine entsprechende Unterstützung bietet. Zum Zeitpunkt der Drucklegung dieses Buchs lieferte www.rpmfind.net zu einer Abfrage nach libpcap 57 Ergebnisse (11 Linux-Distributionen umfassend) zurück. Die Autoren glauben wirklich, dass dies die beste Stelle für benutzerdefiniert-kompilierte RPMs für die Distribution Ihrer Wahl ist. Auf der Begleit-CD finden Sie RPMs für die folgenden Distributionen. Sie befinden sich im Verzeichnis /Snort-2.0.0/Linux/pcap/rpms.

- **Conectiva**   Version 6.2 (RPM und SRPM)

- **Mandrake**   Version 6.2 (RPM), Version 7.1 (RPM und SRPM)

- **Red Hat**   (7.2, 7.3, 8.0) Version 6.2 (nur RPM)

- **SuSE Linux**   Version 7.1 (nur RPM)

Die bei der Installation über RPM involvierten Prozeduren sind meist viel einfacher als eine Installation, in der Quell-Code verwendet wird – wenn es keine Abhängigkeitsprobleme gibt. Das RPM-System ist, obwohl es ein hervorragendes Paketverwaltungs-Tool ist, anfällig für Probleme in Zusammenhang mit Abhängigkeiten. Es versteht und meldet, was das spezifische Paket für die Installation benötigt, ist aber nicht in der Lage, die erforderlichen Pakete für die Erfüllung der Anforderung zu besorgen und zu installieren.

Wenn Sie nichts mit dem Begriff *Abhängigkeiten* anfangen können, hier eine Erklärung: Unter Abhängigkeiten versteht man Pakete und/oder Bibliotheken, die für andere Pakete erforderlich sind. Das Betriebssystem Linux ist auf Abhängigkeiten aufgebaut, die Sie sich als eine auf den Kopf gestellte Baumstruktur vorstellen können. An der obersten Stelle des Baums befinden sich die Benutzerprogramme wie z. B. Snort. Snort benötigt die libpcap, um zu funktionieren, und die libpcap benötigt ihrerseits wiederum andere Bibliotheken, um zu funktionieren.

3.4   Installieren von Snort

Nun erfolgt die eigentliche Installation von Snort. Bisher wurden die Grundlagen der Linux-Paketverwaltung, einschließlich der RPM-Installationen, Quell-Code-Kompilierung und Installation der libpcap behandelt. Somit sollte der nächste Abschnitt auch nicht schwieriger zu bewältigen sein. Glücklicherweise ist die Installation von Snort recht unproblematisch. Sie können daher Ihre gesamte Energie für das Setup, die Konfiguration und die Verwaltung der Regeln sparen.

 Zunächst müssen Sie sich die Software Snort beschaffen. Es liegt ganz bei Ihnen, ob Sie dazu die Website `www.snort.org` oder die Begleit-CD nutzen. Auf der CD befindet sich die Version 2.0.0. Diese Version wird auch in der Beispielinstallation verwendet. Es ist die stabilste Version, die aktuell (zum Zeitpunkt der Drucklegung diese Buches) zur Verfügung steht. Bitte beachten Sie, dass die Autoren empfehlen, stets das allerneuste stabile Release von Snort über `www.snort.org` herabzuladen. Sie werden von der neuen Funktionalität, den Bug-Fixes, einer größeren Stabilität und einer höheren Geschwindigkeit profitieren Diese Software unterliegt anhaltenden Änderungen und wächst, um jeden Tag etwas besser zu werden.

3.4.1 Installieren von Snort aus dem Quell-Code

Über das Installieren von Software aus dem Quell-Code sollte Folgendes ange-merkt werden: Nach Meinung der Autoren ist es die einfachste und beste Methode zum Installieren eines korrekt funktionierenden Softwarepaketes. In diesem Abschnitt wird die Installation von Snort 2.0.0 aus einem Quell-Code-Tar-Archiv beschrieben. Die erforderliche Datei finden Sie auf der Begleit-CD. Wenn Sie Snort installieren möchten, folgen Sie diesen einfachen Schritten:

1. Wechseln Sie als Benutzer root in das Verzeichnis **/Snort-2.0.0/Linux/src**, dass sich in dem Ordner zu Kapitel 3 (03) der CD befindet.

2. Kopieren Sie das Tar-Archive in das Verzeichnis **/tmp**, indem Sie auf der Kom-mandozeile *cp snort-2.0.0.tar.gz /tmp* eingeben.

3. Wechseln Sie in das Verzeichnis **/tmp**, indem Sie *cd /tmp* auf der Kommando-zeile eingeben,

4. Extrahieren Sie das Tar-Archiv, indem Sie den Befehl *tar –zxvf snort-2.0.0.tar.gz.* ausführen.

5. Wechseln Sie mit dem Befehl *cd snort-2.0.0.* in das neu erstellte Snort-Verzeichnis.

6. Geben Sie auf der Kommandozeile *./configure* ein, um das Paket zu konfigurie-ren. Auf dem Bildschirm sollte eine Textausgabe erfolgen (ähnlich wie in dem Beispiel aus Abbildung 3.7).

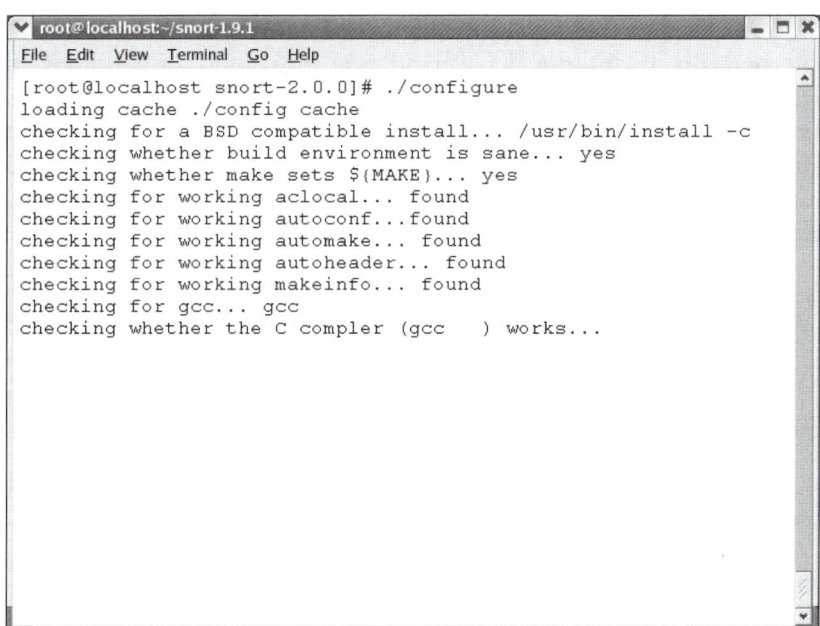

Abb. 3.7: Ausführen des Skripts configure

7. Geben Sie im nächsten Schritt *make* auf der Kommandozeile ein. Dadurch wird das Makefile erstellt.

Oink!

Abhängig von der Geschwindigkeit des Zielcomputers kann dies eine Weile dauern.

---

8. Als abschließenden Schritt in diesem Aufbauprozess geben Sie *make install* auf der Kommandozeile ein. Durch diese Aktion werden das Paket und die zugehörigen Dateien an die Stellen des Systems verteilt, an die sie gehören. Die Snort-Installation ist damit offiziell abgeschlossen. Im nächsten Schritt erfolgt die Basisanpassung.

3.4.2 Anpassen Ihrer Installation: Bearbeiten der Datei snort.conf

Die erste Aufgabe nach dem Abschluss der Snort-Installation ist eine Anpassung des Systems an Ihre Bedürfnisse. Sie beginnen mit der Datei snort.conf, die sich im Verzeichnis /etc/snort befindet. Diese Datei enthält die Konfigurationseinstellungen, die Snort bei jedem Aufrufen nutzt. Diese Konfigurationsdatei ist relativ lang. Die Musterdatei, die die Entwickler Ihnen zur Verfügung stellen, ist jedoch mit grundlegenden Instruktionen zur Syntax und Anwendung ausgestattet. Obwohl sie sehr umfangreich in ihren Beschreibungen ist, sollen hier dennoch einige Basiseinstellungen beschrieben werden, die für ein ordnungsgemäßes Funktionieren von Snort wichtig sind.

Zunächst müssen Sie die Variable *var HOME_NET* in der Datei snort.conf ändern. Diese Variable steht für die interne Netzwerkadresse Ihres LAN. In den meisten Fällen steht dieser Wert für ein ganzes Subnetz, er kann jedoch auch in der Form einer einzelnen IP-Adresse vorkommen. In diesem Beispiel wird das Subnetz der internen Netzwerkkarte genutzt. In diesem Fall ist es 192.168.0.0/24. Damit wird der Adressraum 192.168.0.1 – 192.168.0.254 unter Verwendung einer Subnetzmaske von 255.255.255.0 (Abbildung 3.8) repräsentiert.

Die nächste Variable, mit der Sie sich befassen müssen, ist *var EXTERNAL_NET*. Sie können diese Variable auf das Subnetz setzen, auf dem Ihr externer Netzwerkadapter Anforderungen beantwortet (oder in diesen Fall, das er abhört.) In diesem Beispiel wird *var EXTERNAL_NET any* verwendet. Damit wird Snort angewiesen, alle Adressen auf dem externen Netzwerk abzuhorchen. Nach Meinung der Autoren sollte dieser Wert auf dem Standardstatus *any* bleiben.

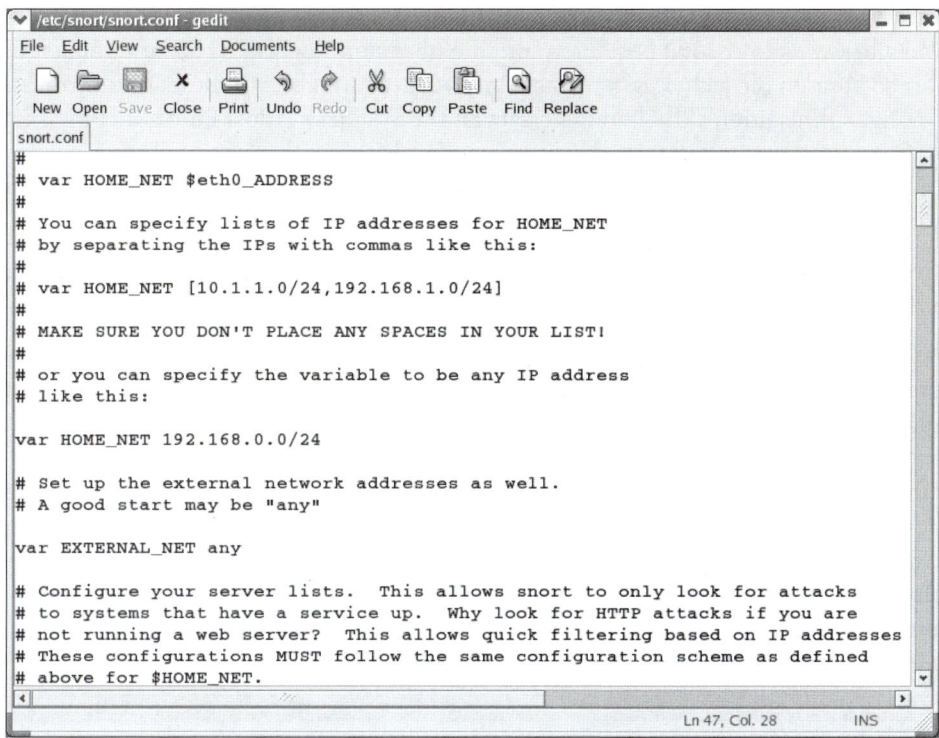

Abb. 3.8: Bearbeiten der Datei snort.conf mit gedit

Wenn Sie in der Datei weiter herunter blättern, sehen Sie einen Abschnitt, der für server-spezifische Variablen vorgesehen ist. Die Variablen sind ähnlich wie *var HTTP_PORTS 80* oder *var ORACLE_PORTS 1521*. Damit werden die spezifischen Ports angegeben, die Snort auf Angriffe hin überwachen soll. Der einzige Nachteil an der aktuellen Implementierung ist, dass Sie die Ports entweder aufeinanderfolgend (z. B. 80:82, mit der Bedeutung von 80 bis einschließlich 82) oder auf separaten Zeilen auflisten müssen. An einer Verbesserung der Port-Listen wird derzeit gearbeitet.

Andere Bereiche, die Sie zu Anfang beachten sollten, sind die Abschnitte zu Präprozessoren, zu Ausgabe-Plugins und zu den Regelsätzen. Präprozessoren sind Filter, durch die Snort den eingehenden Datenstrom sendet, bevor es die Daten tatsächlich verarbeitet. In der beispielhaften snort.conf-Datei ist die IP-Defragmentierung aktiviert. Dies hilft bei der Erkennung von Fragmentierungen und Denial-of-Service (DoS)-Angriffen. Sie können auch andere Präprozessoren in diesem Abschnitt aktivieren, wenn dies in Ihr spezielles Szenario passt.

Der Abschnitt für die Ausgabe-Plugins definiert, ob Snort verschiedene Logging- und Alarmfunktionen nutzt. Außerdem wird festgelegt, in welchem Format der Abzug der Daten erfolgen soll. Der Abschnitt für die Regeln definiert, was das System als »verdächtige« Aktivität einstuft. Allein deswegen sollten Sie *regelmäßig* die Website www.snort.org besuchen, um die neuesten Regelsätze herunterzuladen. Nur so können Sie sicherstellen, dass Ihr IDS, die Aufgabe, für die es bestimmt ist, erledigt. Ohne einen aktuellen Regelsatz ist Ihr System wertlos. Eine gute Praxis ist auch das Auskommentieren von Regeln, die nicht für Ihr Unternehmen passen oder nicht Ihren Bedürfnissen entsprechen. Unnötige und überflüssige Regeln können zu False/Positive-Alarmen durch das System führen.

Merken Sie sich auch, dass Sie den Pfad zu Ihrem Regelsatz hier ändern können, indem Sie die Zeile *include $RULE_PATH/rule.rules* so abändern, dass sie den Ablageort Ihrer aktualisierten Regeln reflektiert.

Der letzte Schritt in diesem Arbeitsablauf ist, einfach zu verifizieren, dass Snort auch tatsächlich fehlerlos läuft. Um dies zu bewerkstelligen, können Sie Snort mit einer generischen Konfiguration/Regelsatz-Kombination und ohne Optionen ausführen. Öffnen Sie dazu ein Terminalfenster, geben Sie *snort –v* ein und stellen Sie sicher, dass Snort ohne Fehler abläuft. Sie sollten einen Bildschirm sehen, der dem aus Abbildung 3.9 ähnelt. Mit dem genannten Befehl führen Sie Snort im *verbose*-Modus aus (daher das Flag *–v*). Wenn alles gut aussieht, können Sie mit dem nächsten Abschnitt fortfahren.

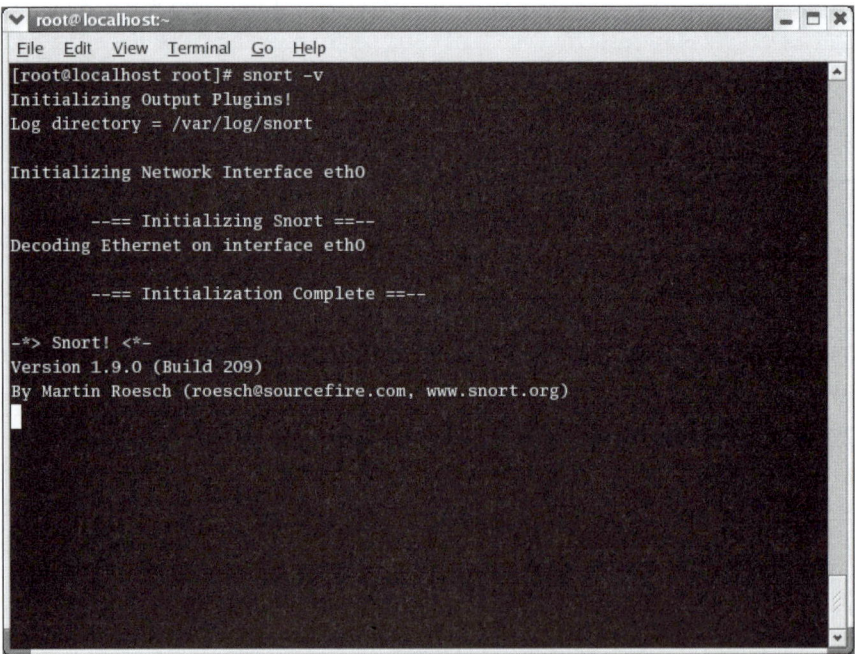

Abb. 3.9:   Ausführen von Snort mit aktivierter Verbose-Option

Aktivieren von Features über configure

Während des Build-Prozesses (oder spezieller ausgedrückt, während des Ablaufs von *configure*) können Sie Optionen an die Installationsroutine übergeben, um Anpassungen gemäß der spezifischen Situation oder Ihrer Bedürfnisse vorzunehmen. Diese können Sie aus der Datei INSTALL im Snort 2.0.0-Tar-Archiv übernehmen (dies befindet sich auf der Begleit-CD; wenn Sie also zukünftig eine Referenz darauf benötigen, wissen Sie, wo Sie diese finden können).

- **--enable-debug** Aktivieren von Debugging-Optionen (für Fehlerberichte und nur für Entwickler).

- **--with-snmp** Aktivieren des SNMP-Alarm-Codes.

- **--enable-smbalerts** Aktivieren des SMB-Alarm-Codes, was ein wenig unsicher ist, da dadurch aus dem Programm heraus ein *popen()*-Aufruf ausgeführt wird (der mit root-Privilegien abläuft). Sie wurden gewarnt, also benutzen Sie diese Option mit Bedacht!

- **--enable-flexresp** Aktivieren des »Flexible Response«-Codes, durch den Sie feindliche Verbindungen auf IP-Ebene abbrechen können, wenn eine Regel zutrifft. Wenn Sie dieses Feature aktivieren, benötigen Sie auch die libnet-Library, die Sie unter www.packetfactory.net/libnet finden. Weitere Informationen finden Sie in der Datei README.FLEXRESP. Bei dieser Funktion handelt es sich immer noch um eine Alpha-Version. Verwenden Sie sie also mit Vorsicht.

- **--with-mysql=DIR** Unterstützung für MySQL; aktivieren Sie dieses Feature, wenn Sie ACID mit MySQL nutzen möchten.

- **--with-odbc=DIR** Unterstützung für ODBC-Datenbanken; aktivieren Sie dieses Feature, wenn Sie ACID mit einer nicht aufgelisteten DB nutzen möchten.

- **--with-postgresql=DIR** Unterstützung für PostgreSQL-Datenbanken; aktivieren Sie dieses Feature, wenn Sie ACID mit PostgreSQL nutzen möchten.

- **--with-oracle=DIR** Unterstützung für Oracle-Datenbanken; aktivieren Sie dieses Feature, wenn Sie ACID mit Oracle nutzen möchten.

- **--with-openssl=DIR** Unterstützung von OpenSSL (wird durch das XML-Ausgabe-Plugin genutzt).

- **--with-libpq-includes=DIR** Setzt die include-Verzeichnisse für die PostgresSQL-Datenbankunterstützung auf DIR.

- **--with-libpq-libraries=DIR** Setzt die Bibliotheksverzeichnisse für die PostgresSQL-Datenbankunterstützung auf DIR. Wenn Sie beide dieser Werte setzen, aktivieren Sie das Postgres-Ausgabe-Plugin-Modul.

- **--with-libpcap-includes=DIR** Wenn das Konfigurationsskript die libpcap-include-Dateien nicht selbstständig finden kann, kann der Pfad mit diesem Schalter manuell gesetzt werden.

- **--with-libpcap-libraries=DIR**   Wenn das Konfigurationsskript die libpcap-Bibliotheksdateien nicht selbstständig finden kann, kann der Pfad mit diesem Schalter manuell gesetzt werden.

3.4.3   Installieren von Snort über RPM

Abhängig von der Distribution und der Release-Nummer stehen möglicherweise keine RPMs zur Verfügung. In den meisten Fällen können Sie zusammengetragene Source-RPMs auf einer Website wie `www.rpmfind.net` finden und eigene aufbauen. Wir empfehlen den Aufbau von eigenen, da alle Systeme einfach unterschiedlich sind und über eigene Dateisystemstrukturen und -Umgebungen verfügen. In diesem Abschnitt wird die Installation über RPM und Source-RPM beschrieben. Im Vergleich zur Installation durch Tar-Archive sollte Ihnen dies sehr einfach erscheinen.

 Den Anfang macht die RPM-Installation. Die Installation ist einfach. Sie müssen lediglich den Ordner /Snort-2.0.0/Linux/RPM auf der Begleit-CD durchsuchen und eine von zwei Aufgaben ausführen:

- **Im Konsolenmodus**   Geben Sie an der Eingabeaufforderung der Konsole den Befehl *rpm −Uvh snort-2.0.0-snort.i386.rpm* ein. Dadurch wird die Installationsroutine für Sie abgeschlossen. Beachten Sie, dass hier die Option *−U* (Upgrade) statt der Option *−i* (Install) verwendet wurde – die Installation erfolgt mit beiden. Bei der Option *−i* müssen Sie immer ein wenig besorgt sein, ob die Installationsroutine die Dateien auch wirklich ordnungsgemäß aktualisiert (wenn es Dateien in der neuen Version gibt, die aktueller sind), wenn jedoch Sie das Flag *−U* verwenden, erfolgt die Installation der Software umfassender in dieser Hinsicht. Einfach ausgedrückt, Sie können die Installation auch mit dem Befehl *rpm −i snort-2.0.0-1snort.i386.rpm* durchführen.

- **Innerhalb von X-Window**   Wenn Sie KDE, GNOME oder eines der vielen X Window-Systeme einsetzen, ist dies die geeignete Anleitung für Sie. Doppelklicken Sie im Verzeichnis /Snort-2.0.0/Linux/RPM auf der Begleit-CD auf die Datei snort-2.0.0-1snort.i386.rpm. Unter Red Hat Linux 8 werden Sie in einem Dialogfeld aufgefordert, die Fortsetzung des Vorgangs zu bestätigen. Klicken Sie einfach auf CONTINUE und das Paket wird mittels RPM installiert. Wie zuvor erwähnt, können die Anleitungen in Abhängigkeit von der benutzten Distribution variieren. Sie sollten auf jeden Fall die Dokumentation oder die man-Dateien, die zum Lieferumfang Ihrer Distribution gehören, konsultieren. Die meisten RPM-basierenden Distributionen unterscheiden sich nur unwesentlich von dem hier beschriebenen Vorgehen. Ein anderer, von der genutzten Distribution abhängiger Punkt, ist die Möglichkeit, dass Sie keine Bestätigungsmeldung darüber erhalten, dass das Paket erfolgreich auf Ihrem System installiert wurde. In echter UNIX/Linux-Manier verschwenden einige Distributionen keine Zeit damit, überflüssige Meldungen auf dem Bildschirm anzuzeigen.

Linux spricht nur mit Ihnen, wenn etwas gewaltig schiefgegangen ist (natürlich hofft jeder, dass dieser Tag niemals kommen wird).

Nun erfolgt die Beschreibung von Source-RPM (oder SRPM) als Methode für eine solidere Installation. Dies ist, wenn Sie eine RPM-basierende Distribution wie Red Hat nutzen und die SRPMs Ihnen zur Verfügung stehen, die bevorzugte Methode zum Installieren von Paketen. Gewöhnlich stehen Ihnen diese auf Sites wie `www.freshrpms.net` und `www.rpmfind.net` für die meisten Pakete und fast alle RPM-basierenden Distributionen zur Verfügung.

Das Rekompilieren eines Source-RPM ist nicht so kompliziert wie es vielleicht scheint. RPM kümmert sich um all die kleinen Details, die zu einer Rekompilierung und einem Rebuild gehören. Beginnen Sie mit dem SRPM, das sich im Verzeichnis **/Snort-2.0.0/Linux/sprm** der Begleit-CD befindet. Es handelt sich um die aktuellste Version von Snort, die für ein Rebuild in Ihr System bereitsteht. Abhängig von der benutzten Version des RPMs, kann die Syntax leicht variieren. Das erste Beispiel, läuft auf RPM Version 4.1 oder höher (Red Hat 8.0 enthält diese Version). Wechseln Sie über die Eingabeaufforderung Ihrer Konsole in den Ordner **/Snort-2.0.0/Linux/srpm** und geben Sie *rpmbuild -rebuild snort-2.0.0-1snort.src.rpm* ein. Dadurch wird ein RPM speziell für Ihr System aus der Datei aufgebaut.

Das zweite Beispiel steht für die Versionen unter 4.1. Geben Sie für diese Systeme einfach *rpm –rebuild snort-2.0.0-1snort.src.rpm* ein. Dieser Befehl hat dieselbe Funktionalität wie der aus dem ersten Beispiel, nur dass sich die Syntax ein wenig unterschiedet. Beide Versionen setzen ein fertiges RPM-Paket in einen Unterordner unter dem Verzeichnis **/usr/src**. Auf einem Red Hat 8.0-System befinden sich die fertiggestellten Builds unter dem Verzeichnis **/usr/src/redhat/RPMS/i386**.

Oink!

Der einzige Nachteil beim Aufbau eines Paketes aus einem SPRM ist, das alle Paketabhängigkeiten berücksichtigt werden müssen, selbst dann, wenn Sie das Programm nicht tatsächlich installieren. Im Falle von Snort müssen Sie MySQL, PostgreSQL und UCD-SNMP (einschließlich der Entwicklungswerkzeuge und Bibliotheken) installiert haben. Der Grund dafür ist einfach: In Snort haben die Entwickler Code für die Unterstützung einer Reihe von Datenbanken integriert. Wenn Sie versuchen, ein Rebuild des SRPM zu erstellen, werden die verschiedenen Abhängigkeiten für *alle* Datenbanksysteme, mit denen es ablaufen kann, gesucht. Dies gilt auch, wenn Sie überhaupt nicht planen, all diese Optionen einzusetzen. Worum es geht, ist, dass sie vorhanden sind und daher in das fertige Paket eingeschlossen werden müssen, damit dieses ordnungsgemäß funktioniert. Wenn Sie nicht allen Programmabhängigkeiten gerecht werden, schlägt das Rebuild fehl. Positiv ist, dass Ihnen beim Fehlschlagen berichtet wird, welche Komponenten fehlen, so dass Sie diese nachträglich installieren und das Rebuild erneut versuchen können.

3.4.4 Installation auf der Windows-Plattform

Die Microsoft-Nutzer unter Ihnen werden sich sicherlich gefragt haben, wann denn endlich der für Sie bestimmte Abschnitt an der Reihe ist. Nun, hier ist er. Entschuldigen Sie die Verzögerung. Bitte vergegenwärtigen Sie sich, dass wir die Ausführungen zu Microsoft nur aus einem Grund an das Endes des Kapitels gesetzt haben: Eine Installation auf diesem System ist viel einfacher als auf den Linux-Gegenstücken. Hinsichtlich der Installationsschritte fallen die Ausführungen viel kürzer aus. Auch die Konfiguration ist recht unkompliziert. Die Autoren bevorzugen und empfehlen aus persönlichen Gründen die Installation auf Linux (gegenüber Windows), wenn Ihnen die erforderlichen Ressourcen zur Verfügung stehen. Die Gründe dafür liegen in der besseren Stabilität und Geschwindigkeit. Linux bietet zudem eine wesentlich bessere Leistung bei der Ausführung von Netzwerkaufgaben.

 Beginnen Sie nun mit der Installation. Zunächst muss die Packet-Capture-Library, WinPcap, für Windows installiert werden. Diese finden Sie auf der Begleit-CD. Sie ist im Verzeichnis **Snort-2.0.0/Win32/winpcap2.3** abgelegt. Wahlweise können Sie die Bibliothek auch über die auf der CD befindlichen GUI installieren. Die Installation ist sehr unkompliziert und sollte ohne Probleme erfolgen. Hier nun die Anleitung zur Installation von WinPcap über die CD-ROM:

1. Wechseln Sie in den Ordner **Snort-2.0.0/Win32/winpcap2.3** der Begleit-CD.

2. Doppelklicken Sie auf **WinPcap.exe**, um die Installationsroutine zu starten.

3. Die Installationsroutine zeigt einen Begrüßungsbildschirm an (siehe Abbildung 3.10). Klicken Sie auf NEXT.

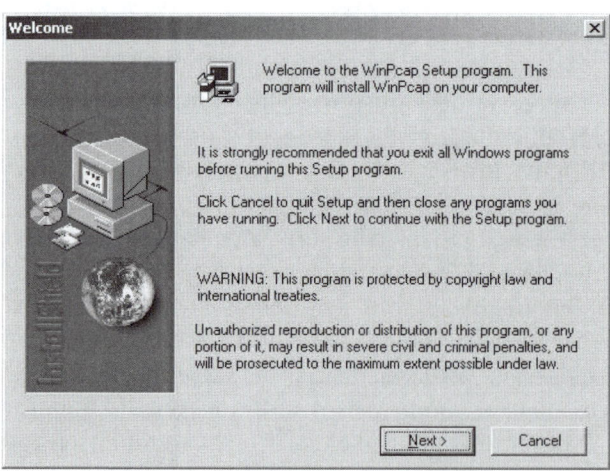

Abb. 3.10: Der Snort-Installationsbegrüßungsbildschirm

4. Das nächste Dialogfeld zeigt eine schlichte Benachrichtigung, die Ihnen die erfolgreiche Installation mitteilt (siehe Abbildung 3.11). Klicken Sie auf OK.

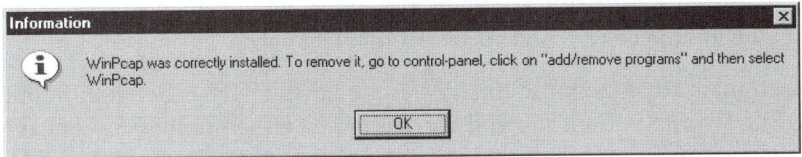

Abb. 3.11: Mitteileilung über eine erfolgreiche Installation von WinPcap

5. Der folgende Bildschirm ist eine weitere Bestätigungsmeldung, die Ihnen den Abschluss der Installation auf Ihrem Computer mitteilt (Abbildung 3.12). Klicken Sie auf FINISH.

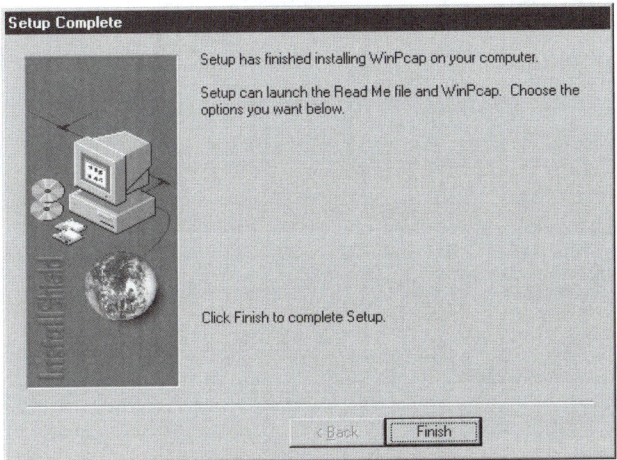

Abb. 3.12: Abschließen der WinPcap-Installation

Herzlichen Glückwunsch! Die Installation von WinPcap wurde erfolgreich abgeschlossen. Obwohl dies während der Installation nicht erwähnt wird, sollten Sie einen Neustart des Computers durchführen, damit die Änderungen wirksam werden. Windows scheint immer eine zusätzliche Verschnaufpause zu benötigen. Wenn Sie WinPcap einmal deinstallieren müssen, finden Sie in der Windows Systemsteuerung einen entsprechenden Eintrag im Applet *Software*. Entfernen Sie WinPcap von dort, wenn es zu Fehlern kommt.

 Die neuste Version (zum Zeitpunkt der Drucklegung) befindet sich auf der Begleit-CD. Wahlweise können Sie auch über die Website www.snort.org die neueste und verbesserte Version herunterladen. In dieser Übung erfolgt die Beschreibung der Installation von der CD.

1. Wechseln Sie in den Ordner Snort-2.0.0/Win32 auf der CD-ROM, und dop-pelklicken Sie auf dem Dateieintrag **Snort-2.0.0.exe**. Die Installationsroutine wird gestartet. Optional können Sie die Installationsroutine auch über die grafi-sche Benutzeroberfläche starten, die ebenfalls auf der CD abgelegt ist (sie startet automatisch, wenn die CD in das Laufwerk eingelegt wird).

2. Die Installationsroutine beginnt mit der Anzeige der GNU General Public License (GPL). Wenn Sie die Ruhe und ein wenig Zeit haben, sollten Sie sich die Bedingungen wirklich durchlesen. Es handelt sich um ein brillantes Stückchen Literatur, das seit seiner Einführung 1991 unverändert geblieben (die englische Version betreffend) ist. Dies ist die Lizenz, unter der ein Großteil der Open Source-Software (Linux inbegriffen) weitergegeben wird. Wenn Sie die Lizenz-vorgaben durchgelesen haben, klicken Sie auf I ACCEPT (Abbildung 3.13).

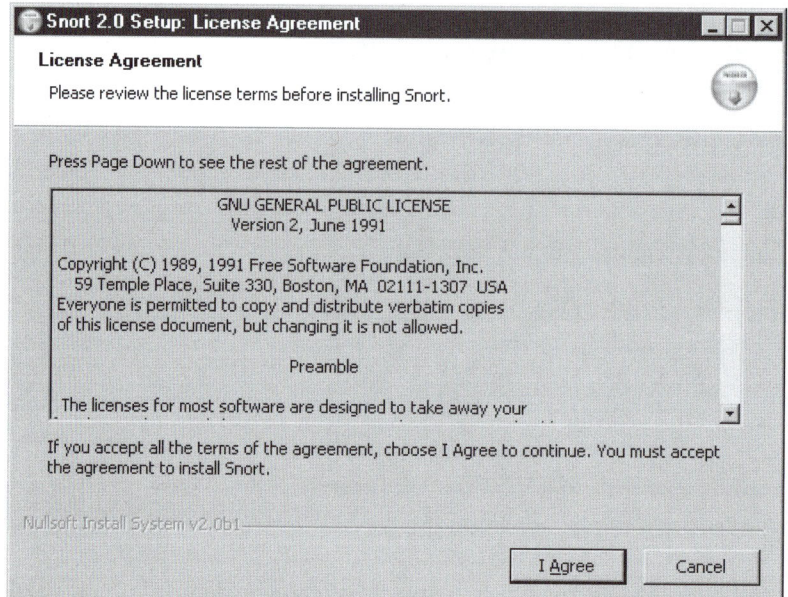

Abb. 3.13:   Die GNU GPL für Snort

3. Im nächsten Schritt wird das Dialogfeld INSTALLATION OPTIONS angezeigt (Abbildung 3.14). Hier können Sie optionale Komponenten für Ihre spezielle Situation auswählen. Wie die Software mitteilt, müssen Sie, wenn Sie die SQL-Option wählen, sicherstellen, dass die SQL-Client-Software bereits auf dem Zielsystem installiert wurde. Klicken auf NEXT, wenn Sie fortfahren möchten.

up ...

... up ... update

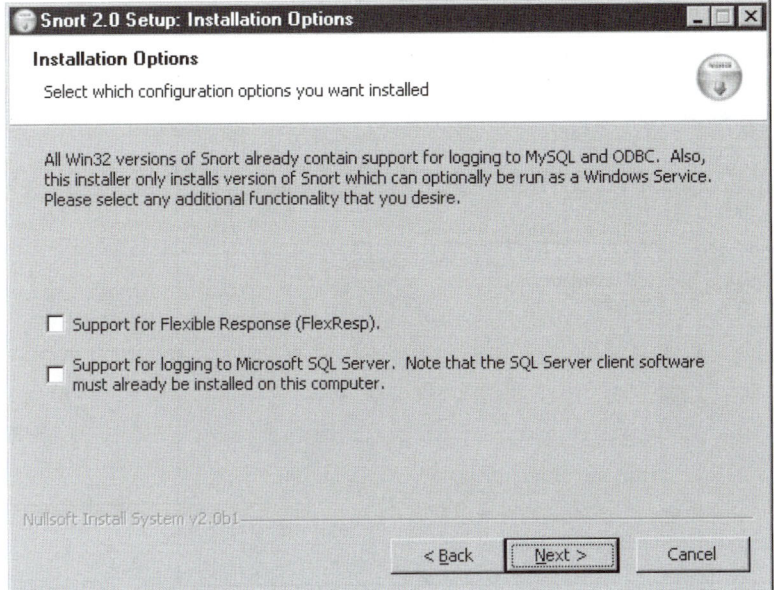

Abb. 3.14: Das Fenster Snort Installation Options

4. Nun wird der in Abbildung 3.15 gezeigte Bildschirm aufgerufen. In diesem Fenster wird eine Liste von Komponenten angezeigt, die Sie installieren können. Auch hier können Sie die Installationsoptionen nach Ihren eigenen Bedürfnissen wählen. Achten Sie darauf, auch Snort in die Installationsoptionen einzubeziehen – ohne Snort würde es sicherlich eine interessante Installation werden. Wählen Sie folgende Optionen:

- **Snort** Installiert Snort, Konfigurationsdateien und Regeln.
- **Documentation** Installiert die Snort-Dokumentation.
- **Contrib** Kopiert zusätzliche, durch Benutzer zusammengetragene Addon-Module und Tools.

5. Klicken Sie auf NEXT, wenn Sie fortfahren möchten.

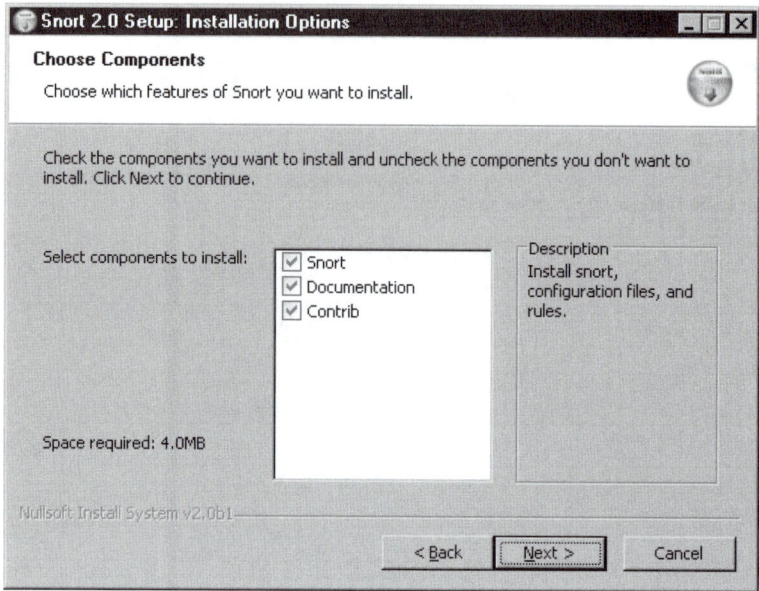

Abb. 3.15:   Auswählen von Komponenten für Ihre Snort-Installation

6. Jetzt werden Sie aufgefordert, das Installationsverzeichnis anzugeben (Abbildung 3.16). Sie können die Standardeinstellung übernehmen. Klicken Sie auf INSTALL.

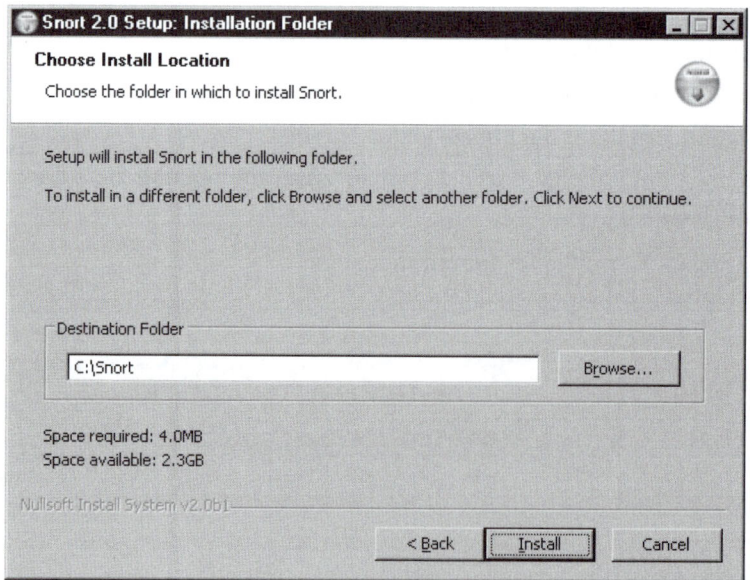

Abb. 3.16:   Das Fenster Installation Location

7. Die Installationsroutine kopiert die Dateien auf Ihre Festplatte. Der Vorgang dauert nicht lange. Sie können also an Ort und Stelle bleiben. Wenn der Vorgang abgeschlossen ist, wird ein Dialogfeld angezeigt, das dem aus Abbildung 3.17 entspricht.

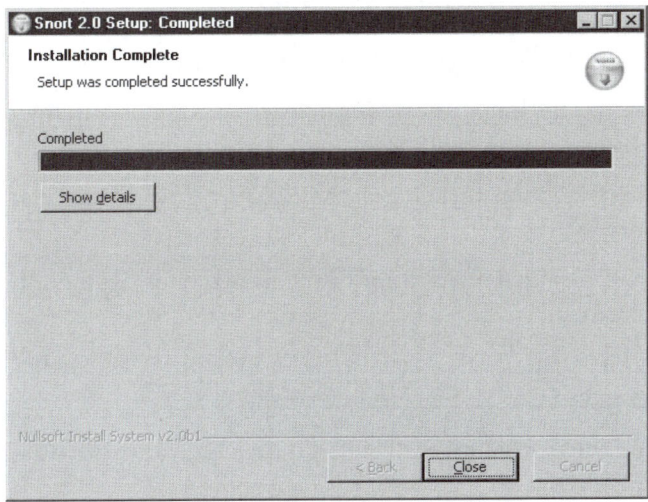

Abb. 3.17: Die Snort-Installation ist abgeschlossen

8. Die Installation ist nun abgeschlossen. Klicken Sie auf CLOSE. Snort ist nun für den Einsatz bereit. Optional können Sie auf die Schaltfläche SHOW DETAILS klicken, um die Ausgabe der Installationsroutine zu begutachten (Abbildung 3.18). Diese Option ist besonders dann hilfreich, wenn Problem auftraten.

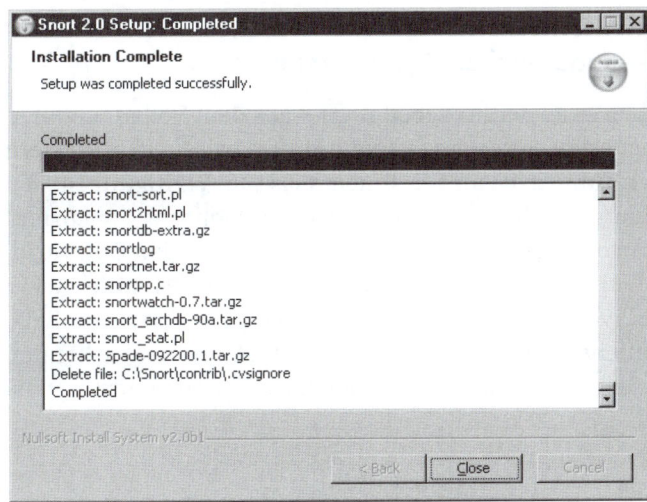

Abb. 3.18: Der Bildschirm Installation Complete mit aktivierter Option Show Details

Geschichten aus dem Untergrund...

Detaillierte Auswahloptionen für Komponenten

Während der Installation der Win32-Version von Snort (wenn die benutzerdefinierte Installationsoption gewählt wurde) werden mehrere detaillierte Auswahloptionen angezeigt. Hier erfolgt eine allgemeine Beschreibung, wozu die einzelnen Optionen dienen und wie sie sich auf Ihre Installation auswirken.

- **Snort-Barebones** Dies ist die Installation, die in diesem Kapitel durchgeführt wurde, es ist die Basis-Version von Snort.

- **Snort-Flexresp** Mit dieser Option installieren Sie Snort mit aktivierter Flexible Response-Funktionalität.

- **Snort-MySQL-Flexresp** Dies installiert Snort mit zusätzlicher Unterstützung für MySQL und Flexresp.

- **Snort-MSSQL-MySQL-Flexresp** Dies installiert Snort mit zusätzlicher Unterstützung für Microsoft SQL, MySQL und Flexresp.

- **Snort-MSSQL-MySQL** Dies installiert Snort mit zusätzlicher Unterstützung für Microsoft SQL und MySQL.

- **Snort-MySQL** Dies installiert Snort mit zusätzlicher Unterstützung für MySQL.

Bitte beachten Sie, dass Sie bei den meisten dieser Optionen, wenn Sie sie installieren möchten, alle Abhängigkeiten beachten müssen. Wenn Sie beispielsweise Snort mit MySQL-Unterstützung installieren möchten, müssen Sie vor der Installation von Snort, bereits einen funktionierenden MySQL-Datenbank-Server eingerichtet haben. Wenn Sie dies versäumen, schlägt die Ausführung von Snort mehr als fehl. Von Netzwerksicherheit kann in diesem Fall keine Rede sein.

3.4.5 Installation von brandaktuellen Snort-Versionen

Wenn Sie einer der Menschen sind, der im Leben immer aus dem Vollen schöpfen möchte, können Sie die neuesten Softwareversionen direkt bei den Entwicklern beziehen. Diese freuen sich immer, wenn Sie Ihnen alles zur Verfügung stellen können, was Ihr Herz begehrt. Aus diesem Grund gibt es ihr tägliches Concurrent Version System (CVS) (siehe folgenden Abschnitt Tools & Traps) für den Download. Wenn sie dieses Angebot einmal testen möchten, finden Sie es unter www.snort.org/dl/snapshots. Vergegenwärtigen Sie sich, dass die Versionen Beta-Builds entsprechen und dementsprechend auch so zu handhaben sind. Sie können Bugs enthalten, und für diesen Installationstyp können Sie nicht mit einem umfassenden Support rechnen.

Tool & Traps...

Das CVS-System

Das CVS-System ist ein Versionssystem, das vielen Entwicklern die gleichzeitige Arbeit an einem Projekt ermöglicht. Dabei werden alle Änderungen, der jeweils verantwortliche Entwickler und am wichtigsten, die vorhandenen Versionen aufgezeichnet, um die Versionen nicht zu vermischen. In einem CVS-Tree werden Sie im Allgemeinen mehrere Versionen eines Projekts finden.

Sie werden zu nahezu jedem Open Source-Projekt Websites mit solchen CSV-Systemen finden. Zum Beispiel bietet SourceForge (`www.sourceforge.net`) CVS-Repositories für alle Projekte, die betreut werden. Zum Durchsuchen der meisten CVS-Systeme benötigen Sie eine CVS-Client-Anwendung. SourceForge bietet aber auch eine Webschnittstelle für das Durchsuchen. Dies ist ein nettes und zweckmäßiges Feature, wenn man schnell Informationen oder Code-Beispiele aus einem CVS-Tree abrufen möchten. Hier eine Reihe von GUI-Anwendungen für CVS:

■ Wenn Sie eine CVS-Frontend-Anwendung für Linux benötigen, lohnt es sich, VisualCVS (`www.scentech.ch/products/visualcvs`) als Client auszuprobieren.

■ Wenn Sie eine CVS-Anwendung für Windows benötigen, bietet sich WinCVS (`www.wincvs.org`) als recht guter Client an.

3.5   Zusammenfassung

In diesem Kapitel wurden die Grundlagen der Softwarepaketverwaltung mittels RPM und Source-Code-Paketen beschrieben. Zudem erfolgten Ausführungen zur Installation der PCAP-Bibliotheken für Linux- und Windows-Systeme und zur Installation des Snort-IDS für Linux und Windows. Sie sind nun mit dem notwendigen Wissen und der erforderlichen Software ausgestattet, um mit den Ausführungen in diesem Buch fortzufahren.

Wie bereits mehrfach in diesem Kapitel betont, ist es wichtig, dass Sie Ihre Snort-Installation stets auf dem neuesten Stand halten. Dies bezieht sich auf die Packet-Capture-Libraries und auf das Snort-System selbst. Zudem sollten Sie sich angewöhnen, die Snort-Site regelmäßig auf aktualisierte Regelsätze zu überprüfen. Die Computersicherheit ist ein schnelllebiger Bereich. Es ist daher von hoher Bedeutung, dass Sie auf dem aktuellsten Stand bleiben, damit Ihre Systeme nicht so leicht unterwandert werden können.

Zusätzlich ist dringend zu empfehlen, dass Sie auch Ihr BS auf dem aktuellsten Stand halten, besonders in Hinblick auf Sicherheits-Updates und Patches. Windows vereinfacht dies durch die Windows-Update-Schnittstelle. Red Hat Linux bietet die Option für das Red Hat Network (RHN), die, nach Meinung der Autoren, weit besser ist als das Windows-Gegenstück.

All diese Aspekte sind Bausteine für ein solides IDS, das Ihnen in den kommenden Jahren treu und sicher dienen wird.

3.6 Lösungen im Schnelldurchlauf

Ein kurzes Wort zu Linux-Distributionen

- Debian GNU/Linux (derzeit in der stabilen Version 3.0) gibt es schon sehr lange. Viele halten es für die sicherste und stabilste Linux-Version, die zur Verfügung steht.

- Slackware Linux (aktuell in der stabilen Version 9.0) ist das Lieblingskind der Hardcore-Linux-Anwender, und das aus gutem Grunde. Die Support-Basis ist gewaltig, und das System selbst ist stabil, schnell und sicher.

- Gentoo Linux (derzeit im Pre-Release 1.4rc3) ist eine interessante Distribution, die keiner anderen heutigen gleicht. Eine gewisse, wenn auch entfernte Ähnlichkeit besteht mit dem *Linux From Scratch* (LFS)-Projekt. Die Idee hinter Gentoo Linux ist, Benutzer mit einer minimalen CD (45,3 MB entsprechend der FTP-Mirror) auszustatten, die sich booten lässt und eine Verbindung zum Internet erstellt, um den Rest der Distribution herunterzuladen.

- Wie bei jeder üblichen Installation von Paketen ist es am besten, mit einer soliden BS-Installation zu beginnen. Sorgen Sie dafür, dass Ihr BS fehlerfrei und auf dem aktuellsten Stand ist.

Installieren von PCAP

- Die libpcap ist eine Packet-Capture-Library für Linux-Systeme. Windows nutzt WinPcap.

- Vor der Installation von Snort sollte stets die neueste Version der libpcap installiert werden.

- Libpcap ist eine notwendige Anforderung, damit Sie Snort-IDS installieren können.

Installieren aus dem Quell-Code

- Snort kann online heruntergeladen werden oder steht auf der Begleit-CD zur Verfügung.

- Sie können das CVS-System nutzen, um eine brandaktuelle Version von Snort zu erhalten

- Snort steht für UNIX-, Linux- und Windows-Systeme zur Verfügung.

- Snort kann als Tar-Archiv, das den Source-Code enthält, heruntergeladen werden.

- Die Installation wird mittels der Routinen *./configure, make, make install* durchgeführt.

- Nach der Installation von Snort müssen Sie die Konfigurationsdatei snort.conf bearbeiten.

3.7 Häufig gestellte Fragen (FAQs, Frequently Asked Questions)

- **F:** Unter welchen Betriebssystemen kann Snort ablaufen?

- **A:** Snort steht für UNIX-, Linux- und Windows-Systeme zur Verfügung.

- **F:** Gibt es für Snort Software-Anforderungen und/oder Abhängigkeiten?

- **A:** Ja. Zunächst müssen Sie die pcap-Packet-Capture-Library installieren. Zudem brauchen Sie eine Datenbank, um die Datenbankintegrationsfunktionen von Snort zu nutzen.

- **F:** Mit welchen wichtigsten Datenbanken arbeitet Snort zusammen?

- **A:** Snort arbeit gut mit MySQL, PostgreSQL und Microsoft SQL zusammen.

- **F:** Wie erhalte ich Snort?

- **A:** Snort befindet sich auf der Begleit-CD zu diesem Buch. Sie können die Binärdateien aber auch von der entsprechenden Website herunterladen oder sich die neueste Version über den CVS-Tree beschaffen.

- **F:** Agiert Snort als Firewall für mein Netzwerk?

- **A:** Nein. Snort ist ein Intrusion Detection System, das eine Vielfalt von Netzwerkeinbrüchen (z. B. DoS-Angriffe) erkennt. Es nutzt dazu einen Satz von Regeln. Wenn es anhand der Regeln etwas Verdächtiges findet, kann es entsprechende Alarme auslösen. Es kann nicht jeden Angriffstypen blockieren.

- **F:** Kann ich bestimmen, welche Ports speziell überwacht werden sollen?

- **A:** Ja. Sie müssen die Konfigurationsdatei snort.conf bearbeiten und Zeilen in der Form *var HTTP_PORTS 80* für jeden Port, den Sie überwachen wollen, einfügen. Alternativ können Sie mehrere Ports in einer Zeile angeben, wobei dies in der Form VAR *HTTP_PORT 80:82* erfolgen muss.

## Kapitel 4

Snort: Die innere Funktionsweise

Lösungen in diesem Kapitel

- Snort-Komponenten

- Dekodieren von Pakten

- Verarbeiten von Paketen

- Regelaufbereitung und Detection-Engines

- Ausgaben und Logs

4.1 Einführung

In diesem Kapitel werden die innere Funktionsweise von Snort, die verwendeten Komponenten und der Grund für ihre Verwendung beschrieben. Snort steht derzeit in der Version 2.0.0 zur Verfügung und hat sich im Laufe der Jahre wesentlich weiterentwickelt. Es hat nun den Punkt erreicht, an dem es ein extrem stabiles und qualitativ hochwertiges Intrusion Detection System (IDS) geworden ist.

 Dieses Kapitel beschäftigt sich mit der internen Funktionsweise von Snort 2.0.0, die über die Snort-Homepage unter `www.snort.org` (und auf der Begleit-CD zu diesem Buch) für viele Plattformen zur Verfügung steht. Die Ausführungen in diesem Buch konzentrieren sich in den Beispiel auf die UNIX-Version von Snort, aber seien Sie versichert, dass die Kommandozeilen genauso gut in der Windows-Version von Snort arbeiten.

Dieses Kapitel bietet einen Überblick über den gesamten Snort-Prozess, von der Paketaufzeichnung (Packet-Capture) über die Erkennung (Detection) bis hin zur Protokollierung (Logging). Es beschreibt Funktionen und Abschnitte innerhalb des Snort-Quell-Codes (Source-Code). Der Snort-Source-Code ist dokumentiert (in den meisten Fällen). Wenn Sie selbst Code produzieren, sollten Sie sich die Dokumentation während der Bearbeitung dieses Kapitels ruhig einmal ansehen. Wenn Sie über keinerlei Kodierungserfahrung verfügen, werden Sie wahrscheinlich dennoch die ein oder andere nützliche Information aus dem Source-Code ziehen können. Folgende Dateien stellen ein guten Ausgangspunkt dar:

- **snort.c**   Haupt-Source-Code

- **decode.c**   Paketentschlüssler (Packet-Decoder)

- **rule.c**   Regel-Engine (Rules-Engine)

- **detect.c**   Erkennungs-Engine (Detection-Engine)

- **log.c**   Protokollierungs-Engine (Logging-Engine)

Obwohl der Source-Code recht umfangreich ist, lohnt es sich, wenn Sie einmal hineinschauen, um einen Eindruck von der Snort-Entwicklung zu bekommen und die Open Source-Kodierung in Bestform zu erleben.

> **Oink!**
>
> Vergraben im Source-Code finden Sie einige amüsante Kommentare von Marty Roesch und anderen Entwicklern, die wahrscheinlich spät in der Nacht, während des Brütens über einem schwierigen Debug-Problem entstanden sind.

4.2   Snort-Komponenten

Bei der Erörterung der Snort-Interna soll die Abbildung 4.1 zur Verdeutlichung der Funktionsweise der Komponente beitragen. Sie bietet eine abstrakte Übersicht über den Snort-Prozess.

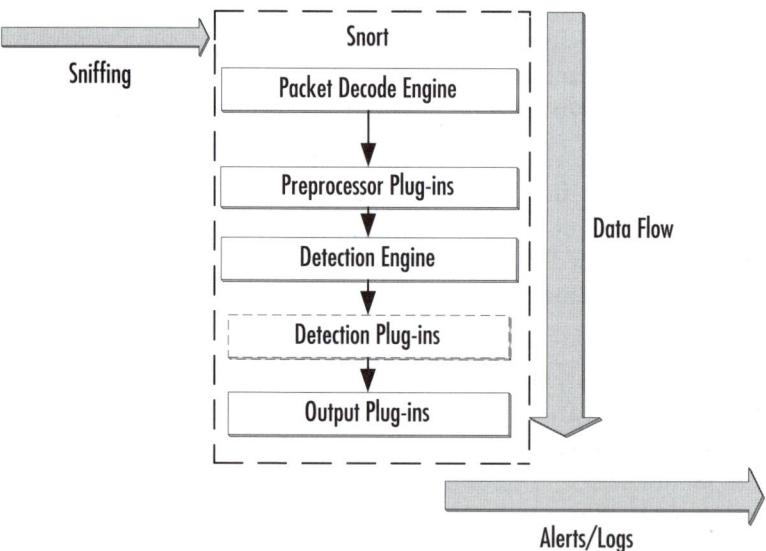

Abb. 4.1:   Übersicht über die Snort-Komponenten

Im Folgenden werden die vier Hauptkomponenten von Snort und des Snort-Prozesses aufgelistet:

1. **Packet-Capture/Decoder-Engine** Zunächst wird der Datenverkehr (Traffic) von der Netzwerkverbindung über die libpcap-Bibliothek (Library) mitgeschnitten. Pakete werden durch die Decode-Engine geschleust, die zunächst die Paketstruktur für die Protokolle der Verbindungsschicht ausfüllt, die dann weiter für die Protokolle der höheren Schichten wie die TCP- und UDP-Port entschlüsselt (dekodiert) werden.

2. **Präprozessor-Plugins** Die Pakete werden dann durch eine Reihe von Präprozessoren gesendet. Pakete werden untersucht und manipuliert, bevor Sie an die Detection-Engine übergeben werden. Die einzelnen Präprozessoren untersuchen, ob dieses Paket beobachtet, ein Alarm auslösen oder modifiziert werden soll.

3. **Detection-Engine** Pakete werden dann durch die Detection-Engine gesendet. Die Detection-Engine prüft jedes Paket gegen die verschiedenen Optionen, die in den Snort-Regeldateien aufgelistet sind, indem einzelne, einfache Überprüfungen eines Aspekts oder Felds des Pakets durchgeführt werden. Die Detection-Plugins bieten weitere Erkennungsfunktionen für die Pakete. Jede der Schlüsselwortoptionen in der Regel ist mit einem Detection-Plugin verbunden, das zusätzliche Tests ausführen kann.

4. **Ausgabe-Plugins** Snort gibt dann die Alarme von der Detection-Engine, den Präprozessoren oder der Decode-Engine aus.

4.2.1 Mitschneiden des Netzwerk-Traffics

Snort benötigt eine Methode, um den Netzwerk-Traffic mitzuschneiden. Dies geschieht über zwei Mechanismen:

- Die Netzwerkkarte wird in den promiskuren Modus (promiscuous mode) versetzt.

- Danach werden die Pakete unter Verwendung der libpcap-Library von der Netzwerkkarte abgegriffen.

Weitere Ausführungen zum *promiskuren Modus* und zur libpcap-Library folgen im Abschnitt »Packet-Sniffing«. Im Augenblick sollen das OSI-Modell und die TCP/IP-Protokoll-Suite noch einmal aufgearbeitet werden. Dies ist sehr wichtig, da beide in diesem Kapitel ständig referenziert werden.

Die OSI- und TCP/IP-Modelle

Das Open Systems Interconnection (OSI)-Modell wurde ursprünglich als Standard für die Entwicklung von Netzwerkkommunikationsprotokoll-Suites entwickelt. Durch die strikte Einhaltung der Vorgaben des OSI-Modells konnten verschiedene Netzwerkanbieter Code schreiben, der interoperabel mit dem Code von konkurrierenden Netzwerkanbietern sein würde. Leider hielt sich die Netzwerkindustrie nicht vollkommen an das OSI-Modell, und die TCP/IP-Protokoll-Suite stellte diesbezüglich keine Ausnahme dar.

Der leistungsstärkste Bereich des OSI-Modells ist das »Schichtenkonzept«. Jede Schicht (Layer) besteht aus einer Reihe von Komponenten. Das Modell ist in sieben Schichten aufgeteilt. Jede Schicht trägt die Verantwortung für einen speziellen Teil des Kommunikationsprozesses. Während der Kommunikation empfangen die Schichten Daten, die von den darüber liegenden Schichten formatiert wurden. Die einzelnen Schichten manipulieren die Daten und senden sie an die nächste darunter liegende Schicht. Wenn sie Daten auf der anderen Kommunikationsseite empfangen, erhalten die Schichten diese von den jeweils darunter liegenden Schichten. Die Daten werden entpackt und anschließend eine Schicht höher geleitet.

Das Schichtenkonzept hat folgende Vorteile:

■ Aufwändige Code-Umschreibungen eines Protokolls sind nicht notwendig, wenn eine bestimmte Komponente geändert werden muss. Wenn Sie beispielsweise die IP-Komponente auf Schicht 3 ändern wollten, würde dies nicht die anderen Schichten beeinflussen.

■ Es ermöglicht das Aufbrechen von komplexen Netzwerkprozessen in leichter verwaltbare Unterschichten.

■ Schnittstellen nach Industriestandard bieten Interoperabilität zwischen verschiedenen Anbietern. Ein Hersteller kann beispielsweise ein Stückchen-Code für die Netzwerkschicht schreiben, und andere Hersteller können dies nahtlos nutzen.

■ Durch das Schichtenkonzept wird die Fehlersuche und -behebung (Troubleshooting) einfacher, da die Protokolle in verschiedene Schichten aufgeteilt sind. Beim Troubleshooting brauchen Sie nicht das gesamte Protokoll, sondern nur die Schicht mit dem Problem zu untersuchen.

In diesem Kapitel wird auch das Decoding von Snort behandelt sowie signifikante Aktionen auf den verschiedenen Schichten des OSI-Modells. Die Abbildung 4.2 zeigt, wo die Aktivitäten von Snort im OSI-Modell liegen.

Oink!

Das OSI-Modell bietet eine nützlich Methode, mit der beschrieben wird, wie eine Protokoll-Suite wie TCP/IP funktioniert. Wenn Sie ein neues Protokoll oder eine neue Protokoll-Suite kennen lernen, sollten Sie erneut das OSI-Modell referenzieren, da es Sie verstehen lässt, wie das Protokoll einzuordnen ist und welche anderen Protokolle mit diesem interoperieren.

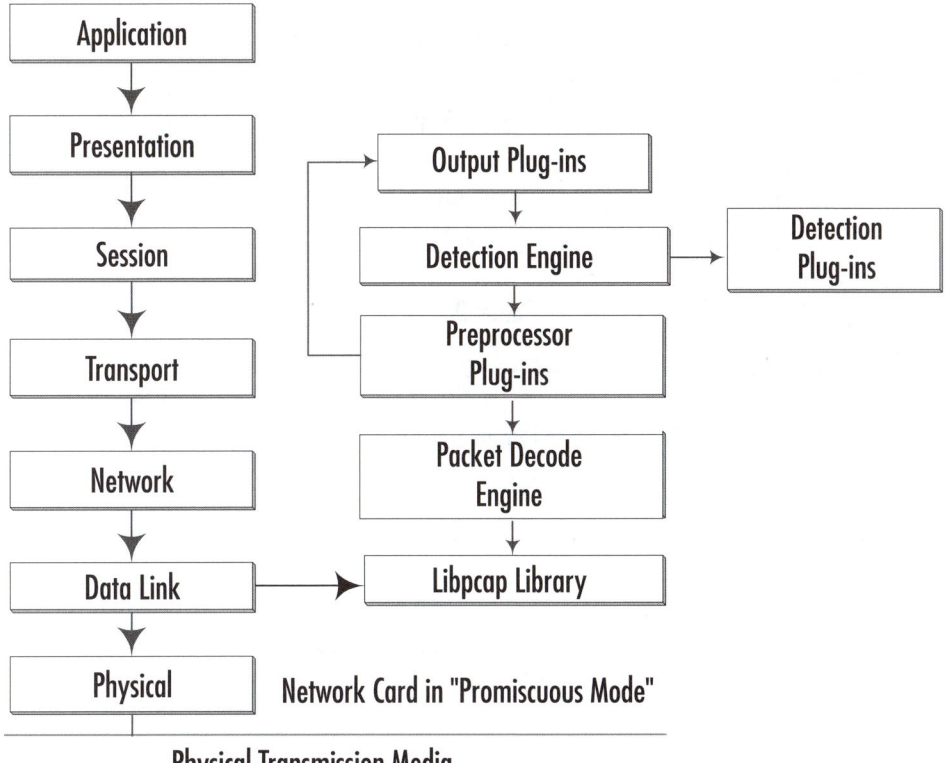

Abb. 4.2: Das OSI-Modell und Snort

TCP/IP Ursprünglich als ein von der Regierung gefördertes Forschungsprojekt ist TCP/IP zur weltweit populärsten Protokoll-Suite herangewachsen. TCP/IP ist eine Kombination von verschiedenen Protokoll-Suites auf verschieden Schichten des OSI-Modells, wie Sie an späterer Stelle in diesem Kapitel noch sehen werden. Obwohl Snort andere Protokolle dekodieren kann, stützt es sich primär auf die TCP/IP-Suite. Die TCP/IP-Suite folgt nicht genau dem OSI-Modell, und in manchen Fällen unterscheidet sie sich abhängig vom Betriebssystem. Unter Verwendung des OSI-Modells als Vorlage illustriert Abbildung 4.3 die TCP/IP-Protokoll-Suite.

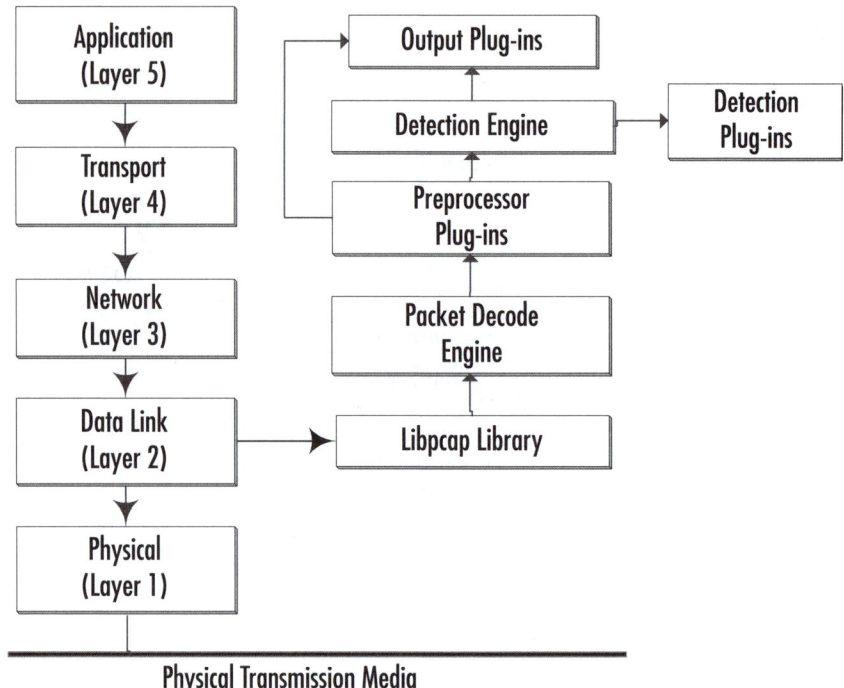

Abb. 4.3: Das TCP/IP-Modell und Snort

Die fünf Schichten von TCP/IP sind wie folgt:

- **Anwendungsschicht (Application Layer)** Beispiel: Webbasierendes HTTP-Protokoll, E-Mail-SMTP-basierendes Protokoll

- **Transportschicht (Transport Layer)** Beispiel: TCP und UDP

- **Netzwerkschicht (Network Layer)** Beispiel: ICMP und IP

- **Datenverbindungsschicht (Data Link Layer)** Beispiel: Ethernet, Token Ring und ARP

- **Physikalische Schicht (Physical Layer)** Beispiel: eine Netzwerkkarte oder ein Modem

---

Oink!

Weitere Informationen zu TCP/IP und dem OSI-Modell finden Sie in dem Buch *TCP/IP* von W. Richard Stevens. Es wurde ursprünglich 1994 veröffentlich, ist aber heute immer noch aktuell. Es handelt sich um eine exzellente Ressource in Sachen TCP/IP und zählt zu den bevorzugten Büchern der Autoren.[1]

---

1   beim mitp-Verlag inzwischen auch in derselben Sprache erhältlich

4.2.2 Packet-Sniffing

Snort benötigt einen Mechanismus, um den das Netzwerk passierenden Datenverkehr abzugreifen. Die Abbildung 4.4 zeigt ein beispielhaftes Netzwerk-Design, das
in diesem Kapitel als Referenz verwendet wird.

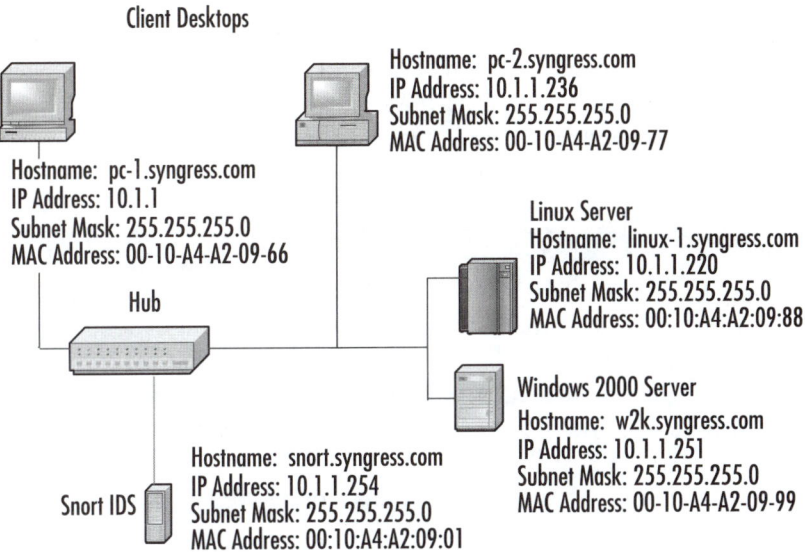

Abb. 4.4:   Beispielnetzwerk

Als Beispiel soll ein Benutzer an dem Desktop-Computer pc-1 (IP-Adresse 10.1.1.1)
dienen. Der Benutzer öffnet seinen Webbrowser und gibt `http://10.1.1.220`
ein, wodurch eine Verbindung zu dem Linux-Server erstellt wird. Innerhalb des
TCP/IP-Stacks von pc-1 reist die Anforderung die fünf Schichten des TCP/IP-
Modells hinunter, wobei sie auf diesem Weg eingekapselt wird. Wenn die Anforderung Schicht 3 (Netzwerkschicht) erreicht, benötigt der Desktop-PC einen Mechanismus zum Erkennen der Hardware-Adresse der Netzwerkkarte des Linux-Servers
(diese Adresse wird als Media Access Control- oder MAC-Adresse bezeichnet). Diesen Mechanismus bietet das Address Resolution Protocol (ARP). Der Desktop-PC
sendet eine ARP-Anforderung für den Computer mit der IP-Adresse 10.1.1.220 aus,
und der Linux-Computer antwortet mit seiner MAC-Adresse.

> ### Oink!
>
> Eine MAC-Adresse hat das Format 00:10:A4:A2:09:88. Die MAC-Adresse ist ein-
> deutig und in jede Netzwerkkarte eingebrannt. Sie können die MAC-Adresse
> Ihrer Netzwerkkarte anzeigen, indem Sie unter Linux den Befehl *ifconfig -a* und
> unter Windows *2000 ipconfig /all* eingeben.

Wenn der Computer pc-1 die Adresse des Linux-Servers (00:10:A4:A2:09:88) erhalten hat, kapselt er den Traffic in einem Ethernet-Frame (Schicht 2) und sendet das Paket an den Linux-Server. Wenn der Linux-Server das Paket erhält, dekodiert er das Paket durch die verschiedenen Schichten des TCP/IP-Modells hinweg. Der Linux-Server kapselt seine Antwort beim Heruntersenden durch die Schichten des TCP/IP-Modells wieder ein, und die Pakete reisen zurück zu dem Desktop-PC.

Während der Desktop-PC pc-1 mit dem Linux-Server kommuniziert, wird der Traffic von allen an den Hub angeschlossenen Netzwerkkarten »gesehen«. Jede Netzwerkkarte untersucht dann die Ziel-MAC-Adresse des Ethernet-Frames (00:10:A4:A2:09:88) und vergleicht diese mit der eigenen MAC-Adresse. Wenn die Adressen nicht übereinstimmen, wird das Paket ignoriert.

Oink!

Die in Abbildung 4.4 dargestellten Computer sind über einen *Hub* verbunden. Bei einem Hub handelt es sich um ein Broadcast-Medium, auf dem der gesamte Datenverkehr per Broadcast auf jeden Port des Hubs ausgesendet wird. In einer Switch-Umgebung lernt der Switch, welche Ports welche MAC-Adressen besitzen. Ein Switch sendet den Traffic, der für eine MAC-Adresse bestimmt ist, nur an diesen speziellen Port. Selbst wenn sich der Snort-Computer im *promiskuren Modus* befindet, kann er nicht den gesamten Traffic sehen, weil der Switch diesen nicht an ihn übergibt. Moderne Switches verfügen über einen Mechanismus, mit dem sie den Verkehr *spiegeln*. Dabei wird eine Kopie des Traffics erstellt und an einen speziellen Port gesendet. Wenn der Snort-Server an diesen Port angeschlossen wird, kann er den gesamten Netzwerkverkehr, der den Switch passiert, sehen.

Eine Netzwerkkarte im promiskuren Modus

Das Standardverhalten einer Netzwerkkarte ist, Datenverkehr, der nicht für die eigene MAC-Adresse bestimmt ist, zu ignorieren. Dieses Verhalten muss so geändert werden, dass die Netzwerkkarte die Ziel-MAC-Adresse nicht mehr überprüft. Indem Sie die Netzwerkkarte in den promiskuren Modus setzen, steht Ihnen ein Mechanismus zur Verfügung, mit dem der gesamte Traffic, wenn er auf den Hub gelangt, sichtbar wird.

Wenn Sie dies auf das vorherige Beispiel beziehen, besitzt der Snort-Server eine Netzwerkkarte im *promiskuren Modus*. Wenn das Paket von dem Desktop-PC pc-1an den Linux-Server (oder im übertragenem Sinne, jedes Paket auf dem Netzwerk) von dem Snort-System gesehen wird, stellt die Netzwerkkarte das Paket auf der Datenverbindungsschicht zur Verfügung (untersuchen Sie in Abbildung 4.3 die Position von Schicht 2 des TCP/IP-Modells). Snort benötigt einen Mechanismus, um Pakete von der Netzwerkkarte auf der Datenverbindungsschicht in seinen Paket-Decoder zu bekommen. Dazu nutzt Snort die libpcap-Library.

Was ist die libpcap-Library?

Die libpcap-Library wurde als Teil eines größeren Programms namens TCPDump geschrieben. Die libpcap-Library ermöglicht Entwicklern, Code zu schreiben, um Pakete der Datenverbindungsschicht (Schicht 2 im OSI-Modell) auf verschiedenen Varianten des UNIX-Betriebssystems zu empfangen. So müssen Sie sich nicht um die charakteristischen Eigenarten der Netzwerkkarten und -Treiber von verschiedenen Betriebssystemen sorgen. Im Wesentlichen greift die libpcap-Library die Pakete direkt von den Netzwerkkarten ab, wodurch Entwickler Programme zum Dekodieren, Anzeigen und Protokollieren der Pakete schreiben konnten. Das Programm TCPDump erfüllte genau diese Funktion. Als plattform-übergreifender Sniffer, der ursprünglich von Van Jacobson, Craig Leres und Steven McCanne an den Lawrence Berkeley Labs geschrieben wurde, um TCP-Perfomance-Probleme zu lösen, ermöglichte TCPDump das Mitschneiden von Paketen, um sie dann zu dekodieren und anzuzeigen. Frustriert über die Beschränkungen und Ausgabeformate von TCPDump entschloss sich Marty Roesch eines Tages, Snort als Ersatz für TCPDump zu schreiben. Die Originalversion hatte keine Präprozessoren und auch keine besonderen Plugins; sie war einfach ein besseres TCPDump.

Teile von TCPDump wurden durch Snort geborgt. Das folgende Beispiel ist der Header einer frühen Version des Snort-Source-Codes:

```
/*
* Program: Snort
* Purpose: Check out the README file for info on what you can do with Snort.
*
* Author: Martin Roesch (roesch@clark.net)
*
* Comments:
* Ideas and code stolen liberally from Mike Borella's IP Grab program.
Check out his stuff at http://www.borella.net. I also have ripped some
* util functions from TCPdump, plus Mike's prog is derived from it as well.
* All hail TCPdump....
*/
```

Wie gehören Snort und libpcap zusammen?

Betrachten Sie den Source-Code in snort.c. Wenn Snort startet, prüft das Programm eine Reihe von Einstellungen und Konfigurationen. Es ruft die libpcap-Library auf, die neben anderen Dingen, die Schnittstellenkarte überprüft und diese in den promiskuren Modus setzt. Wenn Snort die libpcap-Funktionen aufruft und die Schnittstelle initialisiert, tritt es in eine sogenannte *Primary Execution Loop* (oder pcap_loop) ein.

In dieser Endlosschleife wartet die pcap-Funktion, bis sie Pakete vom Netzwerkkartengerätetreiber empfangen hat, und ruft dann die Funktion *ProcessPacket()* auf. Die *ProcessPacket()*-Funktion verbindet sich mit der Datenverbindungsschicht-Decode-Routine decode.c. Weitere Informationen zu diesem Thema finden Sie im Abschnitt *Dekodieren von Paketen* an späterer Stelle in diesem Kapitel.

Weshalb also wird die libpcap verwendet? Die libpcap ist eine plattform-übergreifende Bibliothek, die auf allen wichtigen UNIX-und Windows-Systemen läuft. Es gibt also keinen Grund, das Rad in Hinblick auf Dekodierung und Packet-Capture neu zu erfinden. Das Schreiben eines eigenen Sniffers ist recht einfach. Informationen zur libpcap und zum Schreiben von libpcap-Code finden Sie unter www. tcdump.org/pcap.htm.

Snort ist nur eines von vielen Programmen, das die libpcap-Library und Komponenten von TCPDump nutzt; eine vollständige Liste finden Sie unter www. tcpdump.org/related.html. Eines der bevorzugten Programme der Autoren (natürlich neben Snort) ist Ethereal (www.ethereal.com). Bei Ethereal handelt es sich einen GUI-basierenden Open Source-Packet-Sniffer mit einem umfassenden Decode-Plugin-Set, der über 335 Netzwerkprotokolle dekodieren kann. Ethereal kann zusätzlich Log-Dateien im pcap-Format lesen, daher können größere Ausgaben von Snort oder TCPDump problemlos durchgesehen werden.

Die ursprünglichen TCPDump- und libpcap-Versionen waren reine UNIX-Tools. Eine Forschungs- und Entwicklungsgruppe in Italien hat jedoch eine Windows-Version der libpcap (namens winpcap) zusammengestellt, die Sie unter http:// metgroup-ser.polito.it/wipcap finden können. Wie die UNIX-libpcap wird winpcap von einer Reihe windows-basierender Sniffer-Programme genutzt, darunter auch von Snort und Ethereal. Versionen dieser Programme sind auf der Begleit-CD in den Ordnern zu Kapitel 3 bzw. 5 abgelegt.

> **Oink!**
>
> Snort erfordert die Installation der libpcap- oder WinPcap-Libraries vor der eigentlichen Snort-Installation. Für Snort sind die libpcap-Libraries separate Entitäten. Weitere Informationen zu diesem Thema finden Sie in Kapitel 3, »Installieren von Snort«.

4.3 Dekodieren von Paketen

Nun, da die Pakete von der Netzwerkkarte angekommen sind und durch die libpcap-Library an die Snort-Decode-Engine übergeben wurden, muss Snort die rohen Pakete der Datenverbindungsschicht (Schicht 2 des OSI-Modells) dekodieren. Snort erkennt verschiedene Protokolle, z. B. Ethernet, 802.11, Token Ring sowie weitere Protokolle der höheren Schichten, z. B. IP, TCP und UDP. Während des Dekodierungsprozesses verbindet Snort die rohen Daten mit Strukturen für die spätere Analyse durch die Präprozessoren und die Detection-Engine (weitere Informationen finden Sie im Abschnitt *Speichern von Paketen* an einer späteren Stelle in diesem Kapitel).

Kehren Sie noch einmal zu dem Netzwerkbeispiel aus Abbildung 4.4 zurück. Der Desktop-PC pc-1 verbindet sich über einen Webbrowser mit dem Linux-Server. Folgende Aktionen finden statt. Wenn Snort startet, wird die Netzwerkkarte durch die libpcap-Library in den promiskuren Modus versetzt. Wenn nun das von pc-1 an den Linux-Server gerichtete Paket auf dem Hub ankommt, greift die Netzwerkkarte das Paket ab und kopiert es für den Netzwerktreiber. Die aktivierte libpcap-Library läuft in einer Endlosschleife und wartet auf Pakete. Erhält sie die Pakete vom Netzwerkkartentreiber, wird die Funktion *ProcessPacket()* ausgeführt (sie befindet sich im Source-Code von decode.c).

Die Funktion *ProcessPacket* ruft die Funktion *DecodeEthPkt* auf, die den Ethernet-Frame dekodiert. Innerhalb der Funktion *DecodeEthPkt* dekodiert die Funktion *DecodeIP* das IP-Protokoll. Schließlich wird die Funktion *DecodeTCPPkt* aufgerufen, die das TCP-Paket dekodiert. Nun ist das TCP-Paket dekodiert und wird mit den passenden Datenstrukturen verbunden. Jetzt kann die Detection beginnen. Abbildung 4.5 illustriert die verschiedenen Dekodierungsfunktionen und die Reihenfolge ihrer Abarbeitung.

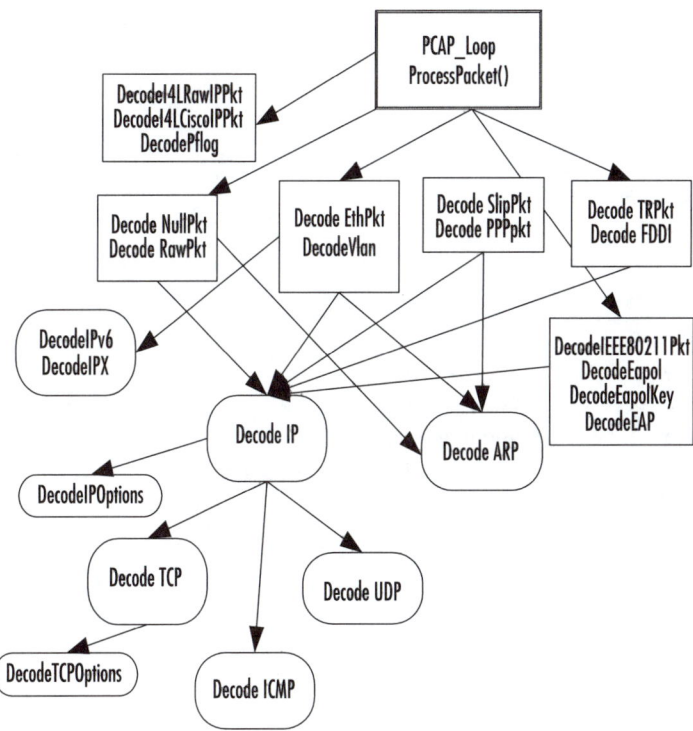

Abb. 4.5: Snort-Dekodierungsstruktur

> **Oink!**
>
> Snort bietet Unterstützung für eine Reihe von Protokollen, von denen einige einfach nur erkannt, nicht aber weiter genutzt werden. Ein Beispiel dafür ist IPX. Snort erkennt IPX, jedoch wird es nicht über Schicht 2 hinaus dekodiert – Snort nutzt es lediglich für statistische Zwecke.

4.3.1 Speicherung von Paketen

Bei der Untersuchung der Snort-Funktionen werden Sie sich möglicherweise fragen, »Wo speichert Snort die tatsächlichen Pakete?«. Die Antwort liegt in Zeigern und Datenstrukturen, die im Speicher gehalten werden. Wenn Sie den Code in decode.h betrachten, sehen Sie Datenstrukturen, die alle der von Snort genutzten Protokolle definieren, z. B. TCP, IP und Ethernet. Snort überträgt die Strukturen mit Hilfe von Zeigern, die das Protokoll darstellen, auf die rohen Pakete. Der Zeiger auf die rohen Daten, die als Ethernet-Frame aus der libpcap kommen, ist der _EthrHdr-Header. Im Falle von Protokollen der höheren Schicht wie TCP werden weitere Datenstrukturen genutzt. Das folgende Beispiel zeigt die Ethernet- und die TCP-Header-Strukturen.

```
/*
 * Ethernet header
 */
typedef struct _EtherHdr
{
    u_int8_t ether_dst[6];
    u_int8_t ether_src[6];
    u_int16_t ether_type;
}


typedef struct _TCPHdr
{
    u_int16_t th_sport;        /* source port */
    u_int16_t th_dport;        /* destination port */
    u_int32_t th_seq;          /* sequence number */
    u_int32_t th_ack;          /* acknowledgement number */
    u_int8_t th_offx2;         /* offset and reserved */
    u_int8_t th_flags;         /* flags */
    u_int16_t th_win;          /* window */
    u_int16_t th_sum;          /* checksum */
    u_int16_t th_urp;          /* urgent pointer */
}
```

Kern all dieser Strukturen ist _Packet_. Innerhalb von _Packet_ werden alle Snort-Daten-strukturen erstellt und, wie in der folgenden _Packet-Struktur_ gezeigt, aufgebaut:

```
typedef struct _Packet
{
    struct pcap_pkthdr *pkth;    /* BPF data */
    u_int8_t *pkt;               /* base pointer to the raw packet data */
    EtherHdr *eh;                /* standard TCP/IP/Ethernet/ARP headers */
    VlanTagHdr *vh;
    WifiHdr *wifih;              /* wireless LAN header */
    EtherARP *ah;

    IPHdr *iph, *orig_iph; /* and orig. headers for ICMP_*_UNREACH family */
    u_int32_t ip_options_len;
    u_int8_t *ip_options_data;

    TCPHdr *tcph, *orig_tcph;
    u_int32_t tcp_options_len;
    u_int8_t *tcp_options_data;

    UDPHdr *udph, *orig_udph;…
```

4.4 Verarbeiten von Paketen

Nachdem nun einige Datenpakete abgegriffen und in die verschiedenen Protokolle dekodiert wurden, erfolgt der nächste Verarbeitungsschritt. Dieser nächste Schritt besteht aus drei Phasen:

1. Präprozessoren

2. Detection-Engine und -Plugins

3. Ausgabe-Plugins

4.4.1 Präprozessoren

Bevor die Pakete an die Detection-Engine gesendet werden, werden Sie zunächst an die Präprozessoren geleitet. Das Präprozessorkonzept stammt aus Snort vi.5. Die Hauptidee hinter der Einführung von Präprozessoren war die Bereitstellung eines Rahmenwerks für die Alarmauslösung, das Verwerfen und das Modifizieren von Paketen, bevor diese die Haupt-Detection-Engine von Snort erreichen.

Oink!

Weitere Informationen zu Präprozessoren finden Sie in Kapitel 6, »Präprozessoren«.

Beziehen Sie sich erneut auf Abbildung 4.4. Der Benutzer des Desktop-PCs pc-1 möchte eine Verbindung zu dem Windows-2000-Webserver erstellen. Er öffnet den Browser und gibt Folgendes ein:

```
http://10.1.1.251/%73%63%72%69%70%74%73/%68%61%63%6B%6D%65.%65%78%65
```

Das HTTP-Protokoll legt fest, dass binäre Zeichen innerhalb des Universal Resource Identifiers (URI) unter Verwendung der %xx-Notation übergeben werden können (wobei xx für den Hex-Wert des Zeichens steht). Kommt der URI auf dem Web-Server an, wird er zu `http://10.1.1.251/scripts/hackme.exe` konvertiert.

Innerhalb von Snort sucht ein Mustervergleich nach dem Muster *scripts/hackme.exe*, doch der URI wurde effektiv entstellt, so dass kein Alarm ausgelöst wird.

Die Decode-Familie von Präprozessoren

Eine Aufgabe des Präprozessors liegt in der Normalisierung von Paketen, bevor diese an die Detection-Engine gesendet werden. In Falle der vorliegenden HTTP-Anforderung ändert der *http_decode*-Prozessor den URI, bevor dieser die Detection-Engine erreicht. Sie können weiterhin wie gewohnt Signaturen schreiben; der Präprozessor normalisiert sie in ein Standardformat.

> **Oink!**
>
> Ein exzellentes White Paper zur IDS-Umgehung bei Web-Angriffen finden Sie unter `www.wiretrip.net/rfp/pages/whitepapers/whiskerids.html`. Der Autor, Rain Forest Puppy, war einer der Hauptentwickler für den http_decode-Präprozessor.

Die *telnet_decode-*, *ftp_decode-* und *rpc_decode*-Präprozessoren folgen dem Vorgehen von *http_decode*. Statt URIs zu normalisieren, normalisieren diese Präprozessoren Telnet-, FTP- und RPC-Traffic, bevor dieser an die Detection-Engine gesendet wird.

Der Frag2- Präprozessor

Verfolgen Sie dieses Konzept einen Schritt weiter. Was geschieht bei fragmentierten Paketen? Fragmentierung ist eine notwendige Funktion der TCP/IP-Suite, da verschiedene Router auf dem Internet (oder auch intern) Netzwerkverbindungen mit verschiedenen Größen aufweisen. Bei der Fragmentierung werden die Pakete in kleinere Stücke aufgeteilt, so dass sie die kleineren Verbindungen beim Passieren des Netzwerks nutzen können. So hilfreich eine solche Fragmentierung jedoch ist, kann das Fragmentieren von Paketen auch eine äußerst effektive Methode für das Umgehen muster-basierender IDSs sein. Eines der bekanntesten Tools dafür ist fragrouter.

Oink!

Das Vorhandensein fragmentierter Pakete auf einem Netzwerk ist normal, besonders dann, wenn es mit dem Internet verbunden ist. Eine große Anzahl an fragmentierten Paketen auf einem Netzwerk würde jedoch als verdächtig eingestuft. Auf den meisten modernen Firewalls oder Routern können Sie fragmentierte Pakete blockieren. Wenn Sie jedoch so verfahren, blockieren Sie möglicherweise für bestimmte Benutzer, die eine Reihe von Router-Hops oder kleine Verbindungen passieren müssen, den Zugriff auf die Systeme. Hier müssen Sie sorgfältig zwischen Sicherheit und Anwendbarkeit abwägen.

Das Programm fragrouter greift den Netzwerk-Traffic ab und fragmentiert diesen in kleine Stücke, bevor es die Daten auf das Netzwerk setzt. Auf diese Weise umgeht es effektiv muster-vergleichende Systeme. Das muster-basierende IDS sieht nur Teile der Pakete, während diese das Netzwerk passieren. Auf der anderen Seite setzt der TCP/IP-Stack die Pakete wieder zusammen und interpretiert die Ergebnisse. Ein Nachteil der Fragmentierung ist, dass sie für einen effektiven Denial-of-Service (DoS)-Angriff verwendet werden kann. Wenn die fragmentierten Pakete außerordentlich klein sind, nutzt der Web-Server kostbare Systemressourcen, um sie wieder zusammenzusetzen. Auf diese Weise wird die verfügbare Bandbreite auf Ihren Netzwerk in hohem Maße beansprucht. Auch ein IDS muss die fragmentierten Pakete wieder zusammensetzen und auch hier bindet dies erhebliche Mengen an Speicher und Ressourcen. Wenn das Verkehrsaufkommen hoch genug ist und sich viele fragmentierte Pakete auf dem Netzwerk befinden, ist das IDS möglicherweise so sehr mit dem Wiederzusammenbau (Reassembly) von fragmentierten Paketen beschäftigt, dass es einen Angriff auf den Webserver nicht bemerkt. Wenn das unter hoher Arbeitslast stehende IDS nur den normalen Traffic beobachtet, verpasst es zudem möglicherweise ein einzelnes Paket, das die Signatur ungültig machen würde.

Dies führt zum Frag2-Präprozessor. Wenn Sie den Frag2-Präprozessor nutzen, werden fragmentierte Pakete zusammengebaut, bevor sie zur Detection-Engine gesendet werden. Daher können Signaturen auf die gesamte Sitzung, und nicht nur auf die individuellen, kleinen Pakete angewendet werden. Der Frag2-Prozessor schreibt zusätzlich Alarme, wenn die Schwellwerte für die Fragmentierung erreicht sind.

Was geschähe schließlich, wenn Tausende von False-Positives ausgelöst würden, das IDS damit überladen und wie in einer Fragmentierungsattacke bedingt durch fehlende Ressourcen blind gemacht werden würde? Mit diesem Szenario vor Augen wurde das Programm Stick (www.eurocompton.net/stick) herausgegeben. Stick entnimmt aus allen Snort-Signaturdateien Informationen und generiert Pakete, die Alarme auf dem IDS auslösen. Im vorangegangenen HTTP-Beispiel würde Stick ein Paket generieren, das die Zeichenkette »/scripts/hackme.exe« enthielte und auf den HTTP-Port gerichtet wäre, und es dann auf das Netzwerk setzen. Das IDS würde den Traffic, der das Muster enthält, sehen und einen Alarm senden.

Der Stream4-Präprozessor

Der Stream4-Präprozessor wurde entwickelt, um Snort zum einem *Stateful*-System zumachen. Mit über 200-Code-Zeilen und der Fähigkeit 64.000 Verbindungen zu handhaben, ist Stream4 eine der größten Komponenten von Snort. Indem Stream4 Snort zu einem Stateful-System macht, kann es durch Stick erzeugte Probleme vermeiden und bessere signatur-vergleichende Funktionen bieten. Darüber hinaus ermöglichen die Stateful-Eigenschaften Snort, BS-Fingerprintig-Techniken und Scans, die *Out-of-State*-Packets verwenden, wie sie gewöhnlich durch das NMAP-Programm (`www.insecure.org/nmap`) genutzt werden, zu erkennen.

Wenn von einem Client zu einem Server eine TCP-Verbindung (Schicht 3 des TCP/IP-Modells) erstellt wird, geschehen eine Reihe von Ereignissen. Es wird eine anfängliche Konversation ausgeführt, die als Three-Way-Handshake bekannt ist. Sobald die Verbindung eingerichtet ist, werden Daten übertragen. Sind sie übertragen, endet die Konversation. Unter Verwendung des Stream4-Präprozessors baut Snort während dieser Konversationen interne Tabellen auf, die diese Sitzungen repräsentieren. Nach dem Beenden der Sitzung werden die Tabellen wieder gelöscht.

Indem Snort in die Lage versetzt wird, eigene Statustabellen zu verwalten, erkennt es die komplette Sitzung, und nicht nur individuelle SYN-; ACK- und FIN-Flags, die an einen bestimmten Server gerichtet sind. Dies ist wichtig, wenn Signaturen angewendet werden sollen, wie in dem Beispiel, in dem ein Benutzer eine Verbindung zu einem Webserver öffnet. In diesem Fall überwacht Snort die Konversation zwischen dem Client (dem Browser des Benutzers) und dem Server (Webserver) und baut eine interne Tabelle für jede Sitzung auf. Wenn die Detection-Engine ein übereinstimmendes Paket entdeckt, prüft sie, ob es Teil einer bestehenden Sitzung ist, statt blindwütig Pakete mit Signaturen zu vergleichen (was das Programm Stick ausnutzt). Snort ist nun in der Lage, nur bei übereinstimmenden Signaturen, die zu einer bestehenden Sitzung gehören, Alarm zu geben.

Ein weiterer Vorteil von Snort als Stateful-System ist, dass es Scanning-Techniken, die außerhalb der Reihenfolge erfolgen, ebenfalls erkennt (z. B. ein *Stealth FIN Scan*, eine populäre Scanning-Methode mittels NMAP). Gemäß dem TCP-Protokoll, werden FIN-Pakete nur während der Schließungsphase einer Verbindung gesendet (siehe Abbildung 4.6). Wenn ein FIN-Paket an einen geschlossenen TCP-Port gesendet wird, sollte der Server ein RST-Paket an die andere Seite zurückschicken. Der Stream4-Präprozessor löst einen Alarm aus, wenn ein FIN-Paket für eine Sitzung gesendet wird, die niemals eingerichtet wurde.

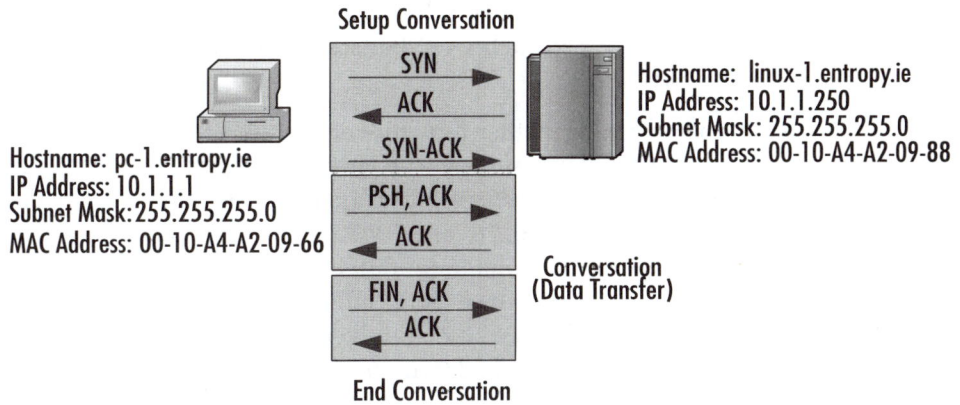

Abb. 4.6: TCP-Sitzung

In der folgenden Ausgabe des Stream4-Prozessors zeigt die letzte Zeile das auf dem Paket gesetzte SF (SYN FIN)-Flag.

```
[**] [111:13:1] (spp_stream4) STEALTH ACTIVITY (SYN FIN scan) detection [**]
07/09-19:49:16.000000 10.1.1.236:1034 -> 10.1.1.220:6000
TCP TTL:255 TOS:0x0 ID:31377 IpLen:20 DgmLen:40
******SF Seq: 0xFFFFFFFF  Ack: 0x0  Win: 0x1000  TcpLen: 20
```

Die Portscan-Familie von Präprozessoren

Ein wichtiger Teil eines IDSs ist die Fähigkeit, Portscans zu erkennen. Portscans kommen regelmäßig auf jedem Netzwerk vor, das mit dem Internet verbunden ist. Sie werden von potentiellen Eindringlingen genutzt, um Server und offene Ports zu identifizieren. Sobald der Angreifer entdeckt, welche Ports geöffnet sind, versucht er, die auf diesem Port bereitgestellten Services auszunutzen. Wenden Sie sich noch einmal der Abbildung 4.6 zu. Ein typischer TCP-Portscan funktioniert, indem einem Server ein anfängliches SYN zugesendet wird. Der Server antwort mit SYN/ACK, wenn der Port offen ist. Wenn der Port nicht horcht, sendet er ein SYN/RST zurück. Indem SYN-Flags an mehrere Ports gesendet werden und auf das Zurückliefern eines SYN-ACK gewartet wird, kann leicht zugeordnet werden, welche Ports an einem Server geöffnet sind. Snort erkennt Portscans unter Verwendung von Präprozessoren. In der aktuellen Version 2.0.0 von Snort stehen zwei Portscan-Präprozessoren zur Verfügung:

- Portscan-Präprozessor

- Portscan2-Präprozessor

Es gibt einige Unterschiede, in der Arbeitsweise der einzelnen Präprozessoren. Der Portscan-Präprozessor überwacht, ob ein einzelner Computer (Client) über einen gewissen Zeitraum Verbindungen mit verschiedenen Ports auf einem einzelnen Server erstellen will. Er erkennt so auch UDP-Portscans und Stealth-Scans (siehe den Abschnitt *Stealth-Portscanning*).

Der Portscan2-Präprozessor ist eigentlich der größere Bruder von Portscan. Er bietet dieselbe Funktionalität wie der ursprüngliche Portscan-Präprozessor, der Code wurde aber nun neu geschrieben. Im Kern nutzt er das Conversation-Plugin, das den Verbindungsstatus (ähnlich wie Stream4) verfolgt. Daher kann Portscan2 erkennen, ob ein SYN-ACK (siehe Abbildung 4.6) Teil einer legitimen aktuellen Verbindung oder eigentlich ein Portscan ist. Portscan2 bietet ein neues Ausgabeformat, das mehr Informationen zu einem Portscan bietet, und unterstützt separate Schwellwerte für das Zählen von Ports und Computern in einem bestimmten Zeitraum. In Zukunft wird der Portscan2-Präprozessor der Standard-Portscan-Detector für Snort sein.

> **Oink!**
>
> Eine Beschränkung der Portscan-Erkennung entsteht natürlich durch das Konzept von »langsamen Scans«. Wenn Sie einen Computer über den Zeitraum von einer Woche scannen und Sie scannen einen Port pro Stunde - würde dies keinen Alarm bei dem Portscan-Detector auslösen, da dazu die Details über jede täglich eingerichtete Verbindung gespeichert werden müssten. Auf einem betriebsamen oder großen Netzwerk wäre dies eine nicht zu realisierende Aufgabe.

Welchen Präprozessor sollten Sie also ausführen? Der Portscan-Präprozessor ist ein einfacher und stabiler Portscan-Detector. Der Portscan2-Präprozessor ist neu, doch er verfügt über einige zusätzliche Feineinstellungsoptionen, Schwellwerte und eine bessere Stealth-Scan-Erkennung. Wenn Ihr Snort-Server über die entsprechenden Systemressourcen in Hinblick auf Speicher und CPU-Verarbeitungsleistung verfügt, führen Sie beide Präprozessoren über gewissen Zeitraum aus, um zu sehen, welcher die besseren Resultate liefert. Darüber hinaus könnten Sie selbst einige Portscans ausführen und die Ergebnisse auswerten (natürlich nur mit Genehmigung Ihres Systemadministrators).

> **Oink!**
>
> Die Standardkonfiguration beider Portscan-Präprozessoren führt immer zu False-Positives. Gewöhnlich sind die Verdächtigen DNS-Server und Web-Proxy-Server. Die Portscan-Präprozessoren können so konfiguriert werden, dass Sie Traffic von bestimmten Hosts ignorieren. Im Falle von Portscan2 gilt dies auch für Ports (von und zu einem Server). Einzelheiten zur Konfiguration der Portscan-Präprozessoren finden Sie in Kapitel 6.

Stealth-Portscanning Heutzutage versuchen die »bösen Buben«, besonders heimtückisch und heimlich bei Ihren Portscan-Versuchen zu sein. Die Abbildung 4.7 zeigt die Darstellung des TCP-Headers.

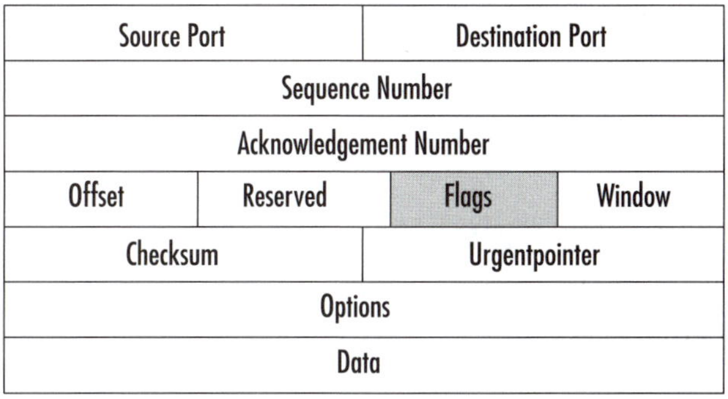

Source Port		Destination Port	
Sequence Number			
Acknowledgement Number			
Offset	Reserved	Flags	Window
Checksum		Urgentpointer	
Options			
Data			

Abb. 4.7: TCP-Header

Innerhalb des TCP-Headers befinden sich Flags, die den Status des Pakets angeben. Mögliche Flags sind URG, ACK, PSH, RST, SYN und FIN, die verschiedene Statusmöglichkeiten der Sitzung repräsentieren (siehe Abbildung 4.6). Durch ein Vermischen der TCP-Flags hofft der Angreifer, eine Antwort von dem Server hervorzulocken, um sich an geöffnete Services anzubinden. Viel bedeutsamer ist jedoch, dass der Angreifer die Erkennung durch Portscan-Detection-Programme vermeiden möchte.

Oink!

Sie können auch noch einmal den vorangegangenen Abschnitt *Speichern von Paketen* untersuchen; die TCP-Header-Struktur entspricht der Darstellung in Abbildung 4.7.

Eine Reihe von Scans stützen sich auf das Setzen verschiedener TCP-Flags. Beispiele:

- **Full XMAS Scan**   Setzt die TCP-Flags auf FIN, URG, PSH. Der Ziel-Server soll ein RST auf allen geschlossenen Ports zurücksenden.

- **TCP FIN Scan**   Setzt das TCP-Flag auf FIN. Wie beim XMAS Scan soll der Ziel-Server ein RST zurücksenden.

- **NULL Scan**   Setzt das TCP Flag ohne Option. Auch hier soll der Ziel-Server ein RST zurücksenden.

Portscan-Ausgabe Die Präprozessoren Portscan und Portscan2 senden Alarme unter Verwendung der Standardausgabemechanismen für Alarme (siehe auch den Abschnitt *Ausgabe und Log-Dateien* an späterer Stelle in diesem Kapitel). Sie verfügen jedoch über ein eigenes integriertes Logging-System, das getrennt von den Hauptausgabe-Plugins von Snort arbeitet. Das Logging-System wird in der Datei snort.conf unter den entsprechenden Abschnitten der Präprozessoren Portscan bzw. Portscan2 konfiguriert.

Die folgenden Alarme werden von Portscan und Portscan2 generiert und würden an die Snort-Ausgabe-Facilty gesendet:

```
[**] [100:1:1] spp_portscan: PORTSCAN DETECTED to port 1 from 192.168.1.
53 (STEALTH)
[**] [117:1:1] (spp_portscan2) Portscan detected from 192.168.1.53: 6
targets 14 ports in 11 seconds
```

Die folgenden Beispiele zeigen Inhalte der Dateien portscan.log und scan.log:

- **Portscan.log** Musterdaten von einem Full XMAS Scan.

```
Oct  6 20:35:47 192.168.1.53:52645 -> 192.168.1.1:40936 XMAS **U*P**F
```

- **Scan.log** Ein Full XMAS Scan, doch es sind mehr Informationen als in portscan.log enthalten.

```
10/06-20:35:47.000000  TCP src: 192.168.1.53 dst: 192.168.1.1 sport:
52645 dport: 40936 tgts: 3 ports: 59 flags: **U*P**F event_id: 1298
```

Oink!

Da die Portscan-Präprozessoren nur Alarme an Snort senden, wird, wenn Sie Snort für das Protokollieren in eine Datenbank (log) konfigurieren, keines der Ereignisse geschrieben. Es werden auch keine Logs geschrieben, da die Präprozessoren ihr eigenes Log-Format nutzen. Lesen sie den Abschnitt *Ausgabe und Log-Dateien*

Weitere Präprozessoren

Zum Lieferumfang von Snort 2.0.0 gehören eine Reihe weiterer Präprozessoren. Einige befinden sich noch im Versuchsstadium. Tabelle 4.1 zeigt die verfügbaren Präprozessoren mit einer kurzen Beschreibung ihrer jeweiligen Funktionalität.

Präprozessoren	Funktion
rpc_decode	Dekodiert RPC, ähnlich wie der HTTP-Decoder
telnet_decode	Dekodiert Telnet und FTP, ähnlich wie der HTTP-Decoder
conversation	Liefert den grundlegenden Konversationsstatus bei Protokollen (wird vom portscan2-Präprozessor verwendet)

Tabelle 4.1: Weitere Snort-Präprozessoren

Präprozessoren	Funktion
Back Orifice-Detector	Dekodiert Back Orifice-Netzwerk-Traffic
arpspoof	Erkennungs-Code im Versuchsstadium für ARP-Missbräuche
asn1_decode	ASN1-Erkennungs-Code im Versuchsstadium
fnord	Polymorphe Shellcode-Analyse und -Erkennung

Tabelle 4.1: Weitere Snort-Präprozessoren (Forts.)

4.5 Regelanalyse und Detection-Engines

Bis zu diesem Zeitpunkt wurden die Pakete vom Netzwerk abgegriffen, sie wurden dekodiert und in Datenstrukturen gesetzt. Die Datenströme wurden organisiert, gefiltert und dekodiert. Der nächste Punkt im Ablauf ist die Detection-Engine.

Die Regel-Engine kann in zwei Komponenten aufgeteilt werden:

- Regelaufbau/-übersetzung

- Detection-Engine, die sich auf die aufgebauten Regeln stützt.

4.5.1 Regelaufbau

Snort-Regeln sind text-basierend. Sie werden gewöhnlich in einem Verzeichnis oder Unterverzeichnis von Snort gespeichert. Die Regeldateien sind in verschiedene Gruppen kategorisiert. Die Datei ftp.rules enthält beispielsweise eine Auswahl von FTP-Angriffen und -Exploits.

Beim Start liest Snort alle Regeldateien und erstellt eine dreidimensional (3D) verbundene Liste. Snort vergleicht dann Pakete anhand dieser Liste, um Einbrüche in das Sicherheitssystem zu erkennen. Das Importieren und Lesen dieser Dateien übernimmt die Funktion *ParseRulesFile()* im Source-Code von parser.c, die über den Source-Code in der Hauptdatei snort.c referenziert wird.

Der Aufbau der verbundenen Liste wird vom Haupt-Source-Code snort.c angestoßen. Beim Start liest Snort die Konfigurationsdatei snort.conf und damit im Abschnitt »Step 4 – Customize your ruleset« die Links zu den angegebenen Regeldateien. In jeder dieser Regeldateien befinden sich die Snort-Regeln, die analysiert und aufbereitet werden. Anschließend wird die verbundene Liste erstellt.

Schritt 4 aus snort.conf:

```
##################################################################
# Step #4: Customize your rule set
#
.
```

```
include $RULE_PATH/bad-traffic.rules
include $RULE_PATH/exploit.rules
include $RULE_PATH/scan.rules
include $RULE_PATH/finger.rules
include $RULE_PATH/ftp.rules
include $RULE_PATH/telnet.rules
include $RULE_PATH/rpc.rules
.
```

Oink!

Die folgenden Abschnitte bieten eine kurze Einführung in die Thematik der Snort-Regeln. Detaillierte Informationen zu den Snort-Regeln finden Sie in Kapitel 5, »Spiel nach Regeln«.

Regelformat

Bevor beschrieben wird, wie die verbundene Liste erstellt wird, erfolgt die Untersuchung einer einfachen, beispielhaften Snort-FTP-Regel (Abbildung 4.8). Die nun folgende Regel erkennt ein altes FTP-Exploit auf einem Linux-System. Diese Regel ist in der Datei ftp.rules abgelegt. Snort-Regeln werden im Text-Format und auf einer Zeile verfasst. Eine Regel kann in zwei Abschnitte aufgeteilt werden:

■ Regel-Header

```
alert tcp $EXTERNAL_NET any -> $HOME_NET21
```

■ Regel-Optionen

```
(msg:"FTP EXPLOIT wu-ftpd 2.6.0 site exec format string overflow
Linux"; flow:to_server, established; content: "|31c031db31c9b046cd803
1c031db|"; reference:bugtraq,1387; reference:cve,CAN-2000-
0573; reference arachnids,287; classtype:attempted-
admin; sid:344; rev4;)
```

Regel-Header Es folgt eine detaillierte Beschreibung der im Regel-Header verwendeten Syntax:

■ **alert** Dies ist das zu verwendende Ausgabeformat. Weitere Informationen finden Sie im nachfolgenden Abschnitt, *Ausgabe und Log-Dateien*. Dieses Ausgabeformat entspricht den obersten Angaben im Header der verbundenen Liste (*ListHead*). Andere Optionen für diese Position in der Regel sind *log, pass, dynamic* und *activate*.

■ **TCP** Dieser Teil der Syntax steht für das zu verwendende Protokoll; in diesem Fall TCP. Dies entspricht dem oberen Teil der verbundenen Liste. Andere Optionen für diese Position in der Regel sind UDP, IP und ICMP.

- **$EXTERNAL_NET** Dieser Teil der Syntax entspricht der Quell-IP-Adresse (standardmäßig auf *any* gesetzt).

- **any** Dies ist der Quell-Port, der auf any (für jeden Quell-Port) gesetzt ist.

- **->** Dieser Pfeil zeigt die Richtung der Konversation an; in diesem Fall von *$EXTERNAL_NET* auf *any* Port hin zu *$HOME_NET* auf Port 21.

- **$HOME_NET** Bei der Definition von Snort-Regeln werden *$Variablen* genutzt. Ein Variable wird einmal beim Start der Datei snort.conf definiert und danach in allen Regeln genutzt. Die Variable *$HOME_NET* würde als Ihr Netzwerk definiert (im vorliegenden Beispiel 10.1.1.0/24), und die Variable *$EXTERNAL_NET* würde auf *any* gesetzt, was mit »jedes beliebige (any) Netzwerk« übersetzt werden kann. Bei der Initialisierung ersetzt der Snort-Rules-Parser (Regel-Analyse- und -Aufbereitungsprogramm) die Variable *$HOME_NET* durch den Wert, der in der Konfigurationsdatei snort.conf gesetzt wurde. Wenn Sie Ihre Netzwerkadresse ändern, brauchen Sie nicht alle Regeln ändern, sondern nur den Wert der Variablen *$HOME_NET.*

- **21** Dies ist der Ziel-Port des Angriffs. Im beispielhaften Regel-Header sehen Sie, dass nach potentiellen Angriffen auf Port 21 Ausschau gehalten wird. Port 21 ist der Port, der gewöhnlich für FTP-Aktionen genutzt wird.

Regel-Optionen Es folgt eine detaillierte Beschreibung der in den Regel-Optionen verwendeten Syntax:

- **msg:** »FTP EXPLOIT wu-ftpd 2.6.0 site exec format string overflow Linux.« Dies ist die durch den Alarm gezeigte Meldung.

- **flow:to_server,established** Snort enthält Schlüsselworte, die mit Detection-Plugins im Optionsteil einer Regel verlinkt sind. Die Option *flow* ist die dritte Dimension der verbundenen Liste. Es ist ein Zeiger (Pointer) auf die client-server-Detection-Plugins (siehe Source-Code sp_clientserver.c). Die client-server-Plugins sind mit dem Stream4-Präprozessor verlinkt, um zu prüfen, ob das Paket Teil ein eingerichteten Verbindung ist.

- **content** »*|31c031db 31c9b046 cd80 31c031db|*« Wenn das Paket dem Rule-Tree-Node entspricht, dann handelt es sich um eine eingerichtete Sitzung. Snort nutzt den folgenden Inhalt und versucht, diesen unter Verwendung des Boyer-Moore-Suchalgorithmus mit dem Paket zu vergleichen (weitere Informationen folgen im Abschnitt *Wie ein Paket verglichen wird* an späterer Stelle in diesem Kapitel).

- **Reference** Dieses Schlüsselwort ermöglicht Ihnen, Referenzen zu Angriffsidentifikationsinformationen von Drittanbietern, z. B. URLs zu Bugtraq, McAfee sowie den Hersteller- oder Identifikations-Code von Anbietern, einzuschließen.

- **Classtype: misc-attack** Angriffe erhalten eine Klassifizierung, damit ein Benutzer die Bedeutung eines Angriffs schnell verstehen und einordnen kann. Jede Klassifizierung hat eine Standardpriorität, damit der Benutzer ein beobachtetes Ereignis über einen Wert einstufen kann. 1 steht für Hoch, 2 für Mittel und 3 für Niedrig.

- **Sid344** Dies ist dies eindeutige Snort-Regel-ID. Alle Regeln im Snort-System besitzen eine eindeutige ID-Nummer. Informationen zu einer Regel können Sie unter `www.snort.org/snort-db` abrufen. Diese SID wird auch von Berichtsprogrammen verwendet, um die Regel leichter zu identifizieren.

- **Rev:4** Dieser Abschnitt in den Optionen bezieht sich auf die Versionsnummer der Regel. Wenn Snort-Regeln durch die Open Source-Gemeinde übergeben werden, durchlaufen Sie einen Revisionsprozess. Im Laufe der Zeit werden Regel verbessert und verfeinert, auch, um False/Positives zu vermeiden.

Oink!

Die Aktualisierung der Snort-Regelbeschreibungen ist ein gemeinsames Bestreben der Open Source-Gemeinde. Eine Reihe von Signaturen besitzt keine Beschreibung. Wenn Sie also etwas Zeit übrig haben, suchen Sie sich eine Signatur aus, um eine passende Beschreibung zu schreiben (`www.snort.org/snort-db/help.html`).

Was ist eine verbundene 3D-Liste?

Bei der Verarbeitung der Regel-Dateien wird eine Methode zum Speichern der Regeln benötigt, damit eingehende Pakete entsprechend verglichen werden können. Snort nutzt eine verbundene (verlinkte) 3D-Liste (siehe Abbildung 4.8). In Softwareentwicklungsbegriffen ist eine *verbundene Liste* ein Algorithmus zum Speichern einer Reihe von Elementen – in diesem Fall die Snort-Regeln und ihre zugehörigen Optionen. Snort speichert Regeln und zugehörige Optionen in der verbundenen Liste und durchsucht die Liste auf eine Entsprechung im Regel-Header. Innerhalb dieser Header-Entsprechung sucht Snort dann selbst oder mittels eines Detection-Plugins nach einer Musterübereinstimmung.

Komponenten des Snort-Rule-Trees Es gibt fünf separate Regelketten. Diese Ketten entsprechen den Listenüberschriften (ListHead) oben in Abbildung 4.8.

- **Activation** Alarm und Aktivieren einer weiteren dynamischen Regel.

- **Dynamic** Protokollieren des Traffics, wenn ein Aufruf durch oben genannte Activation-Regel erfolgt.

- **Alert** Generieren eines Alarms und anschließendes Protokollieren des Pakets

- **Pass**   Ignorieren dieses Pakets
- **Log**   Protokollieren des Traffic (kein Alarm).

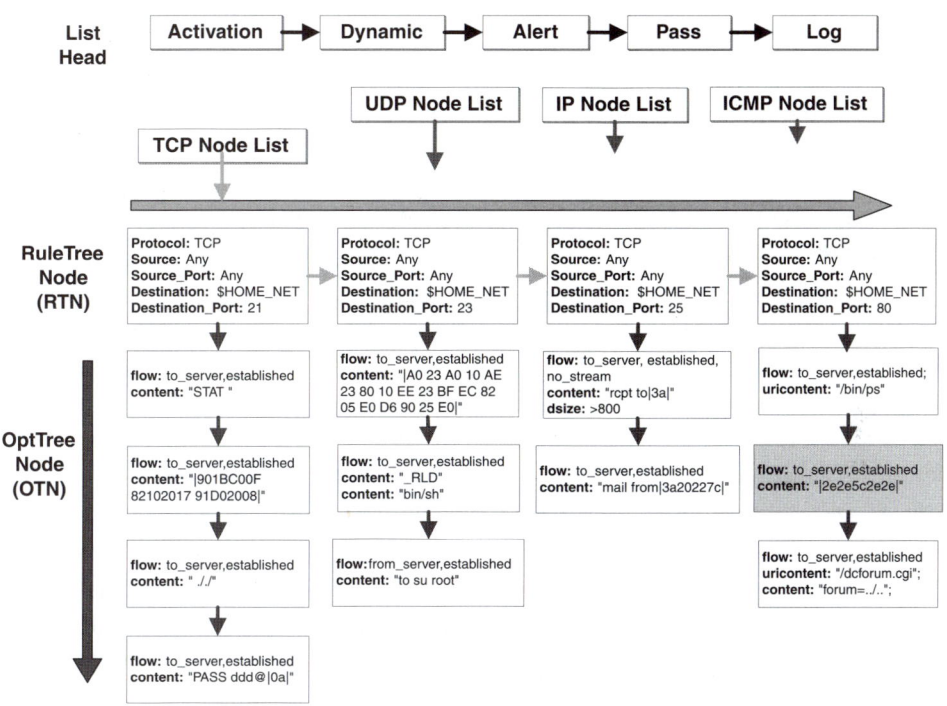

Abb. 4.8:   Der Snort-Rule-Tree (Regelbaum)

Für jede der fünf Regelketten existieren separate verbundene Listen, die nach Protokoll unterteilt sind. Diese Ebene des Baums (Tree) wird als Rule-Tree-Nodes (RTN)-Ebene bezeichnet. Die vier durch den Rule-Tree unterstützen Protokolle sind:

- **TCP**   TCP-Protokoll; z. B. SMTP, HTTP, FTP
- **UDP**   UDP-Protokoll; z. B. DNS-Lookups
- **ICMP**   ICMP-Protokoll; z. B. ping, traceroute
- **IP**   IP-Protokoll; z. B. IPSec, IGMP

Innerhalb der einzelnen verbundenen Protokoll-Listen befinden sich die Regel-Optionen, die als Option-Tree-Notes (OTN) bezeichnet werden. Ein Beispiel für diese Optionen wäre:

- **Content**   Inhalt (Content), der durch den Boyer-Moore Mustervergleichsalgorithmus geprüft wird
- **Flow**   Verweis (Link) auf Detection-Plugin

Bei der Initialisierung liest Snort die Regel-Dateien und füllt die verbundenen Listen. Abbildung 4.8 zeigt einen gefüllten *OptionTreeNode* für den TCP-*RuleTreeNode* der Alert-Kette.

Wie ein Paket verglichen wird

Wenn die verbundenen Listen aufgebaut sind, ist eine Methode für die Suche innerhalb der Liste nach einer Entsprechung mit den Paketen erforderlich. Die folgende Snort-HTTP-Regel befindet sich rechts im mittleren Teil der Abbildung 4.8:

```
alert tcp $EXTERNAL_NET any -> $HTTP_SERVERS $HTTP_PORTS
(msg:"WEB_IIS..\.. acess";flow:to_server,established; content: "|2e2e5c2
e2e|"; reference: bugtraq,2218; reference:cve, CAN-199-
0299; classtype:web-application-attack; sid:974; rev:6;)
```

Wenn das Paket die Detection-Engine erreicht, navigiert Snort in folgender Reihenfolge durch die Regel-Header: *Activation, Dynamic, Alert, Pass* und *Log*. Innerhalb jedes dieser Regel-Header werden die RTNs und OTNs geprüft. Im vorliegenden Beispiel ist die Aktion *alert*. Die ersten beiden Knoten (Nodes), *Activation* und *Dynamic*, wurden geprüft, lieferten jedoch keine Übereinstimmung zurück.

Snort fährt dann mit der Alert-Kette fort. Die Suchmethode ist vom Protokoll des Pakets abhängig (im vorliegenden Beispiel TCP), daher beginnt die Suche auf der TCP-Node-Liste. Wandernd durch die RTNs von links nach rechts, versucht Snort, über die folgenden Parameter eine Übereinstimmung mit dem Paket zu finden.

- Quell-IP-Adresse
- Ziel-IP-Adresse
- Quell-Port
- Ziel-Port

Wenn Snort eine Übereinstimmung findet, wandert der Algorithmus die Spalten hinunter und sucht innerhalb der einzelnen OTNs eine Übereinstimmung. Es können eine Reihe von HTTP-Regeln vorhanden sein, also muss Snort in jeder Regel die Optionen prüfen. Wurde das Exploit gefunden, geht Snort wie folgt vor:

Innerhalb des betreffenden Option-Nodes befinden sich zwei Elemente:

- Ein Zeiger auf ein Detection-Plugin, der die dritte Dimension der verbundenen Liste darstellt (die erste und zweite Dimension sind der RTN bzw. die OTNs). Das Flow-Plugin überprüft, ob das Paket zu einer existierenden Sitzung gehört.
- Ein Muster, nach dem mit dem Boyer-Moore Fast String Searching-Algorithmus gesucht werden soll.

Oink!

Derzeit sind 35 individuelle Optionen möglich, die sich im Optionsteil einer Regel (OTN) befinden können. Solange die Regel 8K nicht überschreitet, können Sie alle nutzen. Das vorliegende Beispiel soll jedoch einfach gehalten werden.

Einer der effizientesten Mustervergleichsalgorithmen, der mit Zeichenketten arbeitet, ist der Boyer-Moore Fast String Searching-Algorithmus (`www.cs.utexas.edu/users/moore/best-ideas/string-searching/index.html`). Dieser Suchalgorithmus ist beim Vergleichen von Mustern in Zeichenketten sehr effizient. Wenn eine Regel die Option *content:* enthält, wird dieser Algorithmus zum Durchsuchen der Inhalte verwendet. Die Inhalte können eine Reihe von Formaten haben, z. B. Binär- oder Text-Format oder auch eine Mischung aus beiden. Im vorliegenden Beispiel handelt es sich um ein Binärformat (»|2e2e5c2e2e|«).

Nach dem Auffinden einer Übereinstimmung verlässt der Algorithmus die Baumstruktur und kehrt zurück in den oberen Alert-Teil des Trees. Der Alarm erfolgt mit dem angegebenen Ausgabeformat (weitere Informationen folgen im Abschnitt *Ausgabe und Log-Dateien*) und der Algorithmus wird beendet. Snort nutzt eine Strategie des schnellen Ausstiegs. Sobald eine Übereinstimmung für ein Paket gefunden wurde, werden keine weiteren Regeln mit dem Paket verglichen.

Oink!

Snort in der Version 2.0 gibt dem Benutzer abhängig von der Verwendung von Snort die Möglichkeit, aus drei völlig unterschiedlichen Mustervergleichs-Algorithmen zu wählen: Aho-Corasick-, Wu-Manber- und Boyer-Moore-Suchalgorithmen. Weitere Informationen finden Sie in dem White Paper »High Performance Multi-Rule Inspection-Engine«. (Lesen Sie dazu auch den Abschnitt *Snort 2.0 - Regel-Design* an späterer Stelle in diesem Kapitel.)

Pass-Regeln

Manchmal soll Traffic von einem bestimmten Server ignoriert werden. Hierfür gibt es zwei Optionen:

- Verwenden der BPF-Filtersprache beim Start von Snort (weitere Informationen folgen im Abschnitt *Verwenden von Snort als schneller Sniffer*).

- Verwenden einer Pass-Regel (Pass-Regeln können eingerichtet werden, um eine bestimmte Form von Traffic zu ignorieren).

Wenn Sie den Traffic eines bestimmten Servers in Hinblick auf eine spezifische Signatur ignorieren möchten, können Sie eine Pass-Regel verwenden. Untersuchen Sie die Änderungen an der beschriebenen Regel für das HTTP-Exploit im folgenden Beispiel. Die Pass-Regel ignoriert sämtlichen Datenverkehr mit der folgenden Signatur:

```
pass tcp $EXTERNAL_NET any -> $HTTP_SERVERS $HTTP_PORTS
(flow:to_server,established; content "|2e2e5c2e2e|";)
```

Oink!

Um die Pass-Regel zu aktivieren, müssen Sie den Mechanismus, mit dem Snort Regeln verarbeitet (Activation, Dynamic, Alert, Pass, Log), ändern. Dies wird mit dem Kommandozeilenschalter *–o* bewerkstelligt, der diesen auf Pass, Activation, Dynamic, Alert, Log setzt. Nutzen Sie diesen Schalter mit Bedacht. Es ist leicht möglich, dass Sie eine Pass-Regel einrichten, die den gesamten Traffic passieren lässt und somit niemals einen Alarm auslöst.

Log-Regeln Die Option *log* dient zum Protokollieren aller einer Regel entsprechenden Pakete. Die Option *log* sendet keinen Alarm. Sie protokolliert einfach die Daten im definierten Ausgabeformat (weitere Informationen folgen im Abschnitt *Ausgabe und Log-Dateien*). Die Option *log* funktioniert nicht, wenn Sie mit Snort im binären Modus aktiviert wird.

```
log tcp $EXTERNAL_NET any -> $HTTP_SERVERS $HTTP_PORTS
(flow:to_server,established; content"|2e2e5c2e2e|";)
```

Dynamic- und Activation-Regeln Die *dynamic*- und *activation*-Regeln können wie die *alert*-Option einen Alarm senden, protokollieren aber danach eine Reihe von Paketen. Im nächsten Beispiel wird der Alarm an die Ausgabe-Facility gesendet, wenn das Paket übereinstimmt. Danach wird ein Link zu der Dynamic-Regel erstellt, die die nächsten 128 Pakete, die vom *EXTERNAL_NET* auf einem beliebigen (*any*) Port stammen und an *$HTTP_SERVERS* auf *$HTTP_PORTS* gerichtet sind, protokolliert.

```
activate tcp $EXTERNAL_NET any-> $HTTP_SERVERS $HTTP_PORTS (msg:"WEB-
IIS..\..access"flow:to_server,established: activates: 1; content"|2e2e5c
2e2f|"; reference:bugtraq,2218;reference:cve,CAN-199-0229; classtype:
web-application-attack; sid:974;rev6;)
dynamic tcp $EXTERNAL_NET any -> $HTTP_SERVERS $HTTP_SEVERS $HTTP_PORTS
(activated_by: 1; count 128;)
```

Oink!

Die Optionen *activate* und *dynamic* wurden überholt und durch eine neue Option ersetzt, die durch das Schlüsselwort *tag gekennzeichnet ist.*

4.5.2 Detection-Plugins

Snort verfügt über eine Plugin-Architektur für die Detection-Engine. Die aktuelle Version 2.0.0 bietet 22 integrierte Detection-Plugins. Die Dateien sind in einem Unterverzeichnis des Haupt-Verzeichnisses (SRC) abgelegt.

Die Detection-Plugin-Architektur ermöglicht anderen Entwicklern, Plugins zu schreiben, die mit den Snort-Regeln verlinkt (verbunden) werden können. Ein Beispiel für ein Plugin von Drittanbietern ist das Programm snortsam, das unter `www.snortsam.net/index.html` zur Verfügung steht. Dieses Programm bietet einen Link zwischen dem Erkennen eines Exploits (im vorliegenden Beispiel ein FTP-Exploit) und der Möglichkeit, Ihre Firewall so zu rekonfigurieren, dass diese die Quell-IP-Adresse blockiert. Wenn die vorliegende FTP-Regel für snortsam modifiziert wird, hat sie folgendes Aussehen:

```
alert tcp $EXTERNAL_NET any -> $HOME_NET 21
(msg:"FTP EXPLOIT wu-ftpd 2.6.0 site exec format string overflow
Linus"; flow:to_server,established; content: "|31c031db31c9b046cd80 31c0
31db|"; reference:bugtraq,1387; reference:cve,CAN-2000-
0573; reference:arachnids,287; classtype:attempted-
admin; sid:344; rev:4; fwsam: src, 1 hour;)
```

Die zusätzliche Option ist *fwsam: src, 1 hour;*, die in die menschliche Sprache übersetzt lauten würde: »blockiere die Quell-IP-Adresse des Angriffs für die Dauer von einer Stunde«.

Oink!

Snort verfügt auch über die Fähigkeit, TCP-Verbindungen abzubrechen und mittels des Schlüsselworts *REACT* für UDP-Verbindungen eine Meldung in Form von »ICMP destination unreachable« zu senden.

Snort 2.0 – Regel-Design

Eine Reihe von White Papers zu den Design-Features von Snort 2.0 finden Sie unter: `www.sourcefire.com/technology/whitepapers.htm`.

Besonders interessant sind folgende White Paper:

- Snort 2.0 – »Detection Revisited«

- Snort 2.0 – »Multi-Rule Inspection-Engine«

- Snort 2.0 – »Rule Optimizer«

- Snort 2.0 – »Protocol Flow Analyzer«

4.6 Ausgabe und Log-Dateien

Nach dem Sniffing, Dekodieren und Erkennen von Ereignissen wird nun ein Mechanismus erforderlich, um das Ergebnis in einer vernünftigen und verständlichen Art zu schreiben oder anzuzeigen. Dies ist die Stunde der Ausgabe-Plugins. Die Ausgabe-Plugins unterscheiden sich von den anderen Snort-Komponenten, da es keinen einzelnen Eintrittspunkt in die Ausgabe-Plugins gibt. Verschiedene Komponenten nutzen die Ausgabe-Plugins in verschiedenen Stadien.

- Die Paket-Decode-Engine nutzt die Ausgabe-Plugins beispielsweise für eine Ausgabe im TCPDump- oder im ASCII-Decode-Format.

- Der Präprozessor nutzt die Ausgabe-Plugins, um bei bestimmten Ereignissen Alarme auszugeben, einige haben jedoch ein eigenes Ausgabeformat, z. B. der Portscan2-Präprozessor.

- Die Detection-Engine nutzt Ausgabe-Plugins zum Alarmieren und Logging.

Ausgabe-Module sind insofern Snort-Präprozessoren ähnlich, als dass sie Snort eine größere Flexibilität für die Darstellung seiner Alarme und Log-Dateien gibt.

> **Oink!**
>
> Langfristig wird das Ausgabestadium zu einem separaten Prozess werden (weitere Informationen folgen im Absatz *Barnyard und vereinheitliche Ausgabe* an späterer Stelle diese Kapitels). Der Hauptgrund dafür ist, dass Sie, wenn Sie Hochgeschwindigkeits-Netzwerke überwachen, nicht darauf warten möchten, bis ein Ausgabe-Plugin seine Alarme in eine Datenbank geschrieben hat.

Der Code für die Logging-Engine befindet sich zum größten Teil in der Datei log.c. Ausgabe-Plugins werden im Verzeichnis Output-Plugins abgelegt. Der Name der Plugins beginnt mit der Erweiterung spo_. Ihre Strategie für die geplante Ausgabe ist davon abhängig, wie Sie Snort nutzen möchten. Es stehen mehrere Optionen zur Verfügung, darunter:

- **Snort als schneller Sniffer**   Verwenden von Snort als schnellen Sniffer beim Troubleshooting von Netzwerkproblemen.

- **Intrusion Detection-Modus**   Aktivieren von Snort als Intrusion Detection System.

- **Snort für Honeypot-Capture und Analyse**   Verwenden der Packet-Capture- und Intrusion Detection-Fähigkeiten von Snort.

- **Logging in Datenbanken**   Protokollieren von Alarmen in eine Unternehmensdatenbank.

- **Alarmieren mittels SNMP**   Integrieren von Snort in Ihre Netzwerküberwachungsstation (Network Monitoring Station, NMS) unter Verwendung des Simple Network Management Protocols (SNMP).

- **Barnyard und vereinheitliche Ausgabe** Separates Programm, um durch Snort generierte Alarme und Log-Dateien für den vereinheitlichten Ausgabemodus (Unified Output Mode) zu verarbeiten.

Snort kann auch Kombinationen der beschriebenen Optionen ausführen, z. B Schreiben in eine Datenbank und Alarmieren der NMS mittels SNMP. Sie können auch für einzelne Regeln benutzerdefinierte Ausgaben einrichten. Eine Möglichkeit wäre, bei einem bestimmten HTTP-Exploit den Alarm an die NMS zu senden und alle anderen in einer Datenbank zu protokollieren. Es können mehrere Ausgabe-Plugins definiert werden; jedes wird nach einem Alarm ausgeführt.

4.6.1 Snort als schneller Sniffer

Wenn Sie Snort mit dem Befehl *snort -v* ausführen, startet Snort und gibt am Bildschirm anschließend die IP/TCP/UDP/ICMP-Header der gesnifften Pakete aus. Nehmen Sie wieder das Musternetzwerk aus Abbildung 4.4 als Referenz. Wenn der Benutzer von pc-2 eine Telnet-Verbindung zu dem Linux-Server einrichten wollte, würde Snort Folgendes sehen:

```
[root@linuxtest snort]# snort -v
Initializing Output Plugins!
Log directory = /var/log/snort
Initializing Network Interface eth0
        --== Initializing Snort ==--
Decoding Ethernet on interface eth0
        --== Initialization Complete ==--

<Header omitted for brevity>

06/04-23:34:49.280177 10.1.1.236:1056 -> 10.1.1.220:23
TCP TTL:64 TOS:0x10 ID:59230 IpLen:20 DgmLen:60 DF
******S* Seq: 0x46382934  Ack: 0x0  Win: 0x16D0  TcpLen: 40
TCP Options (5) => MSS: 1460 SackOK TS: 927387242 0 NOP WS: 0
=+=+=+=+=+=+=+=+=+=+=+=+=+=+=+=+=+=+=+=+=+=+=+=+=+=+=+=+=+=+=+=+
```

Zunächst bemerken Sie, dass Snort ein Standardausgabeformat für jedes Paket nutzt. In der vorangegangenen Ausgabe sehen Sie den Desktop-Client pc-2 (10.1.1.236) auf Quell-Port (1056), der sich mit dem Linux-Server (10.1.1.220) auf Port 23 (Telnet) verbindet. Snort zeigt die IP- und TCP-Protokollinformationen, einschließlich des ersten SYN (***S).

Ausgabeformat

Durch den Schalter –*v* werden die IP-/TCP-/UDP-/ICMP-Basis-Header angezeigt. Wenn Sie weitere Informationen anzeigen möchten, können Sie zwei andere Schalter nutzen:

- Durch den Schalter –*d* werden die Anwendungsdaten im HEX- und ASCII-Format (Schicht 7 des OSI-Modells) angezeigt.

- Durch den Schalter –*e* werden die Header der Datenverbindungsschicht (Schicht 2 des OSI-Modells) angezeigt.

```
06/04-23:39:05.288734 0:50:DA:42:B:9E -> 0:1:3:48:78:BA type:0x800 len:0x87
10.1.1.220:23 -> 10.1.1.236:1059 TCP TTL:64 TOS:0x10 ID:15596 IpLen:
20 DgmLen:121 DF
***AP*** Seq: 0xB06E41D6  Ack: 0x56DB2709  Win: 0x16A0  TcpLen: 32
TCP Options (3) => NOP NOP TS: 115899727 927412845
FF FB 01 52 65 64 20 48 61 74 20 4C 69 6E 75 78    ...Red Hat Linux
20 72 65 6C 65 61 73 65 20 37 2E 33 20 28 56 61     release 7.3 (Va
6C 68 61 6C 6C 61 29 0D 0A 4B 65 72 6E 65 6C 20    lhalla)..Kernel
32 2E 34 2E 31 38 2D 33 20 6F 6E 20 61 6E 20 69    2.4.18-3 on an i
36 38 36 0D 0A                                     686..
=+=+=+=+=+=+=+=+=+=+=+=+=+=+=+=+=+=+=+=+=+=+=+=+=+=+=+=+=+=+=+=+=+=+=+=+=+
```

Die erste Zeile der Ausgabe zeigt die MAC-Adresse (Schicht 2) des Clients (0:50:DA:42:B:9E). Die letzte Zeile ist die ASCII-Dekodierung für Telnet. Die dazwischenliegenden Zeilen bestehen aus IP- und TCP-Protokollinformationen.

Wie Sie erkennen, findet die Protokollierung auf einen Red Hat Linux-System statt.

Berkeley Packet Filter-Befehle

Wenn Sie an ein betriebsames Netzwerk angeschlossen sind, dauert es nicht lange, bis der Computerbildschirm sich schnell mit dekodierten, durch Snort generierten Netzwerkdaten füllt. Als TCPDump ursprünglich entworfen wurde, hatten die Entwickler alle dasselbe Problem. Daher filterten sie den Datenverkehr mit einer Befehlssprache namens *Berkeley Packet Filter (BPF)*. Mit den BPF-Befehlen können Sie Protokolle, Hosts und Ports und praktisch alle Felder angeben, die dekodiert oder gefiltert werden sollen oder nach denen gesucht werden soll. Mit den BPF-Befehlen können Sie Snort so einrichten, dass es nur bestimmte Server auf dem Bildschirm protokolliert. Ein Beispiel mit Bezug auf Abbildung 4.4: Wenn Sie nur den Traffic von und zu dem Linux-Server auf Telnet-Port 23 sehen möchten, müssten Sie beim Start von Snort folgende BPF-Logik anwenden:

```
[root@linuxtest snort]# snort -vde host 10.1.1.220 and port 23
```

Durch diesen Befehl wird Snort ausgeführt und die Anzeige erfolgt auf dem Bildschirm. Der Traffic von Schicht 7 und Schicht 2 wird dekodiert, jedoch gelten diese Anweisungen nur für den Host auf 10.1.1.220 und den Port 23 (Telnet). Weitere Informationen zur BPF-Sprache finden Sie unter `www.tcpdump.org/tcpdump_man.html`.

Protokollieren auf die Festplatte

Was müssten Sie tun, wenn Sie den Traffic zur späteren Begutachtung auf die Festplatte schreiben wollten? Nun, in diesen Fall müssten Sie den folgenden Befehl verwenden:

```
[root@linuxtest snort]# snort -de -l /var/snort_logs
```

Beachten Sie die fehlende Option –*v*. Dadurch wird Snort angewiesen, die Protokollierung nicht auf den Bildschirm zu schreiben. Der vorliegende Befehl versetzt Snort in den Sniffer-Modus, erstellt für jeden Client, der eine Verbindung initiiert (hier pc-2 [10.1.1.236]), Dateien im Verzeichnis /var/snort_logs und legt dann eine Datei für jede einzelne Sitzung an. In den einzelnen Dateien wird der dekodierte Traffic im ASCII-Format abgelegt. Daher befindet sich im Unterverzeichnis 10.1.1.236 eine Datei namens TCP:1059-23 (dies bezieht sich auf das TCP-Protokoll, 1059 als Quell-Port und 23 als Ziel-Port). Innerhalb der Datei befinden sich die dekodierten Pakete, ähnlich der Informationen, die im Abschnitt *Ausgabeformat* zu sehen waren.

```
[root@linuxtest 10.1.1.236]# ls -la
drwx------    2 root     root         4096 Jun  4 23:58 .
drwxr-xr-x    7 root     root         4096 Jun  4 23:58 ..
-rw-------    1 root     root        27848 Jun  4 23:58 TCP:1059-23
```

Protokollieren im pcap-Format

Die beschriebene Konfiguration erstellt text-basierende Dateien, in denen sich der dekodierte Traffic befindet. Wenn Sie folgenden Befehl nutzen:

```
[root@linuxtest snort]# snort -l /var/snort_logs -b
```

wird der gesamte Traffic im binären Format protokolliert. Die Ausgabe wird in eine einzelne Datei im pcap-Format geschrieben und im Verzeichnis /var/snort_logs abgelegt.

Dies hat eine Reihe von Vorteilen:

■ Die Daten können später mit Open Source- oder kommerziellen Programmen erneut begutachtet werden, z. B. mit Ethereal.

- Es ermöglicht das Zurückspielen in Snort oder andere Sniffer.

- Es ist extrem schnell; im Wesentlichen nimmt Snort den gesamten Traffic auf und schreibt ihn in eine Datei.

Wie müssten Sie vorgehen, wenn Sie die pcap-formatierte, gerade erstellte Log-Datei wieder zurück in Snort einlesen möchten und Snort die Pakete wie in den vorangegangenen Beispielen dekodieren soll? Mit dem folgenden Befehl wird die Datei zum Dekodieren zurück in Snort eingelesen:

```
[root@linuxtest snort]# snort -de -r snort.log.1046008361
```

Wahlweise können Sie auch BPF-Filter anwenden und den Schalter *–v* für die Anzeige des Traffics auf dem Bildschirm nutzen:

```
[root@linuxtest snort]# snort -v -de -r snort.log.1046008361 host
10.1.1.220 and port 23
```

Oink!

Wenn die Datei snort.log im Binärmodus vorliegt, können Sie Ethereal zum Import der Datei nutzen (weitere Informationen finden Sie im Abschnitt *Wie gehören Snort und libpcap zusammen?* an früherer Stelle in diesem Buch). Ethereal ist ein GUI-basierender Sniffer, mit dem Sie die Daten, wenn Sie Zeit haben, begutachten können.

4.6.2 Intrusion Detection-Modus

Wenn Sie Snort im Standard-IDS-Modus starten, besteht die Standardausgabe im Schreiben eines Alarms in eine Textdatei namens »alerts«, die im Unterverzeichnis »log« ablegt wird, und dem Anlegen einer Unterverzeichnisstruktur, die jener aus dem vorherigen Abschnitt *Protokollieren auf die Festplatte* ähnelt.

Snort-Logging (Protokollierung)

Bevor die Ausgabe von Snort im IDS-Modus beschrieben wird, erfolgen einige Ausführungen über die verschiedenen Ausgabemodi von Snort.

- Alarm-Modus

- Logging-Modus

Alarm-Modus Wenn eine Übereinstimmung mit einer Alert-Regel gefunden wird (weitere Informationen finden Sie im Abschnitt *Wie Pakete verglichen werden*), sorgen fest-kodierte Anweisungen in der Alert-Aktion dafür, dass zwei Dinge geschehen:

- Ein Ereignis wird an das ausgeben, was als *Alert-Facility* bezeichnet wird.

■ Es wird soviel wie möglich (gewünscht) im konfigurierten Logging-Modus protokolliert.

Die Alert-Facility steuert das tatsächliche Format des Alarms und, zu einem gewissen Grad, dessen Ziel. Die Optionen für die Alert-Facility sind wie folgt:

■ **Full** Bei Alarmen im Full-Format werden Alarmmeldungen und die kompletten Paket-Header ausgegeben (Standardeinstellung).

■ **Fast** Der Alarm erfolgt in einem einfachen Format mit Alarmmeldung, Zeitstempel, Quell- und Ziel-IP-Ports.

■ **Syslog** Protokolliert nach Syslog; die Standard-Alarm-Facilities sind LOG_AUTHPRIV und LOG_ALERT.

■ **Unixsock** Richtet einen UNIX Domain Socket ein und sendet den Alarm dorthin.

■ **SMB** Senden von WinPopup-Meldungen

Die Standard-Alert-Facility für Snort ist *Full*. Sie können diese Einstellung beim Start von Snort über die Kommandozeile ändern.

Logging-Modus Im *Logging-Modus* werden umfassende Paketinformationen in die verschiedenen Quellen protokolliert, ohne dass ein Alarm generiert wird. Der Logging-Modus kann entweder direkt über die Schlüsselworte *log* und *dynamic* in einer Snort-Regel aufgerufen werden oder als sekundäre Aktion über das Schlüsselwort *alert*. Standardmäßig werden Log-Dateien im Verzeichnis /var/log/Snort abgelegt werden (dies können Sie jedoch mit dem Schalter *–l* ändern).

Der Standard-Logging-Mechanismus schreibt die Log-Dateien in der gleichen Art wie das Ausgabeformat, das im Abschnitt *Protokollieren auf die Festplatte* beschrieben ist. Innerhalb des mit dem Schalter *–l* definierten Unterverzeichnisses (*–l /var/log*) wird ein Unterverzeichnis für die IP-Adresse der einzelnen Client-Computer erstellt. Im folgenden Beispiel wurde ein Unterverzeichnis für pc-1 erstellt. Innerhalb der einzelnen Unterverzeichnisse befinden sich Alarme, die die Alarmmeldungen und eine Paketdekodierung enthalten. In scan.log befindet sich die Ausgabe des Portscan2-Präprozessors. Die Datei alert wurde durch die »Alert-Facility« erstellt.

```
[root@linuxtest log]# ls -la
drwxr-xr-x  15 root     root         4096 Jun  5 23:31 .
drwxr-xr-x   6 root     root         4096 Jun  2 11:13 ..
drwx------   2 root     root         4096 Jun  5 23:31 10.1.1.1
drwx------   2 root     root         4096 Jun  5 23:31 127.0.0.1
drwx------   2 root     root         4096 Jun  5 23:31 192.168.1.1
drwx------   2 root     root         4096 Jun  5 23:31 10.1.1.220
```

```
drwx------      2 root       root          4096 Jun  5 23:31 192.168.1.150
drwx------      2 root       root          4096 Jun  5 23:31 192.168.1.64
-rw-------      1 root       root        622502 Jun  5 23:31 alert
-rw-------      1 root       root         17732 Jun  5 23:31 scan.log
```

Logging-Formate

Für Snort steht eine Reihe von Logging-Plugins zur Verfügung. Diese werden im Logging-Abschnitt der Datei snort.conf konfiguriert (siehe nachstehendes Beispiel). Es sind verschiedene Ausgabeformate möglich. Sie können in eine spezielle Syslog-»Logging-Facility« protokollieren und für die Ausgabe das CSV-Format wählen.

```
######################################################################
# Step #3: Configure output plugins
# Uncomment and configure the output plugins you decide to use.
```

Die beste Methode für die Unterstützung mehrerer Ausgabe-Plugins liegt darin, diese in der Snort-Konfigurationsdatei (snort.conf) anzugeben. Diese Methode ist zu bevorzugen, da die Kommandozeilenschalter stets die Optionen in snort.conf überschreiben. Dabei wird die Warnung »WARNING: command line overrides rules file alert plugin!« ausgegeben, die Sie darüber informiert, dass die Kommandozeile die Einstellungen überschreibt.

Folgende Ausgabe-Plugins stehen für Snort zur Verfügung:

- **CSV** (Comma Separated Values, dt. durch Kommata getrennte Werte) Es wird ein Ausgabeformat für die Alarmdaten bestimmt, das problemlos in eine Datenbank oder eine Tabellenkalkulation importiert werden kann.

- **Syslog** Ähnlich wie die Option der *Alert-Facility*, bietet diese Option größere Anpassungsmöglichkeiten für die tatsächliche Syslog-Facility-Ausgabe.

- **Database** Eines der populäreren Ausgabe-Plugins, es ermöglicht das Schreiben der Daten in folgende Datenbanken: MySQL, PostgreSQL, unixODBC, Oracle und MS-SQL Server.

- **Null** Dieses Plugin ermöglicht Snort, den Alarm über das Alert-Facility auszugeben, wobei jedoch keine Log-Dateien geschrieben werden.

- **Tcpdump** Dies ermöglicht Snort die Ausgabe der Log-Dateien im TCPDump-Format.

- **Snmp Trap** Dies ermöglicht Snort das Senden von SNMP-Traps an NMSs.

- **Unified** Dieses Plugin ist für zukünftige Snort-Versionen gedacht. Es handelt sich um die schnellstmögliche Methode für die Protokollierung von Snort-Ereignissen. Es protokolliert die Daten in einem binären Format mit FAST-Alarmierung. Das Barnyard-Programm liest die Daten aus dem Unifled-Format (vereinheitlichtes Format), verarbeitet sie und gibt Sie dann in einer Reihe von Formaten aus.

- **XML** Mit dem XML-Plugin kann Snort in der Sprache SNML (Simple Network Markup Language /Snort Markup Language) über das Netzwerk in eine Datei protokollieren.

> **Oink!**
>
> Wenn Sie Snort aus dem Source-Code kompilieren, müssen Sie die Links zu Ausgabebibliotheken von Drittanbietern angeben. Wenn Sie Snort beispielsweise mit SQL-Unterstützung kompilieren, müssen Sie vor der Installation von Snort SQL und die zugehörigen Client-Bibliotheken installieren und Snort zudem so konfigurieren, dass es während der eigenen Kompilierung auf diese Bibliotheken zugreift. Wenn Sie die Unterstützung für MySQL hinzufügen möchten, nutzen Sie den Schalter *./configure -with-mysql=/usr/local/mysql*.

Mit folgender Syntax konfigurieren Sie Snort für eine Ausführung im grundlegenden Intrusion-Detection-Modus. Snort startet, protokolliert im Modus »Full« in das Log-Verzeichnis und nutzt die Datei snort.conf für die konfigurierten Optionen.

```
[root@linuxtest snort]# snort -l ./log -c snort.conf
```

4.6.3 Snort für Honeypot-Capture und Analyse

Ein Honeypot (dt. Honigtopf) versorgt Sicherheitsprofis mit Informationen zu den aktuellsten Angriffsformen und Exploits durch Angreifer. Beim Honeypot-Vorgehen werden Server auf das Internet gesetzt, um dann zu beobachten, wie sie unterwandert werden. Während dieses Vorgangs müssen die Forscher so viele Netzwerkinformationen wie möglich sammeln, um dann in der Lage zu sein, Netzwerkangriffe zu rekonstruieren oder den Netzwerkverkehr erneut zu überprüfen.

Mit der folgenden Syntax konfigurieren Sie Snort zum Aufzeichnen des Traffics im binären Format:

```
[root@linuxtest snort]# snort -l /var/snort_logs -b
```

Wenn Sie über den Zeitraum einer Woche hinweg eine große Menge an Daten gesammelt haben, um diese zurück in Snort einzulesen und auf Signaturen hin zu überprüfen, nutzen Sie folgende Syntax:

```
[root@linuxtest snort]# snort -r snort.log.1046008362 -l /var/
snort_logs/ -c snort.conf
```

> **Oink!**
>
> Unter `http://project.honeynet.org/papers/honeynet/tools/` steht eine
> Konfigurationsdatei (snort.conf) zur Verfügung, die für den speziellen Einsatz in
> Honeypot-Projekten angepasst ist.

4.6.4 Logging in Datenbanken

Die Datenbank-Plugins (spo_database.c und spo_database.h) nutzen eine etwas
andere Methode für das Schreiben und Protokollieren von Alarmen und Logs (entsprechende Informationen finden Sie auch im vorangegangenem Abschnitt *Snort-
Logging*). Normalerweise wird durch das Schlüsselwort *log* in der Snort-Regel ein
Link zu der Log-Facility erstellt, und die Option *alert* erstellt eine Verbindung mit
der Alert-Faciliy, schreibt aber auch in die Log-Facility. Die Datenbank-Plugins sind
ein wenig anders: Wenn ein Datenbank-Plugin für *alert* konfiguriert ist, erhält es
nur die Ausgabe von Alert-Regeln. Ist es jedoch für *log* konfiguriert, erhält es die
Ausgabe von Log- und Alert-Regeln.

Es folgt eine Beispielkonfiguration aus der Datei snort.conf.

```
output database: alert, mysql, user=snort password=x dbname=snort host=mysql
```

ODER

```
output database: log, mysql, user=snort password=x dbname=snort host=mysql
```

Die »Alarme« von Präprozessoren (z. B. von Portscan2) werden nur dann in die
Datenbank geschrieben, wenn das Datenbank-Plugin auf »alert« gesetzt ist. In diesem Fall werden die tatsächlich dekodierten Pakete für Alarme in einem Unterverzeichnis auf gleiche Weise, wie im Abschnitt *Logging-Modus* beschrieben, erstellt.
Wenn das Datenbank-Plugin auf »log« gesetzt ist, werden die Alarme des Präprozessors nicht an das Datenbank-Plugin gesendet, aber die Paket-Decodes für die
Alarme werden gesendet (die von ACID für die Dekodierung der Schichten 3 und 4
genutzt werden). Das bedeutet, dass im »log«-Modus ein Berichts-Tool eines Drit-
tanbieters, wie z. B. snortsnarf (`www.silicondefense.com`), benötigt wird, um die
Ausgaben des Präprozessors in einen Bericht zu fassen, weil die Ereignisse nicht in
die Datenbank geschrieben werden.

Derzeit bieten die Datenbank-Plugins Unterstützung für folgende Datenbanken:

- **MySQL**   `www.mysql.org`
- **PostgreSQL**   `www.postgresql.org`
- **unixODBC**   `www.unixodbc.org`
- **Oracle**   `www.oracle.com`

■ **MS-SQL Server** www.microsoft.com

Bericht-Frontends für Snort

Wenn eine Datenbank erstellt wurde und die Daten darin protokolliert wurden, wird ein Mechanismus erforderlich, mit dem die Datenbank abgefragt und Berichte erstellt werden können. Dazu können Sie das Tool Analysis Console Engine for Intrusion Detection (ACID) nutzen, das Sie unter der Adresse www.cert.org/kb/acid finden. ACID ist eine PHP-gestützte Analyse-Engine, die Datenbanken mit von Snort geschriebenen Daten durchsuchen und verarbeiten kann. ACID bietet Unterstützung für folgende Merkmale:

■ Query-Builder und eine Suchoberfläche zum Suchen von Alarmen, die Alarm-Meta-Informationen (z. B. Signatur, Erkennungszeitpunkt) und zugehörigen Netzwerkbeweisen (z. B Quell-/Zieladressen, Ports, Payload oder Flags) entsprechen.

■ Packet Viewer (Decoder) bietet eine grafische Darstellung aller Schicht 3- und Schicht 4-Paketinformationen von protokollierten Alarmen.

■ Alarm-Verwaltung durch Bereitstellung von Konstrukten für logische Alarmgruppierungen, zum Löschen von behandelten Alarmen oder False/Positives, zum Exportieren von E-Mails für die Zusammenarbeit oder zum Archivieren von Alarmen, um sie zwischen Alarmdatenbanken zu übertragen.

■ Erstellung von Diagrammen und Statistiken auf der Basis von Zeitpunkt, Sensor, Signatur, Protokoll, IP-Adresse, TCP/UDP-Ports oder Klassifizierung.

Aufbauen der Datenbank Bevor die Datenbanken für Snort-Daten genutzt werden können, müssen die zum Speichern erforderlichen Tabellen, innerhalb der Datenbank, erstellt werden. Im Verzeichnis *contrib* befinden sich Skripts für die Erstellung von Datenbanken, z. B. *create_mysql* oder *create_oracle*. Diese Skripts erstellen Tabellen und Felder innerhalb der spezifischen Datenbanktypen. Wenn Sie das Datenbank-Plugin für MySQL einrichten möchten, folgen Sie diesen Schritten:

1. Installieren Sie MySQL

2. Kompilieren Sie Snort mit Unterstützung für MySQL.

3. Erstellen Sie einen Snort-Benutzer in der MySQL-Datenbank, und konfigurieren Sie die Sicherheitsaspekte.

4. Erstellen Sie die MySQL-Tabellen mit dem Skript *create_mysql*. Mit diesem Skript erstellen Sie Snort-Tabellen zum Speichern der Daten.

5. Konfigurieren Sie in der Datei snort.conf die Zeile *output database: log, mysql, user=snort password=xxx dbname=snort host=mysql-server*. (Der Benutzername ist

snort, die Datenbank, in die protokolliert werden soll, heißt *snort*, und der MySQL-Server heißt *mysql-server*).

6. Starten Sie Snort. Während der Initialisierung ruft Snort die Ausgabe-Plugins auf, die eine Verbindung mit der Datenbank erstellen.

> **Oink!**
>
> Der Autor des Datenbank-Plugins, Roman Danyliw, hat eine hervorragende Website, die eine Fülle von Informationen über das Datenbank-Plugin bietet (`www.andrew.cmu.edu/~rdanyliw/snort/snortdb/snortdb_faq.html`).

4.6.5 Alarme mittels SNMP

SNMP ist ein Defacto-Standard für das netzwerkübergreifende Management von Systemen. Das Snort-SNMP-Plugin (spo_SnmpTrap.c und spo_SnmpTrap.h) kann SMNP-Traps und SNMP-Informationen an NMSs versenden. Das SNMP-Plugin erfordert, dass die net-snmp-Bibliotheken (verfügbar unter `http://net-snmp.sourceforge`) zuvor installiert werden und dass Snort mit SNMP-Unterstützung kompiliert wird (./configure -with-snmp). Das Plugin bietet Unterstützung für die SNMP-Versionen 2.0 und 3.0.

> **Oink!**
>
> Die Hauptentwickler des SNMP-Plugins bieten unter `www.cysol.co.jp/contrib/snortsnmp/snortSnmpGuide.html` einen detaillierten Überblick über den Snort-SNMP-Prozess.

4.6.6 Barnyard und vereinheitlichte Ausgabe

Das Unified-Ausgabe-Plugin (spo_unified.c und spo_unified.h) ermöglicht Snort das Schreiben von Alarmen und Logs in eine einzelne binär-formatierte Datei (Unified-Format), wodurch Snort Alarme und Logs schnell und effizient ausgeben kann. Das Programm Barnyard liest die im »vereinheitlichen« Format erstellte Datei und gibt die Inhalte in einer Reihe verschiedener Formate aus.

Diese Auslagerung der ausgabe-verarbeitenden Komponente von Snort ermöglicht Snort das Überwachen des Traffics und das Schreiben von Alarmen im vereinheitlichten Format, um dann mit der Überwachung des Datenverkehrs fortzufahren. Die Arbeit mit den Ausgabe-Plugins, die Snort normalerweise ausbremst, wurde nun nach Barnyard verschoben, das die vereinheitlichte Datei verarbeitet und Ausgaben in folgenden Formaten ermöglicht:

- **Alert_Fast**   Schreibt die Ausgabe auf gleiche Weise wie das aktuelle »Alert-Fast«-Format.

- **Log_Dump**   Schreibt die Ausgabe in einen dekodierten ASCII-Packet-Dump.

- **Alert_Html**   Erstellt eine Reihe von HTML-Seiten für Alarme.

- **Alert_CSV**   Schreibt Alarme im CSV-Format (auf gleiche Weise wie das aktuelle CSV-Ausgabe-Plugin).

- **Alert_Syslog**   Schreibt Alarme in Syslog-Facilities (auf gleiche Weise wie das aktuelle Syslog-Ausgabe-Plugin).

- **Output_pcap**   Schreibt die Daten im Pcap-Format.

- **Acid_DB**   Schreibt Alarme in das durch ACID verwendete Datenbankschema.

4.7 Zusammenfassung

In diesem Kapitel erfolgte eine Auffrischung der Informationen zu den TCP/IP- und OSI-Modellen. Das Verständnis dieser Modelle ist für die Beschäftigung mit netzwerk-basierenden Technologien unerlässlich. Nach der ausführlichen Diskussion über das Layout von Netzwerkprotokollen, beschäftigte sich dieses Kapitel mit der Frage, wie Snort die Pakete mit Hilfe einer in den *promiskuren Modus* versetzten Netzwerkkarte abgreifen kann. Es erfolgten Ausführungen zur libpcap-Library, die einen Mechanismus bietet, mit dem die Pakete von der im promiskuren Modus arbeitenden Netzwerkkarte in Snort eingebracht werden können.

Wenn Snort die Pakete von der libpcap erhalten hat, erstellt das System Datenstrukturen für die Pakete, dekodiert sie je nach Protokoll und beginnt den Erkennungsprozess. Während des Erkennungsprozesses werden die Pakete zunächst an Präprozessor-Plugins, wie z. B. Stream4 und Frag2, übergeben. Die Präprozesor-Plugins bieten einen Mechanismus, mit dem sie die Pakete überprüfen oder aufbereiten, bevor sie an die Haupt-Decoder-Plugins gesendet werden. Das Stream4-Plugin erweitert Snort mit *Stateful-Inspection*-Fähigkeiten, während Frag2 fragmentierte Pakete zusammensetzt. Nach dem Durchlauf der Pakete durch die Präprozessor-Plugins erreichen sie die Haupt-Decode-Engine, welche die Pakete gegen die verbundene 3D-Liste prüft, die Signaturen oder Decoder-Plugins enthält. Daraufhin wird entschieden, ob Alarme oder Logs geschrieben werden. Wenn eine übereinstimmende Signatur gefunden wird, benötigt Snort einen Mechanismus für die Ergebnisausgabe. Dies erfolgt durch Protokollieren auf die Festplatte oder durch Schreiben in zahlreiche andere Formate, z. B. in Datenbanken oder für SNMP aufbereitet. Snort kann auf vielerlei Art eingesetzt werden. Beispielsweise als Netzwerk-Sniffer und IDS oder als Packet-Capture- und Überprüfungssystem in Honeypot-Projekten.

4.8 Lösungen im Schnelldurchlauf

Snort-Komponenten

- Übersicht über das Snort-Modell (Abbildung 4.1), das OSI-Modell (Abbildung 4.2) und the TCP/IP-Modell (Abbildung 4.3).

- Kern der Netzwerk-Capture-Fähigkeiten bilden die libpcap-Library und eine Netzwerkkarte im promiskuren Modus.

- Eine Netzwerkkarte im promiskuren Modus zeichnet den gesamten Netzwerk-Traffic auf, den sie sieht. Dieses Verhalten unterscheidet sich von dem anderer Netzwerkkarten, die nach der MAC-Adresse innerhalb des Ethernet-Frames filtern. Die libpcap-Library stattet Snort mit einer plattformübergreifenden Methode zur Anbindung der Netzwerkkarte der wichtigsten UNIX- und Windowssysteme aus.

Dekodieren von Paketen

- Snort dekodiert verschiedene Protokolle, z. B. Ethernet, 802.11, Token Ring sowie weitere Protokolle der höheren Schichten, z. B. IP, TCP und UDP.

- Snort dekodiert keine Protokolle wie IPX und IPv6. Es erkennt sie lediglich und nutzt sie für statistische Zwecke.

- Snort speichert die Pakete in Datenstrukturen, die Zeiger auf die rohen Daten der libpcap-Library bilden.

Verarbeiten von Paketen

- Die Präprozessoren bereiten die Daten auf, senden Alarme und verwerfen Pakete, bevor sie zur Haupt-Detection-Engine in Snort gelangen.

- Die Frag2-Präprozessoren bauen die fragmentierten Pakete wieder zusammen, während Stream4 Snort Stateful-Inspection-Funktionalität verleiht.

Regelanalyse und Detection-Engines

- Die eigentliche Detection-Engine nutzt text-basierende Regeln, die in einer verbundenen 3-D-Liste gespeichert sind. Die dritte Dimension der verbundenen Liste ist die Verlinkung zu den Detection-Plugins, die wiederum die ersten und zweiten Dimensionen mit den Regel-Header und Regel-Options-Feldern der Regel verbindet.

- Die Detection-Plugins bieten zusätzliche Tests, die auf einem Paket ausgeführt werden können.

- Die Pass-Regel dient zum Ignorieren bestimmter Traffic- und Signaturtypen, während die Log-Regel den Datenverkehr ohne Alarmierung einfach nur protokolliert.

Ausgabe und Log-Dateien

■ Snort bietet eine Reihe von Einsatzmöglichkeiten: als Sniffer, als Intrusion Detection System und für das Abfangen und Aufzeichnen von Netzwerk-Traffic in einem Honeypot-Szenario.

■ Snort verfügt über zwei verschiedene Ausgabemodi: Alarmierung und Logging (Protokollierung). Innerhalb dieser beiden Modi stehen weitere Optionen zur Verfügung.

■ Für das Logging in eine Datenbank müssen die Datenbankstrukturen zuvor eingerichtet werden. Anschließend muss die Datei snort.conf für die Verbindung zur und das Schreiben in die Datenbank konfiguriert werden.

4.9 Häufig gestellte Fragen (FAQs, Frequently Asked Questions)

■ **F:** Wie muss ich vorgehen, wenn ich eigene Präprozessor- oder Detection-Plugins schreiben möchte?

■ **A:** Innerhalb des Hauptverzeichnisses src befindet sich das Verzeichnis template, das Vorlagen zu diesem Zweck bietet. Dort finden Sie eine Reihe von Vorlagen für Detection-Plugins (sp_template.c and sp_template.h) und für Präporozessoren (spp_template.c and spp_template.h). Beim Schreiben von Präprozessoren und Detection-Plugins ist jedoch eine gewisse Qualität unabdingbar, schlecht geschriebene Plugins können Snort verlangsamen und in manchen Fällen sogar zum Absturz bringen. Scott Campbell hat einen netten, kleinen DNS-Präprozessor geschrieben (`www.geocities.com/axonpotential/snort/19/`). Diese Arbeit wurde hervorragend dokumentiert und empfiehlt sich daher für eine Untersuchung dieses Präprozessors.

■ **F:** Verursachen fragrouter und stick in Snort-Version 2.0.0 immer noch Probleme?

■ **A:** Während eines kürzlich erfolgten IDS-Anbietertest (`http://nss.co.uk`) wurden fragrouter und stick genutzt, um die Erkennung als Teil der gesamtem Teststrategie zu testen. Snort Version 1.8.6 schnitt in diesen Tests recht gut ab, es verpasste lediglich ein oder zwei Typen von stick- und fragrouter-Angriffen. An der Version 2.0.0 von Snort wurden jedoch Verbesserungen durchgeführt, die diese Unvollkommenheiten beheben konnten. Es lohnt sich den Bericht »IDS Group Test Report Edition 3« zu lesen; die Prüfer von NSS schrieben einen unvoreingenommen Bericht über eine Reihe von IDS-Anbietern. Auch die Beschreibung der Testausrüstung für die Prüfung der IDSs unter starker Belastung ist hochinteressant.

■ **F:** Wie schnell ist die Decode-Engine?

- **A:** Eine der Fragen, die Marty Roesch am häufigsten gestellt wird, ist »Wie schnell ist Snort?«. Ein sauber konfigurierter Snort-Computer kann 100MB an Netzwerk-Traffic bewältigen (abhängig von der Anzahl an Regeln und der Präprozessor-Konfiguration). Bei höheren Belastungen von 200 bis 350 MB pro Sekunde, liest die libpcap die Pakete mit hohen Raten von der Netzwerkkarte und ruft dann die Funktion *ProcessPacket()* innerhalb von Snort auf. Der Aufruf von *ProcessPacket()* verbraucht CPU-Zyklen, die bei hoher Geschwindigkeit das System überlasten. Die Decode-Engine erhält den Traffic mit einem durchschnittlichen Paketverlust von 50%. (Für Linux kann unter `http://public.lanl.gov/cpw/` eine optimierte Version der libpcap heruntergeladen werden, die die Leistung verbessert.) Selbst mit einem optimierten libpcap-Treiber müssen die Präprozessoren fein eingestellt werden, um 200 bis 350 MB an Traffic handhaben zu können, oder sie müssen in manchen Fällen ausgeschaltet werden.

- **F:** Wird sich das libpcap-Modell für Hochgeschwindigkeitsnetzwerke ändern?

- **A:** Die Snort-Architektur der Version 2 stellt sogenannte »Acquisition-Plugins« zur Verfügung. Diese Plugins erlauben einem Entwickler das Schreiben eines speziellen Packet-Capture-Netzwerkkartentreibers für ein bestimmtes Betriebssystem (Linux). Dieses Plugin würde Snort eine Packet-Capture-Funktionalität mit viel höheren Geschwindigkeiten verleihen. Auf diese Weise verlöre Snort den Portabilitätsaspekt, da das System an eine spezielle Netzwerkkarte und an ein spezielles Netzwerkssystem gebunden wäre. Dennoch würden Sie durch die enge Integration der Netzwerkkarte höhere Packet Capture-Geschwindigkeiten erreichen, was sich direkt auf Snort auswirken würde. Zudem würde der System-Overhead durch die libpcap verringert.

- **F:** Wie kann ich Barnyard aktivieren?

- **A:** Sie können Barnyard unter `www.snort.org/dl/Banyard` herunterladen. Folgen Sie nach dem Download folgenden Schritten:

  1. Kompilieren Sie den Barnyard Source-Code, und installieren Sie das Programm.

  2. Konfigurieren Sie Ihre Konfigurationsdatei (snort.conf), und richten Sie Snort für den »Unified Mode« ein (siehe *Barnyard und vereinheitlichte Ausgabe*).

  3. Konfigurieren sie die Konfigurationsdatei Barnyard.con mit dem gewünschten Ausgabeformat.

  4. Starten Sie Snort und anschließend Barnyard.

Beachten Sie, dass sich Barnyard immer noch im Beta-Stadium befindet. Daher sollten Sie alle Bugs und Fehler an die Barnyard-Mailing-Liste unter barnyard-users@lists.sourceforge.net schicken. Weitere Informationen zu Barnyard finden Sie in Kapitel 11, »Erforschen von Barnyard«.

## Kapitel 5

Spiel nach Regeln

Lösungen in diesem Kapitel:

- Informationen über Konfigurationsdateien

- Der Regel-Header

- Der Regel-Body

- Komponenten einer guten Regel

- Testen Ihrer Regeln

- Feinabstimmung Ihrer Regeln

5.1 Einführung

Es mag Sie überraschen, aber Intrusion Detection Systems (IDSs) gehören nicht zum neuesten Stand der Technologie, und auch Snort macht diesbezüglich keine Ausnahme. Tatsächlich ist Snort eines des ältesten IDSs, das immer noch unterstützt wird. Also, warum lesen Sie dieses Buch eigentlich? Sie werden es gleich erfahren. Snort ist weltweit das populärste und meist genutzte Packet-Sniffer- und Intrusion Detection System. Seine regel-basierende Engine (beachten Sie, dass hier nicht signatur-basierende Engine steht) sammelt Pakete und prüft sie auf der Basis von Regeln. Der Begriff *Signatur* ist nicht mehr als eine grundlegende Definition eines Angriffs, ähnlich wie ein Fußabdruck im Lehm am Tatort eines Verbrechens. Eine Regel definiert die Angriffsmethodik, um den Eindringling zu identifizieren, ähnlich wie versucht wird, anhand der Analyse der Einbruchstaktik des Täters habhaft zu werden.

Wenn Technologen IDSs diskutieren, steht Snort stets, bedingt durch zwei wesentliche Unterscheidungsfaktoren, abseits von der Masse. Flexibilität und Einfachheit. Diese Merkmale waren während der Entwicklung von Snort zwei der anfänglichen Design-Ziele. Sie konnten in der Anwendung mit dem Entwurf des Regelschemas und der Engine-Support-Module auch realisiert werden. Viele Snort-Regeln können in eine Textzeile geschrieben werden, und vor Version 1.8 war es obligatorisch, dass Regeln nur aus einer Zeile bestanden. Viele Snort-Benutzer nutzen nicht das Gesamtpotenzial der Anwendung. Im Laufe dieses Kapitels lernen Sie die Bedeutung der korrekten Regelerstellung kennen. Sie erfahren, wie Sie die Regeln potentiell nutzen können, um die Logging- und Alarmfunktionen bei Wireless-Angriffen (Funkangriffen), netzwerk-basierenden Angriffen und Webangriffen richtig einzusetzen.

Am Ende des Kapitels sollten Sie in der Lage sein, Snort-Intrusion-Detection-Regeln für Ihre IDS-Sensoren zu lesen, zu schreiben und zu verstehen. Das Regel-Format und das Testen der Regeln, verbunden mit einigen Performance-Tipps und -Tricks, werden sicherstellen, dass Sie die best möglichen Regeln für Ihre Umgebung implementieren. Dies ist das Ziel aller IDS-Administratoren und -Engineers.

Snort-Regeln können auf unterschiedliche Weise geschrieben werden und Alarme auf mehrere Arten generieren. Für Sie ist jedoch wichtig, dass Sie die treibende Kraft hinter all den Regeln verstehen. Das Snort-Funktionspaket agiert wie eine Werkzeugsammlung, die alle Werkzeuge in einer einzelnen Anwendung integriert. Es gibt ein Packet-Capture-Tool, ein Parsing-Tool zur Analyse und Aufbereitung von Paketen, sowie mehrere Ein- und Ausgabemodule. Wenn Snort ein Paket abfängt, das der Signatur einer Regel entspricht, die Sie in Ihrem effektiven Regelsatz integriert haben, löst das einen Alarm aus. Dies ist ein wichtiger Aspekt, den Sie verstehen sollten, bevor Sie sich mit den Regelformaten und Implementierungsfragen beschäftigen.

Eine Snort-Regel kann in zwei Hauptabschnitte aufgeteilt werden, dem Regel-Header und dem Regel-Body. In diesem Kapitel er lernen Sie die Feinheiten und Besonderheiten zum Schreiben von Regel-Header und -Body.

5.2 Informationen über Konfigurationsdateien

Mit den integrierten Fähigkeiten von Snort ist es möglich, Features, die den Einsatz in einer großen oder verteilten Umgebung vereinfachen, über Konfigurationsdateien zu definieren und zu nutzen. Andere nützliche Features ermöglichen die lokale oder remote Wiederverwendung von Objekten in mehreren Sensorinstanzen. Snort-Konfigurationsdateien erlauben es der Engine, Variablen, zusätzliche Konfigurationsdateien und zusätzlich gelinkte include-Dateien einzuschließen.

5.2.1 Definieren und Benutzen von Variablen

In Snort können Anwender benutzerdefinierte Variablen für die Verwendung innerhalb der Regelsätze erstellen. Die Definition von Variablen ist unproblematisch, da sie eine Eins-zu-Eins-Ersetzungmethode nutzen. Die Syntax für den Befehl lautet:

```
var <desired_variable_name> <variable_value>
```

Diese Variablen sollten in die Regeldateien eingeschlossen werden. Sie können als Platzhalter für IP-Adressen und Netzwerke genutzt werden. Die erste Beispielinstruktion dient zur Definition einer einzelnen IP-Adresse; sie definiert die Variable *DNS_SERVER* als IP-Adresse 10.1.1.2.

```
var DNS_SERVER 10.1.1.2
```

Die nächste Beispielregel definiert eine Netzwerkadresse. Sie definiert die Variable *INTERNAL_NET* als das Klasse B Netzwerk 10.2.0.0.

```
var INTERNAL_NET 10.20.0.0/16
```

Das folgende Beispiel unterscheidet sich von den ersten beiden, da es mehrere Netzwerkadressen definiert. Es besetzt die Variable *INTERNAL_NETS* so, dass sie ein Klasse B-, ein Klasse C-Netz und eine einzelne IP-Adresse einschließt.

```
var INTERNAL_NETS [10.1.0.0/16, 10.2.1.0/24, 10.1.1.8]
```

Das Definieren und Verwenden von Variablen in den Regeln ist ein exzellente Methode für die Erstellung portabler Regeln und Regelsätze für Ihr Unternehmen.

Die Snort-Engine kann die Variablen durch das Definieren von dynamischen Variablen auf einer noch höheren Stufe nutzen. Dynamische Variablen können auf einer anderen Variablen basieren, die an anderen Stellen der Konfigurationsdatei oder in zusätzlichen include-Dateien gesetzt worden sind. Bei der Deklaration von dynamischen Variablen wie *desired_variable_name* referenzieren Sie eine zuvor deklarierte Variable *variable*. Die folgenden Beispiele zeigen die Deklaration von dynamischen Variablen:

```
var EXTERNAL_WEB $DMZ_WEB
var 2PHP $INTRANET_WEBS
```

Sollte *variable* nicht definiert oder ungültig sein, erbt *desired_variable_name* den Wert aus *static_default_address*. Für den Fall, dass Sie keine statische Backup-Route einschließen möchten, können Sie stattdessen eine Fehlermeldung anzeigen, wenn die eingeschlossene Variable undefiniert ist.

Wie Sie in den folgenden Regelbeispielen sehen können, ist der zweite Teil der Variablendeklaration durch einen Doppelpunkt »:« getrennt. Der Bereich vor dem Doppelpunkt dient zur Definition der anfänglich zu nutzenden Variablen, während der Bereich hinter dem Doppelpunkt dazu dient, die Engine darüber zu informieren, was im Falle einer undefinierten Variablen zu tun ist. Beispiele für gültige Formate:

```
var <desired_variable_name> $<variable:static_default_address>
var <desired_variable_name> $<variable:?Error: the variable was undefined>
```

Die nächste Regel definiert eine einzelne dynamische IP-Adresse. Genauer gesagt, sie definiert die Variable *DNS_SERVER* so, dass sie eine einzelne dynamische IP-Adresse der Variablen *ORG_DNS_SERVER* enthält. Wenn *ORG_DNS_SERVER* undefiniert ist, erhält *DNS_SERVER* den Wert 10.1.1.2.

```
var DNS_SERVER $(ORG_DNS_SERVER:10.1.1.2)
```

Im nächsten Beispiel werden undefinierte Variablen genutzt. Es nennt einen Benutzer, der statt der statischen Zuordnung einer Variablen das System so konfiguriert hat, dass es eine Fehlermeldung ausgibt.

```
var ENTIRE_INTERNAL_COMPANY $(INTERNAL_NETS:?Gabe, you forgot to define
INTERNAL_NETS)
```

Als allgemeiner Hinweis: die Verwendung von Ausgabe-Statements ist eine hervorragende Methode für das Debuggen Ihrer Regeln und Regelsätze. Ausgabe-Statements können beim Debuggen Ihrer Snort-Konfiguration verwendet werden. Sie werden mit einem Fragezeichen eingeleitet. Der Text, der dem Fragezeichen folgt, würde im vorliegenden Beispiel ausgegeben, wenn die Variable *$INTERNAL_NETS* nicht zuvor in einer der Snort-Konfigurationsdateien definiert worden ist.

Die Definition mehrerer Adressen innerhalb einer dynamischen Adresse ist genauso einfach wie die Definition einer einzelnen Adresse oder eines Netzwerks. Zunächst müssen Sie im Vorfeld eine Variable definieren, die mehrere Systeme umfasst. Danach müssen Sie diese Variable einfach über das dynamische Variablenformat referenzieren. Wenn Sie dem zweistufigen Beispiel folgen, müssen Sie im ersten Schritt eine Variable mit mehreren Adressen definieren, während Sie im zweiten Schritt die dynamische Variable *BOSTON_ZONE* definieren und sie mit dem Wert der Multi-Adress-Variablen DMZ gleichsetzen.

```
var DMZ [10.1.1.1, 10.1.1.2, 10.1.1.3]
```

Snort beinhaltet zahlreiche Methoden für die Steuerung von Konfigurationen in Zusammenhang mit der Engine, um sicherzustellen, dass Engine und Regeln für die einzelnen Umgebungen maßgeschneidert sind. Die meisten dieser Konfigurationsoptionen können Sie auf zweierlei Art wählen: Bei der ersten Methode geben Sie die gewünschte Konfigurationsoption direkt über die Kommandozeile an, während Sie Snort ausführen. Bei der zweiten Methode (der effizienteren und besser verwaltbaren Methode für Unternehmensumgebungen) werden die Konfigurationen für Snort in einer Konfigurationsdatei definiert, die Snort beim Start lesen kann. Snort liest all die Konfigurationsoptionen und -werte aus der Konfigurationsdatei einzeln ein, so, als würden Sie über die Kommandozeile angegeben. Es wird dringend empfohlen, dass Sie, wenn Sie Snort-Sensoren in Ihrer Umgebung implementieren, Konfigurationsdateien erstellen und nutzen. Es sei denn, Sie möchten Ihre Regel- und Engine-Funktionalität nur testen.

Für die Konfiguration von Snort müssen Sie ein sehr spezielles Format nutzen; zunächst müssen Sie die gewünschte Konfiguration und den entsprechenden Wert identifizieren. Die Werte können variieren, doch das Format lässt keinen Raum für Fehler. Das Format für die Definition von Snort-Instruktionen ist: *config <instruction>:<value>*. Durch das Schlüsselwort *config* teilen Sie dem Snort-System mit, dass Sie eine Instruktion für die spezielle Konfiguration von Snort angeben werden. Die Zeichenkette *instruction* ist ein Platzhalter für die gewünschte Konfiguration, die Sie mit dem Wert *value* durchführen möchten.

5.2.2 Verwenden von Variablen für Instruktionen

Snort verfügt über eine Reihe robuster Instruktionen, die Sie für die Feineinstellung jeder einzelnen Sensor-Installation in Ihrer spezifischen Umgebung und bei potentiellen Bedrohungen angeben können. Im folgenden Abschnitt werden die einzelnen Instruktionen beschrieben, die Sie bei der Definition von Snort-Konfigurationen über Konfigurationsdateien oder über die Kommandozeile, sofern eine entsprechende Kommandozeilenoption vorhanden ist, nutzen können. Nicht alle Optionen können über die Kommandozeile eingerichtet werden. Mit dem Feature *alert_with_interface_name* können Sie den Namen der Schnittstelle, die das Paket erhalten hat, an die Alarmmeldung anhängen. Dies ist besonders hilfreich, wenn sich die Snort Engine auf einem Multihomed-System befindet oder wenn mehrere Netzwerkkarten (NICs) das System gleichzeitig mit mehreren Netzwerken verbinden. Der entsprechende Wert für den Schnittstellennamen für diese Instruktion entspricht dem zugehörigen Systemnamen der Netzwerkkarte. Der Kommandozeilenoperator ist *−I*. Ein übliches Beispiel wäre *etho*.

- **alertfile**   Die Instruktion für die Alarmdatei dient zur Angabe der Datei, in der alle durch Snort ausgelösten Alarme gespeichert werden. Hier handelt es sich um eine recht nützliche Instruktion, die es Ihnen ermöglicht, regelmäßig Sicherungskopien dieser Datei zu erstellen oder sie als Eingabe für zuordnende Anwendungen zu nutzen. Für diese Instruktion gibt es keinen Kommandozeilenoperator. Ein Beispielwert wäre *local_alerts.log*.

- **bpf_file**   Die Berkeley Packet Filter (BPF)-Datei-Instruktion ermöglicht Ihnen, eine Datei anzugeben, die Snort nutzen kann und die die BPF-formatierten Filter enthält. Der Kommandozeilenoperator ist *-F*. Dahinter geben Sie einen beliebigen Dateinamen an, der als gültiger Wert für diese Instruktion gilt.

- **checksum_mode**   Im Checksum-Modus können Sie die Pakettypen für Snort bestimmen, die auf korrekte Prüfsummen hin geprüft werden sollen. Es existiert kein entsprechender Kommandozeilenoperator und die Werte sind auf *all*, *none*, *noicmp*, *noip*, *notcp* und *noudp* beschränkt. Wie Sie vielleicht schon vermutet haben, können Sie direkt angeben, alle oder keines der Pakete zu nutzen oder aber auch spezielle Protokolle, die ausgeschlossen werden sollen.

- **chroot** Ähnlich wie bei dem UNIX-Befehl *chroot*, können Sie die modifizierte Instruktion *chroot* von Snort dazu nutzen, ein neues Snort-Home-Verzeichnis anzugeben. Standardmäßig ist das Snort-Root-Verzeichnis jenes, in dem sich die ausführbaren Snort-Dateien befinden. Der Kommandozeilenoperator für diese Instruktion ist *–t*.

- **classification** Die Definition der Klassifikationsschemata für Snort-Regeln wird an späterer Stelle in diesem Kapitel erörtert. Dort finden Sie auch zusätzliche Informationen zu dieser Option.

- **daemon** Mit der daemon-Instruktion können Sie den Snort-Prozess verzweigen (fork), wie Sie es mit jedem anderen Systemprozess tun können. Um einen geforkten Prozess zu terminieren, können Sie den Befehl *kill* verwenden. Der Kommandozeilenoperator für die daemeon-Instruktion ist *–D*.

- **decode_arp** Ein sehr nützliches Feature in Snort ist die Fähigkeit, verschiedene Protokolltypen zu analysieren und dekodieren. Die decode_arp-Instruktion aktiviert die ARP-Dekodierung auf der Engine. Der Kommandozeilenoperator ist *–a*. Es ist kein entsprechender Wert erforderlich.

- **decode_data_link** Ähnlich wie die arp_decode-Instruktion dient die decode _data_link-Instruktion der Dekodierung von Paketdaten der Datenverbindungsschicht, um diese in die Analyse-Engines, Alarme und Logs mit einzubeziehen. Der Kommandozeilenoperator für die decode_data_link-Instruktion ist *–e*, es ist kein entsprechender Wert erforderlich.

- **disable_decode_alerts** Durch diese Instruktion können Alarme, die während der Dekodierungsphase von Snort generiert wurden, missachtet werden. Die disable_decode_alerts-Instruktion erfordert keinen zugehörigen Wert. Ein entsprechender Kommandozeilenoperator ist nicht vorhanden.

- **dump_chars_only** In dem Fall, dass Sie nur Zeichen abrufen möchten, können Sie die dump_chars_only-Instruktion auch unter Verwendung des Kommandozeilenoperators *–C* nutzen. Diese Instruktion erfordert keinen angehängten Wert. Sie sollte aber mit Vorsicht genutzt werden, da sie alles ignoriert, was kein Zeichen ist.

- **dump_payload** Die dump_payload-Instruktion kann auch über den Kommandozeilenoperator *–d* ausgeführt werden. Das Feature ermöglicht Ihnen, den Abzug aller Anwendungsschichtdaten aus den abgefangenen Paketen. Die Instruktion erfordert keinen entsprechenden Wert.

- **dump_payload_verbose** Die dump_payload_verbose-Instruktion wird auch über den Kommandozeilenoperator *–v* ausgeführt und entspricht der *dump_payload*-Instruktion, nur dass die Verbose-Version der Instruktion den Abzug des gesamten Pakets ab der Datenverbindungsschicht beginnt.

- **interface**   Die interface-Deklaration ist ein wichtiges Feature für IDSs in Multi-homed-Unternehmensumgebungen. Multihomed-Systeme, oder Systeme, die mit mehreren Netzwerkkarten ausgestattet sind, können gleichzeitig mit mehreren Netzwerken verbunden sein und erfordern damit potentiell, dass Sie verschiedene Regelsätze für die verschiedenen Schnittstellen nutzen. Der Kommandozeilenoperator –*i* erfordert als Wert den Namen der NIC.

- **logdir**   Das Einrichten des Snort-Log-Verzeichnisses ist vorteilhaft für die Anpassung von Installationen für mehrere Umgebungen. Mit dieser Option können Sie das Verzeichnis für die Ausgabe von Snort-Logs definieren. Der Kommandozeilenoperator ist –*l*, als Argument ist der Name des gewünschten Log-Verzeichnisses erforderlich. Ein passendes Beispiel wäre C:/Snort/logs.

- **min_ttl**   Die min_tll-Instruktion (für Minimum Time-To-Live (TTL)) ermöglicht Ihnen, die sensor-übergreifende Definition von TTL-Werten. Wenn ein Paket dem definierten Minimum nicht entspricht, wird es verworfen, und es findet keine weitere Analyse des Paketes statt. Es existiert kein entsprechender Kommandozeilenoperator. Der Wert entspricht der Anzahl von Hops, die Sie deklarieren möchten. Wenn Sie beispielsweise in Snort den Minimalwert für TTL auf 3 definiert hätten, dann würde jedes Paket mit einem TTL-Wert kleiner als 3 ignoriert werden. Ein zusätzlicher Hinweis: wenn Sie den minimalen TTL-Wert auf 1 setzen, wird fast der gesamte legitime Netzwerk-Traffic akzeptiert und könnte passieren. Diese Regel kann beim Verwerfen von lokal generiertem Traffic helfen.

- **no_promisc**   Snort ermöglicht Ihnen die direkte Deaktivierung des promiskuren Modus auf Ihrer NIC. Diese Funktion sollte jedoch mit Vorsicht genutzt werden, denn wenn Sie den Befehl ausführen, erhalten Sie nicht die Pakete, die für andere Systeme bestimmt sind. Im promiskuren Modus kann die Netzwerkkarte alle Pakete auf dem Draht abfangen. Der Kommandozeilenoperator ist –*p* und erfordert keinen entsprechenden Wert.

- **nolog**   Mit dieser Instruktion können Sie die gesamte Snort-Protokollierung deaktivieren, die anderen Regel-Aktionstypen wie *alert*, *activate*, *pass* oder *dynamic* bleiben davon unbeeinflusst. Diese Konfigurationsinstruktion wird selten benutzt, da Sie in fast allen Fällen bestimmte, potentiell maliziöse Pakete protokollieren möchten. Die Instruktion benötigt keine Parameter. Der entsprechende Kommandozeilenoperator ist –*N*.

- **obfuscate**   Die obfuscate-Instruktion ermöglicht die Verdunklung/Verschleierung von IP-Adressen für Alarm- und Logging-Aktionsereignisse. Sie brauchen keine zusätzlichen Werte angegeben, da der gesamte Sensor davon betroffen ist. Der Kommandozeilenoperator ist –*O*.

- **order**   Sie können die Reihenfolge für das Passierenlassen und Ignorieren von bestimmten Paketen mit Hilfe der order-Instruktion und über den entsprechenden Kommandozeilenoperator –*o* ändern. So können Sie die Hierarchie der Regeln modifizieren, die durch die für den Sensor definierten Regelsätze analysiert werden.

- **pkt_count**   Snort bietet eine Funktionalität für das Beenden oder Herunterfahren nach einer bestimmten Anzahl von mitgeschnittenen Paketen. Wenn Sie beispielsweise Benchmark- oder Belastungstests durchführen, ist diese Instruktion extrem hilfreich beim Ermitteln der Übertragungsraten und des Bandbreitenverbrauchs. Wenn Sie diese Instruktion nutzen möchten, brauchen Sie nur die entsprechend gewünschte Anzahl an Paketen, die Sie analysieren möchten, über den Kommandozeilenoperator -*n* angeben.

- **quiet**   Eine Methode zu Minimierung der Benutzer- und Systeminteraktion ist die Aktivierung der quiet-Instruktion. Die quiet-Instruktion deaktiviert zwei Hauptkategorien an Systemkontakten: Banner- und Statusberichte. Die Aktivierung dieser Instruktion reduziert einen großen Teil der »Geschwätzigkeit« des Systems. Der Komandozeilenoperator ist –*q*.

- **reference_net**   Das Referenznetzwerk entspricht dem Home-Netzwerk des Systems, das mit der reference_net-Instruktion gesetzt werden kann. Mit dieser Instruktion und dem entsprechenden Kommandozeilenoperator –*h* können Sie Ihr Standard-Home-Netzwerk setzen. Zum Definieren des Netzwerks brauchen Sie nur die gewünschte Netzwerkadresse als Wert angeben.

- **set_gid**   Mit der set_gid-Instruktion kann die Snort-Gruppe modifiziert werden. Diese Instruktion ist ein wenig veraltet und wird selten genutzt, da sie dazu entwickelt wurde, die UNIX-Benutzer und Gruppenschemata nachzubilden. Der entsprechende Kommandozeilenoperator ist –*g*.

- **set_uid**   Der Kommandozeilenoperator zum Ändern oder Setzen der Snort-Benutzer-ID ist –*u*. Wie die set-gid-Funktion ist die set_uid-Instruktion ebenfalls veraltet und wird nur selten genutzt, da Szenarien, in denen Sie während der Sensorkonfiguration den Snort-Benutzer modifizieren müssten, sehr selten eintreten.

- **show_year**   Mit der show_ year-Instruktion wird das Jahresfeld innerhalb des Zeitstempels definiert. Sie wird selten in Snort benutzt, da es in den meisten Fällen nicht notwendig und auch nicht praktikabel ist, Pakete nach Jahren zu protokollieren. Der zugehörige Kommandozeilenoperator –*y* erfordert während der Konfiguration keine zusätzlichen Werte.

- **stateful**   Die stateful-Instruktion ermöglicht Ihnen die Analyse eines Paket-Streams oder von Traffic-Sitzungen. Die Stateful-Inspection wird über Präprozessor-Plugins, hauptsächlich über die stream4-Präprozessor-Option, in Snort implementiert. Für diese Instruktion gibt es keine entsprechende Kommandozeilenoptionen. Weitere Informationen zur Nutzung der Stateful-Option und zu Snort-Präprozessoren finden Sie in Kapitel 6, »Präprozessoren«.

- **umask** Mit der Option umask können Sie Snort zur Laufzeit den Befehl umask ausführen lassen. Die Kommandozeilenoption für diesen Befehl ist –*m*. Wenn Sie dies in der Konfigurationsdatei angeben möchten, ist die Syntax wie folgt: *config umask: VALUE.*

- **utc** Snort lässt Sie entscheiden, welche zeitliche Referenz den mitgeschnittenen Paketen und Aktionsereignissen zugeordnet werden soll. Standardmäßig wird die lokale Zeit referenziert, doch Sie können auch die Coordinated Universal Time (UTC) als Referenzpunkt nutzen. Der Kommandozeilenoperator ist –*U*. Es sind keine zusätzlichen Parameter für eine erfolgreiche Implementierung erforderlich, so dass sich die Entscheidung auf alle zugehörigen Ereignisse auswirkt.

- **verbose** In den meisten Fällen sind bei der Protokollierung potentiell maliziöser Aktivitäten mehr Informationen besser als wenige. Durch die verbose-Instruktion wird das System angewiesen, alle Pakete im Detail ab der Datenverbindungsschicht auf STDOUT auszugeben. Der Kommandozeilenoperator ist –*v*. Es werden keine weiteren Parameter benötigt.

5.2.3 Einschließen von Regeldateien

In Snort können Sie include-Dateien mit Sammlungen von Regeln anlegen, die Sie beim Implementieren von Regeln einschließen können. Das Format entspricht jenem der C- und C++-include-Dateien: *#include*. Bei der Verwendung von include-Dateien müssen Sie vorsichtig vorgehen, da Variablen und Regeltypen, die innerhalb von include-Dateien definiert werden, vorbesetzte Werte für diese Variablen überschreiben. Wenn Sie den gleichen Namen lokal für eine Variable und in einer include-Datei nutzen, ist der Wert für diese Variable oft falsch, wenn eine der zwei Signaturen ausgelöst wird. Das Format für die Definition von include-Dateien ist wie folgt:

```
include: <complete_path_and_filename>
```

5.3 Der Regel-Header

Die Snort-Regel-Header sollten als der Hauptteil einer Signatur angesehen werden, da der Header festlegt, was erfolgen soll, wenn eine Regel zutrifft, welches Protokoll genutzt werden soll und welche Quell- und Zielinformationen einschließlich Ports, IP-Adressen und Netzwerke relevant sind. Verglichen damit machen die reinen Daten, oder besser der Body, einen relativ kleinen Teil aus. Der Regel-Header kann in vier Hauptkategorien aufgeteilt werden:

- Regel-Aktion
- Protokoll

- Quell-Informationen

- Ziel-Informationen

Die Abbildung 5.1 zeigt die Darstellung des Regel-Headers.

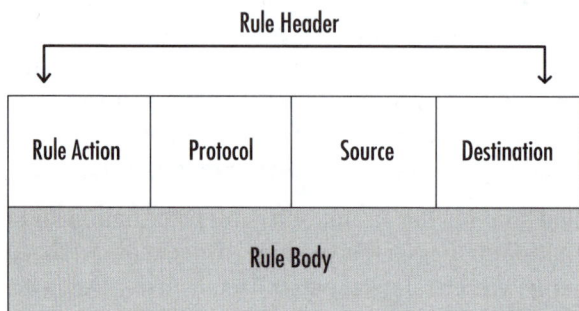

Abb. 5.1:   Ein Snort Regel-Header

Obwohl Source (Quelle) und Destination (Ziel) virtuelle Schlüsselfelder im Regel-Header sind, sollten Sie sich merken, dass diese Felder mit einer Richtungsanweisung deklariert werden. Die Richtungsanweisung informiert die Interpreter-Engine darüber, welches der Variablenfelder Quelle und welches Ziel darstellt. Weitere Informationen zu diesem Thema erfolgen an späterer Stelle in diesem Kapitel.

5.3.1   Optionen für Regel-Aktionen

Beim Schreiben einer Regel, die in Ihre Signatur implementiert werden soll, bietet Snort derzeit fünf Regeloptionen, aus denen Sie wählen können. Die Regel-Aktionen zeigen der Engine an, welche Operation stattfinden soll, wenn während der Paketanalysephase eine Übereinstimmung mit der Regel erkannt wird. Die Regel-Aktionen sind äußerst wichtig, da sie jeweils ein anderes Ziel und andere Resultate haben. Wenn Sie festlegen, welche Regel-Aktion für Ihre Regel festgelegt werden soll, müssen Sie sich selbst fragen: Was ist das Ziel der Regel und welche Bedeutung hat sie, wenn eine Übereinstimmung auftritt? Sollte mit einer Regel eine Übereinstimmung auftreten, haben Sie dann genügend Nachweise, dass ein Benutzer mit böswilligen Absichten unbefugten Zugriff auf ein System oder gar auf Informationen erlangt hat? Wenn ja, würde sich als beste Lösung eine Alarm-Aktion anbieten, oder vielleicht sogar eine benutzerdefinierte Aktion (entsprechende Informationen folgen). Wenn Sie einen Portscan feststellen würden, mag es ausreichen, wenn Sie das Paket einfach protokollieren. Das Festlegen einer Regel-Aktion ist kritisch und sollte vor der endgültigen Entscheidung sorgfältig überdacht werden. Diese fünf Regel-Aktionen werden standardmäßig erstellt:

- **Pass**   Bei der *pass*-Aktion werden Pakete einfach ignoriert. Die Analyse fährt dann fort mit weiteren mitgeschnittenen Paketen.

- **Log** Bei der *log*-Aktion können Sie das Paket auf eine Weise protokollieren, die Sie während der Konfiguration Ihres Snort-Sensors angeben können.

- **Alert** Bei der *alert*-Aktion wird das Paket auf gleiche Weise wie bei der log-Aktion protokolliert, doch dann wird der Benutzer, in der während der Konfigurationszeit festgelegten Art alarmiert. Alarme können leistungsfähige Aktionen darstellen und sollten effektiv genutzt werden. Ein Alarmprotokoll, das zu groß geworden ist, kann sich störend oder negativ auf den Schutz Ihres Netzwerks auswirken.

- **Dynamic** Die *dynamic*-Aktion ist in sofern einzigartig, als dass sie solange im Schlafzustand bleibt, bis eine Activate-Regel sie aufweckt. Wenn Sie ausgelöst wurde, agiert sie als log-Aktion.

- **Activate** Die *activate*-Aktion ist die leistungsstärkste Regel-Aktion, die standardmäßig innerhalb von Snort erstellt wird. Wenn Sie ausgelöst wird, geniert sie einen Alarm und startet dann die angegebene *dynamic*-Regel. Dies kann eine exzellente Methode für das Abfangen von komplexen Angriffen, Eindringlingen, die ein Vielzahl von Tools nutzen, oder eine andere Art zur Klassifizierung der Daten sein.

Oink!

In den meisten Fällen werden Sie auf Firmen- und Unternehmensnetzwerken die *pass*-Aktion niemals verwenden. Sie ist jedoch praktisch, wenn Sie Traffic von einem bestimmten System (z. B. vom internen DNS-Server oder Netzwerk) ignorieren möchten.

Zusätzlich zu diesen fünf Regeloptionen können Sie benutzerdefinierte Regeln erstellen. Diese Regeltypen legen fest, wie andere Anwendungen andere Ausgabe-Plugins für die Ausgabe nutzen. Das Format ist recht einfach: Zunächst bestimmen Sie den Regeltyp und anschließend die Aktionen, die erfolgen sollen, wenn die Regel-Aktion spezifiziert wird. Die folgende Regel sorgt beispielsweise für die Erstellung einer Text-Log-Datei, wenn eine definierte Hacker-Anomalie entdeckt wird:

```
ruletype hacker_log
{
    type log
    log_tcpdump: hacker.txt
}
```

Diese Regel wurde geschrieben, um einen Alarm zu an zwei verschiedene Logs zu senden, wenn das Virus Gabriel entdeckt wird:

```
ruletype gabriel_virus
{

    type alert output
    alert_syslog: LOG_AUTH LOG_ALERT
    log_tcpdump: gabriel_virus.log

}
```

Die folgende Regel wurde geschrieben, damit NetBIOS-Scans in einen speziellen Log protokolliert werden:

```
ruletype netbios_scanning_log
{

    type log output
    log_tcpdump: netbios.scan

}
```

Schließlich wird mit folgender Regel eine entfernte Datenbank aktualisiert:

```
ruletype update_database
{

    type alert output
output database: log, mysql, user=GJF password=badpass (continued)
dbname=lauryn host=10.100.2.53
}
```

Die Definition von benutzerdefinierten Regeltypen ist eine exzellente Methode zur Modularisierung Ihres Snort-Sensors, sie kann sehr effizient bei der Installation mehrerer Sensoren sein. Wenn es hilft, kann eine Analogie gezogen werden, indem Sie Regeltypen mit OOP-Objekten vergleichen, das Sie benutzerdefinierte Regeln erstellen können, die auf mehrere Sensoren leicht zu übertragen und wiederverwendbar sind; die Regeltypen sind wiederverwendbare Objekte.

Tools & Traps...

Fidelis Snort-Erweiterungen

Die Fidelis Security Systems Inc. (`www.fidelissec.com`) entwickelt Intrusion Detection-Produkte, -Technologien und Tools, die dem Leitsatz von Fidelis – »lower the total cost of intrusion detection ownership« (Verringern des Gesamtkostenbetrags für Intrusion Detection) – entsprechen. Die vier Tools oder Erweiterungsanwendungen, die Fidelis entwickelt hat, erweitern die ursprüngliche Funktionalität von Snort und können die allgemeine Geschwindigkeit der Engine erhöhen (Fidelis behauptet, dass die Geschwindigkeitserhöhung etwa dem Vierfachen des normalen Betriebs entspricht).

- **SNORTRAN** wurde als optimierter Compiler für Snort-Regeln entwickelt und umfasst drei hauptsächliche Techniken: Zeichenketten-Clustering, Entscheidungsbäume und die Vorkompilierung von Mustervergleichen.

- **MudPit** ist zweifellos das wichtigste Snort-Addon von Fidelis. Es wurde als Ergänzung zu den neuen Unified-Alarm- und Log-Ausgabe-Plugins entwickelt. Im Allgemeinen bietet es dem Benutzer die Möglichkeit, die vereinheitlichten Alarm- und Log-Ausgabe-Streams gleichzeitig zu verarbeiten und eine Ausgabe daraus zu erstellen. Leider gibt es einen Nachteil bei MudPit; es kann nur auf UNIX- und Linux-basierenden Plattformen implementiert werden.

- **SplitSnort**, das in kommerzialisierten Snort-Appliances von Fidelis genutzt wird, erstellt zwei plattform-interne Präprozessoren aus dem Snort-Erkennungszyklus, die separatisierten Traffic empfangen und analysieren. Das Tool wird gewöhnlich auf Multi-CPU-Systemen von Fidelis implementiert. Der offensichtliche Vorteil dieses Features sind die erhöhten Verarbeitungsraten.

- **DirectWire** ist ein Paket, das entwickelt wurde, um die Packet-Capture-Geschwindigkeiten zu erhöhen. Das Programm nutzt eine Paket-Echtzeitplanung in Kombination mit erweiterten Traffic-Warteschlangen, um den Paketverlust während der Perioden mit hohem Bandbreitenverbrauch zu minimieren.

5.3.2 Unterstütze Protokolle

Die aktuelle freie Version von Snort wurde entwickelt, um die Analyse von vier Protokollen zu unterstützen: ICMP, TCP, IP und UDP. Wenn Sie das Protokoll für eine Regel angeben möchten, geben Sie einfach hinter der Regel-Aktion, getrennt durch ein einzelnes Leerzeichen, den Typ an. Zum Zeitpunkt der Drucklegung wurden zusätzliche Module für die Analyse von weiteren Protokolltypen wie 802.11, HTTP und ARP erstellt. Weitere Informationen zu diesen Modulen finden Sie auf dem Web. In diesem Kapitel werden sie nicht behandelt, weil die verfügbaren Informationen den Rahmen diese Buchs sprengen würden und weil eine entsprechende Unternehmensakzeptanz fehlt. Weitere Informationen zu Snort selbst und zu aktuell verfügbaren Protokoll-Plugins für Snort finden Sie unter `www.snort.org`.

Oink!

Sie können pro Regel nur ein Protokoll angeben!

5.3.3 Zuweisen von Quell- und Ziel-IP-Adressen zu Regeln

Der dritte Teil des Regel-Header-Felds wird verwendet, um dieser spezifischen Regel zweckdienliche Quell- und Zieladressen zuzuordnen. Es gibt zwei Optionen, um Systemadressen in die Regel einzuschließen: Verwenden von individuellen IP-

Adressen oder Classless Inter Domain Routing-Adressen (CIDR). Es ist einfach, CIDR-Adressen in einer Regel anzugeben, Sie müssen zunächst jedoch das Format eines CIDR-Adressblocks verstehen. Wenn Sie eine Regel schreiben wollten, die einen Klasse-B-Adressbereich mit dem Adressraum 10.2.0.0. bis 10.2.255.255 abdecken soll, brauchen Sie nur 10.2.0.0./16 schreiben. Wenn Sie ambitioniert sind, können Sie die IP-Adresse 10.123.123.54 unter Verwendung der CIDR-Notation als 10.123.123.54/32 angeben. Tabelle 5.1 listet einige der üblichsten CIDR-Block-Notationen mit den zugehörigen Subnetzmasken, der Anzahl entsprechender Klasse-C-Adressen und Anzahl von eingeschlossenen Hosts auf. Die Subnetzmasken wurden aus pädagogischen Gründen angegeben, innerhalb von Snort-Regeln werden sie nicht unterstützt und sind daher auch nicht erforderlich.

CIDR-Block	Subnetzmaske	Anzahl von Klasse-C-Adressen	Hosts
/14	255.252.0.0	1024	262144
/15	255.254.0.0	512	131072
/16	255.255.0.0	256	65536
/17	255.255.128.0	128	32768
/18	255.255.192.0	64	16384
/19	255.255.224.0	32	8192
/20	255.255.240.0	16	4096
/21	255.255.248.0	8	2048
/22	255.255.252.0	4	1024
/23	255.255.254.0	2	512
/24	255.255.255.0	1	256
/25	255.255.255.128	•	128
/26	255.255.255.192	•	64
/27	255.255.255.224	1/8	32
/28	255.255.255.240	1/16	16
/29	255.255.255.248	1/32	8
/30	255.255.255.252	1/64	4
/31	255.255.255.254	1/128	2
/32	255.255.255.255	1/256	1

Tabelle 5.1: CIDR-Block-Adressierung

Oink!

Weitere Informationen zur CIDR-Block-Adressierungsspezifikation finden Sie unter www.rfc-editor.org/rfcsearch.html in den RFCs 1517, 1518 und 1519.

Es ist wichtig, dass Sie die CIDR-Blockadressierung verstehen, da Sie als Referenz in den Quell- und Zielfeldern keine Domänennamen wie gabe.snort.org, internal.mycomputer.com oder reguläre Ausdrücke angeben können. Wie in den meisten Programmier- und Skriptsprachen kann der Negierungsoperator »!« in Kombination mit einer IP-Adresse oder einer Reihe von Adressen verwendet werden, um den Wert zu negieren. Wenn Sie beispielsweise eine Regel erstellen möchten, die für jedes System außerhalb Ihres lokalen Netzwerks gilt, müssten Sie schreiben !10.100.4.0/24, wobei 10.100.4.0/24 Ihrem internen Netzwerkadressraum entspricht. Dies ist eine exzellente Methode für die Angabe des Adressraums für einen externen maliziösen Benutzer. Ein übliches Adressierungsschema ist die Verwendung einer negierten Quelle und einem nicht negierten Ziel:

```
var INTERNAL_NET 10.20.0.0/16
log tcp !INTERNAL_NET any -> $INTERNAL_NET any
```

Der Regel-Header protokolliert jedes Paket, dass nicht vom internen Netzwerk stammt und eine interne Netzwerkadresse als Ziel hat. Weitere Ausführungen zu der im vorliegenden Schema verwendeten Variablendeklaration und zur der Deklaration von Variablen im allgemeinen erfolgen an späterer Stelle.

Neben der Verwendung der CIDR-Notation und einzelner IP-Adressen können Sie Adressbereiche auch in einem Listenformat, in dem Sie die IP-Bereiche in Klammern einschließen, angeben. Es gibt zwar keine Beschränkung der Kommata, die Sie bei der Deklaration von Listen in Ihren Regeln verwenden können, aber es macht eigentlich mehr Sinn, wenn Sie zur Verwendung in den Regeln Adressvariablen deklarieren. Die Variablendeklaration ist ein vernünftiger Mechanismus für die Minimierung der Regelgröße und für das Wiederverwenden von Code.

Das folgende Beispiel zeigt einen Regel-Header, der die Listenklammern[] nutzt, um TCP-Traffic zu protokollieren, der von 10.100.2.3, 10.100.3.0 bis 10.100.3.255 und von 10.101.0.0 bis 10.101.255.255 stammt und an die einzelne IP-Adresse 10.1.1.5 gerichtet ist.

```
log tcp [10.100.2.3,10.100.3.0/24,10.101.0.0/16] any -> 10.1.1.5
```

Das letzte eindeutige Objekt, dass Sie in IP-Quell- und –Ziel-Feldern nutzen können, ist der Befehl *any*. Wie Sie vielleicht bereits vermutet haben, handelt es sich bei dem Befehl *any* um einen Joker, mit dem Sie schnell den gesamten möglichen Bereich referenzieren können. Häufig wird er in hochtechnischen Schwachstellenerkennungsregeln verwendet, z. B. für die Erkennung einer potentiellen Unicode- oder Buffer Overflow-Attacke. Die Verwendung von *any* ist in solchen Szenarien recht nützlich, da Sie die Quelle des Angriffs nicht nur auf externe Entitäten beschränken möchten, sondern auch die internen Adressen mit einschließen wollen. In den meisten Fällen möchten Sie alle spezifischen Angriffe auf Ihre Systeme erkennen; ob diese nun eine interne oder eine externe Quelle haben, ist zunächst einmal gleichgültig. Das folgende Beispiel zeigt eine übliche Regel, die Snort von einem IDS zu einem Packet-Logger werden lässt. Wenn Sie dem Format für den Regel-Header folgen, sehen Sie, dass diese Regel alle TCP-Pakete von jeder Quelle zu jedem Ziel protokolliert. Eine Regel wie diese benötigt keinen Body, da die gesamte Regel innerhalb des Headers definiert ist. An späterer Stelle in diesem Kapitel werden Sie lernen, wie ähnliche Regeln mit Hilfe des BPF-Schemas erstellt werden.

```
log tcp any any -> any any
```

5.3.4 Zuweisen von Quell- und Ziel-Ports

Die Methode der Deklaration von Quell- und Ziel-Ports innerhalb des Snort-Regel-Formats ist jener für die Deklaration von Quell- und Ziel-IP-Adressen recht ähnlich. Sie können den Joker *any* sowie den Negierungsverweis *!* in den Regeln verwenden, so wie Sie es bei den IP-Feldern kennen gelernt haben. Sie können auch einzelne Ports definieren, indem Sie die gewünschte Port-Nummer direkt in die folgende Regel einschließen. Genauer ausgedrückt, bestimmt diese Syntax eine Regel, die einen Alarm für TCP-Traffic generiert, der von einer beliebigen Quelle stammt und für Port 12345 jeder IP bestimmt ist. Nur zu Ihrer Information, Port 12345 ist ein Port, der üblicherweise für das populäre Backdoor- und Remote-Adminstrations-Programm Netbus genutzt wird.

```
alert tcp any any -> any 12345
```

Einer der offensichtlichsten Unterschiede bei der Deklaration von Ports ist, dass Ihnen nicht die Option der CIDR-Notation wie bei der Definition von Adressblöcken zur Verfügung steht. Darüber hinaus, lässt Snort es nicht zu, spezifische Ports in Klammern, getrennt durch Kommata, aufzulisten, so wie es für das IP-Schema möglich ist. Snort gestattet Ihnen jedoch, Port-Bereiche durch die Angabe einer vordefinierten Minimal- und Maximal-Portnummer anzugeben. Wenn Sie die minimale und die maximale Port-Nummer auslassen, dann ist standardmäßig die Minimal-Nummer 0 und die Maximalnummer 65535. Das folgende Beispiel definiert eine Regel, die den gesamten UDP-Traffic von einer beliebigen IP- und Port-Quelle an eine beliebige *LOCAL_NET*-Adresse auf Port 1 bis 100 protokolliert.

```
log udp any any -> $LOCAL_NET 1:100
```

Die nächste Regel bestimmt die *alert*-Aktion für TCP-Traffic von einer beliebigen Quell-IP-Adresse mit einem Quell-Port von 0 bis 1024, der an eine beliebige IP-Adresse mit dem Ziel-Port von 0 bis 1024 gerichtet ist. Eine wörtliche Beschreibung dieser Regel würde besagen, es wird ein Alarm für den gesamten TCP-Traffic ausgelöst, der von einem privilegierten Port stammt und an einen solchen gerichtet ist. Der Begriff *privilegiert* bezieht sich in Zusammenhang mit Computern und Ports auf die Ports von 0 bis 1024.

```
alert tcp any :1024 -> any :1024
```

Die letzte Methode, mit der Sie Bereiche in Snort-Regeln schreiben können, ist die Angabe der beginnenden Port-Nummer mit einem leeren maximalen Port. Diese Regel protokolliert TCP-Traffic, der für einen unprivilegierten Port, oder für Ports wie 1025 und höher bestimmt ist. Es ist wichtig, dass Sie das Regelformat verstehen und dass Sie die Regel quasi in gesprochener Sprache diktieren könnten, denn der Operator Doppelpunkt in der folgenden Regel bedeutet gleich oder größer, während er in der vorherigen Regel die Bedeutung gleich oder kleiner hat.

```
log tcp any any -> any 1025:
```

Eine gute Methode zum Überprüfen eines Statements wäre, wenn Sie es noch einmal laut vorlesen. Zum Beispiel liest sich die folgende Regel, die eine Port-Negierung angibt, als »protokolliere den gesamten UDP-Verkehr, der von Port 21 stammt und für jeden beliebigen Port außer für Port 21 bestimmt ist«.

```
log udp any 21 -> any !21
```

Oink!

Bitte beachten Sie, dass Ports nur in TCP- und UDP-basierenden Regeln verwendet werden. Die anderen von Snort unterstützten Protokolle verwenden die Port-Felder nicht; dennoch erfordert die Snort-Engine eine Angabe. Der Joker *any* ist im Allgemeinen der akzeptierte Wert für andere als TCP-/UDP-Regeln.

5.3.5 Informationen zu Richtungsoperatoren

Der Richtungsoperator teilt der Snort-Engine die korrekte Art zum Lesen der Regeln mit. Es ist eine mühelose Art, die Quelle und das Ziel der Regel neu zu definieren, oder in manchen Fällen, Quelle und Ziel zu ignorieren. Derzeit gibt es nur zwei Richtungsoperatoren: -> und <>. Beachten Sie, dass es keinen <- Operator gibt, da dieser eine Umkehrung des -> Operators darstellen würde und damit keinem echten Zweck dienen würde. Der -> Operator informiert die Snort-Engine, dass sich die Quellinformation auf der linken Seite des Pfeils befindet. Die Zielseite der Regel befindet sich auf der rechten Seite. Die folgende Regel sendet einen Alarm bei jeder externen IP-Adresse, die TCP-Pakete an interne Systeme auf Port 139 sendet.

```
alert tcp $EXTERNAL_NET any -> $INTERNAL_NET 139
```

Es ist wichtig zu verstehen, dass die nächste Regel nicht dieselbe wie die gerade untersuchte ist, obwohl sie auf den ersten Blick scheinbar dieselbe Logik aufweist. Da es keinen <- Operator gibt, würde es zu einem Fehler in Snort kommen.

```
alert tcp $INTERNAL_NET 139 <- $EXTERNAL_NET any
```

Das nächste Beispiel illustriert eine Regel, die alle TCP-Daten protokolliert, die auf privilegierte Ports zwischen den Variablen *$INTERNAL_NET* und *$RESEARCH_NET* übertragen werden.

```
log tcp $INTERNAL_NET :1024 <> $RESEARCH_NET :1024
```

Die Regel gibt nicht vor und kümmert sich auch nicht darum, von wo der Verkehr angestoßen wurde, so lange er entweder vom internen oder vom Research-Netzwerk kommt und für das jeweilig andere bestimmt ist. Der Operator <> ist ein bisschen trickreicher und kann, wenn er nicht korrekt verwendet wird, zu ein wenig Chaos führen. So wie sie geschrieben ist, kann diese Regel eine Menge Daten produzieren, die eine Log-Datei aus den Nähten platzen lassen kann. Es wird empfohlen, dass Sie dieses Vorgehen auf spezifische IP-Adressen oder Regeln beschränken, von denen Sie keine Unmenge an Reaktionen erwarten, da dies negative Auswirkungen auf die Log-Dateien und die Leistung haben könnte.

5.3.6 Charakteristika von Activate- und Dynamic-Regeln

Snort gibt dem Anwender ein sehr leistungsstarkes Tool an die Hand, indem er Szenarien für activate- und dynamic-Regelszenarien definieren kann und dabei eine Verkettung von Regeln erstellt. Wenn eine *activate*-Regel ausgelöst wird, stößt diese die definierte *dynamic*-Regel an, damit diese auf der Basis von eigenen Konfigurationsangaben ihre Ausführung beginnt. Ein Beispiel: Es könnte eine Unternehmensrichtlinie geben, die die externe Verwendung von Telnet untersagt, weil die Anmeldedaten in Klartext übertragen werden. Die daraus folgende Richtlinie schreibt die Verwendung von Secure Shell (SSH) vor. In diesem Fall mögen Sie es als notwendig empfinden, die gesamten Telnet-Anmeldedaten mittels Snort zu protokollieren, vielleicht keine übliche Verwendung, aber dennoch eine angemessene. Im Folgenden sehen Sie ein Beispiel der *activate*- und *dynamic*-Regeln, die aufgrund der zu Port 23 (ein Port, der üblicherweise von Telnet genutzt wird) gesendeten Daten ausgelöst werden. Wenn die *dynamic*-Regel von der *activate*-Regel angestoßen wird, protokolliert sie die nächsten 20 Pakete, wie es durch das Objekt *count* angegeben ist:

```
activate tcp any any -
> any 23 (activates: 23; msg:" Potential Telnet Login Credentials Logged
";)dynamic tcp any any -> any 23 (activated_by: 23; count: 20;)
```

Eine leichte Abwandlung des vorangegangenen Beispiels wäre die Protokollierung der Anmeldedaten und aller Befehle oder Anweisungen, die an das System gesendet wurden, auf das mit Telnet zugegriffen wurde. Das Folgende Beispiel wird nicht durch die Telnet-Nutzung ausgelöst, sondern dann, wenn ein Benutzer nach dem Erlangen des lokalen Zugriffs auf das System versucht, mittels *su* in die Identität des Benutzers root zu schlüpfen. Die Angabe für den Zähler *count* wurde auf 100 erhöht, da Sie in diesem Fall einige der Aktionen, die auf dem System ausgeführt wurden, protokollieren möchten.

```
activate tcp any any -> any 23 (activates: 24; msg:"SU -
   Root Attempt"; content:"su - root";)
dynamic tcp any any -> any 23 (activated by: 24; count: 100;)
```

Für jede Art von Aktion gibt es eine Reihe von Unterscheidungsmerkmalen. Die *activate*-Regel entspricht genau der *alert*-Regel, die Sie an früherer Stelle in diesem Kapitel untersucht haben, und die *dynamic*-Aktion entspricht der einer *log*-Regel. Die *activate*-Regel erfordert ein zusätzliches Objekt, das Objekt *activates*, das innerhalb des Rumpfes (Body) der Meldung angegeben wird. Das Objekt *activates* informiert die Engine, dass sie nach einer *dynamic*-Regel schauen und diese anstoßen soll. Die *dynamic*-Regel hat zwei zusätzliche Objekte: *activated_by* und *count*. Das Objekt *activated_by* gibt die Nummer an, die ausgelöst werden muss, um die Regel auszuführen, und das Objekt *count* informiert die Engine darüber, wie oft die *dynamic*-Regel maximal ausgeführt werden soll. In diesem Fall wird sie, nachdem sie einmal ausgelöst wurde, zwanzigmal ausgeführt und protokolliert dabei 20 Pakete einer Telnet-Sitzung, und in den meisten Fällen fängt sie dabei die Anmeldedaten im Klartext ab. Beachten Sie, dass die *activate*-Regel die Nummer 23 »aktiviert« (*activates*) und dass die dynamic-Regel durch 23 aktiviert (*activated_by*) wurde. Das ist die Verbindung, die diese beiden Regeln bindet, nicht die Tatsache, dass die Regeln zufällig identische Header (abgesehen von der Aktion) haben.

```
activate tcp any any -> any 139 (activates: 2;
    msg:"poor example of linked rules";)
dynamic udp any any -> any any (activated_by: 2;
count: 200;)
```

Die vorangegangene Regel weist zwar das richtige Format und die richtigen Angaben auf, ist aber dennoch ein armseliges Beispiel und eine potentiell überflüssige Methode für die Verwendung einer *dynamic*-Regel. Sämtlicher TCP-Traffic, der an den NetBIOS-Port 139 gerichtet ist, aktiviert eine *dynamic*-Regel, um die nächsten 200 UDP-Pakete, die der Snort-Sensor mitschneidet, zu protokollieren. Der wichtige Aspekt hier ist, dass die *activate*-Regel jeden Typ von *dynamic*-Regel, den Sie definieren, umfassen kann.

Die Flusskontrolle von Snort, die mit der Version 1.9 zur Anwendung kam, wurde entwickelt, um dem Benutzer oder Administrator größere Fähigkeiten bei der Entwicklung von komplizierten Regeln zu geben, besonders auf der Anwendungsschicht. Sie ermöglicht dem Benutzer, die Richtung, in der die Regel Aktionen auslösen soll, festzulegen; besonders, bei der Entscheidung, ob es um die Richtung Client-Server oder umgekehrt geht. Die Protokoll-Flusskontrolle ist ein mächtiges Tool, dass sich bei der Regelspezifikation nicht ausschließlich auf die IP-Schicht stützt. Sie wird zukünftig zu einem neuen großen und technischen Subset von Snort-IDS-Signaturen führen. Aktuelle Informationen zu diesem Schlüssel-Feature finden Sie unter www.snort.org.

5.4 Der Regel-Body

Zunächst sollten Sie wissen, dass Snort-Regeln das Body-Feld nicht benötigen, um als vollständige Regeldefinition zu gelten. Der Body (Rumpf) der Regel ist ein exzellenter Zusatz, der die Regeldefinition über das einfache, auf Paketquelle und –ziel gestützte Logging und Alerting hinweg erweitern kann. Mit dieser Aussage soll die Bedeutung des Regel-Bodies also nicht missachtet werden, kann der Regel-Body doch als »das Salz in der Suppe« betrachtet werden, wenn es darum geht, Regeln zur Erkennung von komplexen Angriffsfolgen zu definieren. Das Body-Format ist aufgeteilt in zwei Abschnitte, die durch Kommata voneinander getrennt sind. Jeder Abschnitt definiert eine Option, der der gewünschte Optionswert folgt. Die Regeloptionen können sich auf Protokoll-Spezifikationen (Felder) für IP, ICMP und TCP beziehen. Weitere anwendbare Optionen sind Meldungen, die als Referenzen für Systemadministratoren ausgegeben werden, Schlüsselworte, nach denen gesucht wird, Snort-IDs, die als Archivierungssystem für Snort-Regeln genutzt werden und Optionen, die Groß- und Kleinschreibung ignorieren.

Die Regeloptionen sind durch Semikola innerhalb des Haupt-Bodies der Snort-Regel getrennt:

```
alert tcp any any -> any 12345 (msg:" Test Message";)
```

Wie Sie sehen, ist der Regel-Body (fett formatiert) von Klammern umschlossen. In diesem Fall enthält der Body der Meldung zwei Inhaltswerte. Der erste ist eine Meldung, die angezeigt werden soll, wenn der Alarm ausgelöst wurde. Der zweite ist die Option *nocase*, die Ihnen erlaubt Regeln zu erstellen, die die Groß- und Kleinschreibung ignorieren. Zusätzlich zu den spezifischen Regeln und der Body-Syntax, ermöglicht Snort Ihnen auch das Schreiben von »vor-analysierenden« Paketfiltern im BPF-Format. Weitere Informationen zu BPF-formatierten Regeln erfolgen an späterer Stelle in diesem Kapitel.

5.4.1 Regel-Inhalt (Content)

Beim Schreiben von Snort-Regeln stehen die leistungsvollsten und wichtigsten Optionen, die Sie in den Body einer Regel einfügen können, in Zusammenhang mit der Analyse der Nutzlast (Payload) der Pakete. Neben der Angabe von vielen anderen Optionstypen für das Entdecken potentiell maliziöser Paketinhalte können Sie die Nutzlasten über binäre und über ASCII-Werte analysieren.

ASCII-Inhalt

Ähnlich wie bei der Methode zum Einschließen von binären Inhaltszeichenketten werden ASCII-Inhaltszeichenketten, eingeschlossen in Hochkommata, ohne das Pipe-Zeichen eingefügt. In diesem Fall sollten Sie nur eine Zeichenkette pro Regel einschließen. An späterer Stelle in diesem Abschnitt erfahren Sie, wie Sie Listen mit mehreren Zeichenketten für den Vergleich in eine einzelne Regel einschließen können. Das Format für die Verwendung dieser Option ist dasselbe wie bei der binären Inhaltsoption: *content: "STRING"*. Mit dem Ausrufezeichen können Sie die Zeichenkette negieren. Die folgende Regel sucht nach der maliziösen Zeichenkette *malicious string /etc/passwd* und zeigt folgende Meldung an:

```
alert tcp any any -> any any (content: "malicious string /etc/
passwd"; msg:"Searching for ASCI Garbage!";)
```

Oink!

Wenn Sie den Doppelpunkt, das Pipe-Zeichen oder Anführungszeichen verwenden möchten, müssen die Zeichen mit kapselnden Anführungszeichen maskiert werden.

Einschließen von binärem Inhalt

Wenn Sie binäre Inhalte in Ihre Content-Zeichenkette einschließen möchten, müssen Sie die äquivalenten HEX-Daten zwischen Pipe-Zeichen (|) kapseln. Binäre Daten können unter Verwendung von Netzwerk-Sniffern wie TCPDUMP, Ethereal und Iris leicht mitgeschnitten und in Regeln eingeschlossen werden. Snort implementiert den Boyer Moore Mustersuch- und –vergleichsalgorithmus, um in mitgeschnittenen Paketen enthaltene Content-Zeichenketten zu erkennen. Sie können auch den Negierungsoperator, das Ausrufezeichen, verwenden, um Inhalte anzugeben, bei denen Sie keine Entsprechung finden möchten. Das Format für die Verwendung der Option ist *content: "STRING";*. Die folgende Regel zeigt die korrekte Syntax für das Einschließen von binären/HEX-Daten in die Regel.

```
alert tcp any any -
> any any (content: "|0000 0101 EFFF|"; msg:"Searching for Garbage!";)
```

Die drei erwähnten Tools, die beim Capturing von binären Zeichenketten assistieren, können unter den folgenden Adressen heruntergeladen werden:

- **TCPDUMP**   `www.tcpdump.org`
- **Ethereal**   `www.ethereal.org`
- **Iris**   `www.eeye.com`

ASCII- und binäre Content-Regeln Neben dem individuellen Hinzufügen von ASCII- und binärem Content besteht die Möglichkeit, die beiden Zeichenkettenarten in einer einzelnen Regel zu kombinieren. Das Kombinieren von Zeichenketten ist keine schwierige Aufgabe, Sie müssen jedoch daran denken, dass Sie die gleichen Regeln für das Einschließen von ASCII- und binären Zeichenketten in die Regel verwenden müssen. Das Einschließen von gemischtem Inhalt unterscheidet sich vom Einschließen mehrerer Zeichenketten in einer einzelnen Regel. In der folgenden Regel ist die Content-Zeichenkette aufgeteilt in einen binären Teil, dem ein ASCII-Teil folgt, dem wiederum ein binärer Teil folgt. Die Regel interpretiert die Content-Zeichenkette als einzelne Zeichenkette und nutzt dann diese einzelne Instanz der Zeichenkette für den Vergleich mit den Paketen.

```
alert tcp any any -> any any (content: "|0101 FFFF|/etc/
passwd|E234|"; msg:"Searching for Mixed Garbage!";)
```

Die Option depth

Die Content-Option *depth* ermöglicht die statische Einstellung für die Anzahl von Byte, die eine Regel analysieren soll, während sie nach der definierten Content-Zeichenkette sucht. Um die CPU-Zyklen zu minimieren und die Geschwindigkeit Ihres Sensors zu erhöhen, sollten Sie diese Option im Zusammenspiel mit der Content-Option nutzen. Das Format für den Befehl ist *depth: <NUMBER_OF_BYTES>;*.

Oink!

Der durchschnittliche Server-Header in HTTP 1.0 kann in den ersten 200 Byte eines Pakets abgegriffen werden.

Die Option offset

Die Content-Option *offset* weist die Snort Engine an, die Suche nach der angegebenen Zeichenkette nach dem Offset in der Größe der angegebenen Byte zu beginnen. Diese Option ist besonders nützlich, wenn Sie wissen, dass Sie nach einer spezifischen Zeichenkette suchen, die innerhalb einer Reihe anderer Zeichenketten eingeschlossen sein kann. Wenn Sie beispielsweise eine Regel für eine spezielle Webserver-Version schreiben und zudem wissen, dass die Webserver-Version im Antwort-Header eines Webservers erscheint, ist es am besten, wenn Sie ein Offset von o nutzen. Vergegenwärtigen Sie sich, dass dies eine der wichtigsten, aber auch gefährlichsten Optionen ist, die Sie verwenden können. Wenn diese Option falsch verwendet wird, laufen Sie Gefahr, einen Angriff zu übersehen. Das Format für diese Option ist *offset: <NUMBER_OF_BYTES>;*.

Die Option nocase

Mit Hilfe der Option *nocase* können Sie die Klein- oder Großschreibung innerhalb des Regel-Contents ignorieren. Damit diese Option funktioniert, müssen Sie zuvor eine Content-Zeichenkette innerhalb der Regel definiert haben. In diesem Fall wird die Regel bei jedem TCP-Paket ausgelöst, das an den Telnet-Service mit dem Wort *administrator* in der Nutzlast des Pakets gerichtet ist. Dieses Regelbeispiel ist hilfreich, wenn Sie versuchen, zweckdienliche Authentifizierungsdaten auszulesen. Wie Sie möglicherweise schon erwartet haben, ist das Format zur Verwendung dieser Option *nocase*;

```
alert tcp any any -> any 23 (content: "administrator"; nocase;)
```

Die Option session

Die Option *session* ist eine der nützlichsten Optionen, wenn Sie Snort in einer Angriffsfunktion nutzen. Sie ermöglicht das Abgreifen von Klartextdaten aus Protokollsitzungen und die Ausgabe dieser Daten auf dem Bildschirm. Wie Sie sich vorstellen können, ist die Möglichkeit, nur Benutzernamen, Kennwörter und ausgeführte Befehle zu protokollieren und anzuzeigen, extrem nützlich. Diese Regel generiert einen Alarm und zeigt dann die gesamte Übertragung der FTP-Sitzung auf der Standardausgabe an.

```
alert tcp any any -
> any 21 (content: "FTP Session Data"; session: printable;)
```

Das Format zur Verwendung des Befehls ist *session: PRINTABLE (oder) ALL;*. Sie können entweder die Option *printable* oder die Option *all* mit dem Befehl *session* verwenden, aber nicht beide. Im vorliegenden Beispiel wurde die Option *printable* mit dem Befehl *session* verwendet.

Uniform Resource Identifier Content

Die Content-Option *Uniform Resource Identifier (URI)* bzw. *uricontent* ermöglicht die Analyse des Traffics vom anfordernden System. Statt den Regel-Body und die Content-Zeichenketten gegen das ganze Paket zu vergleichen, können Sie festlegen, dass die Content-Zeichenkette(n) nur im URI-Abschnitt statt in der Nutzlast des Pakets verglichen wird/werden. Das Format der URI Content-Option ist *uricontent: "STRING";*. Hier in Beispiel für die korrekte Syntax der Option:

```
log tcp any any -> any 80 (content: "Logging PHF"; uricontent:"/cgi-bin/phf";)
```

Die Option stateless

In frühen Versionen von Snort bot die Option *stateless* die Möglichkeit, dass Regeln Stateless-Daten analysierten. In neueren Versionen nach 1.8 bietet diese Funktionalität die Option *flow*. Das Format für diese Option ist *stateless;*. Weitere Informationen zu Stateless-Regeln und Stateless-Content finden Sie im Abschnitt *Flusskontrolle* in diesem Kapitel.

Reguläre Ausdrücke

Es ist von großer Bedeutung zu wissen, dass die Option *Regular Expressions* bzw. *regex* sich immer noch im Entwicklungsstadium befindet und aktiven Test- und Debugging-Aktivitäten unterliegt. Die Option implementiert eine Quasi-Wiedergabe des üblichen Standards für reguläre Ausdrücke. Derzeit haben Sie die Möglichkeit, einen von zwei Jokern zu nutzen: das Fragezeichen und das Sternchen. Das Fragezeichen ,?, kann genutzt werden, um ein einzelnes Zeichen in einer Angriffszeichenkette zu ersetzen, während das Sternchen, *, genutzt wird, um ein oder mehrere Zeichen zu definieren. Wenn Sie beispielsweise nach der Zeichenkette *c?t* suchen würden, würde die Regel bei den Worten *cat, cut,* und, ob es Ihnen gefällt oder nicht, bei *czt* ausgelöst. Sollten Sie nach der Zeichenkette *m*n* suchen, erhielten Sie positive Treffer bei den Worten *main, men, mountain* und *m234@#$n*. Zusätzlich zur Verwendung der Jokerzeichen in der Content-Zeichenkette müssen Sie die Option *regex;* in den Body der Regel einfügen:

```
alert tcp $OUTSIDE any -> $DMZ 80 (content: "../*../
"; regex; msg:" Bad Example of a dot dot Attack";)
```

Flusskontrolle

Mit der Konfigurationsoption *Flow Control* bzw. *flow,* die mit der Version Snort 1.9 eingeführt wurde, können Benutzer die Richtung eines Pakets bezogen auf die Client-Server-Kommunikationsströme definieren. Die Funktionalität von Snort wird dadurch erheblich erhöht, da Sie die Paketrichtung nicht auf der IP-Schicht definieren müssen. Die Flussfunktionalität arbeitet zusammen mit dem TCP-Reassembly-Modul und ermöglicht Regeln, zwischen Paketinhalt und –richtung in Hinblick auf die Client-Server-Architektur zu unterscheiden. Einer der bemerkenswertesten Vorteile dieses Features ist die Möglichkeit, Regeln für potentielle Angriffsdatenströme von Clients in Richtung eines Servers zu schreiben und dann die Antwort des Servers zu analysieren, um festzustellen, ob der Angriff erfolgreich war.

Die Daten in Tabelle 5.2 zeigen die modifizierenden Konfigurationsoptionen für die Flusskontrolle zusammen mit einer kurzen Beschreibung. Alle derzeit in der Flusskontrolle von Snort unterstützten Optionen basieren auf dem TCP-Protokoll und auf dem Zusammensetzen von TCP-Sitzungen.

Options-instruktionen	Kurzbeschreibung
to_server	Übergibt true bei Paketen, die an den Server gesendet werden
from_server	Übergibt true bei Paketen, die vom Server gesendet werden
to_client	Übergibt true bei Paketen, die an den Client gesendet werden
from_client	Übergibt true bei Paketen, die vom Client gesendet werden
only_stream	Aktiviert die Regel nur bei rekonstruierten Paketen oder Paketen innerhalb eines eingerichteten Streams
no_stream	Diese Instruktion ist das Gegenteil des vorhergehenden Beispiels, es werden keine Pakete weitergegeben, die rekonstruiert wurden oder sich innerhalb eines eingerichteten Streams befinden.
established	Die Instruktion *established* aktiviert die Regel bei Paketen, die Teil einer eingerichteten TCP-Verbindung oder -Sitzung sind.
stateless	Abgewandelt von der ursprünglichen *stateless*-Instruktion von Snort dient die *stateless*-Option der Flusskontrolle zur Aktivierung der Regel bei Paketen unabhängig vom Status. Verschiedene statische Angriffs-Tools wie Stick senden Stateless-Pakete in der Hoffnung, eine system- oder netzwerkweite Denial-of-Service (DoS)-Attacke auszuführen Die Stateless-Option muss ohne Angabe des Präfixes *flow:* verwendet werden.

Tabelle 5.2:   Flusskontrolloptionen

Die Flusskontrolloptionen werden auf gleiche Weise wie andere übliche Snort-Konfigurationsoptionen verwendet. Definieren Sie innerhalb des Bodies der Regel *flow: <OPTION>*, wobei *OPTION* für eine der Optionsinstruktionen aus Tabelle 5.2 steht. Die folgende Snort-Beispielregel reagiert auf TCP-Pakete, die von einem Client in einem TCP-Stream mit einer bestätigten Angriffszeichenkette für einen Overflow auf einen Server übertragen werden.

```
alert tcp any any -
> $DMZ_WEBS 80 (msg:"Client Attacking Server Example"; flow:from_client;
 content:"/cgi-bin/handler/something;cat\t/etc/group|?data=Download";)
```

Umgekehrt reagiert das folgende Beispiel auf Pakete von einem Server mit einer potentiellen Zeichenkette, die beim Anzeigen einer UNIX-Kennwortdatei auftritt. Mit dieser Regel wird nur auf Pakete von Servern reagiert. Dies reduziert die Anzahl von False/Positives.

```
alert tcp $DMZ any -> $EXTERNAL any (msg: "Server Potentially Sending
Sensitive Info"; flow:from server; content:"root:: ";)
```

5.4.2 IP-Optionen

Die IP-Optionen sind der Schlüssel bei der Erkennung zahlreicher IP-basierender Angriffe neben anderen komplexeren Angriffstypen. Viele der IP-Optionen werden beim Schreiben von Regeln zum Erkennen von Angriffen auf Netzwerkgeräte, von Versuchen, Netzwerke zu mappen und von protokoll-basierten DoS-Angriffen verwendet.

Fragmentierungs-Bit

Generische Fragmentierungsregeln sollten innerhalb Ihrer Umgebung angewendet werden, um einen Schutz vor den komplexeren Angriffstypen zu bieten. Die *Fragmentierungs-Bit-Option* bzw. *fragbits* ermöglicht Ihnen die Analyse der Fragmentierungs- und reservierten Bit innerhalb eines IP-Headers. Innerhalb der Fragmentierungs-Bit-Option stehen Ihnen drei Flags zur Verfügung:

- **D**:   »Don't Fragment« (Nicht fragmentieren)
- **M**:   »More Fragments« (Mehr Fragmente)
- **R**:   »Reserved Bit« (reserviertes Bit)

Die beschriebenen Flags wurden durch das Snort-Entwicklungsteam mit der entsprechenden Namanskonventionslogik eingefügt. Neben den Bit-Flags gibt es fünf Operator-Flags:

- *   Wie bei den anderen Snort-Optionen, die Operator-Flags implementieren, steht das Sternchen für einen Joker.
- !   Das Ausrufezeichen steht für die Negierung.
- +   Das Pluszeichen wird benutzt für ein angegebenes Bit-Flag plus eines der anderen implementierten Bit.
- –   Das Minuszeichen wird für ein beliebiges Bit verwendet
- , ,   Das Format für diese Option ist *fragbits: <BIT VALUE>;*.

Die Option Gleiche Quelle und gleiches Ziel

Das Feature für die Überprüfung äquivalenter IP-Adressen wurde erst spät hinzugefügt und dient nur einem Zweck: zum Erkennen gespoofter Pakete. Das Senden von Paketen mit derselben Quell- und Zieladresse war eine übliche Methode zum Testen von Packet-Filter-Firewalls. Die Technik ist überholt, da kommerzielle Anbieter Maßnahmen gegen diese Unzuverlässigkeit in ihre Produkte integriert haben. Das Format für diese Regel ist *sameip;*

Diese Regel prüft, ob sich in einem IP-Paket äquivalente Quell- und Ziel-Adressen befinden. Diese Regel sollte in jedem Unternehmen implementiert werden.

```
alert ip any any -
> any any (msg:" Same Source and Destination IP Address"; sameip;)
```

IP-Protokolloptionen

Snort ermöglicht Ihnen die Angabe von IP-Optionen, die Sie in einem Paket auf Übereinstimmung oder Nicht-Übereinstimmung prüfen können. Bedingt durch das Wesen von IP-Optionen und einem Entwicklungsfehler in Snort, können Sie immer nur eine Option in einer Regel verwenden. Das ist nicht tragisch, da IP-Optionen nicht gemeinsam in kommerziellen Netzwerkanwendungen verwendet werden. Das Format für die Verwendung dieser Option in der Konfigurationsdatei ist *ipopts:<IP_OPTION>;*. Tabelle 5.3 listet die in Snort verfügbaren IP-Optionen auf.

IP-Optionen	Kurzer Überblick
eol	Wird zur Angabe des Endes einer IP-Liste verwendet
lsrr	IP Loose Source Routing
nop	Wird verwendet, wenn keine IP-Option gesetzt ist
rr	Record route
satid	IP Stream Identifier
sec	Die IP-Sicherheitsoption, die auch als IPSec bekannt ist
ssrr	IP Strict Source Routing
ts	Das Timestamp-Feld

Tabelle 5.3:   Snort-IP-Optionen

ID-Option

Die ID-Option ermöglicht Ihnen die Erkennung statistischer IP-ID-Werte innerhalb eines analysierten Pakets. Eigentlich hat diese Option einen geringen Nutzwert, aber es handelt sich um eine weitere der Optionen, die in Snort eingefügt wurden, für den Fall, das es einmal enorm wichtig wird, einen Typ eines Angriffs zu erkennen. Das Format für die Verwendung der IP-ID-Option ist *ID: "VALUE"*.

Die Option Type of Service

Ursprünglich wurde die Option *Type-of-Service* (*TOS*) bzw. *tos* für die zukünftige Nutzung und zum Vervollständigen der IP-Regel-API eingefügt. Im Sommer 2002 gab es jedoch sehr viele Angriffe in Zusammenhag mit dem Missbrauch des IP-TOS-Feldes. In den meisten Fällen ist der Wert des TOS-Felds null, und im Fall von alten Cisco-Systemen musste das eingehende TOS-Feld auf null gesetzt werden. Das Format für die Verwendung der TOS-Option ist *tos: "VALUE"*. Die folgende Regel sendet einen Alarm bei externem Traffic, der an Cisco-Systeme gerichtet ist und ein TOS-Feld aufweist, das nicht auf null gesetzt ist.

```
alert tcp $EXTERNAL any -> $CISCO any (msg:" Cisco TOS Example";
tos:!"0";)
```

Die Option Time-To-Live

Der eigentliche Wert der Option *Time to Live* (*TTL*) zeigt sich beim Erkennen von Netzwerk-Mapping-Anfragen über Tools wie traceroute, tracert und netroute. Der definierte Wert wird auf der Suche nach einer direkten Entsprechung mit dem Wert der analysierten Pakete verglichen. Das Format für die Verwendung dieser Option ist *TTL: "VALUE"*.

TTL bietet Unterstützung für >, <, und =.

5.4.3 TCP-Optionen

Es gibt drei TCP-spezifische Optionen, die Sie innerhalb des Bodies Ihrer Snort-Regeln verwenden können. Jede wird bei einem anderen statischen Wert innerhalb des TCP-Headers eines Pakets ausgelöst. Die Sequenz- und die ACK-Optionen werden selten benutzt, doch die TCP-Flags-Option *flags* wird als sehr nützlich für zahlreiche Regeln betrachtet.

Sequenznummer-Option

Die Sequenznummer- bzw. *seq*-Option dient zum Suchen nach statischen TCP-Sequenznummern innerhalb der analysierten Pakete und wird daher selten genutzt. Statische Kommunikationsprogramme und Flooding-Tools sind die raren Beispielprogramme, die über zu erschließende Sequenznummern identifiziert werden können. Nach den Angaben von Marty Roesch wurde diese Option nur aus Gründen der Vollständigkeit eingeschlossen. Das Format für die Verwendung dieser Option ist:

```
seq: <sequence_number_value>;.
```

Die TCP-Flags-Option

Die TCP-Flags-Option ist sehr umfangreich; mit ihr können Sie erkennen, ob die einzelnen Flags gesetzt, nicht gesetzt oder in Kombination mit einem weiteren Flags gesetzt sind. Die alphanumerischen Flags werden verwendet, um zu erkennen, welche Flags innerhalb des Pakets gesetzt sind, während die Sonderzeichen wie das Pluszeichen, das Sternchen und das Ausrufezeichen als Joker- bew. Negierungszeichen verwendet werden. Zusätzlich zu den Flags können Sie die reservierten Bit-Optionen nutzen, um atypische Netzwerkaktivitäten, z. B. verschiedene Arten von Fingerprinting-Techniken, zu erkennen. Tabelle 5.4 listet alle derzeit in Snort verfügbaren TCP-Flags auf.

TCP-Flags	Kurzbeschreibung des Flags
A	Die Option prüft, ob das ACK-Flag gesetzt ist
F	Die Option prüft, ob das FIN-Flag gesetzt ist
P	Die Option prüft, ob das PSH-Flag gesetzt ist
R	Die Option prüft, ob das RST-Flag gesetzt ist
S	Die Option prüft, ob das SYN-Flag gesetzt ist
U	Die Option prüft, ob das URG-Flag gesetzt ist
0	Eine einzelne Option, die prüft, ob kein TCP-Flag innerhalb des Pakets gesetzt ist.
1	Die Option 1 überprüft, ob das reservierte Bit 1 innerhalb des Pakets gesetzt ist
2	Die Option 2 überprüft, ob das reservierte Bit 2 innerhalb des Pakets gesetzt ist
+	Das Pluszeichen prüft, ob ein spezifisches Flag gesetzt ist, dem andere TCP-Flags folgen. Ausn: A+ löst die Regel bei jedem Paket aus, bei dem das ACK-Flag zusätzlich zu anderen Flags gesetzt ist.
*	Das Sternchen fungiert als Jokerzeichen, das Sie für den Vergleich eines beliebigen Flags mit einem beliebigen Flag nutzen können. Ausn: *AS löst die Regel bei allen Paketen aus, bei denen das ACK- oder SYN-Flag gesetzt ist.
!	Wie bei den meisten Negierungsbefehlen, prüft dieses Zeichen, ob in einem Paket das angegebene Flag nicht gesetzt ist. Ausn: !S löst die Regel bei allen Paketen aus, bei denen das SYN-Flag nicht gesetzt ist.

Tabelle 5.4:   Snort-TCP-Flags

TCP-Flags und –Optionen können innerhalb des Bodies kombiniert werden, um eine genauere und leistungsfähigere Regel zu erstellen. Das Format für die Verwendung dieser Option ist *flags: <TCP_VALUE(s)>;*

TCP-ACK-Option

Die TCP-ACK-Option von Snort überprüft, ob das ACK-Feld auf einen nicht-wahren (NON-TRUE) Wert gesetzt ist. In nahezu allen Implementierungen des TCP-Stacks und –Protokolls enthält das Feld den Wert TRUE bei der Übertragung eines gültigen TCP-ACK-Pakets. Eine bekannte Ausnahme gibt es jedoch: Das NMAP-Tool setzt das Feld bei TCP-Paketen, die während eines NMAP-TCP-Pingscans übertragen werden, auf FALSE (Falsch) oder null. Aus diesem Grunde kann diese Option dabei helfen, potentiell maliziösen, von NMAP generierten Traffic zu erkennen. Das Format für die Verwendung dieser Option ist *ack: <ACK_NUMERICAL_VALUE>*.

> **Oink!**
>
> Zusätzliche Informationen zu NMAP und NMAT-TCP-Pingscans finden Sie unter www.insecure.org/nmap.

5.4.4 ICMP-Optionen

Snort verfügt über vier Optionen in Zusammenhang mit ICMP, die im Body der Regel verwendet werden können, um spezifische Angriffsignaturen zu erstellen. Jede Option verwendet verschiedene Techniken, um bei bestimmten Feldern innerhalb eines IMCP-Pakets die Regel auszulösen. Dazu werden untersucht: ICMP-Code, -Typ, -ID und -Werte. Beachten Sie, dass die folgenden Optionen nur von Nutzen sind, wenn sie in für ICMP-Traffic entwickelten Regeln verwendet werden (nicht in TCP- und UDP-basierenden).

ID

Anders als bei dem Feld und der Option IP-ID löst ICMP-ID-Option die Regel bei einem bestimmten Feldwert in einem ICMP-ECHO-Paket aus. Nach Angaben des Snort-Entwicklungs-Teams (www.snort.org) wurde diese Option geschrieben, um Anwendungen zu erkennen, die ICMP als Transportmittel für die Kommunikation nutzen. Ein Beispiel dafür wäre ein Chat-Client, der Daten im Nutzlastfeld (Payload) des ICMP-Pakets sendet. In vielen Fällen verwenden diese Chat-Clients noch nicht einmal dynamische ICMP-IDs, daher können Sie leicht mit Snort-Regeln erkannt werden. Neben den reinen ICMP-Programmen kann die Option verwendet werden, um jeden Typ von Programm zu erkennen der statische ICMP-IDs verwendet. Das Format für die Verwendung dieser Option ist: *icmp_id: value*.

Sequenz

Ähnlich wie bei der ICMP-ID-Option ist die Motivation für die Entwicklung dieser Option, die Erkennung von mit statischem ICMP kommunizierenden Programmen. Weitere Informationen entnehmen Sie der vorangegangenen Beschreibung. Das Format für die Verwendung dieser Option ist *icmp_seq: value*.

Die Option icode

Mit der Option *icode* können Sie einen einzelnen Wert für den ICMP-Code-Wert des Pakets angeben. Es gibt zwei allgemeine Optionen für die Konfiguration der *icode*-Option innerhalb der Regel. Bei der ersten Möglichkeit richten Sie die Option ein, die die Regel auslöst, wenn ein identischer *icode*-Wert in dem analysierten Paket entdeckt wird. Die zweite Möglichkeit ist das Setzen eines ungültigen Code-Werts für ICMP-Pakete. Wenn Sie einen ungültigen Code-Wert definieren, wird die Regel ausgelöst, wenn ein weiterer ungültiger ICMP-Code-Wert analysiert wird. Das Erkennen von ungültigen ICMP-Optionen dient zur Erkennung von Spoof-, Flood-Obfuscation- und DoS-Angriffen. Das Format für die Verwendung dieser Option ist *icode: value*.

Die Option itype

Die Option *itype* untersucht den Wert des itype-Felds innerhalb des ICMP-Pakets. Wie bei der *icode*-Option können Sie einen falschen Wert setzen, um die Regel bei der Erkennung von ungültigen ICMP-Wertetypen auszulösen. Sie können die itype-Option auch noch für andere spezifische Optionen einrichten, um die Regel auszulösen. Das Format für die Verwendung dieser Option ist *itype: value*.

5.4.5 Regel-ID-Optionen

Snort verfügt über zahlreiche Optionen, die zur weiteren Identifizierung und Klassifizierung von Snort-Regelsätzen dienen und eine entsprechende Dokumentation bieten. Diese Optionen sollten nicht mit den Bedrohungserkennungsoptionen verwechselt werden, da Sie lediglich die Berichts- und Konfigurationsfunktionen innerhalb von Snort erweitern sollen.

Snort-ID-Option

Die Snort-ID-Option wurde aufgenommen, um eine Methode für die Kategorisierung, Unterscheidung und Erkennung von Snort-ID-Regeln zu bieten. Das einfache Schema gestattet manuellen und automatisierten Systemen spezifische Regeln zu nutzen. Das Format ist *sid: <ID_VALUE>;*. Tabelle 5.5 zeigt die Bereiche, die als Snort-ID-Werte verwendet werden können.

Wertebereich	Übersicht über die Verwendung
Geringer als 100	Für die zukünftige Verwendung reserviert
100 bis 1.000.000	Für die Nutzung durch Snort innerhalb der Distributions-Regelsätze von www.snort.org.
Höher als 1.000.000	Für benutzerdefinierte Snort-Regeln

Tabelle 5.5: Snort-ID-Bereiche

Regel-Revisionsnummer

Die Snort-Regel-Revisionsnummer wird genutzt, falls an einer ursprünglichen Regel Änderungen erfolgt sind. In Unternehmen werden sie meist verwendet, um technische oder grammatikalische Änderungen an einer Regel sichtbar zu machen. Das Format für die Verwendung dieser Option ist *rev: <REVISION_NUMBER>;*. Das folgende Beispiel zeigt eine Regel mit der Revisionsnummer 2:

```
alert tcp any any -> any 79 (rev:2; msg:" Revision";)
```

Schweregrad-ID-Option

Die Schweregrad-ID-Option ermöglicht Ihnen das manuelle Überschreiben, der Standard-Regelpriorität, die durch die Klassifizierungs-Option gesetzt wird. Die Option erlaubt Ihnen, die Priorität einer Regel zu erhöhen oder zu verringern. Das zu verwendende Format für diese Option ist *priority: <PRIORITY_VALUE>;*. Die folgende Regel hat eine Priorität von 1, da sie ausgelöst wird, wenn UDP-Traffic an das fiktive »Worm Backdoor« gesendet wird.

```
alert udp any any -
> $INTERNAL 21974 (priority:1; msg: "Bad Worm Backdoor";)
```

Klassifizierungs-ID-Option

Die Klassifizierungs-ID-Option dient dazu, eine Angriffstypklasse oder eine andere bedeutungsvolle Kategorie für eine Regel zu setzen. Regelklassifizierungen setzen sich aus einer Klassifizierungs-ID, entsprechenden Prioritäten und einer Dokumentation zusammen. Die Klassentypen haben entsprechende Werte, wobei 1 den höchsten Schweregrad repräsentiert. Das Format für diese Option ist *classtype: <NAME_OF_CLASSIFICATION>;*. In den Tabellen 5.6, 5.7 und 5.8 werden die Snort-Standard-IDs für den Klassentyp mit der zugehörigen Priorität und Beschreibung aufgeführt. Beachten Sie, das anfänglich nur drei Schweregrade (Prioritäten) für die Klassentypen definiert sind. Die Engine lässt jedoch zu, dass Sie weitere Prioritäten erstellen.

Klassentyp:	Kurzbeschreibung
attempted-admin	Versuch, Administratorprivilegien zu erhalten
attempted-user	Versuch, Benutzerprivilegien zu erhalten
shellcode-detect	Ausführbarer Code wurde erkannt
successful-admin	Erfolgreiches Erlangen von Administratorprivilegien
successful-user	Erfolgreiches Erlangen von Benutzerprivilegien
trojan-activity	Ein Netzwerk-Trojaner wurde erkannt
unsuccessful-user	Nicht erfolgreiches Erlangen von Benutzerprivilegien
web-application-attack	Web-Anwendungs-Angriff

Tabelle 5.6: Kritische Klassifizierungen (Priorität 1)

Klassentyp:	Kurzbeschreibung
attempted-dos	Versuchter DoS-Angriff
attempted-recon	Versuchtes Informationsleck
bad-unknown	Potentiell maliziöser Traffic

Tabelle 5.7: Mittelschwere Klassifizierungen (Priorität 2)

Klassentyp:	Kurzbeschreibung
denial-of-service	Erkennung eines DoS-Angriffs
misc-attack	Verschiedene Angriffsarten
non-standard-protocol	Erkennung eines nicht-standardisierten Protokolls oder Ereignisses
rpc-portmap-decode	Decode einer RPC-Anfrage
successful-dos	Denial-of-Service
successful-recon-largescale	Großes Informationsleck
successful-recon-limited	Informationsleck
suspicious-filename-detect	Es wurde ein verdächtiger Dateiname erkannt
suspicious-login	Ein Anmeldeversuch mit einem verdächtigen Benutzernamen wurde erkannt
system-call-detect	Ein Systemaufruf wurde entdeckt
unusual-client-port-connection	Ein Client hat einen unüblichen Port verwendet
web-application-activity	Zugriff auf eine potentiell angreifbare Web-Anwendung

Tabelle 5.7:   Mittelschwere Klassifizierungen (Priorität 2) (Forts.)

Klassentyp:	Kurzbeschreibung
icmp-event	Generisches ICMP-Ereignis
misc-activity	Verschiedene Aktivitäten
network-scan	Erkennung eines Netzwerkscans
not-suspicious	Nicht-verdächtiger Traffic
protocol-command-decode	Generisches Protokollbefehls-Decode
string-detect	Es wurde eine verdächtige Zeichenkette erkannt
unknown	Unbekannter Traffic

Tabelle 5.8:   Geringe Klassifizierungen (Priorität 3)

Externe Referenzen

Eine weitere großartige Ressource für die Nutzung innerhalb des Regel-Bodies ist die Option für externe Referenzen. Sie dient dazu, die Regel zu klassifizieren und weitere wichtige Informationen über die Regel bereitzustellen. Die IDs für die externen Referenzen können über das bereitgestellte Plugin modifiziert werden, um Systeme oder URLs anzugeben, die den Ausgabe-Plugins weitere Informationen liefern können.

Das Format für die Verwendung einer einzelnen Instanz dieses Befehls ist *reference: <SYSTEM>, <ID VALUE>;*. Sie können mehrere Instanzen des Befehls hintereinander setzen, solange die einzelnen Referenzaufrufe durch ein Semikolon getrennt werden. Das folgende Beispiel zeigt eine Regel, die mehrere Instanzen des Referenzbefehls nutzt:

```
log tcp any any -> any 12345 (reference:CVE, CAN-2002-
1010; reference:URL, www.poc2.com; msg:" NetBus";)
```

5.4.6 Verschiedene Regeloptionen

Neben den protokoll-spezifischen Regeloptionen gibt es Optionen für erweiterte Berichte und Kategorisierungen sowie Content-IDs – für einige dieser Optionen gibt es keine adäquaten übergeordneten Kategorien. Diese Optionen reichen von technischen Anomalien bis hin zu Features in Zusammenhang mit dem Logging, wie in den folgenden Optionsbeschreibungen erläutert wird.

Messages

Eine der meist genutzten und vorteilhaftesten Regeloptionen ist die Message-Option. Es ist die primäre Methode zum Informieren der Snort-Administratoren über potentielle Sicherheitslücken, Bedrohungen und Angriffe, die erkannt wurden. Diese Option bietet Ihnen die Möglichkeit, die angegebene Meldung in die generierten Alarme, Logs und Dumps einzuschließen. Der Meldungstext wird definiert durch Anführungszeichen (""), damit der Interpreter Zeichen in den Meldungen, wie z. B die Klammer (»)«) oder das Semikolon (»;«), von den Zeichen des Regel-Bodies unterscheiden kann. Das Format für die Verwendung dieser Option ist *msg: "EXAMPLE ATTACK MESSAGE";*. Im folgenden Beispiel zeigt die fettgedruckte Meldung »Finger« .

```
alert tcp $EXTERNAL any -> $INTERNAL 79 (msg:" Finger";)
```

Logging (Protokollierung)

Die Logging-Fähigkeiten von Snort können als wesentlicher Vorteil gegenüber vielen Konkurrenz-IDSs angesehen werden. Die Logging-Option weist Snort an, alle entsprechenden Pakete in Zusammenhang mit dieser spezifischen Instanz der Regel in die angegebene Datei zu schreiben. Durch ein organisiertes Logging ermöglicht Snort Ihnen, Regel-Logs in verschiedene Kategorien zu unterteilen (erkanntes Tool, Angriffstyp, Quellen und Ziele). Das Format für die Verwendung dieser Option ist:

```
logto: "PATH/FILE.extension";
```

TAG

Neben der Logging-Option ermöglicht Ihnen die *tag*-Option, zusätzliche Pakete, die relevant für eine ausgelöste Regel sind, zu protokollieren. Damit können Sie Regeln definieren, die Traffic von einer speziellen Quelle oder Traffic, der zu einem komplexen Angriff gehört, protokollieren. Über die Option können Sie angeben, ob Sie den Traffic, der von einer Quelle (*host*) stammt oder zu einem Angriff (*session*) gehört, protokollieren möchten. Sie können auch entscheiden, ob Sie eine Protokollierung über einen Zeitraum (*seconds*) oder auf Paket-Basis (*packets*) durchführen möchten. Wenn Sie die Pakete nach Sitzung (*session*) protokollieren möchten, zeichnet die Regel nur Pakete in Zusammenhang mit der Sitzung des ursprünglichen Angriffs auf. Das Format für die Verwendung dieser Option ist:

```
tag:<HOST/SESSION>, <HOW MANY>, <SECONDS/PACKETS>,<SRC/DES>;
```

In diesem Beispiel werden 100 Pakete von beliebigen Hosts protokolliert, die versuchen, sich mit dem Telnet-Service eines internen Systems zu verbinden.

```
alert tcp any any -
> $HOME 21 (tag:host, 100, packets; msg:" Tagging Telnet to Gain Authent
ication Credentials and Executed Commands";)
```

Dsize

Mit der Option *dsize* können Sie die Länge oder einen Bereich für die Länge der Nutzlast eines Pakets angeben. Sie können die Kleiner- und Größerzeichen nutzen, um einen Bereich für die Länge der Nutzlast anzugeben. Die Zeichen < > geben den dazwischen liegenden Bereich an. Ein Beispiel: < 100 steht für Pakete, deren Nutzlastgröße unter 100 Byte liegt, während Sie mit 1<> 99 Pakete mit einer Nutzlastgröße zwischen 1 und 99 Byte einschließen. Das Format für diese Option ist:

```
dsize: (<,>, or nothing) length (<> length);
```

Oink!

Die *dsize*-Option kann nicht dazu verwendet werden, die Nutzlastgröße von rekonstruierten Paketen zu bemessen. Ab der Version Snort 1.9 wird kein Alarm bei Regeln ausgelöst, die mittels *dsize* rekonstruierte Pakete untersuchen.

RPC

Mit der Option *rpc* können Sie RPC-Dienste erkennen, auf die von entfernter Stelle ein Zugriff erfolgt. Damit diese Option ordnungsgemäß implementiert werden kann, müssen Sie sicherstellen, dass in der Regel das UDP-Protokoll zusammen mit dem Ziel-Port 111, der auch als Portmapper-Port bekannt ist, verwendet wird. Die Option *rpc* übernimmt drei Parameter: die Anwendungsnummer, die Prozedur und die RPC-Version.

Das Sternchen steht als Jokerzeichen zur Verfügung, das Sie für die Felder *procedure* und *version* verwenden können, wenn Sie dort keinen speziellen Wert benötigen. Das offizielle Format für diesen Befehl ist:

```
rpc: <APPLICATION>, <PROCEDURE>, <VERSION>;.
alert udp $EXT any -
> $HOME 111 (rpc: 100023, *, *; msg:" RPC Statmon Connection";)
```

Echtzeit-Maßnahmen

Snort ermöglicht Ihnen, den Sensor so zu konfigurieren, dass Sie dynamisch spezielle Verbindungen abrechen und Websites blockieren können. Damit Sie dieses Features optimal nutzen können, muss der Sensor sowohl den Datenverkehr analysieren als sich auch als Hop in der Übertragungsroute befinden, so, als ob sich der Sensor auf einer Firewall befände. Snort sendet die Antworten (Responses) nach Quelle oder Ziel des Systems über das Kabel, selbst wenn es nicht einer der Hops ist; es gibt jedoch keine Garantie, dass die Verbindung abgebrochen wird, wenn Ihr System zu langsam ist.

Die aktive Response-Option *resp* ermöglicht Snort auf der Basis ausgelöster Regeln, den automatischen Abbruch von Protokollverbindungen. Es handelt sich hier um die mächtigste, protokoll-basierende Option, die derzeit in Snort implementiert ist. Das Format für die Verwendung des aktiven Response-Modifiers ist: *MODIFIER, MODIFIER2, MODIFIER3, etc;.*

Die folgenden TCP-basierenden Modifier sind die aktuellen Optionen, die Sie in den Snort Response-Zeichenketten angeben können:

- *rst_all*   Setzt übertragende und empfangende TCP-Verbindungen zurück

- *rst_rcv*   Setzt die empfangenden TCP-Verbindungen zurück

- *rst_send*   Setzt die übertragenden TCP-Verbindungen zurück

Die folgenden ICMP-basierenden Modifier sind die aktuellen Optionen, die Sie in den Snort Response-Zeichenketten angeben können:

- *strings:icmp_all*   Setzt übertragende und empfangende ICMP-Verbindungen zurück

- *icmp_host*   Überträgt *ICMP host unreachable* an den übertragenden Client

- *icmp_net*   Überträgt *ICMP network unreachable* an den übertragenden Client

- *icmp_port*   Überträgt *ICMP port unreachable* an den übertragenden Client

Es ist wichtig, dass Sie den korrekten entsprechenden Protokoll-Modifier mit dem Protokoll der definierten Regel nutzen. Es kann zu Netzwerkbeeinträchtigungen (z. B. zu Netzwerk- oder Client-DoS-Schleifen) kommen, wenn diese Optionen nicht sachgemäß verwendet werden. Das folgende Beispiel zeigt eine Regel, die die Antwort *ICMP Host Unreachable* an den verbindungs-initiierenden Client sendet:

```
alert icmp $EXT any -> $DMZ any ( resp: icmp_host;msg:" In-Bound ICMP";)
```

5.5   Komponenten einer guten Regel

Wenn Sie 10 Programmierer in einen Raum bringen und alle bitten, eine Lösung für dasselbe Problem zu entwickeln, entstehen dabei mit Sicherheit 10 verschiedene Lösungen, die sich im Grad Ihrer Effizienz und Genauigkeit unterscheiden. Bei der Erstellung von Snort-Regeln ist das ähnlich. Es mag zahlreiche Methoden für die Erkennung von maliziösen Angriffen geben, aber sicherlich weit weniger Methoden für die *effiziente* und *präzise* Erkennung der Angriffe. Um False-Positives und False-Negatives zu minimieren, ist es von erheblicher Bedeutung, dass Sie den Body Ihrer Snort-Regeln überprüfen, besonders wenn Sie die Content-Angriffssignaturen innerhalb der Regel untersuchen.

Obwohl die Behebung von Content-Fehlern sich als schwierig gestalten kann, ist die manuelle Analyse, Aufbereitung und Überprüfung von kritischen Ereignissen erheblich anstrengender und ressourcen-intensiver. Aus diesem Grund sollten Sie Ihre Regeln mit dem entsprechenden Aktionsereignis konfigurieren. Zu viele hohe Risiken oder kritische Ereignisse können die Effektivität eines Alarms verringern. Neben dem Inhalt der Regel ist auch eine Feinabstimmung der Regeln erforderlich, damit sie effizienter arbeiten. Wirklich gute Regeln sollten effektiv, schnell und verwaltbar sein.

5.5.1   Aktionsereignisse

Die Konfiguration Ihrer Sensor-Regeln ist von hoher Bedeutung. Bei der Konfiguration Ihrer Regel ist die Definition der passenden Aktionsereignisse genauso wichtig wie die Gewährleistung eines korrekten Inhalts. Die Definition der Aktionsereignisse kann sich bei der Konfiguration der Sensoren ebenfalls als sehr schwierig herausstellen, da Ihnen im Wesentlichen nur zwei Optionen zur Auswahl stehen: Protokollieren oder Alarmieren (Logging oder Alerting). Im ersten Schritt bei der Bestimmung des geeigneten Aktionsereignisses steht die Klärung der Frage, in welche Kategorie die Regel fällt. Folgende Fragen helfen Ihnen bei der Definition der Kategorie:

- Wirkt sich der Angriff auf unternehmenskritische Systeme aus?
- Bietet der Angriff unbefugten Zugriff auf unternehmenskritische Daten?
- Wird durch den Angriff ein System direkt kompromittiert?

Wenn eine dieser Fragen mit ja beantwortet wird, dann würden Sie die Regel in den meisten Fällen als Alarm klassifizieren. Wenn die Antwort nein lautet, dann reicht es möglicherweise, dass Sie die Daten nur protokollieren und später analysieren. Die beiden allgemeinen Fälle, bei denen das Protokollieren von Daten genutzt werden sollte, sind:

- Die Logs enthalten Beweisdaten für die Identifizierung und Verfolgung von Eindringlingen

- Die Logs enthalten zusätzliche Informationen zu Angriffen mit mittleren bis sehr hohen Schweregarden

Die Definition der Aktionsereignisse erfordert anfänglich einige Überlegungen, doch mit der Zeit werden die Zuordnungen routinierter.

5.5.2 Korrekte und sachdienliche Inhalte

Die Qualität des Snort-IDSs ist nur so gut wie die Qualität der Regeln, die zur Laufzeit in das Produkt implementiert werden. Systeme mit unsachgemäßen oder für False-Positives und False-Negatives anfälligen Regeln bringen keinen großen Nutzen im Bereich der Unternehmensnetzwerkverwaltung. Unsachgemäße Regeln bedeuten, dass menschliche Ressourcen für die Analyse von Zwischenfällen verschwendet werden, wo sachdienliche und produktive Regel hätten eingesetzt werden können.

Es gibt zahlreiche Methoden zum Schreiben und Testen von Regeln, doch das effektivste Tool, das Ihnen bei der Erstellung von Snort-Regeln hilft, ist ein Packet-Sniffer. Ein sehr empfehlenswertes Tool ist Ethereal, das frei herunterzuladen und zu nutzen ist. Darüber hinaus stehen verschiedene Versionen unter www.ethereal.org zu Verfügung, und zwar für Win32- und für UNIX/Linux-Plattformen.

Ethereal kann zum Mitschneiden und Erkennen der exakten Pakete, die während eines Netzwerkangriffs über die Kabel laufen, verwendet werden. Wenn Sie eine Snort-Regel für einen bestimmten Angriffstypen erstellen möchten, reproduzieren Sie die Sequenz in einer kontrollierten oder Testumgebung, und sorgen Sie dafür, dass der Sniffer den entsprechenden Zugriff auf die Pakete hat. Schneiden Sie dann die von dem Angriffssystem an das Ziel gerichteten Pakete mit. Schneiden Sie auch die Pakete mit, die von dem erfolgreich unterwanderten System an den Angreifer gesendet werden. Wenn Sie beide Paketströme mitschneiden, kann der Snort-Sensor eine Activate-Regel nutzen, um den Angriffsversuch, oder besser noch, einen erfolgreichen Angriff zu erkennen.

Die Abbildung 5.2 zeigt die Win32-Oberfläche des Ethereal Network Analyzers – die UNIX-Oberfläche ist ähnlich. Das obere Fenster zeigt die IP-Paket-Header; darunter Quell- und Ziel-IP-Adressen, Zeitstempel, Nutzlast-Protokoll (falls vorhanden) und die Nutzlast der mitgeschnittenen Pakete

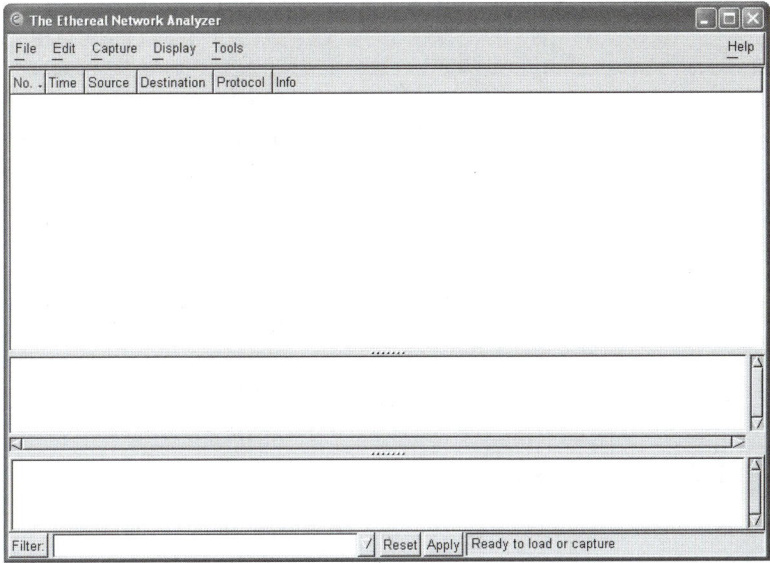

Abb. 5.2:   Der Ethereal-Sniffer

Als Beispiel für die Analyse von Paketen mit Ethereal finden Sie einen Mitschnitt der Pakete für eine Google-Suche und der Antwort (Abbildung 5.3) Die optisch hervorgehobenen Pakete im oberen Fester zeigen die Header für die Google-Suche, während das mittlere Fenster mehr Details zu speziellen Paketfeldern bietet. Darüber hinaus wurde im mittleren Fenster die Google-HTTP GET-Anforderung markiert, woraufhin Ethereal automatisch die entsprechende Binär-Information im unteren Fenster hervorhebt. Die Informationen, die hier mitgeschnitten wurden, sollten mehr als ausreichen, um eine Snort-Regel zu erstellen. Unterstellen Sie als Beispiel, Sie hätten diese Informationen vorliegen und wollten eine Regel erstellen, die ausgelöst werden soll, wenn Ihre Mitarbeiter die Google-Site durchsuchen. Sie könnten einfach die Zeichenkette »GET / search?« als Inhalt nehmen, so wie es im unteren Teil des mittleren Fensters und im unteren Fenster gezeigt wird. Quelle, Ziel und beliebige andere Instruktionen können in die Regel eingeschlossen werden. Das folgende Beispiel zeigt eine Regel, die ausgelöst würde, wenn von einem internen System eine Google-Suche auf Port 80 gesendet würde.

```
alert tcp $INTERNAL any -> any 80 (msg:"Google Search Query"; flow:
from_client; content:"GET /search?";)
```

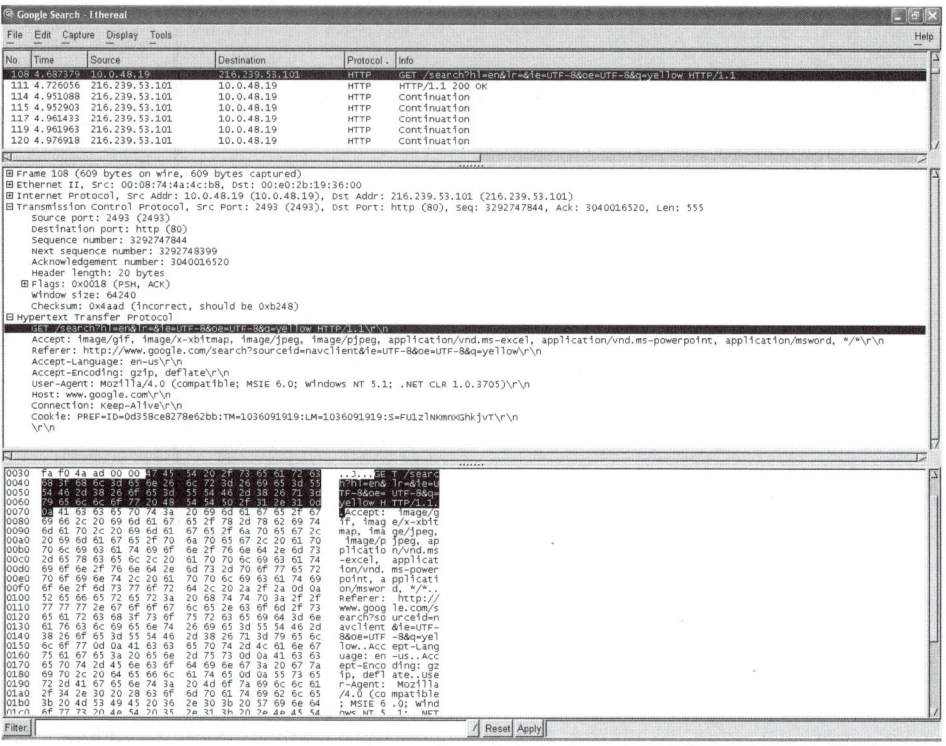

Abb. 5.3: Analyse einer Google-Suche

Sie sollten sich nun ein wenig sicherer bei der Analyse von Paketen mit Ethereal fühlen. Sicherlich ist die Paketanalyse eine schwierige Aufgabe, aber nur die Zeit und die Erfahrung wird Ihre Fähigkeiten schulen und verbessern können. Der in Abbildung 5.4 gezeigte Angriff ist ein populärer %3F Web Directory Traversal-Angriff. Wie im vorhergegangenen Beispiel ist das Angriffspaket im oberen Fenster markiert. Die Nutzlast des Angriffs ist mittleren und unterem Fenster hervorgehoben. Bei % handelt es sich nicht um einen kritischen Angriff, doch er soll als Beispiel für die Analyse eines Angriffs und für das Einschließen entsprechender Inhalte in eine Regel dienen. Das folgende Beispiel zeigt eine Snort-Regel, die geschrieben werden kann, um einen solchen Angriff zu erkennen. Die Regel verwendet die *uricontent*-Instruktion statt der *content*-Instruktion, da der gesamte Angriff innerhalb des URIs erkannt werden kann. Auf diese Weise können Sie die Genauigkeit Ihrer Regeln erhöhen.

```
alert tcp $EXTERNAL any -> $DMZ 80 (msg:"%3F Directory Traversal
Attack"; flow:to_server; uricontent:"%3F";)
```

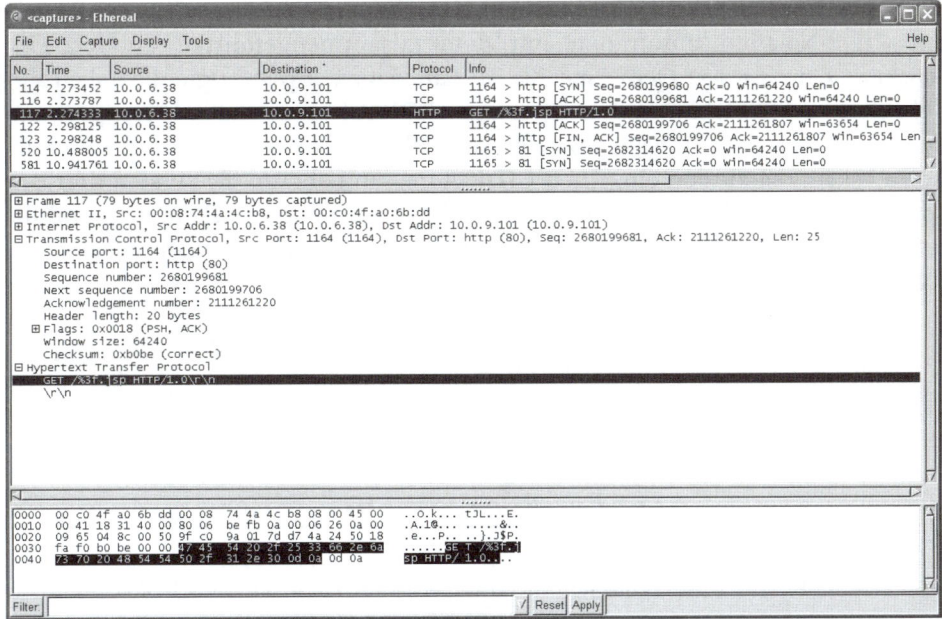

Abb. 5.4:   Analyse eines Web-Basierenden Angriffs

Wenn Sie die Snort-Regeln geschrieben haben und mit einer Testinterpretation verifiziert haben, wird dringend empfohlen, Ihre Regeln gegen reale Angriffe zu testen. Die beste Lösung zum Testen des Inhalts Ihrer Regel ist die Ausführung von Angriffen aus der Perspektive eines externen Angreifers. So können Sie feststellen, ob Ihre Regeln die Angriffe korrekt erkennen. Leider ist die Ausführung individueller Angriffe für jedes einzelne Exploit keine skalierbare Lösung. Kapitel 10, »Optimieren von Snort« bietet Informationen zu Tools, die Sie zum Testen der Konfiguration Ihres Netzwerk Intrusion Detection Systems (NIDS) nutzen können. Seien Sie sich aber der Tatsache bewusst, dass es derzeit kein einzelnes Tool auf dem Markt gibt, das Scheinangriffe für alle kritischen Netzwerkangriffe bietet.

5.5.3   Zusammenführen von Subnetzmasken

Die Deklaration von Subnetzen über Subnetzmasken in Variablendeklarationen und Regeldefinitionen hat das Potential unnötige CPU-Ressourcen zu verbrauchen. Eine schnelle Methode, um das Potential von Snort in Hinblick auf die effiziente Arbeit mit mehreren Netzwerken zu maximieren, ist die Zusammenführung von Subnetzmasken. Im Allgemeinen ist das Zusammenführen von Subnetzmasken eine manuelle Aufgabe, da sie außerhalb von Snort vordefiniert und deklariert werden müssen. Darüber hinaus benötigt der Definitionsprozess, in dem entschieden wird, welche Netzwerke in bestimmte Regeln oder Regelsätze eingeschlossen werden, eine sorgfältige Vorüberlegung.

Tabelle 5.9 zeigt Beispiele von einzelnen Netzwerken und Adressen in der korrekten CIDR-Notation zusammen mit dem zusammengeführten Subnetz. Im *Abschnitt Zuweisen von Quell- und Ziel-IP-Adressen zu Regeln* zeigte die Tabelle 5.1 detaillierte Beispiele zur Verwendung von CIDR-Adressen statt der entsprechenden Subnetzmasken. Tabelle 5.9 zeigt Beispiele von Netzwerkadressen und Subnetzmasken, die zu den einzelnen CIDR-Adressen gehören. Die ersten drei Beispiele zeigen das Zusammenführen von Netzwerksubnetzmasken, während die letzten zwei Beispiele individuelle IP-Adressen mit CIDR-Adressen zusammenführen.

Zusammengeführte Subnetzmaske	Zusammenzuführende Subnetze
10.1.0.0/22	10.1.0.0/24, 10.1.1.0/24, 10.1.2.0/24, 10.1.3.0/24
10.1.0.0/21	10.1.0.0/24, 10.1.1.0/24, 10.1.2.0/24, 10.1.3.0/24, 10.1.4.0/24, 10.1.5.0/24, 10.1.6.0/24, 10.1.7.0/24
10.1.8.0/22	10.1.8.0/24, 10.1.9.0/24, 10.1.10.0/24, 10.1.11.0/24
198.30.1.0/30	198.30.1.1/32, 198.30.1.2/32, 198.30.1.3/32 (einzelne IP Adressen)
198.30.1.0/29	198.30.1.1/32, 198.30.1.2/32, 198.30.1.3/32, 198.30.1.4/32, 198.30.1.5/32, 198.30.1.6/32, 198.30.1.7/32 (einzelne IP Adressen)

Tabelle 5.9: Kombinieren von Subnetzmasken (Gute Beispiele)

Glücklicherweise stehen unglaublich viele Informationen zu MAC- und IP-Adressen zur Verfügung. Wenn Sie weitere Einzelheiten zum Definieren und Referenzieren von Netzwerkadressen benötigen, sollten Sie das Buch *TCP/IP Illustrated* von W. R. Steven lesen, das unter Eingeweihten als die Bibel zum Thema TCP/IP-Stacks gilt.

Die Beispiele aus Tabelle 5.10 zeigen zusammengeführte oder kombinierte Subnetzmasken, die nicht korrekt definiert sind. Die erste Zeile zeigt ein übliches fehlerhaftes Beispiel. Die Subnetze, die Sie zusammenführen möchten, müssen numerisch aufeinanderfolgen. Beachten Sie, dass die vier Subnetze, die die zusammenzuführenden Subnetze ausmachen, nur Klasse C Adressräume definieren. Das zweite Beispiel ist das verzwickteste Beispiel. Auf den ersten Blick scheint alles korrekt, doch wenn die zusammengeführte Subnetzmaske 198.0.0.0/20 mit der /21 CIDR Adresse umdefiniert würde, käme dabei 198.0.0.0/21 und 198.1.0.0/21 heraus. Die erste Klasse B Adresse wäre 198.0. statt 198.1. Der Fehler im letzten Beispiel sollte an der Tatsache deutlich werden, dass die beiden IP-Adressen die zusammengeführt werden sollen, zufällig und durch 100 andere Adressen getrennt sind – ein eklatanter Fehler.

Zusammengeführte Subnetzmaske	Zusammenzuführende Subnetze
10.1.0.0/22	10.1.0.0/24, 10.1.2.0/24, 10.1.4.0/24, 10.1.6.0/24
198.0.0.0/20	198.1.0.0/21, 198.2.0.0/21
10.100.80.0/31	10.100.80.1/32, 10.100.80.101/32

Tabelle 5.10: Kombinieren von Subnetzmasken (Schlechte Beispiele)

Das Zusammenführen von Subnetzmasken kann CPU-Ressourcen einsparen und die Leistung der traffic-verarbeitenden Snort-Engine erhöhen. Als Faustregel gilt, Sie sollten wo immer möglich, Subnetzmasken kombinieren oder zusammenführen, doch es ist äußerst wichtig, dass nur die korrekten Adressen in die definierten Bereiche eingeschlossen werden

Oink!

Wenn Sie spezifische Adressen aus einer zusammengeführten Subnetzmaske entfernen möchten, können Sie immer einen BPF-Filter implementieren, der die gewünschten Adressen und Bereiche weiterleitet, da die BPF-Engine die Pakete vor der Snort-Regel-Engine analysiert.

Tools & Traps...

Automatische Zusammenführung mit Aggregate

Bei Aggregate handelt es sich um ein einfaches Tool, das auf den meisten Unix- und Linux-Plattformen genutzt werden kann, um mehrere Subnetze zusammen-zuführen. Das Programm empfängt die Subnetze, die Sie zusammenführen wollen über die Standardeingabe (STDIN) und pumpt die zusammengeführten Subnetze auf die Standardausgabe (STDOUT). Es gibt zahlreiche kleinere oder weniger populäre Versionen des Tools, doch die populärste und stabilste Version können Sie unter `http://http.us.debian.org/` herunterladen. Auf der Debian-Site können Sie eine detaillierte README-Datei zur Anwendung des Tools herunterladen.

5.6   Testen Ihrer Regeln

Es ist extrem wichtig, dass Sie wirklich jede Regel aus Ihren Regeldefinitionsda-teien testen. Unsachgemäß definierte Regeln und Regelsätze können die System-leistung erheblich beeinträchtigen und Ihre Alarm- und Log-Dateien überfluten. Im Allgemeinen gibt es drei Methoden zum Testen Ihrer Regeln. Die erste und schwierigere Methode ist die Ausführung eines Belastungstests gegen Ihren Regel-satz und Ihre Systemhardware, während die zweite nur die Regelsyntax testet. Belastungstests werden durchgeführt, indem zahlreiche Tools gleichzeitig ausgeführt werden, um herauszufinden, wie viele Pakete vom NIDS verpasst bzw. durch es verworfen werden. Sie führen Regel-Syntax-Tests durch, indem Sie individuelle Regeln durch die Snort- und TCPDump-Engines aufbereiten und analysieren lassen. Die dritte und bei weitem schwierigste Methode liegt im Testen des Regelinhalts durch Senden einer Angriffszeichenkette. In den meisten Fällen ist diese Testmethode zu zeitaufwändig und kann deshalb nicht durchgeführt werden.

Ein effektiver Qualitätssicherungsprozess ist bei der Implementierung eines NIDS in einer Unternehmensumgebung obligatorisch. Verglichen mit der Verwaltung anderer Netzwerkgeräte wie Router und Wireless Access Points oder anderer Netzwerkssicherheitsprodukte wie Firewalls und e-Mail-Scanner benötigt die Administration eines IDSs eine erhebliche Erfahrung und Expertise im Bereich der Netzwerkverwaltung. Zu einem gesunden Prozess gehört die Analyse der Softwarekonfiguration, bevor die Software in die Produktionsumgebung übernommen wird.

5.6.1 Belastungstests

Sicherheitslücken-, Angriffs- und Paketbelastungstests sind die nützlichsten Tests, denen Sie Ihre Snort-Sensoren unterziehen können. Das Ziel eines jeden Belastungstests ist das Aufzeigen von Schwellwerten. Im Falle eines NIDS soll mit einem Belastungstest die Datenmenge, die durch die Snort-Engine verarbeitet werden kann, ermittelt werden. Paketverluste bedingt durch unangemessene Hardware sind schwer zu erkennen, doch Regeln auszumachen, die eine große CPU-Belastung erzeugen und die Systemleistung beeinträchtigen, ist noch schwieriger.

Im Folgenden finden Sie Links zu Tools für entsprechende Tests:

- **NTOMax** und **FScan**   www.foundstone.com
- **Nessus**   www.nessus.org
- **Whisker**   www.wiretrip.net/~rfp
- **NMAP**   www.insecure.org
- **Paketto Keiretsu**   www.doxpara.com
- **Nikto**   www.cirt.ner/nikto/

Die genannten Bewertungs- und Belastungs-Tools können verwendet werden, um Belastungs- und Benchmark-Tests durchzuführen. Wenn Sie beispielsweise drei Tools gleichzeitig von drei verschiedenen Systemen ausführen, generieren Sie eine erhebliche Menge von potentiell maliziösen Datenverkehr. Im Belastungstest sollten Sie mehrere Tools zusammen benutzen, um große Traffic-Mengen zu erzeugen. Die Bewertung der Tests ist einfacher als ihre Durchführung. Nach jedem Test sollten Sie die Anzahl der mitgeschnittenen und analysierten Pakete, der generierten Alarme und die exakte Größe und Menge der protokollierten Einträge aufzeichnen. Solange Sie die gleichen Werkzeuge mit der gleichen Konfiguration und auf gleiche Weise ausführen, ist der einzige statistische Wert, der sich potentiell ändern könnte, die Größe der Log-Datei. Andernfalls könnten etwaige Inkonsistenzen auf verlorene Pakete oder unsachgemäße Regelsätze hinweisen.

5.6.2 Individuelles Testen der Snort Regeln

Es gibt eine Reihe Methoden zum Testen von Regeln, aber im Allgemeinen ist eine der besten und akkuratesten Testmethoden für eine korrekte Regelsyntax die individuelle Einzelbewertung. Dabei scheint es sich um eine sehr aufwändige Aufgabe zu handeln, doch ein schnelles Perl-Script, das individuelle Regeln aus einer Regeldatei extrahiert, oder in dem Sie ein Verzeichnis angeben, in dem das Skript jede individuelle Regeldatei öffnet und an eine Master-Regel-Datei anhängt, sollte problemlos geschrieben werden können.

Die Syntax für die Dateianalyse und Aufbereitung folgt. Je mehr Regeln Sie haben, desto schwieriger wird es jedoch, die Skripts zu debuggen. Mit dem Flag –*i* wird die Schnittstelle angegeben, während das Flag –*n* Snort anweist, zu terminieren, nachdem ein Paket empfangen wurde. Auf diese Weise können Sie sicherstellen, dass die Regel das korrekte Format besitzt

```
Test Syntax: snort -i  eth0 -n 1 -c /Snort/rules/example.rule
```

5.6.3 Berkeley Packet Filter-Tests

Wie beim Testen individueller Snort-Syntaxregeln haben Sie die Möglichkeit BPF-Regeln individuell mit dem TCPDump-Werkzeug zu testen. Da TCPDump nur ein Interpreter für die Regeln ist, ist in das Programm eine nur geringe Debugging-Funktionalität integriert. Der einfachste Weg, um potentielle Fehler zu ermitteln, ist das Testen der Regeln auf korrekte Syntax. Mit dem folgenden Befehl wird die Regel individuell analysiert, um sicherzustellen, dass die verwendete Syntax korrekt ist. Mit dem Flag –*i* definieren Sie die entsprechende Netzwerkschnittstelle, auf die die Regel angewandt werden soll, doch in diesem Fall ist jede gültige Schnittstelle ausreichend.

```
Test Syntax: tcpdump -i eth0 -n -F /Snort/bpf/example.filter
```

5.7 Feinabstimmung Ihrer Regeln

Snort liefert eine Reihe von Methoden für die Feinabstimmung Ihrer Regeln. Zum Feinabstimmen könnten Sie nicht erforderliche Regeln deaktivieren, Regelvariablen an Ihre entsprechende Umgebung anpassen oder BPF-Regelsätze verwenden. In diesem Abschnitt werden die drei Hauptkategorien für die Anpassung Ihrer Snort-Sensorinstallation detailliert beschrieben.

Zusätzlich zu den möglichen Hauptmodifikationen können Sie zahlreiche kleinere Anpassungen vornehmen. Zu den kleineren Anpassungen gehört die Konfiguration von Snort für den Betrieb auf einer anderen Schnittstelle, das Ändern des deskriptiven in den stillen Ausgabemodus oder umgekehrt, die Modifikation des Dateisystems oder der Verzeichnisstruktur für Regeldateien und das Upgraden auf eine spätere Version von Snort. Es gibt noch eine Modifikationsmöglichkeit, die Sie Ihrer Liste hinzufügen können – die Definition neuer Log- und Alarmdateien.

5.7.1 Konfigurieren von Regelvariablen

Abhängig von Ihrer Konfiguration und Ihrem Sensor kann die Neukonfiguration Ihrer Umgebungsvariablen sich als anstrengende Aufgabe erweisen. Wenn sie jedoch richtig erfolgt ist, können Sie einfach Ihre Snort-Konfigurationsdatei öffnen und sicherstellen, dass die richtigen Netzwerk- und IP-Adressen den korrekten Variablen entsprechen. Wenn nicht alle Ihrer Variablen in einer Konfigurationsdatei definiert und deklariert sind, sollten Sie vielleicht ein Redesign Ihrer Sensorinstallation erwägen. Die Variablen in Tabelle 5.1 können als generische Namen, die als Platzhalter für statische Adressen dienen, in Ihrem gesamten Regelsatz implementiert werden. Selbst wenn Ihre Konfigurationsdatei durch die Anzahl der Variablendefinitionen länger wird, lohnt sich der Aufwand, weil Sie zusätzliche Flexibilität gewinnen.

Variablenname	Funktion
$INTERNAL_NET	Zum Deklarieren Ihres internen IP-Adressbereichs
$DMZ	Zum Deklarieren Ihrer DMZ- und öffentlichen Systemadressen
$EXTERNAL_NET	Dies umfasst die Adressen außerhalb Ihres internen Netzbereichs
$DNS	Variable für Ihren oder den öffentlichen DNS-Server
$WEBS	Variable für öffentliche Web-Server
$FTP	Variable für öffentliche Datei- und FTP-Server
$FINANCIAL	Diese Variable können Sie für Ihre Finanz-Systeme nutzen, wenn Sie weitere Regeln für einen zusätzlichen Schutz einrichten wollen
$DEVELOPMENT	Entwicklungssysteme
$PRODUCTION	Produktionssysteme
$SENSITIVE	Reserviert für die Klassifizierung weiterer sensibler Systeme

Tabelle 5.11: Systemvariablennamen

Oink!

Alle Regeln sollten dynamische Variablen enthalten, die in der Konfigurationsdatei definiert sind; statische IP-Adressen und Netzwerke sind chronische Problembereiche für IDS-Administratoren.

Zusätzlich zu der Konfiguration Ihrer Systemvariablen sollten Sie Ihre Content-Auf-listungsdateien konfigurieren. Zumindest sollten Sie ein Verzeichnis erstellen, das all die Content-Listen enthält, einfach aus organisatorischen Gründen und wegen der leichteren Nutzbarkeit. Vielleicht mögen Sie es auch als unnötig empfinden, all diese Sites über den Befehl *resp* zu blockieren. Natürlich hängt dies alles von den Geschäftsfunktionen und Anforderungen des Unternehmens ab. Im Folgenden finden Sie einige übliche Kategorien, die häufig in Unternehmen genutzt werden:

- Unerwünschte Sites (mit nicht erwünschten Inhalten wie z. B. Pornografie) und Schlüsselworte

- Hacker, Cracker, und Serial Web-Sites (zum Cracken von Programmen) und Schlüsselworte

- Web-Sites für Stellenmärkte

- Webbasierende e-Mail-Sites oder fremde Mailsysteme

- Partnervermittlungs-Sites

- Web-Sites zum Download von Medien

- Webbasierende Proxy-Dienste oder -Sites

5.7.2 Deaktivieren von Regeln

Das Deaktivieren von Regeln ist in manchen Fällen genau so wichtig, wie das Akti-vieren und Implementieren von Regeln oder Regelsätzen. Meistens führen nicht effektive Regeln oder Konfigurationen dazu, dass auf der Basis von nicht-sachdien-lichen Daten, System-Logs und Alarme generiert werden. Wie Sie sich sicher vor-stellen können, erfordern größere Log- und Alarm-Dateien mehr Energien und Ressourcen für die Aufbereitung und Analyse der Daten. Neben dem Speicherplatz verbrauchen nicht notwendige Regeln wertvolle Systemressourcen wie CPU-Zyklen und Speicher während der Paketanalyse, die normalerweise für die Analyse anderer Pakete verwendet werden könnten. Um es auf den Punkt zu bringen, Sie sollten nur Regeln implementieren, die für Ihre Umgebung sinnvoll sind. Wenn Sie als Beispiel einen IIS-Web-Server überwachen, ist es in den meisten Fällen sinnvoll, nur die Regeln zu aktivieren, die bei Angriffen auf Microsoft- oder Web-Systeme ausgelöst werden.

Es gibt zwei hauptsächliche Methoden für die Deaktivierung von Regeln innerhalb Ihrer Sensorumgebung. Die erste und einfachste Methode liegt darin, komplette Regelkategorien auszumachen, die nicht länger benötigt werden. Dann entfernen Sie die spezifischen Referenzen auf include-Dateien aus den Snort-Konfigurations-dateien.

```
#log tcp any any -> any 10 (msg:"Example Rule 1";)
```

Die zweite Methode wird bei größeren Regeldateien langwieriger, ist aber effektiver bei der Deaktivierung einzelner Regeln. Sie können einfach die Zeile mit der Regeldefinition auskommentieren anstatt sie zu löschen. Damit wird sichergestellt, dass die Regel nicht aktiviert ist, und doch schnell zur Verfügung steht, wenn Sie später wieder aktiviert werden soll.

```
#log tcp any any -> any 20 (msg:"Example Rule 2";)
```

Die beiden vorhergegangenen Beispiele zeigten das Deaktivieren von Regel eins und zwei, während Regel drei aktiviert bleibt.

```
log tcp any any -> any 30 (msg:"Example Rule 3";)
```

5.7.3 Berkeley Packet Filter

Das BPF-Schema ist innerhalb von Snort implementiert. Daher können Sie BPF-Regeldateien für Ihre Sensoren schreiben und nutzen. Das BPF-Schema wurde entwickelt, damit Benutzer schnelle Paketanalyseregeln auf der Grundlage von Quelle, Ziel, Protokoll und anderen sachdienlichen Header-Informationen schreiben können. Das BPF-Schema wird in den WIN32- und UNIX-basierenden Versionen von TCPDump häufig verwendet. TCPDump ist ein Netzwerk-Sniffer- und -Packet-Capture-Tool. Netzwerk-Sniffing in Kombination mit BPF ermöglicht Ihnen nur den erwünschten Datenverkehr mitzuschneiden und dabei potentiell große Mengen an nutzlosen Daten zu vermeiden.

Das BPF-Schema ist leicht zu verstehen, und Sie können es nutzen um die TCP-, UDP-, IP- und ICMP-Protokolle zu analysieren. Die Regelsyntax ähnelt sehr der gesprochenen Sprache; als Regeloperanden werden *and* und *or* verwendet und *not* für die Negierung. Zusätzlich zu diesen Instruktionen können Sie Klammern verwenden, um die Engine anzuweisen, eine Reihe von Daten als eine Entität statt als mehrere Einzelposten zu lesen.

Der *Example IMAP Filter* aus dem folgenden Beispiel protokolliert den gesamten TCP-Traffic mit dem Zielport 143; dies ist ein übliches Szenario, um an IMAP gerichtete Anforderungen zu protokollieren. Die *Example 143 Traffic Rule* protokolliert den gesamten Traffic mit dem Quell- oder dem Ziel-Port 143 für die Protokolle IP, TCP und UDP. Ein sichtbarer Unterschied zwischen den beiden Regeln sind die unterschiedlichen Protokolle, aber es ist wichtig zu wissen, dass die allgemeine 143er-Regel nicht zwischen Quell- und Ziel-Headern differenziert.

```
Example IMAP Filter  tcp and dst port 143
Example 143 Traffic Rule  ip and tcp and udp port 143
```

Nun, da Sie die Grundlagen von BPF Regeln verstehen, erfolgt die Beschreibung der fortgeschrittenen Features innerhalb von BPF. Das vorangegangene Beispiel sollte Ihnen grundsätzlich zeigen, wie die Regelsyntax in Hinblick auf Protokolle und Ports funktioniert. Die nächsten beiden Beispiele zeigen Regeln, die Klammern nutzen, um Paket-Entitäten wie Portdefinitionen oder Netzwerkadressen zu kapseln. Der *Example Cleartext Filter* protokolliert den gesamten TCP-Traffic, der für Port 21 oder 23, Telnet bzw. FTP, bestimmt ist. Diese Regel ist nicht ungewöhnlich, da sie zur Protokollierung von Authentifizierungsdaten genutzt wird. Der *Example Network Filter* protokolliert IP-Traffic, der vom Netzwerk 10.1.2.0/24 stammt und an das Netzwerk 192.168.0.0/16 gerichtet ist.

```
Example Cleartext Filter  tcp and (dst port 21) or (dst port 23)
Example Network Filter  ip and (src net 10.1.2) and (dst net 192.168)
```

Das Verwenden der Negierungsinstruktion *not* ist ganz einfach. Sie eignet sich besonders gut zum Ausfiltern von Datenverkehr, den Sie nicht protokollieren wollen. Der *Example Negation Filter* protokolliert TCP-Traffic mit dem Zielport 22, solange dieser nicht die Netzwerkadresse 10.100.5.0/24 aufweist. Der *Example Multiple Negation Filter* dient zur Illustration einer verstärkten *not*-Instruktion, indem Klammern in der BPF-Regel verwendet werden. Er protokolliert den gesamten UDP-Traffic mit dem Zielport 111, dem Standard UNIX- und Linux-Port für den Portmapper-Service, vorausgesetzt er stammt weder von den zwei folgenden Adressen, noch ist er an sie gerichtet (10.9.1.4 oder 10.9.1.5).

```
Example Negation Filter  tcp and (dst port 22) and not (net 10.100.5)
Example Multiple Negation Filter  udp and (dst port 111) and not (10.9.1
.4 and 10.9.1.5)
```

BPF-Regeln können über die Kommandozeilenoption *–f* oder über eine Referenz in der Konfigurationsdatei in Snort implementiert werden. In beiden Fällen müssen Sie zuvor eine lokale BPF-Regeldatei erstellt haben, die zur Konfiguration in die Sensoren eingelesen wird. Die Datei sollte als ASCII-Textdatei gespeichert werden, wobei sich die individuellen Regeln jeweils auf einer eigenen Zeile befinden. Wenn Sie die Konfigurationsdatei modifizieren möchten, benötigen Sie nur eine einzelne Instruktion: *config BPF_RULES_FILE: BPF_FILE.bpf*. Stellen Sie sicher, dass die Datei *BPF_FILE.bpf* die korrekten Berechtigungen besitzt, damit Snort sie öffnen und lesen kann. Als kleine Randbemerkung: BPF-Regeldateien unterscheiden sich von Snort-Regeldateien, daher sollten BPF-Regeln niemals in eine Snort-Regeldatei eingeschlossen werden.

Weitere Informationen zu UNIX- und WIN32-basierenden Versionen von TCPDump finden Sie unter:

- **TCPDUMP**   www.tcpdump.org
- **WinDUMP**   http://windump.polito.it/

5.8 Zusammenfassung

Snort, einfach und flexibel, das ohne die mitgeschnittenen Paket-Logs einen relativen kleinen Speicherplatz belegt, ist, wenn es sachgemäß mit einem effizienten Regelsatz konfiguriert ist, eine unersetzliche lokale Anwendung bzw. Unternehmensanwendung. Wie Sie sicherlich erwartet haben, wurden einige Schlüsselaspekte bei der Entwicklung und Erstellung von Regeln hervorgehoben; Effizienz, Vollständigkeit und geeignete Aktionen. Wenn Sie diesen einfachen Richtlinien folgen, werden Sie feststellen, dass Ihr Regelsatz optimal auf die Bedürfnisse von Unternehmensnetzwerken mit zahlreichen Hosts und Netzwerken, die hohe Übertragungsraten erfordern, angepasst ist.

In diesem Kapitel wurden Regelentwicklungsschemata, geeignete Methoden zum Testen Ihrer Regeln, Techniken zum Erweitern Ihrer Regeln, so dass diese mit optimaler Geschwindigkeit verarbeitet werden können, und Tipps bei der Verwendung von BPF-Filtern und Subnetzmasken in einer Regel vorgestellt. Das gewonnene Wissen wird für die kommenden Kapitel und für Ihre weitere Verwendung von Snort von unschätzbarem Wert sein. Die beiden exzellenten Quellen für weitere Informationen zu Snort und IDSs sind `www-snort.org` und `www.sourcefire.com`.

5.9 Lösungen im Schnelldurchlauf

Informationen über Konfigurationsdateien

- Snort kann derzeit vier Protokolle analysieren und verarbeiten: IP, TCP, UDP und ICMP.

- Einfache Quell- und Zielregeln benötigen nicht zwingend ein Body-Feld, obwohl der Body Ihnen wichtige und nützliche Features wie Berichtserweiterungen, Nutzlastanalysen und spezielle Funktionen zu Service-Analysen (wie z. B. die RPC-Option) bietet.

- Jede Body-Option muss mit einem Semikolon abgeschlossen werden, selbst wenn es sich um die letzte Option vor einer Klammer handelt.

- Zahlreiche Freeware-Features innerhalb von Snort erweitern die kommerzielle Sourcefire-Version, darunter die *activate* und *dynamic*-Regeln, die Regeloption *classtyp*, IP-Optionen, RPC-Analysen und zahlreiche Klassifizierungs- und Logging-Einstellungen.

Der Regel-Header

- Die Snort-Regel-Header sollten als der Hauptteil einer Signatur angesehen werden, da der Header festlegt, was erfolgen soll, wenn die Regel ausgelöst wird, welches Protokoll genutzt werden soll und welche Quell- und Zielinformationen, einschließlich Ports, IP-Adressen und Netzwerke, relevant sind.

- Der Regel-Header kann in vier Hauptkategorien aufgeteilt werden: Regel-Aktion, Protokoll, Quellinformation und Zielinformation

- Wenn Sie die Regel-Aktion für Ihre Regel festlegen, müssen Sie sich selbst fragen: Was ist das Ziel der Regel und welche Bedeutung hat Sie, wenn eine Übereinstimmung auftritt? Es gibt fünf Optionen für Regel-Aktionen: *pass, log, alert, dynamic* und *activate.*

- Die aktuelle freie Version von Snort wurde entwickelt, um die Analyse von vier Protokollen zu unterstützen: ICMP, TCP, IP und UDP. Es steht jedoch auch eine minimale Unterstützung für 802.11, HTTP und ARP zur Verfügung.

Der Regel-Body

- Jede Body-Option muss mit einem Semikolon abgeschlossen werden, selbst wenn es sich um die letzte Option vor einer Klammer handelt.

- Snort-Regeln benötigen kein Body-Feld, um als komplette Regeldefinition zu gelten. Der Body (Rumpf) der Regel ist ein exzellenter Zusatz, der die Regeldefinition über das einfache, auf Paketquelle und –ziel gestützte Logging und Alerting hinweg erweitern kann.

- Es gibt eine Reihe von Optionen, die im Regel-Body verwendet werden können. Diese können in fünf Kategorien aufgeteilt werden: Regelinhalt (Content), IP, TCP, ICMP, IDs und Verschiedene.

- Beim Schreiben von Snort-Regeln stehen die leistungsvollsten und wichtigsten Optionen, die Sie in den Body einer Regel einfügen können, in Zusammenhang mit der Analyse der Nutzlast (Payload) der Pakete. Neben der Angabe von vielen anderen Optionstypen für das Entdecken potentiell maliziöser Paketinhalte können Sie die Nutzlasten über binäre und über ASCII-Werte analysieren.

Komponenten einer guten Regel

- Content-Analysezeichenketten sollten im Binärformat geschrieben werden und Subnetzmasken sollten möglichst zusammengeführt werden, um CPU-Zyklen zu schonen.

- Alarm-Ereignisse sollten für sehr gefährliche und zeitkritische Ereignisse verwendet werden, während Logging-Ereignisse für weniger kritische Vorkommnisse verwendet werden sollten.

Testen Ihrer Regeln

■ Im Allgemeinen sollten Regel in vier Metriken getestet werden: Effizienz, Nütz-
lichkeit, Genauigkeit und Eindeutigkeit. Eine effiziente Regel kann möglicherweise doppelte Log-Dateien erstellen, während eine nicht erforderliche Regel
möglicherweise unwesentliche Pakete protokolliert. Ungenaue Regeln werden
Ihre Alarmdateien und Logs mit False-Positive überfüllen, und was noch wichtiger ist, Sie werden False-Negatives vielleicht nicht einmal bemerken. Die Eindeutigkeit von Regeln ist ein weiterer Schlüsselfaktor, da sich in vielen großen
Regel-Pools häufig Regeln finden lassen, die eine exakte Untergruppe von größeren Regeln darstellen.

■ Es ist genauso wichtig, Ihr System zu testen, um sicherzustellen, dass keine
Pakete verloren gehen und dass Sie den korrekten Zugriff auf Netzwerkpakete
besitzen.

■ BPF-Regeln können individuell mit den Tools TCPDUMP oder WinDUMP
getestet werden.

Feinabstimmung Ihrer Regeln

■ BPF-Regeln dienen als hervorragender Mechanismus, um Regeln plattform-
und anwendungsübergreifend zu nutzen.

■ Sie können Regeln auskommentieren, Regelkategorien entfernen, Instanzen
von Regeln löschen, um sicherzustellen, dass Sie über einen optimierten und
effizienten Regelsatz verfügen. Uneffiziente oder überflüssige Regeln vermin-
dern die Leistung Ihres Sensors.

■ Nutzen Sie *depth*-Option, um die Datenmenge, die während der Content-Ana-
lyse verarbeitet wird, zu minimieren.

5.10   Häufig gestellte Fragen
   (FAQs, Frequently Asked Questions)

■ F: Kann ich Plugins zur Verwaltung meiner Alarme schreiben, die von Snort-
Regeln auf meinen Netzwerken ausgelöst werden? Ich habe einfach zu viele
Alarme, um sie ohne zusätzliche Technologie verwalten zu können.

■ A: Einer der inhärenten Nachteile von IDSs ist die potentielle Anzahl von Alarmen, die generiert werden können. Stellen Sie sich Folgendes vor: Sie überwachen zahlreiche Arten von Angriffen auf Ihr internes Netzwerk von einem
Partner-Netzwerk einschließlich direkter Port-Verbindungen zu jedem System außerhalb Ihres DMZs. Wenn eins der Systeme einen Sicherheitslü-
cken-Scan auf der Suche nach offenen Ports und Schwachstellen
durchfuhren wurde, ware es möglich, das Tausende von Alarmen innerhalb

von Minuten generiert würden Eine Methode zur Verwaltung dieser Alarme ist die Nutzung von Skripts, die bei der Zuordnung und Analyse helfen. Es stehen zahlreiche nützliche Skripts im Internet zur Verfügung. Eine kurze Suche bei Google.com sollte schnell einige Ihrer Probleme lösen.

- **F:** Sind Nachteile bei der Nutzung öffentlich verfügbarer Snort-Regeln bekannt? Sollte ich als Administrator auf den unter snort.org verfügbaren Regelinhalt vertrauen?

- **A:** Snort-Regeln können zur Ausführung von Code auf Ihrem Netzwerk erstellt sein, daher sollten Sie jede Regel, die Sie auf Ihrem System implementieren, kurz prüfen. Dies ist keine unübliche Empfehlung bei der Nutzung von frei verfügbarem Code, und sie fällt in den Verantwortungsbereich eines Administrators.

- **F:** Wie ist Snort beim Vergleich mit kommerziell entwickelten IDSs einzuschätzen?

- **A:** Zahlreiche Hybrid-Versionen von Snort werden derzeit weltweit in kommerziellen Anwendungen und Diensten genutzt. Bei verschiedenen Sicherheitsservice-Providern werden Snort-Hybriden intern für die IDS-Überwachung eingesetzt. Es gibt Firmen, die Snort-Systeme weiter verkaufen und, nicht zu vergessen, den privatisierten Snort-Anbieter SourceFire. Dank seiner Einfachheit steht Snort ganz oben in der Liste, wenn es um die Performance geht, besonders mit den Erweiterungen, die das Release 2.0 mit sich bringt. Wenn Sie jedoch nach einer umfassenden, top-aktuellen Dokumentation, Support, Unternehmensverwaltungsfunktionen und nach einer GUI auf kommerziellen Niveau suchen, sollten Sie vielleicht die kommerzielle Version von SourceFire oder gar ein anderes IDS-Produkt wie RealSecure oder Dragon in Betracht ziehen.

- **F:** Kann ich Snort nutzen, um verschlüsselte VPN-Daten zu protokollieren?

- **A:** Die schlichte Antwort ist, ja. Es wäre nicht schwierig, verschlüsselte Daten zwischen zwei Punkten zu protokollieren; die gespeicherten Daten oder die Nutzlast bliebe jedoch weiterhin verschlüsselt. Bei der Protokollierung von verschlüsselten Daten sollten Sie Daten am besten nur auf der Basis von Headern für die Protokollierung vorsehen, da die Datenfelder innerhalb des Pakets nicht die tatsächliche Nutzlast des Pakets reflektieren.

- **F:** Wo passt Snort in mein Arsenal für die Bewertung von Sicherheitslücken hinein?

- **A:** Viele Sicherheitsprofis nutzen Snort in Hinblick auf die Bewertung der Sicherheit von Netzwerken und Anwendungen nicht in dem Ausmaß, in dem es möglich wäre. Snort ist extrem flexibel und kann in zahlreiche Skripts und Programme integriert werden, indem Sie spezialisierte Alarme, Logging-

Mechanismen und Präprozessor-Plugins konfigurieren. Auf diese Weise können Sie spezifische Datentypen protokollieren. Wenn Sie beispielsweise eine Anwendungsbewertung mittels whisker durchführen, um die Cookies einer Website mehrmals abzufragen, könnten Sie diese Cookies protokollieren und sie in Hinblick auf Inhalte und Nummernfolge analysieren.

- **F:** Sollte ich mir Gedanken darum machen, dass Snort akquiriert und nicht mehr öffentlich unterstützt wird?

- **A:** Es ist nicht ungewöhnlich, dass ein frei verfügbares Tool plötzlich nicht mehr unterstützt wird oder nicht mehr öffentlich genutzt werden darf, das gilt besonders in einer kommerziellen Umgebung. Tatsache aber ist, dass es Snort schon eine geraume Zeit in dieser Form gibt und es sich nicht abzeichnet, dass das anders werden könnte, besonders, wenn man den Erfolg und das Bekennen von SourceFire zu ihrer Freeware-Version des Produkts betrachtet. Keiner von uns weiß jedoch, was die Zukunft eines Produkts bringen wird, also muss unsere Antwort lauten: Nutzen Sie es auf eigene Gefahr!

## Kapitel 6

Präprozessoren

Lösungen in diesem Kapitel:

- Was ist ein Präprozessor?

- Präprozessoroptionen für das Reassembling von Paketen

- Präprozessoroptionen für das Dekodieren und Normalisieren von Protokollen

- Präprozessoroptionen für nicht-regel- oder anomalie-basierende Erkennung

- Experimentelle Präprozessoren

- Schreiben von eigenen Präprozessoren

6.1 Einführung

Die Erkennungsfähigkeiten von Snort wurden aus dem Erkennen von Angriffen durch das Vergleichen von Paketdaten mit genau definierten Mustern entwickelt. Diese genau definierten Muster, oder Regeln, stehen für die Evolution von Signaturen. Bei Signaturen handelt es sich im Wesentlichen um Spezifikationen von Angriffen über einen Nummern- und Zeichenkettenvergleich mit speziellen Teilen des Paketes. Beispielsweise ist ein Paket, das an den Port 80 gerichtet ist und als Inhalt »cmd.exe« enthält, im Allgemeinen ein sicheres Zeichen für einen Hacker, der einen Angriff auf einen windows-basierenden Webserver ausführt. Ein Intrusion Detection System (IDS) kann diesen Angriff recht gut erkennen, indem es die Ziel-Port-Nummer, die TCP-Flags (Suche nach dem gesetzten ACK-Flag mit nicht gesetztem SYN-Flag) überprüft und einen einfachen Zeichenkettenvergleich gegen den Datenteil des TCP-Segments durchführt. Regeln sind sehr ähnlich, nur verfügen sie über eine höhere Flexibilität und Intelligenz. Sie lassen beispielsweise zusammengesetzte Statements zu, wie etwa in der Form »wenn *dies* erkannt wird, löse etwas aus, *dies* aber soll *nicht* verglichen werden«. Es gibt Regeln, die durch eine Entsprechung einer anderen Regel aktiviert werden und noch feinere Spezifikationen für die Suche nach einem Muster gestatten. Dieser aus einem Mustervergleich bestehende Kern mag ein wenig schlicht erscheinen, doch gerade diese Schlichtheit macht Snort zu einem der schnellsten Netzwerk-IDSs (NIDS), die es gibt. Snort ist in der Lage, mit schnellen und belasteten Netzwerken umzugehen, da im Allgemeinen recht gut definiert ist, welche Menge an Arbeit für die einzelnen, zu analysierendenden Pakete ansteht.

Es bestand ein großer Bedarf daran, dass Snort über dieses regelvergleichende Design hinweg kommen sollte. Man wünschte sich beispielsweise eine Funktion zur Erkennung von Protokollanomalien, in der Snort erkennen könnte, dass die Daten eines Pakets nicht den Regeln des zugehörigen Protokolls entsprechen. Dies ist im Allgemeinen keine mögliche Fähigkeit für ein rein signatur-/regel-basierendes NIDS. Snort implementiert Funktionen wie die Überprüfung auf Protokollanomalien über Präprozessoren. Präprozessoren handhaben Paketdaten, nachdem der Snort-Decoder die Pakete nach Feldern aufbereitet und eingeordnet hat, bevor der Erkennungsmechanismus mit dem Regelvergleich beginnt. Präprozessoren können oberhalb des regelvergleichenden Snort-Kerns eine immense Zusatzfunktionalität bieten.

Oink!

Tatsächlich führt Snort in seinen Paket-Decodern auch ein wenig Anomalieerkennung aus, dieser Aspekt wird jedoch in anderen Kapiteln behandelt.

Das Hinzufügen von Präprozessoren verlangt seinen Preis. Die extreme Geschwindigkeit von Snort leitet sich von der einfachen regelvergleichenden Programmbasis ab – es verliert definitiv mit jedem hinzugefügtem Präprozessor etwas von seiner Fähigkeit, mit schnellen und hoch belasteten Netzwerken Schritt zu halten. Abhängig von der Art des Präprozessors macht sich das Ausmaß des Geschwindigkeitsverlustes unterschiedlich bemerkbar. Dank der vorausdenkenden Design-Entscheidung durch den Entwickler Marty Roesch, die Präprozessoren als modulare Plugins zu implementieren, kann auf Host-Basis exakt entschieden werden, welche Präprozessoren aktiviert werden. Jeder Präprozessor wird nur durch seine Spezifikation in der Konfigurationsdatei snort.conf aktiviert – wenn sie ihn dort nicht einschließen, wirkt er sich auch nicht auf die Performance aus. Natürlich können Sie einen Präprozessor auch ganz aus der Code-Basis herauslassen – dies macht eben die Implementierung der Präprozessoren als Plugins aus. Jedes Plugin ist als ein separater Code-Block in einer unabhängigen, eigenen Source-Datei implementiert. Neben den Geschwindigkeitsaspekten hat dies weitere Vorteile. Zunächst können Marty und die restlichen Snort-Entwickler weniger streng bei der Akzeptanz von neuem Präprozessor-Code agieren. Wenn ein neues Präprozessor-Plugin zum Zeitpunkt, an dem ein neues Release ansteht, zu langsam oder vielleicht noch nicht stabil genug ist, kann der Code ganz einfach per Standardeinstellung deaktiviert werden. Auf diese Weise brauchen nicht alle Anwender dieses Plugin nutzen. Allen Anwendern, die es dennoch benötigen, steht die Nutzung frei. Der zweite Vorteil ist, dass mehrere Entwickler gleichzeitig am Präprozessor- und Erkennungs-Code arbeiten können, ohne sich dabei auf die Füße zu treten.

Dieses Kapitel untersucht, welche Rolle Präprozessoren in Bezug auf Regeln spielen, wie Sie die vorhandenen Snort-Präprozessoren nutzen und »tunen« und eigene Präprozessoren schreiben können. Um die zuletzt genannte Aufgabe zu bewältigen, werden Sie durch den Code des Telnet-Negotiation-Präprozessors geführt. Es wird im Detail erläutert, wie er funktioniert und wie er in Snort eingebunden ist. Die Ausführungen erfolgen mit dem Ziel, Ihnen das Schreiben eines eigenen Präprozessors zu ermöglichen.

6.2 Was ist ein Präprozessor?

Signatur-/regelvergleichende IDSs sind aufgrund ihrer Geschwindigkeit sehr populär. Wenn die einzelnen Pakete nur untersucht werden und ein Zahlen- oder Zeichenkettenvergleich mit einfachen Mustern durchgeführt wird, entsteht ein flottes Programm, das in der Lage ist, mit schnellen, hoch belasteten Netzwerken Schritt zu halten. Diese Form von IDS hat jedoch Schwachpunkte. Wenn die Angriffsmuster zu allgemein ausfallen, verbringen Sie zu viel Zeit mit der Analyse von *False-Positives*. Wenn diese Muster zu speziell sind, verpassen Sie unter Umständen Angriffe. Diese verpassten Angriffe werden als *False-Negatives* bezeichnet. Die Schwierigkeit, traditionelle Regeln wirkungsvoll einzurichten, liegt in den geringen Ausdrucksmöglichkeiten der Signatursprachen oder an der Unfähigkeit des IDS, Protokolle umfassender zu verstehen. Einige IDSs umgehen diesen Mangel durch die Nutzung vollständig anderer Modelle. Manche nutzen die Protokollanomalie-Erkennung, wobei Alarme bei Paketen ausgelöst werden, die nicht in die normale Verwendung des Protokolls hineinpassen. Einige signatur-/regel-basierende IDSs verfolgen zusätzlich den Status einer Verbindung. Zum Beispiel soll die cmd.exe-Regel aus dem angeführten Beispiel nicht auf Pakete reagieren, die *nicht* Teil einer eingerichteten TCP-Sitzung sind. Mit Präprozessoren kann Snort Aufgaben wie Anomalieerkennung und Statusverfolgung auf benutzerkonfigurierbarer Basis ausführen.

Präprozessoren sind äußerst hilfreich. Das Schreiben von Regeln wird einfacher, die Anzahl von False-Positives/Negatives wird geringer, und ein regelvergleichendes IDS kann sein traditionell einfaches Erkennungsmodell bei gleichzeitiger Wahrung der Performance erweitern. Im nächsten Abschnitt werden die wichtigsten Einsatzgebiete von Präprozessoren vorgestellt, darunter:

- Reassembling von Paketen

- Dekodieren von Protokollen

- Nicht-regel- oder anomalie-basierende Erkennung

Ein Aspekt, den Sie bei den einzelnen Prozessoren beachten sollten ist, wie das restliche Snort-System von der Arbeit des Präprozessors profitiert. Der Stream4-Präprozessor verändert beispielsweise keines der durch ihn untersuchten Pakete. Er baut statt dessen ein »Überpaket« aus allen Daten in dem Stream und leitet dieses separat durch die anderen Präprozessoren und die Detection-Engine. Der

Rpc_decode-Präprozessor hingegen modifiziert die Pakete individuell, zerstört dabei deren ursprüngliche Form und ersetzt sie durch Pakete, die frei von mehrfach fragmentierten Nachrichten/Meldungen sind. Es ist nicht erforderlich, dass Sie diese Funktionen jetzt schon vollständig verstehen – detaillierte Ausführungen zu diesem Thema erfolgen an späterer Stelle in diesem Kapitel. Achten Sie einfach nur darauf, was die Präprozessoren mit ihren Daten anstellen!

6.3 Präprozessoroptionen für das Reassembling von Paketen

Snort verfügt über zwei Präprozessor-Plugins, die beim Regelvergleich helfen, indem sie Daten, die über mehrere Pakete verteilt sind, kombinieren:

- Stream4

- Frag2

Die beiden Präprozessoren, Stream4 und Frag2, werden ausführlich in den nächsten Abschnitten beschrieben.

6.3.1 Der Stream4-Präprozessor

Stream4, der sich in der Source-Datei spp_stream4.c befindet, wurde 2001 von Marty Roesch als Verbesserung von Snort in Hinblick auf den Umgang mit TCP-Sitzungen für ausgewählten Traffic vorgestellt.

> **Oink!**
>
> In den FAQs zu Snort findet Stream4 durch Zitieren der Einführungsrede von Marty Roesch Niederschlag – es handelt sich nicht nur um eine historische Rede, sie enthält auch recht gute Details zu der Frage, was dieses Plugin leistet.

Damals schrieb Marty (wie es in `www.snort.docs/faq.html#3.14` zitiert ist):

Ich implementierte Stream2 aus dem Bedürfnis heraus, robustere Stream-Reassembly-Fähigkeiten zu erhalten und dem Wunsch, die jüngsten »Stateless-Angriffe« gegen Snort (durch Stick und Snot) abwehren zu können. Stream4 wurde mit der Absicht geschrieben, Benutzern der Unternehmensklasse eine Möglichkeit an die Hand zu geben, mit denen 256 Streams gleichzeitig verfolgt und zusammengesetzt werden können. Ich habe den Code sehr extensiv optimiert, um ihn robuster, stabiler und schneller zu machen. Die Tests und die Berechnungen, die ich durchgeführt habe, brachten mich zu der festen Überzeugung, dass Stream4 eine umfassende Stream-Reassembly für einige Tausend simultane Verbindungen und Stateful-Inspection für über 64.000 simultane Sitzungen leisten kann.

Stream4 hat zwei Ziele, die im Folgenden untersucht werden:

- TCP-Statefulness
- Sitzungs-Reassembly

TCP-Statefulness

Um zu verstehen, was Statefulness ist, müssen Sie sich noch einmal mit dem TCP-Protokoll beschäftigen. TCP führte das Konzept einer »Sitzung« (Session) in die Internet-Kommunikation ein. Eine Sitzung hat einen deutlich auszumachenden Anfang und ein erkennbares Ende. Dazwischen erfolgt ein guter Teil an Fehlerkorrektur. Die beiden Seiten einer Sitzung, der Client und der Server (um die Dinge einfach zu halten) richten die Kommunikation mit einer Folge von drei Paketen ein, bevor irgendeine Partei Daten versendet. Diese Paketfolge finden Sie in Abbildung 6.1 illustriert.

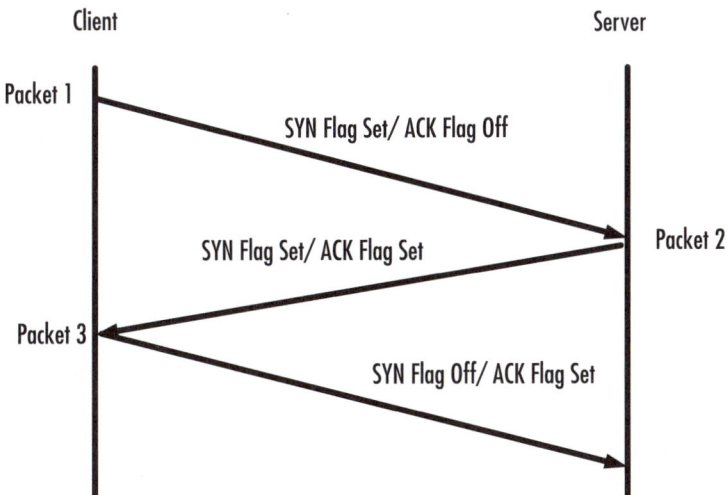

Abb. 6.1:   TCP-Sitzungsinitiierung

Bei allen weiteren Datenpaketen ist einfach das ACK-Flag gesetzt. Während SYN eine Kurzform für »Synchronisieren« ist, können Sie sich dies als Aufforderung, den Datenfluss in eine der Richtungen zu beginnen, vorstellen. ACK ist die Kurzform für »Acknowledge« (Bestätigen), da damit die Pakete bestätigt werden, die eine Seite bisher empfangen hat. Jede dieser Flag-Einstellungen ist mit einer »Sequenznummer« (Folgenummer) ausgestattet, die dazu dient, die gesendeten und empfangenen Pakete zu identifizieren. Für tiefere Einblicke in TCP, mit dem Sie sich unbedingt vertraut machen sollten, wenn Sie sich mit Intrusion Detection befassen, sollten Sie die Kapitel 18 und 19 (zumindest) des Werks *TCP/IP Illustrated Volume I* von W. Richard Steven lesen.

Wenn die Parteien die Kommunikation abgeschlossen haben, wird die Sitzung mit der in Abbildung 6.2 gezeigten Paketfolge beendet.

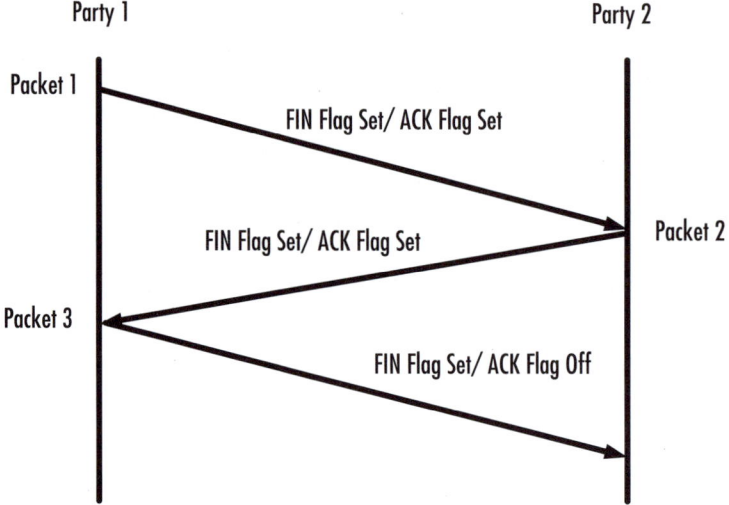

Abb. 6.2: TCP-Sitzungsterminierung

Der Grund, weshalb hier nicht von Client/Server sondern von Partei1/Partei2 die Rede ist, liegt darin, dass jede Partei der Verbindung die Terminierung initiieren kann. Beispielsweise sendet der Server gewöhnlich das erste Paket mit gesetztem FIN-Flag, um eine Telnet-Sitzung zu terminieren – im Allgemeinen geschieht dies als Reaktion auf eine normale Benutzerabmeldung. FIN ist die Kurzform für »Finish« (Beenden). Damit wird die andere Partei darüber informiert, dass der Sender keine weitere Daten zum Versenden in diese Richtung hat.

Stateless-Systeme untersuchen immer nur ein Paket zu einem Zeitpunkt – sie haben keine »Erinnerung« an die vorangegangenen Pakete. Dies bedeutet, dass die einzige Möglichkeit für die Bewertung des Status einer Sitzung darin liegt, dass Sie die Kombination der Flags betrachten. Solche Systeme unterstellen, dass jedes Paket, in dem das SYN-Flag nicht gesetzt und das ACK-Flag gesetzt ist, Teil einer bestehenden Verbindung ist. Dies ist eine große Schwachstelle bei Firewalls! Eine Reihe von Port-Scanning-Tools nutzt diese besondere Schwachstelle von Stateless-Firewalls aus, indem Sie Probe-Pakete, in denen nur das ACK-Flag gesetzt ist, anstelle der normalen verbindungsinitiierenden Pakete mit gesetztem SYN-Flag und nicht gesetzten ACK-Flag senden, um einen Portscan auf dem System auszuführen. Diese Tools handeln so, weil ein Probe-Paket mit gesetztem ACK-Flag wie ein Teil einer bestehenden Verbindung erscheint, die zuvor die Firewall passieren durfte. Da die Firewall keine Erinnerung daran hat, ob es tatsächlich eine Verbindung gab, deren Bestandteil dieses Paket gewesen sein könnte, muss sie häufig Probe-Pakete passieren lassen. Stateful-Systeme auf der anderen Seite merken sich, welche Handshaking-Pakete gesendet wurden, und können daher auch den Status der Verbindung verfolgen.

Während *Statelessness* eine schwerwiegende Schwachstelle in Firewalls ist, hat Sie bei IDSs einen wesentlich geringeren Stellenwert. Meist verschwenden Stateless-IDSs nicht notwendige Ressourcen, indem Sie Regeln mit ungültigen Paketen vergleichen. Außerdem generieren Sie mehr False-Positives. Im Allgemeinen war dies niemals ein großes Problem. Tatsächlich fügten die Snort-Entwickler eine Stateful-Überwachungsfunktion erst ein, als Coretez Giovanni das Tool Stick herausgab. Stick versucht, Stateless-IDSs mit einer hohen Anzahl an falschen Alarmpaketen zu überhäufen. Indem es diese Alarmpakete aus dem eigenen Regelsatz des IDSs konstruiert, kann es nahezu sicherstellen, dass jedes Paket einen Alarm auf einen Standardregelsatz hin auslöst. Stick versucht nicht, Verbindungen mit dem dreistufigen TCP-Handshake zu initiieren; dies würde die Angelegenheit dramatisch verlangsamen und es zu einem weniger effektiven Tool machen. Daher kann ein Stateful-System, dass weiß, dass jedes dieser falschen Alarmpakete vorgibt, Teil einer bestehenden Verbindung zu sein, schnell jene Pakete verwerfen und verschwendet keine rechnerischen oder menschlichen Ressourcen als Reaktion auf diese.

Snort ist im allgemeinen stateless. Im Jahre 2001 schrieb Marty Roesch den Stream4-Präprozessor, spp_stream4.c, um Snort optional Statefulness-Fähigkeit zu verleihen. Stream4 bietet zudem eine hohe Flexibilität, da es die Statusverfolgung auf benutzerdefinierten Ports zulässt. Auf diese Weise erhalten Sie detaillierte Kontrollmöglichkeiten über den Einsatz zusätzlicher Ressourcen. Durch diese Statefulness kann Snort bei Paketen Alarme ausgeben, die sich fälschlicherweise als Teil einer bestehenden Verbindung ausgeben, einschließlich solcher Pakete, die durch Tools wie Stick erzeugt wurden. Mit dem Flag *−z est* wird Snort angewiesen, keinen ressourcen-intensiven Regelvergleich bei Paketen durchzuführen, die nicht Teil einer bestehenden Verbindung sind.

Stream4 verleiht Snort mit Hilfe des Schlüsselworts *flow* die Möglichkeit, auf der Basis der Position eines Pakets in einer Verbindung korrekte Alarme auszulösen. Ab Snort 1.9 können Sie in einer Snort-Regel das Schlüsselwort *flow* verwenden, um den Status der Verbindung und die Richtung des Datenverkehrs anzugeben. Sie könnten beispielsweise nur eine Alarm auslösen, wenn ein Paket tatsächlich Teil einer Server-Reaktion auf eine vorangegangene Client-Anforderung ist. Das Schlüsselwort *flow* bietet tatsächlich eine hohe Funktionalität, wie Sie auch in Kapitel 5, »Spiel nach Regeln«, bereits sehen konnten.

Konfigurieren von Stream4 für die Stateful-Inspection
Der Stream4-Präprozessor kann ganz einfach aktiviert werden, indem Sie in der Datei snort.conf folgende Zeile beibehalten oder einfügen:

```
preprocessor stream4
```

Auf diese Weise wird Stream4 aktiviert und konfiguriert, als ob Sie *timeout 30, memcap 8388608* angegeben hätten. Wenn Sie den Präprozessor dennoch weiter konfigurieren möchten, müssen Sie am End der Zeile einen Doppelpunkt (»:«) einfügen und die Parameter getrennt durch Kommata auf der rechten Seite davon auflisten. Zum Beispiel:

```
preprocessor stream4: detect_scans, disable_evasion_alerts
```

Die Stateful-Inspection-Komponente von Stream4 erfordert die folgenden, nacheinander vorgestellten Parameter:

- **detect_scans**   Der Parameter *detect_scans*, der, wenn er nicht vorhanden ist, standardmäßig deaktiviert ist, weist Stream4 an, bei Portscans, die nicht den üblichen TCP-Handshake nutzen (wie an früherer Stelle in diesem Kapitel erläutert), einen Alarm zu senden. Angreifer nutzen diese Scan-Typen, um zu vermeiden, dass ihre Scans von Netzwerksystemen oder Hosts protokolliert werden. Während für Linux das Programm xinetd oder für UNIX TCP-Wrapper alle vollständigen Verbindungen protokollieren (jene, die über den anfänglichen drei-stufigen Handshake erfolgen), die deren Access Control Lists (Zugriffskontrollliste) verletzen, zeichnet keines dieser Tools eingehende Pakete auf, bei denen nur das FIN-Flag gesetzt ist. Ein TCP-fähiger Host muss im Gegenzug auf ein FIN-Paket mit einem RST (Reset) antworten, wenn der ausgetestete Port geschlossen ist. Ist der Port offen, antwortet er nicht. Tools wie nmap senden diese »verborgenen« (stealth) Scans, um Systeme zu scannen, während vermieden wird, dass das Zielbetriebssystem ihre Aktivitäten protokolliert. Wenn Sie diesen Parameter einschließen, sendet Snort bei diesen Paketen Alarme.

- **detect_state_problems**   Der Parameter *detect_state_problems*, der, wenn er nicht vorhanden ist, standardmäßig deaktiviert ist, weist Stream4 an, Alarme zu senden, wenn Probleme in der Art, wie TCP den Status hält, auftreten. Möglicherweise Weise können so Angriffe oder Probes entdeckt werden, nach denen Snort andernfalls nicht suchen würde. Dies geschieht, indem auf Anomalien oder Missbräuche der TCP-Statusmechanismen geachtet wird. Die Snort-Entwickler merken an, dass diese Option tendenziell viel Aufregung verursachen kann, da es eine Reihe von Betriebssystemen oder Produkten gibt, die TCP mangelhaft implementieren. Wie zum Zeitpunkt der Drucklegung dieses Buchs im Code vermerkt, lösen leider die Microsoft Betriebssysteme tendenziell diese Alarme aus (sie schreiben häufig Daten außerhalb der ausgehandelten TCP-Window-Größe). Auf einem Microsoft-basierenden oder hochgradig heterogenen Netzwerk sollten Sie die Option vorsichtig benutzten. Diese Option führt auch dazu, dass Snort Alarme sendet, wenn eine Seite Daten erneut sendet, die bereits per ACK bestätigt wurden oder mit einer ACK-Nummer versehen sind, die niedriger ist als die eines der vorangegangenen ACKs aus der Verbindung.

Tools & Traps...

False-Positives

Bei der Netzwerk Intrusion Detection sind Störungen – allgemein in der Form von False-Positives – das, was erfahrene Praktiker unter allen Umständen in allen Umgebungen vermeiden möchten. Wenn Sie anfangen, sind Sie vielleicht sehr darauf aus, alle Informationen zu jedem Paket, das in Ihr Netzwerk eintritt, es passiert oder verlässt, zu erlangen. Dies ist ein hehres Ziel, doch es erfordert viel Arbeit, wenn Sie jeden einzelnen Alarm ergründen möchten. Schließlich stellen Sie das IDS so ein, dass es weniger Alarme sendet, oder Sie ignorieren es vollkommen. Leider bekommen Sie dabei das Gefühl, zwischen zwei Übeln wählen zu müssen.

Möglicherweise sollten Sie bei der Parameterauswahl für Präprozessoren anfänglich Parameter wie *detect_state_problems* zum Alarmieren bei Protokollanomalien deaktivieren, um False-Positives zu vermeiden. Wenn Sie mehr Zeit für die Einrichtung dieser Dinge haben, profitieren Sie langfristig davon, wenn Sie Optionen wie diese nach und nach einfügen und jene deaktivieren, die zu viel Lärm um Nichts erzeugen. Diese »Lernphase des Betreibers« entspricht auf eine Art und Weise der Lernphase von statistischen IDSs – diese IDS-Typen analysieren eine Weile, welche Art von Netzwerk-Traffic normalerweise über das Netz gesendet wird, und alarmieren dann bei Abweichungen. (Im Falle von Ihnen und Snort sind *Sie* das menschliche Wesen, dass zwar nicht über dieselbe Größe an Speichervolumen für Protokolldetails verfügt, wohl aber die größere Intelligenz besitzt.) Sie sollten die Bedeutung dieser Lernphase nicht unterschätzen: Wenn Sie Ihr IDS auf Ihre Umgebung abstimmen, erhalten Sie ein akkurateres Tool, das nur dann Alarme sendet, wenn Sie angegriffen werden, und Sie verschwenden viel weniger Zeit mit der Analyse von False-Positives.

- **disable_evasion_alerts** Die Einstellung *disable_evasion_alerts* ist standardmäßig ebenfalls deaktiviert. Sie deaktiviert Stream4-Alarme, um mit Situationen umzugehen, in denen ein Angreifer versucht, eine Stream-Assembly zu umgehen. Er könnte beispielsweise ein Paket und eine etwas abgewandelte Neuübertagung des Pakets senden, in der Hoffnung, dass die Stream-Reassembly-Engine das erste Paket verwirft und das zweite behält, während der Ziel-Host das zweite hält und das erste verwirft. In einem andern Fall könnte ein Angreifer ein defektes RST-Paket senden, das der Host ignoriert, in der Hoffnung, das IDS würde das Paket falsch interpretieren und die Überwachung des Streams beenden. Schließlich könnte er Daten im SYN-Paket (dem ersten in der Verbindung) senden, in der Hoffnung, dass das IDS diese unerwarteten Daten nicht protokolliert. Im Allgemeinen sollten Sie diese Option deaktiviert lassen (und somit Alarme hinsichtlich eines Eindringens aktiv halten), außer Sie erhalten zu viel False-Positives. Ein Beispiel, in dem Sie große Mengen False-Positives erhalten würden, wäre, wenn Sie auf Ihrem Netzwerk ein System betreiben würden, das *tatsächlich* regelmäßig Daten in dem SYN-Paket sendet! Untersuchen Sie daher diese False-Positives, bevor Sie diese Alarme deaktivieren, denn sie könnten die einzige Warnung dahingehend sein, dass ein Angreifer Spielchen mit Ihrem IDS treibt.

- **ttl_limit** Mit dem Parameter *ttl_limit* setzen Sie einen maximalen Unterschied, der zwischen Paketen der gleichen Sitzung toleriert wird. Pakete der gleichen Sitzung sollten etwa die gleiche Anzahl an Routern auf ihrem Weg zwischen den zwei Hosts überqueren müssen. Selbst wenn Sie unterschiedliche Pfade benutzen, sollten sie in etwa die gleiche Anzahl an zu bewältigenden Hops aufweisen. Wenn sich die Anzahl der Hops zu extrem unterscheidet, kann dies ein Zeichen dafür sein, dass jemand versucht, sich der Erkennung zu entziehen. Ein Angreifer könnte Pakete in den Stream einfügen, die bis zum IDS gelangen, aber ungültig werden, bevor sie ihr Ziel erreichen. Dadurch erhält das IDS ein anderes Bild von dem wiederzusammengesetzten Stream als der Ziel-Host. Es ist schwierig, für diesen Parameter einen sicheren Wert zu wählen, jedoch 10 könnte noch als sicher gelten. Es hängt auch sehr davon ab, wie dynamisch das Routing Ihres ISPs ist und wie dynamisch das Routing zu Ihren Standardzielen ist.

- **keepstats** Die Option *keepstats* führt Statistiken über jede Sitzung. Sie werden entweder im Maschinenformat (*machine*), dem eine einfache Textdatei entspricht, oder im binären Format (*binary*), dem ein vereinheitlichtes Binärformat, das leicht durch Tools wie Barnyard zu lesen ist, entspricht, protokolliert. Standardmäßig ist diese Option deaktiviert. Sie können die Option aktivieren, indem Sie sie gefolgt von *machine* oder *binary* auflisten:

```
preprocessor stream4: min_ttl 28, keepstats binary
```

- **noinspect** Die Option *noinspect*, die standardmäßig natürlich deaktiviert ist, weist den Präprozessor an, die Stateful-Inspection auf allen Ports zu deaktivieren, ausgenommen jene, auf denen aktives Reassembly stattfindet. Das Setzen dieser Option weist die Stateful-Inspection-Funktion von Stream4 im Wesentlichen an, sich auf die Ports zu beschränken, die in der Port-Option von *stream4_reassemble* aufgelistet wurden. Die Beschreibung dieser Option erfolgt in Kürze.

- **timeout** Die Option *timeout*, die wenn Sie nicht gesetzt oder geändert wird, standardmäßig auf 30 Sekunden gesetzt ist, richtet ein Limit für eine Leerlaufzeit (idle time) ein, nach dem Stream4 die Sitzungsüberwachung beenden kann. Wenn Snort während der gesamten Länge einer timeout-Zeitspanne kein Paket erhält, dass zu einer bestimmten Sitzung gehört, löscht das Programm die Sitzung aus seiner Tabelle und gibt den gebundenen Speicher wieder frei. Dies ist besonders bei solchen Sitzungen erforderlich, bei denen die beiden kommunizierenden Hosts nicht die zuvor beschriebene dreistufige Terminierung durchführen. So soll vermieden werden, dass diese Sitzungen weiterhin Ressourcen verbrauchen, obwohl die Hosts ihre Kommunikation beendet haben. Für viele Unternehmen sind 30 Sekunden ziemlich gering angesetzt – der Wert wurde als Standard gewählt, um sicherzustellen, dass Snort auch auf minimaler Hardware funktionieren kann.

- **log_flushed_streams**   Die Option *log_flushed_stream,* die standardmäßig deaktiviert ist, weist Stream4 an, das »Über-Paket«, dass es aus dem Stream aufbaut, auf die Festplatte zu protokollieren, wenn es einen Alarm auslöst. Es nicht schlecht, diese Daten aufzuzeichnen, führt jedoch auch zu einigen merkwürdig aussehenden Paket-Logs.

- **memcap**   Die Option *memcap* wird im folgenden Abschnitt ausführlich beschrieben.

Die Option *memcap,* deren Standardwert (selbst deaktiviert) 8.388.608 Byte ist, setzt einen Maximalwert in Byte, den Stream4 für die Statusverfolgung und für die Session-Reassembly nutzen kann. Wenn der Speicher für Stream4 knapp wird, werden inaktive Sitzungen gelöscht. Auch dies mag möglicherweise ein zu restriktiver Standardwert sein, der Snort aber auf minimaler Hardware funktionieren lässt. Auf Systemen mit über 64MB RAM kann dieser Wert definitiv erhöht werden. In einer Unternehmensumgebung mit fähiger Hardware könnte man diesem Wert möglicherweise auf 512MB (oder 536.870.912) setzen. Wenn Sie diesen Wert besser anpassen möchten, testen Sie eine Einstellung, und senden Sie wie folgt ein USR1-Signal an Snort:

```
# ps -ef | grep snort
# killall -USR1 <PID>
```

Die Ausgabe von Snort sähe wie folgt aus:

```
===========================================================================
Snort analyzed 3 out of 3 packets, dropping 0(0.000%) packets

Breakdown by protocol:              Action Stats:
      TCP: 3         (100.000%)        ALERTS: 0
      UDP: 0         (0.000%)          LOGGED: 0
     ICMP: 0         (0.000%)          PASSED: 0
      ARP: 0         (0.000%)
    EAPOL: 0         (0.000%)
     IPv6: 0         (0.000%)
      IPX: 0         (0.000%)
    OTHER: 0         (0.000%)
  DISCARD: 0         (0.000%)
```

```
==================================================================
Wireless Stats:
Breakdown by type:
     Management Packets: 0              (0.000%)
     Control Packets:    0              (0.000%)
     Data Packets:       0              (0.000%)
==================================================================
Fragmentation Stats:
Fragmented IP Packets: 0                (0.000%)
    Fragment Trackers: 0
    Rebuilt IP Packets: 0
    Frag elements used: 0
Discarded(incomplete): 0
    Discarded(timeout): 0
    Frag2 memory faults: 0
==================================================================
TCP Stream Reassembly Stats:
        TCP Packets Used: 3             (100.000%)
        Stream Trackers: 1
        Stream flushes: 0
        Segments used: 0
    Stream4 Memory Faults: 0
==================================================================
```

Betrachten Sie die letzte Ausgabezeile *Stream4 Memory Faults: 0*. Ein Speicherfehler (Memory Fault) ist eine Situation, in der der dem Plugin zugeteilte Speicher zu knapp wird und es inaktive oder weniger aktive Streams löschen muss. Wenn dieser Wert ständig über null liegt, sollten Sie die Größe des zugeteilten Speichers erhöhen. Wenn das System selbst über zu wenig Speicher verfügt, sollten Sie das physische RAM auf dem System erhöhen. Sie können ein Tool wie *top* nutzen, um die allgemeine Speichernutzung des Systems einschließlich der Verwendung des Swap-Bereichs, oder des virtuellen Speichers, zu überprüfen. Swapping bedeutet, dass das System zusätzliches RAM emuliert, indem es einen Teil der Festplatte als zweites Speichermedium nutzt und, um Speicher freizugeben, weniger genutzte Daten auf die Festplatte schreibt. Es ist nicht sehr empfehlenswert, dass Snort auf diese Weise Daten auf die Festplatte schreibt, da es relativ lange dauert, bis dass das Betriebssystem die Daten wieder eingelesen hat. RAM-Chips sind viel schneller als Festplatten! Konfigurieren Sie diesen Parameter mit Sorgfalt, damit ein zu häufiges Swappen vermieden werden kann.

Die Session-Reassembly des Stream4-Präprozessors wird über die Direktive *preprocessor stream4_reassemble* konfiguriert. Programmierer werden dies als etwas merkwürdig empfinden, da die meisten Präprozessor-Direktiven direkt einer eindeutigen Datei namens spp_preprocessor-name.c zu entsprechen scheinen. Dies lässt sich einfach erklären: Präprozessor-Direktiven entsprechen eindeutigen Präprozessor-Funktionen, die jeweils in einer Datei abgelegt sind (diese Direktiven entsprechen direkt einer eindeutigen Präprozessor-Initialisierungsfunktion). Stream4 ist bezogen auf den Code ein extrem großer und komplexer Präprozessor, der ohne Probleme zu verursachen, die Konvention »eine-Funktion-pro-Datei« brechen kann.

Session-Reassembly

Durch die Verfolgung der durchgelassenen Pakete einer TCP-Verbindung kann Snort auch mehrere Pakete umfassende Angriffe aufdecken. Während UDP erfordert, dass sich alle Daten einer Nachricht in einem einzelnen Paket befinden müssen, gibt es für TCP keine solche Anforderung. TCP wird neben anderen Anwendungen für hoch-interaktive Anwendungen wie Telnet, rlogin und SSH genutzt, bei denen ein Benutzer jeweils mit einem Remote-Host interagiert. Als Konsequenz kann die Eingabe des Benutzers leicht auf verschiedene Pakete verteilt sein – so wie es bei Telnet der Fall ist. Wie Sie aus den folgenden Paketen einer Telnet-Sitzung erkennen können, ist jeder Tastendruck in einem eigenen Paket untergebracht. Hier folgt nun ein Auszug eines Paketmitschnittes, während ein Benutzer das Wort *jay* eingibt.

```
03/13-17:58:02.520000 xxx.xxx.xxx.xxx:36922 -> xxx.xxx.xxx.xxx:23
TCP TTL:64 TOS:0x10 ID:62253 IpLen:20 DgmLen:53 DF
***AP*** Seq: 0x15807E79 Ack: 0x695B2295 Win: 0x1920 TcpLen: 32
TCP Options (3) => NOP NOP TS: 25008200 557061363
6A                                                    j
=+=+=+=+=+=+=+=+=+=+=+=+=+=+=+=+=+=+=+=+=+=+=+=+=+=+=+=+=+=+=+=+=+=+
=+
03/13-17:58:02.530000 xxx.xxx.xxx.xxx:23 -> xxx.xxx.xxx.xxx:36922
TCP TTL:237 TOS:0x0 ID:53311 IpLen:20 DgmLen:53 DF
***AP*** Seq: 0x695B2295 Ack: 0x15807E7A Win: 0x2798 TcpLen: 32
TCP Options (3) => NOP NOP TS: 557064184 25008200
6A                                                    j
=+=+=+=+=+=+=+=+=+=+=+=+=+=+=+=+=+=+=+=+=+=+=+=+=+=+=+=+=+=+=+=+=+=+
=+
03/13-17:58:02.530000 xxx.xxx.xxx.xxx:36922 -> xxx.xxx.xxx.xxx:23
TCP TTL:64 TOS:0x10 ID:62254 IpLen:20 DgmLen:52 DF
***A**** Seq: 0x15807E7A Ack: 0x695B2296 Win: 0x1920 TcpLen: 32
TCP Options (3) => NOP NOP TS: 25008201 557064184
=+=+=+=+=+=+=+=+=+=+=+=+=+=+=+=+=+=+=+=+=+=+=+=+=+=+=+=+=+=+=+=+=+=+
=+
03/13-17:58:06.390000 xxx.xxx.xxx.xxx:36922 -> xxx.xxx.xxx.xxx:23
TCP TTL:64 TOS:0x10 ID:62255 IpLen:20 DgmLen:53 DF
```

```
***AP*** Seq: 0x15807E7A  Ack: 0x695B2296  Win: 0x1920  TcpLen: 32
TCP Options (3) => NOP NOP TS: 25008587 557064184
61                                                    a
=+=+=+=+=+=+=+=+=+=+=+=+=+=+=+=+=+=+=+=+=+=+=+=+=+=+=+=+=+=+=+=+=+=+=+=+=+
=+
03/13-17:58:06.410000 xxx.xxx.xxx.xxx:23 -> xxx.xxx.xxx.xxx:36922
TCP TTL:237 TOS:0x0 ID:53312 IpLen:20 DgmLen:53 DF
***AP*** Seq: 0x695B2296  Ack: 0x15807E7B  Win: 0x2798  TcpLen: 32
TCP Options (3) => NOP NOP TS: 557064572 25008587
61                                                    a
=+=+=+=+=+=+=+=+=+=+=+=+=+=+=+=+=+=+=+=+=+=+=+=+=+=+=+=+=+=+=+=+=+=+=+=+=+
=+
03/13-17:58:06.410000 xxx.xxx.xxx.xxx:36922 -> xxx.xxx.xxx.xxx:23
TCP TTL:64 TOS:0x10 ID:62256 IpLen:20 DgmLen:52 DF
***A**** Seq: 0x15807E7B  Ack: 0x695B2297  Win: 0x1920  TcpLen: 32
TCP Options (3) => NOP NOP TS: 25008589 557064572
=+=+=+=+=+=+=+=+=+=+=+=+=+=+=+=+=+=+=+=+=+=+=+=+=+=+=+=+=+=+=+=+=+=+=+=+=+
=+
```

Viele Angriffe werden definitiv über mehrere Pakete verteilt und bleiben damit von einem regelvergleichenden IDS ohne Session-Reassembling-Funktionalität unentdeckt – und das ist auch der Grund für die Stream-Reassembly. Der Benutzer könnte eingeben »company going broke sell stocks now«. Wenn Sie nun nach »sell stocks« suchen würden, die Pakete aber als »s«,»e«,»l«,»l«,» «,»s«,»t«,»o«,»c«, »k«,»s« (jeweils ein Buchstabe pro Paket) ankommen, würden Sie die gesuchte Zeichenkette ohne Reassembly des Streams nicht finden. Der Stream4-Präprozessor setzt den TCP-Stream wieder zusammen, so dass Snort seinen Regelvergleich mit dem gesamten Datenfluss durchführen kann. Obwohl die folgende Aussage die Angelegenheit ein wenig vereinfacht, geschieht dies durch Kombinieren aller Daten in dem Stream zu einem großen »Überpaket«, das dann an die anderen Präprozessoren und anschließend an die Detection-Engine übergeben werden kann.

Geschichten aus dem Untergrund...

Stream4 – Eine Reaktion auf Stick

Marty Roesch entwickelte Stream4 zumindest teilweise als Reaktion auf das Tool Stick. Stick versucht, IDS-Betreiber zu verwirren, indem es eine hohe Anzahl von False-Positives an das IDS schickt, um unter dieser Störung den tatsächlichen Angriff zu verbergen.

Der Entwickler von Stick, Coretez Giovanni, sorgte sogar dafür, dass das Tool die False-Positive-Pakete aus den Mustern, die sich im eigenen Regelsatz von Snort befinden, konstruiert – im Wesentlichen ist Stick ein einfaches Regel-zu-Paket-Konvertierungsprogramm. Es kann schnell Pakete konstruieren, ohne dass es viel über die Pakete wissen muss. Auf der anderen Seite ist nahezu jedes generierte Paket kein korrekter Teil einer korrekten TCP-Verbindung. Durch diesen Schwachpunkt kann ein Stateful-System problemlos alle durch Stick generierten False-Positives ignorieren.

Besonders die Kommandozeilenoption -z von Snort (wenn sie als -z est eingegeben wird), weist Snort an, den Status des gesamten TCP-Traffics zu verfolgen und nur Alarme bei solchem Traffic zu senden, bei dem die Verbindung entweder durch einen dreistufigen Handshake eingerichtet wurde oder bei dem der Server etwas anderes als RST oder FIN zurückgesendet hat. Auf diese Weise können Angriffe im Stick-Stil abgewehrt werden. Der Traffic, der Teil einer Verbindung zu sein scheint, sich aber nicht in der Statustabelle von Snort befindet, wird einfach ignoriert.

Konfigurieren von Stream4 für die Session-Reassembly Eine weitere Hauptfunktion des Stream4-Präprozessors ist die Session-Reassembly. Merken Sie sich bitte, dass Snort diese Funktionalität nutzt, um den Regelvergleich über die zu einer Sitzung gehörenden Pakete hinweg durchführen zu können. Sie konfigurieren diesen Teil von Stream4, indem Sie eine Direktive wie folgt nutzen:

```
preprocessor stream4_reassemble: both ports 21 23 25 53 80 143 110 111 513
```

Es folgt eine Beschreibung der Optionen, die hinter dem Doppelpunkt auf der Zeile für die Präprozessor-Direktive gesetzt werden können:

- **clientonly / serveronly / oder both** Die erste Option sagt Stream4, wie viel des Streams zusammengesetzt werden soll. Stream4 kann bei gesetzter Option *clientonly* einfach nur den Traffic für die Client-Seite (Traffic, der an *HOME_NET* gerichtet ist) oder, bei gesetzter Option *serveronly*, nur den der Server-Seite (Traffic, der von *HOME_NET* stammt) zusammensetzen. Wenn Sie beide Optionen (*both*) setzen, wird der gesamte Traffic wieder zusammengesetzt.

- **noalerts** Diese Option weist Stream4 an, bei anomalen/problemhaften Ereignissen bei der Reassembly, z. B. beim Einfügen von Traffic, keinen Alarm zu senden. Der Reassembly-Code in Snort könnte beispielsweise einen Alarm senden, wenn jemand ein Traffic-Abfang/Einfüge-Tool wie *hunt* nutzt, um Traffic in Telnet-Sitzungen einzufügen. Diese Option ist oft in heterogenen Netzwerken mit bestimmten Windows-Versionen erforderlich.

- **ports**   Diese Option gibt exakt an, auf welchen Ports Stream4 eine Reassembly durchführen soll. Die Reassembly ist sehr ressourcen-intensiv. Das gilt besonders für Speicherressourcen. Sie sollten daher die Reassembly nicht auf allen Ports durchführen. Sie können diesen Parameter auf eine Reihe, durch Leerzeichen getrennte Portnummern, auf alle (*all*) oder auf dem Standardwert (*default*), mit den Ports »21 23 25 53 80 143 110 111 513«, setzen.

Wenn Sie für *stream4_reassemble* keine Argumente angeben, entspricht dies »*clientonly ports default*«.

Die Ausgabe von Stream4

Bei der Stream-Reassembly von Stream4 wird die ganze Sitzung überwacht. Es wird ein Überpaket aus allen Daten der verfolgten TCP-Sitzung zusammengebaut. Wenn die Sitzung endet, werden die Daten an die anderen Präprozessor-Funktionen und schließlich an die Detection-Engine übergeben. Das bedeutet, dass Sie einen Alarm möglicherweise zweimal sehen – der erste Alarm ginge von dem ursprünglichen Paket aus, und der zweite würde für das aus den Paketen der TCP-Sitzung aufgebaute Überpaket erfolgen. Stream4 löscht den Stream, wenn es durch mangelnde Speicherkapazität erforderlich wird – dies können Sie über den zuvor erläuterten Parameter *memcap* konfigurieren. Schließlich löscht Stream4 den Stream auch, wenn eine gewisse Menge an Daten gesammelt wurde. Diese Menge wird zufällig auf einer Stream-nach-Stream-Basis festgelegt – wenn es keine zufällige Menge wäre, könnte ein Angreifer die Snort Reassembly-Funktion unterlaufen, indem er den Angriff weit genug in den Stream hineinsetzt, um sicherzustellen, dass ein Teil davon in ein Überpaket gesetzt wird, während der Rest in das nächste Überpaket geschoben wird.

6.3.2   Frag2 – Fragment-Reassembly und Angriffserkennung

Eine Reihe von Angriffen nutzt die Fragmentierung, um den Regelvergleich zu umgehen. Es folgt eine (wiederholende) Beschreibung der Fragmentierung, so dass Sie die Funktionsweise dieses Präprozessors verstehen.

Die Fragmentierung ist ein normaler Bestandteil des Internet Protocols (IP). Im Wesentlichen verfügt jeder Typ von Netzwerkhardware über eine unterschiedliche MTU (Maximum Transfer Unit); dies ist eine Größe, die bestimmt, wie viele Daten in einem einzelnen Block auf dem Medium übertragen werden können. Die MTU von Ethernet beträgt beispielsweise 1500 Byte, und die Datenblöcke werden als »Frames« (Rahmen) bezeichnet. Der in einer Kommunikation sendende IP-Stack packt im Allgemeinen so viele Daten wie möglich in ein Paket. Dabei stützt er sich auf die MTU des ausgehenden Netzwerks, um die maximale Größe für den ausgehenden Block festzusetzen. Wenn das Paket, während es durch den Router von dem einen Netzwerk zu einem anderen reist, zu groß für die MTU des nächsten Netzwerks ist, wird es in Fragmente aufgebrochen. Die Fragmente sehen grundsätzlich wie richtige IP-Pakete aus und können das Netzwerk passieren. Erreichen sie Ihr Ziel, werden sie wieder zusammengesetzt.

Leider stellen fragmentierte Pakete NIDSs vor Probleme. Vergegenwärtigen Sie sich noch einmal, dass signatur-vergleichende IDSs individuelle Pakete, keine Paketsammlungen gegen die Angriffsmuster vergleichen. Ein Angreifer kann ein Tool wie fragroute von Dug Song (`http://naughty.monkey.org/~dugsong/fragroute`) nutzen, um ein Paket in mehrere Fragmente aufzusplitten. Dies macht er in der Hoffnung, dass kein einzelnes fragmentiertes Paket dem Muster für diesen Angriff entspricht. Der Frag2-Präprozessor von Snort (er befindet sich in der Datei spp_frag2.c) vereitelt diese Angriffsart, indem er die fragmentierten Pakete wieder zusammensetzt, bevor sie an die Detection-Engine weitergeleitet werden. Im Wesentlichen baut der Präprozessor die einzelnen Pakete aus den Fragmenten wieder zusammen und leitet das für den Erkennungsprozess vollständige Paket weiter.

Frag2 eignet sich auch für die Erkennung einer auf Fragmenten basierenden Denial-of-Service (DoS)-Attacke. Bei diesen Attacken wird häufig eine Reihe von gut-entworfenen Fragmenten gesendet, die die speziellen IP-Stack Schwachstellen eines Hosts ausnutzen. Einige Systeme führen einen Neustart durch, andere halten an oder reagieren auf irgendeine Weise negativ, wenn sie ein Fragment empfangen, dessen Offset so angelegt ist, dass es die Daten eines vorangegangenen Fragments überschreibt. Vergegenwärtigen Sie sich, dass Fragmente eigentlich die *nicht* überlappenden Teile des Pakets sind – das Überlappen von Fragmenten ist genau die scheinbar unmögliche Bedingung, die einen Host dazu bringt, sich aufzuhängen.

Konfigurieren von Frag2

Sie konfigurieren Frag2, indem Sie in der Direktive *preprocessor frag2* hinter dem Doppelpunkt die Parameter angeben.

```
preprocessor frag2: timeout 60, memcap 4194304
```

Es folgt eine Beschreibung der von Frag2 akzeptierten Parameter. Bitte beachten Sie, dass einige der hier aufgeführten Parameter in ähnlicher Form auch für Stream4 gelten.

- **timeout** Der Parameter *timeout* weist Frag2 an, mit der Wiederzusammensetzung eines fragmentierten Pakets aufzuhören, wenn in der angegebenen Zeit (in Sekunden) kein Fragment empfangen wurde. Der Standardwert von 30 Sekunden ist fast sicher zu restriktiv. Ein besserer Standardwert liegt sicherlich zwischen 60 und 90 Sekunden. Sites, die damit rechnen, dass ein Angreifer entweder Verbindungen mit höherer Latenz verwendet oder seinen Angriff absichtlich verlangsamt, sollten sogar einen noch höheren Wert in Betracht ziehen.

- **memcap** Der Parameter *memcap* beschränkt die Speichermenge, die Snort zum Speichern teilweise wieder zusammengesetzter Pakete verwenden kann. Wenn Frag2 den gesamten verfügbaren Speicher aufgebraucht hat, beginnt das Tool mit dem aggressiven Löschen teilweise wieder zusammengesetzter Pakte aus seiner Fragment-Tabelle. Der Standardwert von 4MB mag ein wenig zu restriktiv sein, dies gilt besonders bei stark belasteten externen Netzwerkschnittstellenkarten. Sicherlich ist dieser Wert besonders restriktiv für einen Host, der sich am anderen Ende einer Verbindung mit niedriger MTU befindet. Sie können auf gleiche Weise wie beim Stream4-Präprozessor eine gute Einstellung für diesen Wert austesten. Senden Sie Snort ein SIGUSR1-Signal, lesen Sie die Anzahl an »frag2 memory faults« unter der Überschrift »Fragementations Stats« aus.

- **min_ttl** Mit dem Parameter *min_ttl* setzen Sie eine minimale IP-Time-to-Live (TTL)-Zeit, die Pakete aufweisen müssen, um durch Snort wieder zusammengesetzt werden zu können. Wenn der TTL-Wert eines Pakets zu gering ist, um sein Ziel zu erreichen, brauchen Sie sich im Allgemeinen nicht darüber zu sorgen, dass es einen auf der Nutzlast basierenden Angriff in sich trägt. Der Ziel-Host wird das Paket ohnehin nicht empfangen, daher wird eine auf der Nutzlast basierende Attacke diesem Host auch nicht schaden. Das bedeutet aber nicht, dass Pakete, die nicht ihren Host erreichen, keine negativen Auswirkungen haben könnten! Wenn ein Angreifer eine hohe Anzahl an Paketen sendet, die auf dem Router, der sich genau vor dem Ziel-Host befindet, sterben, ist die zugehörige Netzwerkverbindung für den Ziel-Host mit an Sicherheit grenzender Wahrscheinlichkeit übersättigt und damit nutzlos. Angreifer haben schon häufig auf Fragmenten basierende Angriffe genutzt, um DoS-Attacken durchzuführen. Der Parameter *min_ttl* von Frag2 sorgt einfach dafür, dass durch Pakete, die ihr Ziel nicht erreichen, keine Ressourcen gebunden werden. Sie sollten diesen Parameter auf die minimale Anzahl von Hops zwischen dem Netzwerk des IDSs und den Hosts, die Sie überwachen, setzen.

- **ttl_limit** Mit dem Parameter *ttl_limit* setzen Sie einen maximalen Unterschied, der zwischen Fragmenten des gleichen Pakets toleriert wird. Fragmente des gleichen Pakets sollten etwa die gleiche Anzahl an Routern auf ihrem Weg zwischen den zwei Hosts überqueren müssen. Selbst wenn Sie unterschiedliche Pfade benutzen, sollten sie in etwa die gleiche Anzahl an zu bewältigenden Hops aufweisen. Wenn sich die Anzahl der Hops zu extrem unterscheidet, kann dies ein Zeichen dafür sein, dass jemand versucht, sich der Erkennung zu entziehen. Ein Angreifer könnte Fragmente in den Stream einfügen, die bis zum IDS gelangen, aber ungültig werden, bevor sie ihr Ziel erreichen. Dadurch erhält das IDS ein anderes Bild von dem wiederzusammengesetzten Paket als der Ziel-Host. Es ist schwierig, für diesen Parameter einen sicheren Wert zu wählen, doch 10 könnte als sicher gelten. Es hängt auch sehr davon ab, wie dynamisch das Routing Ihres ISPs ist und wie dynamisch das Routing zu Ihren Standardzielen ist.

- **detect_state_problems**   Der Parameter *detect_state_problems* aktiviert die Alarmierung bei Anomalien, die beim Wiederzusammensetzen von Fragmenten erkannt werden. Alarme werden bei verschiedenen Bedingungen ausgelöst. Ein Alarm wird ausgelöst, wenn ein Paket mehrere, sich selbst als das erste Fragment ausgebende Fragmente enthält (über ein Fragment-Offset von null und gesetztem Flag für weitere Fragmente). Auch wenn Fragmente überlappen oder ein Fragment für ein Paket ankommt, das bereits vollständig wieder zusammengesetzt ist, wird ein Alarm ausgelöst. Schließlich wird ein Alarm ausgelöst, wenn bei einem Fragment, das nicht das Erste ist, IP-Optionen gesetzt sind. IP-Optionen sollten nur im ersten Fragment gesetzt sein. Ab der Version 1.9.1. von Snort steuert diese Option nicht mehr, ob Frag2 Alarme beim Zusammenbau zu großer Pakete wie bei einem Ping of Death auslöst – diese Alarmierung ist immer aktiv.

Ausgabe von Frag2

Frag2 setzt ein Paket aus all den empfangenen Fragmenten wieder zusammen und sendet das zusammengebaute Paket über den normalen Pfad, den ein Paket, das gerade den Decoder verlassen hat, nimmt. Das Paket wird protokolliert und/oder durch die Präprozessor- und Erkennungsmechanismen geleitet. Wie beim Stream4-Präprozessor ist es möglich, dass eine Snort-Regel bei einem Fragment und bei dem wiederaufgebauten Paket dieses Fragments einen Alarm auslöst.

6.4 Präprozessoroptionen für das Dekodieren und Normalisieren von Protokollen

Der regel-basierende Mustervergleich versagt häufig bei Protokollen, die auf viele unterschiedliche Arten repräsentiert werden können. Zum Beispiel akzeptieren Webserver viele verschiedene Schreibweisen für einen URL. IIS akzeptiert beispielsweise Backslashzeichen »\« anstelle des Forward-Slashzeichens »/« in URLs. Ein weiteres Beispiel ist Telnet, wo eine Inline-Protokoll-Aushandlung die Daten unterbricht, die normalerweise für einen Vergleich herangezogen würden. Zwei Zeichen in einem Muster könnten in dem Datenstream durch 4 Byte des Telnet-Aushandlungs-Codes getrennt werden. In jedem dieser Fälle können Sie eine einzige richtige, oder kanonische, Schreibweise für die Daten, die Sie vergleichen, definieren. Sie können all die URLs ändern, damit sie der Art entsprechen, die die Ersteller der Regeln erwarten. Sie können den gesamten Aushandlungs-Code aus den Telnet-Daten entfernen. Diese Arten von Präprozessoren können sogar dazu verwendet werden, binäre Protokolle und text-basierende Darstellungen zu konvertieren oder in eine andere Form zu wandeln, durch die sie problemloser die Detection-Engine durchlaufen können. Zum Zeitpunkt der Drucklegung dieses Buchs stehen Dekodierungs-/Normalisierungs-Plugins nur für die Protokolle Telnet, HTTP und RPC zur Verfügung.

6.4.1 Telnet-Aushandlung

Das Telnet-Protokoll verfügt über ein Inline-Aushandlungsprotokoll, mit dem signalisiert wird, welche Eigenschaften Client und Server einander anbieten können. Client und Server vermischen diese Aushandlungsdaten mit den normalen Nutzlastdaten. Leider sind es normalerweise die Nutzlastdaten, die für den Regelvergleich herangezogen werden. Snort löst das daraus resultierende Problem mit dem telnet_negotiation-Präprozessor (spp_telnet_negotiation.c), der den gesamten Telnet-Aushandlungs-Code entfernt, so dass die Detection-Engine Vergleiche gegen die verbleibenden Sitzungsdaten durchführen kann. An späterer Stelle in diesem Kapitel wird die Implementierung des telnet_negotiation-Präprozessors beschrieben, damit Sie dessen Arbeitsweise besser verstehen und einen eigenen Präprozessor erstellen können.

Konfigurieren des telnet_negotiation-Präpozessors

Sie aktivieren den telnet_negotiation-Präprozessor mit einer *preprocessor telnet_decode*-Zeile in der Datei snort.conf. Obwohl die Snort-Dokumentation zum Zeitpunkt der Veröffentlichung dieses Buchs es nicht erwähnt, können Sie für den telnet_negotiation-Präprozessor eine Reihe von Ports angeben, die in Hinblick auf die Telnet-Aushandlungs-Codes gefiltert werden sollen. Wenn Sie die Standard-Ports (21,23,25,119) übernehmen möchten, aktivieren Sie den Präprozessor in der Snort-Konfigurationsdatei mit einer Zeile wie folgt:

```
preprocessor telnet_decode
```

Wenn Sie eine andere Reihe von Ports angeben möchten, fügen Sie einen Doppelpunkt an, und listen Sie danach die Ports mit einem Leerzeichen getrennt auf.

```
preprocessor telnet_decode: 23 25
```

Ausgabe des telnet_negotiation-Präpozessors

Der telnet_negotiation-Präpozessor modifiziert nicht, wie Sie vielleicht annehmen mögen, das ursprüngliche Paket. Dies liegt besonders daran, dass einige Regeln Angriffe oder Probleme im reinen Telnet-Protokoll aufdecken, die Aushandlungs-Codes eingeschlossen. Snort ermöglicht Ihnen dieses durch die Angabe von »*rawbytes*« nach der Content-Option, die Sie für die Suche im ursprünglichen Paket einrichten möchten. Dies könnte recht nützlich sein, wenn ein Angriff eine bestimmte Sequenz des Aushandlungs-Codes für einen Buffer Overflow in den Unteraushandlungen ausnutzt. Dieser Präprozessor gibt stattdessen die normalisierten Telnet-Daten in einer separaten Datenstruktur aus, die dem Paket zugeordnet ist. Dann wird ein Flag gesetzt, das anzeigt, dass das Paket über eine alternative Dekodierung der Daten verfügt. Regeln, in denen keine Rawbytes verwendet werden,

werden gegen die alternativen Daten verglichen, während Regeln, die Rawbytes nutzen, gegen die unveränderten Ursprungsdaten geprüft werden. (Übrigens wird dieser Mechanismus derzeit nur bei dem telnet_negotiation-Plugin verwendet.) Die anderen beiden Protokoll-Dekodierungs-Plugins, die noch erörtert werden und eine HTTP- bzw. RPC-Normalisierung (ab Snort Version 1.9.1) durchführen, nutzen diesen nicht Rawbyte-Mechanismus, der sicherstellt, dass eine Regel die nichtdekodierte Version des Pakets referenzieren kann. Wie Sie sehen werden, belässt das HTTP-Normalisierungs-Plugin das Paket so wie es ist und schreibt die URIs, die es entdeckt, in eine separate Datenstruktur, die Snort lesen kann, während das RPC-Plugin die einzige Kopie des Pakets, die Snort besitzt, gnadenlos modifiziert.

6.4.2 HTTP-Normalisierung

HTTP ist zu einem der meist und unterschiedlichst genutzten Protokolle auf dem Internet geworden. Im Laufe der Zeit haben Nachforschungen gezeigt, dass Webserver häufig eine Reihe verschiedener Ausdrücke als Äquivalent für ein und denselben URL/URI akzeptieren. So sind beispielsweise die beiden folgenden URLs für den IIS-Webserver gleichwertig:

```
http://www.example.com/foo/bar/iis.html
http://www.example.com/foo\bar\iis.html
```

Leider kann ein muster-vergleichendes Tool wie Snort nur eine Übereinstimmung mit dem Muster »foo/bar« im ersten der beiden Beispiele finden. Ein Angreifer kann diese »Flexibilität« im Webserver nutzen, um seine Probes und Angriffe vor dem NIDS zu verbergen. Überlweise gibt es noch mindestens zwei weitere IDS-Umgehungstechniken, die Angreifer nutzen können. So akzeptiert IIS sowohl die Unicode (UTF-8)-Kodierung für den URI als auch die direkte Hexadezimal-Kodierung. Unter Verwendung von alphanumerischen Zeichen, hexadezimalen Darstellungen und verschiedener Unicode-Kodierungen von Zeichen kann ein Angreifer den URL auf viele verschiedene Weisen schreiben. Wenn Sie eine Schätzung vornehmen wollten, dann gibt es mindestens vier verschiedene Methoden zur Kodierung eines einzelnen Zeichens, was bedeutet, dass es mindestens 4^n verschiedene Möglichkeiten gibt, einen n-Zeichen langen URI zu schreiben. Es gibt keine vernünftige Methode, einen Regel-Vergleich durchzuführen, bis die Schreibweise von URIs vorgeschrieben (kanonisiert) wird. Eine solche Situation schreit geradezu nach einem Präprozessor.

Schaden & Abwehr

Auf wie viele Arten kann ein URI geschrieben werden?

Es gibt viele Arten, um einen URI zu schreiben. Sie können beispielsweise einem URI ein »./« hinzufügen, was so viel wie »das aktuelle Verzeichnis« bedeutet. Als Konsequenz können Sie davon so viele wie Sie mögen an jeder Stelle des URLs einfügen, wo ein »/« auftritt. Dies macht die Anzahl an möglichen Schreibweisen nahezu unendlich, mit der Ausnahme, dass der empfangende Webserver fast sicher die Länge des URIs, den er empfangen und handhaben kann, beschränken wird. Dennoch stehen definitiv sehr viele Möglichkeiten zum Schreiben eines URIs zur Verfügung. Sie werden feststellen, dass das Problem in Zusammenhang mit »../« sich nicht unter den Funktionen des http_decode-Präprozessors befindet. Dies ist so beabsichtigt, da Snort das Problem mit einer speziellen Regel erledigt.

Glücklicherweise haben die Snort-Entwickler diesen Ruf erhöht und mit dem http_decode-Präprozessor (in http_decode.c) für die Normalisierung reagiert. Dieser Präprozessor kann sehr fein eingestellt werden. Er bietet einige Tricks, wobei die HTTP-Daten, die er untersucht, in einer kanonischen Form neu geschrieben werden, so dass die Detection-Engine problemlos Vergleiche durchführen kann. Es erfolgt eine Betrachtung der einzelnen Tricks, und während dies geschieht, wird untersucht, wie dieses Plugin konfiguriert wird. Um diesen Präprozessor zu aktivieren, fügen Sie einfach folgende Zeile in die Snort-Konfigurationsdatei ein:

```
preprocessor http_decode
```

Konfigurieren des HTTP-Normalisierungs-Präprozessors

Der HTTP-Normalisierungs-Präprozessor reagiert auf den gesamten Traffic, der an Port 80 gerichtet ist. Sie können diesen Port ändern, indem Sie in die Präprozessor-Direktive eine Liste von Ports einfügen:

```
preprocessor http_decode: 80 8080 8000
```

Es erfolgt eine Beschreibung weiterer Optionen, die an das Ende dieser Liste angefügt werden können:

```
preprocessor http_decode: 80 8080 8000 unicode iis_alt_unicode double_en
code iis_flip_slash
```

■ Die Option *unicode* weist den Präprozessor an, Unicode zu normalisieren, also ihn zu ASCII zu konvertieren. Unicode, oder UTF-8, bietet eine plattform-unabhängige Kodierung für Zeichen, ähnlich wie es ASCII leistet. Der Unterschied liegt darin, dass Unicode bis zu 32 Bit für die Darstellung dieser Zeichen verwendet. ASCII nutzt lediglich 7 Bit. Auf diese Weise ist Unicode in der Lage, alle für die internationale Kommunikation notwendigen Alphabete und Symbole darzustellen. Durch Verwendung dieser Option geben Sie Snort die Möglichkeit, Unicode im Vorfeld zu bearbeiten, so dass der Zeichenkettenvergleich damit weiterhin funktioniert.

- Die Option *iis_alt_unicode* weist den Präprozessor an, die alternative Unicode-Darstellung von IIS zu handhaben, bei der %AB%CD als %uABCD dargestellt wird. Wenn Sie auf Ihrer Site IIS-Server betreiben, sollten Sie diese Option auf jeden Fall aktivieren.

- Die Option *double_encode* instruiert den http_decode-Präprozessor, die Situation zu bereinigen, in der ein Angreifer einen URL mit dem Prozentzeichen, dem normalen Zeichen für die hexadezimale Kodierung, das selbst hexadezimal kodiert ist, übergibt. Wenn ein Angreifer beispielsweise das Symbol »/« verbergen möchte, sendet er %255c. Die »%25« in %255c wird in »%« übersetzt, so dass %255c in %5c übersetzt wird. %5c wird in »/.« übersetzt. Dies ist kein beabsichtigtes Verhalten. Es handelte sich um einen Bug in IIS 3, 4 und 5 vor dem Microsoft IIS-Patch MS01-44. Wenn die IIS-Server Ihrer Site alle gepatcht (oder jung genug, um das Patch nicht zu benötigen) sind, brauchen Sie diese Option nicht aktivieren. Andernfalls sollten Sie *double_encode* auf jeden Fall aktivieren.

- Die Option *iis_flip_slash* weist den http_decode-Präprozessor an, alle Backslashes \ in seinen Normalisierungsroutinen durch Forward-Slashes / zu ersetzen. Dies ist wichtig, da, wie bereits erwähnt, Angreifer / durch \ ersetzen können, um der Erkennung zu entgehen. Auch hier gilt, während IIS diese Übersetzung automatisch durchführt, kann Snort dies nur durch den http_decode-Präprozessor erreichen.

- Durch die Option *full_whitespace* wird der http_decode-Präprozessor angewiesen, Tabulatorzeichen in normale Leerzeichen umzuwandeln. In diesem Fall entstand durch Apache-Server diese Notwendigkeit; sie übersetzen Tabulatorzeichen automatisch in einfache Leerzeichen. Ein Angreifer kann den normalen Zeichenkettenvergleich umgehen, indem er einfach die Leerzeichen durch Tabulatorzeichen ersetzt. Aktivieren Sie diese Option, wenn Sie Apache-Server betreiben.

Die drei nächsten Optionen sind zum Zeitpunkt der Drucklegung dieses Buchs weder in der Snort-Konfigurationsdatei noch in der Dokumentation beschrieben.

- *abort_invalid_hex*
- *drop_url_param*
- *internal_alerts*

Die Option *abort_invalid_hex* weist den http_decode-Präprozessor an, seine Normalisierungsanstrengungen abzubrechen, wenn ein ungültiges hexadezimales Zeichen, wie z. B. %oJ, entdeckt wird. Apache-Webserver brechen die Verarbeitung einer Anforderung ab, wenn diese Anforderung ungültige hexadezimale Zeichen enthält. Wenn auf Ihrer Website nur Apache-Webserver eingesetzt werden, sollten Sie diese Option zu aktivieren, wenn Sie keine Meldungen über nicht-erfolgreiche Angriffe hören möchten, bei denen ungültige hexadezimale Zeichen verwendet wurden.

Die Option *drop_url_param* weist den http_decode-Präprozessor an, Parameter aus der URL-Zeichenkette zu verwerfen. Parameter sind die Daten hinter den Fragezeichen »?« in einem URL, der Teil, der gewöhnlich als Abfragezeichenkette (Query String) bezeichnet wird. Diese werden gewöhnlich von Browsern mitgeliefert, wenn sie Formulare mittels der GET-Methode übermitteln. In einigen Situationen erscheint es ratsam, die Abfragezeichenkette zu entfernen – die Option *drop_url_param* weist den http_decode-Präprozessor an, genau dies bei jeder Anforderung zu tun.

Die Option *internal_alerts* weist den http_decode-Präprozessor an, einen Alarm zu senden, wenn bestimmte merkwürdige Bedingungen während der Normalisierung der HTTP-Anforderung auftreten. Es wird beispielsweise ein Alarm gesendet, wenn eine HTTP-Anforderung länger als 10 Zeichen ist. Zu den gültigen HTTP-Methoden gehören *CONNECT, DELETE, GET, HEAD, OPTIONS, POST, PUT* und *TRACE*. Keines der zugehörigen Schlüsselworte ist länger als 10 Zeichen! Es ist sehr berechtigt, anzunehmen, dass ein Benutzer, der eine HTTP-Anforderung mit einer Methode, die länger als 10 Zeichen ist, übermittelt, wahrscheinlich nichts Gutes im Schilde führt. Dieser Angreifer könnte möglicherweise darauf hoffen, eine Buffer-Overflow-Schwachstelle in dem Webserver ausnutzen zu können. Hier einige Bedingungen, durch die *internal_alerts* diesen Präprozessor zur Alarmierung anstößt:

■ Es wurde keine Ressource angefordert (die Anforderung übermittelte lediglich eine Methode).

■ Doppelt-kodierte Zeichenketten.

■ Der Angreifer übermittelte ein ungültiges hexadezimales Zeichen (z. B. %oJ).

■ Der Angreifer übermittelte eine übermäßig lange (ungültige) Unicode-Kodierung.

Im Allgemeinen sollten Sie die Option *internal_alerts* aktivieren, außer Sie erhalten zu viele False-Positives. Sie sollte Ihnen dabei helfen, festzustellen, wann ein Angreifer etwas im Schilde führt, selbst wenn dessen Angriffe bisher noch keiner Regel entsprochen haben.

Ausgabe des http_decode-Präprozessors

Der http_decode-Präprozessor schreibt normalisierte URLs in eine globale Daten-struktur, die durch die Detection-Engine von Snort gelesen werden kann. Das ursprüngliche Paket wird durch diesen Prozess nicht verändert. Diese globale Daten-struktur wird durch die uricontent-Regeldirektive zum Vergleich herangezogen.

6.4.3 rpc_decode

Anwendungen wie Network File Sharing (NFS) und Network Information System (NIS) werden auf dem Remote Procedure Call (RPC)-Protokoll von Sun ausgeführt. Bei RPC handelt es sich nicht um ein Protokoll der Transportschicht, tatsächlich wird es auf TCP oder UDP ausgeführt. Stattdessen handelt es sich um einen Abs-traktionsmechanismus, der einem Programm auf dem einem Host den Aufruf eines Programms auf einem anderen Host ermöglicht. Weitere Informationen zu RPC finden Sie in RFC 1831 »RPC: Remote Procedure Call Protocol Specification Version 2,« unter www.ietf.org/rfc/rfc1831.txt.

Da RPC einzelne Nachrichten übertragen soll, aber auf dem stream-basierenden TCP-Protokoll laufen kann, das nicht wie UDP zwischen Nachrichten unterschei-det, entwickelt Sun eine »Datensatz«-Struktur, so dass jede RPC-Nachricht in einem Datensatz gekapselt werden kann. Wie die RFC beschreibt, besteht ein Datensatz (Record) aus einem oder mehreren Datensatzfragmenten (Record Frag-ments). Bei diesem Fragmenten handelt es sich nicht um IP-Fragmente – zwei Datensatz-Fragmente können sich durchaus in einem Paket befinden. Sie haben eine einfache Struktur. Jeder Datensatz besteht aus einem oder mehreren Frag-menten, wobei jedes Fragment mit einem Bit beginnt, das angibt, ob der Datensatz in das nächste Fragment hineinreicht. Es enthält eine 31-Bit-Zahl, die die Größe der Daten in dem Fragment angibt.

Ein Angreifer kann einen Datensatz relativ leicht durch Manipulation des Streams in Fragmente aufbrechen, so dass eine kritische Datenportion über verschiedene Datensatz-Fragmente verteilt wird. Dies würde dazu führen, dass ein 32Bit-Frag-ment-Header die kritischen Daten unterbrechen würde und ein Mustervergleich nicht möglich wäre. Der rpc_decode-Präprozessor (in spp_rpc_decode.c) kann diese Angriffe abwehren, indem er die in mehrere Datensatz-Fragmente aufgebro-chenen Datensätze in einem einzelnen Datensatz-Fragment konsolidiert. Die ein-zig wirkliche Schwierigkeit bei diesem Prozess ist, zu wissen, welche TCP-Streams durch den Präprozessor gesendet werden sollten. Snort nutzt eine statische Port-Liste und führt diesen Prozess für jeden TCP-Stream aus, der für diese Ports bestimmt ist.

Konfigurieren des rpc_decode-Präprozessors

Es gibt positive und negative Aspekte im Zusammenhang mit der Konfiguration von rpc_decode. Positiv ist, dass der rpc_decode-Präprozessor als Parameter nur eine Liste von Ports benötigt. Der negative Aspekt ist, dass es recht schwierig ist, zu bestimmen, welche Ports in diese Liste aufgenommen werden sollen.

Normale Client-/Server-Anwendungen arbeiten so, dass der Server einen zuvor definierten Port abhorcht, so dass der Client weiß, welchen Port er kontaktieren muss. Der Telnet-Server horcht normalerweise Port 23 ab, während FTP-Server gewöhnlich Port 21 abhorchen. Server-Administratoren können diese Ports zwar überschreiben, doch dies geschieht nur selten – wenn sie es täten, müssten Sie den nicht-standardisierten Port allen Benutzern mitteilen.

RPC funktioniert anders. RPC-basierende Server auf einem Host beginnen mit dem Abhorchen eines nicht-reservierten Ports, den sie dann mit einem lokalen Portmapper registrieren. Der Portmapper, der auf den meisten Unix-Systemen rpc-bind und auf Linux-Systemen portmap heißt, horcht einen statischen Port (TCP und UDP 111) ab, den die Clients kontaktieren, um die Port-Nummern der gesuchten Server zu erfahren. Diese nicht-statische Natur der Server-Port-Zuweisung macht die korrekte Konfiguration des rpc_decode-Präprozessors schwierig. Eigentlich soll der Präprozessor den gesamten RPC-basierenden Traffic bearbeiten, doch Sie wissen nicht, welche Ports die RPC-basierenden Server nutzen. Sie könnten konservativ vorgehen und einfach die abgehorchten Ports des Portmappers wählen. Und dies ist tatsächlich auch die Standardeinstellung von Snort – es horcht die Ports 111 und 32771 ab. Während 111 der Standard-Portmapper-Port ist, nutzen Versionen von Solaris vor 2.6 auch Port 32771. Natürlich gibt es aber auch noch andere Optionen.

Wie können Sie noch weitere Ports für die Übersetzung durch rpc_decode wählen? Sie werden zunächst vielleicht feststellen, dass die meisten RPC-Server von Computern, nach dem Booten scheinbar immer dieselben Port-Nummern nutzen. Wenn Sie ein recht homogenes Netzwerk betreiben, sollten diese bei den einzelnen Systemen in etwa gleich sein. Sie können diese Port-Nummer in die Liste einfügen. Wenn Sie zweitens Anwendungen auf Ihrer Site betreiben, die RPC nutzen, sollten Sie die für die Kommunikation meist genutzten Port-Nummern ebenfalls einfügen. Versuchen Sie, RPC-Muster auf Ihrer Site zu suchen oder zu bestätigen, indem Sie ein paar Tage lang die Header des Traffics sniffen, um die verwendeten Protokolle auf Ihrem Netzwerk zu bestimmen. Wenn Sie diese Liste zu freimütig definieren, könnte dies jedoch gefährlich werden. Der rpc_decode-Präprozessor modifiziert die interne Darstellung von Paketen, die ihn passieren – wenn er dies bei Nicht-RPC-Traffic ausführt, könnte dies zu falsch modifizierten Paketdaten führen.

Sie können den rpc_decode-Präprozessor aktivieren, indem Sie folgende Zeile in die Snort-Konfigurationsdatei einfügen:

```
preprocessor rpc_decode
```

Wenn Sie Ports außerhalb der Standardeinstellung angeben möchten, fügen Sie einfach einen Doppelpunkt ein, und geben Sie danach die durch Leerzeichen getrennte Port-Liste an:

```
preprocessor rpc_decode: 111 32771 1024
```

Mit den folgenden vier Direktiven können Sie auch die RPC-Anomalie-Erkennung in diesem Präprozessor aktivieren bzw. deaktivieren:

- **alert_fragments**   Der Parameter *alert_fragments*, der standardmäßig deaktiviert ist, weist den rpc_decode-Präprozessor an, Alarme zu senden, wenn er RPC-Meldungen erkennt, die in mehrere Fragmente aufgebrochen sind. Da dies auf einigen Netzwerken ein Zeichen für eine IDS-Umgehung durch einen Angreifer sein könnte, ist die Alarmierung sinnvoll.

- **no_alert_multiple_requests**   Dieser Parameter modifiziert das normale Verhalten des rpc_decode-Präprozessors so, dass dieser keinen Alarm sendet, wenn sich mehr als eine RPC-Abfrage (Nachricht) in einem einzelnen Paket befindet. Besonders wenn Stream4 auf einem RPC-Port die Stream-Reassembly durchführt, kann Sie diese Einstellung vor einer Reihe von falschen Alarmen schützen.

- **no_alert_large_fragments**   Dieser Parameter modifiziert das normale Verhalten des rpc_decode-Präprozessors so, dass dieser keinen Alarm sendet, wenn die RPC-Fragmente möglicherweise Integer Overflows verursachen und letztendlich zu groß sind.

- **no_alert_incomplete**   Dieser Parameter modifiziert das normale Verhalten des rpc_decode-Präprozessors so, dass dieser keinen Alarm sendet, wenn eine einzelne RPC-Nachricht größer ist als das Paket, das sie enthält. Dieser Alarm wird häufig falsch sein, wenn große RPC-Meldungen fragmentiert werden – da RPC-Meldungen einen Größe von 2^{31} Byte haben können, können Sie die MTU des Mediums, auf dem sie reisen, überschreiten.

Ausgabe des rpc_decode-Präprozessors

Der rpc_decode-Präprozessor modifiziert tatsächlich das Paket, das untersucht wird. Dies ist einer der wenigen Präprozessoren, der ab Snort 1.9.1 die ursprünglichen Paketdaten überschreibt.

6.5 Präprozessoroptionen für nicht-regel- oder anomalie-basierende Erkennung

Eine dritte Klasse von Präprozessoren leistet eine Angriffserkennung, die nicht über die normalen Regelvergleiche oder Protokollanomalieerkennung funktioniert. Die hier untersuchten Präprozessoren zeigen, wie Snort erweitert werden kann, um Angriffe jeder Art, die sich ein Entwickler vorstellen kann, zu erkennen. Obwohl es bisher noch nicht erfolgt ist, könnte man Snort die Fähigkeit verleihen, statistische Bewertungen durchzuführen, um aus dem normalen Netzwerkverkehr zu lernen und bei Abweichungen vom normalen Verhalten Alarme auszulösen. Dies ist einfach ein übertriebenes Beispiel dafür, wie ein Entwickler durch Präprozessoren nahezu jede denkbare IDS-Funktionalität in Snort einfügen kann, um damit alle Grenzen zwischen verschiedenen NIDS-Typen einzureißen. Bevor Sie sich jedoch zu sehr begeistern, erfolgt eine Beschreibung der beiden Präprozessoren, die zum Zeitpunkt der Drucklegung dieses Buchs explizit als unternehmenstauglich erklärt wurden: Portscan und Bo (Back Orifice).

Zusätzlich sei darauf hingewiesen, dass diese Klasse von Präprozessoren weniger auf das Neuschreiben von Paketen als vielmehr auf das Auslösen von Alarmen ausgerichtet ist. Als Konsequenz enthält dieser Abschnitt keine Erläuterungen zu der Frage, wie diese Präprozessoren ein Paket für die Verarbeitung durch die Detection-Engine modifizieren – es trifft einfach nicht auf sie zu.

6.5.1 Portscan

Einige Angriffe können nicht durch Regelvergleiche oder Protokollanomalieerkennung erkannt werden. Wie sollte man beispielsweise zuverlässig einen Portscan über ein einzelnes Paket oder eine einzelne Verbindung erkennen? Ein Portscan umfasst zahlreiche Probes, die im Allgemeinen auf mehrere Ports oder mehrere Systeme gerichtet sind. Ist dies nicht der Fall, wird es extrem schwierig einen Portscan von einem normalen, gültigen Verbindungsversuch zu unterscheiden. Ein einzelnes eingehendes, an Port 80 gerichtetes Paket zu einer Arbeitsstation ohne Webserver könnte als das Internet-Äquivalent einer »falschen Rufnummer« betrachtet werden. Ein Benutzer könnte einen Namen oder eine IP-Adresse falsch eingegeben haben, oder die DNS-Einträge Ihres Unternehmens sind fehlerhaft. Auf der anderen Seite sind 200 an Port 80, an jede einzelne Ihrer IP-Adressen gerichtete Pakete, die in numerisch sortierter Reihenfolge nach IP-Adresse ankommen, ein nahezu sicherer Beweis für den Portscan einer neugierigen Partei. Was das eine von dem anderen unterscheidet, ist die subtile Kombination von zumindest der folgenden Faktoren:

- Anzahl der Ziel-Hosts

- Anzahl der Ziel-Ports

- Zeitraum, über den die Pakete gesendet wurden

Es gibt keine echte Möglichkeit, um all diesen Faktoren beim direkten Regelvergleich gerecht zu werden, auch nicht durch Stream-Reassembly. Vergegenwärtigen Sie sich, dass die vielen Pakete, nach denen Sie suchen, so erscheinen würden, als gehörten zu einer eigenen, separaten Verbindung. Der Portscan-Präprozessor (in spp_portscan.c) erkennt Portscans, indem er das Netzwerk auf eine spezifische Anzahl von Probe-Paketen, die jeweils innerhalb einer bestimmten Zeitspanne gesendet werden, überwacht. Diese Probe-Pakete können komplett an einen Host oder verteilt auf ein Netzwerk von Systemen gerichtet sein – das, was zählt, ist die Anzahl von Paketen, die einen vordefinierten Schwellwert innerhalb eines festgesetzten Zeitraums überschreitet. Sobald dies geschieht, löst der Portscan-Präprozessor einen Alarm aus.

Dieser Präprozessor sendet auch einen Alarm, wenn er eines der bekannten »Stealth-Scan«-Pakete empfängt, die beispielsweise von nmap gesendet werden. Dazu zählen die ungültigen Pakete, die in Tabelle 6.1 aufgelistet.

NULL	Alle TCP-Flags sind deaktiviert.
FIN	Nur das FIN-Flag ist gesetzt.
SYN-FIN	Nur die SYN- und FIN-Flags sind gesetzt.
XMAS	Nur die FIN, URG- und PSH-Flags sind gesetzt.

Tabelle 6.1: Durch Snort erkannte Stealth-Pakete

Sie sollten auf Ihrem Netzwerk niemals eines diese Pakete entdecken, wenn es sich vollkommen an die TCP-Spezifikationen hält. Beispielsweise sollten NULL-Pakete niemals auftreten – dies würde einem völligen Fehlen von Statusinformationen in einem Stateful-Protokoll entsprechen!

Eine Warnung für Sie: Der Code des Präprozessors selbst warnt mit folgender Meldung: »...the connection information reported at the end of scan is wildly inaccurate (.. die Verbindungsinformationen am Ende des Scans weisen erhebliche Unstimmigkeiten auf)«. Eigentlich ist der Präprozessor recht gut im Erkennen und Mitteilen, dass jemand Ihr Netzwerk scannt, doch er ist nicht sehr gut, wenn er genau angeben soll, wie viele Probes die scannende Person gesendet hat. Der Grund für diesen Mangel liegt im Wesentlichen darin, dass der Portscan-Präprozessor keine Datenbank über den durch ein scannendes System gesendeten Traffic anlegt und verwaltet. Er wurde einfach nicht dafür konzipiert, um so eine Menge an historischen Informationen zu verwalten. Er verwaltet einige einfache Zählungen über die Anzahl der Verbindungen, die die einzelnen Hosts zu öffnen versuchten und der Verbindungen, die die einzelnen Hosts empfangen haben. Er löscht die Informationen zu den Hosts, wenn die benutzerdefinierte Ablaufzeit erreicht ist, ohne dass dafür ein Host den Schwellwert für die Anzahl der Verbindungen erreicht haben müsste.

Dies ist anhand eines Beispiels leichter zu verstehen. Nehmen Sie an, Sie überwachen auf fünf Probes innerhalb von 15 Minuten. Wenn ein Host auf Ihrem Netzwerk vier Ports in fünf Sekunden scannt, eine Stunde wartet und dann sechs Ports scannt, erhalten Sie nicht eher einen Alarm, bis die zweite Folge von Scans fast abgeschlossen ist. Das ist zu erwarten und normal. Der Alarm sagt jedoch nichts über die vier Ports, die anfänglich gescannt wurden, aus, weil der Präprozessor diese vier Probes bereits vergessen hat, wenn er die neuen Probes empfängt. Dies ist mit ein Grund dafür, weshalb die Feineinstellung eines Portscan-Detectors so schwierig ist. Auf der einen Seite setzen Sie alles daran, dass ein Angreifer nicht in der Lage ist, die Erkennung durch ein langsames Senden seiner Probe-Pakete zu umgehen. Auf der anderen Seite können Sie nicht bei jedem SYN-Paket, das unerwartet in ihr Netzwerk eintritt, einen Alarm auslösen.

Trotzdem macht diese mangelnde Berichterstattung den Präprozessor nicht unbrauchbar. Er funktioniert recht gut im Erkennen von Scans – er liefert Ihnen nur einfach nicht die hyper-akkuraten Daten zu der Frage, wie viele Probes ein spezieller Angreifer Ihnen gesendet hat.

Konfigurieren des Portscan-Präprozessors

Sie können den Portscan-Präprozessor aktivieren, indem Sie folgende Zeile in die Snort-Konfigurationsdatei einfügen:

```
preprocessor portscan: <monitor network> <number of ports> <detection pe
riod> <file path>
```

Sie müssen *<monitor network>* durch das Zielnetzwerk ersetzen, das der Präprozessor auf Scans überwachen soll. Nutzen Sie dazu die CIDR-Notation. Mit den Parametern *<number of ports>* und *<detection period>* geben sie die Anzahl von Ports an, die innerhalb eines Zeitraums von Sekunden (der zeitlich begrenzte Schwellwert) gescannt werden. Schließlich dient der Parameter *<file path>* zur Angabe des vollqualifizierenden Pfadnamen zu der Datei, in der die Portscans protokolliert werden sollen. Ein Beispiel: Wenn Sie immer dann einen Alarm auslösen möchten, wenn 5 Ports in einem Zeitraum von 60 Sekunden auf dem Netzwerk 10.0.0.0/8 gescannt werden, fügen Sie die folgende Zeile ein:

```
preprocessor portscan: 10.0.0.0/8 5 60 /var/log/portscan.log
```

Der Portscan-Präprozessor bietet auch eine Funktion, die Ihnen die Angabe von Quell-Hosts ermöglicht, die ignoriert werden sollen. Sie können diese Funktion nutzen, indem Sie eine durch Leerzeichen getrennte Liste mit IP-Adressen auf einer *preprocessor portscan-ignorehosts*-Zeile angeben

```
preprocessor portscan-ignorehosts: 192.168.1.1/32 192.168.2.0/24
```

6.5.2 Back Orifice

The Cult of the Dead Cow schrieb Back Orifice 1998 als Remote-Control-Mechanismus, der häufig von Angreifern genutzt wurde, um die Kontrolle über die von ihnen unterlaufenen Systeme zu erlangen. Der Remote-Control-Mechanismus ist verschlüsselt und nutzt keinen reservierten Port, was es nicht einfach macht, ihn in einem Netzwerk zu erkennen. Glücklicherweise nutzt er ein sehr einfaches Verschlüsselungsschema, um den Zugriff auf das Zielsystem zu authentifizieren und zu verbergen. In diesem Schema wählt der Angreifer ein Kennwort, das dann über einen Hash-Algorithmus in eine 16-Bit-Zahl konvertiert wird. Sechzehn Bit bieten einen relativ kleinen Rahmen für einen Schlüssel; es stehen nur 65.563 Möglichkeiten zur Verfügung. Der gesamte Traffic ist durch XOR-Verknüpfungen mit diesem Hash verschlüsselt. Alle Anforderungen, die vom Client an den Server gerichtet sind, beginnen mit dem Magic String »*!*QWTY?« (vor der Verschlüsselung) – diese »bekannte Klartext«-Schwachstelle macht es einfach, das Kennwort per Brute Force zu entlarven. Im Wesentlichen können Sie eine XOR-Verknüpfung von »*!*QWTY?« mit jedem Hash-Wert austesten, bis Sie einen Wert finden, der einem auf den Paketen, die Sie auf dem Kabel sehen, entspricht. Da das Verschlüsselungsschema so einfach ist, kann man leicht ein Programm zur Aufdeckung der Verschlüsselung schreiben, wodurch ein Sicherheitsexperte ein klares Bild von dem erhält, was ein Angreifer dem System befiehlt zu tun.

Der Bo (Back Orifice)-Präprozessor von Snort (in spp_bo.c) erkennt Back Orifice durch Untersuchung jedes Pakets, das eine Mindestgröße von 18 Byte aufweist. Die ersten acht Zeichen der Nutzlast werden gegen eine vorberechnete Tabelle mit verschlüsselten Versionen des Magic Strings geprüft. (Tatsächlich werden, um Ressourcen zu sparen, nur die ersten und die letzten beiden Zeichen dieser Zeichenkette geprüft.) Der Back Orifice-Präprozessor berechnet diese Tabelle beim ersten Start von Snort, während seiner eigenen Initialisierungsphase. Eine genauere Untersuchung der Präprozessor-Initialisierungsphase erfolgt im letzen Abschnitt dieses Kapitels, wo Sie auch eine detaillierte Beschreibung des telnet_negotiation-Präprozessors finden.

Konfigurieren des Back Orifice-Präprozessors

Der Back Orifice-Präprozessor erfordert keine Argumente – er kann überhaupt nicht konfiguriert werden. Im aktuellen Release von Snort, Version 2.0 übergibt die Konfigurationsdatei den Parameter -*nobrute* an den Präprozessor:

```
preprocessor bo:  -nobrute
```

Dies hat aber absolut keine Wirkung – *nobrute* wurde mittlerweile abgeschafft. Ursprünglich arbeitete der Präprozessor einmal anders – er führte einen Brute-Force-Angriff gegen jedes Paket aus, statt eine Lookup-Tabelle zu implementieren. Es ist einleuchtend, dass der Präprozessor dadurch langsamer war.

6.5.3 Allgemeine nicht auf Regeln basierende Detection

Wie Sie sehen können, liegt einer der Hauptzwecke für die Snort-Präprozessoren in der Erkennung von Angriffen, die nicht einfach über einen geradlinigen Regelvergleich entlarvt werden können. Durch Präprozessoren erhält Snort eine höhere Intelligenz, ohne dafür die Geschwindigkeit des direkten Mustervergleichs zu opfern. Eine Snort-Box, die eingesetzt wird, um einfache Packet-Capture-Funktionen durchzuführen, braucht die Pakete nicht durch diese Präprozessoren leiten, weil die vorliegende Analysefunktionalität ausreicht. Es muss noch einmal gesagt werden, die Snort-Entwickler haben hart daran gearbeitet, die Performance beizubehalten.

Sie sollten sich vergegenwärtigen, dass die meisten der durch die Präprozessor angebotenen Alarm-Modi deaktiviert werden können. Diese Alarm-Modi bilden die Grundlage für die Protokollanomalieerkennung von Snort und helfen vielleicht dabei, noch heimtückischere Angreifer zu enttarnen. Auf der anderen Seite verursachen Sie auf einigen Netzwerken vielleicht zu viel Lärm. Dies hängt auch von der Wahl des eingesetzten Betriebssystems ab. Stream4 tendiert beispielsweise auf Netzwerken mit bestimmten Windows-Versionen dazu, zu häufig Alarme aufgrund von Protokollproblemen auszulösen. Wenn Sie Zeit haben, Ihre Präprozessoren zu beobachten und feiner einzustellen, ist es ratsam, diese Alarmoptionen aktiviert zu lassen, um nach und nach auch die lauteren zu analysieren. Wenn Ihnen keine Zeit oder Ressourcen für eine Feineinstellung zur Verfügung stehen, können Sie die einzelnen Präprozessoren zunächst für eine Grundfunktionalität konfigurieren. Tatsächlich unterstellen die meisten Standardeinstellungen, dass Sie die zuletzt erwähnte Strategie bevorzugen.

6.6 Experimentelle Präprozessoren

Die in den folgenden Abschnitten beschriebenen Präprozessoren befinden sich noch im Versuchsstadium und sind daher nicht für den Einsatz in Unternehmen geeignet. Sie befinden sich entweder im Entwicklungsstadium, sind noch nicht ganz abgeschlossen oder gelten ganz allgemein als experimentell; folglich sind sie standardmäßig auch nicht aktiviert. Vielleicht möchten Sie sie jedoch einmal ausprobieren, sei es, dass Sie nach der Funktionalität, die sie bieten, suchen, oder dass Sie Interesse haben, dabei behilflich zu sein, neuen Snort-Code zu testen oder zu entwickeln. Möglicherweise möchten Sie aber auch ARP-Spoofing-Angriffe erkennen. Vielleicht wollen Sie aber auch sehen, ob potentielle Angreifer aktive Sniffing-Angriffe gegen Ihre paketvermittelnde Netzwerke durchführen. Dies könnte Sie zum Arpspoof-Detection-Präprozessor führen, der im nächsten Abschnitt beschrieben wird.

6.6.1 arpspoof

Der Arpspoof-Präprozessor erkennt Address Resolution Protocol (ARP)-Spoofing-Angriffe, wie solche, die mit dem Tool arpspoof von dsniff (http://naughty.monkey .org/~dugsong/dsniff/) durchgeführt werden können. Ein Angreifer nutzt ARP-Spoofing auf einem lokalen Netzwerk, um Hosts zu täuschen, damit diese ihm Daten senden, die für einen anderen Hosts bestimmt waren. Ein Host, der ein IP-Paket an einen anderen Host auf demselben LAN sendet möchte, kann das Paket nicht einfach in das LAN senden – er muss die physische Hardwareadresse, oder Media Access Control (MAC)-Adresse des Ziel-Hosts kennen. Die Adresse hat etwa folgendes Aussehen: AA:BB:CC:DD:11:22. Um die benötigte MAC-Adresse zu erfahren, sendet der Host per Broadcast eine ARP-Anfrage, die etwa lauten könnte: »Wer besitzt die IP-Adresse 10.0.0.1? Bitte melde dich bei AA:BB:CC:DD:11:22«. Der Ziel-Host antwortet mit der eigenen MAC-Adresse, die der Sender dann in den Cache legt und für den gesamten Datenverkehr, den er in einem bestimmten Zeitraum an diesen Host sendet, nutzt. Dieser Cache-Eintrag nennt sich Time-To-Live (TTL). Bei einem ARP-Spoof-Angriff sendet ein feindlich gesinnter Host auf dem Netzwerk eine falsche ARP-Antwort und behauptet, seine Hardwareadresse sei die beabsichtigte Zieladresse. Der Angreifer möchte, das der empfangende Host diese inkorrekten Daten in den Cache legt und statt an die korrekte Zieladresse, seine Pakete an den feindlich gesinnten Host sendet. Gewöhnlich wird der feindlich gesinnte Host so konfiguriert, dass er die Pakete an den korrekten Host weiterleitet, um den Stream zu bewahren.

 Neben anderen Dingen kann ein Angreifer mit diesem Trick auf einem paket-vermittelnden Netzwerk den Traffic umleiten und ausspionieren. Stehen die geeigneten Tools zur Verfügung, kann der Angreifer den Daten-Stream sogar transparent modifizieren und dem Traffic möglicherweise Daten hinzufügen. Sie erfahren mehr über dieses Thema, indem Sie das Tool *ettercap* untersuchen, das sich auf der Begleit-CD zu diesem Buch befindet.

Der Arpspoof-Präprozessor erkennt diese Täuschungsart, durch Überprüfen des ARP-Traffics gegen eine vom Benutzer bereitgestellte Tabelle mit IP-Adressen und Hardware-MAC-Adressen. Sie setzen diese Tabelle in die Snort-Konfigurationsdatei ein, indem Sie die Direktive *preprocessor arpspoof_detect_host* nutzen:

```
preprocessor arpspoof
preprocessor arpspoof_detect_host: 192.168.1.1 f0:a1:b1:c1:d1:91
preprocessor arpspoof_detect_host: 192.168.1.2 f0:a2:b3:c4:d5:96
```

Dieser Präprozessor (in ssp_arpspoof.c) kann auch ARP-Unicast (kein Broadcast)-Anfragen erkennen. Vergegenwärtigen Sie sich, das ARP-Anfragen eigentlich als Broadcast auf das gesamte LAN gesendet werden. Sie können eine Alarmierung für ARP-Unicast-Anfragen aktivieren, indem Sie die Option *-unicast* auf der Präprozessor-Aktivierungszeile in der Snort-Konfigurationsdatei angeben.

```
preprocessor arpspoof: -unicast
```

6.6.2 ASN1_decode

Der ASN1_decode-Präprozessor (in spp_asn1.c) erkennt Missbräuche des ASN.1-Protokolls, das andere Protokolle wie SL, SNMP und x.509 nutzen. Im aktuellen Snort-Release 2.0 untersucht dieser Präprozessor nur SNMP – inspiziert also nur UDP-Pakete, die an die Ports 161 oder 162 gerichtet sind. Dieser Präprozessor wird nach Snort 2.0 aber abgesetzt werden, so dass es fraglich ist, ob dieser Code noch erweitert wird, um andere Protokolle zu untersuchen. Zurzeit, in Snort-Version 2.0, können Sie diesen Präprozessor mit folgender Zeile in der Snort-Konfigurationsdatei aktivieren.

```
preprocessor asn1_decode
```

6.6.3 Fnord

Eine Methode, mit der Snort zuvor unbekannte Angriffe aufspürt, erfolgt über die Suche nach Well-Known-Shell-Code oder NOP-Sleds. Dabei handelt es sich um kritische Komponenten von Buffer Overflow-Exploits und ähnlichen Exploit-Arten. Wenn Sie mit dieser Art von Exploit nicht vertraut sind, sollten Sie das Aleph1 Whitepaper »Smashing the Stack for Fun and Profit« unter www.insecure.org/stf/smashstack.txt oder www.phrack.com/phrack/49/P49-14 lesen. Im Jahr 2001 begannen Forscher, einschließlich der von K2 (www.ktwo.ca) mit der Veröffentlichung von »polymorphen Shell-Code«. K2 gab im März 2001 ein Tool namens ADMutate heraus, das eine Portion Shell-Code einliest und einen anderen, aber funktional gleichwertigen Shell-Code ausgibt. Dadurch wird eine regel-basierende Erkennung von Shell-Code erheblich schwieriger. Während es normalerweise nur einige wenige funktionierende Well-Known-Shell-Codes für jedes Betriebssystem auf jeder Architektur gibt, wird deren Anzahl durch ADMutate dramatisch erhöht. Dies vergrößert einen sonst knappen Regelsatz für die Shell-Code-Detection erheblich, wodurch ein Ressourcen und Wartungsproblem entsteht.

Fnord, das von Dragos Ruiu geschrieben wurde, löst dieses Problem, indem es den Shell-Code anstatt über einfache Mustervergleiche programmatisch erkennt. Die Quelldatei heißt spp_fnord.c. Der Code ist aber immer noch als experimentell zu bezeichnen. Außerdem wird dieser Präprozessor nach Snort 2.0 nicht mehr vorhanden sein. Bis dahin, können Sie seine Funktionalität austesten, indem Sie folgende Zeile in die Snort-Konfigurationsdatei einfügen:

```
preprocessor fnord
```

6.6.4 Portscan2 und Conversation

Portscan2 ist der Nachfolger vom Portscan-Präprozessor. Kombiniert mit dem Conversation-Präprozessor entsteht ein Stateful-Portscan-Detection-Präprozessor. Das Snort-Team hält diesen Präprozessor für noch nicht im Unternehmensbetrieb einsetzbar, daher wird dieses Kapitel auch keine umfassende Abhandlung zu diesem Präprozessor bieten.

Portscan2 erfordert den Conversation-Präprozessor. Im Wesentlichen bietet Conversation eine Status-Engine, die den Status von TCP-, UDP- und ICMP-Verbindungen verfolgt – der Präprozessor sammelt Informationen darüber, welche Hosts sich mit welchen Hosts auf welchen Ports verbinden. Conversation ist wirklich nicht für einen eigenständigen Gebrauch gedacht – es bietet einfach nur einen Datensammlungsmechanismus für portscan2.

Konfigurieren des Portscan2-Präprozessors

Um zu verstehen, wie Portscan2 konfiguriert wird, müssen Sie zunächst wissen, wie dieser Präprozessor funktioniert. Portscan2 verwaltet kurzfristig detaillierte Datensätze über alle sitzungs-initiierenden Pakete (potentielle Probes), die Snort auf dem Weg zu ihrem Host passieren. Obwohl der Portscan2-Präprozessor in bestimmten Situationen so konfiguriert werden kann, dass er Hosts und Ports ignoriert, prüft er im Wesentlichen, ob irgendein Host zu viele Probes sendet. Ist dies der Fall, sendet er einen entsprechenden Alarm. Portscan2 verwaltet dazu Zähler und wartet auf das Übertreten eines Schwellwerts. Die Kriterien für das Überschreiten eines Schwellwerts basieren entweder auf zu vielen Ziel-Ports oder Ziel-Hosts. Portscan2 verwaltet diese Informationen nur kurzfristig, was bedeutet, dass ein langsam durchgeführter (und damit heimlicher) Scan nicht unbedingt entdeckt wird.

Sie aktivieren Portscan2, indem Sie eine *preprocessor portscan2*-Zeile in die Snort-Konfigurationsdatei (snort.conf) einfügen: Optional können Sie einen Doppelpunkt hinter das Schlüsselwort *portscan2* einfügen, um eine durch Kommata getrennte Reihe von Parametereinstellungen hinzuzufügen:

```
preprocessor portscan2: targets_max 1000, scanners_max 1000, port_limit 20
```

Einige der Standardeinstellungen für den Präprozessor sind wahrscheinlich zu niedrig angesetzt. Es erfolgt eine Beschreibung der möglichen Parameter

- **targets_max** Standardeinstellung 1.000, dieser Ressourcenkontrollparameter steuert, wie viele Ziele Portscan2 maximal verfolgen soll.

- **scanners_max** Standardeinstellung 1.000, dieser Ressourcenkontrollparameter steuert, wie viele verschiedene scannende IPs Portscan2 maximal verfolgen soll.

- **target_limit** Standardeinstellung 5, dieser Parameter steuert den Ziel-Host-Schwellwert. Wenn irgendein bestimmter Scanner ein Probe an diese Anzahl von Hosts innerhalb der abgelaufenen Zeitspanne gesendet hat, löst der Präprozessor einen Alarm aus.

- **port_limit** Standardeinstellung 20, dieser Parameter steuert den Port-Schwellwert. Wenn irgendein bestimmter Host ein Probe an diese Anzahl von Ports innerhalb der abgelaufenen Zeitspanne gesendet hat, löst der Präprozessor einen Alarm aus.

- **timeout** Standardeinstellung 60, dieser Parameter setzt eine Zeitspanne in Sekunden, die bestimmt, wie lange die Scan-Daten erhalten bleiben. Wenn die Zeit ohne eine Aktivität von einem Host abgelaufen ist, werden die Daten gelöscht.

- **log** Standardeinstellung »/scan.log«, dieser Parameter bestimmt den Pfadnamen für die Log-Datei des Präprozessors relativ zum aktuellen Arbeitsverzeichnis von Snort.

Die hier genannten Standardwerte eignen sich für das Enttarnen von schnellen Portscans auf kleinen Netzwerken. Wenn Sie langsame Portscans erkennen möchten, müssen Sie einige dieser Werte erhöhen. Wenn ein Angreifer eine 10 bis 20 Sekunden dauernde Verzögerung zwischen dem Senden seiner Probe-Pakete konfiguriert, führt ein zu niedrig angesetzter Timeout-Wert dazu, dass Ihnen dieser Portscan entgeht. Wenn ein Angreifer einen Reihe von Lockvogel-IP-Adressen (wie es einige schon gemacht haben, wenn sie ein komplettes Klasse-C-Netzwerk gesnifft/gescannt haben) nutzt, führt auch der Standardwert für *scanners_max* zum Fehlschlagen einer Erkennung. Wie immer sollten Sie stets eine Reihe von Werten austesten und die Feineinstellung nach Ihren gemachten Erfahrungen vornehmen.

Wie bei dem Portscan-Präprozessor können Sie Hosts definieren, deren Aktivität ignoriert werden soll. Fügen Sie dazu eine durch Leerzeichen getrennte Liste von Hosts und Netzwerk-IPs auf einer *preprocessor portscan2-ignorehosts* -Zeile ein:

```
preprocessor portscan2-ignorehosts: 192.168.1.1 192.168.2.0/24
```

Des weiteren können Sie einen Port definieren, den der Portscan-Präprozessor für jeden(s) Host/Netzwerk ignorieren soll, indem Sie wie folgt ein @-Zeichen und eine Port-Nummer an das Ende einer IP-Adresse anfügen:

```
preprocessor portscan2-ignorehosts: 192.168.1.1@25 192.168.2.0/24@80
```

Sie können auch mehrere Ports für eine IP-Adresse ignorieren lassen, indem Sie diese IP-Adresse wie folgt mehrfach auflisten:

```
preprocessor portscan2-ignorehosts: 192.168.1.1@25 192.168.1.1@80
```

Wie bei anderen Optionen, in denen IP-Adressen in der Snort-Konfigurationsdatei verwendet werden, können Sie definitiv das *!*-Zeichen für eine Negierung nutzen.

Damit der Portscan2-Präprozessor arbeiten kann, müssen Sie zunächst den Conversation-Präprozessor starten. Es folgt eine Beschreibung der entsprechenden Konfiguration.

Konfigurieren des Conversation-Präprozessors

Der Conversation-Präprozessor verwaltet Datensätze für jede Kommunikation zwischen zwei Hosts und organisiert dies in »Konversationen«. Dies erfolgt selbst für nicht-sitzungs-basierende Protokolle wie UDP. Der Conversation-Präprozessor führt keine Reassembly durch, dieser Präprozessor dient allein der Unterstützung des Portscan2-Präprozessors. Im Wesentlichen erlaubt er dem Portscan2-Präprozessor nur das erste Paket in einer Konversation zu verfolgen und daraufhin einen Alarm auszulösen. Er kann auch einen Alarm auslösen, wenn ein Paket mit einem IP-basierenden Protokoll durchkommt, das auf Ihrem Netzwerk nicht zugelassen ist. Sie können den Conversation-Präprozessor aktivieren, indem Sie einfache eine *preprocessor conversation* -Zeile in die Datei snort.conf einfügen. Auf der anderen Seite möchten Sie sicherlich einige zusätzliche Parameter einfügen. Setzen Sie einen Doppelpunkt an das Ende Ihrer Zeile, und fügen Sie eine durch Kommata getrennte Liste von Parametern dahinter ein:

```
preprocessor conversation: timeout 120, max_conversations 65335
```

Es folgt eine Beschreibung der verfügbaren Parameter:

- **timeout** Standardeinstellung 120, dieser Wert definiert den Zeitraum in Sekunden, in dem der Conversation-Präprozessor die Information bewahrt. Nach einer Anzahl von Timeout Sekunden der Inaktivität kann eine Konversation gelöscht werden, um die Ressourcen zu schonen.

- **max_conversations** Standardeinstellung 65335, dieser Ressourcensteuerungsparameter bestimmt die maximale Anzahl an Konversationen, die der Conversation-Präprozessor zu einem Zeitpunkt verfolgt.

- **allowed_ip_protocols** Standardeinstellung »all«, dieser Parameter ermöglicht Ihnen die Definition einer Liste von zulässigen IP-Protokollen nach Nummern. Beispielsweise gilt TCP = 6, UDP = 17 und ICMP =1. Sie könnten also »1 6 17« setzen, um immer dann einen Alarm auszulösen, wenn anderer als TCP/UDP/ICMP-Traffic den Sensor passiert.

- **alert_odd_protocols** Standardeinstellung deaktiviert, dieser Parameter bestimmt, ob Sie Alarme erhalten, wenn ein Protokoll, das nicht im Parameter *allowed_ip_protocols* gesetzt ist, entdeckt wird. Sie aktivieren diesen Parameter, indem Sie ihn einfach auf die *preprocessor*-Zeile setzen – weitere Einstellungen sind nicht erforderlich.

Wenn Sie also bis zu 12000 Konversationen überwachen wollten, die Daten einer Konversation solange bewahren möchten, bis diese 5 Minuten (300 Sekunden) lang inaktiv war und alarmiert werden möchten, wenn andere Protokolle neben TCP, UDP und ICMP den Sensor passieren, müssen Sie Folgendes in die Snort-Konfigurationsdatei einfügen:

```
preprocessor conversation: max_conversations 12000, timeout 300, allowed
_ip_protocols 1 6 17, alert_odd_protocols
```

Wie bei allen Präprozessoren finden Sie die besten Einstellungen für Ihre Site, wenn Sie probeweise eine vernünftige Einstellung wählen, das gesamte Verhalten samt Alarmierung von Snort beobachten und anschließend bei Bedarf Feineinstellungen vornehmen.

6.6.5 perfmonitor

Der Perfmonitor-Präprozessor (in spp_perfmonitor.c) befindet sich im experimentellen Status. Er liefert über die Konsole oder eine Log-Datei Leistungsstatistiken. Die Konfigurationsdatei zu Snort 1.9.1. beschreibt diesen Präprozessor mit der Warnung »No docs. Highly subject to change. (Keine Dokumentation, Änderungen sind sehr wahrscheinlich)«. Unter diesen Umständen ist es nicht sehr sinnvoll, diesen Präprozessor in einem Buch zu dokumentieren.

6.7 Schreiben von eigenen Präprozessoren

Dieser Abschnitt untersucht, warum und wie Sie Ihr eigenes Präprozessor-Plugin schreiben sollten. Diese Untersuchung findet am Beispiel des bereits erwähnten telnet_negotiation-Präpozessors statt. Sie lernen die notwendigen Komponente eines Präprozessors kennen, erfahren, wie er in den Snort-Quell-Code eingebunden wird und verstehen letztendlich seine Funktionsweise. Nach diesen Ausführungen sind Sie auf dem richtigen Weg, um Ihren eigenen Präprozessor zu schreiben.

Im Verlaufe dieses Kapitels erfuhren Sie die Gründe, die das Schreiben von eigenen Präprozessoren rechtfertigen:

- Reassembling von Paketen

- Dekodieren von Protokollen

- Nicht-regel- oder anomalie-basierende Erkennung

Eigentlich schreiben Sie immer dann eigene Präprozessoren, wenn Sie eine Funktionalität benötigen, die die direkte regel-basierende Detection nicht bietet. Es erfolgt eine Untersuchung der zuvor aufgelisteten Gründe, damit Sie verstehen, weshalb ein Präprozessor nötig war, um die Funktion auszuführen.

6.7.1 Reassembling von Paketen

Bei der signatur-basierenden Detection werden fest definierte Muster gegen die Daten in den einzelnen Paketen verglichen. Es wird dabei immer *ein* Paket geprüft. Ohne Hilfe können die über Pakete verteilten Daten nicht verglichen werden. Wenn die Fragmente durch Frag2 wieder zu vollständigen Paketen zusammengesetzt werden, können sie sicherstellen, dass kein Angriff erfolgreich sein wird, der durch Fragmentierung versucht, einer Erkennung zu entgehen. Durch das Reassembling (Wiederzusammensetzen) der einzelnen Streams in ein oder mehrere Pseudo-Pakete, versuchen Sie mittels Stream4 sicherzustellen, dass der Signaturmechanismus für die einzelnen Pakete in der Lage ist, einen Mustervergleich über mehrere Pakete einer TCP-Sitzung hinweg durchführen zu können. Durch eine zusätzliche Statusverfolgung mittels Stream4 verleihen Sie diesem Signaturvergleichsmechanismus einiges an Intelligenz. Er »weiß« nun, welche Pakete ignoriert werden können und welche wiederum Teil der Verbindung sind. Paket-Reassembly-Präprozessoren helfen Snort bei der Erkennung von Angriffen, selbst wenn die zu vergleichenden Daten auf mehrere Pakete verteilt sind.

6.7.2 Dekodieren von Protokollen

Bei der regel-basierenden Detection erfolgt ein einfacher Zeichenketten-/Byte-Vergleich mit den Daten eines Paketes. Ohne Hilfe können damit nicht all die vielen verschiedenen Versionen einer URL in HTTP-Daten behandelt werden. Zumindest wäre dafür aber eine so hohe Anzahl von Regelsätzen erforderlich, dass deren Menge nicht zählbar wäre. Der HTTP_decode-Präprozessor verleiht Snort die Fähigkeit, URLs zu kanonisieren, bevor der Mustervergleich erfolgt. Der direkte Regelvergleich kann auch durch protokoll-basierende Daten, die in die Mitte der eigentlich zu vergleichenden Daten einfügt werden, vereitelt werden. Die beiden Präprozessoren RPC_decode und Telnet_negotiation entfernen die Daten, die beim Mustervergleich stören. Der RPC_decode-Präprozessor konsolidiert alle Nachrichtenfragmente einer einzelnen RPC-Nachricht in einem Fragment. Der telnet_negotiation-Präprozessor entfernt die Telnet-Aushandlungssequenzen. Protokoll-dekodierende Präprozessoren ermöglichen den Zeichenkettenvergleich primär dadurch, dass sie die Paketdaten in eindeutige Form bringen, so dass der Vergleich einfacher wird.

6.7.3 Nichtregel- oder anomalie-basierende Erkennung

Die regel-basierende Detection funktioniert aufgrund ihrer Einfachheit sehr gut. Sie arbeitet sehr deterministisch und lässt sich problemlos anpassen, um weniger False-Positives zu erhalten. Sie kann darüber hinaus sehr leicht optimiert werden. Es gibt jedoch Funktionen, die dieses Modell nicht bietet. Snort verfügt über eine Protokollanomalieerkennung, doch selbst diese reicht nicht aus, um einige spezielle Angriffstypen zu erkennen. Der Portscan-Präprozessor ermöglicht Snort die

Verfolgung einer Anzahl von scan-artigen Paketen, die über eine festgesetzte Zeitspanne empfangen wurden. Wenn ein Schwellwert überschritten wird, wird ein Alarm ausgelöst. Der Back Orifice-Präprozessor ermöglicht Snort die Erkennung von verschlüsseltem Back Orifice-Traffic, ohne dass dazu ein riesiger Regelsatz erstellt werden müsste.

Diese dritte Klasse von Präprozessoren erweitert das Snort-Detection-Modell ohne ein völliges Neudesign – Snort ist so flexibel, dass es jede Detection-Methode annehmen kann. Besonders Präprozessoren und Plugins im Allgemeinen verleihen Snort die Fähigkeit, mehr als ein IDS zu sein. Sie machen Snort zu einem erweiterbaren Intrusion Detection-Framework, auf dem nahezu alle Erkennungsmethoden aufgebaut werden können. Weniger spektakulär gesprochen, verleihen Sie Snort die Fähigkeit, »Dinge« zu erkennen, für diese es bisher noch keine Regeldirektiven gibt. Wenn Sie beispielsweise eine Regel benötigten, die erkennen soll, dass das Wort *Marty* zwischen drei- und achtmal (nicht mehr und nicht weniger) in einem Paket vorkommt, bräuchten Sie wahrscheinlich einen Präprozessor – die Snort-Regelsprache ist zwar flexibel, aber dennoch nicht so flexibel. Etwas praktischer – was wäre, wenn Sie einen Backdoor-Mechanismus erkennen müssten, der nur an der Tatsache zu identifizieren ist, dass ein einzelner Host Ihrem Host/Netzwerk UDP-Pakete sendet, deren Quell- und Ziel-Ports ständig die feste Summe 777 ergeben? (Hinweis: Dieses Tool gibt es wirklich.)

Ohne ganz so weit zu gehen, sollten Sie sich nun mit der Aufbau eines eigenen Präprozessors befassen.

6.7.4 Einrichten eines eigenen Präprozessors

Jeder Präprozessor wird aus einer gemeinsamen Vorlage (Template) aufgebaut, die sich im Snort-Quell-Code-Verzeichnis templates/ befindet. Wenn Sie sich mit Snort-Code befassen, sollten Sie die folgenden Konventionen für Dateinamen berücksichtigen. Es geht um das Verzeichnis snort/ – dies ist das Hauptverzeichnis, das Sie erhalten, wenn sie das Snort-tar-Archiv bzw. die Snort-zip-Datei expandieren. Der Inhalt dieses Verzeichnisses sieht wie folgt aus:

```
[jay@localhost snort]$ ls
acconfig.h    config.h.in    contrib   install-sh   missing         src
aclocal.m4    config.sub     COPYING   LICENSE      mkinstalldirs   stamp-h.in
ChangeLog     configure      doc       Makefile.am  rules           templates
config.guess  configure.in   etc       Makefile.in  snort.8
```

Das Vorlagenverzeichnis enthält zwei Sets von Plugin-Vorlagen – um ein Präprozessor-Plugin zu erstellen, benötigen Sie die Dateien spp_template.c und spp_template.h.

```
[jay@localhost snort]$ ls templates/
Makefile.am  spp_template.c  sp_template.c
Makefile.in  spp_template.h  sp_template.h
```

Sie sollten sich diese Vorlagendateien anschauen, wenn sie sich mit dem telnet_negotiation-Präprozessor befassen. Dieser Präprozessor befindet sich mit den anderen im Verzeichnis snort/src/preprocessors.

```
[jay@localhost preprocessors]$ ls
Makefile.am            spp_fnord.c          spp_portscan2.h
Makefile.in            spp_fnord.h          spp_portscan.c
spp_arpspoof.c         spp_frag2.c          spp_portscan.h
spp_arpspoof.h         spp_frag2.h          spp_rpc_decode.c
spp_asn1.c             #spp_http_decode.c#  spp_rpc_decode.h
spp_asn1.h             spp_http_decode.c    spp_stream4.c
spp_bo.c               spp_http_decode.h    spp_stream4.h
spp_bo.h               spp_perfmonitor.c    spp_telnet_negotiation.c
spp_conversation.c     spp_perfmonitor.h    spp_telnet_negotiation.h
spp_conversation.h     spp_portscan2.c
```

Im restlichen Teil dieses Abschnitts soll der Code in der Datei spp_telnet_negotiation.c untersucht werden. Bei Bedarf erfolgen Verweise auf die zugehörige Header-Datei spp_telnet_negotiation.h. Denken Sie daran, dass sich dieses Buch auf den Snort-Produktions-Code der Version 2.0.0 bezieht, den Sie auf der Begleit-CD zu diesem Buch finden. Beginnen Sie mit der Untersuchung des Codes:

```
/* Snort Preprocessor for Telnet Negotiation Normalization*/
/* $Id: spp_telnet_negotiation.c,v 1.14.2.1 2002/11/02 21:46:14
chrisgreen Exp $ */


/* spp_telnet_negotiation.c
 *
 * Purpose:  Telnet and FTP sessions can contain telnet negotiation strings
 *           that can disrupt pattern matching.  This plugin detects
 *           negotiation strings in stream and "normalizes" them much like
 *           the http_decode preprocessor normalizes encoded URLs
 *
 * Arguments:  None
 *
 * Effect:  The telnet nogiation data is removed from the payload
 *
```

```
* Comments:
*
*/
```

Der Präprozessor-Code beginnt mit der Beschreibung, was der Zweck des Programms ist und wie es aufgerufen werden kann. Sie werden beim Durchlesen des Codes feststellen, dass die Beschreibung der »Arguments« im Kommentar nicht korrekt ist – das Programm übernimmt eine durch Leerzeichen getrennte Liste von Ports als Argumente.

Bevor Sie den Code weiterlesen, sollten Sie den Zweck dieses Präprozessors kennen, damit Sie den Code auch verstehen. Wenn Sie alles umfassend verstehen möchten, sollten Sie am besten das Request for Comments (RFC)-Dokument lesen, das das Telnet- Protokoll beschreibt.

Oink!

Das Telnet-Protokoll wird detailliert in RFC 854 beschrieben. Sie finden es unter `www.faqs.org/rfcs/rfc854.html`. Noch umfassendere und leichter zu verstehende Informationen zum Telnet-Protokoll finden Sie dem Buch *TCP/IP Illustrated Volume 1* von W. Richard Stevens. Es handelt sich um ein Standardwerk zu Implementierungen des TCP/IP-Protokolls.

Die Telnet-Entwickler wussten, dass das Protokoll zwischen vielen Systemen funktionieren musste, potentiell ausgestattet mit verschiedenen Ebenen der Intelligenz und Flexibilität. Um dies zu bewerkstelligen, definiert das Telnet-Protokoll ein Network Virtual Terminal (NVT), dabei handelt es sich um ein »Minimal«-Konzept, das Telnet-Implementierern das Maßschneidern ihres Codes ermöglicht. Das Protokoll erlaubt zwei NVTs, miteinander zu kommunizieren, gleichgültig welche Optionen (Zusatzmerkmale) diese unterstützen oder nicht unterstützen. Die Kommunikation erfolgt über Escape-Sequenzen, die mit einem speziellen IAC (Interpret as Command)-Zeichen beginnen. Diesem Zeichen folgt eine Einzel-Byte-Zahl, die einen Befehl kodiert. Der gesendete Befehl ist gewöhnlich eine Anforderung, dass die andere Seite eine Option aktiviert/deaktiviert (falls verfügbar), eine Anforderung für eine Berechtigung, eine Option zu nutzen oder eine Antwort auf eine vorangegangene Anforderung der anderen Seite. Die meisten dieser Sequenzen haben einen Länge von drei Zeichen, wie dies hier gezeigte fiktive Beispiel:

```
IAC    DON'T    SING
255    254      53
```

Das Protokoll erlaubt ebenfalls über den Befehl *Erase Character (EC)* das Löschen des vorangegangenen Zeichens, das gesendet wurde, und über den Befehl *Erase Line (EL)* das Löschen der zuletzt gesendeten Zeile – zwei Dinge, die im Präprozessor berücksichtigt werden müssen. Es verfügt auch über einen *No Operation* (*NOP*)-Befehl, der veranlasst, nichts zu tun – es ist leider nicht ganz klar, weshalb dieser in das Protokoll eingeschlossen wurde. Schließlich ermöglicht es eine komplexe Aushandlung von Parametern für die Optionen über einen »Unterverhandlungs-« (Subnegotiation)-Stream von Zeichen, der mit einem *Subnegotiation Begin* (*SB*)-Zeichen beginnt. Dem folgt die referenzierte Option, die durch ein *Subnegotiation End* (*SE*)-Zeichen beendet wird. Solch eine Sequenz könnte wie folgt aussehen.

```
IAC     SB      SING      HUMPTY-DUMPTY      SE
255     250     53        1                  240
```

Telnet macht natürlich mehr aus, doch diese Informationen reichen, um den Präprozessor-Code lesen und verstehen zu können. Wenden Sie sich also wieder dem Code zu.

6.7.5 Was bekommen Sie von Snort?

Es folgt nun eine ausführliche Untersuchung des Präprozessor-Codes, bei der die Funktion der einzelnen Zeilen erläutert wird. Den Code-Zeilen folgen entsprechende Kommentare. Wenn Ihre C-Programmierkenntnisse ein wenig angerostet sind, brauchen Sie sich nicht sorgen – die Ausführungen gestalten sich eigentlich als recht verständlich. Der telnet_negotiation-Präprozessor ist einer der einfachsten Präprozessoren. Wenden Sie sich nun zusammen mit den Autoren dem Code zu.

```
/* your preprocessor header file goes here */

#include <sys/types.h>

#ifdef HAVE_STRINGS_H
#include <strings.h>
#endif
```

Mit den vorangegangenen Zeilen werden lediglich die Standard-C-Headerdateien importiert.

- #include "decode.h"

- #include "plugbase.h"

- #include "parser.h"

- #include "log.h"

- #include "debug.h"

- #include "util.h"

- #include "mstring.h"

- #include "snort.h"

Die Zeilen importieren die Funktionsprototypen, Konstanten und Datenstrukturen von Snort, so dass dieses Plugin sie referenzieren kann. Die Header-Datei plug-base.h ist besonders wichtig. Sie enthält Prototypen für die wichtigen Funktionen, die jedes Präprozessor-Plugin aufrufen muss. Tabelle 6.2 listet die anderen Header-Dateien mit den entsprechenden Funktionen auf.

Header-Datei	Funktion
sdecode.h	Zergliedert Pakete in Datenstrukturen
parser.h	Führt die komplette Eingabeanalyse durch (z. B. snort.conf)
log.h	Protokolliert alle Paketdaten. Drucken/Formatieren von Headern und Daten
debug.h	Führt das sehr detaillierte Debugging von Snort aus
util.h	Verschiedene Hilfsfunktionen
mstring.h	Liefert Zeichenkettenfunktionen, die nicht in den Standard-C-Bibliotheken vorhanden sind
snort.h	Stellt die wichtigsten Datenstrukturen und die primären Funktionen von Snort zur Verfügung

Tabelle 6.2: Header-Dateien und die zugehörigen Funktionen

Nicht alle der in Tabelle 6.2 aufgeführten Header-Dateien sind notwendig. Wahrscheinlich werden Sie eingeschlossen, um die Dinge für den Programmierer einfach und verwaltbar zu halten.

```
/* external globals from rules.c */
extern char *file_name;
extern int file_line;
```

Auch diese beiden Zeilen (1. Zeile ist Kommentar) sind als Standard einzustufen – damit beschreibt der Präprozessor, woher seine Konfigurationsdirektiven stammen. Ein Beispiel wäre »*line 43 of snort.conf file*« (Zeile 43 der Datei snort.conf).

```
extern u_int8_t DecodeBuffer[DECODE_BLEN]; /* decode.c */
```

Ab Snort 1.9.1 ist dies eine spezifische Funktion für den telnet_negotiation-Präprozessor. Der Präprozessor löscht den Aushandlungs-Code, indem er alle Daten, die nicht zur Aushandlung gehören aus dem untersuchten Paket in einen global verfügbaren *DecodeBuffer* kopiert. Dann signalisiert er, dass das Paket eine alternative

Form aufweist, und ermöglicht der Detection Engine, beide Formen der Paketdaten zu untersuchen, abhängig davon, ob eine Regel »rawbytes« prüfen soll. Obwohl sich ein Parameter mit dem Namen »rawbytes« mehr nach einer allgemeinen Option anhört, wird er ausschließlich in Zusammenhang mit Telnet verwendet.

Oink!

Rawbytes signalisiert, dass die Regel die nicht modifizierte Version des Telnet-Pakets, das den Aushandlungs-Code enthält, untersuchen soll.

```
/* define the telnet negotiation codes (TNC) that we're interested in */
#define TNC_IAC    0xFF
#define TNC_EAC    0xF7
#define TNC_SB     0xFA
#define TNC_NOP    0xF1
#define TNC_SE     0xF0


#define TNC_STD_LENGTH   3
```

Die ersten fünf Konstanten definieren die numerischen Versionen der Codes, die zuvor untersucht wurden. Die letzte Konstante kodiert die Tatsache, das alle Aushandlungs-Codes mindesten drei Zeichen lang sind.

```
/* list of function prototypes for this preprocessor */
extern void TelNegInit(u_char *);
```

Wie Sie bald sehen werden, initialisiert die Funktion *TelNegInit()* den Präprozessor beim Start von Snort. Sie ruft eine Funktion für die Analyse der Präprozessor-Argumente aus der Datei snort.conf auf und fügt die Hauptarbeitsfunktion (*Normalize-Telnet()*) der Liste der Präprozessoren zu, die zur Untersuchung der einzelnen Pakete aufgerufen werden. Jeder Präprozessor muss eine dieser *Init*-Funktionen haben, um diese beiden Aufgaben auszuführen. Er benötigt auch eine Setup-Funktion, um diese mit der Snort-Code-Basis zu verbinden – die Untersuchung der Funktion *SetupTelNeg()* erfolgt in Kürze.

```
extern void NormalizeTelnet(Packet *);
```

Wie später noch erläutert wird, führt die hier gezeigte Funktion die wirkliche Aufgabe des Präprozessors durch. Die zuvor erwähnte Funktion *Init* registriert diese für die Haupt-Präprozessor-Engine von Snort.

```
static void SetTelnetPorts(char *portlist);
```

Diese Funktion analysiert die Argumente für den telnet_negotiation-Präprozessor. Sie wird durch *TelNegInit()* aufgerufen. Sie zergliedert eine einfache Port-Liste in eine Datenstruktur, die *NormalizeTelnet()* referenzieren kann, bevor die Funktion mit der Arbeit an einem Paket beginnt.

```
/* array containing info about which ports we care about */
static char TelnetDecodePorts[65536/8];
```

In diesem Array werden die TCP-Ports abgelegt, die durch den Präprozessor Beachtung finden werden. Beachten Sie, dass die Speicherung über einzelne *Bit* für die Ports zwischen 0 und 65.536, nicht über ein *Byte* erfolgt.

```
/*
 * Function: SetupTelNeg()
 *
 * Purpose: Registers the preprocessor keyword and initialization
 *          function into the preprocessor list.
 *
 * Arguments: None.
 *
 * Returns: void function
 *
 */
void SetupTelNeg()
{
    /* Telnet negotiation has many names, but we only implement this
     * plugin for Bob Graham's benefit...
     */
    RegisterPreprocessor("telnet_decode", TelNegInit);

    DEBUG_WRAP(DebugMessage(DEBUG_PLUGIN, "Preprocessor: Telnet Decode D
ecode is setup...\n"););
}
```

SetupTelNeg() linkt diesen Präprozessor mit dem Snort-Code, indem dessen Regeldatei-Schlüsselwort *telnet_decode* zusammen mit der Initialisierungsfunktion *telNegInit()* registriert wird. Der Grund für diese Registrierung ist folgender: wenn das Schlüsselwort, das diesen Präprozessor referenziert, nicht in der Snort-Konfigrationsdatei vorhanden ist, wird der Initialisierungs-Code nicht aufgerufen. Diese Registrierung erfolgt über die Funktion *RegisterPreprocessor()* aus der Datei plugbase.c.

Dies ist die erste Funktion in dem Präprozessor, die Snort aufruft. Sie wird aus plugbase.c aufgerufen, in die Sie sie manuell einfügen müssen. Dieser Prozess, der

nach der Erläuterung dieses Codes beschrieben wird, wird auch in der Datei snort/
doc/README.PLUGINS behandelt.

```
/*
 * Function: TelNegInit(u_char *)
 *
 * Purpose: Calls the argument parsing function, performs
 * final setup on data structs, links the preproc function
 * into the function list.
 *
 * Arguments: args => ptr to argument string
 *
 * Returns: void function
 *
 */
void TelNegInit(u_char *args)
{
    DEBUG_WRAP(DebugMessage(DEBUG_PLUGIN, "Preprocessor: TelNeg Initiali
zed\n"););

    SetTelnetPorts(args);
    /* Set the preprocessor function into the function list */
    AddFuncToPreprocList(NormalizeTelnet);
}
```

Diese Funktion wird zu einem frühen Zeitpunkt von Snort aufgeführt, da sie die
Snort-Regeldatei analysiert. Es handelt sich um eine Standard-*Init()*-Funktion für
Präprozessoren, die immer durch die *Setup()*-Funktion des Präprozessors registriert wird. Zweck dieser Funktion ist das Aufrufen eines Argumenten-Parsers und
das Hinzufügen der Hauptfunktion des Präprozessors zur Präprozessor-Funkti-
onsliste. Sie erinnern sich: ein Paket, dass in Snort eintritt, wird zur Analyse durch
den Decoder und dann der Reihe nach durch die Präprozessoren geleitet, bis es
schließlich bei der Detection-Engine angelangt ist. Mit der Funktion *AddFuncToPre-
procList()* aus der Datei plugbase.c wird die Hauptfunktion des Präprozessors in die
Link-Liste der Präprozessor-Funktionen eingebunden.

```
/*
 * Function: PreprocFunction(Packet *)
 *
 * Purpose: Perform the preprocessor's intended function.  This can be
 *          simple (statistics collection) or complex (IP defragmentation)
 *          as you like.  Try not to destroy the performance of the whole
 *          system by trying to do too much....
```

```
*
* Arguments: p => pointer to the current packet data struct
*
* Returns: void function
*
*/
void NormalizeTelnet(Packet *p)
{
```

Dies ist das eigentliche Arbeitspferd des Präprozessors. Im Wesentlichen ist dies
die Funktion für die *SetupTelNeg()* und *InitTelNeg()* existieren, um sie für Snort
bereitzustellen. Wenn Sie den Quell-Code der anderen Präprozessoren und die Prä-
prozessor-Vorlage lesen, werden Sie feststellen, dass die Struktur der Funktionen
standardisiert ist.

Die Funktion erhält zu Beginn einen einfachen Zeiger auf das aktuelle Paket. (Sie
finden die Definition der Struktur *Packet* in der Datei snort/src/decode.h.) Betrachten Sie die definierten Variablen.

```
char *read_ptr;
    char *start = (char *) DecodeBuffer; /* decode.c */
    char *write_ptr;
    char *end;
    int normalization_required = 0;
```

- **read_ptr** zeigt auf das aktuelle Byte, das in den eingehenden Paketdaten
  behandelt wird.

- **start** zeigt auf den Anfang des Zielpuffers (DecodeBuffer).

- **write_ptr** zeigt auf die aktuelle Position, auf die Sie im DecodeBuffer schreiben

- **end** zeigt auf das Ende der eingehenden Paketdaten

- **normalization_required** teilt mit, ob das Paket normalisiert werden muss.

```
/* check for TCP traffic that's part of an established session */
if(!PacketIsTCP(p))
{
    return;
}
```

Wie jede Präprozessor-Funktion muss diese Funktion entscheiden, ob sie das Paket
überhaupt beachten muss. Wenn es sich bei dem Paket nicht um ein TCP-Paket
handelt, muss der Präprozessor beendet werden.

```
/* check the port list */
   if(!(TelnetDecodePorts[(p->dp/8)] & (1<<(p->dp%8))))
   {
       return;
   }
```

p->dp ist der Ziel-Port des Pakets. Wenn sich dieser Port nicht unter den Ports für die Behandlung durch den Präprozessor befindet, muss der Präprozessor beendet werden.

Beachten Sie erneut, dass zur Überprüfung des Ports in dem Array ein bit-weiser Test durchgeführt wird. Wenn beispielsweise dp=14 ist, dann ist *p->dp/8* gleich 1 und bezieht sich damit auf das zweite Byte in dem Array. *1<<(p->dp%8)* bedeutet »verschiebe die binäre Zahl 00000001 um den Rest aus dp/8«. 14%8 ist 6, also ist *1<<(p->dp%8)* binär 0100 0000. Durch eine UND-Verknüpfung zwischen dem zweiten Byte in dem Array und dieser Zahl erhalten Sie den Status des sechsten Byte.

```
/* negotiation strings are at least 3 bytes long */
if(p->dsize < TNC_STD_LENGTH)
{
    return;
}
```

Schließlich wird etwas untersucht, das spezifisch für das Telnet-Protokoll ist. Dieses *if*-Statement besagt einfach, dass, da jede Telnet-Aushandlungssequenz eine Länge von mindestens 3 Byte aufweisen muss, ein Paket, das kürzer als 3 Byte ist, nicht beachtet werden muss.

```
/* setup the pointers */
read_ptr = p->data;
end = p->data + p->dsize;
```

Damit werden die Start- und Endpunkte in dem eingehenden Datenpaket gesetzt:

```
/* look to see if we have any telnet negotiaion codes in the payload */
while(!normalization_required && (read_ptr++ < end))
{
    /* look for the start of a negotiation string */
    if(*read_ptr == (char) TNC_IAC)
    {
        /* set a flag for stage 2 normalization */
        normalization_required = 1;
```

```
        }
    }
```

Dieser Code durchläuft das eingehende Datenpaket auf der Suche nach dem Beginn einer Telnet-Aushandlungs-Code-Sequenz. Der Code führt keine Modifikationen durch – er hat einfach die Funktion, schnell zu entscheiden, ob das Paket normalisiert werden muss. Sobald er ein einzelnes IAC-Zeichen findet, setzt er ein Flag, das eine erforderliche Normalisierung kennzeichnet und hält an.

```
/*
 * if we found telnet negotiation strings OR backspace characters,
 * we're going to have to normalize the data
 *
 * Note that this is always ( now: 2002-08-12 ) done to a
 * alternative data buffer.
 */

if(normalization_required)
{
```

Wenn ein IAC-Zeichen gefunden wird, sorgt diese Routine für die Normalisierung der Daten:

```
/* rewind the data stream to p->data */
read_ptr = p->data;

/* setup for overwriting the negotaiation strings with
 * the follow-on data
 */
write_ptr = (char *) DecodeBuffer;
```

Der Zeiger *read_ptr* wird auf den Anfang der eingehenden Paketdaten gesetzt, während der Zeiger *write_ptr* auf den Beginn des Ausgabepuffers gesetzt wird. Beachten Sie, dass *DecodeBuffer* eine globale Variable ist, die die Detection-Engine als alternative Version des Pakets untersucht.

```
/* walk thru the remainder of the packet */
while((read_ptr < end) && (write_ptr < ((char *) DecodeBuffer) +
DECODE_BLEN))
    {
```

DECODE_BLEN ist die konstante Länge von *DecodeBuffer*. In der *while*-Schleife werden die Daten aus den Paketdaten in den *DecodeBuffer* kopiert, wobei die Aushandlungssequenzen ausgelassen werden.

```
            /* if the following byte isn't a subnegotiation initialization */
            if(((read_ptr + 1) < end) &&
                (*read_ptr == (char) TNC_IAC) &&
                (*(read_ptr + 1) != (char) TNC_SB))
            {
```

Dieser Code sucht nach Aushandlungssequenzen (die mit dem Zeichen IAC beginnen) und verschiebt den Zeiger *read_ptr* um die entsprechende Anzahl von Bytes nach vorne. Das Verschieben des Zeigers *read_ptr* ohne eine Kopieraktion sorgt dafür, dass die übersprungenen Daten nicht in *DecodeBuffer* aufgenommen werden. Beachten Sie, dass dieser Code nicht den Fall der Aushandlung der untergeordneten Optionen behandelt, daher die Entscheidung, nicht zu verzweigen, wenn das zweite Byte in der Sequenz ein *Subnegotiation Begin* (TNC_SB)-Zeichen ist.

```
/* NOPs are two bytes long */
            switch(* ((unsigned char *)(read_ptr + 1)))
            {
            case TNC_NOP:
                read_ptr += 2;
                break;
```

Wenn die Sequenz nur ein IAC, NOP ist, dann ist sie nur zwei Zeichen lang.

```
            case TNC_EAC:
                read_ptr += 2;
                /* wind it back a character */
                if(write_ptr  > start)
                {
                    write_ptr--;
                }
                break;
```

EAC ist ein Backspace. Wenn eins gefunden wird, werden die beiden Aushandlungszeichen (IAC, EAC) übersprungen. Der Zeiger *write_ptr* muss aber heruntergesetzt werden, damit das Byte, auf dessen Stelle der Zeiger stand mit dem nächsten Schreiben eines Zeichens überschrieben wird.

```
            default:
                /* move the read ptr up 3 bytes */
                read_ptr += TNC_STD_LENGTH;
            }
```

In allen Nicht-Unteraushandlungs-Fällen, müssen genau drei Zeichen übersprungen werden.

```
        }
        /* check for subnegotiation */
        else if(*(read_ptr+1) == (char) TNC_SB)
        {
            /* move to the end of the subneg */
            do
            {
                read_ptr++;
            } while((*read_ptr != (char) TNC_SE) && (read_ptr < end));
```

Sie erinnern sich, dass der letzte *if*-Zweig die Behandlung der Unteraushandlungen verweigert. Dieser hier behandelt sie – der Zeiger *read_ptr* wird einfach soweit nach vorne verschoben, bis er hinter das abschließende *Subnegotiation End* (SE)-Zeichen gelangt. So bleibt die gesamte Sequenz für den *DecodeBuffer* ausgespart.

```
        }
        else
        {
            DEBUG_WRAP(DebugMessage(DEBUG_PLUGIN, "overwriting %2X(%
c) with %2X(%c)\n",
                (char)(*write_ptr&0xFF), *write_ptr,
                (char)(*read_ptr & 0xFF), *read_ptr);));

            /* overwrite the negotiation bytes with the follow-
on bytes */
            *write_ptr++ = *read_ptr++;
        }
```

Dies ist der Fall, bei dem Sie sich nicht am Anfang eines Aushandlungs-Codes befinden. Es wird einfach ein weiteres Zeichen aus den Paketdaten in den Decode-Buffer kopiert.

```
        }

        p->packet_flags |= PKT_ALT_DECODE;

        p->alt_dsize = write_ptr - start;
```

Der Code setzt nun zwei Variablen auf die Datenstruktur des ursprünglichen Paketes. Die erste signalisiert der Detection-Engine, dass der telnet negotiation-Präprozessor eine zweite, veränderte Version des Pakets erstellt hat, indem ein bitweises-

ODER genutzt wurde, um ein internes Paket-Flag zu setzen. Keine Sorge, diese Änderungen finden nicht auf den Originaldaten statt. Die zweite Variable speichert die Länge der Daten, die in den Puffer *DecodeBuffer* gesetzt wurden.

```
        DEBUG_WRAP(DebugMessage(DEBUG_PLUGIN,
                "Converted buffer after telnet normalization:\n");
            PrintNetData(stdout, (char *) DecodeBuffer, p-
>alt_dsize);););
```

DebugMessage() protokolliert die Arbeit des telnet_negotiation-Präpozessors. Wenn für Snort die entsprechende Debug-Ebene eingestellt ist, kommt dies dabei heraus.

```
    }
}
```

Um es kurz zu halten, soll die die Argumente analysierende Funktion nicht zu ausführlich erläutert werden. Diese Funktion ist, wie es Standard bei den meisten der Präprozessoren ist, eine meist optionale Routine, die durch die *Init()*-Funktion der Präprozessoren, in diesem Fall ist dies *InitTelNeg()*, aufgerufen wird.

```
/*
 * Function: SetTelnetPorts(char *)
 *
 * Purpose: Reads the list of port numbers from the argument string and
 *          parses them into the port list data struct
 *
 * Arguments: portlist => argument list
 *
 * Returns: void function
 *
 */
static void SetTelnetPorts(char *portlist)
{
    char portstr[STD_BUF];
    char **toks;
    int is_reset = 0;
    int num_toks = 0;
    int num = 0;

    if(portlist == NULL || *portlist == '\0')
    {
        portlist = "21 23 25 119";
    }
```

Wenn diese Funktion keine Liste mit Ports aus der Snort-Konfigurationsdatei erhält, nutzt sie standardmäßig 21, 23, 25 und 119.

```
/* tokenize the argument list */
toks = mSplit(portlist, " ", 31, &num_toks, '\\');
```

mSplit ist eine der Funktionen aus mstring.c, die zur Berarbeitung von Zeichenketten dient.

```
LogMessage("telnet_decode arguments:\n");

/* convert the tokens and place them into the port list */
for(num = 0; num < num_toks; num++)
{
    if(isdigit((int)toks[num][0]))
    {
        char *num_p = NULL; /
* used to determine last position in string */
        long t_num;

        t_num = strtol(toks[num], &num_p, 10);

        if(*num_p != '\0')
        {
            FatalError("ERROR => Port Number invalid format: %s\n",
toks[num]);
        }
        else if(t_num < 0 || t_num > 65335)
        {
            FatalError("ERROR => Port Number out of range: %ld\n", t
_num);
        }

        /* user specified a legal port number and it should override the
            default */
            port list, so reset it unless already done */
        if(!is_reset)
        {
            bzero(&TelnetDecodePorts, sizeof(TelnetDecodePorts));
            portstr[0] = '\0';
            is_reset = 1;
        }
```

```
            /* mark this port as being interesting using some
               portscan2-type voodoo, and also add it to the port
               list string while we're at it so we can later
               print out all the ports with a single LogMessage() */
            TelnetDecodePorts[(t_num/8)] |= 1<<(t_num%8);
            strlcat(portstr, toks[num], STD_BUF - 1);
            strlcat(portstr, " ", STD_BUF - 1);
        }
        else
        {
            FatalError("ERROR %s(%d) => Unknown argument to telnet_decode "
                       "preprocessor: \"%s\"\n",
                       file_name, file_line, toks[num]);
        }
    }

    /* print out final port list */
    LogMessage("    Ports to decode telnet on: %s\n", portstr);
}
```

Wie versprochen, war diese Funktion recht einfach.

Untersuchen des Argumente analysierenden und aufbereitenden Codes

Betrachten Sie nun die Funktion *SetTelnetPorts()*, dies ist die einzige Funktion, die bisher noch nicht untersucht wurde. Diese schlichte Funktion übernimmt einfach eine Port-Liste von Snort und zergliedert diese in eine Datenstruktur, die von der gerade beschriebenen Präprozessor-Hauptfunktion genutzt werden kann.

```
/*
 * Function: SetTelnetPorts(char *)
 *
 * Purpose: Reads the list of port numbers from the argument string and
 *          parses them into the port list data struct
 *
 * Arguments: portlist => argument list
 *
 * Returns: void function
 *
 */

static void SetTelnetPorts(char *portlist)
{
```

Die Funktion *SetTelnetPorts()* übernimmt als Argument einen Zeiger auf eine Zeichenkette. Bei dieser Zeichenkette handelt es sich um die durch Leerzeichen getrennte Liste von Ports, die auf der *preprocessor telnet_decode*-Zeile der Snort-Konfigurationsdatei angegeben ist. Um es genauer auszudrücken: Snort übergibt alles hinter dem Doppelpunkt (:) als Zeichenkette an die Funktion *TelNegInit()*, die diese wiederum an die Funktion *SetTelnetPorts()* übergibt. *TelnetNegInit()* erhält als einziges Argument diesen Zeiger (die *Init*-Funktionen aller Präprozessor-Plugins erhalten dasselbe eine Argument), einen Zeiger auf die Zeichenkette, die dem Doppelpunkt in den jeweiligen Direktiven-Zeilen der Präprozessoren in der Datei Snort.conf folgt.

```
char portstr[STD_BUF];
char **toks;
int is_reset = 0;
int num_toks = 0;
int num = 0;
```

Es erfolgt eine Beschreibung dieser Variablen.

- **portstr** Dies ist eine Zeichenkette, die die Funktion speziell konstruiert, damit sie eine Liste von aufgefundenen Ports aufnehmen kann

- ****toks** Dies ist ein zweidimensionales Zeichen-Array (ein Array von Zeigern auf Zeichenketten), das auf die getrennten Zeichenketten, die jeweils einen Port kodieren, zeigt.

- **is_reset** Ein Flag, das angibt, ob die Standard-Port-Liste durch eine durch den Benutzer gestellte Liste ersetzt wurde.

- **num_toks** Die Anzahl der Ports, die durch die Funktion analysiert wird.

- **num** Ein einfacher Ganzzahl-Zähler, der in einer *for*-Schleife verwendet wird.

```
if(portlist == NULL || *portlist == '\0')
{
    portlist = "21 23 25 119";
}
```

In der Standard-Konfigurationsdatei der Snort-Version 2.0.0 wurde keine Port-Liste angegeben. Dies entspricht der folgenden Zeile:

```
preprocessor telnet_decode
```

Sie werden bemerken, dass diese Zeile keinen Doppelpunkt enthält und damit auch keine Argumente. In diesem Fall erhält der Präprozessor (und damit diese Funktion) einen Zeichenkettenzeiger mit dem Inhalt NULL. Dies scheint der Situation zu entsprechen, in der sie einen Doppelpunkt in die Syntax einschließen, aber danach keinen Text einfügen, wie hier gezeigt:

```
preprocessor telnet_decode:
```

In diesem Fall erhält der Präprozessor aber als Argument einen Zeiger auf eine Zeichenkette mit einer Nulllänge, die der Zeichenkette \0 entspricht. Dies ist auch der Fall, wenn Sie hinter dem Doppelpunkt einige Leerzeichen eingefügt haben, da Snort terminierende Leerzeichen am Ende von Zeilen in der Datei snort.conf abschneidet. Das *if{}*-Konstrukt weist den Prozessor an, die Standard-Port-Liste »21 23 25 119« zu übernehmen, wenn er keine Eingabe erhält.

Der Präprozessor ruft die Snort-Funktion *mSplit()* aus der Datei mstring.c auf, die als »Marty-Zeichenkettenbibliothek« (Marty **String**) angesehen werden kann.

```
    /* tokenize the argument list */
    toks = mSplit(portlist, " ", 31, &num_toks, '\\');
```

Hier die Definition von *mSplit* mit den entsprechenden Kommentaren im Quell-Code:

```
char **mSplit(char *str, char *sep, int max_strs, int *toks, char meta)
 *       char *str => the string to be split
 *       char *sep => a string of token seperaters
 *       int max_strs => how many tokens should be returned
 *       int *toks => place to store the number of tokens found in str
 *       char meta => the "escape metacharacter", treat the character
 *                    after this character as a literal and "escape" a
 *                    seperator
 *
 * Returns:
 *       2D char array with one token per "row" of the returned
 *       array.
```

Diese Funktion zergliedert die Portlisten-Zeichenkette in 0-31 kürzere Zeichenketten, die als *Token* bezeichnet werden. Sie nutzt als Trennzeichen ein Leerzeichen und *maskiert* dieses Trennzeichen mit den vorgestellten Zeichen \\. Jede dieser Zeichenketten sollte eine ASCII-Darstellung einer Port-Nummer sein.

LogMessage, eine weitere Snort-Funktion schreibt Informationen standardmäßig über ein Log-Facility auf die Konsole oder in eine Log-Datei. Dies ist abhängig von der jeweiligen Konfiguration. Sie werden ein Beispiel dieser Ausgabe am Ende dieses Unterabschnitts sehen, wenn die Untersuchung des Codes abgeschlossen ist.

```
    LogMessage("telnet_decode arguments:\n");
```

Nun durchläuft der Code mittels einer Schleife die einzelnen Zeichenketten (Token), die *mSplit* erstellt hat, und konvertiert sie zur Speicherung in den Datentyp long integer.

```
    /* convert the tokens and place them into the port list */
    for(num = 0; num < num_toks; num++)
    {
```

Zuerst wird mit Hilfe der C-Bibliotheksfunktion *isdigit()* geprüft, ob das erste Zeichen in der Zeichenkette eine ASCII-Darstellung einer Zahl (0-9) ist.

```
        if(isdigit((int)toks[num][0]))
        {
```

Mit den folgenden Zeilen fangen die Dinge an, ein wenig trickreicher zu werden.

```
            char *num_p = NULL; /
 * used to determine last position in string */
            long t_num;
```

Es werden zwei neue Variablen definiert:

- **num_p**   Dies ist ein Zeiger auf den terminierenden, nicht dezimalen Teil der Port-Zeichenkette.

- **t_num**   Dies ein long integer-Wert, der die Port-Nummer speichert, die aus der Zeichenkette extrahiert wird..

```
            t_num = strtol(toks[num], &num_p, 10);
```

Dies konvertiert das Token (Zeichenkette) an der Stelle [num] mit Hilfe der C-Standard-Bibliotheksfunktion *strtol()* in einen long integer-Wert. Die Funktion *strtol()*, die Zeichenketten in long integer-Werte konvertiert, übernimmt als Argumente einen Zeiger auf die Zeichenkette, einen Zeiger, um ein Ergebnis zu speichern und eine numerische Basis. Normale dezimale Zahlen haben die Basis 10, während binäre Zahlen die Basis 2 haben (in der Snort-Konfigurationsdatei werden Port-Nummern mit der Basis 10 verwendet). *strtol()* liefert die Integer-Form der Zahl zurück, die sie auffindet, und setzt den Zeiger *num_p* so, dass dieser auf den Teil der Zeichenkette zeigt, der sich hinter der Dezimalzahl befindet. Wenn die Zeichenkette, so wie es Snort erwartet, einfach eine Zeichenkette aus ASCII-Zahlen zwischen null und neun ist, die durch ein \0-Zeichen terminiert ist, soll der Zeiger einfach auf das \0-Zeichen zeigen.

Das *if*-Statement prüft, ob das erste Zeichen, auf das *num_p* zeigt, dem Zeichen \o entspricht. Ist dies nicht der Fall, dann bestand diese Zeichenkette nicht ausnahmslos aus ASCII-Zeichen zwischen null und neun, und es kommt zu einem Fehler. Die Funktion *FatalError()* wird aufgerufen, die die Meldung *ERROR => Port Number invalid format* zusammen mit der bearbeiteten Zeichenkette ausgibt und Snort anschließend terminiert. Die Fehlermeldung wird entweder auf der Konsole ausgeben oder in das Systemprotokoll (Syslog) geschrieben. Die Ausgabe entspricht dem hier gezeigten Beispiel:

```
if(*num_p != '\0')
{
    FatalError("ERROR => Port Number invalid format: %s\n", toks[num]);
}
```

Wenn die Zeichenkette so weit in Ordnung ist, doch die konvertierte Zahl entweder negativ oder zu groß für einen gültigen TCP-Port ist, wird Snort beendet und folgende Fehlermeldung zusammen mit der Portnummer entweder auf der Konsole ausgegeben oder in das Systemprotokoll geschrieben:

```
else if(t_num < 0 || t_num > 65335)
{
    FatalError("ERROR => Port Number out of range: %ld\n", t_num);
}
```

Wenn keine diese Fehlermeldungen angezeigt wird, ist die Zeichenkette in Ordnung und die Funktion kann sie in der Portliste speichern.

```
/* user specified a legal port number and it should override the default
        port list, so reset it unless already done */
    if(!is_reset)
```

Im Gegensatz zu dem Kommentar und zu der *is_reset*-Struktur läuft dieser Code, sowohl wenn der Benutzer über die Direktive *preprocessor telnet_negotiation* in der Datei snort.conf eine spezifische Port-Liste eingegeben hat, als auch wenn keine solche Liste angegeben wurde. Wenn Sie sehr daran interessiert sind, wie diese spezielle Funktion arbeitet, ist es wichtig, dass Sie diese Fehldarstellung verstehen. Sind Sie nicht so sehr daran interessiert, besteht kein Grund zur Sorge, da sich dies nicht wirklich für alle Präprozessoren verallgemeinern lässt.

Die Variable *is_reset* wird hauptsächlich genutzt, um zu verfolgen, ob die Funktion bereits ihre beiden Ausgabedatenstrukturen initialisiert hat.

Zunächst nullt sie die Datenstruktur *TelnetDecodePorts*. Bei dieser Struktur handelt es sich um ein Array in der Größe von 65.536/8 Byte, in dem die Ports gespeichert werden, die der Präprozessor mit einer bit-weisen True/False-Methode untersuchen soll. Dies wurde bereits bei der Untersuchung der Funktion *NormalizeTelnet()* beschrieben:

```
{
        bzero(&TelnetDecodePorts, sizeof(TelnetDecodePorts));
```

Sie nullt auch die Zeichenkette *portstr*, indem sie das erste Zeichen darin auf das Zeichen \0 für die Zeichenkettenterminierung setzt.

```
        portstr[0] = '\0';
```

Schließlich wird die Variable *is_reset* gesetzt, so dass die Funktion die Werte, die sie nun mit Daten füllt, nicht reinitialisiert:

```
        is_reset = 1;
}
```

Unabhängig davon, ob die Datenstrukturen gerade initialisiert wurden, muss die Funktion nun die Port-Nummern speichern, die aus der aktuell bearbeiteten Zeichenkette umgewandelt werden.

Zunächst wird das t_num-te Bit im Array *TelnetDecodePorts* aktiviert. Erinnern Sie sich anhand der Funktion *NormalizeTelnet()* daran, dass dadurch das (t_num%8+1)te Bit des (t_num/8+1)ten Byte aktiviert wurde. Um es sich besser vorstellen zu können, denken Sie an das Beispiel, in dem *t_num* 14 entspricht. Dann ist *t_num/8* gleich 1 und *t_num%8* gleich 6. Daher wird das siebte Bit des zweiten Byte in dem Array aktiviert. Wenn Sie dies verwirrt, sollten Sie vielleicht die Erläuterungen zum Code zur Funktion *NormalizeTelnet()* erneut lesen.

```
.
    /* mark this port as being interesting using some portscan2-type
voodoo,
        and also add it to the port list string while we're at it so we can
        later print out all the ports with a single LogMessage() */
        TelnetDecodePorts[(t_num/8)] |= 1<<(t_num%8);
```

Schließlich fügt die Funktion die Zeichenkettendarstellung der Port-Nummer in die Zeichenkette *portstr* ein, die am Ende der Funktion aufgezeichnet wird.

```
        strlcat(portstr, toks[num], STD_BUF - 1);
        strlcat(portstr, " ", STD_BUF - 1);
    }
```

Dieser nächste *else*-Block entspricht dem Test *if(isdigit((int)toks[num][o]))* am Anfang dieser Schleife. Der interne Code in dem Block wird ausgeführt, wenn das erste Zeichen in der geprüften Zeichenkette keine numerische Zahl (zwischen null und neun) ist.

```
    else
    {
        FatalError("ERROR %s(%d) => Unknown argument to telnet_decode "
                "preprocessor: \"%s\"\n",
                file_name, file_line, toks[num]);
    }
```

Die Schleife endet hier und gibt die Liste der bearbeiteten Ports (gespeichert in *portstr*) auf der Konsole aus oder schreibt sie in die Systemprotokolle.

```
    }

    /* print out final port list */
    LogMessage("    Ports to decode telnet on: %s\n", portstr);

}
```

In Standard-Detection-Modus zeigt Snort diese und die folgende Meldung mit der Port-Liste (vor der Angabe der Version) beim Starten auf den Bildschirm an:

```
telnet_decode arguments:
    Ports to decode telnet on: 21 23 25 119

1310 Snort rules read...
1310 Option Chains linked into 139 Chain Headers
0 Dynamic rules
++++++++++++++++++++++++++++++++++++++++++++++++++++

Rule application order: ->activation->dynamic->alert->pass->log


        --== Initialization Complete ==--
```

Dies war der zu untersuchende Präprozessor-Code, der zum Verständnis wichtig war. Im nächsten Abschnitt erfahren sie, wie der Präprozessor-Code in Snort eingesetzt wird. Da Marty Roesch die Präprozessor-Architektur durch Plugins so einfach und modular gestaltet hat, ist dieser Prozess recht unkompliziert.

88

Wie kommen die Daten des Präprozessors zurück in das Snort-System?

Der telnet_negotiation-Präprozessor arbeitet sehr ähnlich wie andere Präprozessoren, mit Ausnahme seiner einzigartigen Methoden, mit denen die Daten zurück in die Detection-Engine gebracht werden. Die verschiedenen Präprozessoren führen dies auf unterschiedliche Arten durch. Der Frag2-Präprozessor sendet das rekonstruierte Paket einfach zurück an die gleiche Detection-Engine, von der er all die Fragmente erhalten hatte. Eine Endlos-Schleife wird durch Setzen eines Flags, das das Paket als wiederaufgebautes Fragment-Paket kennzeichnet, vermieden. Ein anderes Beispiel ist der http_decode-Präprozessor, der aus den Daten in einem HTTP-Paket einen kanonischen URL erstellt und diesen URL in einer separaten Variablen übergibt. Sie können diesen Prozess in einer für Sie sinnvollen, beliebigen Weise durchführen, solange die Snort-Entwickler keinen Standard und keine API für die Rückgabe der vorbearbeiteten Daten vorschreiben.

6.7.6 Einbinden des Präprozessors in Snort

Snort-Plugins werden in einer recht statischen Weise eingebunden. Im Wesentlichen müssen Sie Folgendes tun, um ein neues Plugin einzubinden:

1. Fügen Sie eine *include*-Direktive in die Datei plugbase.c für die Header-Datei Ihres Plugins ein.

2. Fügen Sie einen Aufruf für die *Setup()*-Funktion Ihres Plugins in die Funktion *InitPreprocessors()* der Datei plugbase.c ein.

3. Fügen Sie den Code Ihres Plugins und die Header-Datei in die Datei preprocessors/Makefile.am ein.

Es erfolgt am Beispiel des telnet_negotiation-Präpozessor die Beschreibung solch einer Einbindung. Zunächst muss die Header-Datei telnet_negotiation in die Datei plugbase.c eingefügt werden. Hier der relevante Teil aus plugbase.c:

```
#include "detect.h"

/* built-in preprocessors */
#include "preprocessors/spp_http_decode.h"
#include "preprocessors/spp_portscan.h"
#include "preprocessors/spp_rpc_decode.h"
#include "preprocessors/spp_bo.h"
#include "preprocessors/spp_stream4.h"
#include "preprocessors/spp_frag2.h"
#include "preprocessors/spp_arpspoof.h"
#include "preprocessors/spp_asn1.h"
#include "preprocessors/spp_fnord.h"
#include "preprocessors/spp_conversation.h"
#include "preprocessors/spp_portscan2.h"
```

Fügen Sie an das Ende dieser Liste die folgende Zeile ein:

```
#include "preprocessors/spp_telnet_negotiation.h"
```

Nun fügen Sie die Funktion *Setup()* in die Datei plugbase.c ein, so dass sich das Plugin selbst registrieren kann. Fügen Sie diesen Aufruf in die Funktion *InitPreprossors()* ein:

```
void InitPreprocessors()
{
    if(!pv.quiet_flag)
    {
        printf("Initializing Preprocessors!\n");
    }
    SetupHttpDecode();
    SetupPortscan();
    SetupPortscanIgnoreHosts();
    SetupRpcDecode();
    SetupBo();
    SetupStream4();
    SetupFrag2();
    SetupARPspoof();
    SetupASN1Decode();
    SetupFnord();
    SetupConv();
    SetupScan2();
}
```

Fügen Sie nun die *Setup*-Funktion namens *SetupTelNeg()* für das Telnet-Negotiation-Plugin ein:

```
    SetupTelNeg();
```

Schließlich müssen Sie die Quell-Code-Dateien Ihres Präprozessors in folgende Datei einfügen:

```
snort/src/preprocessors/Makefile.am:

libspp_a_SOURCES = spp_arpspoof.c spp_arpspoof.h spp_bo.c spp_bo.h \
spp_frag2.c spp_frag2.h spp_http_decode.c spp_http_decode.h \
spp_portscan.c spp_portscan.h spp_rpc_decode.c spp_rpc_decode.h  \
spp_stream4.c spp_stream4.h spp asn1.c spp_asn1.h spp_fnord.c spp_\
fnord.h spp_conversation.c spp_conversation.h spp_portscan2.c spp_\
portscan2.h spp_perfmonitor.c spp_perfmonitor.h
```

Fügen Sie den telnet_negotiation-Präprozessor wie folgt ein:

```
libspp_a_SOURCES = spp_arpspoof.c spp_arpspoof.h spp_bo.c spp_bo.h \
spp_frag2.c spp_frag2.h spp_http_decode.c spp_http_decode.h \
spp_portscan.c spp_portscan.h spp_rpc_decode.c spp_rpc_decode.h \
spp_stream4.c spp_stream4.h spp asn1.c spp_asn1.h spp_fnord.c spp_\
fnord.h spp_conversation.c spp_conversation.h spp_portscan2.c spp_\
portscan2.h spp_perfmonitor.c spp_perfmonitor.h spp_telnet_negotiation.c \
spp_telnet_negotiation.h
```

Das war's – das Einfügen eines Snort-Präprozessors ist wirklich unkompliziert!

6.8   Zusammenfassung

Präprozessoren machen Snort zu einem mächtigen Werkzeug. Die vorhandenen Snort-Präprozessoren verleihen Snort die Fähigkeit, Pakete wieder zusammenzusetzen (Reassembling), protokoll-spezifische Dekodierungen und Normalisierungen durchzuführen und eine umfassende Protokollanomalieerkennung zu betreiben. Sie bieten zusätzliche Funktionalität außerhalb der Anomalieerkennung und der Regelvergleiche.

Die Präprozessoren Stream4 und Frag2 erweitern das ursprüngliche, auf Regeln basierende Modell von Snort. Mit Hilfe von TCP-Stream-Reassembly, TCP-Statusverfolgung und IP-Defragmentierung wird ein Mustervergleich über mehrere Pakete hinweg möglich. Daten, die über TCP transportiert werden, werden im allgemeinen über mehrere Pakete verteilt – mit der Stream-Reassembly kann aus einem kompletten Stream ein einzelnes Paket aufgebaut werden, so dass die in mehrere Pakete aufgebrochenen Daten dennoch mit Angriffsregeln verglichen werden können. Während Pakete über das Netzwerk transportiert werden, müssen Sie häufig in Fragmente aufgebrochen werden. Frag2 kann diese Fragmente wieder in Pakete zusammenbauen, die dann durch die Snort Detection Engine geleitet werden können.

Die Telnet-Negotiation-, HTTP-Decode- und RPC-Decode-Präprozessoren dienen dem primären Zweck der Normalisierung. Der telnet_negotiation-Präprozessor entfernt die Telnet-Aushandlungs-Codes für Inline-Features aus dem Protokoll, wodurch deterministischere Inhaltsvergleiche möglich werden. Dabei bleiben die ursprünglichen Daten intakt, so dass Regeln mit dem Schlüsselwort *rawbytes* für einen ungehinderten Musterabgleich auf die ursprünglichen Anwendungsdaten zugreifen können. Der HTTP_decode-Präprozessor behandelt das Problem, das durch Webserver, die viele Formen für denselben URL akzeptieren, entsteht, indem er eine »kanonische« (vorgeschriebene) Form des URLs erstellt, nach deren Muster Regeln für URLs geschrieben werden können. Auch dieser Präprozessor tauscht die Daten nicht aus – auf die Kanonisierung kann mittels des Schlüsselworts *uri-*

content in einer HTTP-Regel zugegriffen werden. RPC muss, wenn es über TCP transportiert wird, in einzelne Messages aufgeteilt werden. Das Protokoll führt diese Trennung durch, indem es eine formale Message definiert, die aus einem oder mehreren Message-Fragmenten besteht. Der Fragment-Mechanismus führt zur Zweideutigkeit bei der Regelerstellung, da Fragment-Header überall innerhalb der Anwendungsdaten vorkommen können. Der RPC_decode-Präprozessor normalisiert das RPC-Protokoll, indem es alle aus mehreren Fragmenten bestehenden RPC-Messages in Einzel-Fragment-Messages konvertiert. Er führt diese Anpassungen inline aus, und damit auf den tatsächlichen Daten.

Die ersten beiden Typen von Präprozessoren erweitern die Regelüberprüfung von Snort und stellen eine substantielle Protokollanomalieerkennung zur Verfügung. Sie machen es möglich, dass Snort Regelüberprüfungen paket-übergreifend in komplizierten Protokollen durchführen kann. Durch eine höhere Kenntnis der involvierten Protokolle und durch Merkfunktionalität, bieten sie Protokollanomalieerkennung, um Angriffe zu enttarnen, die nicht zwangsläufig einer vorhandenen Signatur entsprechen.

Der dritte Typ von Präprozessoren übersteigt die regel-basierenden und protokoll-anomalie-erkennenden Modelle. Portscan zählt Probe-Pakete von jeder gegebenen Quelle, um Portscans zu erkennen. Back Orifice überwacht UDP-Pakete auf verschlüsselte Werte einer text-basierenden Zeichenkette, die als Header eines populären Remote-Control-Programms bekannt ist, das Hacker gerne nutzen. Die in Snort vorhandenen Regel- oder Protokollanomalieerkennungs-Engines bieten die beschriebene Funktionalität zur Erkennung dieser Angriffe nicht.

Sie können Ihre eigenen Präprozessoren relativ direkt erstellen, indem Sie mit der durch Marty Roesch zur Verfügung gestellten Vorlage beginnen. Sie müssen für Ihren Präprozessor eine Setup-Funktion bereitstellen, damit das zugehörige Schlüsselwort in der Datei snort.conf mit der entsprechenden Initialisierungsfunktion verbunden werden kann. Der Präprozessor benötigt zudem eine Initialisierungsfunktion für die Bearbeitung und Analyse der Optionen und um die Präprozessor-Hauptfunktion in die Liste der Snort-Präprozessoren einzufügen. Schließlich benötigt der Präprozessor eine Hauptfunktion, um auf einem Paket seine Aufgaben auszuführen. Diese Aufgabe könnte ein Umschreiben der Daten in dem Paket, ein Zergliedern und Analysieren des Paketes in eine neue globale Datenstruktur, auf die die Detection Engine zugreifen kann, oder eine Alarmgebung bei einer Bedingung, die über Regeln nicht erkannt wird, bedeuten. Wenn Sie die Funktionen kodiert haben, kann der Präprozessor über die Datei plugbase.c in Snort eingebunden werden. Folgen Sie dazu einfach den Anleitungen in der Datei snort/doc/README.PLUGINS. Über die Datei snort/src/preprocessors/Makefile.am kann er problemlos in Snort per Kompilierung eingefügt werden. Dieser Prozess wurde beispielhaft anhand des telnet_negotiation-Präpozessors nachgespielt. Dabei handelt es sich um ein bereits vorhandenes Plugin, das relativ einfach zu verstehen und dennoch sehr nützlich ist.

6.9 Lösungen im Schnelldurchlauf

Was ist ein Präprozessor?

- Präprozessoren werden als »Plugins« geschrieben. Sie verleihen Snort eine flexible Erweiterbarkeit, die auf Host-Basis konfiguriert werden kann.

- Präprozessoren verleihen Snort die Fähigkeit, Daten zu bearbeiten, die auf mehrere Pakete verteilt sind.

- Snort nutzt Präprozessoren, um Daten in Protokollen, in denen Daten auf verschiedene Weise dargestellt werden können, zu kanonisieren.

- Snort nutzt Präprozessoren um Erkennungsfunktionen bereitzustellen, die das flexible Mustervergleichsmodell nicht bietet.

- Präprozessoren bieten Snort höhere Anomalieerkennungsfähigkeiten, die Angriffe erkennen können, für die es bisher noch keine Regeln gibt.

Präprozessoroptionen für das Reassembling von Paketen

- Stream4 macht Snort zu einem Stateful-Detection System, so dass es Pakete ignorieren kann, die auch vom Ziel-Host ignoriert werden.

- Stream4 verleiht Snort Stream-Reassembly-Funktionen, so dass es Angriffe erkennen kann, die sich auf mehrere Pakete in einem TCP-Stream erstrecken.

- Frag2 rekonstruiert Pakete aus den zugehörigen Fragmenten und ermöglich damit die Erkennung von Angriffen, die über mehrer Fragmente verteilt sind.

Präprozessoroptionen für das Dekodieren und Normalisieren von Protokollen

- Der telnet_negotiation-Präprozessor normalisiert Telnet-Traffic. Er entfernt die Aushandlungs-Codes für Inline-Features, die Teil des Telnet-Protokolls sind.

- Der HTTP-Decode-Präprozessor normalisiert URLs in HTTP-Anforderungen und ermöglicht so den Musterabgleich, selbst wenn Angriffe URLs mit Webserver-spezifischen Kodierungen verschleiern.

- Der RPC_decode-Präprozessor normalisiert RPC-Traffic, indem er RPC-Nachrichten in Einzel-Fragment-Nachrichten wandelt.

Präprozessoroptionen für nicht-regel- oder anomalie-basierende Erkennung

- Mit Präprozessoren können Sie Snort fast um jedes Detection-Modell erweitern.

- Portscan erkennt Portscan-Angriffe. Der Präprozessor überwacht die Anzahl eingehender Pakete von den einzelnen Quellen und wartet auf das Überschreiten eines festgelegten Schwellwerts, der einer Anzahl von Paketen in einem bestimmten Zeitraum entspricht. Bei der Überwachung achtet er auch auf NMAP (Stealth)-Pakete.

- Der Back Orifice-Präprozessor erkennt einen Host auf Ihrem Netzwerk, der über Back Orifice gesteuert wird. Dazu überwacht er den UDP-Verkehr auf eine der 2^{16} möglichen Versionen des verschlüsselten »Magic-String«- Anwendungs-Headers von Back Orifice.

Experimentelle Präprozessoren

- Arpspoof erkennt ARP-Spoofing-Angriffe, indem der Präprozessor die ARP-Antworten gegen eine statische Tabelle mit ARP-zu-IP-Zuordnungen prüft.

- ASN1 erkennt Missbräuche des ASN1-Protokolls, das SSL, SNMP und X509 nutzen.

- Fnord erkennt polymorphen Shell-Code, indem der Shell-Code statt über direkte Musterabgleiche programmatisch gesucht wird.

- Perfmonitor gibt statistische Leistungsdaten für Snort aus. Es besteht jedoch kein Anspruch auf Konsistenz für die Ausgabe dieses Präprozessors.

- Portscan2 ist der Nachfolger von Portscan, doch dieser Präprozessor ist noch nicht für den Einsatz in Unternehmen geeignet. Dieser Präprozessor ist alleiniger Nutzer des Conversation-Präprozessors.

Schreiben von eigenen Präprozessoren

- Die Präprozessor-Entwicklung beginnt mit der Vorlagendatei spp_template, die sich im Vorlagenverzeichnis von Snort befindet.

- Ein Präprozessor erfordert eine *Setup*-Funktion, um das eigene Schlüsselwort aus der Datei snort.conf mit seiner Initialisierungsfunktion zu verbinden, und eine Initialisierungsfunktion, um Argumente zu analysieren, Datenstrukturen einzurichten und die Präprozessor-Funktion in die Snort-Präprozessor-Funktionsliste einzubinden.

- Jeder neue Präprozessor muss in Snort eingebunden werden. Dies erfolgt über zwei Einträge in die Datei plugbase.c und einen Zusatz in der Datei preprocessor/Makefile.am.

6.10 Häufig gestellte Fragen (FAQs, Frequently Asked Questions)

- F: Wenn Snort auf Regeln basiert, weshalb gibt es Anomalieerkennung in den Präprozessoren? Wie würden Sie Snort klassifizieren?

- A: Laut Marty Roesch ist Snort ein erweiterbares Intrusion Detection-Framework mit einer regel-basierenden Detection-Engine und einer Reihe von Anomalieerkennungsfunktionen, die sich in den Paket-Decoder- und den Präprozessor-Subsystemen befinden.

- **F:** Was ist der Unterschied zwischen einer Regel und einer Signatur?

- **A:** Signaturen sind allgemein sehr statisch und unflexibel, die hauptsächlich aus einem einzelnen positiven Mustervergleichs-Statement und einer oder mehreren numerischen Gleichheitsprüfungen für die Header-Felder der Pakete bestehen. Regeln sind viel intelligenter und flexibler. Snort ermöglicht Ihnen beispielsweise, dass Sie nach einer Zeichenkettenübereinstimmung in einem Paket suchen, während gleichzeitig die Anforderung besteht, dass eine andere Zeichenkette nicht den Paketdaten entsprechen darf. Weitere Merkmale der Regelsprache ermöglichen die Definition von zusätzlichen Kontexten für diese Vergleiche. Schließlich können Sie über status-verfolgende Features exakt ausdrücken, ob der Client oder der Server die Kommunikation sendet und welcher Teil dieser Kommunikation allgemein nicht Teil eines direkten Regelvergleichs ist.

- **F:** Weshalb sendet Snort die individuellen Pakete eines Streams, die der Reassembly unterstehen, durch die DetectionEngine, wenn der gesamte Stream als Ganzes die Detection-Engine durchläuft.

- **A:** Snort sendet die individuellen Pakete in einem Stream durch die Detection-Engine, weil die Pakete selbst möglicherweise Angriffsregeln entsprechen, die nicht auf den Stream zutreffen. Beispielsweise bleiben die TCP/IP-Flags nicht erhalten, die einer Angriffsregel entsprechen könnten.

- **F:** Weshalb enthält Snort einen Stream-Reassembly- und einen Statusverfolgungs-Präprozessor (Stream4) und noch einen weiteren Statusverfolgungs-Präprozessor (Conversation)?

- **A:** Stream4 und Conversation dienen ziemlich unterschiedlichen Zwecken. Stream4 dient speziell der Verfolgung des TCP-Status. Der Präprozessor verfolgt, an welcher Stelle einer TCP-Sitzung Sie sich befinden. Die TCP-Stream-Reassembly rekonstruiert den gesamten TCP-Stream in einem oder mehreren großen Paketen, so dass ein Regelvergleich mit Daten, die auf mehreren TCP-Segmenten/Pakete verteilt sind, möglich ist. Conversation auf der anderen Seite verfolgt alle IP-Protokolle, einschließlich der UDP - und ICMP-Protokolle, die nicht stateful sind. Der Präprozessor verwaltet einen beschränkten Satz an Statusinformationen, so dass er Portscan2 intelligent unterstützten kann, indem er diesem den Unterschied zwischen ein konversations-initiierenden Probe-Paket und einem Antwortpaket vermitteln kann.

- **F:** Was versteht man unter einer Protokollnormalisierung und wozu brauche ich diese?

- **A:** Die Protokollnormalisierung versucht, ein Protokoll in ein kanonisches Format zu bringen, damit Angriffsdaten mit Regelvergleichen besser erkannt werden können Dies ist erforderlich, da ein Angreifer andernfalls kleine Änderungen an den Angriffsdaten vornehmen kann, die nicht dazu führen, dass das Zielsystem sie anders interpretiert, doch es führt dazu, dass wenig veränderte Daten eine Regel umgehen können, der sie normalerweise entsprochen hätten. Ein einfaches Beispiel dafür: Microsoft IIS-Webserver gestatten dem Client einen URI zu senden, bei dem die Zeichen / in die Zeichen \ verändert wurden und diese als gleichwertig betrachtet werden. Durch diese Änderung können normale regel- oder signatur-basierende IDSs umgangen werden, es sei denn, das betroffene IDS bietet Unterstützung für die Normalisierung. Snort bietet die HTTP-Normalisierung, die in dem http_decode-Präprozessor des Programms implementiert ist.

## Kapitel 7

Implementieren von Snort-Ausgabe-Plugins

Lösungen in diesem Kapitel:

- Was ist ein Ausgabe-Plugin?
- Untersuchen der Optionen für Ausgabe-Plugins
- Schreiben von eigenen Ausgabe-Plugins

7.1   Einführung

Haben Sie sich je gefragt, wie schwache Technologieunternehmen im Geschäft bestehen können? Weshalb sich Unternehmen für minderwertige Produkte entscheiden, und das besonders bei den Produkten, die zum Schutz der Unternehmensdaten dienen? Oder wie neue Produkte, die sich unterhalb des Standards befinden, Marktanteile gewinnen können? Die Antworten sind überflüssig, doch hin und wieder werden solche Fragen aufgeworfen. Das Sammeln von Daten und sie in Beziehungen zueinander zu bringen, ist die eine Hälfte in der technologischen Produktgleichung, die andere Hälfte besteht aus der Datenpräsentation und dem Berichtswesen. Die manuelle Einordnung und Analyse von Daten kann ein extrem zeitaufwändiger und ressourcenintensiver Prozess sein. Aus diesem Grund ist jede Technologie, die dem Benutzer hilft und die Ressourcen schont, von Vorteil.

Das Snort-Entwicklungs-Team hat diesen geschäftsfördernden Aspekt erkannt und daraufhin eine offene Ausgabe-Plugin-API entwickelt. Die Snort-Ausgabe-Plugins, die auch als Snort-Ausgabemodule bezeichnet werden, wurden mit der Version 1.6 eingeführt. Die Einführung von Ausgabe-Plugins führt offiziell zur Aufnahme von Snort in die Elitegruppe der Intrusion Detection Systems (IDSs) der Enterprise-Klasse. Mit Ausgabe-Plugins erhalten Administratoren die Möglichkeit, Protokolldateien (Logs) und Alarme in einer leicht verständlichen, lesbaren und für das Unternehmen nutzbaren Art zu konfigurieren. Wenn ein großes Unternehmen MySQL-Datenbanken nutzt, um alle Unternehmens- und Kundendaten zu speichern, kann unterstellt werden, dass es dort ein großes Inhouse-Wissen über MySQL gibt. Daher würde es natürlich Sinn machen, wenn dieses Unternehmen die Log- und Alarmdateien, die ihr NIDS (Netzwerk Intrusion Detection System) generiert, ebenfalls in einer MySQL-Datenbank oder in einer anderen Tabelle einer aktuellen Datenbank speichern würde.

Snort verfügt über einen weiten Bereich von Ausgabe-Plugins, um verschiedene Technologien, Produkte und Formate zu unterstützen. Darin sind u. a. Datenbanken, Packet-Dump-Textdateien, Header-Dump-Dateien und XML-Formate eingeschlossen. Der Source-Code für die einzelnen Plugins gehört zum Lieferumfang der Snort-Source-Distribution. Gegen Ende diese Kapitels sollten Sie Snort-Plugins, ihre Rolle, die sie bei der Formatierung von Daten spielen, sowie das allgemeine Schema und die API, die die Plugins implementiert, verstehen. Abhängig von Ihrer Programmiererfahrung und Ihren Fähigkeiten, sind Sie dann vielleicht in der Lage, eigene Ausgabe-Plugins zu schreiben.

7.2 Was ist ein Ausgabe-Plugin?

Ausgabe-Plugins wurden mit der Version 1.6 eingeführt. Diese Plugins ermöglichen dem Administrator eine flexiblere Formatierung und Präsentation der Snort-Ausgabe. Diese Ausgabemodule werden immer dann ausgeführt, wenn die Logging- und Alarm-Subsysteme von Snort nach der Ausführung der Präprozessoren und der Packet-Capture-Engine aufgerufen werden. Eine Paket- oder Traffic-Analyse wäre sinnlos, wenn keine Ausgabe-Plugins für die Verarbeitung, Formatierung und Speicherung der Daten vorhanden wären. Die Plugins definieren Aspekte, die in die Bereiche Datenablage/-speicherung, Formatierung und Transportmedien fallen. Diese Bereiche sind in das Produkt integriert und verfügen über eine offene API, so dass Einzelpersonen und Unternehmen außerhalb des Snort-Entwicklungs-Teams benutzerdefinierte Methoden schreiben können, um zwischen Snort und der jeweiligen Umgebung eine optimal angepasste Schnittstelle zu erhalten.

Im Allgemeinen können Ausgabe-Plugins als Produkt-Addons angesehen werden, da sie von jedem geschrieben und zur Kompilierzeit in Snort eingebunden werden können. Nachdem die Plugins innerhalb der Snort-Anwendung aufgebaut wurden, können Sie über die Snort-Konfigurationsdateien, über die Kommandozeile und aus den definierten Snort-Regeln heraus aufgerufen werden. Die Packet-Capture-Engine innerhalb von Snort greift Pakete vom Kabel ab und sendet sie an das Analysemodul. Wenn das Paket oder mehrere Pakete ein Alarm- oder Log-Ereignis auslösen, werden die Daten an das entsprechende Ausgabemodul geleitet. Abbildung 7.1 zeigt abstrahiert den logischen Datenfluss innerhalb von Snort. Die flexible Architektur von Snort wird weiterhin zukünftige Zusatzmodule wie die Ausgabe-Plugins für die Integration in das Produkt unterstützen.

Ausgabe-Plugins können ein wenig komplex erscheinen, besonders wenn Sie kein erfahrener Programmierer sind. Dies sollte jedoch kein Hindernis sein, um zu verstehen, wie diese Plugins arbeiten. Größtenteils sind die einzelnen Plugins sehr unterschiedlich in Hinblick auf die Formatierung und Speicherung der Snort-Daten. Die Funktions- und Code-Entwicklung für die Bearbeitung der Daten spiegelt gewöhnlich die Fähigkeiten des Plugin-Autoren bzw. des Autorenteams wieder. Die Hauptaufgaben können recht technisch sein und verschiedene Algorithmen benötigen, da es sich meistens um recht arteigenen Code handelt. Es gibt einige Gemeinsamkeiten von Plugins, die von der Architektur und dem Design über Funktionsaufrufe bis hin zu Strukturdefinitionen reichen.

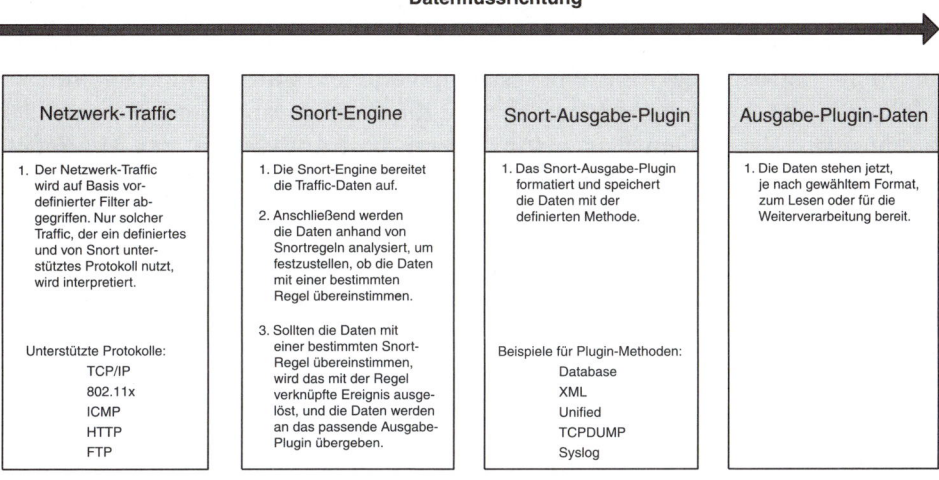

Abb. 7.1:   Die Snort Ausgabe-Plugin-Architektur

7.2.1   Kernkomponenten eines Ausgabe-Plugins

Die Funktionalität von Snort-Ausgabe-Plugins kann in sieben Hauptkategorien aufgeteilt werden: Copyright und Header-Informationen; Include-Dateien; Abhängigkeiten und globale Variablen; Schlüsselwortregistrierung, Argument-Analyse und -Aufbereitung (Parsing) und Funktionslistenverlinkung, Datenformatierung, -verarbeitung und -speicherung; Präprozessor-Verarbeitung, Cleanup und Beenden der Anwendung. Die folgende Auflistung beleuchtet die einzelnen Aspekte der Plugins.

■ **Copyright und Header-Informationen**   Jedes der vorhandenen Snort-Ausgabe-Plugins hat einen anderen Copyright-Hinweis, den der Entwickler einfügen kann. Es gibt auch einen Header, der den Zweck des Plugins, die benötigten Argumente, deren Auswirkungen und zusätzliche Kommentare enthält.

■ **Include-Dateien, Abhängigkeiten und globale Variablen**   Dateien und Dateiabhängigkeiten sind wie bei den meisten Anwendungen ein kritischer Aspekt für das Programm. Dieser Aspekt bedarf keiner weiteren Erklärungen. Globale Variablen, oder Variablen, die über die gesamte Master-Anwendung hinweg genutzt werden, zählen ebenfalls zu den Schlüsselmerkmalen von Plugins.

- **Schlüsselwortregistrierung**   Ausgabe-Plugins werden über die Konfigurationsdatei und über die Kommandozeile referenziert und aufgerufen. Als Teil des Plugins müssen Sie das Schlüsselwort für die Snort-Anwendung definieren und es mit ihr verlinken (verbinden), damit diese weiß, dass, wenn sie das Wort analysiert, etwas »Spezielles« geschehen soll.

- **Argument-Parsing und Linken der Funktionsliste**   Da den meisten Plugins während des Deklarationsprozesses Argumente übergeben werden müssen, muss ein entsprechender Code geschrieben werden, der diese Daten handhabt. Wenn Sie beispielsweise eine Logging-Funktion nutzen, müssen Sie den Namen der Log-Datei angeben, die Sie für die Datenspeicherung verwenden möchten. Neben dem Parsen (Analysieren und Aufbereiten) der Argumente müssen Ausgabe-Plugins über querverbindende Funktionen zu der Haupt-Engine von Snort verfügen.

- **Datenformatierung, -verarbeitung und -speicherung**   Diese Aufgaben sind der eindeutige Kern der Plugins, die als solches eingeschlossen werden müssen. Einfach ausgedrückt, wenn es keine Funktionen für die Verarbeitung, Formatierung und Speicherung der Daten gäbe, wäre das Plugin unvollständig und nutzlos.

- **Verarbeiten von Präprozessor-Argumenten**   In dem Fall, dass Präprozessor-Argumente vorhanden sind, muss ein entsprechender Code für die Handhabung dieser Daten geschrieben werden, damit für Snort und die Ausgabe-Plugins die Präprozessoren-Elemente vor dem Parsen unterscheidbar sind.

- **Cleanups (Bereinigungen)**   In den meisten Fällen werden Funktionen in Ausgabe-Plugins integriert, die ein Cleanup in Hinblick auf den Speicher, die Anwendungsverbindungen und offenen Sockets durchführen, damit Snort Ressourcen zurückerhält und auf möglichst effiziente Weise ausgeführt werden kann.

Oink!

Es ist weniger kompliziert, die Arbeitsweise eines Plugins zu verstehen, als tatsächlich ein Snort-Ausgabe-Plugin zu schreiben. Weitere Informationen und detaillierte Techniken zum Schreiben von Plugins erfolgen an späterer Stelle.

7.3   Untersuchen der Optionen für Ausgabe-Plugins

Snort-Ausgabe-Plugins haben einerseits zahlreiche Gemeinsamkeiten, andererseits aber auch viele Unterschiede. Daneben gibt es in den benutzerdefinierten Plugins, zahlreiche integrierte Methoden, die Daten speichern und modifizieren können. Wie in Kapitel 5, »Spiel nach Regeln«, erörtert, bietet Snort Benutzern die Möglichkeit, Protokolle auf unterschiedliche Weise in Textdateien oder Datenbanken zu schreiben. Obwohl Ausgabe-Plugins in den meisten Fällen in einer Konfigurationsdatei definiert werden, werden sie als eigenständige C-Programme erstellt und durch ausgelöste Snort-Regeln aufgerufen. Im Verlaufe dieses Abschnitts werden Sie mit den Technologien und Formaten, die derzeit in Snort integriert sind, vertraut gemacht.

Weitere Informationen zur Verwendung und zur Übergabe dieser Daten an die Ausgabe-Plugins finden Sie in den Kapiteln 4, 5 und 8.

7.3.1 Standard-Logging

Snort bietet einige einfache Methoden für das Protokollieren von generierten Alarmen und Paketdaten in Zusammenhang mit Alarmen. In den meisten Fällen handelt es sich bei diesen Paketdaten um Netzwerk-Traffic, der mit der Snort-Packet-Capture-Engine gesammelt wurde. Diese Log-Dateien bieten Benutzern, Administratoren und System-Engineers eine gewisse Flexibilität in Hinblick auf die Art, wie Snort die Daten speichern soll. Vielleicht möchten Sie, dass Snort die Log-Dateien nach IP-Adressen anlegt, so dass Sie später keine manuelle Sortierung vornehmen müssen. Die einfachste Methode, um Pakete zu protokollieren, besteht in der Verwendung des Flags –l auf der Kommandozeile.

```
cloud@host:/root# snort -l ./log
```

Die folgenden beiden Beispiele zeigen durch Snort generierte Log-Einträge. Abbildung 7.2 zeigt ein Paket-Protokoll von einem ICMP echo. Abbildung 7.3 zeigt die zugehörige ICMP echo response. Wie Sie vielleicht vermuten, handelt es sich bei diesen Paketen nicht um vollständige PCAP-Packet-Dumps, sondern nur um die Header-Informationen.

```
cloud@host:/root# cat ./log/192.168.1.123/ICMP_ECHO
02/12-08:56:11.252959 192.168.1.123 -> 192.168.1.10
ICMP TTL:64 TOS:0x0 ID:0 IpLen:20 DgmLen:84 DF
Type:8  Code:0  ID:42240   Seq:0   ECHO
```

Abb. 7.2:   Beispiel für ein ICMP Echo Request (Echo-Anforderung)

```
cloud@host:/root# cat ./log/192.168.1.10/ICMP_ECHO_REPLY
02/12-09:54:05.820069 192.168.1.10 -> 192.168.1.123
ICMP TTL:255 TOS:0x0 ID:64527 IpLen:20 DgmLen:84
Type:0  Code:0  ID:61952  Seq:0   ECHO REPLY
```

Abb. 7.3:   Beispiel für ein ICMP Echo Reply (Echo-Antwort)

Die Snort-Flags –d und –e zeigen Paket-Header und Anwendungen auf deskriptive Weise. Für das Beispiel aus Abbildung 7.4 ist es wichtig, sicherzustellen, dass das Verzeichnis *log* existiert. Wenn es nicht existiert, wird Snort mit einer Fehlermeldung beendet. Im folgenden Beispiel protokolliert Snort alle Pakete in das Master-Log-Verzeichnis in einer Verzeichnishierarchie, die auf der IP-Adresse in den einzelnen IP-Datagrammen basiert (in diesem Fall jede Adresse, die nicht in das Home-Netzwerk 19.168.1.0/24 fällt). Mit dem Flag −h wird das hierarchische Logging-Schema deklariert. Als kurze Erinnerung, das Flag −l definiert das Logging-Verzeichnis, in dem die gespeicherten Paket-Logs abgelegt werden. Unterstellen Sie den Adressraum 192.168.1.0/24 als internen Adressbereich des Unternehmens. Wenn Sie nicht vertraut mit der CIDR-Adressierung sind: 192.168.1.0/24 entspricht dem Klasse C-Netzwerk 192.168.1.0.

```
gabe@host:/root# snort -d -e -l ./log -h 192.168.1.0/24
//      ICMP Echo
gabe@host:/root# cat ./log/192.168.1.123/ICMP_ECHO
02/12-09:56:26.737220 0:E0:29:9E:5D:6E -
> 0:A0:24:D1:75:6A type:0x800 len:0x62
192.168.1.123 -
> 192.168.1.10 ICMP TTL:64 TOS:0x0 ID:0 IpLen:20 DgmLen:84 DF
Type:8  Code:0  ID:62208   Seq:0   ECHO
87 F1 49 3E 5E 9A 04 00 08 09 0A 0B 0C 0D 0E 0F     ..I>^...........
10 11 12 13 14 15 16 17 18 19 1A 1B 1C 1D 1E 1F     ................
20 21 22 23 24 25 26 27 28 29 2A 2B 2C 2D 2E 2F     !"#$%&'()*+,-./
30 31 32 33 34 35 36 37                             01234567

//      ICMP Echo Reply
gabe@host:/root# cat ./log/192.168.1.10/ICMP_ECHO_REPLY
02/12-09:56:26.737257 0:A0:24:D1:75:6A -
> 0:E0:29:9E:5D:6E type:0x800 len:0x62
192.168.1.10 -
> 192.168.1.123 ICMP TTL:255 TOS:0x0 ID:64528 IpLen:20 DgmLen:84
Type:0  Code:0  ID:62208   Seq:0   ECHO REPLY
87 F1 49 3E 5E 9A 04 00 08 09 0A 0B 0C 0D 0E 0F     ..I>^...........
10 11 12 13 14 15 16 17 18 19 1A 1B 1C 1D 1E 1F     ................
20 21 22 23 24 25 26 27 28 29 2A 2B 2C 2D 2E 2F     !"#$%&'()*+,-./
30 31 32 33 34 35 36 37                             01234567
```

Abb. 7.4:   Protokollieren des internen Netzwerk-Traffics mit Snort

Die binäre Protokollierung wurde ursprünglich in Snort eingeführt, um die CPU-Zyklen zu minimieren, die dem Datenberichtswesen gewidmet werden mussten und damit dem Mitschneiden und Analysieren des Traffics nicht mehr zur Verfügung standen. Bei den meisten Sensoren, die eine Menge Traffic analysieren müssen oder bei denen eine nicht so leistungsstarke Hardware vorhanden ist, wird eine Art binäres Logging eingesetzt. Das binäre Logging reduziert auch die Größe der Log-Dateien, nicht, dass die Log-Größe ein Problem wäre. Wenn die Größe zu einem Problem wird, liegt dies wahrscheinlich an der schlechten Konfiguration Ihres Sensors, oder aber Sie sind gerade das Opfer eines ernsten Angriffs. Mit folgendem Befehl weisen Sie Snort an, alle Paketdaten im binären Format in das Verzeichnis ./*log* zu protokollieren.

```
gabe@host:/root# snort -l ./log -b
```

Wenn Sie die Option der direkten binären Protokollierung nutzen, brauchen Sie keine robusten Verzeichnishierarchien zu erstellen, da alle Paketdaten in einer potentiell sehr großen, binär-formatierten Datei abgelegt werden. Die binären Dateien können mit jedem TCPDump-kompatiblen Packet-Sniffer oder -Analyzer (z. B. Ethereal, TCPDump oder Iris) zurückgelesen werden. Snort verfügt ebenfalls über eine integrierte Funktion zum Zurücklesen der Daten. Nutzen Sie das Flag –*r* für den Playback-Modus. Der Playback-Modus muss auf einer Instanz von Snort ausgeführt werden, die nicht bereits zum Mitschneiden von Paketen ausgeführt wird. Abbildung 7.5 zeigt einen Bildschirmauszug von Snort im Playback-Modus, der auf einem binären Packet-Log ausgeführt wird. Die beispielhafte Nutzlast besteht aus zwei im binären Format gespeicherten ICMP-Paketen. Abbildung 7.5 zeigt die Quell- und Zielinformationen des Pakets, den Paket-Header und die Nutzlast.

Oink!

Das Win32-Packet-Capture-Programm Iris von eEye steht unter www.eeye.com zum Download bereit.

```
gabe@host:/root# snort -vd -r ./log/snort-0212@0931.log
*HEADER INFORMATION WAS REMOVED FOR SPACE PURPOSES


        --== Initializing Snort ==--
Decoding Ethernet on interface \INTERFACE_REMOVED


        --== Initialization Complete ==--


02/12-09:31:05.744958 192.168.1.123 -> 192.168.1.10
ICMP TTL:64 TOS:0x0 ID:0 IpLen:20 DgmLen:84 DF
Type:8  Code:0  ID:55808   Seq:0   ECHO
96 EB 49 3E 02 C1 00 00 08 09 0A 0B 0C 0D 0E 0F    ..I>............
10 11 12 13 14 15 16 17 18 19 1A 1B 1C 1D 1E 1F    ................
20 21 22 23 24 25 26 27 28 29 2A 2B 2C 2D 2E 2F    !"#$%&'()*+,-./
30 31 32 33 34 35 36 37                            01234567
```

```
=+=+=+=+=+=+=+=+=+=+=+=+=+=+=+=+=+=+=+=+=+=+=+=+=+=+=+=+=+

02/12-09:31:05.744988 192.168.1.10 -> 192.168.1.123
ICMP TTL:255 TOS:0x0 ID:38079 IpLen:20 DgmLen:84
Type:0  Code:0  ID:55808  Seq:0  ECHO REPLY
96 EB 49 3E 02 C1 00 00 08 09 0A 0B 0C 0D 0E 0F    ..I>............
10 11 12 13 14 15 16 17 18 19 1A 1B 1C 1D 1E 1F    ................
20 21 22 23 24 25 26 27 28 29 2A 2B 2C 2D 2E 2F    !"#$%&'()*+,-./
30 31 32 33 34 35 36 37                            01234567


=+=+=+=+=+=+=+=+=+=+=+=+=+=+=+=+=+=+=+=+=+=+=+=+=+=+=+=+=+
Run time for packet processing was 0.12402 seconds


=========================================================================
Snort analyzed 2 out of 2 packets, .
Breakdown by protocol:            Action Stats:
    TCP: 0          (0.000%)      ALERTS: 0
    UDP: 0          (0.000%)      LOGGED: 0
   ICMP: 2          (100.000%)    PASSED: 0
    ARP: 0          (0.000%)
  EAPOL: 0          (0.000%)
   IPv6: 0          (0.000%)
    IPX: 0          (0.000%)
  OTHER: 0          (0.000%)
DISCARD: 0          (0.000%)
=========================================================================
Wireless Stats:
Breakdown by type:
    Management Packets: 0         (0.000%)
    Control Packets:    0         (0.000%)
    Data Packets:       0         (0.000%)
=========================================================================
Fragmentation Stats:
Fragmented IP Packets: 0          (0.000%)
    Fragment Trackers: 0
    Rebuilt IP Packets: 0
    Frag elements used: 0
Discarded(incomplete): 0
    Discarded(timeout): 0
    Frag2 memory faults: 0
=========================================================================
TCP Stream Reassembly Stats:
```

```
            TCP Packets Used: 0          (0.000%)
            Stream Trackers: 0
            Stream flushes: 0
            Segments used: 0
      Stream4 Memory Faults: 0
========================================================================
```

Abb. 7.5:   Snort-Playback-Modus

Eine erweiterte Methode für die Protokollierung von binären Daten kann über das Unified-Plugin implementiert werden, das an späterer Stelle in diesem Abschnitt beschrieben wird.

Neben der binären und der Standard-Protokollierung steht die Berkeley Packet Filter (BPF)-Schnittstelle von Snort auch auf der Kommandozeile zur Verfügung. Snort-BPF bietet solche Optionen wie Navigationsfilter und zahlreiche Methoden für die Manipulation von binären Log-Daten. Weitere Einzelheiten zu BPF finden Sie in Kapitel 5. Dort wird ebenfalls ausführlich das Protokollieren von nur angriffsrelevanten Paketen, was auch als Aktivieren des NIDS-Modus bekannt ist, beschrieben. Vergegenwärtigen Sie sich noch einmal, dass Snort offiziell zu einem NIDS (statt nur ein Packet Logger zu sein) wird, wenn das Flag –c zusammen mit einer Regelkonfigurationsdatei von Snort verwendet wird.

```
gabe@host:/root# snort –de –l ./log –h 192.168.1.0/24 –c snort.conf
```

Die Konfigurationsdatei Snort.conf sollte neben anderen konfigurationsbedingten Instruktionen eine Reihe von Snort-Regeln enthalten, die auf die einzelnen, von Snort mitgeschnittenen und analysierten Pakete angewendet werden. Nur Pakete, die einer Regel in Ihrer Regeldatei entsprechen, generieren einen Snort-Alarm. Im NIDS-Modus können Pakete im ASCII- oder im Binär-Format protokolliert und über verschiedene Ausgabe-Module gespeichert werden.

7.3.2 Syslog

Snort bietet einen Mechanismus, mit dem Sensor-Alarme an das UNIX-Syslog-Facilty gesendet werden können. Dies können Sie bewerkstelligen, indem Sie Snort über die Kommandozeile mit dem Flag –s ausführen oder indem Sie die Konfigurationsinstruktion *alert_syslog* in der Snort-Konfigurationsdatei nutzen. Wie Sie bereits erfahren haben, ist die Verwaltung und Aufrechterhaltung einer konsistenten Snort-Konfiguration zwingend für die Intrusion Detection auf Unternehmensniveau.

Syslog bietet eine Standard-Methode für die Protokollierung von Systemmeldungen, Kernel-Traps und anderen wichtigen Meldungen. Syslog bietet Unterstützung für UNIX-Domain Sockets und ist in der Lage, lokales oder entferntes Logging durchzuführen. Syslog ist ein traditioneller UNIX-Syslog-Dämon. Syslog-ng, der auch als Syslog Next Generation bekannt ist, ist eine weitere populäre Version des Dämonen. Das *alert_syslog*-Ausgabe-Plugin ermöglicht Snort-Benutzern, innerhalb der Regeln Prioritäten zu definieren. Es bietet durch eine Reihe von Instruktionsschlüsselworten und Parametern erweiterte Fähigkeiten bei der Protokollierung von Alarmen. Die Schlüsselworte informieren Snort über die Aktionen, die bei bestimmtem Traffic und speziellen Regelkonfigurationsanomalien erfolgen sollen.

- **Optionen**   LOG_CONS, LOG_NDELAY, LOG_PERROR, LOG_PID

- **Facilities**   LOG_AUTH, LOG_AUTHPRV, LOG_DAEMON, LOG_LOCAL (0–7), LOG_USER

Das folgende Beispiel ist ein Auszug aus einer Snort-Konfigurations Datei, in der das *alert_syslog*-Ausgabemodul aktiviert wurde. Wie in diesem Auszug gezeigt, definiert das Ausgabe-Plugin-Schema neben den Optionen, die außerdem in der Konfigurationsdatei deklariert sind, eine oder mehrere Facilities.

```
output alert_syslog: LOG_AUTH LOG_ALERT
```

Tools & Traps...

Nicht nur eine Frucht!

Kiwi Software hat eine erfolgreiche und voll-funktionale Win32-Portierung der populären UNIX-basierenden Syslog-Anwendung erstellt, die sinnigerweise als Kiwi Syslog bezeichnet wird. Sie ist als lokale Anwendung auf den meisten Microsoft-basierenden Plattformen wie den kommerziellen Zugpferden Windows NT, 2000 und XP einzusetzen. Kiwi Syslog kann statt der UNIX-Syslog-Anwendung verwendet werden, um die eingegebenen Systemmeldungen zu protokollieren und zu speichern. Detaillierte und aktuelle Informationen zum Download und zur Konfiguration von Kiwi Syslog finden Sie auf der Website von Kiwi unter `www.kiwisyslog.com`.

7.3.3   PCAP-Logging

Die Packet Capture Library (PCAP) ist definiert als portables Framework für die Low-Level-Netzwerküberwachung, die das Standard-PCAP-Format nutzt. Es befinden sich zahlreiche Anwendungen in der PCAP-Library, darunter Tools für die Sammlung von Netzwerkstatistikdaten, für die Sicherheitsüberwachung und für das Netzwerk-Debugging. Die libpcap-Schnittstelle innerhalb von Snort bietet Unterstützung für einen Filtermechanismus namens BPF (der ausführlich in Kapitel 5 beschrieben wurde). Die Netzwerküberwachungsarchitektur von Snort stützt sich auf die PCAP-Library. Aus diesem Grunde und wegen der Win32-Portierung der PCAP (WinPCAP) hat sich Snort über viele Plattformen hinweg, darunter Solaris, Linux und verschiedene BSD-Derivate, als recht portabel erwiesen. Da Snort PCAP-Logs generieren kann, ist es möglich, die vielen verfügbaren PCAP-kompatiblen Packet-Sniffer und -Analyzer, wie die stets populären Tools Ethereal und Iris (und um ganz ehrlich zu sein, fast jeden anderer Netzwerk-Traffic Analyzer auch), zu nutzen.

Das *log_tcpdump*-Ausgabe-Plugin von Snort protokolliert und speichert Traffic-Pakete in einer PCAP-formatierten Datei. Angesichts der Tatsache, dass es sich um ein so weit akzeptiertes Format handelt, bietet es bei der Arbeit mit solchen Log-Dateien eine erhöhte Flexibilität. Wie erwähnt, es steht eine große Softwareauswahl für die Untersuchung von PCAP-formatierten Dateien zur Verfügung. Abbildung 7.6 ist ein Teilauszug aus einer mit dem *log_tcpdump*-Plugin generierten Log-Datei.

```
gabe@host:/root# tcpdump -r snort_tcpdump.log
21:16:55.333580 192.168.1.123 > vault.nonexistent.net: icmp: echo request
21:16:55.333617 vault.nonexistent.net > 192.168.1.123: icmp: echo reply
21:16:56.350427 192.168.1.123.3619 > vault.nonexistent.net.8080: S 12954
8898:129548898(0) win 5840 <mss 1460,sackOK,timestamp 694489 0,nop,wscal
e 0> (DF)
21:16:56.384452 192.168.1.123.3643 > vault.nonexistent.net.3128: S 12928
0222:129280222(0) win 5840 <mss 1460,sackOK,timestamp 694491 0,nop,wscal
e 0> (DF)
21:16:56.438479 vault.nonexistent.net.6001 > 192.168.1.123.3652: R 0:0(0
) ack 138480606 win 0 (DF)
21:16:57.040513 vault.nonexistent.net.x11 > 192.168.1.123.3866: R 0:0(0)
 ack 140201788 win 0 (DF)
21:16:57.198293 192.168.1.123.3922 > vault.nonexistent.net.socks: S 1333
41313:133341313(0) win 5840 <mss 1460,sackOK,timestamp 694572 0,nop,wsca
le 0> (DF)
21:16:58.373683 192.168.1.123.4353 > vault.nonexistent.net.snmp: S 14109
6774:141096774(0) win 5840 <mss 1460,sackOK,timestamp 694690 0,nop,wscal
e 0> (DF)
21:16:58.523514 192.168.1.123.4396 > vault.nonexistent.net.705: S 137958
228:137958228(0) win 5840 <mss 1460,sackOK,timestamp 694706 0,nop,wscale
 0> (DF)
21:16:58.622938 192.168.1.123.4445 > vault.nonexistent.net.snmptrap: S 1
33972684:133972684(0) win 5840 <mss 1460,sackOK,timestamp 694715 0,nop,w
scale 0> (DF)
```

Abb. 7.6:   Zurückspielen einer TCPDump-Formatierten Datei

Weitere Informationen zur libpcap und zu TCPDump finden Sie unter www.tcpdump.org/release. Als Informationsquelle für die Win32-Portierung der libpcap, WinPCAP, dient die Adresse http://netgroup-serv.polito.it/ winpcap.

7.3.4 Snortdb

Snort kann Alarme und Pakete in verschiedene Datenbanktypen protokollieren. Dazu gehören MySQL, PostgreSQL, SQL Server, Oracle und sämtliche UNIX ODBC-kompatiblen Datenbanken. Durch das Datenbank-Ausgabe-Plugin und der allgemeinen Fähigkeit, in Datenbanken zu protokollieren, wurde Snort in die kurze Liste der robusten und flexiblen NIDSs mit kommerziellem Niveau aufgenommen. Neben der Vielzahl an Vorteilen in Hinblick auf die Kategorisierungs- und Abfragemöglichkeiten, die die Verwendung eines solchen Datenbank-Plugins bringt, ermöglicht die Datenbankausgabe eine Speicherung und Anzeige der Daten in Echtzeit.

Der Auszug aus Abbildung 7.7 wurde einer Standard-Snort-Konfigurationsdatei für das *output database*-Ausgabe-Plugin entnommen. Innerhalb der Instruktionen in der Konfigurationsdatei, können Sie das Aktionsereignis (Protokollieren (*log*) oder Alarmieren (*alert*)), den Datenbanktyp, den Benutzernamen, das Kennwort, den Datenbanknamen, falls mehrere Datenbanken vorhanden sind oder erforderlich werden, und den Host auswählen.

```
# database: log to a variety of databases
# -------------------------------------
# See the README.database file for more information about configuring
# and using this plugin.
#
# output database: log, mysql, user=root password=test dbname=db host=
localhost
# output database: alert, postgresql, user=snort dbname=snort
# output database: log, unixodbc, user=snort dbname=snort
# output database: log, mssql, dbname=snort user=snort password=test
```

Abb. 7.7: Datenbank-Plugins

> **Oink!**
>
> Sie müssen die passende Aktion – Protokollieren oder Alarmieren (*log* oder *alert*), wählen. Wenn Sie *log* auswählen, läuft das entsprechende Plugin die Ausgabekette für die Protokollierung entlang, wenn *alert* ausgewählt wurde, läuft das entsprechende Plugin die Ausgabekette für die Alarmierung entlang, um die Daten zu verarbeiten und auszugeben.

Im Verzeichnis »contrib« des Snort-Source-Verzeichnisses befindet sich eine Reihe von Skripts. Unterstellen Sie für die Abbildung 7.8 eine MySQL-Datenbank namens »snort«, in die die Snort-Logs geschrieben werden. Außerdem ist wichtig, dass Snort mit der Option *-with-mysql=<dir>* kompiliert wurde. Wenn Sie das zum

Lieferumfang von Snort gehörende Skript *create_mysql* nutzen, können Sie schnell und einfach die notwendigen Tabellen für die Snort-Datenbank erstellen. Abbildung 7.8 illustriert, wie eine MySQL-Datenbank erstellt und das Skript *create_mysql* ausgeführt wird.

```
//      Manually Creating the Snort DB
mysql> create database snort;
Query OK, 1 row affected (0.00 sec)
//      Executing the Create_MySQL Script
mysql> source create_mysql;
Query OK, 0 rows affected (0.00 sec)
Query OK, 1 row affected (0.00 sec)
Query OK, 0 rows affected (0.00 sec)
Query OK, 0 rows affected (0.00 sec)
Query OK, 0 rows affected (0.00 sec)
Query OK, 0 rows affected (0.01 sec)
Query OK, 0 rows affected (0.00 sec)
Query OK, 0 rows affected (0.00 sec)
Query OK, 0 rows affected (0.00 sec)
Query OK, 0 rows affected (0.00 sec)
Query OK, 0 rows affected (0.00 sec)
Query OK, 0 rows affected (0.01 sec)
Query OK, 0 rows affected (0.00 sec)
Query OK, 0 rows affected (0.00 sec)
Query OK, 0 rows affected (0.00 sec)
Query OK, 0 rows affected (0.00 sec)
Query OK, 1 row affected (0.00 sec)
Query OK, 1 row affected (0.00 sec)
Query OK, 1 row affected (0.00 sec)
Query OK, 0 rows affected (0.01 sec)
Query OK, 1 row affected (0.00 sec)
Query OK, 1 row affected (0.00 sec)
```

Abb. 7.8:   Erstellen der Snort-Datenbank

Nachdem die Datenbank erstellt und das Skript ausgeführt wurde, können Sie die Installation und Konfiguration mit dem SQL-Befehl *show tables* überprüfen. Der Befehl *show tables* zeigt alle Tabellen innerhalb der Datenbank an. Abbildung 7.9 zeigt, welche Tabellen durch die Ausführung des Skripts *create_mysql* hätten erstellt werden müssen.

```
mysql> show tables;
+--------------------------+
```

```
| Tables_in_snort            |
+----------------------------+
| data                       |
| detail                     |
| encoding                   |
| event                      |
| icmphdr                    |
| iphdr                      |
| opt                        |
| reference                  |
| reference_system           |
| schema                     |
| sensor                     |
| sig_class                  |
| sig_reference              |
| signature                  |
| tcphdr                     |
| udphdr                     |
+----------------------------+
16 rows in set (0.00 sec)
```

Abb. 7.9:   Die erstellten Tabellen

Das Speichern von Snort-Protokollierungen in einer relationalen Datenbank ist wesentlich effizienter als das Speichern in flachen Dateien. In dieser Form sind sie viel leichter zu verwalten. Es stehen viele Tools für das Extrahieren und Formatieren von Snort-Datenbank-Logs zur Verfügung. Die Ausgabe in Tabelle 7.1 stammt von einem Skript, das von Yen-Ming Chen von der Foundstone Inc. geschrieben wurde. Das Skript ruft die Snort-Logs aus einer spezifizierten Datenbank ab und gibt die High-Level-Informationen aus. Die HTML-Links wurden aus Formatierungsgründen aus diesem Bericht entfernt. Das Skript von Yen-Ming Chen steht unter `http://packetstormsecurity.org/sniffers/snort/snort_stat.pl` zum Download bereit.

```
Total events: 40
Timestamp begins at: 2003-02-12 22:42:20
Timestamp ends at: 2003-02-12 22:52:44
Total signatures: 10
Total Destination IP observed: 1
 Total Source IP observed: 1
```

Tools & Traps...

Achtung.....wir reden nicht über die Microsoft-SAM-Datei

SAM (Snort Alert Monitor) ist ein Programm, das Sie zusammen mit Snort verwenden können, um eine kleine Echtzeit-Analyse zu potentiellen Bedrohungen und entdeckten Angriffen durchzuführen. SAM steht unter `www.lookandfeel` `.com` zur Verfügung. Der wichtigste Aspekt ist, dass SAM Alarme beim Ausführen grafisch melden und anzeigen kann. SAM soll Snort oder etwaige andere Mainstream-Addons von Snort nicht ersetzen, sondern erweitern. Look and Feel Software machte dazu folgende Aussage: »Snort ist ausgezeichnet in Hinblick auf das Erkennen von verdächtigem Traffic, und ACID eignet sich ausgezeichnet für das Betrachten von Details, doch wir benötigten ein Tool, das einen besseren Überblick bieten würde und fähig sein musste, Alarme zu melden, wenn bestimmte Bedingungen einträfen«. Leider ist die einzige Datenbank, die zur Drucklegung dieses Buchs durch SAM unterstützt wird, MySQL. Das Dialogfeld DATABASE LOGIN aus Abbildung 7.10 ist die Schnittstelle für die Konfiguration der ODBC-Verbindungen. Beachten Sie, dass SAM keinen Teil des Authentifizierungsschemas verschlüsselt.

Anzahl von Berichten für die einzelnen Signaturen		
Anzahl	Signatur	Letzter Zeitstempel
12	4	2003-02-12 22:52:37
8	2	2003-02-12 22:52:44
6	10	2003-02-12 22:52:44
2	5	2003-02-12 22:52:38
2	6	2003-02-12 22:52:35
2	7	2003-02-12 22:52:35
2	8	2003-02-12 22:52:38
2	1	2003-02-12 22:52:33
2	9	2003-02-12 22:52:36
2	3	2003-02-12 22:52:35

Tabelle 7.1: Snort_Stat-Log-Abruf

Die SAM-Schnittstelle ermöglicht die Anzeige der Top-Angriffe, wie sie durch die Regel-ID definiert sind, der Top-Angreifer, wie sie durch IP-Adressen definiert sind und aktuelle Informationen zu Angriffen, die bestimmten Zeitspannen zugeordnet sind. Sie können weitere Details anzeigen, indem Sie auf die IP-Adresse oder die Angriffs-IDs klicken. Neben den Diagrammen im unteren Teil des Fensters und den Quick-Link-Spalten rechts, wird links das Bild einer gut sichtbaren Ampel angezeigt, die den Alarmstatus symbolisiert. Dabei ist Rot die Farbe, die Sie eigentlich niemals sehen möchten. Die Abbildung 7.11 zeigt die SAM-Schnittstelle ohne eine Datenbankverbindung.

Abb. 7.10: SAM-Datenbankkonfiguration

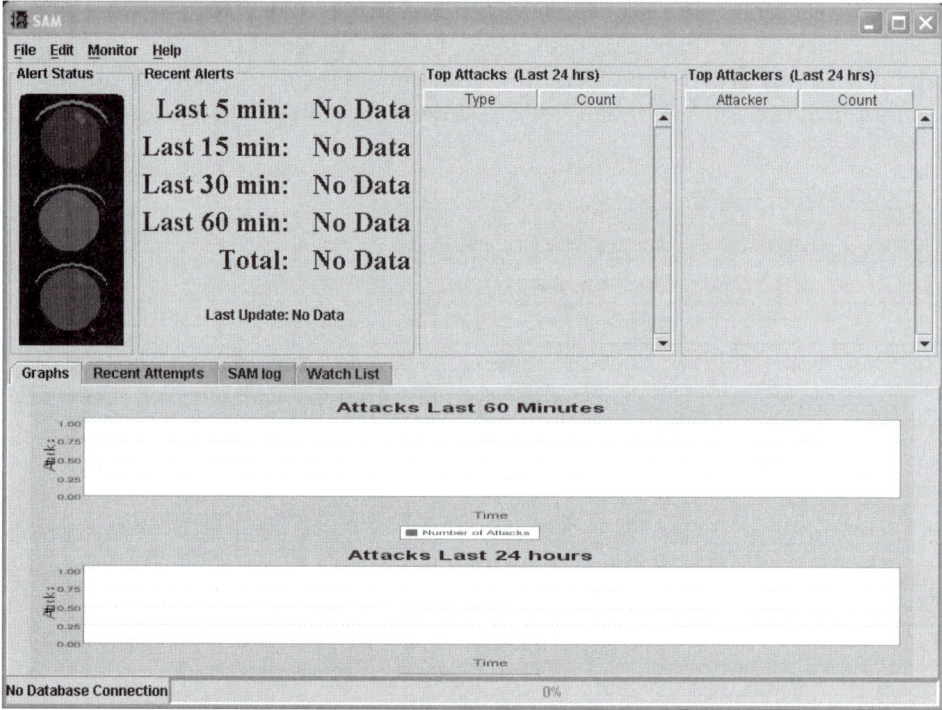

Abb. 7.11: SAM-Schnittstelle

Wenn SAM zusammen mit Snort ausgeführt wird, verwaltet es eine ODBC-Verbindung zu dem MySQL-Datenbankserver. Abhängig von der Menge des Traffics, der Platzierung der Sensoren, den ausgelösten Regeln und der verfügbaren Bandbreite kann es bedingt durch SAM zu einer Geschwindigkeitseinbuße des Netzwerks kommen. Wenn es möglich ist, sollten Sie die SAM-Anwendung auf dem System platzieren, auf dem sich auch Ihre Datenbank befindet.

7.3.5 Vereinheitlichte Logs (Unified Logs)

Vereinheitlichte (unified) Logs stellen die Zukunft für das Berichten, Protokollieren und Ausgeben von Snort-Daten dar. Antrieb für diese Initiative sind die erhöhte Geschwindigkeit und Effizienz. Die Unified-Plugins verringern die Anzahl an Prozessen, die die Snort-Engine für Funktionen außerhalb des Paketmitschnitts und der Analyse verwenden muss. Dadurch wird »hoffentlich« die Wahrscheinlichkeit verringert, dass Pakete verloren gehen.

Das Unified-Ausgabe-Plugin von Snort wurde als schnell und effizient konzipiert, wobei die Logging-Ausgabe im direkten Binär-Format erfolgt. Viele Administratoren bevorzugen diese Art der Protokollierungsmethode, da sie für die Verwendung mit den populärsten Berichts-Tools von Snort – Barnyard und Cerebus – geeignet ist. Das Ausgabe-Plugin für die vereinheitlichte Ausgabe unterstützt zwei Argumente: den Namen und die Größe der Datei, in der Sie die Logs speichern möchten. Neben dem Namen der Dateien sollte der Pfad relativ zu dem Ablageort des Snort-Programms angegeben werden, wenn sie nicht lokal abgelegt sind. Abbildung 7.12 zeigt ein Beispiel für eine vereinheitlichte Protokollierungsinstruktion aus der Snort-Konfigurationsdatei. Beachten Sie, es gibt zwei Einträge, einen für Alarme und ein weiterer für Logs. Jede Instruktion beinhaltet durch den Parameter *limit 128* eine Beschränkung der jeweiligen Datei auf 128MB.

```
# output alert_unified: filename snort.alert, limit 128
# output log_unified: filename snort.log, limit 128
```

Abb. 7.12:   Auszug einer Konfiguration für ein Unified-Ausgabe-Plugin

Warum sollten Sie Unified-Logs verwenden?

Es kann nicht häufig genug betont werden, doch Unified-Logs erhöhen die Effizienz des Snort-Sensors erheblich. Wie bereits erwähnt, sind Unified-Logs derzeit die beste Lösung für die Ausgabe der durch Snort gesammelten Daten. Die einzige wichtige Änderung, die sich am Horizont abzeichnet, ist die Möglichkeit, vereinheitlichte Daten direkt in eine Datenbank schreiben zu können. Diese Art von Lösung würde eine Echtzeit-Datenspeicherung außerhalb von Snort ermöglichen, ohne dabei die Möglichkeit zu verringern, Daten effizient zu organisieren und sortieren, da dies Funktionen sind, die Datenbanken eigen sind.

Wenn Sie sich fragen, ob es sich beim Unified-Logging nicht einfach um eine Umverteilung der Arbeitslast handelt, haben Sie Recht. Es befreit die Snort-Engine, so dass deren Ressourcen direkt für die wichtigen Prozesse des Mitschneidens und Analysierens von Paketen genutzt werden kann. CPU-Zyklen werden von der Haupt-Snort-Anwendung an die zukünftig direkt interpretierenden Anwendungen umgeleitet. Mit einfachen Worten, es nimmt der Snort-Engine die Belastung durch die Nutzlast-Transformation. Nach all diesen Ausführungen muss aber gesagt werden, dass das vereinheitlichte Logging noch ein wenig mehr leistet. Es ermöglicht eine anwendungs-übergreifende Erweiterung ohne Modifikation der Haupt-Engine. Darüber hinaus ist das Entwickeln von portablen Threads keine einfache Aufgabe. Dies gilt besonders dann, wenn Sie die Komplexität für die Erstellung eines Parsers für das Formatieren der Ausgabe bedenken.

> ## Oink!
>
> In kommerziellen Umgebungen ist es nicht ungewöhnlich, dass vereinheitlichte-Logs für die langfristige Speicherung forensischer Daten verwendet werden.

Was können Sie mit diesen vereinheitlichten Dateien anfangen?

Vereinheitlichte Log-Dateien (Unified-Logs) können mit verschiedensten Methoden angezeigt und analysiert werden. Wie Sie wissen, liegen die Vorteile bei der Verwendung des Unified-Log-Plugins ganz deutlich in der Geschwindigkeit. Derzeit ist Barnyard das Tool der ersten Wahl für die Bearbeitung von Unified-Logs. Zwei der drei Betriebsmodi ermöglichen eine kontinuierliche oder Streaming-Analyse. Die Modi *continual* und *continual with checkpoints* von Barnyard können mit dem *spo_unified*-Ausgabe-Plugin formatierte Daten und Log-Dateien verarbeiten. Barnyard kann auf eine von zwei Arten die Eingabe empfangen: über seinen Input-Prozessor oder von einem Ausgabe-Plugin. In beiden Fällen ist die Last der Datenverarbeitung vom Snort-Prozess genommen. Der andere Hauptunterschied für das Plugin ist, dass es eine andere Anwendung zur Interpretation der Daten benötigt.

> ## Geschichten zu Barnyard....
>
> ### Gewährleisten der Qualität innerhalb von Barnyard
>
> Barnyard verfügt über die Option *−R*, mit der Benutzer während der Entwicklungs- oder Konfigurationszeit Testläufe der Anwendung durchführen können. Dabei werden alle Konfigurationsoptionen analysiert, und zwar sowohl solche aus Konfigurationsdateien als auch solche von der Kommandozeile. Mögliche Fehler werden auf STDOUT ausgegeben. Es ist eine hilfreiche Funktion zum Testen und Debuggen von Systemen, die in jeden automatischen Qualitätssicherungs- oder Systemtest eingeschlossen werden sollte.
>
> Der »Dry Run Mode« ist eine exzellente Funktion. Leider fehlt anderen Freeware und kommerziellen Tools diese Art von Funktionalität.

Unified-Logs werden häufig in einer Weise gespeichert, die keinem typischen Namensschema folgt. Das folgende Beispiel zeigt die Auflistung eines Snort-Log-Verzeichnisses. Die vereinheitlichte Log-Datei ist snort.log.1045599382.

```
-rw-------     1 root      root             0 Feb 18 15:16 alert
-rw-------     1 root      root             0 Feb 18 15:16 portscan.log
```

```
-rw-------    1 root      root              0 Feb 18 15:16 scan.log
-rw-------    1 root      root             24 Feb 18 15:16 snort.log.1045599382
```

Da es sich bei den Informationen, die durch dieses Plugin protokolliert wurden, um binäre Daten handelt, können viele Programme, die TCPDump-formatierte Logs unterstützen, zur Navigation durch die Log-Datei verwendet werden. Wie bereits erwähnt, sind die populärsten Programme Cerebus und Barnyard. Obwohl sich Barnyard mehr und mehr zum Standard entwickelt, hält Cerberus nach wie vor seine starke Position.

Cerebus Cerebus wird durch das Cerebus-Entwicklungs-Team als »ein text-basierendes Analysesystem im Vollbildmodus für die vereinheitlichte Alarmausgabe für Snort« bezeichnet. In das eingebettete Datenbanksystem des Programms können mehrere Alarmdateien und auch Echtzeit-Abfragen geladen werden. Es ist für den Einsatz in großen Unternehmen konzipiert. Die Cerebus-Datenbanktechnologie verwendet statisch verlinkte Binärdateien und benötigt keine zusätzliche Datenbank-Software. Der wahre Vorteil im Verwenden einer einzelnen Datenbank wird besonders deutlich, wenn Sie große Mengen von Snort-Alarm- und Paketdaten aus mehreren Datenbanken analysieren und interpretieren müssen. Ein weiteres wertvolles Feature von Cerebus ist, dass es das Abrufen und die Analyse von Remote-Daten über ein Netzwerk unterstützt. Weitere Informationen zu Cerebus und das Programm selbst stehen unter der Adresse `www.dragos.com/ceberus` zum Download bereit.

Oink!

Cerebus steht kostenlos zur Verfügung. Sie können aber auch eine kommerzielle Version, die eine höhere Alarmdateianzahl unterstützt, gegen ein entsprechendes Entgeld bekommen. Zum Zeitpunkt der Drucklegung dieses Buchs steht Cerebus Lite für die persönliche Nutzung kostenlos zur Verfügung. In einer kommerziellen Umgebung darf es 14 Tage lang zu Testzwecken genutzt werden.

Barnyard Barnyard kann Daten aus dem Unified-Ausgabe-Plugin von Snort sammeln und diese an eine alternative Ablagestelle, z. B. eine Datenbank, senden. Es koppelt das Ausgabestadium von Snort ab und wirkt sich positiv auf die Performance und die Zuverlässigkeit aus. Barnyard wird unter der QPL (Q Public License) vertrieben. Abbildung 7.13 zeigt ein Beispiel, in dem Barnyard zwei vereinheitlichte Snort-Logs bearbeitet.

```
//      Analyzing with Barnyard
gabe@host:/root# barnyard -o -f /var/log/snort/snort.log.1045099117
//      Barnyard Log Dump
[**] [1:366:4] ICMP PING *NIX [**]
```

```
[Classification: Web Application Attack] [Priority: 3]
Event ID: 1      Event Reference: 1
02/13/03-01:18:39.069619 192.168.1.123 -> 192.168.1.10
ICMP TTL:64 TOS:0x0 ID:0 IpLen:20 DgmLen:84 DF
Type:8  Code:0   ID:197    Seq:0   ECHO
5F 83 4A 3E 5B 68 03 00 08 09 0A 0B 0C 0D 0E 0F     _.J>[h..........
10 11 12 13 14 15 16 17 18 19 1A 1B 1C 1D 1E 1F     ................
20 21 22 23 24 25 26 27 28 29 2A 2B 2C 2D 2E 2F     !"#$%&'()*+,-./
30 31 32 33 34 35 36 37                             01234567

[**] [1:408:4] ICMP Echo Reply [**]
[Classification: Web Application Attack] [Priority: 3]
Event ID: 2      Event Reference: 2
02/13/03-01:18:39.069653 192.168.1.10 -> 192.168.1.123
ICMP TTL:255 TOS:0x0 ID:61629 IpLen:20 DgmLen:84
Type:0  Code:0   ID:197    Seq:0   ECHO REPLY
5F 83 4A 3E 5B 68 03 00 08 09 0A 0B 0C 0D 0E 0F     _.J>[h..........
10 11 12 13 14 15 16 17 18 19 1A 1B 1C 1D 1E 1F     ................
20 21 22 23 24 25 26 27 28 29 2A 2B 2C 2D 2E 2F     !"#$%&'()*+,-./
30 31 32 33 34 35 36 37                             01234567

//      Analyzing with Barnyard
gabe@host:/root# barnyard -o -f /var/log/snort/snort.alert.1045099117
//      Barnyard Alert Dump
02/13/03-01:18:39.069619 {ICMP} 192.168.1.123 -> 192.168.1.10
[**] [1:366:4] ICMP PING *NIX [**]
[Classification: Web Application Attack] [Priority: 3]

02/13/03-01:18:39.069653 {ICMP} 192.168.1.10 -> 192.168.1.123
 [**] [1:408:4] ICMP Echo Reply [**]
[Classification: Web Application Attack] [Priority: 3]
```

Abb. 7.13:   Barnyard bei der Bearbeitung von zwei vereinheitlichten Snort.Logs

Barnyard kann Berichte in den Formaten CSV, HTML und in andern üblichen Formaten ausgeben. Weitere Informationen zur Installation, Konfiguration, Verwaltung und Feineinstellung von Barnyard finden Sie in Kapitel 11, »Erforschen von Barnyard«.

7.4 Schreiben von eigenen Ausgabe-Plugins

In Hinblick auf die Verwaltung und Pflege von Intrusion Detection-Netzwerken und -Systemen, kann das Schreiben eines angepassten Ausgabe-Plugins eine der besten Investitionen eines Unternehmens sein. Ja, es ist eine Investition. Ob finanziell, zeitlich oder eine Kombination aus beiden, die Entwicklung eines Ausgabe-Plugins hat das Potential extrem ressourcen-intensiv zu sein. Bevor Sie in Erwägung ziehen, ein Ausgabe-Plugin zu schreiben, sollten Sie zunächst über die Anforderungen und die Gründe für dieses Vorhaben nachdenken. Muss es Datenspeicherung und -verarbeitung in Echtzeit sein, oder kann ein Parser oder ein Skript genutzt werden, um die Datenalarme und -Logs zu ändern? Wenn es möglich ist, sollte die Datenmodifizierung oder -analyse nach der Speicherung erfolgen, um die Systemressourcen während der Traffic-Anlyse-Phase zu schonen. Gleichgültig, ob es ein Skript für die Bearbeitung nach der Ausgabe oder ein Ausgabe-Plugin ist, Sie müssen in Ihrem Unternehmen über das notwendige Talent und die notwendigen Ressourcen verfügen, bevor Sie überhaupt an eine Entwicklung solch eines Tools denken.

Eine nicht ganz übliche, und doch legitime und professionelle Methode für die Entwicklung eines Ausgabe-Plugins ist die Beschäftigung einer externen Partei. Die Autoren kennen eine Reihe von Firmen, die so vorgegangen sind. Im Allgemeinen sollte sich die Erstellung des Plugins als nicht zu kostspielig erweisen. Der Gesamtpreis sollte irgendwo zwischen 2000 und 7000 Euro liegen. Neben Sourcefire und Silicon Defense sollten Sicherheitsberatungsunternehmen wie Foundstone, @Stake und Guardent gute Anlaufsstellen für dieses Anliegen sein.

7.4.1 Weshalb sollten Sie ein Ausgabe-Plugin schreiben?

Einfach ausgedrückt, sollten Sie Ihr eigenes Plugin dann schreiben, wenn das vorhandene Ihren unternehmerischen oder technischen Ansprüchen nicht genügt. Für ein Unternehmen kann und sollte die Implementierung und Verwaltung eines IDSs, wenn es richtig gemacht wird, eine der wichtigsten Investitionen sein. Die Überwachung potentieller und erfolgter Angriffe ist ein komplizierter, fortwährender Prozess, der als solches so implementiert werden sollte, das er eine minimale Beeinträchtigung der Netzwerkverwaltung und der Administratoren mit sich bringt.

Sie sollten daher während der anfänglichen Diskussionen über das Schreiben eines Ausgabe-Plugins zuallererst feststellen, wie es sich mit dem Return on Investment (ROI) verhält. Holen Sie Erkundigungen ein oder versuchen Sie einzuschätzen, wie viel Zeit es in etwa beanspruchen wird, bis ein funktionales Plugin vorliegt. Die folgenden Fragen können Ihnen dabei helfen, die ungefähre Entwicklungszeit abzuschätzen

- Ist ein ähnliches Plugin bereits vorhanden? Wenn dies der Fall ist, können Sie dann etwas von der Logik oder dem Code nutzen?

- Sind Testsysteme erforderlich? Wenn ja, stehen Ihnen diese Testsysteme als Hilfe bei der Erstellung des Plugins bereits zur Verfügung?

- Wie kompliziert ist die Aufgabe, die sie bewältigen müssen? Ist es eine einfache Datenmodifikation oder gibt es einen neuen Speichermechanismus, der berücksichtigt werden muss?

Wenn ein beispielhafter Code oder eine entsprechenden Logik vorhanden sind oder Sie bereits Testsysteme besitzen, kann das von Vorteil für Sie sein. Das heißt aber immer noch nicht, dass das Vorhaben einfach sein wird. Hier einige unsere besten Einschätzungen, die Ihnen ein besseres Bild von dem erforderlichen Zeitrahmen für die Entwicklung eines Ausgabe-Plugins vermitteln sollen. Tabelle 7.3 listet die vorhandene Kompetenz und eine entsprechend geschätzte Entwicklungszeit für die Entwicklung eines Snort-Ausgabe-Plugins auf.

Vorhandene Fähigkeiten & Kompetenzen	Geschätzte Entwicklungszeit
Snort- und Programmierexperten – Personen mit hervorragenden Fähigkeiten in der strukturierten Programmierung, die nicht nur wissen, wie sie aktuelle Snort-Ausgabe-Plugins modifizieren und welche technologischen Anforderungen das neue Plugin mit sich bringt, sondern sich das aktive Umsetzen auch tatsächlich zutrauen.	Ein bis zwei Tage
Programmierexperten – Ein hervorragender Programmierer der strukturierten Programmiersprachen, der Erfahrungen mit Strukturen, Links, Speicherzuweisungen, (möglicherweise) Sockets und Datenmodifikationen hat, wie sie unter »Durchschnittliche Programmierfähigkeiten« beschrieben sind, aber vielleicht noch keine »echte« Erfahrung in der Verwendung und Implementierung von Snort-spezifischen Features hat.	Zwei bis vier Tage
Durchschnittliche Programmierfähigkeiten – Programmierer mit allgemeinen Programmierkenntnissen in der strukturierten Programmierung, wie sie unter »Geringe Programmierkenntnisse« beschrieben sind, plus der Fähigkeit, Daten in Hinblick auf Trennung, Suche und Warteschlangen zu modifizieren.	Zwei bis vier Wochen
Geringe Programmierkenntnisse – Programmierer mit allgemeinen Kenntnissen und Erfahrungen in der strukturierten Programmierung. Allgemeine Erfahrungen in der strukturierten Programmierung und umfassende Kenntnisse in Bereichen wie Eingabe, Ausgabe, Anwendungen mit mehreren Dateien, Argumentenverarbeitung und Verwendung von externen Dateien und Variablen.	Mehr als drei Wochen
Ziehen Sie es nicht einmal in Erwägung – Wenn Sie noch nicht einmal geringe Programmierkenntnisse haben, dann sollten Sie oder Ihr Unternehmen nach einer anderen Lösung suchen.	Eignet sich nur für ambitionierte Personen ohne definierte Deadlines.

Tabelle 7.2: Geschätzte Entwicklungszeit für ein Snort-Ausgabe-Plugin

Oink!

Tabelle 7.2 wurde entwickelt für ein einfaches bis durchschnittliches Technologie- und Datenspeicherungsschema. Die Entwicklungszeit würde sich mit zunehmendem Schwierigkeitsgrad selbstverständlich ebenfalls erhöhen.

7.4.2 Einrichten eines eigenen Ausgabe-Plugins

Das Einrichten, Entwerfen, Kodieren und Implementieren eines neuen Snort-Ausgabe-Plugins kann über alle Plattformen hinweg Gemeinsamkeiten haben. In diesem Abschnitt werden die wichtigsten Aspekte des *spo_alert_full*-Ausgabe-Plugins beschrieben. Anhand der Beschreibung dieser Aspekte werden Analogien dieses speziellen Plugins zur Entwicklung eines neuen, Snort-fähigen Ausgabe-Plugins gezogen.

Der größte Teil der Snort-Ausgabe-Plugin-Header folgt einem Standardformat, der strikt den Zweck, die Argumente, die Auswirkung und den Namen des Ausgabe-Plugins definiert. Der Header bietet in einem schnellen Überblick technische Informationen, so dass Benutzer und Administratoren die Anforderungen, die Beweggründe und die Mission des Ausgabe-Plugins verstehen können (siehe Abbildung 7.14).

```
/* spo_alert_full
 *
 * Purpose:  output plugin for full alerting
 *
 * Arguments:  alert file (eventually)
 *
 * Effect:
 *
 * Alerts are written to a file in the snort full alert format
 *
 * Comments:  Allows use of full alerts with other output plugin types
 *
 */
```

Abb. 7.14: Header des Full-Alert-Ausgabe-Plugins

Alle Ausgabe-Plugins müssen einen entsprechenden Header und Include-Dateien definieren. Diese Dateien können alles enthalten, angefangen bei APIs für Netzwerkprotokolle bis hin zu Gruppierungen von Deklarationen anderer Source-Header-Dateien.

```
#Header Files
```

Es gehört zur üblichen Praxis und ist Anforderung in nahezu allen strukturierten Programmiersprachen, sämtliche Funktionsprototypen zu deklarieren. Diese Prototypen werden in Allgemeinen im oberen Teil des Programms aufgelistet, doch gehört dies in die Sparte »Antrainieren von bewährten Vorgehensweisen«.

```
void AlertFullInit(u_char *);
SpoAlertFullData *ParseAlertFullArgs(char *);
void AlertFull(Packet *, char *, void *, Event *);
void AlertFullCleanExit(int, void *);
void AlertFullRestart(int, void *);
```

Das Definieren von globalen Variablen ist eine weitere gemeinsame Eigenschaft von Unternehmensanwendungen. Diese Variablen können programm-übergreifend und innerhalb anderer, zusätzlich integrierter Module für den Einschluss von Snort-Ausgabe-Plugins genutzt werden.

```
/* external globals from rules.c */
extern char *file_name;
extern int file_line;
```

Das anfängliche Einrichten und Konfigurieren Ihres Ausgabe-Plugins beinhaltet einige wichtige Schritte, dazu gehört die globale Registrierung des Plugin-Schlüsselworts und die Initialisierung der Funktion in der Liste der Snort-Ausgabe-Plugins (Abbildung 7.15). In den meisten Fällen braucht diese Funktion keinen Wert zurückzuliefern und akzeptiert auch keine Parameter oder Zusatzinformationen.

```
/*
 * Function: SetupAlertFull()
 *
 * Purpose: Registers the output plugin keyword and initialization
 *          function into the output plugin list.  This is the function that
 *          gets called from InitOutputPlugins() in plugbase.c.
 *
 * Arguments: None.
 *
 * Returns: void function
 *
 */
void AlertFullSetup()
{
}
```

Abb. 7.15:   Einrichten des Plugins

Die Initialisierung der Funktion in Zusammenhang mit dem Parsen von Argumenten und dem Einrichten von Daten sollte hier ausgeführt werden (Abbildung 7.16). Bis hierher sollten alle rudimentären Plugin-Vorbereitungen getroffen worden sein.

```
/*
 * Function: AlertFullInit(u_char *)
 *
 * Purpose: Calls the argument parsing function, performs final setup on data
 *          structs, links the preproc function into the function list.
 *
 * Arguments: args => ptr to argument string
 *
 * Returns: void function
 *
 */
void AlertFullInit(u_char *args)
{
}
```

Abb. 7.16: Alarminitialisierung

Die Erstellung und Formatierung der Ausgabe ist natürlich die wichtigste Funktion des Ausgabe-Plugins. In einer Funktion wie dieser würden Sie die mitgeschnittenen Daten sammeln und analysieren und die gesamten Formatierungen des Plugins durchführen. (Abbildung 7.17)

```
void AlertFull(Packet *p, char *msg, void *arg, Event *event)
{
    *Here lies the bulk of the program
}
ää
void AlertFullCleanExit(int signal, void *arg)
{
}
```

Abb. 7.17: Formatierung und Berichterstellung

In manchen Fällen erfordert die entsprechende Ausführung des Ausgabe-Plugins den Neustart von bestimmten Funktionen, Kommunikationssitzungen und anderen modul-spezifischen Technologien.

```
void AlertFullRestart(int signal, void *arg)
{
}
```

Diese Übersicht wurde für eine sehr spezifische Instanz eines aktuellen Snort-Aus-gabe-Plugins gegeben. Ziel war es nicht, jede einzelne Code-Zeile zu analysieren oder gar Einblicke in die programm-spezifische(n) Algorithmen oder Logik zu geben; es sollte ein Überblick über die Kernfunktionen und -funktionalität gegeben werden, die die meisten Ausgabe-Plugins besitzen.

7.4.3 Vom Umgang mit der Snort-Ausgabe

Mitunter werden Sie es als einfacher empfinden, mit dem zu arbeiten, was Snort Ihnen anbietet, als tatsächlich ein neues Ausgabe-Plugin zu erstellen. Wenn Sie an die aktuellen, variierenden Optionen und Formate denken, werden Sie in den meis-ten Fällen den Weg des geringsten Widerstands gehen wollen und die Datenmodi-fizierung nach der Speicherung vornehmen.

Eine der einfachsten und sicherlich populärsten Methoden für die Erstellung einer angepassten Snort-Datenschnittstelle ist die Entwicklung einer Art Datenbank-schnittstelle. Die aktuellen relationalen Datenbank-Plugins aktualisieren die Datenbank in Echtzeit, wenn neue Bedrohungen erkannt, Regeln ausgelöst und Daten protokolliert werden. Die Daten, auf die aus den Datenbanken zugegriffen wird, können immer noch als Echtzeitdaten betrachtet werden. Diese Datenbanken sind ein großartiges Medium für den Zugriff auf ganz aktuelle Daten, ohne dass das Rad neu erfunden werden muss. Wie Sie mittlerweile wissen, gibt es mehrere Datenbank-Ausgabe-Optionen, aus denen Sie wählen können. Angefangen bei Oracle als kommerzielle Enterprise-Option bis hin zur Freeware-Version von MySQL.

Perl mit Tcl/Tk, Java, Visual Basic, PHP und selbst Visual C++ sind geeignete Spra-chen, um Snort-Datenbank-Schnittstellen zu kodieren. Obwohl es viele andere gibt, sind PHP und Perl bedingt durch die einfache Sprachsyntax, die web-basie-rende Natur und die schnellen Entwicklungsmerkmale die beiden populärsten Ver-treter. Tabelle 7.3 zeigt einige Vor- und Nachteile, die abgewägt werden sollen, wenn Sie eine Datenbanklösung in Betracht ziehen.

Pro	Contra
Echtzeitinformationen	Im Vergleich zu anderen Optionen haben Datenbanken das Potential bandbreiten-intensiv zu sein.
Einige der Datenbeziehungen können innerhalb der relationalen Datenbanken erzielt werden.	Datenbanken sind eigenständige Unterneh-mensanwendungen, die als solches eine Verwaltung in Bezug auf das Benutzerma-nagement, das Patching und die Systemkonfi-guration benötigen.

Tabelle 7.3: Vor- und Nachteile bei der Verwendung einer Snort-Datenbank

Pro	Contra
Mit relationalen Datenbanken können Sie zahlreiche Tabellen und Beziehungen erstellen, um auf Subsets von Daten mehrerer Snort-Sensoren zugreifen zu können.	Wenn Sie keine Freeware-Version nutzen, ist die Implementierung der Datenbankoption mit Kosten verbunden.
Das Speichern der Daten in Datenbanken ist möglicherweise eine flexiblere Lösung mit Zukunft.	Größtenteils bleibt der *sichere* Zugriff auf die Daten dem Benutzer überlassen.
	Netzwerkdatenbanken sind populäre »Hacker-Ziele«. Anwendungssicherheit sollte keine Option sein; sie sollte obligatorisch sein
	Aufwändige Entwicklungszeit.

Tabelle 7.3:   Vor- und Nachteile bei der Verwendung einer Snort-Datenbank (Forts.)

Eine weitere Option, die zur Verfügung steht, wenn Sie zum Speichern von Snort-Logs keine Datenbanken verwenden möchten, ist die Verwendung von flachen Dateien. Die Verwendung flacher Dateien führt zu einer interessanten Situation, weil die Dateien normalerweise auf dem Snort-Sensor gespeichert werden. Zu den populäreren Plugins, die flache Dateien nutzen, gehören *Alert_fast*, *Alert_full*, *Alert_CSV* und *Log_TCPDump*. Sie können diese Dateien zwar remote abrufen, doch die Logistik und das Zeitdelta zwischen dem Ereignis und der Benachrichtigung über selbiges mag sich als unakzeptabel erweisen. Die Analyse einer flachen Datei zeigt ihre wahren Schwächen, wenn ein einzelnes Datenelement oder ein bestimmter Typ eines Datenelements gesucht wird. Für ein Unternehmen ist dies eine bescheidene Lösung. Tabelle 7.4 hebt einige der Vor- und Nachteile bei der Verwendung eines Analyseschemas mit flachen Dateien hervor.

Pro	Contra
Passable Geschwindigkeit auf kleinen und mittelgroßen Netzwerken	Flache Dateien müssen aufbereitet und interpretiert werden, bevor die Datenmodifikation beginnen kann.
Einfachheit, im Allgemeinen ist der Zugriff auf flache Dateien zum Abrufen von Daten nicht sonderlich kompliziert.	Abhängig von der Größe der Datei und der Menge des verfügbaren Systemspeichers, kann die Aufbereitung der Datei Ihr System unter Umständen zum plötzlichen Stillstand (dasselbe gilt für XML) bringen.
Wenn Sie diesen Pfad beschreiten, kommen keine zusätzlichen Kosten auf Sie zu.	Nicht flexibel.
Die Einsatz- oder Entwicklungszeit sollte minimal sein.	Keine Echtzeitgeschwindigkeit
	Im Allgemeinen werden flache Dateien auf den Snort-Sensoren gespeichert.

Tabelle 7.4:   Vor- und Nachteile der Verwendung von flachen Dateien

XML ist wie der Blitz in den Markt eingeschlagen. Jeder scheint von den erkennbaren Vorteilen und der Mystik der Technologie beeindruckt zu sein, während die kostenlose Microsoft-Zugabe auch keinem wehtut. Mit XML entstehen gleiche Probleme wie mit flachen Dateien, da die Dateien in den meisten Fällen lokal auf den Sensoren gespeichert werden. Der einzig bemerkenswerte Vorteil gegenüber einem Plugin, das flache Dateien nutzt, ist, dass die XML-formatierte Ausgabe leichter zu erweitern und flexibler ist, wenn sie in zukünftigen Anwendungen verwendet werden soll. Tabelle 7.5 listet die Vor- und Nachteile der XML-Technologie auf

Pro	Contra
Neu aufkommende Technologien, die XML-formatierte Datenbestände unterstützen	XML-Dateien müssen aufbereitet und interpretiert werden, bevor die Datenmodifikation beginnen kann.
Bis zum heutigen Tage hat sich XML als relativ sichere Technologie erwiesen.	Abhängig von der Größe der Datei und der Menge des verfügbaren Systemspeichers, kann die Aufbereitung der Datei Ihr System unter Umständen zum plötzlichen Stillstand bringen (dasselbe gilt für flache Dateien).
Das Speichern der Daten im XML-Format ist möglicherweise eine flexiblere Lösung mit Zukunft.	Keine Echtzeitgeschwindigkeit.
	Im Allgemeinen werden XML-Dateien auf den Snort-Sensoren gespeichert.

Tabelle 7.5: Vor- und Nachteile bei der Verwendung von XML-formatierten Informationen

Ein neues, hervorragendes Merkmal von Snort ist die Fähigkeit, vereinheitlichte (unified) Daten zu speichern oder solche Daten als Eingabe-Stream für andere Programme, die solche Informationen nutzen, zur Verfügung zu stellen. Durch die Verwendung von binären Daten und vereinheitlichten Daten-Streams wird die eigentliche Snort-Anwendung entlastet. Dadurch kann sich Snort den kritischeren Prozessen wie der Datensammlung und -speicherung zuwenden. In Kapitel 11 finden Sie alle Einzelheiten zu vereinheitlichen Daten und zu ihrer Verarbeitung. Tabelle 7.6 listet Vor- und Nachteile für die Verwendung von gespoolten Streams auf.

Pro	Contra
Unvergleichliche Geschwindigkeit	Extrem komplizierte Entwicklung oder Plugin-Modifikation
Unvergleichliche Performance der Snort-Plugins und der Sensoren.	Zur Verarbeitung der Daten-Streams sind zusätzliche Anwendungen erforderlich.

Tabelle 7.6: Vor- und Nachteile bei der Verwendung von vereinheitlichten und binären Informationen

Pro	Contra
Die Barnyard-Anwendung wird durch die Snort-Entwickler betreut und immer mehr zu einem integralen Bestandteil des Produkts.	Die Datenauswahl und -organisation ist nicht gleichwertig mit den in die Datenbank eingegebenen Daten
Flexibel und skalierbar	

Tabelle 7.6: Vor- und Nachteile bei der Verwendung von vereinheitlichten und binären Informationen (Forts.)

Unter Berücksichtigung aller Aspekte kann eine zweifache Empfehlung gegeben werden. Wenn Sie nach einer schnellen Lösung suchen oder nur fix mit einem Hackjob das Problem lösen möchten, dann nutzen Sie in auf jeden Fall ein Skript, das die relevanten Informationen aus einer PCAP-formatierten Alarmdatei abruft. Solch eine Lösung ist angemessen, wenn Sie feststellen möchten, welche Angriffe von einer bestimmten Quelle ausgingen. Wenn Ihr Ziel aber eine unternehmens-fähige Lösung ist oder Sie eine langfristigere Anwendung erstellen möchten, dann sollte die Auswahl klar sein – relationale Datenbanken oder vereinheitlichte Daten-Streams. Sobald der Code zum Zugriff und Abrufen der Daten steht, ist die Daten-auswahl und -modifikation scheinbar trivial. Darüber hinaus mag sich die Verwen-dung einer Snort-Datenbank als vorteilhaft erweisen, wenn zukünftige NIDS-Pro-jekte am Horizont auftauchen.

7.5   Zusammenfassung

Die Snort-Anwendung hat viele architektonische, algorithmus-spezifische und implentierungs-basierende Veränderungen durchgemacht. Mit fast allen Verände-rungen gingen direkte positive Produkt- und Eigenschaftserweiterungen einher. Eines der vorteilhaftesten Features, das in Snort in Hinblick auf das Berichten und die Datenpräsentation integriert ist, ist die Fähigkeit, Ausgabe-Plugins zu nutzen. Diese Plugins ermöglichen Netzwerk- und Sicherheitsadministratoren, System-Engineers und Managern gleichermaßen die Optimierung des Produkts für die jeweilige Umgebung, während gleichzeitig sichergestellt wird, dass minimale Res-sourcen zur Verwaltung der Technologie verbraucht werden. Die Minimierung der Ressourcen wird sich auch direkt auf die mittlere Zeit zur Datenanalyse auswirken, womit gemeint ist, wie schnell Ihr Unternehmen auf einen Vorfall reagieren kann.

Derzeit gibt es verschiedene Optionen bei der Verwendung von Ausgabe-Plugins. Zu den verschiedenen Optionen zählen Daten, die im PCAP-Format abgelegt wer-den, direkte Text-Header mit Paket-Ziel- und Quellinformationen zusammen mit Regelmeldungen, XML-Text-Datenbanken und verschiedene relationale Datenban-ken wie MySQL, Oracle und MS SQL. Neben dem Format von Daten bietet Snort die Möglichkeit, die formatierten Daten mit zahlreichen Methoden zu speichern und zu übertragen. Potentielle Möglichkeiten sind: lokales Speichern von Alarmen und Logs, Übertragen von Daten an UNIX-Sockets und Schreiben von Daten in lokale und entfernte Datenbanken. Es ist nicht notwendig, Plugins für alle Aufgaben zu nutzen, vorausgesetzt, es stehen entsprechende Utilities zur Verfügung. Log-Parser, grafische Schnittstellen und Engines, die Daten in Beziehung setzen können, ermöglichen dem Benutzer, die Daten mit Anwendungs-Wrappern und Skripts weiter zu formatieren. Die populärsten Ergänzungsanwendungen für Snort sind Barnyard, ACID und Cerebus.

Die vorhandenen Ausgabe-Plugins sind sehr empfehlenswert, doch die echte Stärke zeigt Snort durch die Möglichkeit, angepasste Plugins zu erstellen. Da das Snort-Entwicklungs-Team eine offene API-Struktur für die Nutzung von Ausgabe-Plugins implementiert hat, können interne Unternehmens- und professionelle Sicherheits-Teams Inhouse-Plugins entwickeln. Diese Inhouse-Plugins können sich an der Technologie oder an den Kunden orientieren. Das gemeinsame Ziel sollte stets gleich bleiben: die Minimierung der manuellen Datenzusammenstellung. Diese Plugins greifen auf hoch-technische Funktionen und Anwendungsaufrufe zu, die Konfigurationsinstruktionen und die entsprechenden, zur Laufzeit von Snort definierten Parameter referenzieren. Der Großteil der Plugins kümmert sich um das Formatieren der Eingabedaten und um die Technologien, die während der Ausgabephase genutzt werden.

Fast jeder der technologisch verantwortlichen Personen oder aus der Geschäftsleitung gibt offen zu, dass Daten erst dann einen Nutzen bringen, wenn Sie schnell analysiert werden können, um entsprechende Entscheidungen zu treffen. Ausgabe-Plugins sind ein Teil der Antwort auf die inhärenten Technologie-Probleme von Snort. Deshalb die Empfehlung: Wenn Sie in Ihrem Unternehmen den Einsatz der Freeware Snort schätzen, ist es wichtig, dass Sie einen Entwickler oder wissenschaftlichen Mitarbeiter an Bord haben, der umfassende Kenntnisse und Erfahrung in Hinblick auf Ausgabe-Plugins hat.

7.6 Lösungen im Schnelldurchlauf

Was ist ein Ausgabe-Plugin?

■ Ausgabe-Plugins, die auch als Ausgabemodule bezeichnet werden, wurden mit der Snort-Version 1.6 eingeführt. Es handelt sich dabei um einen hervorragenden Mechanismus für das Speichern von Daten in angepassten Formaten und an benutzerdefinierten Stellen des Systems. Dies war der erste wichtige Schritt in der Entwicklung einer offenen API für Berichtszwecke.

Untersuchen der Optionen für Ausgabe-Plugins

■ Derzeit verfügt Snort über Plugins, die verschiedene Berichtsformate unterstützen: direkte Text-Header, PCAP, UNIX-Syslog, XML-Text-Datenbanken und zahlreiche andere Typen von relationalen Datenbanken.

- Mitgeschnittene und definierte Daten können in lokalen Alarm- und Paket-Logs sowie in lokalen und entfernten Datenbanken gespeichert werden. Darüber hinaus können die Daten blind an einen UNIX-Socket übertragen werden.

- Zusätzliche Programme wie ACID, Barnyard und Cerebus sind von unschätzbarem Wert für die Analyse und Modifikation von Datenberichten.

Schreiben von eigenen Ausgabe-Plugins

- Das Schreiben von Snort-Ausgabe-Plugins ist keine einfache Aufgabe, besonders, wenn Sie geringe oder keine C-Programmierungserfahrung haben. Verglichen mit dem Schreiben von Snort-Regeln ist dieser Vorgang sehr kompliziert, da bisher alle Ausgabe-Plugins in der Programmiersprache C geschrieben wurden.

- Eine potentiell schnelle Alternative zum Schreiben von Ausgabe-Plugins ist das Schreiben eines Plugin-Wrappers. Wenn das erklärte Ziel beispielsweise das Formatieren der Daten, statt der Modifizierung von Echtzeit-Formaten und Speicherung ist, dann ist es wahrscheinlich schneller und ökonomischer, wenn Sie ein Perl-Skript schreiben, das automatisch die Nutzlast bearbeitet und die gewünschte Information ausgibt.

- Ausgabe-Plugins haben einige Gemeinsamkeiten. Dazu zählen die Definition von globalen Variablen und das Prototyping, die Schlüsselwortregistrierung, die Verarbeitung der Argumente und Präprozessor-Argumente, Cleanup und Beenden von Plugins und Funktionen sowie die Formatierung und Übertragung von Daten.

7.7 Häufig gestellte Fragen (FAQs, Frequently Asked Questions)

- **F:** Haben Sie eine Empfehlung dahingehend, welche Art von Ausgabe-Plugins auf einer mobilen Arbeitsstation verwendet werden sollte?

- **A:** Unterstellen Sie zunächst, dass bei einem mobil eingesetzten Computer die Sicherheit eine wesentliche Anforderung ist, CPU und Speicher wichtige Aspekte sind und dass das Gerät in der meisten Zeit überwacht und genutzt wird. Ihnen ist wahrscheinlich am besten gedient, wenn Sie nur Alarme mit minimalen Informationen verwenden, da man davon ausgehen kann, dass, wenn Sie angegriffen würden, sofortige Maßnahmen erfolgen würden. Paket-Header- und Regel-Content-Meldungen sollten ausreichen. Auf einem UNIX-System können speziell die schnellen (*fast*) Alarme empfohlen werden, während der SMB-Client (Windows-PopUp) die erste Wahl für Windows-Benutzer wäre.

- **F:** Wie wird die Bandbreite beeinflusst, wenn ich Alarme in eine entfernte Datenbank protokollieren möchte?

- **A:** Der Bandbreitenverbrauch hängt sehr stark von zwei Faktoren ab; der erste ist die Datenmenge, die über das Sensor-Netzwerk übertragen wird, der zweite ist der Regelsatz, der auf dem Sensor implementiert ist. Wir empfehlen, dass Sie, wenn Sie sich die entsprechende Hardware leisten können, die primäre Log-Datenbank auf dem Snort-Sensor belassen, um die Beeinträchtigung des Netzwerks gering zu halten. Das Ausführen einer Datenbank beeinträchtigt die Systemleistung. Wenn Ihnen diese Option nicht zur Verfügung steht und Ihr Netzwerk an einem normalen Arbeitstag unter 20 Prozent der verfügbaren Bandbreite nutzt, dann können Sie damit fortfahren, eine entfernte Datenbank zu nutzen. Zum Testen und Prototyping der Optionen können Sie lokale Logs und Log-Größen überwachen, um festzustellen, ob die Datenlast für das Netzwerk zu groß wird.

- **F:** Kann ich in mehrere Datenbanken protokollieren, auch wenn es sich dabei um unterschiedliche Datenbanktypen handelt?

- **A:** Die kurze Antwort lautet: ja. Die korrekte Antwort erfolgt nun, da es mehrere Wege gibt, um das Endziel zu erreichen. Snort bietet Benutzern die Möglichkeit, Daten in mehrere Instanzen desselben Datenbank-Plugins, in mehrere identische und verschiedene Datenbanken und in verschiedene andere Datentypen zu schreiben. Es folgen Beispiele für Ausgabe-Instruktionen, die in einer Konfigurationsdatei definiert werden können.

Beispiel: Mehrere Formate in eine Datenbank:

```
output mydatabase: oracle, dbname=security host=securitydb.poc2.com user
=joe
output log_tcpdump: /logs/snort/tcpdump/current.log
```

Beispiel: Mehrere Datenbanken:

```
output mydatabase: mysql, dbname=dmzsnort host=10.1.1.7 user=dbadmin pas
sword=badidea
output mydatabase: oracle, dbname=security host=securitydb.poc2.com user
=joe password=badidea
```

Beispiel: Mehrere Instanzen derselben Datenbank

```
output mydatabase: oracle, dbname=sensor host=sensor.poc2.com port=10302
 user=admin password=bads
output mydatabase: oracle, dbname=sensor host=backup.poc2.com port=10302
 user=admin password=bads
```

## Kapitel 8

Tools für die Datenanalyse

Lösungen in diesem Kapitel:

- Verwenden von Swatch

- Verwenden von ACID

- Verwenden von SnortSnarf

- Verwenden von IDScenter

8.1 Einführung

Nun ist Snort installiert und lauffähig. Wenn Sie denken, dass hier die Arbeit aufhört, liegen Sie falsch. Der Zweck für die Einrichtung eines IDSs liegt nicht nur im Sammeln von Daten über den Netzwerkverkehr (besonders jener von Einbruchsversuchen), sondern auch in der Analyse der Daten, um dann entsprechende Aktionen folgen zu lassen. Die Feineinstellung der Regeln (beschrieben in Kapitel 5, »Spiel nach Regeln«) erfolgt am besten, wenn Sie dazu Daten nutzen können, die tatsächlich auf dem aktuellen Regelsatz basieren.

Versuchen Sie dies als Übung: Richten Sie Snort auf einem sehr betriebsamen Netzwerk mit den ursprünglichen Signaturen aus dem Distributions-Paket ein, und lassen Sie es so eine Weile laufen – beispielsweise eine Woche lang. Sie werden überrascht sein, über die Anzahl der Alarme, die so generiert werden – mit Sicherheit werden es Hunderte, wenn nicht Tausende sein. Dieses enorme Ausmaß an Alarmen bedeutet, dass Sie keinen allgemeinen Überblick über das Vorgehen auf Ihrem Netzwerk erhalten können, indem Sie einfach nur die Log-Dateien durchsuchen.

Der wichtige Aspekt bei der Intrusion Detection ist, dass Sie nicht nur Ereignisse aufzeichnen möchten, Sie wollen auch relativ zügig (mehr oder weniger in Echtzeit) Aktionen auf Intrusion-Versuche folgen lassen. Möchten Sie sich wirklich den lieben lang Tag hinsetzen und die immer größer werdenden Log-Dateien durchsuchen? Sicherlich nicht. Es ist besser, wenn Sie durch eine Anwendung auf eine vor sich gehende Intrusion aufmerksam gemacht werden.

In diesem Kapitel werden vier populäre Tools untersucht, die Ihnen bei beiden Aspekten für die Verwendung der Snort-Daten – Konsolidieren/Analysieren und Alarmieren der Personen, die für die Reaktion auf einen Zwischenfall verantwortlich sind – helfen können. Zu diesen Tools zählen:

- Swatch

- ACID

- SnortSnarf

- IDScenter

 Sie finden die aktuellen Versionen (zum Zeitpunkt der Drucklegung dieser Buchs) dieser Tools auf der Begleit-CD zu diesem Buch. Die entsprechenden Dateien sind im Verzeichnis zu Kapitel 8 abgelegt.

8.2 Verwenden von Swatch

Bei dem Tool »**Simple log WATCHer and filter**«, das viel häufiger als Swatch bezeichnet wird, handelt es sich um ein von Todd Atkins entwickeltes Perl-Programm (`www.oit.ucsb.edu/~eta/swatch`). Es ist wahrscheinlich eines der einfachsten, und doch sehr leistungsfähigen Tools, das für die Automatisierung von Reaktionen auf Snort-Alarme genutzt werden kann. Swatch überwacht Ihre Log-Dateien auf spezifische Auslöser. Wenn einer dieser Auslöser zutrifft, führt es eine bestimmte Aktion aus. Dies könnte zum Beispiel das Senden einer E-Mail mit einer entsprechenden Nachricht an einen Systemadministrator sein.

8.2.1 Durchführen einer Swatch-Installation

 Die Installation von Swatch ist nicht besonders schwierig. Das Paket ist in Perl geschrieben und kann unter Adresse `www.stanford.edu/~atkins/swatch` heruntergeladen werden. Wahlweise finden Sie es auf der Begleit-CD. Swatch erfordert für ein korrektes Funktionieren folgende Perl-Module:

- Date::Calc

- Date::Parse

- File::Tail

- Time::HiRes

Wenn Ihnen diese Module nicht zur Verfügung stehen, können Sie sie von CPAN unter (`http://search.cpan.org`) entweder über das Web oder mittels des Perl-Utilities CPAN herunterladen. Die Verwendung ist in der entsprechen Man-Page beschrieben – führen auf der Linux-Kommandozeile einfach den Befehl *man CPAN* aus, um die Dokumentation zu lesen. Das Utility CPAN ist reicht einfach zu verwenden. Geben Sie auf der Kommandozeile folgenden Befehl ein:

```
#perl -MCPAN -e shell
```

Daraufhin wird eine Eingabeaufforderung in der Form *cpan>* angezeigt. Wenn Sie ein Paket installieren möchten (z. B. *Date::Calc*) geben Sie folgenden Befehl ein:

```
cpan> install Date::Calc
```

Der Befehl erzeugt eine relativ große Ausgabe, die jeden der ausgeführten Schritte beschreibt. Hier ein verkürzter Auszug der Ausgabe (das Ende und der Anfang):

```
Running make for S/ST/STBEY/Date-Calc-5.3.tar.gz
CPAN: LWP::UserAgent loaded ok
Fetching with LWP:
  ftp://ftp.perl.org/pub/CPAN/authors/id/S/ST/STBEY/Date-Calc-5.3.tar.gz
... skipped...
Writing /usr/lib/perl5/site_perl/5.6.0/i386-linux/auto/TimeDate/.packlist
Appending installation info to /usr/lib/perl5/5.6.0/i386-linux/perllocal.pod
  /usr/bin/make install  -- OK
cpan>
```

Die Meldung *OK* auf der vorletzten Zeile sagt aus, dass das Paket erfolgreich installiert wurde. Wenn CPAN erkennt, dass einige Abhängigkeiten fehlen, versucht es, die fehlenden Pakete ohne Ihr aktives Eingreifen herunterzuladen. Auf diese Weise brauchen Sie sich nicht um fehlende Pakete zu sorgen.

Wenn Sie es bevorzugen, das Installationspaket (das Distributions-Paket enthält Installationsanleitungen und ein Installationsskript) für jedes der zuvor aufgelisteten Module (oder Swatch selbst) herunterzuladen und dann manuell zu installieren, müssen Sie das Paket in dem Verzeichnis /usr/local/scr entpacken und die folgenden Befehle ausführen (diese Befehle sind generisch für die meisten Perl-Pakete):

- perl Makefile.PL

- make

- make test

- make install

- make realclean

Wenn während dieses Vorgangs keine Fehler auftraten, wurde das Paket ordnungsgemäß installiert. Swatch wird auf gleiche Weise installiert. Wenn einige Vorbedingungen fehlen, erhalten Sie eine Nachricht wie diese:

```
[root@snort swatch-3.0.4]# perl Makefile.PL
```

313

```
Warning: prerequisite Date::Calc failed to load: Can't locate Date/
Calc.pm in @INC (@INC contains: /usr/lib/perl5/5.6.0/i386-linux /usr/
lib/perl5/5.6.0 /usr/lib/perl5/site_perl/5.6.0/i386-linux /usr/lib/
perl5/site_perl/5.6.0 /usr/lib/perl5/site_perl .) at (eval 4) line 3.
Warning: prerequisite Date::Parse failed to load: Can't locate Date/
Parse.pm in @INC (@INC contains: /usr/lib/perl5/5.6.0/i386-linux /usr/
lib/perl5/5.6.0 /usr/lib/perl5/site_perl/5.6.0/i386-linux /usr/lib/
perl5/site_perl/5.6.0 /usr/lib/perl5/site_perl .) at (eval 5) line 3.
```

Diese Meldungen bedeuten, dass *Date::Calc* und *Date::Parse* auf dem System fehlen.

8.2.2   Konfigurieren von Swatch

Nach der erfolgreichen Installation von Swatch müssen Sie es konfigurieren. Die Konfiguration wird in einer einzelnen Datei gespeichert, die normalerweise *swatchrc* heißt, obschon Sie jeden beliebigen Namen dafür verwenden können. Es empfiehlt sich aber, den Standardnamen der Konfigurationsdatei beizubehalten, um den anderen Administratoren des Systems, mit denen Sie arbeiten, die Arbeit nicht zu erschweren. Diese Datei enthält die Liste der Regeln, Muster und der entsprechenden Aktionen. Jede Swatch-Regel kann zahlreiche Felder enthalten. Betrachten Sie folgende Regel.

```
watchfor /spp_stream4/
bell
echo normal
mail addresses=abuse@yourcompany.net,subject=--- Snort Alert! ---
throttle 00:00:10
```

Die erste obligatorische Zeile, *watchfor*, enthält ein Muster in der Form eines regulären Ausdrucks. Die Syntax für reguläre Ausdrücke ist beispielsweise in der UNIX-Dokumentationsseite zum Befehl *grep* beschrieben, die Sie mit dem Befehl *man grep* aufrufen können. Im vorliegenden Fall schreibt dieses Muster vor, dass Swatch nach der Zeichenkette *spp_stream4* in einer Log-Datei suchen und dann einige beschriebene Aktionen ausführen soll. Die Zeile kann statt *watchfor* auch das Schlüsselwort *ignore* enthalten, was bedeutet, dass der übereinstimmende Eintrag ignoriert werden soll.

Die nächsten Zeilen spezifizieren die Aktionen, die ausgeführt werden müssen, wenn eine Übereinstimmung mit dem regulären Ausdruck in *watchfor* gefunden wird. *bell* lässt das System ein akustisches Signal produzieren, und *echo* gibt den übereinstimmenden Eintrag an den Standardausgabe-Stream (stdout) aus. Die Aktion *mail* ist für den vorliegenden Fall am besten geeignet – sie mailt den übereinstimmenden Eintrag an die angegebene Adresse (abuse@ourcompany.net) mit dem Betreff (*subject*) »--Snort Alert!--«. Natürlich können Sie beliebig andere E-Mail-Adressen und Betreffe angeben. Mehrfache Mail-Aktionen werden ebenfalls unterstützt.

Oink!

Die *mail*-Aktion von Swatch nutzt sendmail, das aus diesem Grund auf Ihrem System installiert sein muss. Wenn Sie postfix oder ein anderes MTA-Programm nutzen, sollten Sie, solange das Ersatzprogramm für sendmail aktiviert ist (nutzen Sie für postfix den Befehl *postfix-enable*), keine Probleme haben.

Die Aktion *throttle* bedeutet, dass für die angegebene Zeitspanne der Vergleich dieser Regel ausgesetzt wird. Diese Aktion ist nützlich, wenn Sie viele ähnliche Alarme erhalten und Ihre Mailbox nicht mit Swatch-Berichten füllen möchten. Im vorliegenden Beispiel bedeutet die Aktion *throttle*, das diese vergleichende Regel für den Zeitraum der nächsten 10 Sekunden ignoriert werden soll – selbst wenn das gleiche Muster in der überwachten Log-Datei erscheint, wird keine Aktion durch Swatch durchgeführt.

Es gibt noch eine weitere Aktion – *exec*. Diese Aktion führt den als Parameter angegebenen Befehl aus. Sie können beispielsweise wie folgt ein Skript ausführen, dass Sie über Ihren Pager alarmiert:

```
exec "call_pager 123456 $0"
```

Bei dieser Zeile wird unterstellt, dass Ihr Skript für das Senden von Nachrichten auf den Pager *call_pager* heißt und als Parameter eine Pager-Nummer und eine Meldung übernimmt. *$0* wird hier durch einen übereinstimmenden Log-Eintrag ersetzt.

8.2.3 Verwenden von Swatch

Die Verwendung von Swatch ist, nachdem Sie die Konfigurationsdatei erstellt haben, recht einfach. Sie können Swatch auf verschiedene Arten starten:

- Über ein Snort-Initialisierungsskript
- Separat verwendet als Teil des *init*-Sets für Skripte
- Manuell

Mit folgender Kommandozeile können Swatch starten:

```
/usr/local/bin/swatch -c /var/log/.swatchrc -t /var/log/snort/alert &
```

Diese Zeile unterstellt, dass Swatch im Verzeichnis /usr/local/bin installiert ist, dass sich die Konfigurationsdatei .swatchrc im Verzeichnis /var/log befindet und die Snort-Alarmdatei im Verzeichnis /var/log/snort abgelegt ist. Die Option *–c* definiert den Ablageort der Konfigurationsdatei, während die Option *–t* die von Swatch zu überwachende Log-Datei bestimmt. Das Zeichen *&* am Ende der Zeile, führt dazu, dass der Befehl im Hintergrund ausgeführt wird. Hintergrundprozesse können nicht mit dem Terminal oder den stdin/stdout-Streams kommunizieren, daher können Sie in der Swatch-Konfigurationsdatei keine *echo*-Aktionen nutzen, wenn Sie den Swatch-Prozess im Hintergrund ausführen möchten.

Sie können das Snort-Logging mit der Option *output* (in snort.conf) auch so konfigurieren, so dass es nicht nur in die Standard-Log-Dateien schreibt, sondern auch in syslog.

```
output alert_syslog: LOG_AUTH LOG_ALERT
```

Dann erscheint jeder Alarm in /var/log/messages (der Standardablageort unter Red Hat) auf folgende Weise (die Zeilen sind in diesem Beispiel umgebrochen):

```
Feb 12 19:19:00 witt snort: [117:1:1] (spp_portscan2) Portscan detected
from 10.1.1.34: 1 targets 21 ports in 24 seconds {TCP} 10.1.1.34:33531 -
> 10.1.1.30:1439
Feb 12 19:19:01 witt snort: [1:1418:2] SNMP request tcp [Classification:
 Attempted Information Leak] [Priority: 2]: {TCP} 10.1.1.34:33531 -
> 10.1.1.30:161
Feb 12 19:19:01 witt snort: [1:615:3] SCAN SOCKS Proxy attempt [Classifi
cation: Attempted Information Leak] [Priority: 2]: {TCP} 10.1.1.34:33531
 -> 10.1.1.30:1080
Feb 12 19:19:01 witt snort: [111:12:1] (spp_stream4) NMAP FINGERPRINT (s
tateful) detection {TCP} 10.1.1.34:33541 -> 10.1.1.30:21
Feb 12 19:19:01 witt snort: [1:628:1] SCAN nmap TCP [Classification: Att
empted Information Leak] [Priority: 2]: {TCP} 10.1.1.34:33543 -
> 10.1.1.30:1
Feb 12 19:19:01 witt snort: [111:10:1] (spp_stream4) STEALTH ACTIVITY (X
MAS scan) detection {TCP} 10.1.1.34:33544 -> 10.1.1.30:1
Feb 12 19:19:02 witt snort: [111:9:1] (spp_stream4) STEALTH ACTIVITY (NU
LL scan) detection {TCP} 10.1.1.34:33539 -> 10.1.1.30:21
```

Jeder der durch Snort generierten Alarme beginnt mit dem Präfix *snort:*, daher können Sie eine Aktion in der Swatch-Konfigurationsdatei einrichten, die auf alle Syslog-Nachrichten mit dieser Zeichenkette reagiert:

```
watchfor /snort:/
mail addresses=abuse@yourcompany.net,subject=--- Snort Alert! ---
throttle 00:00:10
```

Wenn Sie alternativ E-Mail-Alarme bei Angriffen in Zusammenhang mit dem IIS empfangen möchten, können Sie in der Konfigurationsdatei .swatchrc Folgendes eingeben:

```
watchfor /IIS/
mail addresses=abuse@yourcompany.net,subject=---
 Snort Alert, IIS attack! --
throttle 00:00:5
```

Abbildung 8.1 zeigt ein etwas komplizierteres Beispiel einer Swatch-Konfigurationsdatei.

```
watchfor /MS-SQL/
    echo bold
    mail addressess=root,subject=---- Snort MS-SQL Attack Alert ---
    exec echo $0 >> /var/log/MSSQL
    throttle 00:10

watchfor /Portscan detected/
    echo bold
    mail addresses=root,subject=--- Snort Port Scan Alert ---
    exec echo $0 >> /var/log/portscans

watchfor /approved AXFR/
    echo bold
    mail addresses=root,subject=--- Snort Zone Transfer Alert ---
    exec echo $0 >> /var/log/zonetransfers
```

Abb. 8.1: Swatch-Konfigurationsdatei für die Überwachung von Snort-Syslog-Alarmen

Wenn diese Konfiguration verwendet wird, werden Alarme in Zusammenhang mit MS-SQL-Exploits an den Benutzer »root« gesendet und außerdem in einer Datei unter /var/log/MSSQL gespeichert. Portscan-Alarme und Zonen-Transfers führen ebenfalls dazu, dass Swatch eine E-Mail an diesen Benutzer, jedoch mit einer anderen Betreff-Zeile, sendet und die E-Mails in unterschiedlichen Dateien speichert. Die folgende Aktion ist nützlich, wenn Sie separate Log-Dateien für unterschiedliche Alarmtypen erstellen möchten. Mit diesem Befehl fügen Sie die entsprechende Log-Zeile in die angegebene Datei ein:

```
exec echo $0 >> file
```

Swatch kann auch dazu verwendet werden, Syslog-Dateien auf andere Ereignisse, die nicht durch Snort generiert wurden, zu überwachen. Die folgende Regel alarmiert den Benutzer »root« beispielsweise über fehlgeschlagene Authentifizierungsereignisse:

```
watchfor   /failed/
echo bold
mail addressess=root,subject=Failed Authentication
```

Oink!

Es ist einfacher, Syslog-Ereignisse als beispielsweise Snort-Alarmdateien zu überwachen, weil Syslog-Meldungen sich immer auf einer Zeile befinden, während die einzelnen Alarme in den Alarmdateien mehrere Textzeilen produzieren. Dies ist ein Umstand, der für den Mustervergleich nicht immer geeignet ist.

Zusammenfassend kann Swatch als einfaches, jedoch leistungsfähiges Tool für die Echtzeitüberwachung und -alarmierung bezeichnet werden.

8.3   Verwenden von ACID

Während der Hauptnutzungszweck für Swatch die Alarmierung ist, ist ACID (Analysis Console for Intrusion Databases) ein Tool zum Durchsuchen und Analysieren der Daten. ACID besteht im Wesentlichen aus einer Reihe von PHP-Skripts, die eine Schnittstelle zwischen einem Webbrowser und der Datenbank, in der die Snort-Daten abgelegt sind, bietet. Dieses Tool befindet zum Zeitpunkt der Drucklegung nun mehr seit drei Jahren in der Entwicklung, doch es wird immer noch als Beta-Release bezeichnet. ACID hat sich zu einem sehr leistungsfähigen Konsolidierungs- und Analyse-Tool entwickelt.

ACID wird von seinem Entwickler, Roman Danyliw, als Teil eines Projekts namens AirCERT (`www.cert.org/kb/aircert/`) betreut. Zum Zeitpunkt der Drucklegung ist die aktuelle Version von ACID 0.9.6b22. Ursprünglich für die ausschließliche Verarbeitung von Snort-Daten gedacht, ist ACID nun völlig unabhängig von der Snort-Datenbankstruktur und in der Lage, mit verschiedenen Daten, die durch verschiedene andere Engines produziert wurden, zu arbeiten; zum Beispiel mit Daten der Linux IP-Filter-Firewall oder aus Cisco Access-Lists. In der Snort-Distribution befindet sich ein Skript namens *logsnorter*, das dazu dient, Logs mit Alarmen dieser Engines in die Snort-Datenbank zu importieren, so dass diese Daten ACID auch zur Verfügung stehen.

Derzeit bietet ACID folgende Features:

■ Eine Schnittstelle für die Datenbankdurchsuchung und die Abfrageerstellung. Suchläufe können über netzwerk-spezifische Parameter wie der IP-Adresse eines Angreifers oder über Metaparameter wie Zeit/Datum eines Ereignisses oder eine ausgelöste Regel ausgeführt werden.

■ Einen Packet-Browser, der Daten der Schichten 3 und 4 aus den protokollierten Paketen dekodieren und anzeigen kann.

- Datenverwaltungsfunktionen wie die Gruppierung von Alarmen (so dass alle Ereignisse in Zusammenhang mit einem Intrusion-Vorkommen gruppiert werden können), das Löschen von Alarmen oder das Archivieren und Exportieren von E-Mail-Meldungen.

- Erstellung von verschiedenen grafischen Diagrammen und Statistiken auf der Basis der angegebenen Parameter.

 Im folgenden Abschnitt werden die Installation von ACID und alle erforderlichen Komponenten für dieses Tool, die Snort-Konfiguration und die Einsatzgebiete von ACID in Zusammenhang mit der Intrusion Detection und der Analyse behandelt. Sie können ACID unter der Adresse `www.cert.org/kb/acid` herunterladen oder es von der Begleit-CD zu diesem Buch installieren.

8.3.1 Installieren von ACID

Die Struktur von ACID ist mehrschichtig und skalierbar. Sie können es auf nur einem Computer nutzen, oder sie verwenden es in einer dreischichtigen Architektur. Abbildung 8.2 zeigt die logischen Bestandteile des Systems.

Oink!

ACID ist auch auf der Begleit-CD abgelegt.

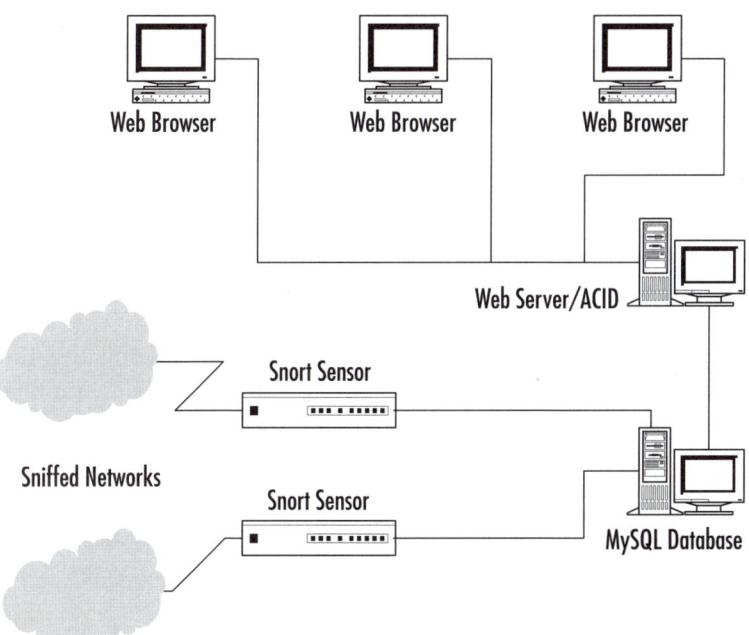

Abb. 8.2: Die mehrschichtige Architektur eines IDSs und einer ACID-Konsole

Wie sehen können, arbeitet ACID mit Alarmen, die durch Sensoren in einer Datenbank gespeichert werden. Eine Reihe von PHP-Skripts dient zur Erstellung von Abfragen und zum Durchsuchen der Ergebnisse. Derzeit bietet ACID offiziell Unterstützung für PostgreSQL und MySQL, doch es kann auch modifiziert werden, um mit anderen SQL-basierenden DBMSs, die durch PHP unterstützt werden, zu arbeiten. Sie können einen beliebigen Webserver nutzen, solange dieser PHP4 unterstützt (obwohl es möglicherweise zu Problemen mit der optionalen Diagrammfunktion von ACID kommt, da die Bibliotheken hauptsächlich für Linux und Apache konzipiert wurden).

Zusätzliche Anforderungen für die Installation von ACID

Es wird unterstellt, dass ein Webserver und eine Datenbank auf demselben Host installiert sind. Ihr Snort-Sensor befindet sich wahrscheinlich auf einem anderen System, obwohl dies nicht erforderlich ist – ACID arbeit nicht direkt mit dem Sensor, nur mit den Datenbankdaten. Wenn Sie lieber den Webserver (Frontend) von der Datenbank (Backend) trennen möchten, ändert sich fast gar nichts an der ACID-Konfiguration – lediglich eine paar IP-Adressen in Konfigurationsdateien sind betroffen. Es ist sogar möglich, dass Sie mehrere Webserver betreiben, die mit derselben Datenbank arbeiten. Darüber hinaus ist die Anzahl der Web-Clients natürlich auch bei nur einem Webserver nicht beschränkt.

Betriebssystem auf dem ACID-Host   In diesem Abschnitt beziehen sich die Ausführungen hauptsächlich auf Linux – Red Hat 7.2 oder höher. Das verwendete Betriebssystem ist nicht als besonders kritisch einzustufen; sämtliche ACID-Komponenten können (mit minimalen Modifikationen) auf allen UNIX-Betriebssystemen oder sogar auf Microsoft Windows installiert werden (obwohl bei Windows ein wenig mehr Anpassungen erforderlich sind). Wenn Sie den ACID-Host nur als Server verwenden möchten, können Sie ein minimales Set von Softwarepaketen installieren – die wirklich wichtigen Komponenten sind die Netzwerk- und die Software-Entwicklungs-Tools. Wenn Sie auf demselben Host auch einen grafischen Browser einsetzen möchten (z. B. für Testzwecke), müssen Sie auch die zu X-Window gehörenden Softwarepakete (einschließlich Gnome oder KDE) und den Browser selbst installieren. Die tatsächliche Auswahl der Pakete hängt von Ihrer persönlichen Entscheidung ab – fehlende Abhängigkeiten können bei Bedarf problemlos hinzugefügt werden.

Für die Ausführungen in diesen Kapitel erhält der ACID-Server die IP-Adresse 10.1.1.30.

Tools & Traps...

Wenn die Größe ein Problem ist

Wie bereits erwähnt, kann die Ausführung von Snort auf einem betriebsamen Netzwerk eine nicht unerhebliche Anzahl an Alarmen produzieren. Mit einem Standard-Regelsatz kann es mehrere Megabyte von Daten pro Tag auf einem Netzwerk mit nur einigen geschäftigen Websites generieren. Darüber hinaus kann Sie nichts davon abhalten, Konfigurationsdateien für die Protokollierung aller mehr oder weniger interessanten Daten zu schreiben, um sie als Referenz für zukünftige Untersuchungen zu nutzen. Diese Daten können schnell für ein randvolle Festplatte sorgen.

Wenn Sie nur eine Partition nutzen (unter Linux), nämlich root, die das gesamte Dateisystem enthält, kann eine vollgeschriebene Festplatte dazu führen, dass ihr System nicht arbeiten kann. Es wird als empfehlenswerte Praxis angesehen, wenn Sie separate Log- und Datenbankpartitionen getrennt von den / (root) und /boot-Partitionen anlegen. Im Falle der Red Hat-Distribution können Sie die Log-Dateien und Datenbanken von der Root-Partition trennen, indem sie eine große, separate Partition für das Verzeichnis /var anlegen – unter diesem Verzeichniseintrag werden gewöhnlich alle MySQL-Daten und verschiedene Log-Dateien abgelegt.

Der Webserver Für die Ausführungen in diesem Kapitel wird ein Apache 1.3-Webserver auf Linux genutzt, weil es sich für ACID um die native Umgebung handelt. Sie können ihn entweder von www.apache.org herunterladen und manuell kompilieren oder ein Paket benutzen, das zum Lieferumfang der Red Hat-Distribution gehört. Wenn Sie Apache beispielsweise von einen RPM-Paket installieren möchten (x-x steht hier für eine geringere Versionsnummer, die sich unterscheiden kann), geben Sie folgende Befehle ein:

```
# rpm -ivh apache-1.3.x-x.i386.rpm
# chkconfig --level 2345 httpd on
# /etc/rc.d/init.d/httpd start
```

Mit diesen Befehlen wird das Paket installiert, ein httpd-Dämon der Reihe automatisch auf den Ausführebenen 2 bis 5 gestarteten Dämonen hinzugefügt und der Webserver gestartet. Die Red Hat-Distribution unterstellt, dass die Website root im Verzeichnis /var/www/html des Hosts abgelegt ist.

PHP ACID-Skripts sind in der Programmiersprache PHP geschrieben, daher müssen Sie für Ihren Webserver den PHP4-Support einrichten. Dafür gibt es mehrere Möglichkeiten. Sie können den PHP4-Support als Apache-Modul oder als extern ausgeführte CGI-Anwendung einrichten. Die wichtigsten Komponenten sind:

- **Datenbank-Support**   MySQL oder PostgreSQL (In diesem Abschnitt wird MySQL verwendet.)

- **GD-Support**   Dies ist eine Diagramm-Bibliothek für die Erstellung von Diagrammen.

- **Socket-Support**   Dieser wird nur für die Ausführung nativer »whois«-Abfragen genutzt

Sie können PHP entweder aus der Source erstellen oder Red Hat-Pakete nutzen. Wenn Sie PHP aus der Source erstellen, müssen Sie als Mindestanforderung folgende Optionen bei der PHP-Konfiguration nutzen:

Für den MySQL-Support:

```
./configure [your config options] --with-mysql --with-gd --enable-
sockets
```

Für den PostgreSQL-Support:

```
./configure [your config options] --with-pgsql --with-gd --enable-
sockets
```

Für den PostgreSQL-Support gibt es die Option *--with-apache*, die PHP als Apache Webserver-Modul arbeiten lässt, wodurch die Skript-Ausführung erheblich beschleunigt wird. Wenn Sie den Quell-Code nicht kompilieren möchten, können Sie Red Hat-Packages, die zum Lieferumfang der Distribution gehören, nutzen. Die Namen der Pakete unterscheiden sich von Version zu Version. In Red Hat 7.2 hat ein Paket für PHP den Namen php-4.0.6-7.rpm. Den MySQL-Support für PHP finden Sie im Paket php-mysql-4.0.6-7.rpm. Sie werden wie folgt installiert:

```
#rpm -ivh php-4.0.6-7.rpm php-mysql-4.0.6-7.rpm
```

Nach der Installation sollten Sie die Konfigurationsdatei /etc/php.ini wie folgt modifizieren:

1. Deaktivieren Sie in einer Produktionsumgebung die Anzeige von PHP-Inline-Fehlermeldungen in generierten HTML-Dateien durch die Einstellung *display_errors=off*, oder nutzen Sie zumindest die Einstellung *error_reporting = E_ALL & ~E_NOTICE*, wodurch die Anzahl der angezeigten Fehlermeldungen beschränkt wird.

2. Konfigurieren Sie SMTP auf dem Server. Unter Windows müssen Sie die Variable SMTP auf den Pfad für Ihr ausführbares SMTP-Servermodul setzen. Setzen Sie unter UNIX die Variable *sendmail_path* auf den Pfad für das Sendmail-Programm (z. B. *sendmail_path=/usr/sbin/sendmail*).

3. Auf Windows-Plattformen müssen sie auch die Variable *session.save_path* auf ein temporäres Verzeichnis setzen, das der Webserver beschreiben kann (z. B. c:\temp). Weitere Informationen zu Konfigurations- und Installationsaspekten rund um Windows finden Sie unter `http://www.php.net/manual/en/install-windows.php`.

Support-Bibliotheken Folgende Bibliotheken müssen installiert werden. Nicht alle davon sind kritisch für die ACID-Funktionalität – die wirklich wichtige ist ADODB; die anderen können ausgelassen werden, wenn Sie auf die Diagrammfunktionen von ACID verzichten möchten.

Die GD-Bibliothek wurde bereits erwähnt. Diese Bibliothek enthält Funktionen für die grobe Bildmanipulation und bietet Unterstützung für die Formate GIF/JPEG/PNG. Sie erhalten Sie über `www.boutell.com/gd`. Die Minimalversion für die Nutzung mit ACID ist 1.8. Auch hier bietet Red Hat ein RPM-Paket mit dieser Bibliothek an – in der Version 7.2 heißt sie gd-1.8.4-4.rpm. GD hängt von einigen weiteren Bibliotheken ab (die gewöhnlich als Teil des System-Setups installiert werden – für alle Fälle finden Sie nachfolgend jedoch eine Auflistung):

- libpng, verfügbar unter `www.libpng.org/pub/png`

- libjpeg-6b, verfügbar unter `www.ijg.org`

- zlib, verfügbar unter `www.gzip.org/zlib`

Eine weitere Reihe von Skripts (die auch als Bibliothek bezeichnet wird, obwohl es sich nicht um eine Distribution in binärem Code, sondern nur um PHP-Skripts handelt) bietet eine Schnittstelle von PHP zu GD. Es handelt sich um eine PHPlot-Bibliothek, die unter `www.phplot.com` heruntergeladen werden kann. Diese Distribution muss in einem Verzeichnis entpackt werden, in dem PHP auf die Skripts zugreifen kann. Gewöhnlich ist dies /var/www/html/phplot oder ein ähnlicher Pfad.

```
$ cp phplot-4.4.6.tar.gz /var/www/html
$ cd /var/www/html
$ tar xvfz phplot-4.4.6.tar.gz
$ mv phplot-4.4.6 phplot
```

Ab der Version 0.9.6b22 nutzt ACID eine andere Diagramm-Bibliothek – JPGraph statt PHPlot. Sie steht unter `www.aditus.nu/jpgraph` zum Download zur Verfügung und kann auf gleiche Weise installiert werden:

```
$ cp jpgraph1.8.tar.gz /var/www/html
$ cd /var/www/html
$ tar xvfz jpgraph1.8.tar.gz
$ mv jpgraph1.8/src jpgraph
```

Sie können überprüfen, ob die PHPlot-Bibliothek erfolgreich installiert wurde, indem Sie versuchen, auf Ihrem Webserver den URL /phplot/examples/ test_setup.php anzuzeigen. Wenn die Installation erfolgreich war, erhalten Sie eine ähnliche Anzeige, wie in Abbildung 8.3 gezeigt.

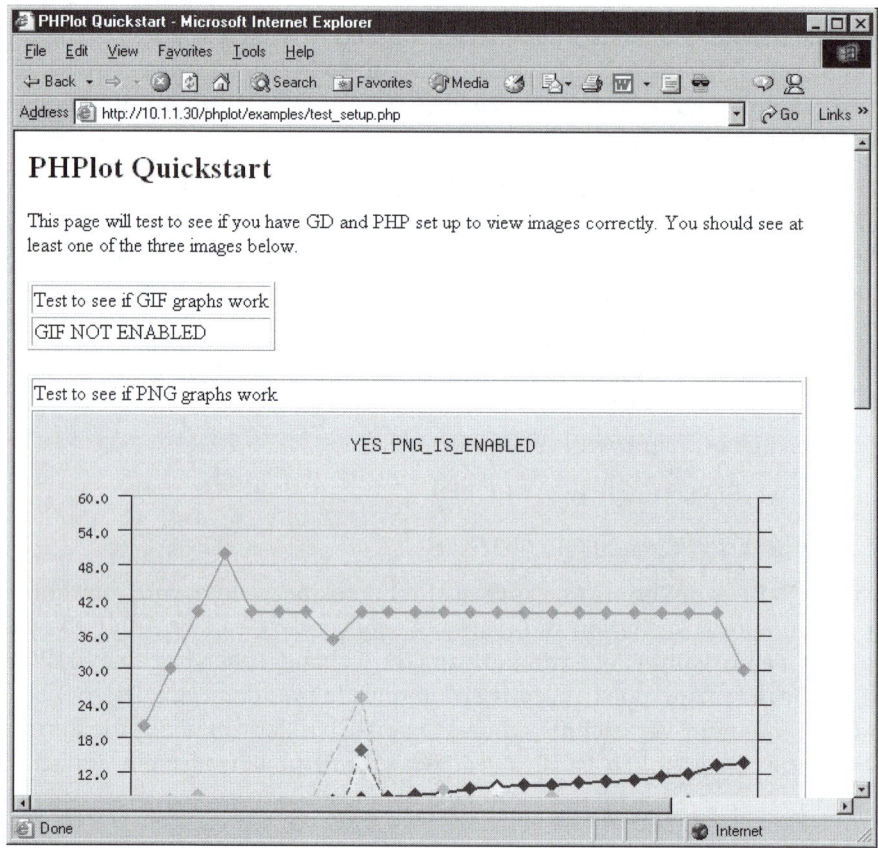

Abb. 8.3: Erfolgreiche Installation von PHPlot auf einem Webserver

Schließlich müssen Sie ADODB installieren. Dabei handelt es sich um eine Abstraktionsschicht für die PHP-Interaktion mit der Datenbank. Diese Bibliothek steht unter `http://php.weblogs.com/adodb` zum Download zur Verfügung und wird auf gleiche Weise installiert, wie bereits beschrieben.

```
$ cp adodb122.tgz /var/www/html
$ cd /var/www/html
$ tar xvfz adodb122.tgz
$ mv adodb122 adodb
```

MySQL oder PostgreSQL Die zugrundeliegende Datenbank ist vielleicht schon installiert – Sie müssen einfach den allgemeinen Empfehlungen für die Einrichtung des Datenbank-Loggings unter Snort folgen. Ist die Datenbank noch nicht installiert, können Sie Red Hat-Pakete von der Distribution nutzen oder laden diese von www.mysql.com herunter. Die Einrichtung des Datenbank-Loggings wird in Kapitel 7, »Implementieren von Snort-Ausgabe-Plugins«, im Abschnitt *Snortdb* beschrieben. Unterstellen Sie, dass Snort für die Protokollierung in eine MySQL-Datenbank namens »snort_db« konfiguriert ist, die sich auf demselben Host wie der Webserver befindet. Der für das Logging verwendete MySQL-Benutzer heißt »snort« und das Kennwort lautet »password«. Sie können natürlich andere Werte nutzen, stellen Sie nur sicher, dass Sie die korrekten Berechtigungen für Datenbankbenutzer einrichten. Die Snort-Konfigurationsdatei snort.conf muss folgende Zeile enthalten, damit Snort in die Datenbank protokolliert:

```
output database: log, mysql, user=snort password=password dbname=snort_d
b host=10.1.1.30
```

Die Datenbanktabellen müssen korrekt eingerichtet sein. Die Snort-Distribution enthält das Skript *create_mysql* (im Verzeichnis /contrib, außerdem befindet sich dort ein Skript für das Setup von *PostgreSQL*), das bei der Ausführung alle notwendigen Tabellen erstellt. Die Skripts stehen auch unter der Adresse http://cvs.sourceforge.net/cgi-bin/viewcvs.cgi/snort/snort/contrib/ zum Download bereit. Sie starten es wie folgt:

```
# mysqladmin -u root -p create snort_db
# mysql -u root -p
mysql> connect snort_db
mysql> source create_mysql;
```

Erstellen Sie im nächsten Schritt zwei Benutzer (»snort«, damit der Snort-Sensor in die Datenbank schreiben kann, und »acid«, damit die Daten derselben Datenbank über die ACID-Konsole manipuliert werden können), und richten Sie die zugehörigen Kennwörter ein. Sie können das Privileg *DELETE* hier aussparen, damit der entsprechende Benutzer keine Datensätze aus der Datenbank löschen kann. Sie könnten beispielsweise eine Kopie der ACID-Konsole erstellen, die unter demselben Benutzerkonto, das zwar die Ereignisse durchsuchen, aber nicht löschen kann, arbeitet.

```
mysql>grant INSERT, SELECT on snort_db.* to snort;
mysql>grant INSERT, SELECT on snort_db.* to snort@%;
mysql> grant CREATE, INSERT, SELECT, DELETE, UPDATE on snort.* to acid;
mysql>grant CREATE, INSERT, SELECT, DELETE, UPDATE on snort.* to acid@%;
```

Richten Sie schließlich die Kennwörter für die Benutzer ein:

```
mysql>connect mysql
mysql> set password for 'snort'@'localhost' = password('password');
mysql> set password for 'snort'@'%' = password('password');
mysql> set password for 'acid'@'localhost' = password('acidpassword');
mysql> set password for 'acid'@'%' = password('acidpassword');
mysql> flush privileges;
mysql> exit
```

Bitte beachten Sie, dass die Änderungen an den Kennwort- und Privileg-Einstellungen ohne Ausführung des Befehls *flush privileges* nicht wirksam werden.

Aktivieren von ACID Die Installation von ACID ist ebenfalls einfach – Sie müssen die Skripts an einem Ablageort unterhalb des Root-Verzeichnisses des Webservers entpacken, z. B.:

```
$ cp acid-0.9.6.tar.gz /var/www/html
$ cd /var/www/html
$ tar xvfz acid-0.9.6.tar.gz
```

Sie können auch mehrere Kopien von ACID unter verschiedenen Verzeichnissen abspeichern und diese für die Arbeit mit anderen Datenbanken, anderen Datenbankbenutzern/Kennwörtern konfigurieren, den Zugriff auf diese Verzeichnisse mit verschiedenen Webserver-Kennwörtern schützen usw. Diese Kopien können ganz unabhängig arbeiten.

Nachdem alle notwendigen Pakete installiert sind, erfolgt die Konfiguration von ACID.

8.3.2   Konfigurieren von ACID

Zunächst müssen Sie einige Parameter einrichten, damit ACID mit der Datenbank arbeiten kann. Die Hauptkonfigurationsdatei für ACID ist die Datei acid_conf.php, die sich im Verzeichnis ACID eines Webservers befindet. Tabelle 8.1 listet die wichtigsten Parameter auf.

Parameter	Beschreibung
$DBlib_path	Vollständiger Pfad zur ADODB-Installation (Hinweis: Schließen Sie bei der Angabe von Pfadvariablen niemals ein abschließendes »\« Zeichen ein)
$Dbtype	Typ der verwendeten Datenbank (»mysql«, »postgres«)
$alert_dbname	Name der Alarmdatenbank

Tabelle 8.1:   Datenbankkonfigurationsparameter für ACID

Parameter	Beschreibung
$alert_host	Server der Alarmdatenbank
$alert_port	Port, auf dem der MySQL- oder PostgreSQL-Server horcht (braucht nicht verändert werden, wenn der Standard-Port verwendet wird).
$alert_user	Name für den Benutzer der Alarmdatenbank
$alert_password	Kennwort, das zum Benutzernamen gehört

Tabelle 8.1: Datenbankkonfigurationsparameter für ACID (Forts.)

Im Beispielfall werden die Parameter wie folgt konfiguriert:

```
$DBlib_path = "/var/www/html/adodb"
$DBtype = "mysql"
$alert_dbname = "snort_db"
$alert_host ="10.1.1.30"
$alert_user ="acid"
$alert_password ="acidpassword"
```

Sie können ein anderes Set von Datenbankparametern für das Archivieren von Alarmen nutzen (um diese von der aktiven Datenbank in eine Sicherungsdatenbank zu verschieben):

- **$archive_dbname**   Name der Archiv/Sicherungsdatenbank
- **$archive_ho**st   Archivdatenbank-Server
- **$archive_port**   Port-Nummer für den Archivdatenbank-Server
- **$archive_user**   Name des Benutzers der Archivdatenbank
- **$archive_password**   Zugehöriges Kennwort für diesen Benutzernamen

Sie entsprechen den zuvor erwähnten Parametern. Die folgenden Parameter müssen möglicherweise eingerichtet werden:

- **$ChartLib_path**   Mit diesem Parameter wird der vollständige Pfad zur PHPlot-Installation gesetzt (im vorliegenden Fall entspricht das dem Pfad var/www/phplot).

- **$chart_file_format**   Die möglichen Dateiformatoptionen sind *gif, png* oder *jpeg*. Für die vorliegendenden Ausführungen wird *png* verwendet.

- **$portscan_file**   Mit diesem Parameter wird der vollständige Pfad zur Portscan-Log-Datei eingerichtet. Dies ermöglicht die Verarbeitung von Portscan-Daten, die durch den Snort-Portscan-Präprozessor generiert werden. Gewöhnlich werden diese Daten nicht in eine Datenbank geschrieben

Es empfiehlt sich immer, den Zugriff auf die ACID-Seiten durch ein Webserver-Kennwort zu schützen. Als Beispiel dient der Benutzername »admin« und das Kennwort »adminpassword«. Diese müsste ein Benutzer kennen, um über einen Webbrowser Zugriff auf das Verzeichnis /acid Ihres Webservers zu erhalten.

```
# mkdir /usr/lib/apache/passwords
# htpasswd -c /usr/lib/apache/passwords/.htpasswd admin
(enter "adminpassword" at the prompt)
```

Dann müssen die folgenden Zeilen in die Datei httpd.conf eingefügt werden – dabei handelt es sich um eine Konfigurationsdatei für den httpd-Dämonen. Unter Red Hat befindet sich diese Datei im Verzeichnis /etc/httpd.

```
<Directory "/var/www/html/acid">
AuthType Basic
AuthName "ACID console"
AuthUserFile /usr/lib/apache/passwords/.htpasswd
Require user admin
AllowOverride None
</Directory>
```

Nach diesen Änderungen müssen Sie den httpd-Dämonen neu starten:

```
/etc/init.d/httpd restart
```

Nun sind Sie soweit, dass Sie zum ersten Mal eine Verbindung zur Konsole aufnehmen können. Der Zugriff auf den URL http://10.1.1.30/acid bringt zunächst eine Eingabeaufforderung für ein Kennwort auf den Bildschirm. Danach wird ein Bildschirm angezeigt, der dem aus Abbildung 8.4 entspricht.

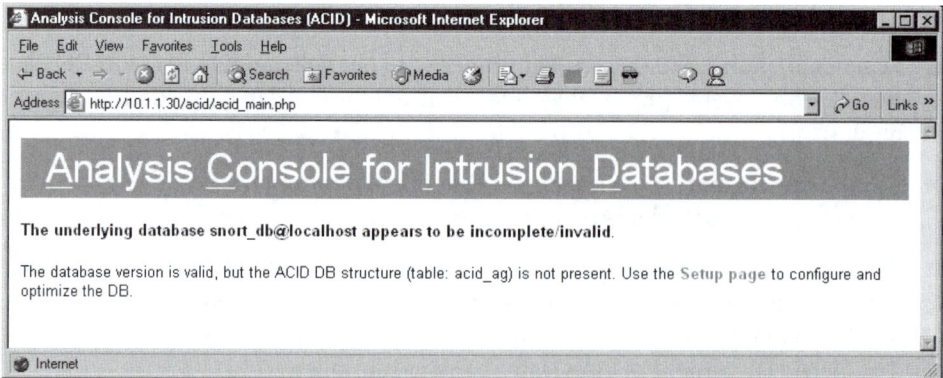

Abb. 8.4:   Anfängliches Setup für ACID-spezifische Tabellen

Dies bedeutet, dass noch einige Tabellen fehlen. ACID fügt zusätzliche Tabellen in die Datenbank ein. Wenn Sie auf den Link SETUP PAGE klicken, wird ein Skript ausgeführt, das die Datenbank mit den erforderlichen Tabellen aktualisiert (Abbildung 8.5).

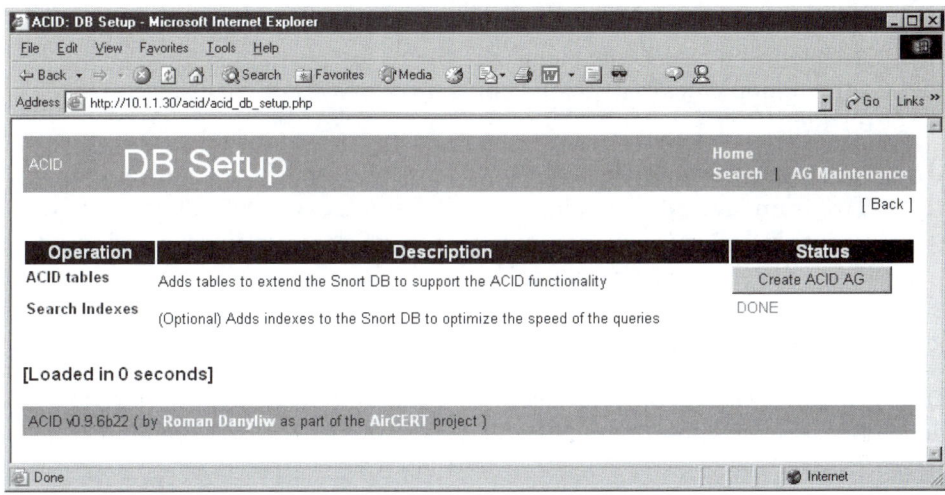

Abb. 8.5:   Einrichten von ACID-Tabellen

Nachdem Sie auf die Schaltfläche CREATE ACID AG geklickt haben, können Sie mit der Verwendung von ACID beginnen.

Schaden & Abwehr

ACID-Sicherheit

Wie Sie möglicherweise bemerkt haben, gibt es keine integrierten Sicherheits-Features in ACID selbst; daher müssen Sie, um die Sicherheit zu gewährleisten, einige zusätzliche Feinstellungen selbst durchführen. Ihre Anforderungen bestimmen die zu verwendenden Tools.

Ein Punkt könnte sein, dass Sie statt einer Klartext-Kommunikation zwischen Browser und Server lieber SSL (HTTPS-Verbindungen) oder TLS verwenden möchten. In Apache wird dies über die Verwendung des Moduls mod_ssl (www.modssl.org) erreicht.

Wie Sie zuvor lesen konnten, kann der Zugriff auf die ACID-Konsole durch native Authentifizierungsmechanismen des Webservers – Kennworte oder Zertifikate – beschränkt werden. Es wurde außerdem bereits erwähnt, dass es nützlich sein könnte, zumindest zwei separate Kopien von ACID zu erstellen und eine davon nur mit Leseberechtigung für die Datenbank auszustatten. Um die Berechtigungen für eine bestimmte Kopie von ACID einzuschränken, brauchen Sie nur bei der Konfiguration eines Datenbankbenutzers dieser Kopie das Privileg *DELETE* ausschließen.

Das größte Sicherheitsproblem ist jedoch, dass alle Datenbankkennworte in den PHP-Skripts im Klartext hartkodiert sind. Daher müssen Sie die Host-Konfiguration mit äußerster Sorgfalt vornehmen. Jedes zur Schau stellen des Source-Codes der PHP-Skripts kann einem potentiellen Angreifer ein Kennwort offenbaren.

8.3.3 Verwenden von ACID

Das Verwenden von ACID ist recht einfach. Größtenteils erklären sich die verschiedenen Bildschirme selbst. Betrachten Sie den Hauptbildschirm (Abbildung 8.6).

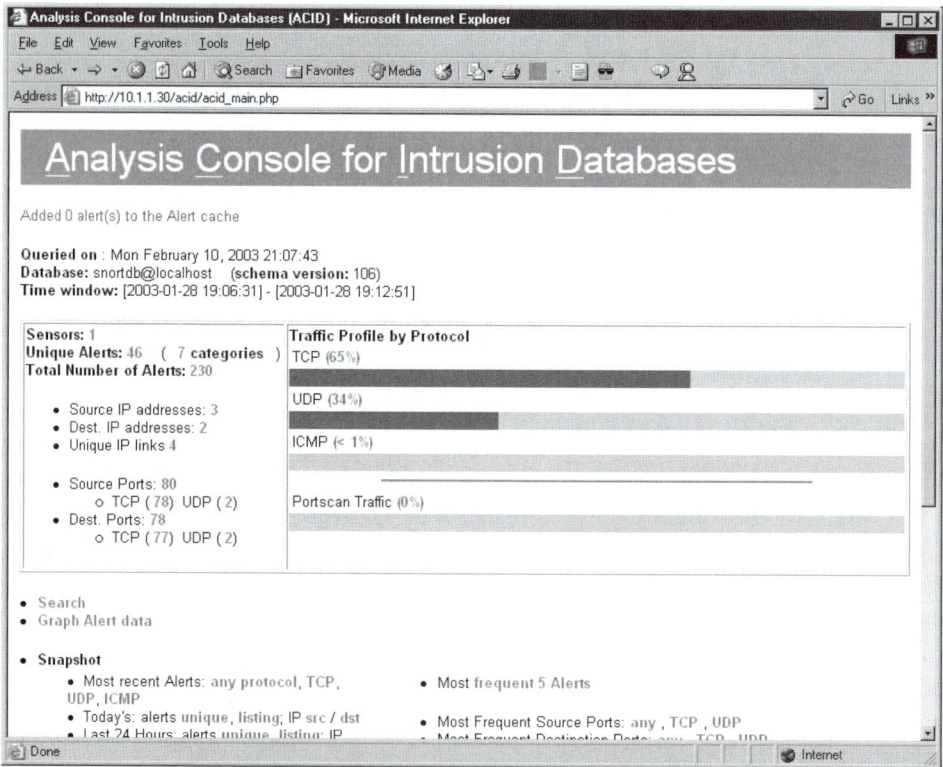

Abb. 8.6: ACID - Hauptbildschirm

Dieser Bildschirm zeigt die allgemeinen Statistiken für ACID an, nämlich die Anzahl von Alarmen aufgeteilt nach Protokoll, die Quell- und Ziel-Ports für ausgelöste Regeln usw. Wenn Sie auf einen der Links klicken, werden zusätzliche Details zu dieser Kategorie angezeigt. Abbildung 8.7 zeigt ein Beispiel, in dem alle eindeutigen Alarme (Alarme gruppiert nach der ausgelösten Regel) aufgelistet werden.

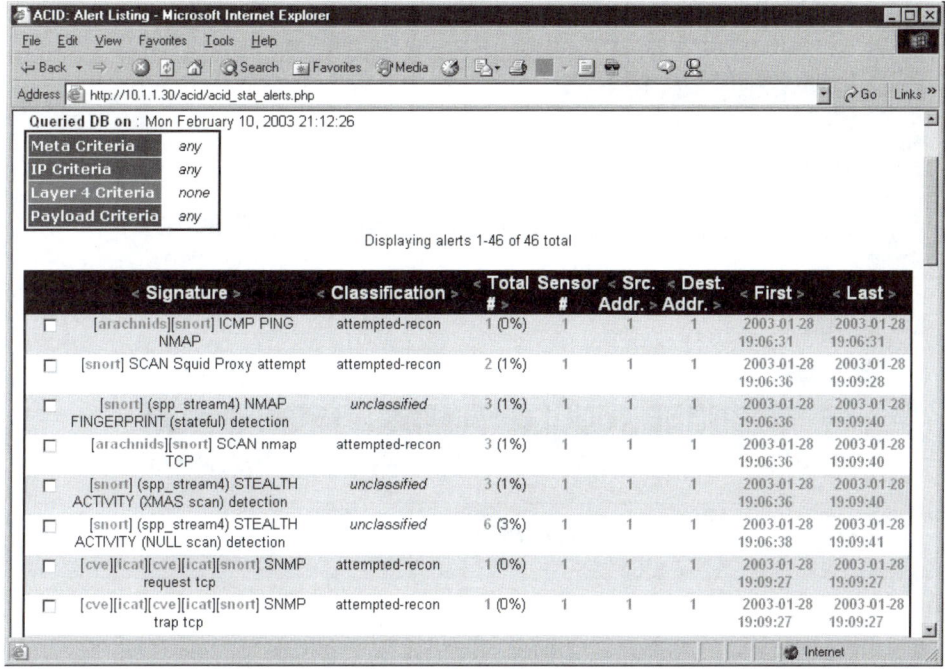

Abb. 8.7:   Eindeutige Alarme

Jede Zeile (Alarm) verfügt über einige anklickbare Felder; am interessantesten darunter sind sicherlich das Feld CLASSIFICATION und die Verweise auf verschiedene Alarmdatenbanken-Links (z. B. Arachnids oder CVE). Diese Daten werden aus Regeln abgerufen, wenn Snort einen Alarm in die Datenbank schreibt. Wenn Sie in einer Zeile, die über einen solchen Link verfügt, im Feld SIGNATURE auf CVE klicken, werden Sie zu der Beschreibung dieses Angriffs aus der CVE-Datenbank (eine Datenbank mit der Beschreibung von Sicherheitslücken) geleitet. Der Link SNORT führt zu derselben Beschreibung, die sich auf der Site www.snort.org befindet. Die Klassifizierung ist nützlich bei der Gruppierung von Angriffen, die auch in den Snort-Regel-Dateien eingerichtet ist.

Jedes individuelle Paket, das protokolliert wurde, kann in einem dekodierten Format mit verschiedenen Flags, Optionen und Paketinhalten angezeigt werden (Abbildung 8.8)

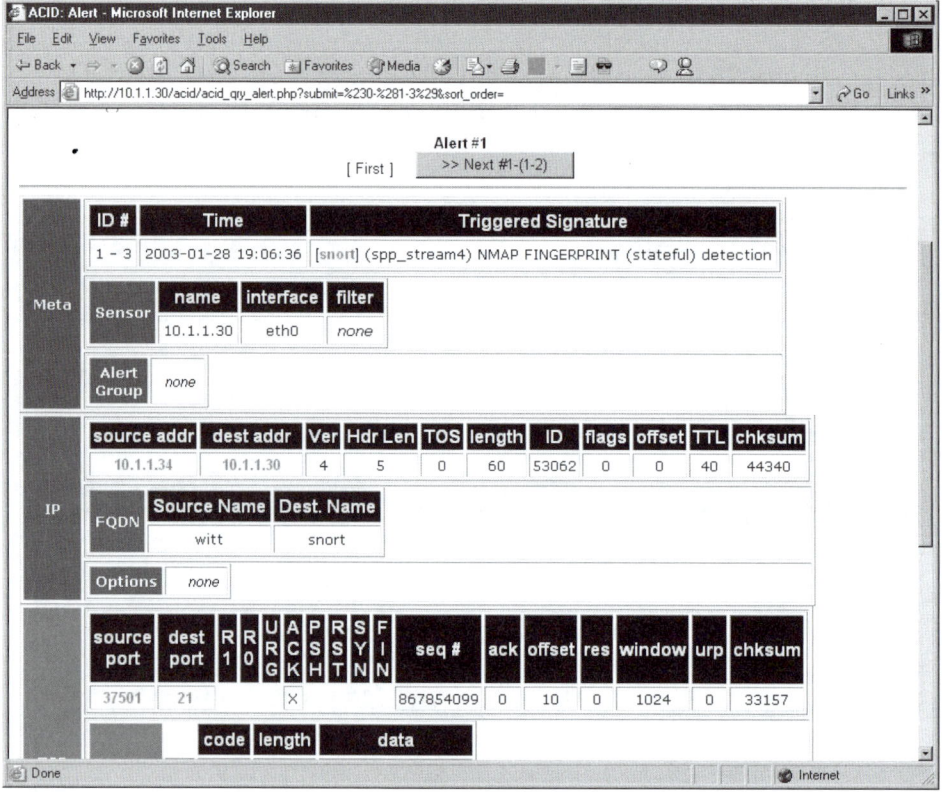

Abb. 8.8:   Anzeigen eines einzelnen Alarms

Die eindeutige Alarmanzeige kann genutzt werden, um mögliche »laute« Signaturen zu überprüfen und besser einzustellen. Sie können die Auflistung in auf- oder absteigender Reihenfolge der Alarmnummern sortieren und dann jene heraussuchen, die öfter ausgelöst werden. Die Sortierung erfolgt, indem Sie auf den entsprechenden Pfeil (> oder <) im Kopf der entsprechenden Spalte klicken (Abbildung 8.7).

Abfragen der Datenbank

Unter den wichtigsten Funktionen von ACID befinden sich die Suchwerkzeuge. Sie können Datenbankabfragen mit vielen Parametern erstellen – vom Signaturtyp bis hin zu den Inhalten der Paketnutzlast (vorausgesetzt, diese Informationen wurden in der Datenbank protokolliert). Der Hauptsuchbildschirm wird in Abbildung 8.9 gezeigt.

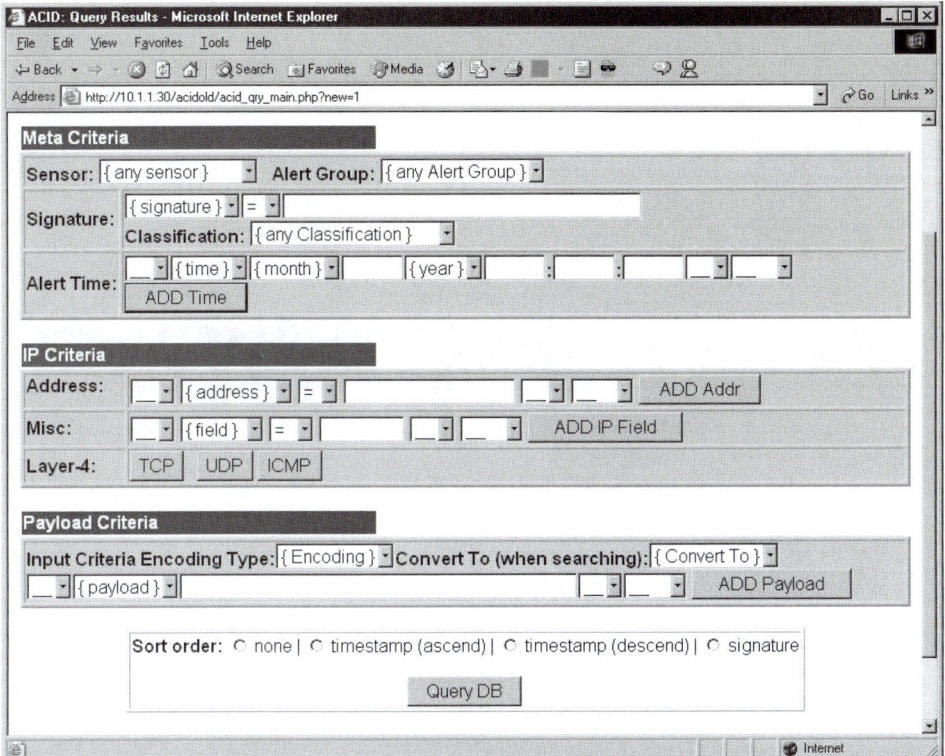

Abb. 8.9: Suchparameter

Wie Sie sehen, können Sie im Bereich META CRITERIA verschiedene Snort-Sensoren angeben (in dem Fall, wenn mehrere Sensoren Daten in derselben Datenbank speichern), nur bestimmte Alarmgruppen durchsuchen (weitere Informationen zu Alarmgruppen erfolgen im nächsten Abschnitt) und Signaturen (exakt oder durch eine Teilzeichenkette in deren Namen), Klassifizierungen und Zeiträume vergleichen. Sie können auch nur nach Paketen mit spezifischen Schicht-3- oder -4-Informationen suchen und dazu eine Kontextsuche innerhalb der Nutzlast des mitgeschnittenen Pakets durchführen. Im nächsten Beispiel sollen Alarme gesucht werden, die durch Signaturen in Zusammenhang mit dem Nmap-Scanner ausgelöst wurden. Dies können Sie erreichen, indem Sie im Abschnitt META CRITERIA im Feld SIGNATURE die Suchoption ROUGHLY = NMAP eingeben und auf die Schaltfläche QUERY DB klicken. Das Ergebnis dieser Abfrage wird in Abbildung 8.10 gezeigt.

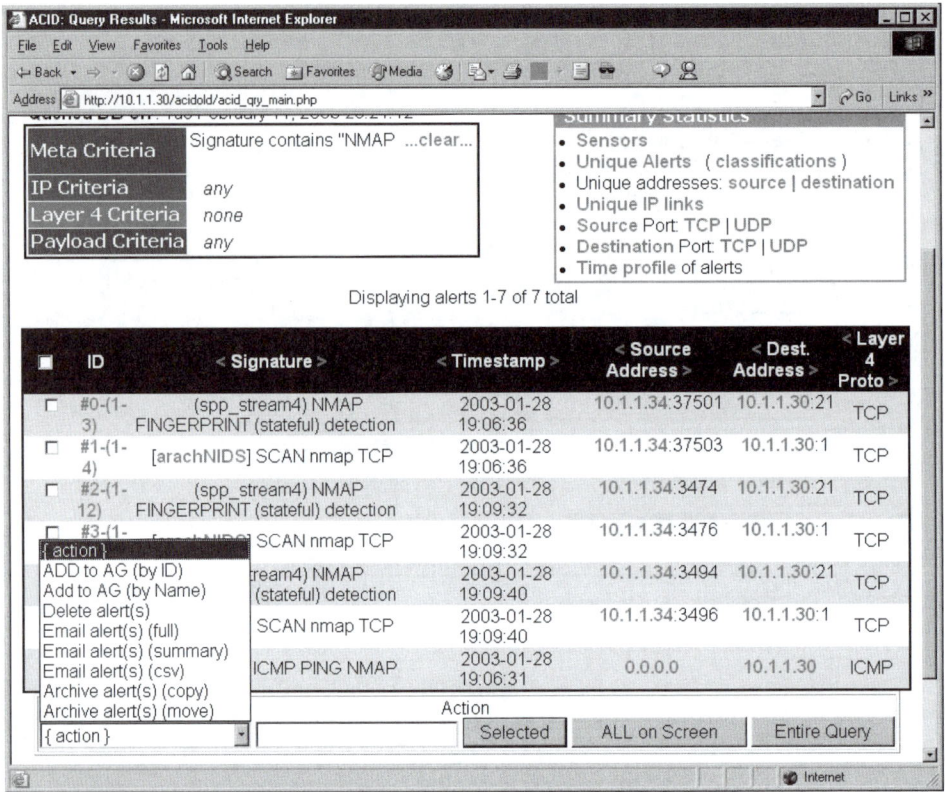

Abb. 8.10: Alle Alarme in Zusammenhang mit NMAP aus der Datenbank

In der unteren linken Ecke befindet sich das Feld ACTION, über das Sie angeben können, welche möglichen Aktionen mit dem Ergebnis der Abfrage ausgeführt werden können. Die angezeigten Alarme können einer Alarmgruppe hinzugefügt, aus der Datenbank gelöscht, per E-Mail in verschiedenen Formaten versendet oder in einer anderen Datenbank archiviert werden. Die drei Schaltflächen auf der rechten Seite bestimmen, welche Alarme in die Ausführung der ausgewählten Aktion eingeschlossen werden. Mit der Schaltfläche SELECTED werden nur die explizit aus der Gesamtanzeige ausgewählten Alarme verwendet (in der äußerst linken Spalte der Tabelle befinden sich Kontrollkästchen für die Auswahl der entsprechenden Zeilen). Die Schaltfläche ALL ON SCREEN bedeutet, dass alle angezeigten Alarme verwendet werden, während die Schaltfläche ENTIRE QUERY dazu dient, das gesamte Ergebnis-Set auszuwählen. Der Unterschied zwischen den Optionen ALL ON SCREEN und ENTIRE QUERY ist, dass, wenn viele Ergebnisse zurückgeliefert werden, diese in Sets von je 50 angezeigt werden (dies ist die Standardeinstellung, die in der Datei acid_conf.php geändert werden kann).

Die Aktion EMAIL ALERTS übernimmt als Parameter eine Adresse, an die die Ergebnisse gesendet werden sollen. Die Adresse wird in ein bereitgestelltes Feld eingegeben. Auch die Aktion ADD TO AG übernimmt einen Parameter – einen Alarmgruppennamen oder eine Nummer. Die anderen Aktionen erfordern keine Parameter.

Eigentlich sind fast alle der Schaltfläche auf der ersten Seite der ACID-Konsole einfache Shortcuts für die verschiedenen Abfragen, die über die Hauptsuchschnittstelle erstellt werden können.

Alarm-Gruppen

Bei Alarmgruppen handelt es sich um Einheiten, die zur logischen Gruppierung verschiedener Alarme und zum Anhängen von Anmerkungen an Ereignis-Sets (Alarme) dienen. Eine Alarmgruppe hat eine Nummer, einen (Text)-Namen und eine(n) optionale(n) Anmerkung oder Kommentar. Wenn Sie beispielsweise einen bestimmten Einbruchsvorfall untersuchen, sind Sie möglicherweise daran interessiert, alle zugehörigen Alarme in einer Gruppe zusammenzufassen, so dass Sie darauf in Abfragen zugreifen, Ergebnisse mailen können usw. Um eine Gruppierung durchzuführen, müssen Sie zuerst die Gruppe erstellen. Wenn Sie auf den Link ALERT GROUP (AG) MAINTENANCE unten im Hauptbildschirm von ACID klicken, wird das Fenster, das in Abbildung 8.11 gezeigt wird, aufgerufen.

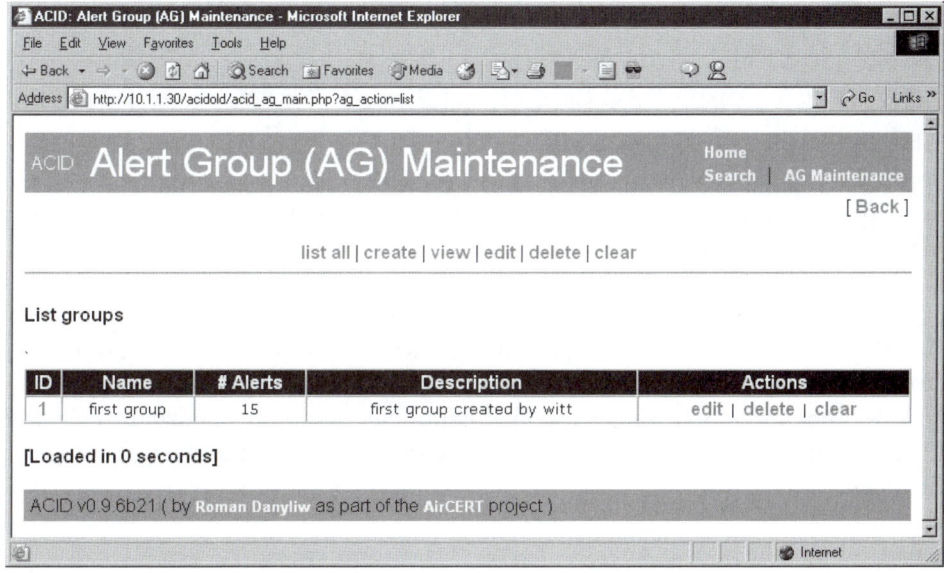

Abb. 8.11: Auflistung der Alarmgruppen

In folgenden Beispiel wird die ID *1* und der Name *first group* verwendet. Um eine weitere Gruppe zu erstellen, klicken Sie auf den Link CREATE, der sich oben auf dieser Seite befindet. Sie werden aufgefordert, einen Namen für die neue Gruppe einzugeben und eine optionale Beschreibung. Für das vorliegende Beispiel wird der Name *grinder incident* für die neue Gruppe verwendet. Die Gruppen-ID wird automatisch erstellt. Wenn die Information gespeichert wurde, sollte die Auflistung der Gruppen der in dem angezeigten Fenster aus Abbildung 8.12 entsprechen.

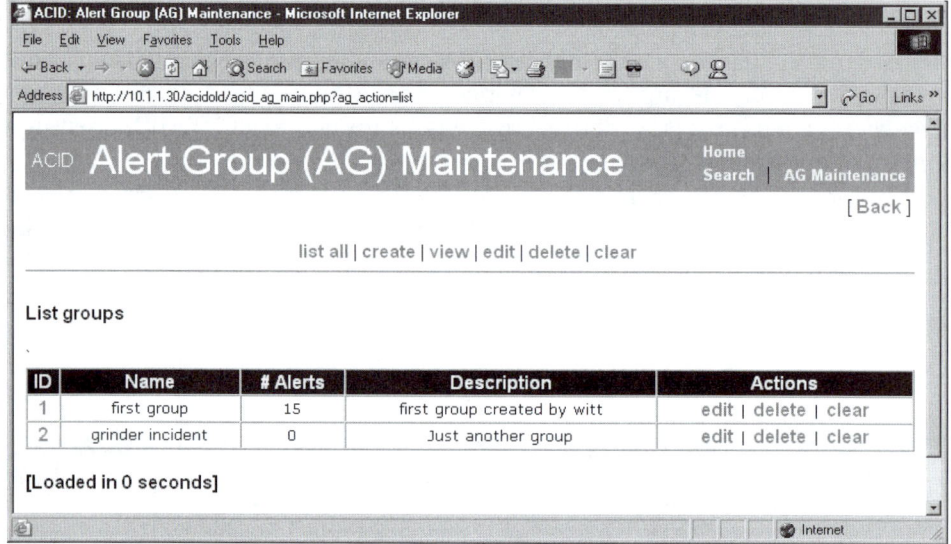

Abb. 8.12:   Erstellen einer neuen Gruppe

Nun können Sie eine Abfrage durchführen (suchen Sie beispielsweise nach allen Alarmen in Zusammenhang mit SNMP) und die Ergebnisse in Gruppe 2 einfügen. Wenn die Ergebnisse der Abfrage angezeigt werden, wählen Sie die Aktion ADD TO AG und geben Sie *2* als ID ein. Wahlweise können Sie die Aktion ADD TO AG (BY NAME) und den Namen der Gruppe eingeben. Klicken Sie anschließend auf ENTIRE QUERY. Auf diese Weise werden alle Suchergebnisse in die angegebene Gruppe eingefügt. Abbildung 8.13 zeigt, wie die Parameter auf dem Bildschirm QUERY RESULTS eingegeben werden. Abbildung 8.14 zeigt die resultierende Auflistung der Gruppen.

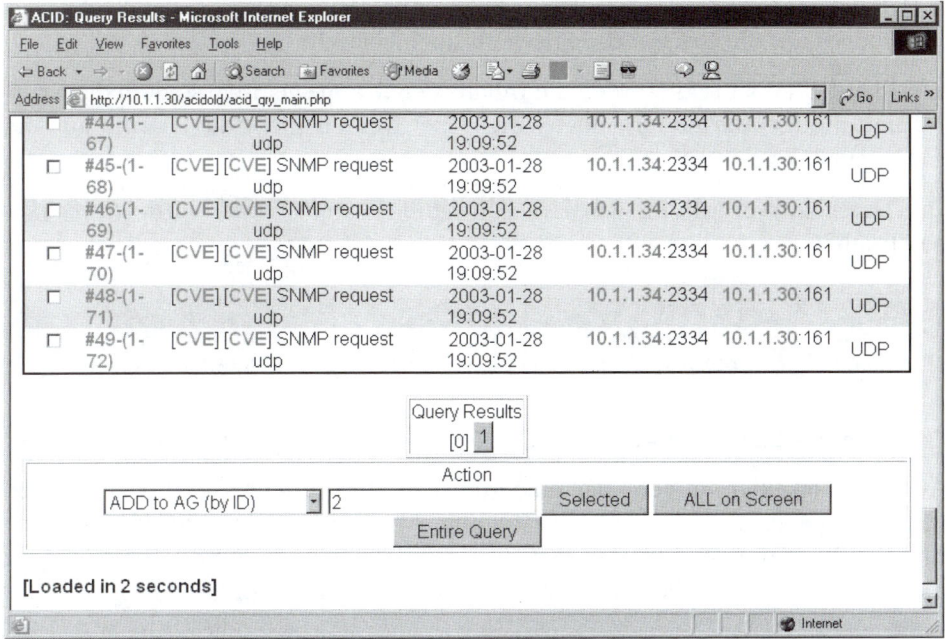

Abb. 8.13: Einfügen von Suchergebnissen in eine Alarmgruppe

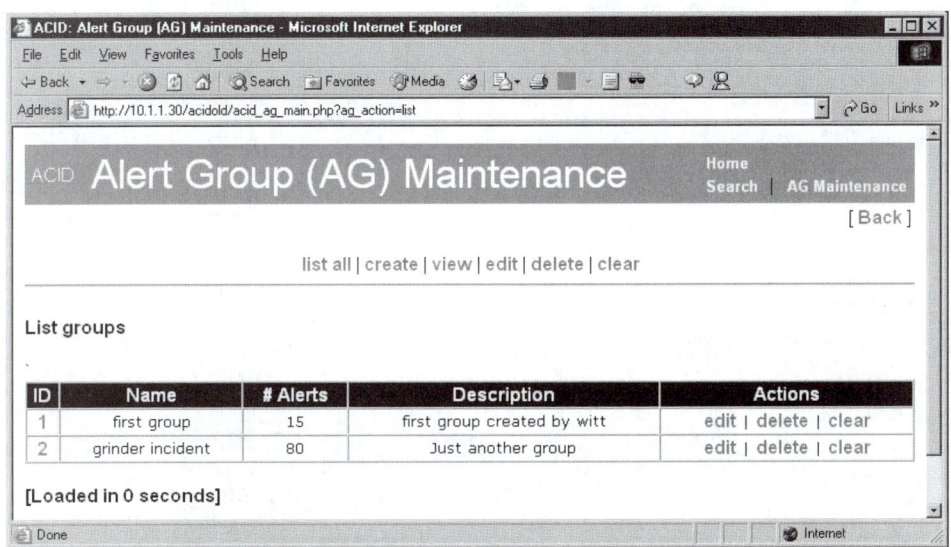

Abb. 8.14: Ergebnis der Alarmgruppierung

Die einzelnen Gruppen können modifiziert werden.

■ Über den Link EDIT rufen Sie einen Bildschirm auf, in dem Sie den Namen der Gruppe und die Beschreibung bearbeiten können.

- Über den Link DELETE löschen Sie die Gruppe. Dabei werden nicht die Alarme, sondern nur die Gruppe als logische Einheit gelöscht.

- Über den Link CLEAR werden die Inhalte der Gruppe gelöscht, indem die Gruppierung der Alarme aufgelöst wird; dabei werden nicht die Alarme aus der Datenbank gelöscht.

Die Datenbankverwaltung wird im Abschnitt *Verwalten von Alarmdatenbanken* beschrieben.

Oink!

Ein Alarm kann mehreren Gruppen gleichzeitig zugeordnet sein.

Grafische Funktionen von ACID

ACID verfügt über ein Tool, das eine grafische Zusammenfassung (Diagramme) von Alarmen auf der Basis von Zeiträumen, Alarmgruppenmitgliedschaft, Quell- und Ziel-Ports und IP-Adressen erstellen kann. Die entsprechende Oberfläche für die Erstellung der Diagramme wird in Abbildung 8.15 gezeigt.

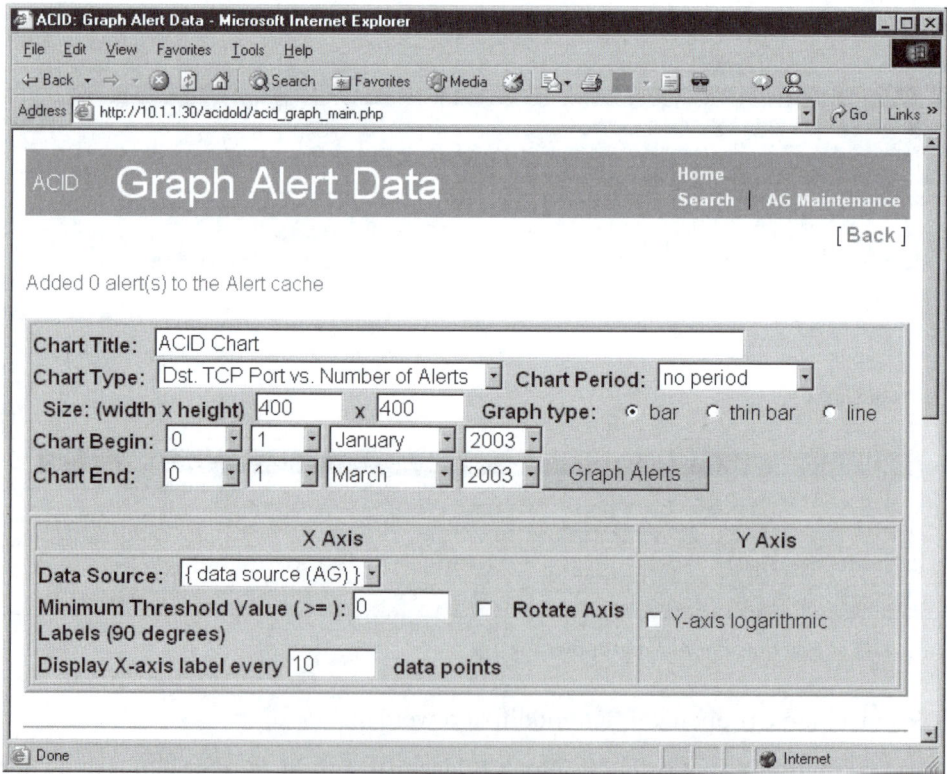

Abb. 8.15: Grafisch aufbereitete Alarmdaten

Viele der Features in den Diagrammparametern sind relativ selbst erklärend.

- Über den Parameter CHART TYPE können Sie einen speziellen Diagrammtyp festlegen, der erstellt werden soll.

- Der Parameter DATA SOURCE ermöglicht die Einschränkung der Alarme nach Datum, die durch die Parameter CHART BEGIN und CHART END festgelegt werden, und nach Alarmgruppe. Wenn Sie in diesem Drop-Down-Menü eine Alarmgruppe auswählen, werden nur Alarme aus dieser Gruppe als Datenquelle genutzt.

Eine weitere interessante Funktion verbirgt sich hinter dem Parameter CHART PERIOD. Wenn hier nichts ausgewählt wird, werden auf der X-Achse abhängig von gewählten Diagrammtyp entweder alle (zeitlichen) Daten oder alle Ports/IPs angezeigt. Wenn Sie eine Zeitspanne, wie z. B. eine Woche oder einen Tag, auswählen, werden alle Alarme nach Tag der Woche oder nach Stunde des Tages gruppiert. Dies ermöglicht die Erstellung von Statistiken, die eine tägliche Verteilung von Alarmen an einem Tag der Woche oder einer Zeit des Tages anzeigen können. Sie sollten es versuchen. Sie werden sehen, dass die meisten Angriffe gewöhnlich während der Nacht und/oder an Wochenenden stattfinden (zumindest die sogenannten Script-Kiddies-Angriffe, die den größten Teil des Intrusion-Traffics ausmachen). Abbildung 8.16 zeigt ein Beispiel für ein ACID-Diagramm.

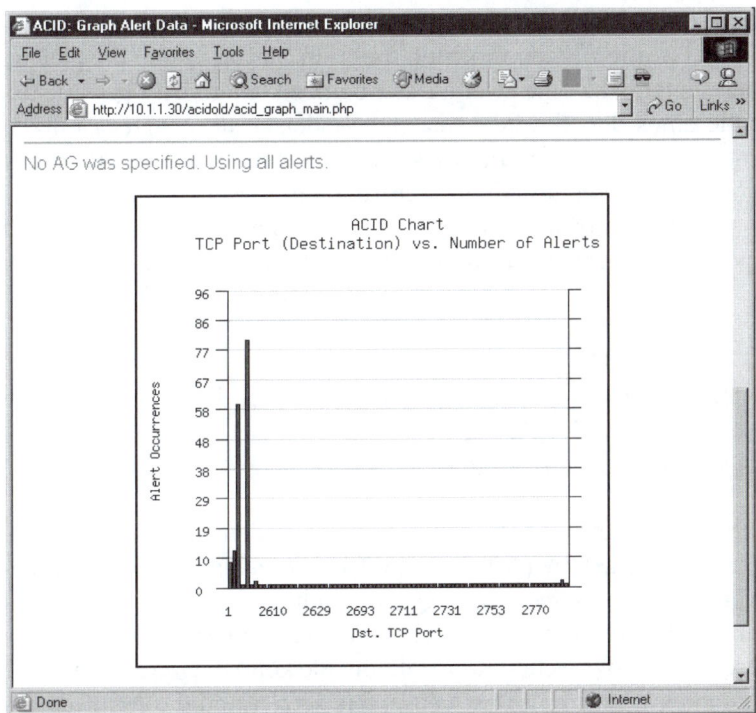

Abb. 8.16: Beispiel eine ACID-Diagramms

Verwalten von Alarmdatenbanken

Die Datenbank mit den durch Snort-Sensoren erzeugten Alarmen wächst mit der Zeit. Wenn eine signifikante Anzahl von Alarmen protokolliert wurde, wird die Datenbank recht groß, was zu verlangsamten Suchläufen führt. Es gibt verschiedene Methoden, mit denen Sie die Alarmdatenbank auf einer verwaltbaren Größe halten.

Die einfachste Verwaltungstechnik wird als *Trimming* bezeichnet. Trimming bedeutet, dass die uninteressanten und die älteren, durch False-Positives ausgelösten Alarme gelöscht werden. Wenn Sie einen Alarm oder eine Reihe von Alarmen löschen möchten, führen Sie eine Abfrage durch, die den Alarm als eines der Ergebnisse enthält, wählen Sie im Ergebnisbildschirm die Aktion DELETE ALERTS, und drücken Sie die entsprechende Schaltfläche:

- Klicken Sie auf SELECTED, wenn Sie nur einen Teil der angezeigten Alarme löschen möchten.

- Klicken Sie auf ALL ON SCREEN, wenn Sie alle angezeigten Alarme löschen möchten.

- Klicken sie auf ENTIRE QUERY, wenn Sie das gesamte Ergebnis der aktuellen Abfrage löschen möchten.

Eine andere Verwaltungstechnik ist die *Archivierung*. Die Archivierung ist der Vorgang, in dem Sie die unerwünschten Alarme in eine andere Datenbank verschieben. Wenn Sie dieses Feature nutzen möchten, müssen Sie auf genau die gleiche Art wie bei der Hauptdatenbank eine zweite Datenbank erstellen. Dies bewerkstelligen Sie, indem Sie eines der Skripte *create_mysql* oder *create_postgresql* nutzen (weitere Informationen zur Verwendung dieser Skripte finden Sie im Abschnitt *Zusätzliche Anforderungen für die Installation von ACID* in diesem Kapitel). Unterstellen Sie, dass diese Datenbank den Namen *snort_archive* hat. Wenn die sie erstellt ist, müssen Sie spezielle Parameter für die Datenbank in der Datei acid_conf.php einrichten, z. B.:

```
$archive_dbname = "snort_db"
$archive_host ="10.1.1.30"
$archive_user ="acid"
$archive_password ="acidpassword"
```

Nach dem Ausführen einer Abfrage können Sie eine der beiden Aktionen ARCHIVE ALERTS (MOVE) oder ARCHIVE ALERTS (COPY) auswählen. Wenn Sie eine der Schaltflächen SELECTED, ALL ON SCREEN oder ENTIRE QUERY anklicken, werden die entsprechenden Alarme in die Archivdatenbank verschoben (oder kopiert). Abbildung 8.17 zeigt die Ergebnisse einer erfolgreichen Kopieraktion. Sie können eine zweite Kopie von ACID in ein anderes Verzeichnis des Webservers setzen und die Archivdatenbank für diese Kopie aktivieren. Danach können Sie auch das Archiv durchsuchen.

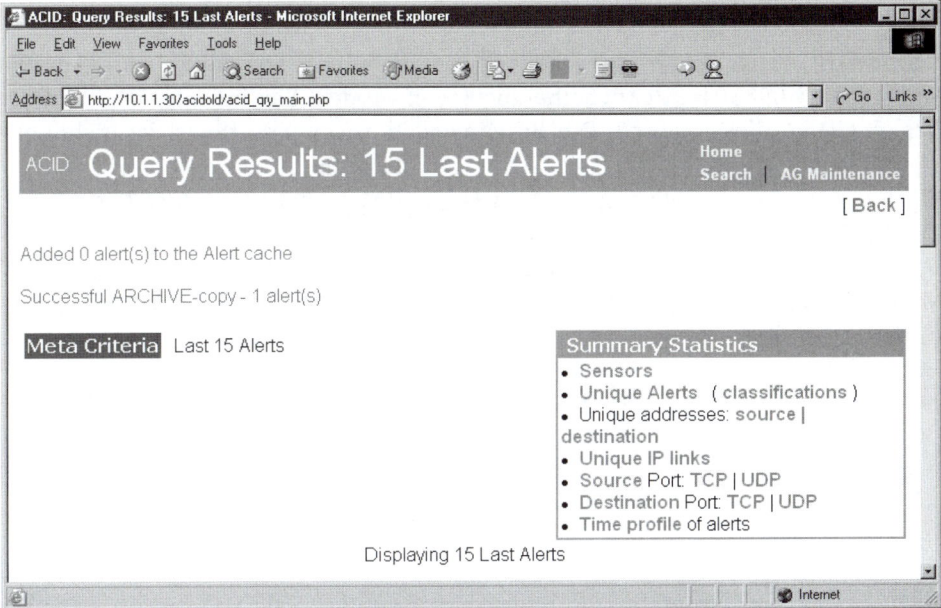

Abb. 8.17: Erfolgreiche Kopieraktion eines Alarms in die Archivdatenbank

Zusammenfassend betrachtet, ist ACID derzeit wahrscheinlich das beste Open Source-GUI-Tool für die interaktive Snort-Ereignisanalyse.

8.4 Verwenden von SnortSnarf

SnortSnarf ist ein Perl-Skript, dass Snort-Log-Dateien analysieren und aufbereiten kann und eine Reihe von statischen Webseiten mit den Resultaten erzeugt, in denen die Snort-Alarme nach Signaturen und IP-Adressen gruppiert sind und Web-Links zu zusätzlichen Informationsquellen für die entdeckten Angriffe angegeben werden. In dem Distributions-Paket sind auch CGI-Skripts enthalten, die auf der Basis von Alarmgruppen Vorkommnisberichte erstellen können. SnortSnarf kann als cron-Job in regelmäßigen Abständen oder aber manuell von Zeit zu Zeit ausgeführt werden. Die folgenden Formate von Log-Dateien (neben SQL-Datenbanken) werden unterstützt:

- Snort-Alarm-Dateien (entweder Standard oder Fast)
- Syslog-Dateien, die einige Snort-Alarme enthalten
- spp_portscan-Log-Dateien
- spp_portscan2-Log-Dateien

SnortSnarf kann auch Regel-Definitionsdateien referenzieren und detaillierte Informationen über Angriffe extrahieren und mit individuellen Alarmen verknüpfen.

8.4.1 Installieren von SnortSnarf

SnortSnarf kann unter www.silicondefense.com/software/snortsnarf/ SnortSnarf-052301.1.tar.gz herabgeladen werden. Sie finden es auch auf der Begleit-CD zu diesem Buch. Die Basisinstallation von SnortSnarf ist nicht sehr kompliziert. Auf Ihrem Host muss Perl 5 installiert sein und ein Webserver ausgeführt werden. Die Installation kann durch ein zusätzliches einzelnes Perl-Modul, *Time::JulianDay*, durchgeführt werden. Dieses Modul befindet sich im Unterverzeichnis *Time-modules* der Distribution. Das Modul wird so wie viele andere Perl-Module installiert – Sie müssen folgende Befehle in dem Unterverzeichnis durchführen.

```
perl Makefile.PL
make
make test
make install
```

Es kann zudem nützlich sein, wenn Sie die Inhalte des Unterverzeichnisses /include des SnortSnarf-Distribution-Pakets an eine Stelle kopieren, an der Ihr Perl-Interpreter sie finden kann; z. B. *site_perl* oder ein Verzeichnis, in dem SnortSnarf ausgeführt wird.

Um ein Set von Webseiten aus Alarmdateien zu erstellen, müssen Sie folgenden Befehl ausführen:

```
./snortsnarf.pl -rulesfile rules-file -rulesdir rules-subdirectory -
d destination-folder source-file1 ... source-fileN
```

Zum Beispiel (die Zeile ist umgebrochen):

```
./snortsnarf.pl -rulesfile /etc/snort/snort.conf -rulesdir /etc/snort -
d /var/web/www/snarf /var/log/snort/alert
```

Mit diesem Befehl wird SnortSnarf auf die Datei /var/log/snort/alert ausgeführt. Die Ergebnisse werden in das Verzeichnis /var/web/www/snarf gesetzt, und in dem Prozess werden Verweise auf Regelbeschreibungen aus der Konfigurationsdatei /etc/snort/snort.conf erstellt. Wenn Sie Ihren Webbrowser auf den entsprechenden Ablageort richten, wird eine Seite angezeigt, die der aus Abbildung 8.18 ähneln sollte.

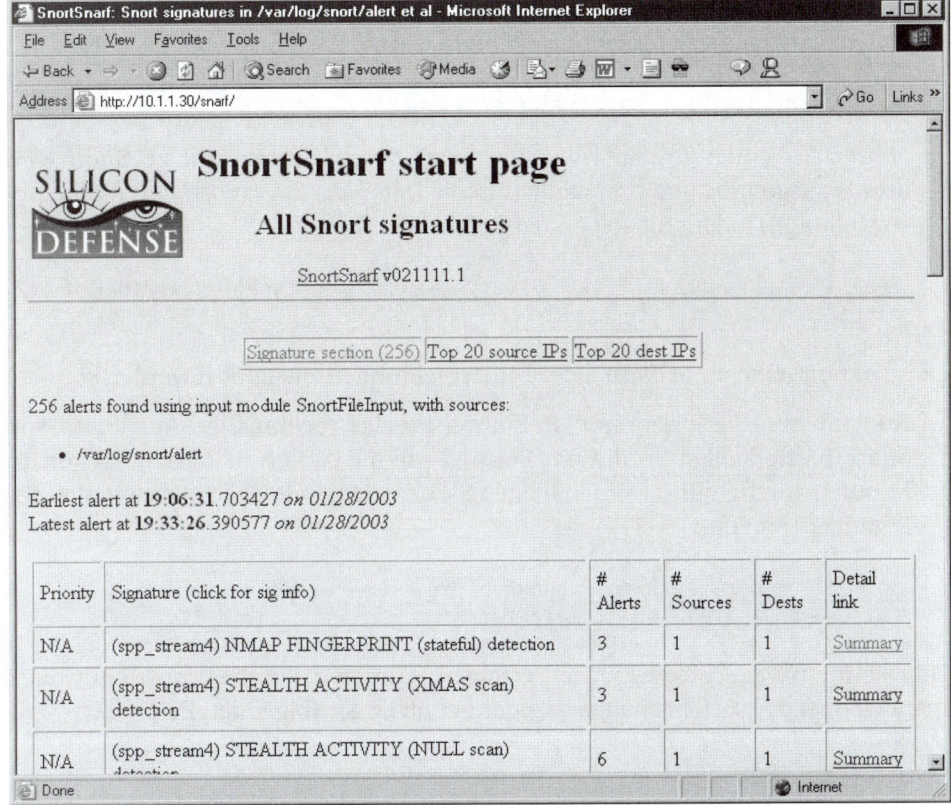

Abb. 8.18: Ergebnisse von SnortSnarf

Die angebotenen Links bieten die Möglichkeit, die angezeigten Alarme weiter zu erforschen.

8.4.2 Konfigurieren von Snort für die Arbeit mit SnortSnarf

Nachdem die Grundfunktionalität erläutert wurde, erfolgt nun ein vollständiges Beispiel für die Konfiguration von SnortSnarf. Es wird unterstellt, dass SnortSnarf bereits im Verzeichnis /usr/local/src/snortsnarf entpackt wurde. Sie sollten folgende Schritte ausführen:

1. Kopieren Sie das SnortSnarf-Skript in das Verzeichnis /etc und die entsprechenden Include-Dateien in das Unterverzeichnis site-perl.

```
#>cd /usr/local/src/snortsnarf/Time-modules
#>perl Makefile.pl
#>make
#>make test
```

```
#>make install
#>cp /usr/local/src/snortsnarf/include/SnortSnarf /usr/lib/perl5/
site-perl/5.6.0
#>cp /usr/local/src/snortsnarf/snortsnarf.pl /etc
```

2. Führen Sie einen Testlauf von SnortSnarf durch (vorrausgesetzt, Snort wird bereits ausgeführt und protokolliert in die Datei /var/log/snort/alert (Standardeinstellung)), indem Sie folgenden Befehl ausführen:

```
#>perl /etc/snortsnarf.pl -d /var/www/html/snortsnarf /var/log/snort/
alert
```

Diese Aktion sollte ohne Warn- oder Fehlermeldungen ausgeführt werden können.

3. Nun müssen Sie einen crontab-Eintrag für das regelmäßige Ausführen von SnortSnarf erstellen; in diesem Beispiel soll die Aktion in Abständen von 30 Minuten durchgeführt werden. Fügen Sie dazu folgende Zeile in die crontab des Benutzers root ein:

```
30 * * * * perl /etc/snortsnarf.pl -d /var/www/html/snortsnarf -
refresh=30 /var/log/snort/alert
```

Dies kann auf verschiedene Arten erfolgen. Editieren Sie die crontab entweder manuell über den Befehl *crontab –e*, oder benutzen Sie folgenden Befehl:

```
#>cd /etc/cron.d
#>cat > SnortSnarf
30 * * * * perl /etc/snortsnarf.pl -d /var/www/html/snortsnarf -refresh
=30 /var/log/snort/alert
<Ctrl>d
#>crontab -u root SnortSnarf
```

Die Option *refresh=30* führt dazu, dass SnortSnarf Webseiten geniert, die in Abständen von 30 Minuten durch den Browser aktualisiert werden.

8.4.3 Grundlegende Verwendung von SnortSnarf

Nachdem der SnortSnarf-Prozess nun automatisiert ist, sollten Sie sich einige der Seiten anschauen, die das Tool erstellt. Die Hauptseite (Abbildung 8.18) zeigt die Gesamtzahl an Alarmen, den Datumsbereich der Alarme, die Quelle der Alarme sowie eine Übersicht über die verschiedenen Alarme. Für jede Signatur enthält die Übersicht den Namen der Signatur, die Gesamtzahl an Alarmen, die Anzahl der Quellen, die Anzahl der Ziele und einen Link SUMMARY für die Anzeige aller Signaturen dieses Typs. Im Bildschirm SUMMARY (Abbildung 8.19) stehen Links für weitere Informationen zur Verfügung. Diese Informationen stammen aus den Regelbeschreibungen. Wenn Sie dieses Feature nutzen möchten, müssen Sie SnortSnarf mit der Option *-rulesfile* ausführen.

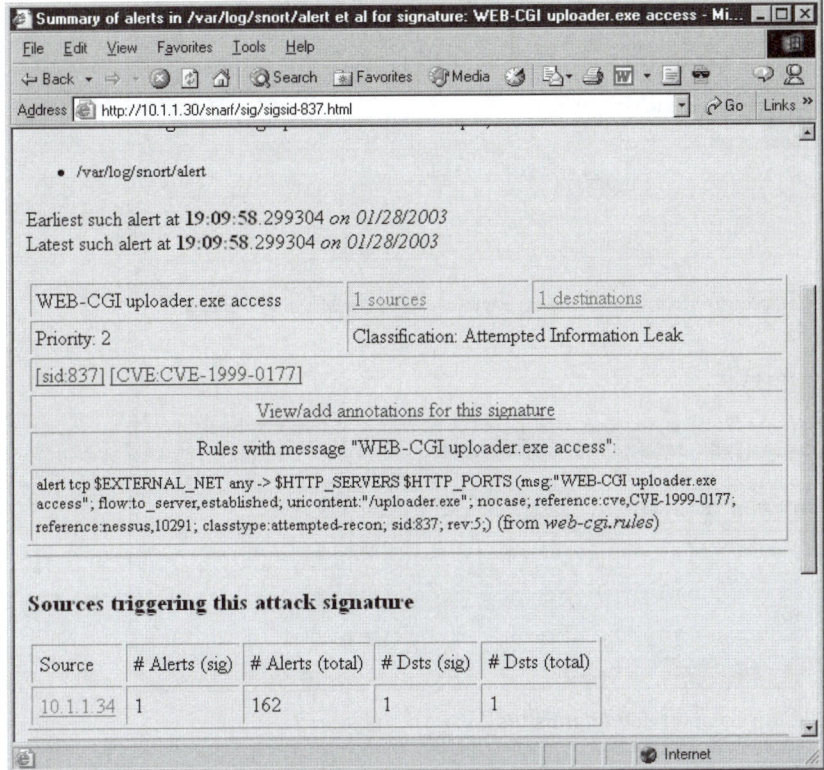

Abb. 8.19: Überblick über die Signatur »WEB-CGI uploader.exe access«

Wenn Sie auf den Link [SID:837] bzw. [CVE:CVE-1999-0177] klicken, werden Sie auf die Website snort.org bzw. an die Common Vulnerabilities and Events (CVE)-Datenbank weitergeleitet, wo Sie weitere detaillierte Erläuterungen zu dieser Signatur finden.

Der Link TOP 20 SOURCE IPs zeigt einen Überblick über die 20 IP-Adressen, die regelmäßig als eine Angriffsquelle in Erscheinung treten (Abbildung 8.20).

Die IP-Links, die in der Spalte SOURCE IP angezeigt werden, führen Sie auf eine Seite, auf der ein Überblick über Signaturen angezeigt wird, die von dieser speziellen Quelle ausgelöst wurden. Diese Übersichtsseite enthält auch Links, die Ihnen bei der Aufdeckung der Frage helfen, wem diese IP-Adresse gehört – whois-Lookups, DNS-Lookups usw.

Zu den optionalen Features von SnortSnarf gehört ein Tool, das Berichte über Vorkommnisse erstellen kann. Dieses Feature ähnelt dem Gruppieren und elektronischen Versenden von Alarmen, wie es von ACID ausgeführt wird. Die Installation wird in der Datei README.SISR beschrieben, die zum Lieferumfang des SnortSnarf-Distribution-Paket gehört.

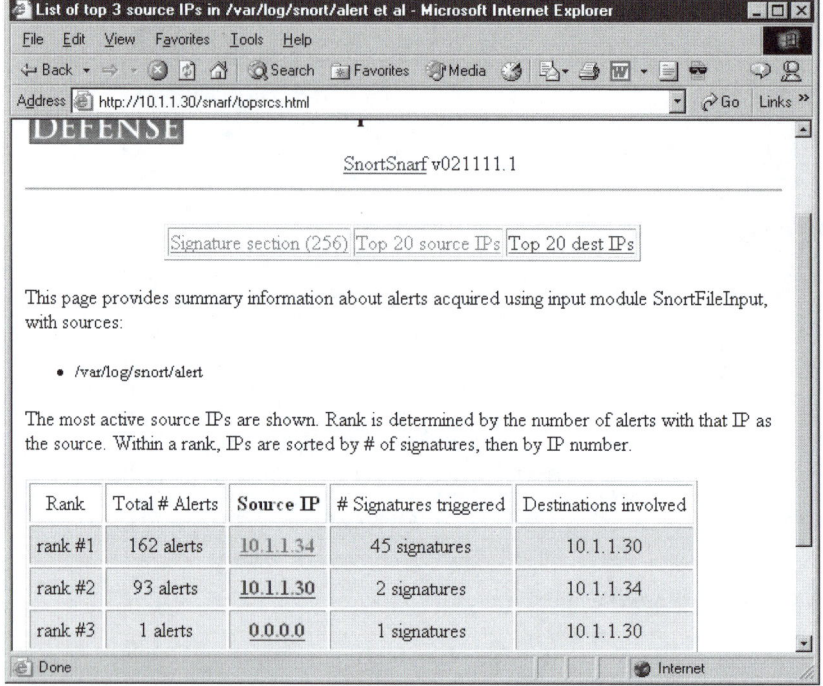

Abb. 8.20: Die Top 20 unter den Angriffs-IPs

Das Skript SnortSnarf bietet noch viel mehr Optionen als hier beschrieben an. Sie können beispielsweise verschiedene Filter mit folgenden Kriterien angeben:

- Sensor-ID

- Alarmpriorität

- Datum

- Zeit

Der Hauptunterschied zu ACID liegt darin, dass Sie alles über die Kommandozeile, nicht interaktiv, angeben müssen. Insgesamt gesehen, ist SnortSnarf (ähnlich wie ACID) ein Tool, dass Ihnen hilft, Ihre Daten zusammenzubekommen. Das Format ist so angelegt, dass potentielle Probleme schnell analysiert und erforscht werden können. Diese Analyse verifiziert, ob es ein Vorkommnis gab, und die Snort-Alarm-Log- und System-Log-Dateien liefern die Daten, zu den Systemen, die möglicherweise kompromittiert wurde. Wenn es zu einem Sicherheitsvorfall kommt, bietet der Link im SnortSnarf-Browser-Fenster dem Analytiker die Möglichkeit, die Daten zu diesem Zwischenfall erneut zu überprüfen und nach Lösungsansätzen für die Prävention zukünftiger Angriffsversuche zu suchen. Diese weitere Untersuchung und Analyse der SnortSnarf-Berichte wird Ihnen dabei helfen, genügend Informationen zusammenzutragen, um dem Vorkommnis entsprechende Entscheidungen zu treffen. Die Analyse wird Ihnen zeigen, ob Ihr umfassender Abwehrplan Lücken aufweist. Wenn Sie wissen, was, wo und wie fehlgeschlagen ist, können Sie planen, wie Sie in der Zukunft unbefugte Zugriffe verhindern können.

8.5 Verwenden von IDScenter

IDScenter (`www.packx.net`) ist ein Programm für Windows-basierende Snort-Installationen. IDScenter bietet eine zentralisierte Regelverwaltung, Snort-Prozess-überwachung, Alarmüberwachung, Berichte und verschiedene Funktionen zum Blockieren von Angriffen (über Plugins). Daneben bietet das Programm einen integrierten XML-Log-Viewer und Webbrowser-Funktionalität für die Überprüfung von Referenzinformationen zu entdeckten Angriffen.

Diese komplette Funktionalität steht in der aktuellen Version 1.1. zur Verfügung; RC2 beinhaltet auch folgendes:

- Unterstützung für Snort 1.9 / 1.8 / 1.7.

- Unterstützung für den Snort-Service-Modus (IDScenter übernimmt die Kontrolle über den Snort-Service).

- Snort Configuration Wizard, der die Einrichtung von Snort-Variablen, die Konfiguration von Präprozessor- und Ausgabe-Plugins und die Angabe von Regelsätzen ermöglicht.

- Einen Regelsatz-Editor, der sämtliche Regeloptionen von Snort 2.0 unterstützt, darunter auch den Import von Regeln aus Dateien und Websites in vorhandene Regelsätze.

- AutoBlock-Plugins, die das Schreiben eigener Plugins (DLLs) für Ihre Firewall ermöglichen. Ein Plugin für ISS NetworkICE BlackICE Defender ist dabei (mit der Möglichkeit, IP-Adressen, TCP- und UDP-Ports, ICMP-Pakete zu blockieren und die Dauer der Blockade festzulegen). Außerdem verfügt es über ein Delphi-Framework für das Schreiben neuer Plugins für andere Firewalls.

- Alarmmeldungen über E-Mail, akustische Alarmierung oder nur optische Benachrichtigung. Die Meldungsfunktionen bieten die Möglichkeit, die angegebene Anzahl von Zeilen aus der Snort-Log-Datei zu senden und die Überprüfung von Alarmen, die nicht nur in eine Textdatei, sondern auch in eine MySQL-Datenbank geschrieben wurden. Die Meldungsfunktionen können für das Hinzufügen von Anhängen (wie z. B. die aktuelle Prozessliste) an zu versendende E-Mails konfiguriert werden.

- Testen der Konfiguration

- Überwachung von bis zu 10 Alarmdateien und MySQL-Datenbanken.

- Log-Rotationsfunktionen für das Komprimieren und Archivieren von Log-Dateien nach einem angegebenen Zeitplan.

- Ein integrierter Log-Viewer für Text-Log-Dateien, XML-Logs plus einem HTML-Viewer.

- Die Möglichkeit, ein Programm auszuführen, wenn ein Angriff entdeckt wurde.

Wie Sie sehen, enthält das Tool einen Großteil der Funktionen, die Windows-basierenden Installationen fehlen. Die gleiche Funktionalität kann unter UNIX durch die Verwendung der in diesem Kapitel beschrieben Tools – Swatch, ACID, SnortSnarf und vielleicht durch ein Webmin-Modul für die Snort-Konfiguration – erzielt werden.

Oink!

Wenn Sie an Webmin interessiert sind, steht Ihnen das Paket unter `www.webmin .com` zur Verfügung. Das Snort-Modul dafür können Sie unter `www.snort.org/ dl/contrib/front_ends/webmin_plugin/snort-1.0.wbm` herunterladen. Sie finden Webmin auch auf der Begleit-CD. Einzelheiten zur Installation finden Sie in Kapitel 3, »Installieren von Snort«.

Obwohl es mitunter nett ist, die gesamte Funktionalität gebündelt in einem Programm zu finden, statt drei oder vier Programme kombinieren zu müssen, sollten Sie daran denken, dass einem monolithischen Tool immer ein wenig die Flexibilität fehlt. Beispielsweise ist ACID zweifellos die beste Wahl, wenn es um das Durchsuchen von Datenbanken und die Untersuchung von Alarmdaten geht, während Swatch flexibler bei der Konfiguration von Alarmabgleichen und -Berichten ist.

8.5.1 Installieren von IDScenter

Bevor Sie IDScenter installieren, müssen Sie zunächst nach dem üblichen Vorgehen Snort auf einem Windows-Computer installieren (weitere Informationen zur Installation von Snort finden Sie in Kapitel 3). Vergessen Sie nicht, WinPCAP (`http://winpcap.polito.it`) zu installieren, da diese Bibliothek sowohl von Snort als auch von IDScenter genutzt wird (diese Installation ist ebenfalls detailliert in Kapitel 3 beschrieben, und diese Ausführungen sollten vor der Installation von IDScenter am besten noch einmal gelesen werden). Das IDScenter-Paket steht unter `www.packx.net` zum Download bereit (Sie finden es auch auf der Begleit-CD). Es enthält ein grafisches Installationsprogramm, das den Installationsprozess für IDScenter vereinfacht.

Wenn die Anwendung IDScenter gestartet wird, wird in der Systemleiste ein großer schwarzer Punkt angezeigt. Wenn Sie auf dieses Symbol klicken, wird das Konfigurationsfenster geöffnet (Abbildung 8.21).

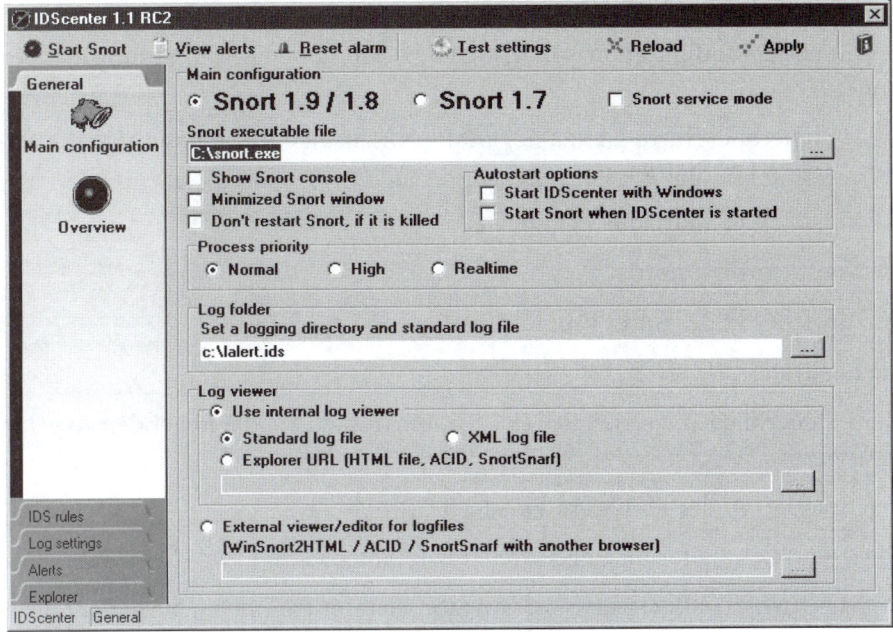

Abb. 8.21: Der Bildschirm Main Configuration von IDScenter

8.5.2 Konfigurieren von IDScenter

Die Einfachheit des IDScenter-Installationsprozesses wird kompensiert durch die immense Anzahl an Konfigurationsoptionen. Jeder der fünf Hauptabschnitte enthält eine Anzahl an Steuerungsbereichen mit vielen Schaltern und Eingabefeldern. Zu den fünf Hauptabschnitten gehören:

■ GENERAL

■ IDS RULES

■ LOG SETTINGS

■ ALERTS

■ EXPLORER

Oben im IDScenter-Fenster befinden sich die Hauptsteuerungsschaltflächen mit selbst-erklärenden Namen: STOP SNORT, VIEW ALERTS, RESET ALARM, TEST SETTINGS (wodurch Snort mit dem Schalter -T ausgeführt, um die aktuell mit IDScenter erstellte Konfiguration zu testen), RELOAD und APPLY. Bevor Sie mit der Nutzung von IDScenter beginnen, müssen Sie einige grundlegende Schritte ausführen, um eine minimale Arbeitskonfiguration zu erstellen und diese dann an Ihre Bedürfnisse anpassen.

Minimalkonfiguration von IDScenter

Die minimalste Konfiguration von IDScenter erfordert die Einrichtung einiger Parameter.

Auf dem Steuerbildschirm GENERAL / MAIN CONFIGURATION müssen Sie die folgenden Aspekte konfigurieren:

■ Die Version von Snort, die Sie nutzen

■ Die Snort-Prozesspriorität

■ Den Speicherort des Snort-Programms

■ Die Log-Datei

Auf dem Steuerbildschirm IDS RULES / SNORT müssen Sie die folgenden Aspekte konfigurieren:

■ Den Speicherort der Konfigurationsdatei

■ Einen externen Editor für Regeldateien (wie Notepad.exe)

Die Registerkarte IDS RULES kann zur Angabe weiterer Parameter, die in der Snort-Konfigurationsdatei gespeichert sind, verwendet werden.

Der Steuerbildschirm LOG SETTINGS dient zur Konfiguration der Logging-Parameter für die verschiedenen Logging-Optionen.

Die Registerkarte ALERT wird zur Konfiguration für die Alarmerkennung für zumindest eine Snort-Log-Datei verwendet, die durch IDScenter auf Alarme überwacht wird.

Wenn Sie alle Parameter eingegeben haben, klicken Sie auf die Schaltfläche APPLY, um die IDScenter-Konfiguration zu erstellen. Wenn Sie einen wichtigen Aspekt vergessen haben, wird Sie das Programm über dieses Problem informieren (diese Meldungen können auch auf dem Bildschirm GENERAL/OVERVIEW angezeigt werden). Abbildung 8.22 zeigt eine Beispielmeldungen für eine unvollständige Konfiguration.

Wenn keine Fehler auftreten, meldet IDScenter, dass das Konfigurations-Skript erfolgreich erstellt wurde (diese Meldung wird in der unteren Zeile des Fensters angezeigt).

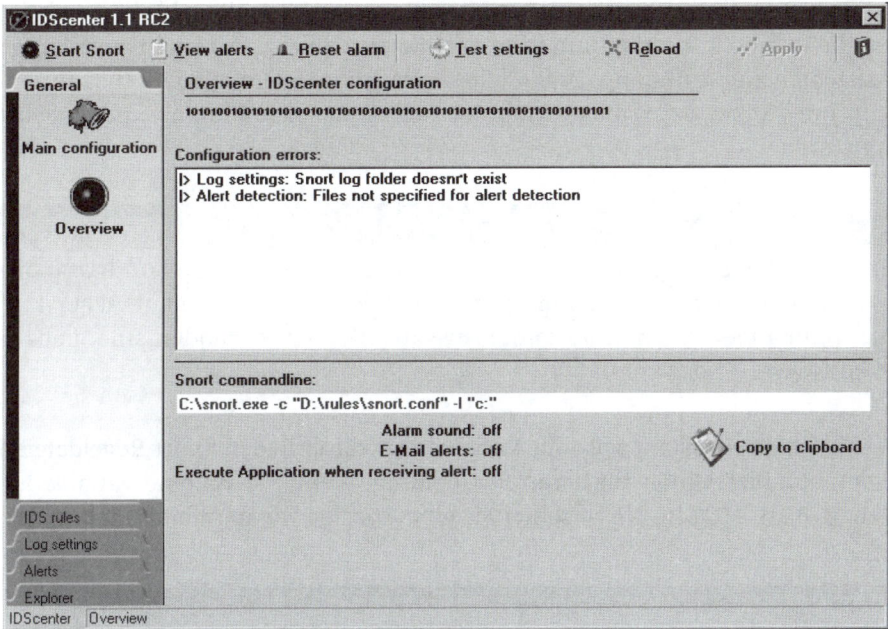

Abb. 8.22: Fehler bei der IDScenter-Konfiguration

8.5.3 Grundlegende Verwendung von IDScenter

Wie zuvor erwähnt, ist das Hauptziel von IDScenter, die Konfiguration von Snort zu vereinfachen. Es erfolgt eine Beschreibung der Bildschirme, die sich mit der Einrichtung von Snort befassen. Es wird genau beleuchtet, wie die Konfiguration erfolgt. Die Abbildung 8.21 zeigt den ersten Bildschirm. Die meisten der hier gezeigten Optionen erklären sich selbst. Die weniger offensichtlichen Optionen sind:

- Die Option SHOW SNORT CONSOLE startet den Snort-Prozess mit einem offenen Konsolenfenster und nicht nur als einen Windows-Hintergrundprozess.

- Die Option MINIMIZED SNORT WINDOW minimiert dieses Fenster.

- Die Option SNORT SERVICE MODE startet Snort als Windows-Dienst.

- Die Optionen unter PROCESS PRIORITY dienen zur Auswahl der Prioritätsstufe für den Snort-Prozess (nicht für IDScenter selbst).

- Das Eingabefeld LOGFOLDER dient zur Auswahl einer Datei (vollständiger Pfad), in der die Snort-Protokollierung gespeichert werden soll. Dieselbe Datei (nur der Dateiname ohne das Verzeichnis) muss später als Parameter an das Ausgabe-Plugin für die Option *IDS Rules/Output plugins* angeben werden.

- Der Abschnitt IDS RULES hilft bei der Erstellung und Bearbeitung von Snort-Regeldateien.

■ Auf dem Bildschirm SNORT CONFIG wird die ausgewählte Regeldatei angezeigt und die manuelle Bearbeitung ihrer Inhalte ermöglicht. Es stehen auch einige Assistenten zur Verfügung. Dies gilt besonders für die Optionen in Zusammenhang mit Netzwerkvariablen, Präprozessoren, Ausgabe-Plugins und Regeln/ Signaturen.

Oink!

Wenn IDScenter ein Präprozessor-Plugin nicht kennt, geht dessen Konfiguration beim nächsten Speichern der Konfiguration verloren (wenn Sie auf APPLY klicken). Wenn andererseits unbekannte Ausgabe-Plugins vorhanden sind, behält IDScenter dessen Konfiguration.

■ Der Variablen-Assistent zeigt alle Variablen an, die er in den Snort-Regeldateien findet, und bietet Tools für deren Bearbeitung. Wenn Sie auf eine Variable klicken (z. B auf *HOME_NET*), sehen Sie eine Anzeige wie in Abbildung 8.23.

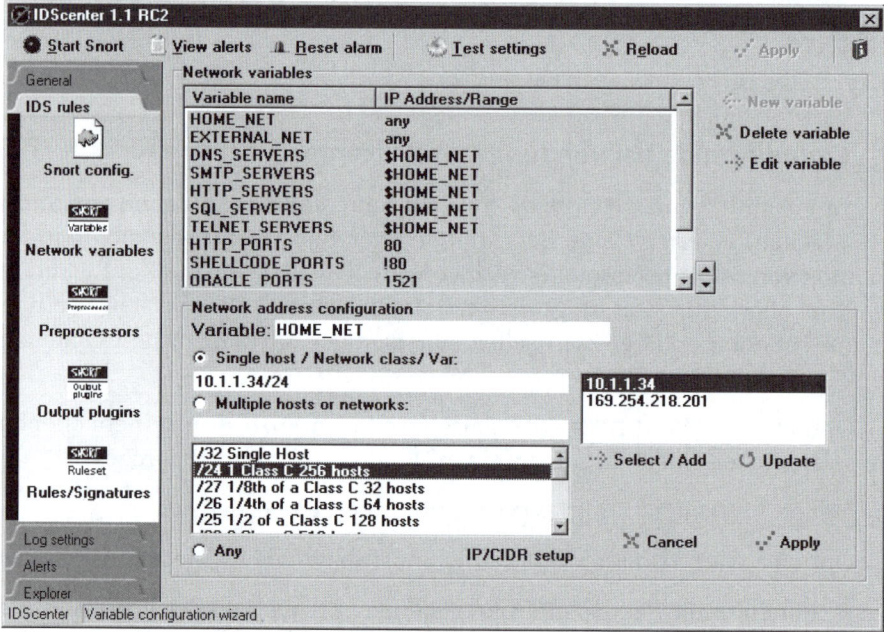

Abb. 8.23: Verwenden des Variablen-Assistenten

Im unteren Teil des Bildschirms können Sie zwischen verschiedenen Optionen für die Angabe des Werts dieser Variablen wählen:

■ SINGLE HOST/NETWORK CLASS/ VAR

■ MULTIPLE HOSTS OR NETWORKS

■ ANY

Wenn Sie IP-Adressen und Netzmasken für Netzwerke angeben, können Sie die Auswahl aus dem Feld auf der rechten Seite nutzen, das die IP-Adressen von allen auf dem Host gefundenen Schnittstellen auflistet. Im Feld in der unteren linken Ecke werden die Standard-Netzmasken zusammen mit den Beschreibungen aufgelistet. Wenn Sie auf die Schaltfläche APPLY in der unteren rechten Ecke klicken, wird der Wert der ausgewählten Variablen aktualisiert.

Der Bildschirm PREPROCESSORS ermöglicht derzeit die Konfiguration der folgenden Präprozessor-Plugins:

■ Stream4-Stateful-Inspection und Stream-Reassembly

■ Portscan/Portscan2-Erkennung

■ Frag2-Defragmentierung

■ IP-Protokoll-Conversation

■ HTTP-Decode

■ Telnet/FTP-Decode

■ BackOrifice-Erkennung

■ RPC-Decode

■ ARP-Spoof-Erkennung

Alle Kontrollkästchen und Eingabefelder auf diesem Bildschirm sind entsprechende Plugin-Optionen, die in der Snort-Konfigurationsdatei gespeichert werden (Abbildung 8.24).

Ein weiterer, sehr nützlicher Assistent steht für die Konfiguration von Ausgabe-Plugins zur Verfügung. Er hilft Ihnen bei der Konfiguration aller Ausgabetypen, die Snort derzeit unterstützt. Sie brauchen die Namen und die Ablagestellen der Plugin-Parameter nicht zu kennen – wählen Sie einfach das Plugin, das Sie konfigurieren möchten, und füllen Sie die angezeigten Felder aus (Abbildung 8.25). Dieser Assistent ermöglicht Ihnen auch, die Erstellung von benutzerdefinierten Regeltypen als Sammlungen von Ausgabe-Plugins, indem Sie auf die Option CREATE TYPE klicken.

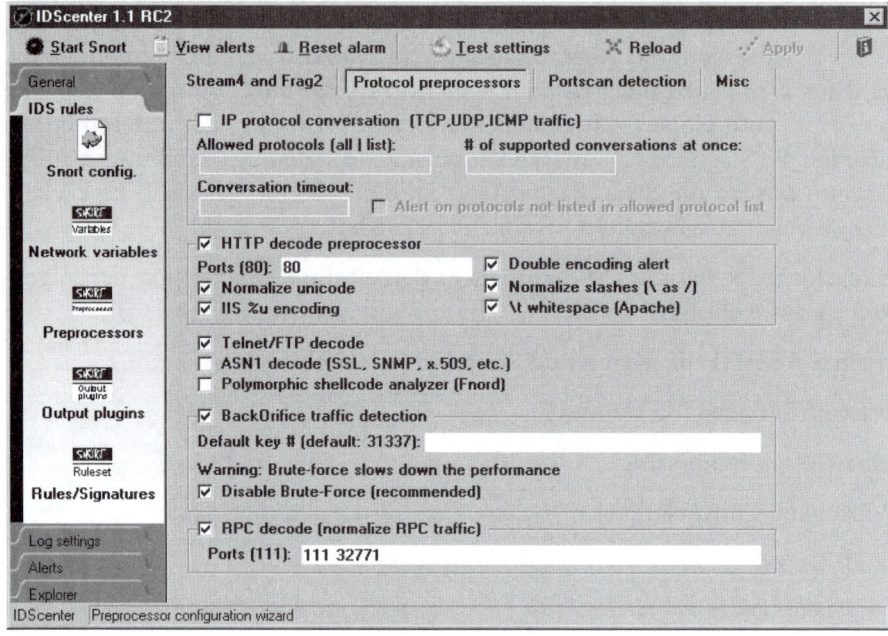

Abb. 8.24: Konfigurieren von Protokoll-Präprozessoren

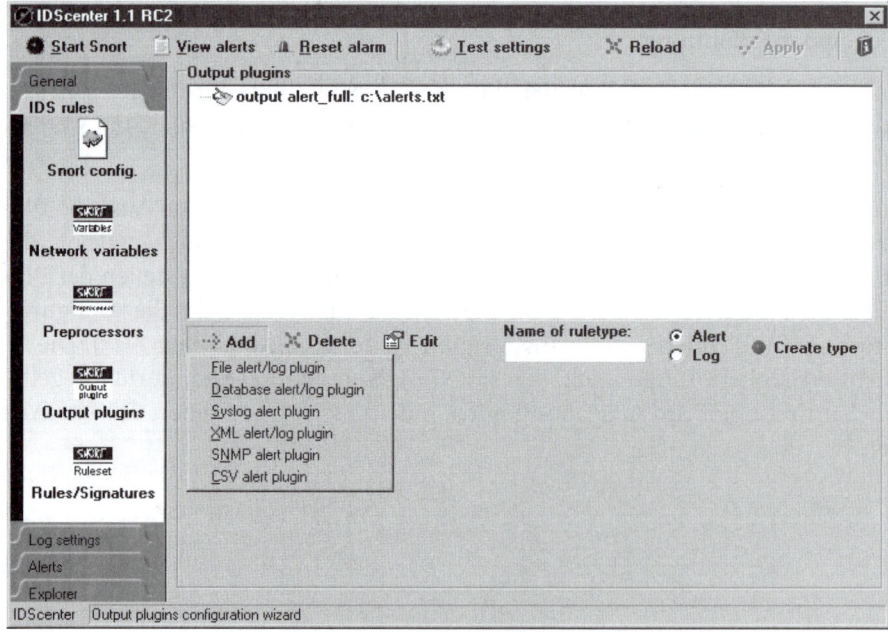

Abb. 8.25: Auswählen und Konfigurieren von Ausgabe-Optionen von Snort

Anders als die anderen in diesem Kapitel beschriebenen Tools verfügt IDScenter über einen Regelsatz-Editor (Abbildung 8.26).

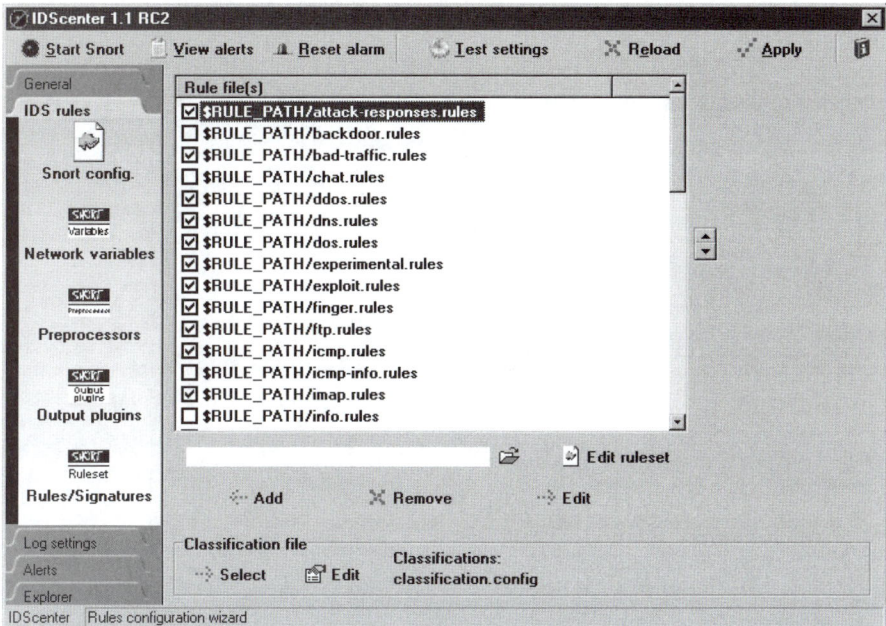

Abb. 8.26: Der Hauptbildschirm des IDScenter Regelsatz-Editors

Als ersten Schritt im Regelsatz-Editor müssen Sie eine Klassifikationsdatei auswählen, indem Sie im unteren Teil des Bildschirms, im Abschnitt CLASSIFICATION FILE auf die Option SELECT klicken. Danach können Sie diesen Bildschirm nutzen, um über die bereitgestellten Kontrollkästchen auszuwählen, welche Regelsätze Sie in Ihre Snort-Konfiguration einschließen möchten. Sie können einen Regelsatz im Editor öffnen, indem Sie ihn auswählen und auf EDIT RULESET klicken. Danach wird ein Bildschirm angezeigt, der dem mit der Auflistung der Regelsätze gleicht, hier werden aber stattdessen individuelle Regeln angezeigt. Es ist auch möglich, bestimmte Regeln ein- bzw. auszuschließen, Regeln von anderen Dateien zu importieren und die einzelnen Regeln zu bearbeiten. Abbildung 8.27 zeigt einen Bildschirm für die Bearbeitung einer speziellen Regel.

Dieser Editor bietet eine umfassende Unterstützung der Regelsatz-Syntax der Snort-Version 2.0. Die Registerkarte EXPLORER ermöglicht das Durchsuchen von Informationen in Zusammenhang mit der online gezeigten Regel. Dies geschieht über Verweise auf die CVS-Datenbank oder auf die Website snort.org.

Der Abschnitt LOG SETTINGS aus diesem Fenster bietet Tools für die Konfiguration von Logging-Optionen (Kommandozeilenparameter) von Snort und auch für die Log-Rotation, die von IDScenter ausgeführt wird. Abbildung 8.28 zeigt den Bildschirm für die Konfiguration der Log-Rotation.

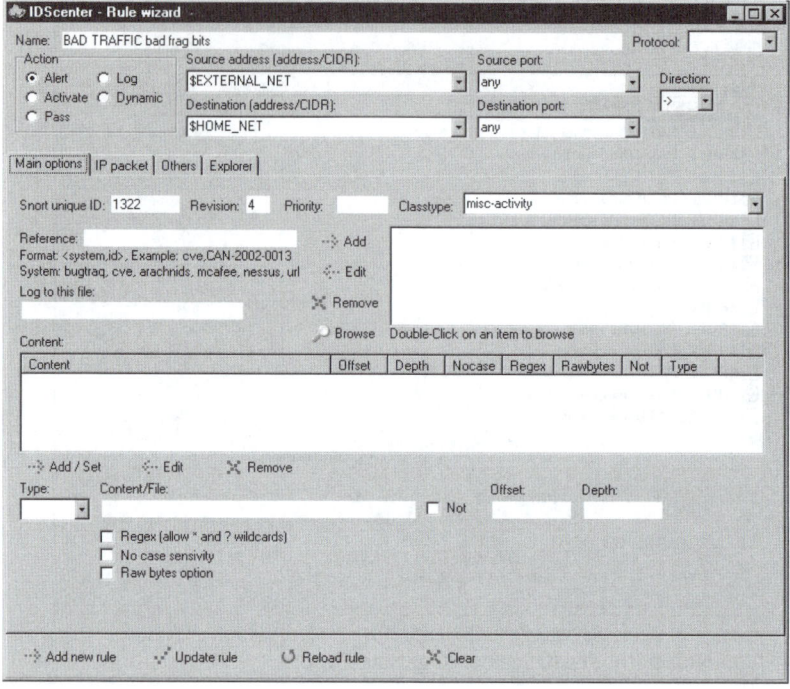

Abb. 8.27: Bearbeiten der Regel »BAD TRAFFIC bad frag bits«

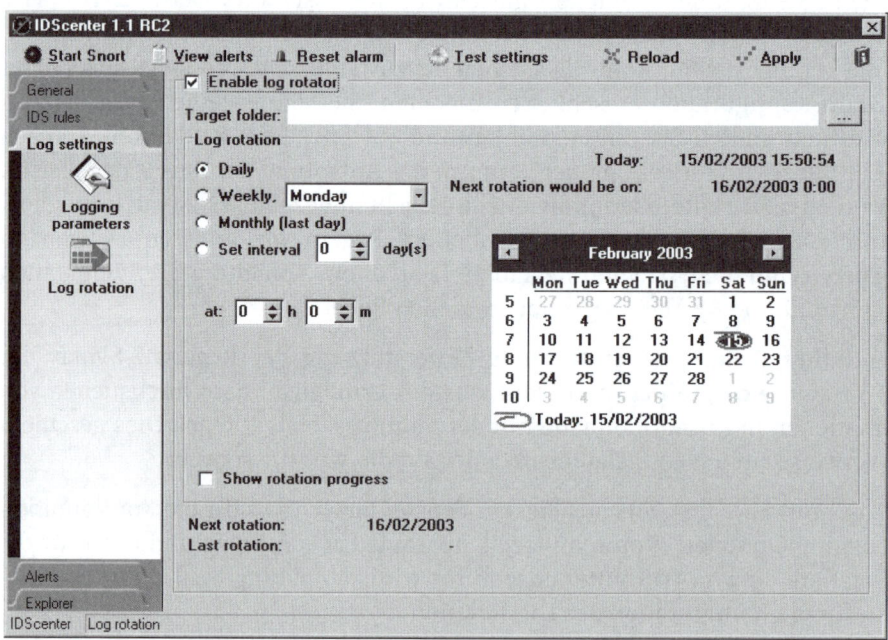

Abb. 8.28: Einstellungen für die Log-Rotation

Oink!

Bei der Ausführung der Log-Rotation verschiebt IDScenter den gesamten Inhalt des Quell-Log-Verzeichnisse and den Zielort, an dem die Sicherung gespeichert werden soll. Daher sollten Sie für die Speicherung der Log-Dateien nicht denselben Ordner angeben, indem sich das Snort-Executable befindet – es würde während Rotation verschoben und könnte dann nicht mehr starten.

Im Abschnitt ALERTS konfigurieren Sie, wie IDScenter reagiert, wenn es einen Snort-Alarm in einer der überwachten Quellen – Text-Log-Dateien, XML-Log-Dateien oder in der MySQL-Datenbank – bemerkt. Im Bildschirm ALERT DETECTION muss mindestens eine Datenquelle ausgewählt sein, damit dieses Feature funktioniert.

Auf dem Bildschirm ALERT NOTIFICATION konfigurieren Sie, wie IDScenter reagiert, wenn es einen Snort-Alarm in einer der konfigurierten Quellen bemerkt. Es ist möglich, einen akustischen Alarm (wählbar) zu produzieren, einen Befehl auszuführen oder ein Plugin ablaufen zu lassen. Es stehen zwei verschiedene Plugins für die ISS/NetworkICE BlackICE Firewall zur Verfügung. Das erste Plugin blockiert nur IPs. Das zweite Plugin kann TCP- und UDP-Ports blockieren und verfügt auch über eine Unterstützung für die ICMP-Blockierung (nicht alle NetworkICE BlackICE-Versionen unterstützen die ICMP-Regeln). Abbildung 8.29 zeigt den Konfigurationsbildschirm für das IIS-Plugin Version 2.

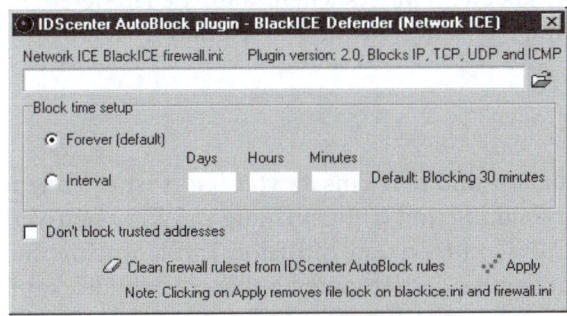

Abb. 8.29: Konfiguration des BlackICE AutoBlock Plug-Ins v2

Im Bildschirm ALERTMAIL können Sie einen E-Mail-Alarm einrichten. Dieser Alarm wird immer dann gesendet, wenn IDScenter ein Snort-Ereignis erkennt. IDScenter nutzt einen internen E-Mail-Client, daher brauchen Sie nur den SMTP-Server, den der Client nutzen soll, die Ziel-E-Mail-Adresse und optional einige zugehörige Parameter wie für das E-Mail-Betreff oder für das Debug-Logging aller SMTP-Sitzungen konfigurieren

Sobald IDScenter einen Alarm erkennt, beginnt das Programmsymbol auf der Systemleiste zu blinken. Wenn Sie auf das blinkende Symbol klicken, wird ein interner Log-Viewer geöffnet. Der interne Log-Viewer enthält folgende Funktion:

- Log-Durchsuchung: Geben Sie einfach ein Wort ein, und klicken Sie auf SEARCH. Wenn Sie das nächste Wort finden möchten, dass dem Muster entspricht, klicken Sie erneut auf SEARCH.

- Wenn Sie eine IP-Adresse in dem angezeigten Text auswählen, wird diese Adresse im Feld WHOIS angezeigt, das sich oben auf der Seite des Log-Viewers befindet. Über die Anfrage »Whois« erhalten Sie weitere Informationen zu der ausgewählten IP.

- Wenn Sie etwas Anderes als eine IP-Adresse auswählen, setzt der Viewer diesen Text ist das Feld CVE SEARCH. Auf diese Weise können Sie die CVE-Datenbank bei der Anzeige dieser Log-Datei durchsuchen.

- Sie können aus dem Viewer heraus auch eine Log-Datei drucken.

Der interne Log-Viewer kann auch Snort-XML-Log-Dateien oder Webseiten (er nutzt zum Durchsuchen des Webs den Internet Explorer) anzeigen.

Insgesamt gesehen, ist IDScenter mit seinem derzeitigen Stand ein leistungsfähiges Tool für die Konfiguration einer Windows-basierenden Snort-Installation und die Überwachung von Alarmen. Der zugehörige Regelsatz-Editor ist der beste, den Sie zum Zeitpunkt der Drucklegung dieses Buchs finden können. IDScenter bietet jedoch nicht die Möglichkeit, Alarmdaten zu untersuchen und zu analysieren, so wie es das Tool ACID und zu einem gewissen Grad auch SnortSnarf leistet.

8.6 Zusammenfassung

Das ultimative Ziel für die Installation und den Einsatz von Snort ist es, einem Sicherheitsanalytiker bei der Überwachung und Untersuchung von Intrusion-Versuchen zu helfen. Derzeit ist das Aufkommen von Intrusion-Traffic im Internet sehr hoch. Wenn sich Ihr Sensor auf einem betriebsamen Netzwerk befindet, kann dieser täglich Megabyte von Daten erzeugen. Augenscheinlich benötigen Sie ein Tool, das den Überwachungs- und Alarmierungsprozess automatisieren kann, da es für einen Menschen nicht möglich ist, eine solch riesige Datenmenge zu durchsuchen und dabei zu irgendwelchen bedeutungsvollen Schlüssen zu kommen.

Für diesen Zweck stehen verschiedene Werkzeuge zur Verfügung. In diesem Kapitel wurden vier dieser Tools, jedes mit einer anderen Funktionalität, vorgestellt. Swatch ist ein Tool für die Log-Datei-Überwachung und Alarmierung in Echtzeit; ACID ist ein interaktives Tool zur Untersuchung der Alarmdatenbank und für die Datenanalyse; SnortSnarf bietet Funktionen für die Erstellung statischer HTML-Berichte aus Log-Dateien und IDScenter ist ein Tool für die zentralisierte Verwaltung und Überwachung von Snort-Installation auf der Windows-Plattform.

Swatch ist ein Perl-Skript. Das Tool überwacht Ihre Log-Dateien auf spezifische Auslöser, und wenn einer dieser Auslöser zutrifft, führt es eine bestimmte Aktion aus. Dies könnte zum Beispiel das Senden einer E-Mail mit einer entsprechenden Nachricht an einen Systemadministrator sein. Es kann jede Textdatei, nicht nur Snort-Alarme überwachen, z. B. die Syslog-Datei auf Brute-Force-Verbindungsversuche. Es ist auch ein Tool für das Sortieren von Alarmen in verschiedene Typen und verschiedene Dateien.

ACID ist eine web-basierende interaktive Konsole für die Untersuchung und Verwaltung der Snort-Alarmdatenbank. Es kann auch Daten von anderen Intrusion Detection-Engines nutzen, vorrausgesetzt, diese Daten werden irgendwie in dieselbe Datenbank importiert. Die Snort-Distribution bietet ein Skript, das einige dieser Alarme importieren kann.

ACID bietet die Möglichkeit, Datenbankabfragen (von Meta-Abfragen auf Signaturebene bis zum Abfragen von Paketinhalten) und Datenbankverwaltungsfunktionen – Trimming und Archivieren von ausgewählten Alarmen – auszuführen. Außerdem verfügt ACID über Tools für die Darstellung von Diagrammen. Mit diesem Tool kann ein Analytiker ausgewählte Ereignisse für die weitere Untersuchung oder zum elektronischen Versenden an bestimmte Personen in logische Gruppen zusammenfassen.

SnortSnarf ist ein nicht-interaktives Tool, das dazu konzipiert ist, manuell oder automatisiert als cron-Job ausgeführt zu werden, um Snort-Log-Dateien zu verarbeiten und ein Reihe von statischen HTML-Dateien mit Informationen über Snort-Alarme zu erstellen. Ein Analytiker kann auch Alarmgruppen und Dateiberichte erstellen, obwohl dieser Teil der Funktionalität im Vergleich zu ACID ein wenig schwerfällig wirkt.

Schließlich handelt es sich bei IDScenter um ein grafisches Werkzeug, das bei der Verwaltung nahezu aller Aspekte einer Windows-basierenden Snort-Installation hilft. Es enthält eine Funktion zur Erstellung von Konfigurationsdateien und einen sehr fortschrittlichen Regel-Editor, es kann spezifische Alarmquellen überwachen und beim Erkennen eines Alarms Aktionen ausführen.

8.7 Lösungen im Schnelldurchlauf

Verwenden von Swatch

- Swatch ist ein Tool für die Überwachung von Log-Dateien, das auf Mustervergleichen basiert.

- Swatch ist ein Perl-Skript mit einer einfachen Funktionalität zum Auflisten von Mustern in Konfigurationsdateien und entsprechenden Aktionen.

- Zu den Aktionen, die Swatch ausführen kann, zählen das Versenden von E-Mails und das Ausführen von willkürlichen Befehlen, wenn eine spezielle Musterentsprechung erkannt wird.

- Es ist praktischer mit Swatch Syslog-Dateien, statt Snort-Alarmdateien zu überwachen, da das Tool einen Vergleich auf Zeilenbasis durchführt und Snort in eine Standard-Alarmdatei Alarme auf mehr als einer Zeile schreibt.

Verwenden von ACID

- ACID arbeitet mit MySQL- oder PostgreSQL-Datenbanken.

- Um korrekt zu funktionieren benötigt es einen Webserver mit PHP 4 und einer Reihe von PHP-Bibliotheken.

- Der Einsatz von ACID kann skaliert werden, so dass verschiedene Webserver mit einer Datenbank arbeiten können oder verschiedene Konsolen verschiedene Zugriffsrechte erhalten.

- Die Suchfunktion ermöglicht das Untersuchen der Datenbank und das Analysieren und Zusammenfügen von Ereignissen.

- Die Datenbankverwaltung ermöglicht das Löschen von Alarmen oder das Verschieben in eine Archivdatenbank.

Verwenden von SnortSnarf

- SnortSnarf verarbeitet Snort-Log-Dateien und erstellt einer Reihe statischer HTML-Seiten mit verschiedenen Details und Beziehungen zwischen Daten. Es kann verschiedene Ereignisse verarbeiten, die nicht in einer Datenbank aufgezeichnet wurden, z. B. Portscan-Log-Dateien.

- Es empfiehlt sich, SnortSnarf in regelmäßigen Abständen als cron-Job auszuführen.

- Wenn Sie SnortSnarf mit einer Referenz auf Ihre Regeldatei ausstatten, schließt es in seinen Ausgaben Informationen zu den jeweiligen Regeln ein, z. B. Regelbeschreibungen oder Links auf Datenbanken mit Informationen zu Exploits.

Verwenden von IDScenter

- IDScenter hilft Ihnen bei der direkten Erstellung einer Snort-Konfigurationsdatei durch das Ausfüllen von Formularen.

- IDScenter enthält einen leistungsfähigen Regelsatz-Editor und kann Sie unmittelbar auf eine Webseite leiten, auf der die fragliche Regel oder der fragliche Alarm beschrieben wird.

- IDScenter kann verschiedene Alarmquellen überwachen, z. B. reine Textdateien, XML-Log-Dateien oder eine MySQL-Datenbank. Wenn ein Alarm protokolliert wird, kann IDScenter eine bestimmte Aktion ausführen, wie beispielsweise das Erzeugen eines akustischen Signals oder das automatische Blockieren eines Eindringlings.

- Der interne Log-Viewer von IDScenter kann Alarme automatisch mit der »whois«-Datenbank oder mit Websites zu Sicherheitslücken verlinken.

8.8 Häufig gestellte Fragen (FAQs, Frequently Asked Questions)

- **F:** Welche Datenbankberechtigungen sind für das ordnungsgemäße Funktionieren von ACID erforderlich?

- **A:** Snort benötigt nur die Privilegien »Insert« und »Select«, um in eine Datenbank zu protokollieren. ACID benötigt das Privileg »Select« für das Ausführen von Abfragen, »Insert« und »Update« für die Unterstützung von Alarmgruppen und das Caching sowie »Delete« für das Löschen von Alarmen.

- **F:** Welche ist die Minimalversion von PHP, die ACID nutzen kann?

- **A:** PHP 4.0.4pl1.

- **F:** Wie kann ich die Unterstützung für die Verarbeitung von Portscan-Dateien durch ACID einrichten?

- **A:** Dies ist ein wenig trickreich. Beim Protokollieren in eine Datenbank zeichnet Snort nur das Auftreten des Portscan-Ereignisses auf, nicht die gesamten Daten zu dem Port. Sie können ACID für die Verarbeitung einer Portscan-Log-Datei im Textformat konfigurieren (sie können jedoch nur eine Datei angeben). Die zu verarbeitende Datei wird über die Variable $portscan\_file$ konfiguriert. ACID speichert die abgerufenen Informationen nicht in einer Datenbank, sondern verarbeitet diese Datei auf Verlangen, daher ist es nicht möglich, nach IPs zu suchen, die in einer Portscan-Datei vorkommen.

- **F:** Wie kann ich meine MySQL-Datenbank nach zahlreichen Lösch- und Archivierungsmanipulationen wieder optimieren?

- **A:** Sie können das folgende Shell-Skript nutzen (achten Sie darauf, dass hier »snort_db« als Name der Datenbank verwendet wird).

```
for table in `echo show tables|mysql snort_db|tail +2`
do
    echo optimize  table $table|mysql snort_db
done
```

- **F:** Wenn ich mein Swatch-Skript im Hintergrunds starte, beendet es sehr schnell seine Ausführung – was kann die Ursache sein?

- **A:** Möglicherweise haben Sie in einer Konfigurationsdatei *echo*-Aktionen genutzt. Hintergrundprozesse dürfen nicht mit der Konsole kommunizieren, wenn ein Alarm mit dieser Aktion ausgelöst wird, wird der Swatch-Prozess durch das System angehalten.

- **F:** Ist es möglich, die Inhalte eines Pakets, das einen Alarm ausgelöst hat, mit SnortSnarf zu durchsuchen?

- **A:** In einem gewissen Maße, ja. Es gibt eine Option namens *–ldir*, die SnortSnarf zwingt, seine Ausgabe-Links in spezielle Log-Dateien einzuschließen, in denen der Alarm gespeichert wurde. Wenn Sie auf einen solchen Link klicken, wird die entsprechende Log-Datei in einem Browser angezeigt. Natürlich müssen sich diese Dateien in einem Verzeichnis befinden, auf das der Web-Server zugreifen kann.

## Kapitel 9

So halten Sie Ihr System auf dem neuesten Stand

Lösungen in diesem Kapitel:

- Anwenden von Patches
- Aktualisieren von Regeln
- Testen der Regelaktualisierungen
- Auf Updates achten

9.1 Einführung

Wie bei vielen anderen Open Source-Projekten unterliegt das Snort Intrusion Detection System (IDS) einer ständigen Weiterentwicklung. Um mit dieser Entwicklung Schritt zu halten und zusätzliche Features aus neuen Releases nutzen zu können, müssen Sie in regelmäßigen Abstanden ein Update Ihrer Installation vornehmen. Gewöhnlich ist der Update-Prozess problemlos – Versionen von Snort sind abwärtskompatibel – daher brauchen Sie nur den Source-Code neu zu kompilieren (wenn Sie selbstständig ein Build von Snort erstellen möchten) oder ein Paket neu zu installieren, beispielsweise ein .RPM-Modul für Red Hat, das Sie über die Distributions-Site beziehen können.

Wie bei allen Open Source-Projekten ist es immer wieder möglich, dass ein Programmierer eine zusätzliche Funktionalität in sein neuestes Snort-Paket integriert hat, das sich aber noch nicht in der vertriebenen Version befindet und das Sie dennoch gerne ausprobieren möchten. In diesem Fall können Sie Ihren Snort-Source-Code mit den Änderungen dieses Programmierers patchen und die Ergebnisse prüfen.

Die wichtigsten Aktualisierungen sind die Regel-Updates, die auf die Snort-Sensoren angewendet werden sollten. Regel-Updates werden von Dritten als Reaktion auf bestimmte Zwischenfälle entwickelt, wie z. B. bei unaufhaltbaren Angriffen wie CodeRed oder den kürzlich aufgetretenen MS SQL-Slammer-Würmern. Zahlreiche Regel-Datenbanken werden regelmäßig aktualisiert und stehen auf verschiedenen Websites zur Verfügung, z. B. www.snort.org oder www.whitehats.com. Wenn Sie auf dem neuesten Stand bleiben möchten, sollten Sie eine oder mehrerer dieser Quellen überwachen. Zur Ausführung dieser Aufgabe stehen zahlreiche Tools zur Verfügung, deren Verwendung in diesem Kapitel beschrieben wird.

9.2   Anwenden von Patches

Wenn Sie Snort als Netzwerk Intrusion Detection System (NIDS) in einer Produktivumgebung einsetzen, brauchen Sie es vielleicht nie zu patchen. Im gesamten Entwicklungsverlauf von Snort werden alle wichtigen Änderungen oder Bug-Fixes als Teil von neuen kleineren und größeren Releases verteilt. Für das Updaten von Snort müssen Sie gewöhnlich ein neues Paket herabladen und es dann über das vorhandene installieren. Die grundlegende Abwärtskompatibilität mit vorangegangenen Snort-Versionen wird selten durchbrochen. Während des letzten Jahres traten die bedeutsamsten Kompatibilitätsprobleme im Zusammenhang mit Änderungen am Datenbank-Schema (das vom Datenbank-Logging-Plugin snortdb genutzt wird) auf.

> **Oink!**
>
> Es ist bei einem in einer Produktionsumgebung betriebenen System nicht empfehlenswert, Patches anzuwenden, die zwischen den Releases liegen, es sei denn, es liegt ein Notfall wie eine schwerwiegende Sicherheitslücke vor. Wie zuvor bemerkt, reagieren die Snort-Entwickler schnell, wenn ein Problem in einer herausgegebenen Paketversion auftaucht.

Wenn Sie an der brandneuen Funktionalität interessiert sind, sollten Sie Snort über eine CVS-Website herabladen und installieren (weitere Informationen erhalten Sie in Kapitel 3, »Installieren von Snort«, im Abschnitt *Installieren aus dem Quell-Code*).

Der Download der Snort-Source über CVS ist recht einfach. Sie können den Source-Code über einen anonymen CVS-Server herabladen:

```
cvs -d:pserver:anonymous@cvs.snort.sourceforge.net:/cvsroot/snort login
cvs -z3 -d:pserver:anonymous@cvs.snort.sourceforge.net:/cvsroot/
snort co snort
```

Danach brauchen Sie für das Update nur einen Befehl ausführen (aus dem Root-Verzeichnis Ihres Snort-Source-Verzeichnisses oder aus dem Regel-Ordner, um nur ein Update der Regeln durchzuführen):

```
cvs -z3 update
```

Wenn Sie dennoch ein spezifisches Patch auf ein Modul anwenden müssen, das sich nicht in der CVS-Quelle befindet, können Sie eine .DIFF-Datei verwenden. Sie enthält die tatsächlichen Patch-Informationen für eine oder mehrere Quelldateien, um damit dann ein UNIX-Standard-Patch-Programm zum Anwenden des Patches durchzuführen. Normalerweise gleicht der Befehl dem folgenden Beispiel:

```
patch -p0 originalfile < patchfile
```

In dem gezeigten Syntaxbeispiel steht *originalfile* für die zu modifizierende Datei und *patchfile* für die Datei mit der Patch-Information (.DIFF-Datei).

Nach der Anwendung des Patches müssen Sie ein neues Build von Snort erstellen.

9.3 Aktualisieren der Regeln

Die wichtigsten Updates für ein IDS sind die Änderungen in den Regeln. Dies können neue Regeln oder Änderungen an bestehenden Regeln sein; beispielsweise wird eine aktualisierte Regel weniger False-Positives und/oder False-Negatives generieren. Regeln können auch in den Bereichen ihrer Klassifizierung (»classtype«) oder ihrer externen Referenzen (»reference«) aktualisiert werden.

9.3.1 Wie werden Regeln verwaltet?

Es gibt zahlreiche Quellen für Snort-Regeln – die wichtigste finden Sie unter www.snort.org. Ein aktueller Regelsatz ist im Verzeichnis www.snort.org/dl/ rules abgelegt. Die zweite Stelle, an der Sie Snort-Regeln finden können, ist die Website www.whitehats.com. Der sich dort befindende Regelsatz unterscheidet sich etwas von dem unter www.snort.org. In der Vergangenheit war diese Site, da sie fast täglich aktualisiert wurde, immer populärer geworden, mittlerweile hat die Snort-Site jedoch wieder aufgeholt. So weit es festgestellt werden konnte, verfügt die Site über eine umfangreiche Regel-Datenbank, die ebenfalls laufend aktualisiert wird. Die Regeln auf der Snort-Site werden von Snort-Entwicklern modifiziert, hinzugefügt oder durch Anwender an eine spezielle »Snort-Sigs«-Mailingliste übermittelt. Jeder kann Regeln in diesen Pool einfügen. Wenn Sie daran interessiert sind, eigene Regeln beizutragen, sollten Sie sich unter www.snort.org/ snort-db/help.html über den Übermittlungsvorgang informieren. Jede Regel, die an die Snort-Website übermittelt werden soll, muss wie in Abbildung 9.1 gezeigt, beschrieben und formatiert sein (Auszug aus www.snort.org/snort-db/ snort-sid-template.txt).

```
# This is a template for submitting snort signature descriptions to
# the snort.org website
#
# Ensure that your descriptions are your own
# and not the work of others.  References in the rules themselves
# should be used for linking to other's work.
#
# If you are unsure of some part of a rule, use that as a commentary
# and someone else perhaps will be able to fix it.
#
# $Id$
#
#
```

```
Rule:
--
Sid:
--
Summary:
--
Impact:
--
Detailed Information:
--
Attack Scenarios:
--
Ease of Attack:
--
False Positives:
--
False Negatives:
--
Corrective Action:
--
Contributors:
--
Additional References:
```

Abb. 9.1:   Vorlage für die Übermittlung von Regeln

Angriffe, für die besonders dringend Signaturen benötigt werden, sind unter `www.snort.org/cgi-bin/needed.cgi` aufgelistet. Die neuesten Regeln finden Sie auch im Zweig HEAD (development) des CVS- Repositories für Snort.

Schaden & Abwehr

Ändern und Verwalten der Snort-Regeln

Neben technischen Aspekten gibt es noch weitere Themen im Zusammenhang mit der Regel-Verwaltung. Ein Upgrade eines Produktionssystems entspricht einer Änderung bei den Softwareprodukten. Dies beinhaltet die Verwaltung der Änderungen als Kernprozess, der sicherstellt, dass jede Änderung in einer konsistenten Weise getestet, genehmigt und implementiert wird und dass jederzeit ein Rollback-Plan zur Verfügung steht, wenn etwas schief geht.

In Hinblick auf Wartung und Pflege von Regeln enthält der Prozess folgende Schritte:

1. Beschaffung der neuen Regeln oder der Änderungen für vorhandene.

2. Testen der neuen oder modifizierten Regelsätze auf einem separaten (nicht-produktiven) System, um die Korrektheit des Regelsatzes zu überprüfen (weitere Informationen folgen im Abschnitt *Testen der Regel-Updates*).

3. Ausführen von Snort mit diesem Regelsatz über einen vorbestimmten Zeitraum, wobei die möglichen Alarme beobachtet werden sollten – gibt es zu viele False-Positives/False-Negatives usw.?

4. Entscheiden, wann dieser Regelsatz auf ein Produktionssystem angewandt werden soll, und diese Änderung von einer befugten Person (z. B. dem Besitzer des Systems) bestätigen lassen

5. Implementieren der Änderung

6. Sollten bei der Implementierung Probleme auftreten, führen Sie den Rollback-Plan aus, und untersuchen Sie die Fehlerursache.

9.3.2 Wie erhalten Sie Updates für die Regeln?

Die Methode für das Erhalten von Regel-Updates hängt von der Wahl Ihrer Hauptinformationsquelle für Regeln ab. Wie bereits erwähnt, gibt es viele Optionen, darunter die Websites snort.org. oder whitehats.com, zahlreiche Mailing-Listen, das CVS-Repository und Fundstellen anderer Personen. Im Gegensatz zu den vielen Optionen für das Beschaffen von Regel-Updates gibt es nur zwei Optionen, wenn es um das Implementieren von Updates für Ihre Regelsätze geht:

- Sie führen den Vorgang manuell aus. Dazu müssen Sie Dateien mit neuen Signaturen herabladen oder selbst erstellen und sie dann in Ihre Regelsätze einfügen.

- Teil- oder vollständige Automatisierung des Update-Prozesses.

Wenn auf Ihrem System eine minimale Anzahl von Regeln verwendet wird, dann haben Sie wahrscheinlich genug Zeit, um die manuelle Update-Methode durchzuführen. Es ist wirklich die beste Methode zur Aktualisierung Ihres Regel-Pools, da Sie dabei jede Regel und ihren Nutzen für Ihr Setup überprüfen und untersuchen können. Wenn sich in Ihrer Regel-Datenbank zu viele Regeln befinden und Sie den Prozess automatisieren möchten, stehen Ihnen dafür verschiedene Tools zur Verfügung:

- Für UNIX-Plattformen ist eines davon Oinkmaster, das auch auf jedem Perl-fähigen Windows-System ausgeführt werden kann.

- Für Windows können Sie auch IDScenter nutzen (siehe Kapitel 8, »Tools für die Datenanalyse«), das die Bearbeitung von Regeln vereinfacht. Beachten Sie, dass IDScenter keine Hilfsfunktion für den Download der Regeln bietet.

Oinkmaster

Oinkmaster ist ein Perl-Skript, das den Download- und Zusammenschlussprozess von Snort-Regeln automatisiert. Die entsprechende Homepage finden Sie unter `http://nitzer.dhs.org/oinkmaster/`. Sie erhalten es auch über die Snort-Site im Bereich Downloads/Contributions. Neben einem Perl-Interpreter benötigt Oinkmaster Perl, tar, gzip und wget auf dem System, auf dem das Tool ausgeführt werden soll.

Oinkmaster ruft die Snort-Regeln von der Archivadresse ab, die in der Datei oinkmaster.conf angegeben ist, kommentiert die nicht erwünschten Regeln aus und zeigt an, welche Regeln sich seit dem letzten Update geändert haben. Nicht erwünschte Regeln werden in der Datei oinkmaster.conf angegeben – damit können Sie festlegen, dass einige Regeln niemals in die aktualisierten Regelsätze eingeschlossen werden. In dieser Datei können Sie Oinkmaster anweisen, komplette Dateien auszuschließen, die Sie nicht aktualisieren oder auf Änderungen hin prüfen möchten (beispielsweise befinden sich in der Distribution der Dateien von snort.org alle ICMP-Regeln in der Datei imcp-infor.rules – wenn Sie sicher sind, dass Sie diese Regeln nicht benötigen, können Sie diese Datei als »nicht erwünscht« angeben). Folgende Dateien in dem Archiv werden aktualisiert und auf Änderungen geprüft (oder hinzugefügt, wenn Sie auf Ihrem System fehlen).

```
*.RULES
*.CONF
*.CONFIG
*.TXT
*.MAP
```

Dieses Skript kann manuell oder als cron-Job ausgeführt werden. Wir weisen hier jedoch ausdrücklich noch einmal darauf hin, dass die vollständig automatisierte Aktualisierung von Regeln nicht empfohlen wird, da ein Tippfehler in einem herabgeladenen System ein Chaos auf Ihrem gesamten Regel-Pool anrichten kann. Auf jeden Fall ist es zumindest empfohlen, einen neuen Regelsatz vor seiner Implementierung in einem Produktionssystem erst zu testen (weitere Informationen folgen im Abschnitt *Testen von Regel-Updates*).

Die folgenden Beispiele zeigen die wichtigsten Konfigurationsdirektiven in einer Oinkmaster-Konfigurations-Datei (oinkmaster.conf).

```
url = http://www.snort.org/dl/signatures/snortrules.tar.gz
```

Diese Direkte gibt den Pfad zu dem Ablageort für den Download der Updates an. Wenn Sie die Regeln über whitehats.com beziehen, müssten Sie die Direktive wie folgt modifizieren.

```
url = http://www.whitehats.org/ids/vison18.tar.gz
```

Mit der folgenden Direktive instruieren Sie Oinkmaster, die Datei local.rule nicht zu aktualisieren.

```
skipfile local.rules
```

Folgende Zeile werden Sie definitiv in der Datei oinkmaster.conf benötigen, da die Datei snort.conf Ihre eigenen Einstellungen enthält und es keinen Sinn machen würde, wenn sie durch eine heruntergeladene Version ersetzt würde.

```
skipfile snort.conf
```

Wenn Sie darüber hinaus auch Barnyard nicht einsetzen, brauchen Sie auch die SID-Zuordnungsdatei nicht zu aktualisieren.

```
skipfile sid-msg.map
```

Die folgenden Zeilen, oder ähnliche Zeilen, unterbinden die Aktualisierung von Signaturen mit den angegebenen Nummern (in diesem Fall 1, 2 und 3):

```
disablesid 1
disablesid 2
disablesid 3
```

Das Skript Oinkmaster wird wie folgt ausgeführt, wobei *rulesdirectory* für das Verzeichnis steht, in dem sich die alten Regeln und, nach der Ausführung, die aktualisierten Regelsätze befinden:

```
./oinkmaster.pl -o rulesdirectory
```

Hier einige nützliche Kommandozeilenoptionen:

- *−c* Weist Oinkmaster an, nur die Informationen zu den Änderungen anzuzeigen, die seit dem vorherigen Download geändert wurden. Die Regel-Dateien werden dabei nicht verändert.

- *−b* Legt ein Backup-Verzeichnis für die alten Regel-Dateien an.

Oinkmaster kann wie folgt als cron-Job ausgeführt werden:

```
30 2 * * * cd /usr/local/oinkmaster; ./oinkmaster.pl -o /snort/rules/ -
b /snort/backup 2>&1
```

Nach jeder Ausführung zeigt das Skript Informationen über die Änderungen in den Regelsätzen an (*added, enabled, disabled* usw.). Zu den Informationstypen, die das Skript produziert, zählen:

- **Added**   Dies ist eine neue Regel; ihre SID ist nicht in der alten Regel-Datei vorhanden.

- **Enabled**   Die Regel mit dieser SID war in der alten Regel-Datei auskommentiert, wurde nun aber aktiviert (die Kommentierung wurde entfernt) (dies kann durch das Entfernen der SID der Regel aus der Datei oinkmaster.conf verursacht worden sein).

- **Enabled and modified**   Die Regel mit dieser SID war in der alten Regel-Datei auskommentiert, wurde aber nun aktiviert und modifiziert.

- **Removed**   Die Regel mit dieser SID ist in der neuen Datei nicht vorhanden.

- **Disabled**   Die Regel mit dieser SID ist immer noch vorhanden, wurde aber nun auskommentiert (entweder weil sie nun in der herabgeladenen Datei auskommentiert ist oder weil ihre SID in der Datei oinkmaster.conf aufgelistet ist).

- **Disabled and modified**   Die Regel mit dieser SID ist immer noch vorhanden, wurde aber nun auskommentiert. Die eigentliche Regel wurde zudem modifiziert.

- **Modified active**   Die Regel mit dieser SID wurde geändert, bleibt aber aktiv.

- **Modified inactive**   Die Regel mit dieser SID wurde geändert, bleibt aber inaktiv (auskommentiert).

Abbildung 9.2 zeigt eine Beispielausgabe des Skripts oinkmaster.pl.

```
[***] Results from Oinkmaster started Tue Dec 25 23:36:07 2002 [***]

[*] Rules added/removed/modified: [*]

  [---]           Removed:          [---]
 -> File: web-cgi.rules:
    alert tcp $EXTERNAL_NET any -> $HTTP_SERVERS 80 (msg:"WEB-
  CGI infosearch fname"; flags: A+; uricontent:
"fname=|7c|";reference:arachnids,290;classtype:attempted-
  recon; sid:822; rev:1;)


  [///]           Modified active:          [///]
 -> File: dos.rules:
   Old: alert tcp $EXTERNAL_NET any -
   > $HOME_NET 7070 (msg:"DOS Real Server template.html"; flags: A+;
content:"/viewsource/
   template.html?"; nocase;reference:bugtraq,1288; classtype:
   attempted-dos; sid:277; rev:1;)
```

```
 New: alert tcp $EXTERNAL_NET any -
  > $HOME_NET 7070 (msg:"DOS Real Server template.html"; flags: A+;
content:"/viewsource/template.html?"; nocase; reference:cve,CVE-2000-
  0474; reference:bugtraq,1288;
classtype:attempted-dos; sid:277; rev:2;)


[*] Non-rule lines added/removed/modified: [*]
   None.


[*] Added files: [*]
   None.
```

Abb. 9.2:   Änderungen in den Regel-Dateien dokumentiert durch das Skript Oinkmaster

Wie Sie erkennen können, wurde eine Regel aus der Datei web-cgi.rules entfernt, während zwei Regeln in der Datei dos.rules modifiziert wurden.

Hinweis

Wenn Sie bei der Aktualisierung von Regeln vorsichtig vorgehen möchten, sollten Sie das Skript Oinkmaster mit der Option *–c* ausführen. Auf diese Weise wird nur ein Bericht über die Änderungen angezeigt, die Regeln selbst werden dabei nicht modifiziert. Dann müssen Sie diesen Bericht auf aktualisierte und hinzugefügte Regeln überprüfen und entscheiden, ob Sie diese so übernehmen oder noch Änderungen vornehmen möchten.

9.3.3   Wie führen Sie diese Änderungen zusammen?

Manchmal müssen Sie zahlreiche Regel-Dateien, die Sie von verschiedenen Stellen herabgeladen haben, zusammenführen. Glücklicherweise gibt es ein universelles Nummerierungssystem für die Regeln (SID-Nummern), das von allen Regel-Verwaltern eingehalten wird. Darüber hinaus hat jede Regel (seit Snort 1.8) eine »Revisionsnummer«, die ein automatisches Überprüfen von zwei Versionen einer Regel ermöglicht. Diese Revisionsnummer wird im Abschnitt *rev* der Regeldefinition angegeben, z. B.:

```
alert tcp $EXTERNAL_NET any -> $HTTP_SERVERS $HTTP_PORTS (msg:"WEB-
MISC cross site scripting attempt"; flow:to_server,established; content:
"<SCRIPT>"; nocase; classtype:web-application-attack; sid:1497; rev:6;)
```

Die hier gezeigte Definition ist die sechste Revision einer Regel mit der SID 1497. Die Snort-Distribution beinhaltet ein C-Programm namens snortpp.c, das die Zusammenführung unter Berücksichtigung der entsprechenden SIDs und Revisionsnummern ermöglicht. Wenn zwei oder mehrere Eingabedateien Definitionen derselben Regel beinhalten, wird nur die Definition mit der höchsten Revisionsnummer in die Ausgabedatei eingeschlossen.

Sie starten das Programm wie folgt:

```
snortpp –o outputfile rulesfile1 rulesfile2 ... rulesfileN
```

Wenn die Option –o nicht angegeben ist, werden die Ergebnisse auf der Standardausgabe (stdout) ausgegeben.

Verwenden von IDScenter für das Zusammenführen von Regeln

Unter Windows ist es möglich, den Regel-Editor aus dem Programm IDScenter zu nutzen. Mit diesem Editor können Sie Regel-Dateien zusammenführen und Regeln innerhalb von Dateien individuell aktivieren bzw. deaktivieren. Auf dem Bildschirm RULES/SIGNATURE können Sie im Abschnitt IDS RULES eine Datei mit Regeln auswählen und im Fenster EDITOR öffnen. Im Fenster EDITOR befindet sich die Schaltfläche namens IMPORT, über die Sie eine beliebige Textdatei auswählen können. Diese Datei wird mit der editierten Datei zusammengeführt. Danach können Sie spezielle Regeln in der resultierenden Datei aktivieren, bearbeiten oder deaktivieren. Abbildung 9.3 zeigt das Dialogfenster RULE IMPORT. Nach der Überprüfung kann das Ergebnis gespeichert oder verworfen werden.

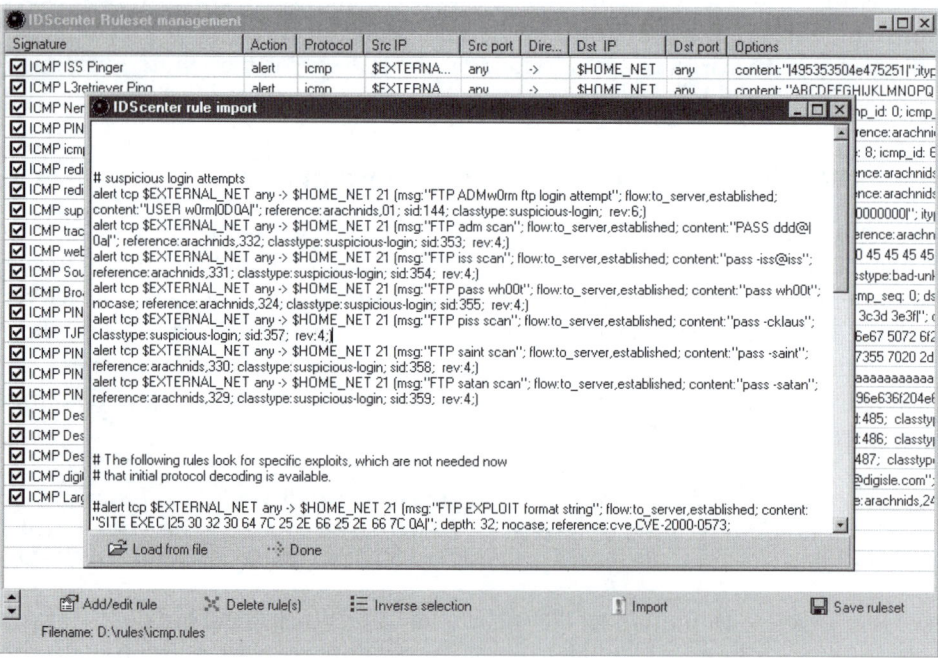

Abb. 9.3:   Zusammenführen von Regel-Dateien in IDScenter

9.4 Testen der Regel-Updates

Sie sollten jede Änderung im Regel-Pool testen. Einfache Tippfehler in einer Regel oder in der Konfigurationszeile können den erfolgreichen Start von Snort vereiteln, oder aber die Regel wird ignoriert. Möglich ist auch, dass das System sich anders verhält als erwartet. Eines der Argumente gegen ein vollautomatisiertes Update Ihrer Regeln (beispielsweise Oinkmaster als cron-Job ausführen und Snort nach der Aktualisierung neu starten zu lassen) ist, dass Snort, wenn etwas während des Update-Prozesses schief geht, nicht startet. Wenn dies geschieht und Sie keinerlei Überwachungsprozesse für Snort eingerichtet haben, kann es eine Weile dauern, bis Sie feststellen, dass Ihr Snort-IDS außer Betrieb ist. In einer Produktionsumgebung ist dies keine empfehlenswerte Situation – die Autoren sind der Meinung, es ist besser, ein IDS mit einem leicht (aber nicht sehr) veralteten Regelsatz auszuführen als ein Netzwerk mit einem nicht funktionierenden IDS zu betreiben.

Tool & Traps...

So erhalten Sie Snort am Leben

Sie können auf verschiedene Weise testen, ob der Snort-Prozess ausgeführt wird. Hierzu können Sie z. B. ein Skript wie im Folgenden gezeigt schreiben.

```
#!/bin/sh
#
#check-snort script -
 if snort process is not running, it sends an email alert to the root u
ser
if [ `pgrep snort` = "" ] ; then
        echo "Snort is dead!" | mail root
        exit 0
    fi
```

Führen Sie es dann als cron-Job durch den folgenden Eintrag aus:

```
15 * * * * /usr/local/bin/snort-check
```

Es ist möglich, die Skript-Aktion so zu ändern, dass Snort mit den korrekten Parametern neu gestartet wird, wenn es nicht laufen sollte. Eine weitere Möglichkeit wäre die Verwendung eines »daemontools«-Pakets für die Überwachung des Snort-Prozesses. Dieses Tool befindet sich unter `http://cr.yp.to/daemontools.html`.

Die einfachste Methode für die Überprüfung neuer Regelsätze ist die Ausführung der neuen Snort-Konfiguration mit der Option *−T* (und ohne die Option *−D*, die den Snort-Prozess in den Hintergrund stellt – während des Teststadiums ist dies nicht erforderlich). Auf diese Weise wird die Konfiguration mit entsprechender Anzeige der Diskrepanzen geprüft. Die Abbildung 9.4 zeigt eine Beispielausgabe

```
[root@snort root]# snort -c /etc/snort/snort.conf -T
Initializing Output Plugins!
Log directory = /var/log/snort

Initializing Network Interface eth0


        --== Initializing Snort ==--
Decoding Ethernet on interface eth0
Initializing Preprocessors!
Initializing Plug-ins!
Parsing Rules file /etc/snort/snort.conf


+++++++++++++++++++++++++++++++++++++++++++++++++++++
Initializing rule chains...
No arguments to frag2 directive, setting defaults to:
    Fragment timeout: 60 seconds
    Fragment memory cap: 4194304 bytes
    Fragment min_ttl:   0
    Fragment ttl_limit: 5
    Fragment Problems: 0
Stream4 config:
    Stateful inspection: ACTIVE
    Session statistics: INACTIVE
    Session timeout: 30 seconds
    Session memory cap: 8388608 bytes
    State alerts: INACTIVE
    Evasion alerts: INACTIVE
    Scan alerts: ACTIVE
    Log Flushed Streams: INACTIVE
    MinTTL: 1
    TTL Limit: 5
    Async Link: 0
No arguments to stream4_reassemble, setting defaults:
    Reassemble client: ACTIVE
    Reassemble server: INACTIVE
    Reassemble ports: 21 23 25 53 80 143 110 111 513
    Reassembly alerts: ACTIVE
    Reassembly method: FAVOR_OLD
http_decode arguments:
    Unicode decoding
    IIS alternate Unicode decoding
    IIS double encoding vuln
```

```
    Flip backslash to slash
    Include additional whitespace separators
    Ports to decode http on: 80
rpc_decode arguments:
    Ports to decode RPC on: 111 32771
telnet_decode arguments:
    Ports to decode telnet on: 21 23 25 119
Conversation Config:
    KeepStats: 0
    Conv Count: 32000
    Timeout   : 60
    Alert Odd?: 0
    Allowed IP Protocols:  All


Portscan2 config:
    log: /var/log/snort/scan.log
    scanners_max: 3200
    targets_max: 5000
    target_limit: 5
    port_limit: 20
    timeout: 60
database: compiled support for ( mysql )
database: configured to use mysql
database:            user = root
database: password is set
database: database name = snortdb
database:            host = localhost
database:    sensor name = 10.1.1.30
database:       sensor id = 1
database: schema version = 106
database: using the "log" facility
1276 Snort rules read...
1276 Option Chains linked into 131 Chain Headers
0 Dynamic rules
+++++++++++++++++++++++++++++++++++++++++++++++++++++

Rule application order: ->activation->dynamic->alert->pass->log


        --== Initialization Complete ==--

-*> Snort! <*-
Snort sucessfully loaded all rules and checked all rule chains!
database: Closing connection to database "snortdb"
```

Abb. 9.4: Ausgabe bei der Ausführung des Befehls Snort –T

Die Ausgabe besteht aus mehreren Teilen. Der erste Teil ist die Initialisierung der Ausgabe-Plugins. Dann beginnt Snort mit dem Laden der Konfiguration für die Präprozessoren und Regelsätze aus der Konfigurationsdatei. Es listet die Parameter des Präprozessor-Plugins und die aktivierten Ausgabeformate auf. Die fettgedruckte Phrase – Snort successfully loaded all rules and checked all rule chains! – sagt aus, dass die Konfiguration akzeptiert wurde. Wenn in einer der Regeln ein Tippfehler vorhanden gewesen wäre – z. B. ein vergessenes Leerzeichen –, hätte die Ausgabe etwa wie folgt ausgesehen:

```
database:    sensor name = 10.1.1.30
database:    sensor id = 1
database:    schema version = 106
database:    using the "log" facility
ERROR /etc/snort/smtp.rules (9) => Invalid port: 25(msg
Fatal Error, Quitting..
```

Hier wurde der Fehler in Zeile 9 der Datei smtp.rules entdeckt. Snort startet erst, wenn dieser Fehler behoben oder auskommentiert ist.

Auf Windows-Plattformen können Sie die Einstellungen mit Hilfe von IDScenter testen, in dem Sie auf Schaltfläche TEST SETTINGS im oberen Teil des Bildschirms klicken. Auf diese Weise wird wie im ersten Beispiel Snort mit der zusätzlichen Option –T gestartet (siehe Abbildung 9.5).

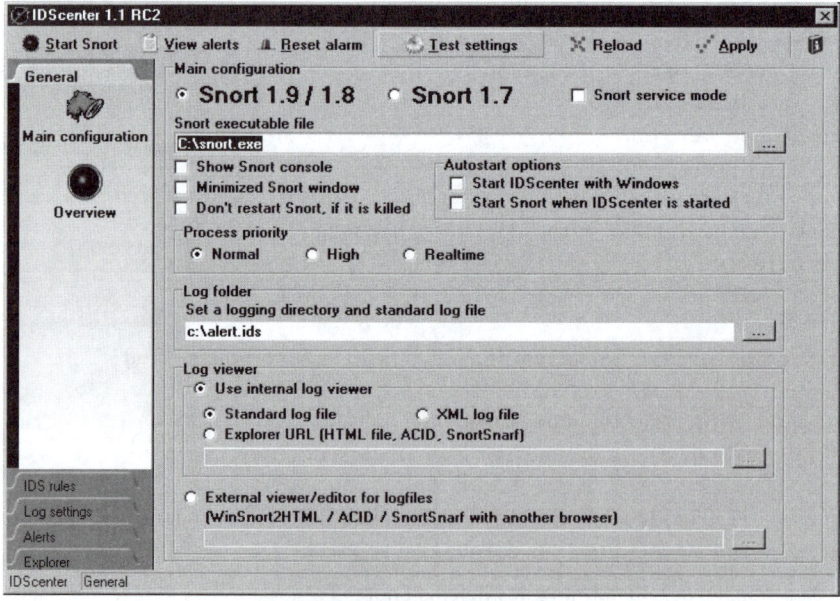

Abb. 9.5:   Testen der neuen Snort-Konfiguration mit IDScenter

9.4.1 Testen der neuen Regeln

Sie können auf verschiedene Weise testen, ob Snort die neuen Regeln erkennt. Am besten versuchen Sie, die zugehörigen Exploits auf dem überwachten Netzwerk anzuwenden. Es gibt aber auch Werkzeuge, die das Testen von speziellen Regeln auf der Basis ihrer Beschreibungen ermöglichen. Hier die populärsten dieser Tools:

■ Snot, das zum Download unter `www.stolenshoes.net/sniph/index.html` zur Verfügung steht.

■ Sneeze, das zum Download unter `http://snort.sourceforge.net/sneeze-1.0.tar` zur Verfügung steht.

Beide Tools arbeiten insofern gleich, als dass sie zu einem gegebenen Regelsatz genau den Traffic generieren, der diese Regeln normalerweise auslösen würde. Sie können die Regeln, die Sie testen möchten, in eine Datei innerhalb des Snort-Verzeichnisses (z. B. als »test.rules«) setzen und Snort wie folgt ausführen:

```
snot -r test.rules -d destination_host -s source_host -n number_of_
packets
```

Snort sollte *number_of_packets* Alarme mit der Quell-IP-Adresse *source_host* und dem Ziel *destination_host* erkennen. Dies funktioniert nicht bei den Signaturen, bei denen eine eingerichtete TCP-Verbindung vorhanden sein muss, es gibt Ihnen dennoch einen groben Überblick über die Erkennungsfähigkeiten.

Sneeze ist ein Perl-Skript mit ähnlicher Funktionalität.

9.5 Auf Updates achten

Es gibt zahlreiche Quellen für Informationen über neue Regeln:

■ Sicherheits-Mailing-Listen, besonders solche, die von den Snort-Entwicklern verwaltet werden, z. B. die `www.snort.org`-Datenbank (`www.snort.org/snort-db`).

■ Snort-CVS-Repository, besonders der Zweig development (Zugriffsmöglichkeiten bestehen auch über das Web unter `http://cvs.sourceforge.net/cgi-bin/viewcvs.cgi/snort/snort/doc/signatures/?only_with_tag=HEAD`).

■ Sie können auch eigene Signaturen auf der Basis der Informationen über Exploits in der Bugtraq-Mailing-Liste oder ähnlichen Listen entwickeln (weitere Informationen zum Schreiben von Regeln finden Sie in Kapitel 5, »Spiel nach Regeln«).

9.5.1   Mailing-Listen und neue Dienste, die Sie beobachten sollten

Die wichtigste Mailing-Liste, die der Snort-Signatur-Entwicklung gewidmet ist, ist die Liste »Snort-Sigs«. Sie können Sie unter `https://lists.sourceforge.net/mailman/listinfo/snort-sigs` abonnieren. Die Informationen in dieser Liste drehen sich um die Übermittlung neuer Regeln und um Diskussionen über Verbesserungen an vorhandenen Regeln. Gelegentlich finden Sie hier einige Tipps zur Regel-Verwaltung. Für Regeln von der Snort-CVS-Site sollten Sie auch die Liste »snort-cvsinfo« (`https://lists.sourceforge.net/mailman/listinfo/snort-cvsinfo`) im Auge behalten, obwohl die Informationen über Regel-Änderungen, die sich in der in der CVS-Datenbank befinden, gewöhnlich auch in der »Snort-Sigs«-Liste dokumentiert sind.

Allgemeine Sicherheitslisten bieten selten Unterstützung für Snort-Signaturen, doch sind sie stets eine gute Quelle, um Ideen für die Entwicklung neuer Regeln abzuleiten. Außerdem ist es hilfreich, wenn Sie Ihre neuen Snort-Regeln an die »Snort-Sigs«-Liste übermitteln. Vergessen Sie nicht, die in Abbildung 9.1 gezeigte Vorlage zu nutzen. Die Liste der »most wanted« oder unvollständigen Signaturen finden Sie unter `www.snort.org/cgi-bin/needed.cgi`.

Die Whitehats-Website bietet einen regelmäßig aktualisierten Regelsatz. Dort finden Sie auch einige Regel-Sätze die durch das Exportieren von Regeln anderer IDSs wie Dragon oder Defenseworx erstellt wurden (`www.whitehats.com/ids/`). Außerdem gibt es dort ein Forum für den Informationsaustausch über neue Signaturen (`www.whitehats.com/cgi/forum/messages.cgi?bbs=forum&f=2`). Verglichen mit der »Snort-Sigs«-Mailing-Liste ist dort jedoch keine so hohe Betriebsamkeit zu bemerken.

9.6   Zusammenfassung

Snort ist ein Open Source-IDS, das sich als solches unter fortwährender Entwicklung befindet. Neue kleinere und größere Releases werden regelmäßig herausgegeben. Um Ihr IDS auf dem aktuellsten Stand zu halten, müssen Sie Ihre Installation in regelmäßigen Abständen aktualisieren. Die Aktualisierung der Executables muss nicht bei jedem neu erscheinenden Release erfolgen, dies gilt besonders für Produktionssysteme. Jedes Upgrade muss sorgfältig überdacht werden.

Der Vorgang für das Aktualisieren von Executables ist recht einfach, da die Abwärtskompatibilität gewöhnlich gewährleistet ist. Es ist normalerweise möglich, ein neues Executable über das alte zu installieren, während die Konfigurationsdaten erhalten bleiben.

Viel wichtiger sind die Updates der Regeln. Diese sollten einer regelmäßigen Überwachung unterliegen. Es gibt halb-automatisierte Tools für die Regel-Verwaltung. Oinkmaster ist das derzeit beste Tool. Mit diesem Tool können Sie neue Regelsätze herunterladen und mit den alten vergleichen, ohne direkt Änderungen an den bestehenden Regeln vornehmen zu müssen. Dennoch empfiehlt es sich, neue und modifizierte Regeln manuell zu überprüfen, bevor Sie diese in die Snort-Konfigurationsdateien einfügen. Für UNIX und Windows stehen außerdem Tools zum Zusammenführen von Regeln zur Verfügung. Die Schlüsselworte *sid* und *rev* in einer Regel-Definition ermöglichen die eindeutige Identifikation von Regeln und den entsprechende Revisionen während des Update-Prozesses.

Jede neue Konfiguration von Snort muss getestet werden. Die einfachste Methode dafür ist das Ausführen von Snort mit der Option *–T*. Damit wird eine Konfigurationsüberprüfung durchgeführt. Sollten dabei Fehler auftreten, wird ein entsprechender Bericht ausgegeben. Mit den Tools Snot and Sneeze können Sie Traffic simulieren, der Snort-Regeln entspricht und damit erkannt werden sollte. Beide nutzen Regeln aus der angegebenen Datei und produzieren IP-Pakete, die die Signaturen auslösen.

Die Hauptinformationsquelle für neue Regeln ist die Website `www.snort.org`. Es gibt auch eine »Snort-Sigs«-Mailing-Liste, die der Signatur-Übermittlung gewidmet ist. Dort finden Sie auch Diskussionen über die Entwicklung von Regeln. Eine weitere wertvolle Ressource ist Website `www.whitehats.com`, die zahlreiche Regel-Sätze enthält, einschließlich solcher, die von anderen IDSs importiert wurden. Unter dieser Adresse finden Sie auch ein Web-Forum, in dem Snort diskutiert wird. Außerdem können Sie Regeln auch vom Snort-CVS-Repository herunterladen.

9.7 Lösungen im Schnelldurchlauf

Anwenden von Patches

- Snort kann aktualisiert werden, indem Sie ein neues Distributions-Paket über das alte installieren. Dabei wird dessen Konfiguration bewahrt.

- Sie können Snort auch aktualisieren, indem Sie das CVS-Repository auf neuen Source-Code hin überprüfen und diesen neu kompilieren.

- Sie können spezifische Patches mit dem üblichen UNIX-Befehl *patch* anwenden.

Aktualisieren von Regeln

- Regel müssen regelmäßig aktualisiert werden – je häufiger, desto besser. Dies sollte jedoch nicht in Konflikt mit der Verfügbarkeit von Snort als IDS geraten – je länger ein IDS online ist, desto besser.

- Regeln können manuell (die beste, aber auch zeit-aufwändigste Methode) oder in einer halb- (oder voll-) automatisierten Form aktualisiert werden.

- Das beste Tool für automatische Regel-Updates ist das Perl-Skript Oinkmaster. Es kann neue Regeln herunterladen, diese mit vorhandenen vergleichen und (bei Bedarf) Änderungen in der Konfiguration vornehmen. Oinkmaster bietet viele Konfigurationsoptionen – Sie können die Aktualisierung bestimmter Dateien deaktivieren oder Regel-Dateien komplett übergehen.

■ Die Snort-Distribution enthält ein Programm namens snortpp.c, das mehrere Regel-Dateien in einer Datei zusammenführen kann. Es prüft dabei die Revisionsnummer einer Regel und übernimmt in der resultierenden Datei nur die Definitionen mit der jeweils höchsten Version.

Testen der Regel-Updates

■ Wenn Sie Snort unter Verwendung der Option –*T* im Testmodus ausführen, können Sie die jeweils neue Konfiguration von Snort austesten.

■ Sie können mit den Tools Snot und Sneeze Traffic generieren, der spezifische Regeln auslöst, um zu prüfen, ob und wie Snort diesen Traffic erkennt.

Auf Updates achten

■ Die Hauptquellen für Informationen über neue Regeln sind die Website `www.snort.org` und die »Snort-Sigs«-Mailing-Liste.

■ Die Übermittlung neuer Regeln wird in der »Snort-Sigs«-Mailing-Liste stets begrüßt. Für diesen Zweck steht eine einheitliche Vorlage zur Verfügung.

■ Die Website `www.whitehats.com` enthält zahlreiche andere Regel-Sätze, darunter auch einige, die auf der Basis von Regel-Sätzen anderer IDSs entstanden sind.

9.8 Häufig gestellte Fragen (FAQs, Frequently Asked Questions)

■ **F:** Gibt es noch andere Tools für die Verwaltung von Regeln als jene, die in diesem Kapitel beschrieben wurden?

■ **A:** Natürlich. Da Snort sehr populär ist, wurden viele andere Tools für diesen Zweck entwickelt, darunter:

   ▪ Ein Webmin-Modul für die Snort-Konfiguration und die Regel-Verwaltung (`www.webmin.com` und `http://msbnetworks.net/snort/`)

   ▪ Snorticus (`http://snorticus.baysoft.net`)

   ▪ SRRAM (`http://sourceforge.net/projects/srram/`)

■ **F:** Nach dem Upgrade von Snort treten Probleme beim Datenbank-Logging auf.

- **A:** Mitunter wird in neuen Releases das Schema für die Datenbankspeicherung verändert (es gab etwa fünf dieser Änderungen in den vergangenen drei Jahren). Manchmal müssen Sie nach dieser Änderungen sämtliche Tabellen unter Verwendung des entsprechenden Skripts aus dem Unterverzeichnis /contrib des Distributions-Pakets neu erstellen. Gewöhnlich ist es nicht möglich, die alte Datenbank zu aktualisieren – es bleibt nur der Neubeginn.

- **F:** Nach dem Upgrade von Snort kann ich auf der ACID-Konsole keine IP-Adressen von Ereignissen sehen.

- **A:** Dieses Problem ist mit dem vorherigen vergleichbar. Das Datenbankschema wurde bei dem Upgrade möglicherweise geändert, so dass Sie auch ein Upgrade von ACID durchführen müssen, damit es mit der neuen Datenbank zusammenarbeiten kann.

- **F:** Welche Befehle kann ich verwenden, um Snort-Regeln über CVS zu aktualisieren?

- **A:** Nachdem Sie den Source-Tree überprüft haben, nutzen Sie die folgenden Befehle für das Aktualisieren der Regeln.

```
cvs -d :pserver:anonymous@cvs.snort.sourceforge.net:/cvsroot/snort
update *.rules
cvs -d :pserver:anonymous@cvs.snort.sourceforge.net:/cvsroot/snort
update sid*
cvs -d :pserver:anonymous@cvs.snort.sourceforge.net:/cvsroot/snort
update class*
```

- **F:** Nach der Zusammenführung der Regel-Dateien mit meinen alten, erhalte ich Fehlermeldungen und/oder False-Positives. Was kann die Ursache sein?

- **A:** Wahrscheinlich haben Sie Ihre Konfigurationsdatei (snort.conf) beim Zusammenführen der neuen Regeln verändert, so dass Teile der Konfiguration verloren sind. Dies kann Variablen, Plugin-Parameter und dergleichen betreffen. Dies geschieht häufig, wenn eine einzelne Datei mit Regeln und Konfigurationen vorhanden ist. Es wird empfohlen, alle Konfigurationsdaten in einer separaten Hauptkonfigurationsdatei zu speichern und die Regel-Dateien über die #include-Direktive darin einzubinden. Auf diese Weise können Sie die Hauptkonfigurationsdatei (snort.conf) aus dem Update-Prozess ausschließen.

## Kapitel 10

Optimieren von Snort

Lösungen in diesem Kapitel:

- Welche Hardware sollte verwendet werden?
- Welches Betriebssystem sollte verwendet werden?
- Beschleunigen Ihrer Snort-Installation
- Benchmark-Tests

10.1 Einführung

Bisher haben Sie viele Gründe erfahren, weshalb Snort ein so leistungsfähiges und wichtiges Werkzeug für die Sicherheit Ihres Netzwerks ist. Die ganze Funktionalität nützt jedoch nichts, wenn Snort nicht auf einem geeigneten Computer installiert ist, auf dem ein Betriebssystem (BS) ausgeführt wird, das auf die Ansprüche Ihres Unternehmens zugeschnitten ist, und Sie nicht die technischen Möglichkeiten und Fähigkeiten haben, das System ordnungsgemäß aufzusetzen. In diesem Kapitel werden verschiedene Systemkonfigurationen beschrieben, die versuchen, die Snort-Performance für unterschiedliche Anforderungen in diversen Netzwerkumgebungen zu optimieren.

In den ersten Abschnitten werden die notwendige Hardware sowie die Empfehlungen für die Ausführung von Snort auf verschiedenen BS-Plattformen und Netzwerkkonfigurationen untersucht. Wie Sie es bei so unterschiedlichen Betriebssystemen (Linux, BSD, Windows oder Solaris) erwarten würden, kann die erforderliche Rechenleistung für eine effiziente Ausführung von Snort von System zu System sehr unterschiedlich sein. Als wichtigen Aspekt sollten Sie im Gedächtnis halten, dass das eigentliche Ziel bei der Einrichtung einer Snort-Box ist, jegliche Form von Paketverlusten zu beschränken. Andernfalls könnte Ihnen ein Angriff entgehen, oder Sie versäumen es, den entscheidenden Beweis zu protokollieren.

Im weiteren Verlauf des Kapitels werden die Vor- und Nachteile der verschiedenen Betriebssysteme beleuchtet. Die Entscheidung für den Einsatz von Linux, BSD, Windows oder Solaris hängt im Wesentlichen von dem Komfort, den Ihnen die einzelnen Systeme bieten, ab. Wenn Sie kaum oder keine Erfahrung mit einem bestimmten BS haben, ist es sinnlos, eine Snort-Installation auf diesem Betriebssystem überhaupt auch nur zu versuchen. Hardwaredefizite können jedoch mitunter mit gewissen Feineinstellungen am Betriebssystem kompensiert werden. Mit diesem Wissen kann die Wahl eines Betriebssystems durch Faktoren wie die Geschwindigkeit von Linux oder die Benutzerfreundlichkeit von Windows beeinflusst werden.

10.2 Welche Hardware sollte verwendet werden?

Bei der Hardwareauswahl für Ihren Sensor müssen Sie einige Faktoren berücksichtigen. Zunächst spielt die Größe des Netzwerks, das Sie überwachen möchten, eine entscheidende Rolle. Wenn Sie nur ein relativ kleines Netzwerk (zwischen 20 und 40 Computern) überwachen möchten, braucht der einzurichtende Sensor nicht so viel Rechenleistung wie ein Sensor, der ein großes Unternehmensnetzwerk überwachen soll. Weitere Faktoren ergeben sich hinsichtlich der BS-Auswahl und der Überlegung, welchen Vorteil ein Betriebssystem aus der verwendeten Hardware ziehen kann. Mit dieser Frage werden sich die letzen Abschnitte dieses Kapitels gründlich auseinandersetzen.

Natürlich spielen auch die Kosten immer eine entscheidende Rolle. Einer der Vorteile von Snort ist, dass es sich um kostenlose Open Source-Software handelt. Allerdings werden Sie auch nicht die Einsparungen bei der Software durch den Kauf von noch mehr Hardware, als Sie überhaupt nutzen können, verschwenden wollen. Kurz gesprochen – kaufen Sie, was Sie brauchen, und nutzen Sie, was Sie gekauft haben! Ziel beim Einsatz eines Netzwerk Intrusion Detection Systems (NIDS) ist die Überwachung aller interessanten Pakete, die Ihr Netzwerk passieren. Es geht also darum, Ihren Stand-Alone-Sensor so einzurichten, dass sichergestellt wird, dass alle Pakete mitgeschnitten und protokolliert werden. Der Aufbau Ihres Sensors sollte aus der Perspektive der Hardware ein Ziel haben: kein Pakete zu verpassen. Nach diesen Ausführungen erfolgt nun die Untersuchung der vier Hardwarekomponenten, die die Leistung Ihres Sensors beeinflussen und definieren:

- Prozessorgeschwindigkeit und -architektur

- Speicher

- Festplattenplatz

- Netzwerkschnittstellen

Zunächst bestimmen die Prozessorgeschwindigkeit und -architektur, wie schnell die Pakete analysiert und katalogisiert werden. Zu den wichtigsten Architekturen mit unterschiedlichem Design gehören Intel, SPARC und MAC. Sie müssen zuerst sicherstellen, dass der Prozessor eine ausreichende Geschwindigkeit hat, um Protokollierungsstaus, die einen Paketverlust bedeuten würden, zu vermeiden.

Zweitens benötigen Sie eine ausreichende Speicherkapazität, um Ihr BS und Snort effektiv und effizient auszuführen. Gleichzeitig muss genügend Platz vorhanden sein, um die eingehenden Pakete im Systemspeicher zu halten, bevor diese auf die Festplatte oder ein anderes Medium übertragen werden. In diesem Zusammenhang sei auf ein genügend großes Medium verwiesen, auf das Sie die Log-Dateien schreiben können. Ein großer Festplattenbereich reicht gewöhnlich, doch Sie sollten letztendlich auch an ein entsprechendes Sicherungsmedium denken (CD-, DVD- oder Band-Laufwerk). Auf diese Weise können Sie Ihre gesamten Log-Dateien archivieren. Eine sehr große Festplatte ist nicht immer notwendig, wenn Sie planen, diese am Ende eines Tages über ein Austauschmedium zu sichern (ein guter Ratschlag, den Sie beherzigen sollten).

Die letzte Hardwarekomponente, und in vielerlei Hinsicht die wichtigste, ist die Netzwerkschnittstellenkarte (NIC). Es ist unerlässlich, dass Sie eine qualitativ hochwertige Netzwerkkarte verwenden, die hohe Bandbreiten nutzen kann. In den meisten Fällen ist es kontraproduktiv, eine 10-Mbps-Netzwerkkarte zu kaufen und einzusetzen, besonders wenn Sie an die Kosten für NICs denken. Eine solche Karte würde den Zweck eines Sensor zunichte machen, wenn es auf Ihrem Netzwerk zu Bandbreitenspitzen und Phasen mit hohem Verkehrsaufkommen über 10 Mbps kommt (was sicher selbst auf kleineren Netzwerken häufig geschieht). Eine 100-Mbps-NIC ist obligatorisch, und bevorzugen Sie ein Markenprodukt wie z. B. Intel oder 3Com. Wenn es Ihr Netzwerk unterstützt und Sie über das zusätzliche Budget verfügen, sollten Sie sich für eine Gigabit-Karte entscheiden. Auf diese Weise können Sie stets sicher sein, dass Ihre NIC für etwaige Paketverluste nicht verantwortlich ist.

10.2.1 Was macht »gute« Hardware aus?

Die beste Hardware ist die, die Paketverluste nicht zulässt. Natürlich kann es zu gelegentlichen Paketverlusten kommen. Es muss daher Ihr Ziel für die Einrichtung eines »guten« Sensorsystems sein, den durch Hardwarebeschränkung bedingten Paketverlust zu minimieren. Die vorangegangenen Richtlinien sind vernünftige Standards, die Sie auf Ihr System anwenden sollten. Der springende Punkt bei all diesen Überlegungen und Ausführungen ist, dass die Entscheidung für die korrekte Systemhardware von den Gegebenheiten Ihres Netzwerks und von der Entscheidung, wie Sie das System verwalten möchten, abhängt. Ihre Ziele sollten sein:

■ Den Paketverlust zu minimieren

■ Innerhalb Ihrer Mittel zu bleiben; tätigen Sie also keine unnötigen Ausgaben

■ Sicherzustellen, dass Ihr System so eingerichtet ist, dass es die Aufgaben wie geplant erledigt

Prozessoren

Bei dem Prozessor müssen Sie zwischen Leistung und Preis abwägen. Wenn Sie über genügend Mittel verfügen, um sich den allerneuesten High-End-Prozessor zu leisten, sollten Sie es auch tun. Von besonderem Interesse ist der neue Intel Pentium IV 3.06 GHz Prozessor. Das spezielle Feature dieses Prozessors ist die Hyper-Threading-Technologie. Dieses Prozessor-Feature öffnet automatisch eine zweite Pipeline für Anwendungen innerhalb des Chips, um wie ein Mehrfachprozessorsystem zu arbeiten. Weshalb ist dies von Bedeutung? Es ermöglicht Snort in einer Pipeline ohne erheblichen Rechenleistungsverlust zu arbeiten, während andere Anwendungen beispielsweise Routinewartungsarbeiten ausführen. Das Ziel ist es, auf jeden Fall Ausfallzeiten bei der Netzwerküberwachung zu vermeiden. Dieser Prozessor ist für viele Systeme zu hoch angesetzt, und die Hyper-Threading-Technologie kann möglicherweise jetzt auch noch nicht komplett in einem Linux-System genutzt werden. Seine volle Stärke kann der Prozessor derzeit wohl nur auf einem Windows-System zeigen. Eine andere Option, die eine ähnliche Arbeitsweise ermöglicht (Multitasking-Prozesse) ist eine Multiprozessorkonfiguration. Dies kann mit mehreren Prozessoren realisiert werden; sowohl AMD als auch Intel bieten Prozessoren an, die in MP-Systemen eingesetzt werden können. Der Intel Xeon-Prozessor verfügt über die Hyper-Threading-Technologie und ist nicht so kostspielig wie ein Pentium IV. Er kann in MP-Systemen eingesetzt werden und ist als solches eine intelligente Wahl für jede x86-Konfiguration. Bei nicht-x86-Setups kommt eigentlich nur ein 64-Bit UltraSPARC-Prozessor in Frage. Er bietet die notwendige Flexibilität und Rechenleistung. Damit schränken Sie jedoch Ihre Betriebssystemauswahl ein, da es keine mit der SUN-Hardware kompatiblen Windowssysteme gibt.

RAM-Anforderungen

Die notwendige RAM-Größe ist eine schwierige Frage. Wenn Sie RAM in Verbindung mit einer hohen Busgeschwindigkeit einsetzen, benötigen Sie nicht so viel. Wenn Sie zu viel RAM einsetzen kann dies die Kosten für Ihr NIDS erheblich in die Höhe treiben. Zum Zeitpunkt der Drucklegung ist das RAM für x86-Systeme relativ kostengünstig, daher ist es schwierig, hier eine klare Aussage zu treffen. Wenn Sie planen, eine proprietäre Plattform wie eine UltraSPARC einzusetzen, spielen die Kosten für den Speicher möglicherweise eine größere Rolle. Mit Ihrem ausgewählten BS erhalten Sie einen empfohlenen Minimalwert. Wenn Sie Snort beispielsweise auf einer Windows-Plattform ausführen, werden Sie mehr RAM für Ihr System benötigen, als wenn Sie ein optimierteres System wie z. B. Linux einsetzen. Im Allgemeinen bestimmen Ihre Netzwerkgröße und das erwartete Datenvolumen die Menge des benötigten RAMs. Eine realistische Empfehlung wären 128MB für ein Linux-System, während Sie bei einem Windows-System mindestens 256MB einsetzen sollten.

Speichermedium

Bei der Planung der einzusetzenden Speichermedien müssen Sie sich entscheiden, wie Sie Ihr NIDS täglich verwalten werden. Wenn Sie eine Bibliothek mit Ihren täglichen Log-Dateien anlegen wollen, sollten Sie besser ein kleineres Speichermedium erwerben. Dies könnte ein Zip- oder ein CD-Laufwerk oder auch eine Smart-Media-Karte sein. Die Smart-Karte ist eine kleinere und unkompliziertere Speicheroption, die jedoch ziemlich teuer werden kann. Wenn Sie keine täglichen Sicherungen Ihrer Log-Dateien durchführen möchten, sondern mehr eine wöchentliche oder monatliche Sicherung anstreben, benötigen Sie sowohl eine große Festplatte als auch ein sehr großes Sicherungsmedium. Dies ist wahrscheinlich nicht möglich, wenn Sie ein großes Unternehmensnetzwerk betreuen, bei dem tägliche Sicherungen durchgeführt werden müssen. In einem kleinen Netzwerk sollte die Sicherung keine so komplizierte Aufgabe sein. Für beide Situationen sollte eine 60GB-Festplatte passend sein. Bei relativ kostengünstigen Festplatten sollte dies eine vernünftige Entscheidung darstellen.

Netzwerkschnittstellenkarte (NIC)

Am Ende steht die Netzwerkkarte. Wie bereits erwähnt, ist die definitive Anforderung eine 100-Mbps-Karte. Wenn es das Budget erlaubt, kaufen Sie die Gigabit-Karte. Dieser Aspekt kann nicht oft genug betont werden. Ihr Ziel ist es, den Paketverlust zu minimieren – und dies ist die einfachste Methode dafür. Betreiben Sie jedoch ein kleines Netzwerk, besteht wirklich kein Grund, sich über irgendetwas über 100 Mbps Sorgen zu machen. Zudem sollten Sie die eingehende Bandbreitengröße berücksichtigen. Wenn Ihr Netzwerk über einen T1-Anschluss betrieben wird, wird Ihre Snort-Box keine Probleme haben, den entsprechenden Traffic zu überwachen. Die meiste Zeit wird das Snort-System das interne Netzwerk überwachen (wenn Sie es so eingerichtet haben).

Hinweis

Bisher wurde die interne Busgeschwindigkeit noch nicht berücksichtigt. Netzwerkkarten können eingeschränkt werden, wenn die entsprechende Busgeschwindigkeit nicht hoch genug ist. Sie werden beispielsweise niemals vernünftig mit einer 1GB-NIC auf einem ISA-Bus arbeiten können.

10.2.2 Wie können Sie Ihre Hardware testen?

Das Buch *Snort Intrusion Detection* soll nicht als definitiver Leitfaden für den Kauf und die Konfiguration von Betriebssystemen und Hardware dienen. Statt dessen soll es Ihnen bei der Entwicklung einer Reihe von plattform-spezifischen Tests helfen. Im Allgemeinen sollten fünf Testkategorien für jeden Snort-Sensor durchgeführt werden, um sicherzustellen, dass die Hardware korrekt installiert und konfiguriert ist.

- **Netzwerk-Connectivity** Der wichtigste Aspekt beim Test Ihrer Hardware ist, sicherzustellen, dass Ihre NICs ordnungsgemäß funktionieren. In den meisten Fällen erfordern die Snort-Sensoren, dass Sie Ihre Karte in zwei verschiedenen Modi betreiben können, normal und promiskur. Sie müssen testen, ob Ihre

Karte im normalen Modus Pakete senden und empfangen und im promiskuren Modus Pakete erfolgreich mitschneiden kann. Neben dem Packet-Sniffing erfordern Benutzer gewöhnlich einen Fernzugriff auf dieses System, um Verwaltungstätigkeiten auszuführen. Eine der besten Methoden, um einen Fernverwaltungszugriff zu erhalten, geschieht über eine zweite NIC. Die zweite NIC kann als sichere Verbindung nach innen dienen, ohne die Fähigkeit der ersten NIC, Pakete mitzuschneiden, zu beeinträchtigen.

- **Sensor-Platzierung**   Nachdem Sie geprüft haben, dass Ihre NICs funktionieren, können Sie mit Sensor-Platzierungstests sicherstellen, dass Sie die gewünschten Pakete mitschneiden können. Natürlich ist dies kein echter Hardwaretest, aber genau so wichtig. Stellen Sie sicher, dass keine unbeabsichtigten Routen oder Filter Sie daran hindern, potentiell maliziösen Datenverkehr zu analysieren. Dieser Schritt ist besonders auf paketvermittelnden Netzwerken wichtig, auf denen die Snort-Überwachung möglicherweise eine spezielle Switch-Konfiguration für die Port-Spiegelung erfordert.

- **CPU-Nutzung**   Es stehen mehrere Methoden für das Testen der CPU-Nutzung zur Verfügung. Mit den CPU-Tests soll sichergestellt werden, dass Sie über ausreichende Rechenleistung verfügen, um eine hohe Paketbelastung während einer Belastungsspitze oder eine plötzlich auftretende Bandbreiteneinschränkung bewältigen zu können. Die Methode, die Ihnen den größten Nutzen bringen wird, ist facettenreich und erfordert verschiedene Tests. Eine gute Testgrundlage, die nicht zu zeit- und ressourcenintensiv ist, ist die Ausführung der drei folgenden Tests:

  - **Leerlauftest**   Wenn sich der Sensor im Leerlauf befindet und keine Pakete analysiert werden, sollten Sie sicherstellen, dass maximal 2 bis 3% der CPU-Leistung verwendet wird.

  - **25 Prozent**   Nehmen Sie an, Sie betreiben ein Netzwerk, das eine Übertragungsrate von 10 Mb/s unterstützt. In diesem Szenario sollten Sie sicherstellen, dass die CPU-Nutzung unter 20% liegt, wenn der Traffic 2,5 Mb/s oder etwa 25 Prozent der Bandbreitenkapazität erreicht.

  - **50 Prozent**   Wie beim ersten Fall gilt, wenn Ihre Bandbreitenkapazität etwa bei 50 Prozent liegt, sollte die CPU-Nutzungsrate 45% nicht überschreiten.

- **Festplatte**   Ein ziemlich trivialer Test, doch Sie sollten sicherstellen, dass Ihnen nach der Installation und Konfiguration Ihres Betriebssystems noch genügend Festplattenplatz zur Verfügung steht. Ob Sie es glauben oder nicht, aber manche Windows-XP-Professional-Installationen benötigen über 3GB an Festplattenplatz. Wenn noch einige Anwendungen hinzukommen, können es schnell sogar 5GB werden. Auch eine Visual-Studio-.NET-Installation kann bis zu 2GB belegen. Wenn Sie dies bedenken, sollten Sie einfach ein paar Sekunden opfern, um Ihr System entsprechend zu überprüfen.

■ **Logging** Snort Paket- und Alarm-Logs sind der zentrale Punkt für Analyse des Datenverkehrs, die Berichterstattung und die Datensammlung. Es ist von großer Bedeutung, dass Sie überprüfen, ob die Logs mit den korrekten Berechtigungen und Attributen für das Schreiben ausgestattet sind und dass es keine Konfigurationsanomalien gibt, die die Log-Größe auf einen geringeren Wert setzen, als Sie ursprünglich konfiguriert haben.

Weitere Informationen zur Erstellung und Ausführung von Sensor-Belastungs- und Regelsyntax-Tests finden Sie in Kapitel 5, »Spiel nach Regeln«.

10.3 Welches Betriebssystem sollte verwendet werden?

Die Auswahl eines BSs für Ihre Snort-Installation hängt von verschiedenen Faktoren ab. Benutzerfreundlichkeit, Performance und Vertrautheit – all das sind Aspekte, die berücksichtigt werden müssen. Die Auswahl der Hardware für Ihre Snort-Box ist ebenfalls ein Faktor, der entscheidet, welches BS am besten geeignet ist. Beispielsweise ist Linux als optimiertes BS am besten geeignet für ein weniger leistungsstarkes System. Bei einem Hochleistungssystem jedoch wird die Entscheidung für ein BS weniger von der Hardware abhängen.

Die effektivste BS-Auswahl trifft jeder Netzwerkadministrator, wenn er das System wählt, mit dem er am besten vertraut ist. Wenn Sie beispielsweise ein Profi in Sachen Windows-Software, aber ein Anfänger in Hinblick auf Linux sind, sollte Ihre Wahl natürlich auf Windows fallen. Es ist schwierig genug, den Umgang mit einem Programm wie Snort zu lernen, daher sollten Sie nicht gleichzeitig ein Selbststudium für ein BS durchführen müssen.

Eine andere Option, die Einfluss auf die BS-Auswahl hat, ist seine Benutzerfreundlichkeit. Bei jedem BS werden bei der Snort-Installation genügend Kniffligkeiten auftreten. Wie bei vielen Produkten ist die Windows-basierende Software meist benutzerfreundlicher und einfacher zu konfigurieren – dies trifft auch auf Snort zu. Obwohl es einige technische Komplikationen mit Snort auf einem Windows-System gibt, z. B. WinPCAP-Probleme, Microsoft-Kernel-Updates und System-Fixes, die einen Neustart erfordern, steht eine leicht umsetzbare Dokumentation für die Behebung von möglichen Problemen zur Verfügung. Für die Linux-basierende Plattform gibt es sogar noch mehr Dokumentationsmaterial. Zudem läuft Snort auf dieser Plattform wesentlich stabiler, da Snort ursprünglich für den Betrieb unter diesem BS geschrieben wurde. Dies sind Faktoren, die eine Entscheidung für Ihr BS mitbestimmen.

Schließlich müssen Sie aus Performance-Gründen untersuchen, wie das BS aufgebaut ist. Natürlich hat das »überfrachtete« BS Windows mehr performance-mindernde Komponenten als das optimierte Linux. Dies ist bekannt, und die Hardware kann dabei helfen, die Unterschiede in der Performance des BSs zu kompensieren.

Wie bereits ausgeführt, müssen all diese Faktoren berücksichtigt werden. Sie sollten sich nie allein von einem Faktor leiten lassen. Im Folgenden wird die BS-Auswahl genauer untersucht.

10.3.1 Was macht ein »gutes« BS für ein NIDS aus?

Bei der Auswahl eines »guten« BSs für Snort müssen Sie die Integration in Ihre Netzwerkinfrastruktur berücksichtigen. Ihre Snort-Box soll den normalen Netzwerkbetrieb nicht stören. Ziel bei der NIDS-Einrichtung sollte eine einfache Installation und Administration sein. Aufgrund des angestrebten Ziels kann dieser Abschnitt in einer kraftvollen Aussage zusammengefasst werden, die als *goldene Regel* für die Auswahl einer NIDS-Plattform bezeichnet wird.

»Wählen Sie die für Ihr Unternehmen vertrauteste Plattform, die sich problemlos in Ihren aktuellen Netzwerkadministrationsprozess integrieren lässt«.

Geschichten aus dem Untergrund...

Win32 IPSEC über Snort nutzen

Zählen Sie Windows jetzt noch nicht aus! Vor einer Weile haben die Autoren ein exzellentes Perl-Skript (oder zumindest hielten sie es zu der Zeit für exzellent) das Snort-Logs überwachte und automatisch IPTable-Filter aktualisierte, für eine Slackware-Box heruntergeladen. Leider konnten wir nichts finden, das dieselbe Funktionalität für ein Windows-basierendes BS bot und beschlossen daher, ein eigenes Tool zu schreiben. Verstehen Sie bitte, dies war kein Versuch, den Win32-Kernel zu modifizieren, aber mehr oder weniger ein Unterfangen, um eine gleiche Technologie für ein Windows-2000-Laptop zu erhalten. Nach zwei Minuten Recherche beschlossen wir, eine Art Snort-Überwachungsmechanismus zu erstellen, der irgendwie automatisch IP-Adressen von Angreifern über IPSec-Regeln erkennen und blockieren würde.

Der Überwachungsmechanismus war recht einfach. Er lädt den Status der Alarmdatei und prüft in sekündlichen Abständen, ob auf die Datei zugegriffen wurde. Wenn er einen Dateizugriff erkennt, greift er die IP-Adresse des Angreifers ab, um sie mit zuvor analysierten IP-Adressen von Angreifern zu vergleichen, in der Hoffnung, redundante IPSec-Filter zu minimieren. Setzt man voraus, dass dies eine neue IP-Adresse ist, übergibt das Skript diese Adresse als Parameter an die Filterfunktion. In diesem Fall verhindert die Funktion *ipfilter()*, dass sich der Angreifer mit Port 135 auf dem lokalen System verbinden kann. Wenn Sie sich mit IPSec-Filtern nicht auskennen, ein Hinweis – sie sind in Hinblick auf die Deklarationssyntax ähnlich wie Berkeley Paket-Filter, aber komplett anders in ihrer Funktionalität.

Folgende Vorbedingungen müssen vorhanden bzw. erfüllt sein, damit dieses Perl-Skript funktioniert:

- ActiveState Perl-Interpreter

- Microsoft IPSECPOL.exe Utility aus dem Windows-2000-Ressource-Kit

- Ein installiertes und konfiguriertes Win32-Snort

Snort-Aufruf:

```
snort -c ids.conf -A fast -N -l .
```

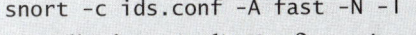

Fast alles kann in die Konfigurationsdatei geschrieben werden, solange das Script auf die Datei alert.ids zugreifen kann und sie auch findet. Sie finden das Skript auch auf der Begleit-CD zu diesem Buch.

```
#Proof of Concept PERL Script to Allow Win32 Snort to Leverage Microsoft's
 IPSEC Engine
#By: James C. Foster
#######
#Monitor the Alert File so that you know when to activate the IPSEC filters
$file="alert.ids";  #This is the name and path of the alert file
@stats=stat($file);
$iat=@stats[8];  #Record alert file statistics
while(1)
{
  sleep 1;
  @stats=stat($file);
  if ($iat != @stats[8])
    {print "Something was added to the Alert.ids file\n";
      ###Call sub function to grab attack IP
      $alertip=&get_alert_ip;

      ###Call sub function to compare IP to attacker IP array and ignore
 list
      &compare_ip($alertip);

      $iat = @stats[8];
    }
  else {print "Still Waiting\n";}
}
#######
```

```perl
#Grab the attacker's IP address from the alert file
sub get_alert_ip{
open (ALERT, "alert.ids") or die "Cannot open or read alert file";
    while (<ALERT>)
      {
        next if (/^\s*$/); #skip blank lines
            next if (/^#/); # skip comment lines
        if (/\.*\s(\d+\.\d+\.\d+\.\d+)\.*/) #Grab the IP Address
         {
            $alertip=$1;
              print "Alert IP address is $alertip \n";
         }
      }
close (ALERT);
#Check to see if you got it!
if ($ip eq ""){ print "Could not get the IP address out of the alert file!
 \n";}
$alertip;
}
#########
#Compares the new IP address to the IP address I have already captured
sub compare_ip{
my ($compareip) = @_;
open (COMPARE, "attackers.old") or die "Cannot read the ignore file, $!
\n";
  while (<COMPARE>) {
    chop;
    next if (/^\s*$/); #skip blank lines
    next if (/^#/); # skip comment lines
    if (/(.*)/)
    {
      $alertip=$1;
      if ("$alertip" eq "$compareip")
        {
          print "Somebody old is still attacking \n";
        }
      else
```

```perl
      { #Send the new IP address to the IPSEC filter subfunction
        &ipfilter($compareip);
        $tag=1;
      }
    next;
  }
}
close (COMPARE);
if ($tag eq 1)
 {
 system ("echo $compareip >> attackers.old");
 }
}
#########
#Proof of Concept that filters all inbound protocol connections to my NetBIOS
 port (135)
sub ipfilter{
my ($attackerip) = @_;
use Win32;
use Win32::Process;
Win32::Process::Create($afilter2::Process::Create::ProcessObj, 'C:\\sno
rt\w32\ipsecpol.exe', "ipsecpol -
f $attackerip=0:135:tcp", 0, DETACHED_PROCESS, ".");

Win32::Process::Create($afilter2::Process::Create::ProcessObj, 'C:\\sno
rt\w32\ipsecpol.exe', "ipsecpol -
f $attackerip=0:135:udp", 0, DETACHED_PROCESS, ".");

Win32::Process::Create($afilter2::Process::Create::ProcessObj, 'C:\\sno
rt\w32\ipsecpol.exe', "ipsecpol -
f $attackerip=0:135:raw", 0, DETACHED_PROCESS, ".");

Win32::Process::Create($afilter2::Process::Create::ProcessObj, 'C:\\sno
rt\w32\ipsecpol.exe', "ipsecpol -
f $attackerip=0:135:icmp", 0, DETACHED_PROCESS, ".");

}
#########
```

Disclaimer: This is not meant to be used in an intrusion prevention cap
acity and was included for research and educational purposes only.

Im Folgenden finden Sie Referenzen, die für das Implementieren, Testen oder
Modifizieren des vorliegenden Skripts nützlich sind.

- ActiveState Software   `www.activestate.com`

- IPSec   `www.microsoft.com\windows2000\reskit`

- Perl   `www.perl.org`

10.3.2 Welches BS sollten Sie nutzen?

Die Antwort ist, wählen Sie das BS, mit dem Ihr Unternehmen vertraut ist. Nichts ist schlimmer, als wenn Sie versuchen, eine stabile Snort-Box auf einem BS einzurichten, mit dem Sie keine Erfahrung haben. Solange Sie sich an die goldene Regel halten, sollte die Verwaltung Ihres Sensors nicht zu kompliziert werden. Tabelle 10.1 listet einige umgebungs-neutrale Vor- und Nachteile für die Auswahl einer Basis-Plattform auf, für den Fall, dass in Ihrem Unternehmen plattform-übergreifende Fähigkeiten und Standards vorhanden sind.

Windows		UNIX & Linux	
Pro	Contra	Pro	Contra
Einfache Installation und Konfiguration	Hoher CPU-Overhead	CPU-effiziente Plattform	Anfängliche Installation und Konfiguration
Windows-basierende Systemadministration	Keine native Snort-Plattform	Große Auswahl an zusätzlichen Tools	Hoher Lernaufwand
Microsoft Sicherheitsfunktionen wie EFS		Kann automatisierte Filter nutzen, z. B. Perl-Skripts, die IPTable-Regeln aktivieren	

Tabelle 10.1:   Bewerten der BS-Auswahl

Oink!

Wenn Sie zu den 99% der Unternehmen gehören, die Kosten sparen müssen, erhalten Sie mehr für Ihr Geld, wenn Sie ein Unix-basierendes BS wählen. Die Software kostet weniger (wenn Sie ein freies BS wählen) und, wie erörtert, Sie kommen mit einer weniger mächtigen Hardware aus.

10.3.3 Wie können Sie Ihre BS-Auswahl testen?

Das Testen Ihres BSs entspricht in etwa dem Testen Ihrer Hardwarekonfiguration. Es gibt eine Fülle von Tests, mit denen Sie alle Aspekte Ihres Netzwerks von der Netzwerk-Connectivity über die Administration bis zu Sensorschwellwerten überprüfen und bewerten können. Im Allgemeinen ist das Ziel beim Testen Ihres BSs, sicherzustellen, dass alles reibungslos läuft. Sie sollten sicherstellen, dass die

Installation und Konfiguration des Systems neben anderen Anwendungen keinen negativen Einfluss auf die Performance hat. Die folgenden Kategorien umfassen die fünf wichtigsten Testbereiche, die Sie in Ihren BS-Testplan aufnehmen sollten.

- **Hardware-Tests** sollten in den Testplan für Ihren Intrusion Detection-Sensor eingeschlossen werden.

- **Belastungstests** sollten Sie durchführen, um die Belastungsgrenzwerte eines Intrusion Detection-Sensors zu ermitteln. Weitere Informationen finden Sie in Kapitel 5, »Spiel nach Regeln«.

- **Fernadministration** ist für Netzwerksicherheitsanwendungen und -werkzeuge ein wichtiges Feature. Dies trifft besonders auf Tools zu, die in Echtzeit Sicherheitsvorfälle melden. Stellen Sie sicher, dass alle Fernadministrationsprogramme sicher und auf Abruf funktionieren. Im Notfall ist es wichtig, dass ein Administrator Netzwerk- und Angriffsdaten sammeln und analysieren kann. Die neuen Fernadministrationslösungen von Microsoft sind tatsächlich sicher, wenn es um eine Verbindung zu vertrauten Systemen geht. Microsoft nutzt das Remote Desktop Protocol (RDP) 5.5, das ein Authentifizierungs- und Verschlüsselungsschema enthält. Bei anderen Administrationsprogrammen wie PCAnywhere und VNC sollten die Verschlüsselung aktiviert und die letzten Patches eingespielt werden.

- **Log-Verwaltung** ist ein wichtiger Aspekt. Es ist sehr wichtig, dass Sie die Logging-Fähigkeiten Ihres Sensors testen. Innerhalb der Testreihen sollten sich also auch Prozeduren befinden, die bestätigen, dass große Dateien ordnungsgemäß verarbeitet werden und dass alle Ausgabemodule erfolgreich implementiert wurden. Das Austesten der Log-Dateigrößen ist einfach. Erstellen Sie einfach eine Regel, die den gesamten Datenverkehr überwacht (das folgende Beispiel sollte reichen), so dass sich die Log-Dateien Ihres Sensors schnell füllen. Wenn die Logs ihre maximale Kapazität erreicht haben, sollten Sie die darauf folgenden Ergebnisse beobachten. Darüber hinaus wird die folgende Regel in das konfigurierte »Log-Ausgabemodul« schreiben, so dass Sie mit dieser Methode die Flexibilität der eingerichteten Logging-Mechanismen testen können.

```
log ANY ANY -> ANY ANY (msg: Testing Log Procedures);
```

Neben dem Testen des Snort-Systems wurden die Log-Verwaltung in diese Testreihe eingeschlossen, weil der Schwerpunkt auf dem Testen der plattform-spezifischen Implementierungen lag, besonders der Aspekt, wie das BS die definierten Logging-Module handhabt.

- **System-Administration** umfasst die technische Administration des Systems sowie administrative Aufgaben in Zusammenhang mit Richtlinien wie z. B. die Installation von erforderlichen Patches, die Verwaltung von Benutzerkonten und die Pflege von System- und Sicherheits-Logs und Berichten. Es ist anzunehmen, dass ein großer Teil dieser Tests in Ihrem Unternehmen bereits zur täglichen Verwaltungspraxis gehört. Wenn nicht, wissen Sie was Sie zu tun haben. Die aktuellen Patches und Systemfixes für die zugrundeliegenden Plattformen und alle anderen installierten Anwendungen sollten über die entsprechenden Hersteller-Websites bezogen werden. Die Benutzerkontenverwaltung ist aus zweierlei Gründen keine komplizierte Aufgabe. Erstens sollten Netzwerksensoren nicht auf Systemen mit vielen Funktionen installiert werden; zweitens sollten nur administrative Benutzerkonten für den Zugriff eingerichtet werden.

10.4 Beschleunigen Ihrer Snort-Installation

Wenn Sie mit Snort und der zugrundeliegenden Plattform vertraut sind, sollte die Installation und Konfiguration Ihres Sensors keinen großen Aufwand darstellen. Wenn Sie andererseits nicht so vertraut mit dem BS Ihrer Wahl und Snort sind, kann die Installation und Konfiguration Ihres Snort-Sensors viel mehr unternehmerische Ressourcen erfordern. Darüber hinaus kann sich die Installation und Konfiguration mehrerer Sensoren als eine sehr hohe zeitliche Belastung erweisen, selbst wenn geeignete technische Fähigkeiten eingesetzt werden.

Zu den üblichen Aufgaben, die sich beim anfänglichen Design und der Implementierung Ihres Intrusion Detection- Netzwerkes als hinderlich erweisen könnten, zählen die Sammlung und Analyse aller Log-Dateien an einem zentralen Ort, die Implementierung einer verwaltbaren Richtlinie für die Regelaktualisierung, die Implementierung einer Methode für die sichere Verwaltung aller Sensoren, sowie die gesamte Kleinarbeit, die erforderlich ist, um alle Sensoren in den Produktionsstatus zu bekommen.

Es gibt zahlreiche Methoden, mit denen der anfängliche Einrichtungsprozess weniger ressourcen- und zeitintensiv durchgeführt werden kann. Installation- und Konfigurationsskripts können dabei helfen, zahlreiche manuelle Aufgaben wie einen Systemneustart, die Log-Analyse und die Benutzerverwaltung zu automatisieren. Neben den Automatisierungsskripts spielt die Methode, mit der Sie anfänglich Ihren Sensor eingerichtet haben, eine große Rolle für die Flexibilität und die zukünftige Wiederverwendbarkeit Ihrer Sensorkonfiguration. Das Erstellen einer wiederverwendbaren Konfiguration und die Nutzung von Variablen spielen eine bedeutungsvolle Rolle für eine effektive Installations- und Entwicklungszeit. Zudem kann die Feineinstellung Ihrer Präprozessor- und Ausgabe-Plugins Ihre CPU erheblich entlasten. Schließlich gibt es immer noch die Option, das Laufwerk zu klonen. Diese Methode funktioniert aber nur, wenn die Sensoren völlig identisch sein sollen – darum ist diese Option auf verteilten Netzwerken nicht immer eine praktikable Lösung.

Die folgenden Referenzen dienen als schnelle Wiederholungen, wenn Sie erneut detaillierte Informationen über die zuvor erwähnten Themen erhalten möchten.

- Installations-Tuning – Kapitel 3, »Installieren von Snort«

- Erstellen von portablen Konfigurations- und Variablendateien – Kapitel 5, »Spiel nach Regeln«

- Flexible Präprozessoren – Kapitel 6, »Präprozessoren«

- Flexible Ausgabe-Plugins – Kapitel 7, »Snort-Ausgabe-Plugins«

10.4.1 Entscheiden, welche Regeln aktiviert werden sollen

Der Snort-Regelsatz ist die wichtigste und kritischste Komponente Ihres Intrusion Detection-Sensors. Es handelt sich nicht nur um den komplexesten und zeitintensivsten Aspekt bei der Snort-Einrichtung, er bietet auch die meisten Konfigurationsoptionen. Bedingt durch diesen Umstand geschieht es leicht, dass ein System fehlerhaft konfiguriert wird. Es lassen sich beide Extreme finden; Sensoren mit nur zehn Regeln, weil der Administrator sich in dem Glauben befindet, er bräuchte nur die Regeln für die aktuellen Sicherheitslücken und -bedrohungen, und Sensoren mit über 1500 Regeln, die zu einer 10 bis 25%igen Paketverlustrate bei normalem Netzwerkverkehr bzw. während Verkehrsspitzenzeiten führen.

Eine der populärsten und effektivsten Methoden für die Ermittlung des passenden Regelsatzes richtet sich nach zwei Kernprinzipien.

- Ermitteln der wichtigsten Protokolle und Dienste, die auf Ihrem Netzwerk verwendet werden. Wenn auf einem bestimmten Netzwerksegment ausschließlich NetBIOS und HTTP-Dienste genutzt werden, brauchen nur die Regeln angewandt werden, die sich auf diese Dienste beziehen. Eine zusätzliche allgemeine Regel, mit der externe Quellen definiert werden, die versuchen, auf einen nicht genutzten Netzwerkdienst zuzugreifen, sollte erstellt werden, um diesen Traffic zu protokollieren.

- Ermitteln der erforderlichen Granularität für die Aussagefähigkeit Ihrer Logs. Wenn es sich bei dem Netzwerk beispielsweise um ein reines Entwicklungsnetzwerk handelt, brauchen die Angriffsdetails und -regeln nicht so streng sein, wie bei einem Netzwerk aus dem Finanz- oder öffentlichen Bereich.

Abbildung 10.1 ist ein Tool, das Sie nutzen können, um eine korrekte Kategorisierung von Snort-Regeln und -Regelsätzen zu gewährleisten. Das Tool erfordert ein wenig Subjektivität bei der Definition des Schweregrads einer Bedrohung. Eine kritische Bedrohung ist jedes automatisierte Exploit oder Tool, dass dabei hilft, eine Sicherheitslücke auszunutzen.

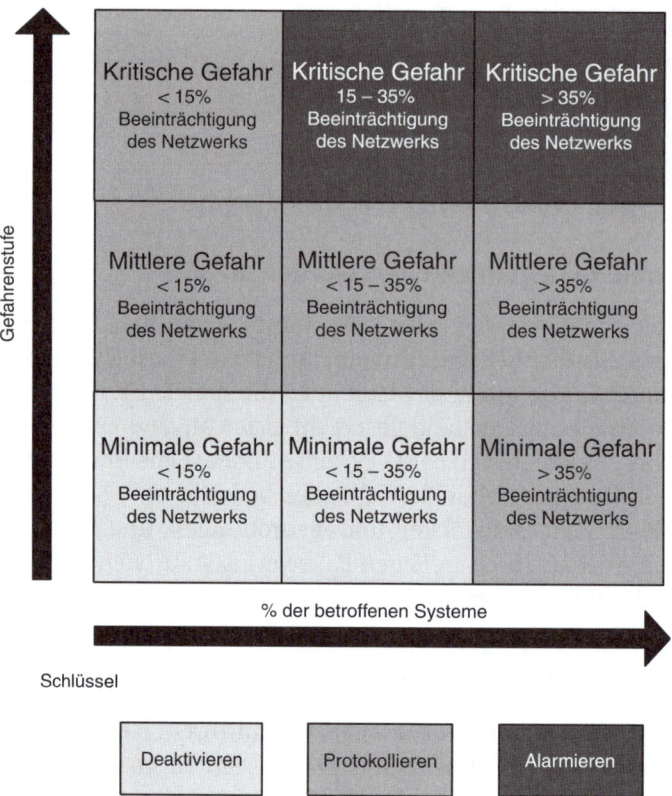

Abb. 10.1: Kategorisierung von Regeln

Kritische Bedrohungen pflanzen sich im Internet schnell fort, so wie die meisten der E-Mail-basierenden Viren, die populären neuen Exploits und die Sicherheitslücken, die einen Systemadministratorzugriff auf Systemressourcen oder Daten erlauben und in den meisten Fällen leicht zu nutzen sind. Als Unternehmen sollten Sie Ihr Hauptaugenmerk, Ihre Zeit und Ihre Energien auf diese kritischen Bedrohungen richten. Eine gemäßigte Bedrohung erfordert bezogen auf den Angreifer, mehrere Schritte für die Ausführung und eine gehörige Portion an technischen Fähigkeiten, um eine Sicherheitslücke auszunutzen. Andere gemäßigte Bedrohungen sind Austesten von Schwachstellen und Sicherheitslücken, die populäre Software-Produkte betreffen. Schließlich werden minimale Bedrohungen als schwieriger durchzuführende Angriffe eingestuft, die Systeminformationen oder andere nicht-kritische Informationen nutzen. Minimale Bedrohungen erfordern ein beträchtliches Know-How, ein hoch-spezifisches Szenario zum Ausnutzen der Schwachstellen oder zahlreiche manuelle Prozeduren, die in einer spezifischen Reihenfolge ausgeführt werden müssen. Im Folgenden finden Sie eine Auflistung von bekannten Beispielen, die nach dem vorgestellten Schema kategorisiert wurden.

- Kritische Bedrohungen SQL Slammer-Wurm, CodeRed, IIS Unicode-Angriffe

- Gemäßigte Bedrohungen MDAC Remote Buffer Overflow, Wu-FTP Buffer Overflow, OpenSSL-Bugs

- Minimale Bedrohungen Bind TSIG, »Verdeckte«-CGI-Sicherheitslücken, SMTP VRFY-Sicherheitslücke

Die Netzwerkbeeinträchtigung bezieht sich auf die Anzahl von Systemen in Ihrer Umgebung, die durch die Bedrohung betroffen sind. Ein Netzwerk mit 500 Knoten – Server, Arbeitsstationen und Netzwerkgeräte –, auf dem sich 25 IIS-Server befinden, würde für eine Bedrohung wie dem sich selbst vermehrenden Microsoft Webserver-Wurm eine Beeinträchtigung von 5 Prozent haben. Natürlich ist dieses Tool nicht perfekt, da es den Prozentsatz von Privat-, Produktions- oder Transaktionssystemen nicht berücksichtigt. Es kann jedoch dazu dienen, eine Richtlinie aufzustellen. Sie mögen für sich festlegen, dass Sie nur die Bedrohungsebene bestimmen möchten, die sich auf extern-angeschlossene oder Produktionssysteme bezieht. Beides sind üblich zu analysierende Szenarien, die sich als wertvoll erweisen können, wenn sie den »Endscheidungsträgern« oder Administratoren in einer zeitlich passenden Weise präsentiert werden.

10.4.2 Konfigurieren von Präprozessoren für die Geschwindigkeit

Die mit der Version 1.5 eingeführten Präprozessoren bieten eine API für Administratoren und Entwickler, um Instruktionen zu definieren, die auf den mitgeschnittenen Datenverkehr angewendet werden sollen. Der eigentliche Wert der Präprozessoren liegt in der Tatsache, dass sie die Daten analysieren, bevor Sie an den Snort-Regelsatz übergeben werden. Durch dieses Feature entstehen viele technische Vorteile. Dies gilt besonders in Zusammenhang mit dem Erkennen komplexerer Netzwerkangriffe, die verschleiert und/oder über verschiedene Pakete aufgeteilt sind. Zu den expliziten Präprozessor-Features innerhalb von Snort gehören TCP-Packet-Reassembly (Wiederzusammenbau von Paketen), Dekodieren von HTTP, Fragmentierungsalarme, PortScan-Erkennung und Stateful-Inspection-Protokoll-Support.

Wie bei den meisten Features innerhalb von Snort, empfiehlt es sich, sicherzustellen, dass der ROI vor der Implementierung möglicher Präprozessoren vorhanden ist. Präprozessoren bergen jedoch auch ein spezielles Problem; sind sie falsch konfiguriert, kann es leicht zu einer potentiellen Endlosschleife oder zu einer DoS-Anomalie kommen, die Ihren Sensor zu einem abrupten Stillstand bringen könnte.

Der Conversation-Präprozessor übernimmt eine Reihe von Parametern, aber noch viel wichtiger ist, dass er einem Benutzer die Möglichkeit gibt, den Timeout-Wert und die Anzahl der gleichzeitig überwachten Sitzungen zu setzen. Der Präprozessor ist während der Konfigurationszeit auf menschliches Wissen angewiesen, denn Sie haben die Möglichkeit bis zu 65535 Ports zu überwachen. Ein Timeout-Wert von

60 Sekunden könnte einem Angreifer leicht die Möglichkeit geben, den Sensor durch eine 30 Sekunden während Paketüberflutung außer Gefecht zu setzen, um dann einen Angriff zu senden, der unbemerkt bliebe.

Es ist schwierig, exakte Empfehlungen für die Konfiguration Ihrer Präprozessoren zu geben und dabei gleichzeitig eine annehmbare Leistung zu gewährleisten. Wir empfehlen, dass Sie Ihren gesunden Menschenverstand nutzen und diesen hoffentlich in Verbindung mit den vorher genannten Empfehlungen für die Einrichtung eines leistungsfähigen Computers gebrauchen, um sicherzustellen, dass Ihre Plugins wie geplant arbeiten. Einige Regeln, die als Richtlinie gelten können:

■ Sie sollten nicht mehr als 10.000 Verbindungen mit einem einzelnen Präprozessor überwachen.

■ Mehrere Portscan-Präprozessoren sind nicht erforderlich.

■ Die HTTP-Dekodierung ist nur bei Systemen erforderlich, die eingehende HTTP-Verbindungen empfangen (Ihre Webserver).

■ Nutzen Sie den neuen Stream4-Präprozessor für den Zusammenbau und die Untersuchung von Paketen.

■ Wie bei der HTTP-Dekodierung sollten Sie die Telnet-Dekodierung für Telnet und FTP nur für Systeme mit entsprechenden Telnet- und FTP-Servern nutzen (in den meisten Fällen Port 23 bzw. 21).

Es ist nicht beabsichtigt, Sie von der Nutzung der Präprozessoren abzuhalten, da einige von ihnen akkurater und effizienter arbeiten als ihre kommerziellen Gegenstücke. Studieren Sie ihre Funktionsweise, beziehen Sie den ROI in Ihre Überlegungen mit ein. Konzipieren Sie sie so, dass sie die Daten von zugehörigen und relevanten Systemen in Beziehung setzen, und implementieren Sie sie auf möglichst effiziente Art und Weise.

Oink!

Detaillierte Informationen zu Präprozessoren erhalten Sie in Kapitel 6.

10.4.3 Verwenden von generischen Variablen

Generische Variablen können und sollten überall dort genutzt werden, wo es möglich ist. Sie möchten den Grund dafür wissen? Nun, mit generischen Variablen können Benutzer, Administratoren und Sicherheitsexperten Snort-Regelsätze schnell übernehmen und in verschiedenen Umgebungen wiederverwenden. Statt die Regeln an spezifische IP-Adressen zu binden – ob intern oder extern –, werden die Regeln an Variablennamen gebunden. Wenn eine Snort-Regel beispielsweise einen bestimmten Typ eines web-basierenden Angriffs erkennen sollte, dann würden Sie natürlich nur die Pakete analysieren wollen, die an die internen Webserver gerichtet sind.

Snort bietet Benutzern die Möglichkeit, einzelne oder mehrere kleinere Konfigurationsdateien zu erstellen. Sie müssen mit der Hauptkonfigurationsdatei verlinkt sein, welche Snort während der Ausführung analysiert. Es ist eine perfekte Methode für die Erstellung von wiederverwendbarem Code, da nur die Bereiche, die einer Modifikation unterliegen, die variablen Bereiche sind. Stellen Sie sich die zeitliche Einsparung vor, wenn Sie nur 15 bis 50 Variablennamen ändern könnten statt 1000 oder mehr Snort-Regeln.

Zu den üblichen generischen Variablendeklarationen gehören interne Netzwerkbereiche, externe Netzwerke, DMZ- oder Transaktionszonenadressen, Webserver, DNS-Server, Mail-Relays, Router, Client-Netzwerke usw. Solche Variablennamen und -typen finden Sie in der gesamten Snort-Dokumentation und in aktuellen Snort-Regeln in Formaten wie $HOME\_NET$ oder DMZ.

Oink!

Detaillierte Beispiele zu generischen Variablen finden Sie in Kapitel 5.

10.4.4 Auswählen eines Ausgabe-Plugins

Snort-Ausgabe-Plugins sind großartig für die Modifikation und Präsentation von Log- und Alarmdaten in einer benutzerdefinierten Art. Während des Installations- und Konfigurationsprozesses Ihres Sensors haben Sie die Möglichkeit, die Berichtsfähigkeiten von Snort ohne Verwendung zusätzlicher Tools wie ACID oder SnortSnarf zu erweitern, um bei der Analyse der Log-Dateien zu helfen. Nur als kurze Wiederholung: Mit Plugins können Sie Dateien für das Speichern der Daten bestimmen. Zudem können Sie das Format festlegen, in dem die Daten in diesen Dateien abgelegt werden sollen.

Wenn Sie ein Ausgabe-Plugin wählen, sollten Sie die geschäftlichen und technischen Faktoren für Ihre Auswahl bestimmen. Beim Design des Sensors sollte beispielsweise das angezielte Verkehrsvolumen berücksichtigt werden. Darüber hinaus sollten Sie die Plugins mit Ihrem *gesunden Menschenverstand* untersuchen. Stellen Sie so sicher, dass Sie bei einem Windows-System Ihre Daten nicht nach Syslog ausgeben und auf einem Open BSD-Sensor auch nicht in das Verzeichnis C:\Snort\logs schreiben.

Es gibt zusätzliche Faktoren für die Auswahl von Ausgabe-Plugins, die die gesamten Optionen und die gesamte Funktionalität des Systems beeinflussen können:

- Zu viele Plugins können die Systemleistung beeinträchtigen.

- Individuelle Regeln, die Daten an mehrere Dateien ausgeben, können sich ebenfalls nachteilig auf die Performance auswirken.

- Das in den Plugins definierte Datenformat sollte optimiert sein; komplexe Datenformatierungen sollten außerhalb der Snort-Engine erfolgen, z. B. durch ein Perl-Aufbereitungsprogramm.

- Nur zweckdienliche Daten sollten in die Plugins eingeschlossen werden.

Oink!

Wenn sie statisch deklariert worden sind, müssen Pfade, Speicherorte und Verweise in Zusammenhang mit Ausgabe-Plugins möglicherweise modifiziert werden, besonders wenn verschiedene Plattformen verwendet werden. Wir empfehlen die Erstellung einer Logging-Struktur, bei der nicht nur vollständige Namen verwendet werden, sondern die darüber hinaus in ihrem gesamten Intrusion Detection-Netzwerk konsistent ist.

10.5 Benchmarking

In der Geschäftswelt dienen Benchmark-Tests als Tool, das Unternehmen dabei hilft, ihre Geschäftsprozesse zu optimieren. Technisch können Benchmark-Tests hervorragend darüber Auskunft geben, wo die Stärken und Schwächen der Testobjekte, -systeme und -fälle liegen. Im vorliegenden Fall sollen durch geeignete Snort-Benchmark-Tests potentielle Flaschehälse, die bedingt durch fehlerhafte Konfigurationen, ungeeignete Hardware oder Softwareschwächen entstehen, aufgedeckt werden. Qualitativ hochwertige Benchmark-Tests zeichnen sich durch geeignete Vergleichssysteme, einzelne Konfigurationsänderungen, wiederholbare Ergebnisse und eine Dokumentation aus. Es scheint sich um eine Masse spezifischer Informationen zu handeln, und um ganz ehrlich zu sein, verschlingt die Durchführung eines Benchmark-Tests auf kommerziellem Niveau eine beträchtliche Menge an betrieblichen und zeitlichen Ressourcen. Daher bezieht sich der verbleibende Abschnitt auf zweierlei Arten von Benchmark-Tests. Beides werden Snort-Tests sein, doch einer wird als kommerzieller Benchmark-Test (Commercial-Grade Benchmarks, CGB) und der andere als Ad-hoc-Benchmark-Test (AB) bezeichnet. Der erste Begriff erklärt sich selbst. Bei dem zweiten geht es lediglich darum, dass Sie einen weniger formalen Test ausführen, der Ihnen zumindest ein paar verwertbare Ergebnisse liefert. Ein Beispiel wäre die Implementierung einer neuen Regel, bei der Sie sich fragen, wenn Sie schließlich die Auswirkungen auf Ihren Sensor sehen, ob die gesammelten Daten die Performance-Einbuße rechtfertigen.

Wenn Sie sich fragen, ob Sie wirklich einen Benchmark-Test durchführen müssen, wenn Sie Snort nur als zusätzliche Ressource in Ihrer Umgebung nutzen möchten, falls ein Notfall auftritt, könnte die Antwort »nein« lauten. Im Allgemeinen werden Benchmark-Tests im kommerziellen Umgebungen für kommerzielle Anwendungen genutzt, Snort steht als öffentlich verfügbares Tool entfernt von der Masse, das jedoch die Qualität von jedem anderen privaten Produkt hat. Welche Entscheidung

Sie auch treffen, rechnen Sie mit 40 bis 80 Mannstunden für die Systemvorbereitung und das anschließende Testen.

10.5.1 Benchmark-Charakteristika

Benchmark-Tests, gleichgültig ob gut oder schlecht, haben bestimmte unterscheidende Merkmale. Verschiedene Faktoren können zum Erfolg oder Fehlschlagen eines Tests führen oder direkt dazu beitragen. Zu diesen Faktoren zählen u. a. unangemessene Ressourcen- oder Zeitzuordnungen oder auch unsachgemäße Automatisierung von Tools. Die nachfolgenden Abschnitte beschreiben neben wichtigen Elementen, die in den Benchmark-Test eingeschlossen werden sollten, einige der größten Fallstricke, die es zu vermeiden gilt.

Attribute eines guten Benchmark-Tests

- Ein guter Benchmark-Test zeichnet sich durch eine Kombination von beständig dokumentierten Geschäftsanforderungen und funktionalen Testplänen aus. Es ist wichtig, dass Sie sich den geschäftlichen Nutzen für die Durchführung von Benchmark-Tests verdeutlichen, selbst wenn dieser Nutzen nur in einer »effizienteren Intrusion Detection-Plattform« liegt. Neben dem Aufbau einer Vision für einen Benchmark-Test sollten dokumentierte Ziele und Meilensteine ebenfalls in die Anforderungen eingeschlossen werden. Ein Beispiel: Wenn Sie als Ziel feststellen möchten, ob es besser ist Snort auf ein altes Linux- oder ein relativ neues Win32-System zu setzen, sähen die Meilensteine zum Erreichen dieses Ziels wie folgt aus. Erstellen Sie identische Snort-Konfigurationen auf produktionsbereiten Test-Systemen.

- Legen Sie ein Testset von Intrusion Detection-Regeln fest, das auf beiden Systemen implementiert werden soll.

- Besorgen Sie sich passende Bewertungswerkzeuge (zum Beispiel Sicherheitslücken-Scanner, Port-Scanner usw.).

- Entwickeln Sie Prozess- oder Prozedurautomatisierungen über Skripts oder manuelle Verfahren.

- Entwickeln Sie einen Benchmark-Testplan.

- Führen Sie den Benchmark-Test aus.

- Analysieren Sie die Resultate, und bestimmen Sie weitere Aktionen.

In Hinblick auf die Testmethodik stimmen Snort-Benchmark-Tests mit dem Großteil anderer technischer Benchmark-Bewertungen überein. In der Praxis ist ein Benchmark-Test nur ein weiteres technologisches Verwaltungswerkzeug. Als Faustregel gilt: je automatisierter desto besser!

Attribute eines schlechten Benchmark-Tests

Auch mit dem Risiko, dass es sich sarkastisch anhört, müssen wir sagen, dass die meisten Attribute eines schlechten Benchmark-Tests abgeleitet werden können, wenn Sie das Gegenteil der Attribute eines guten Benchmark-Tests, so wie er im vorangegangenen Abschnitt beschrieben wurde, unterstellen. Es gibt jedoch einige Ausnahmen. Die häufigste Nachlässigkeit bei der Benchmark-Testdurchführung ist es, nicht zu verhindern, dass die Testresultate durch unkontrollierte Variablen und Faktoren verfälscht werden können. Snort-Benchmark-Tests sollten beispielsweise nur in kontrollierten Zellen oder Umgebungen durchgeführt werden, so dass nur der Netzwerkverkehr, der von anderen kontrollierten Systemen gesendet wird, durch den Sensor mitgeschnitten und analysiert wird. Daher ist die Ausführung Ihrer Tests in einer Produktionsumgebung sicherlich nicht empfehlenswert. Ein anderer häufig gemachter Fehler liegt darin, mehr als ein Element zwischen zwei Testfällen zu modifizieren. Es wäre sehr wenig aufschlussreich hinsichtlich der tatsächlichen Leistungsunterschiede zwischen einer Open-BSD- und einer Windows-2000-Snort-Installation, wenn die beiden Regelsätze vollkommen unterschiedlich wären. Der letzte Aspekt, der häufig übersehen wird, ist, während des Benchmark-Tests mehrere Testserien durchzuführen. Führen Sie nicht nur viele unterschiedliche Tests durch, sondern auch mehrere identische für die Verifizierung der Ergebnisse.

Um es zu rekapitulieren, vermeiden Sie diese drei üblichen Fehler:

- Durchführen von Benchmark-Tests in einer unkontrollierten Umgebung

- Bewerten und Vergleichen von ungleichen Systemen

- Sich mit den Ergebnissen eines Testlaufs zufrieden geben

10.5.2 Welche Optionen stehen für Benchmark-Tests zur Verfügung?

Die Optionen für die Durchführung von Benchmark-Tests für ein IDS sind auf dem heutigen Markt rar, und wenn Sie die leistungsfähigen Unternehmenslösungen zählen wollen, kommen Sie auf null. Ohne die Sicherheitslücken- und Port-Scanner und verketteten Exploit-Skripts mitzuzählen, gibt es nur sechs üblicherweise genutzte Tools für die Unterstützung bei Benchmark-Tests. Von diesen sechs Tools ist das einzige, das kommerziellen Ansprüchen nahe kommt und über eine grafische Oberfläche verfügt, das Programm IDS Informer. Die restlichen Optionen sind Kommandozeilenwerkzeuge und in den meisten Fällen Skripts. Die technischen Fähigkeiten reichen von Stateful-Angriffen bis hin zu blinden CGI-Anforderungen.

IDS Informer ist unsere Top-Empfehlung für Beratungsfirmen und Unternehmen, die einfache Installationen, grafische Oberflächen und geeignete Report-Tools erfordern. Wenn Sie einfach nur ein Freeware-Tool oder ein umfassendes Skript nutzen möchten, können Sie sich zwischen IDS Wakeup und Ftester (Firewall Tester) entscheiden.

IDS Informer

IDS Informer von Blade Software (www.gui2000.com) ist der derzeitige Industrie-standard für das Testen von IDS-Funktionen und -Implementierungen. Die grafi-sche Oberfläche und die konfigurierbaren Optionen sind anspruchsvoller als die der anderen verfügbaren IDS-Test-Tools oder -Anwendungen. Mit Zweigstellen in den Vereinigten Staaten, Großbritannien und Indien veröffentlicht die Blade Beleg-schaft in regelmäßigen Abständen Anwendungs-Bugfixes und Angriffs-Updates.

Die GUI bietet eine benutzerfreundliche Oberfläche für die Konfiguration von IDS Informer. Wie die Abbildung 10.2 zeigt, kann der Benutzer die Quell-IP- und die MAC-Adresse sowie die Ziel-IP-Adresse für alle Angriffe angeben. Wenn die Ziel-IP-Adresse nicht erreichbar ist, wird die Ziel-MAC-Adresse gezwungen, eine Broadcast-Adresse von FF-FF-FF-FF-FF-FF zu nutzen. Andernfalls nutzt die Engine die abgerufene entsprechende MAC-Adresse der definierten Ziel-IP-Adresse. Mit IDS Informer können auch die Übertragungsrate und der Time-To-Live-Wert (TTL) für die Angriffe konfiguriert werden. Beide Optionen bieten eine größere Flexibilität, falls das Tool in einer Produktionsumgebung ausgeführt wird. Informer bietet zudem die Möglichkeit, alle auf dem System gefundenen Netz-werkkarten grafisch auszuwählen.

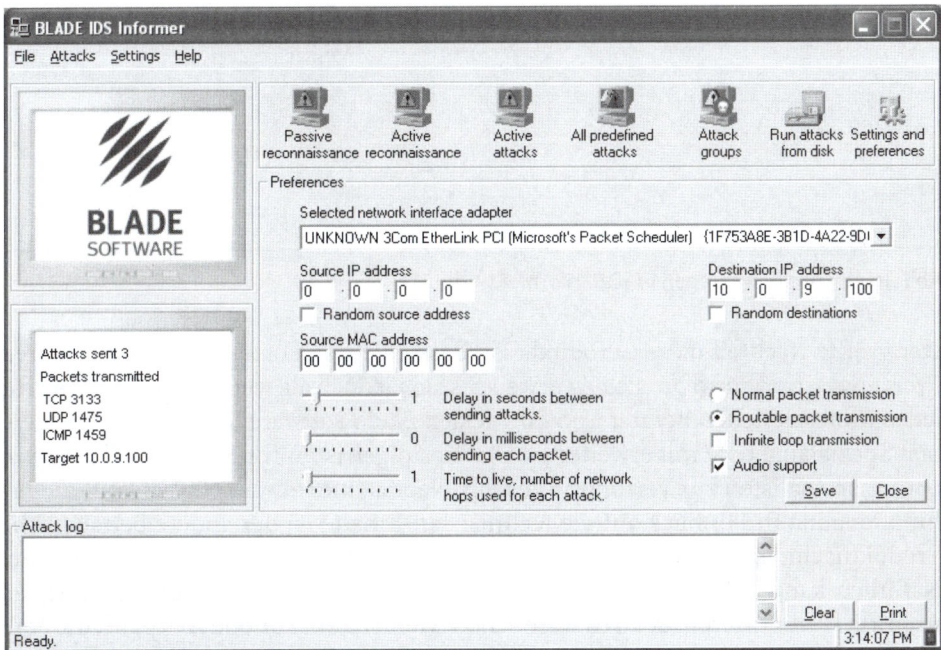

Abb. 10.2: Konfiguration von Blade IDS Informer

Die andere vorteilhafte Option, die der Benutzer bei der Konfiguration von IDS Informer nutzen kann, ist die Möglichkeit, verwaltbare Angriffsgruppen zu erstellen. Die Gruppe *Successful HTTP*, die in Abbildung 10.3 erstellt wurde, enthält die folgenden drei Angriffssequenzen: HTTP IIS .htr access, HTTP IIS Index .htw Cross-Site Scripting und HTTP IIS .asp showcode. Über die Erstellung von Gruppen kann ein Administrator oder Berater kleine und verwaltbare Untergruppen von Angriffen erstellen.

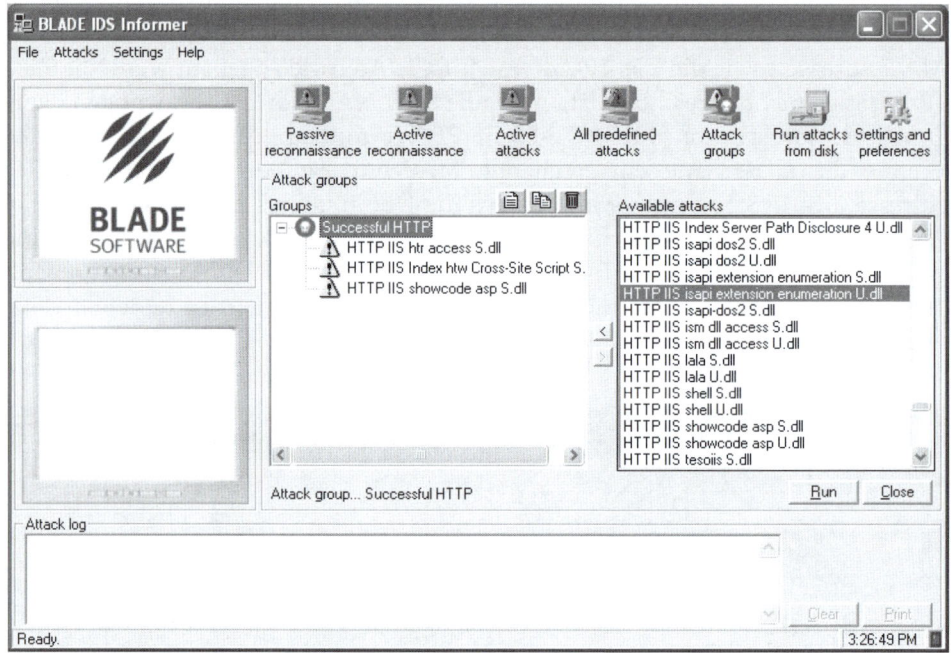

Abb. 10.3: Angriffsgruppen in IDS Informer

Der größte Nachteil dieses Produkts ist, dass es etwas kostet. Mit dem tragbaren Preis etwa 5.000 Euro pro Lizenz erweist es sich jedoch als wertvolle Ergänzung für jeden professionellen Berater und Entwickler. Blade Software hat in der Vergangenheit Spezialangebote mit erweiterten Evaluierungsfristen für Berater und Überwachungsspezialisten zur Verfügung gestellt. Neben einer etwas schwachen Berichtsfunktionalität in Hinblick auf die technischen Inhalte ist der andere beträchtliche Produktnachteil, das Unvermögen, benutzerdefinierte Angriffe zu definieren. Natürlich kann man mit dem Programm schnell die mittels Blade konzipierten Angriffe konfigurieren, doch es wäre schön, wenn es eine offene API gäbe, die dem Anwender die Erstellung und Ausführung zusätzlicher Angriffe ermöglichen würde.

Nachdem alle Einstellungen und Präferenzen für die Testumgebung konfiguriert sind, stehen Sie kurz vor der Ausführung von IDS Informer. Wie zuvor erwähnt, bietet Informer dem Benutzer die Möglichkeit, flexibel zu entscheiden, welche Angriffe auf dem Netzwerk ausgeführt werden sollen und welche nicht. Informer bietet auch die Möglichkeit, alle Angriffe gegen das vordefinierte Ziel durchzuführen (siehe Abbildung 10.4). Alle 10 Standard-Angriffs-Gruppen wurden für den in Abbildung 10.4 illustrierten Angriff herangezogen. Insgesamt wurden in diesem Beispiel über 7.000 Pakete übertragen.

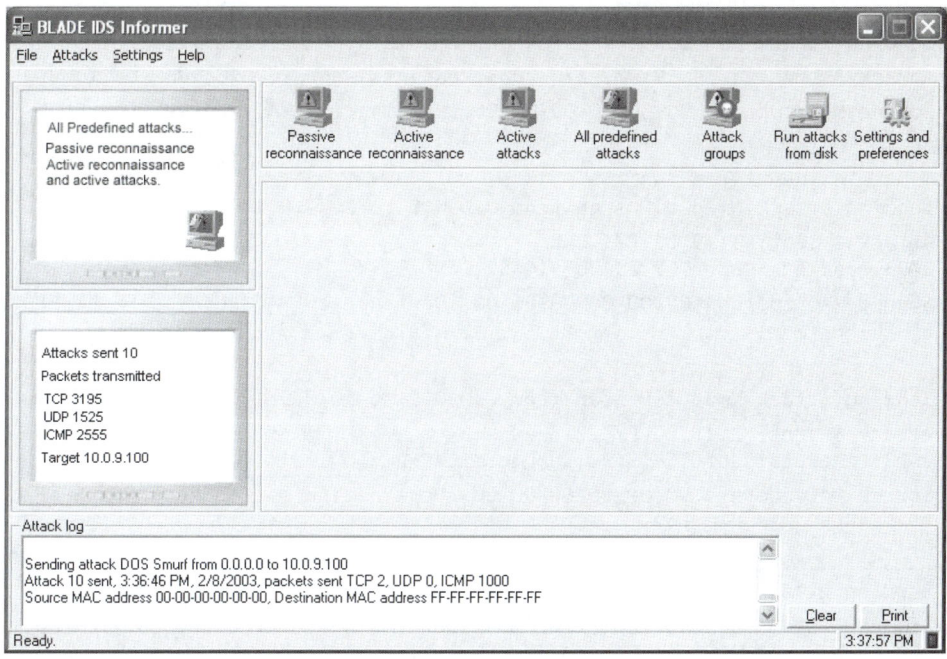

Abb. 10.4: Ausführen von IDS Informer

Im unteren Teil der Abbildung 10.4 sehen Sie einen für die Anzeige des Angriffs-Logs reservierten Bereich. Die Ergebnisse der aktuellsten Tests werden hier angezeigt. Jeder Angriff verfügt über einen entsprechenden Eintrag im Angriffs-Log, so dass Angriffe bei der Suche nach False-Positive, False-Negatives und anderen fehlerhaften Konfigurationen mit den Log-Dateien des IDS-Sensors in Beziehung gebracht werden können. Das folgende Beispiel zeigt einen Auszug aus einem Angriffs-Log, nachdem ein vollständiger Test mit der aktivierten Option ALL PREDE-FINED ATTACKS durchgeführt wurde. Wie Sie sehen, werden Quell- und Zielinformationen zusammen mit Protokoll- und Übertragungsdetails angegeben. Leider wurden keine Angriffszeichenketten und -inhalte protokolliert. Solche Informationen würden Administratoren beim Testen Ihrer Systeme helfen und die Systeme um neue Regeln und Signaturen erweitern.

```
Sending attack Trace route ICMP from 0.0.0.0 to 10.0.9.100
Attack 1 sent, 3:19:16 PM, 2/8/2003, packets sent TCP 0, UDP 0, ICMP 96
Source MAC address 00-00-00-00-00-00, Destination MAC address FF-FF-FF-
FF-FF-FF


Sending attack Finger user S from 0.0.0.0 to 10.0.9.100
Attack 2 sent, 3:19:18 PM, 2/8/2003, packets sent TCP 12, UDP 0, ICMP 0
Source MAC address 00-00-00-00-00-00, Destination MAC address FF-FF-FF-
FF-FF-FF


Sending attack DNS Zone transfer S from 0.0.0.0 to 10.0.9.100
Attack 3 sent, 3:19:19 PM, 2/8/2003, packets sent TCP 16, UDP 0, ICMP 0
Source MAC address 00-00-00-00-00-00, Destination MAC address FF-FF-FF-
FF-FF-FF


Sending attack Nmap UDP scan from 0.0.0.0 to 10.0.9.100
Attack 4 sent, 3:19:22 PM, 2/8/
2003, packets sent TCP 2, UDP 1475, ICMP 1457
Source MAC address 00-00-00-00-00-00, Destination MAC address FF-FF-FF-
FF-FF-FF


Sending attack Nmap TCP scan from 0.0.0.0 to 10.0.9.100
Attack 5 sent, 3:19:26 PM, 2/8/
2003, packets sent TCP 3122, UDP 0, ICMP 2
Source MAC address 00-00-00-00-00-00, Destination MAC address FF-FF-FF-
FF-FF-FF


Sending attack HTTP IIS unicode 1 S from 0.0.0.0 to 10.0.9.100
Attack 6 sent, 3:19:27 PM, 2/8/2003, packets sent TCP 9, UDP 0, ICMP 0
Source MAC address 00-00-00-00-00-00, Destination MAC address FF-FF-FF-
FF-FF-FF


Sending attack Backdoor Back orifice S from 0.0.0.0 to 10.0.9.100
Attack 7 sent, 3:19:28 PM, 2/8/2003, packets sent TCP 0, UDP 45, ICMP 0
Source MAC address 00-00-00-00-00-00, Destination MAC address FF-FF-FF-
FF-FF-FF


Sending attack RPC Linux statd overflow S from 0.0.0.0 to 10.0.9.100
Attack 8 sent, 3:19:29 PM, 2/8/2003, packets sent TCP 25, UDP 5, ICMP 0
Source MAC address 00-00-00-00-00-00, Destination MAC address FF-FF-FF-
FF-FF-FF


Sending attack HTTP IIS htr overflow S from 0.0.0.0 to 10.0.9.100
Attack 9 sent, 3:19:30 PM, 2/8/2003, packets sent TCP 7, UDP 0, ICMP 0
```

```
Source MAC address 00-00-00-00-00-00, Destination MAC address FF-FF-FF-
FF-FF-FF

Sending attack DOS Smurf from 0.0.0.0 to 10.0.9.100
Attack 10 sent, 3:19:33 PM, 2/8/
2003, packets sent TCP 2, UDP 0, ICMP 1000
Source MAC address 00-00-00-00-00-00, Destination MAC address FF-FF-FF-
FF-FF-FF
```

IDSWakeup

IDSWakeup (www.hsc.fr/ressources/outils/idswakeup) ist ein Kommandozeilenwerkzeug, das eine Reihe anderer Werkzeuge und Angriffszeichenketten zum Testen von Intrusion Detection-Sensoren nutzt. Es ist bei Weitem das umfangreichste Freeware-Utility seiner Art und wird von seinen Entwicklern, Hervè Schauer Consulting, vertrieben. Zu den simulierten Angriffen zählen maliziöse FTP-Anforderungen, protokoll-basierende DoS-Sequenzen, Webserver-Buffer-Overflows usw. Eine wichtige Eigenschaft, die dieses Werkzeug von anderen Freeware-Programmen unterscheidet, ist das TTL-Feature. Wenn Sie das TTL-Feld in einem Paket modifizieren, können Angriffe gesendet werden, die IDS-Regeln auslösen, wobei die Produktions-Server jedoch nicht beeinträchtigt werden. Dies hat sich als ein großartiges Feature für Berater und Administratoren erwiesen, die die Vorteile des Tools während der Produktionsstunden nutzen möchten, ohne Angst haben zu müssen, den normalen Geschäftsbetrieb zu stören.

IDSWakeup ist ein UNIX-basierendes Tool, das lokal ausgeführt werden kann. Das Werkzeug erwartet die Übergabe einer Quell- und Ziel-IP-Adresse. Es ist nicht erforderlich, einen Port anzugeben, da die Angriffe mit den zugehörigen Port-Zuordnungen erfolgen. Ein weiteres nützliches Feature dieses Tools ist die Möglichkeit, die Anzahl der Durchläufe, die durchgeführt werden, angeben zu können. Die Syntax für IDSWakeup ist wie folgt:

```
./IDSWakeup <source IP> <destination IP> <number of cycles> <TTL>.
```

Das Programm hat zwei Abhängigkeiten. Zunächst müssen Sie HPing2 installieren und konfigurieren, das Sie unter www.kyuzz.org/antirez/hping herunterladen können.

Die zweite Abhängigkeit ist ein Programm, das mit IDSWakeup herausgegeben wurde und IWU heißt. IWU ist ein weiteres Kommandozeilenwerkzeug, das dazu dient, schnell Datagramme zu senden. Dieses Tool erfordert die Installation von Libnet. Bei Libnet handelt es sich um eine Reihe von Bibliotheken, die den Entwicklungsprozess für netzwerk-basierende Anwendungen optimiert. Der Rahmen und die Strukturen für die Implementierung und Nutzung von Protokollen sind ausgezeichnet. Libnet und andere Sicherheitsprojekte können von der Packet Factory-Website unter www.packetfactory.net heruntergeladen werden.

Es folgt das Beispiel eines Tests, der auf einem internen Netzwerk mit einer Quelladresse von 10.1.1.1 und einer Zieladresse von 10.0.2.130 durchgeführt wird. Das Tool wird zweimal ausgeführt und sollte das Zielsystem dank des definierten TTL-Wertes von 1 nicht stören.

```
# /root/IDSW/./IDSwakeup  10.1.1.1  10.0.2.130  2  1
-=-=-=-=-=-=-=-=-=-=-=-=-=-=-=-=-=-=-=-=-=-=-=-=-
-  IDSwakeup : false positive generator
-  Stephane Aubert
-  Hervé Schauer Consultants (c) 2000
-=-=-=-=-=-=-=-=-=-=-=-=-=-=-=-=-=-=-=-=-=-=-=-=-
  src_addr:0  dst_addr:127.0.0.1  nb:1  ttl:1

  sending : teardrop ...
  sending : land ...
  sending : get_phf ...
  sending, : bind_version ...
  sending : get_phf_syn_ack_get ...
  sending : ping_of_death ...
  sending : syndrop ...
  sending : newtear ...
  sending : X11 ...
  sending : SMBnegprot ...
  sending : smtp_expn_root ...
  sending : finger_redirect ...
  sending : ftp_cwd_root ...
  sending : ftp_port ...
  sending : trin00_pong ...
  sending : back_orifice ...
  sending : msadcs ...
          245.146.219.144 -> 127.0.0.1 80/tcp  GET /msadc/
msadcs.dll HTTP/1.0
  sending : www_frag ...
          225.158.207.188 -> 127.0.0.1 80/fragmented-tcp
          GET /................................. HTTP/1.0
          181.114.219.120 -> 127.0.0.1 80/fragmented-tcp
          GET /AAAAAAAAAAAAAAAAAAAAAAAAAAAAAAAAAAAAAAAAAA\
          AAAAAAAAAAAAAAAAAAAAAAAAAAAAAAAAAAAAAAAAAAAAAA\
          AAAAAAAAAAAAAAAAAAAAAAAAAAAAAAAAAAAAAAAAAAAAAA\
          AAAAAAAAAAAAAAAAAAAAAAAAAAAAAAAAAAAA/../cgi-bin/phf HTTP/
1.0
(cut remaining tool dump to save page space)
```

Sneeze

Sneeze (`http://snort.sourceforge.net/sneeze-1.0.tar`) nimmt verglichen mit den beiden zuvor beschriebenen IDS-Benchmarking-Tools einen etwas anderen Ansatz. Von Brian Caswell und Don Bailey geschrieben, wurde das Tool zum Aufbreiten von Snort-IDS-Regeln entwickelt, um vorgetäuschte Angriffe oder False-Positives für den Sensor zu generieren. Sneeze implementiert ein kluges Werkzeugkonzept, das potentielle Probleme erzeugt, denen Administratoren im fortwährenden Kampf bei der Überwachung von IDSs gegenüberstehen. So hilft es beim Eliminieren von False-Positives. Eine beträchtliche Zeit wird mit der Analyse von Netzwerkangriffen über die Alarm- und Paket-Logs von Snort verbracht, da eines der zugrundeliegenden Ziele aller Intrusion Detection Systems darin liegt, zweckdienliche und akkurate Informationen zu liefern. Eine einfache Angriffserkennungssignatur erkennt maliziöse Pakete an einen sensiblen Host, doch der wahre Wert eines IDSs zeigt sich an komplizierten Signaturen und Regeln, die maliziöse Angriffszeichenketten und die entsprechenden Ziele in Zusammenhang bringen und darauf reagieren können. Sneeze macht Sie mit den Snort-Regeln vertraut, die dazu neigen, False-Positives zu erzeugen, und hilft Ihnen dabei, zu erkennen, ob es sich tatsächlich um einen Angriff handelt.

Sneeze dient als kostenfreies, und doch nützliches Tool für das Testen und Verfolgen von IDS-Sensoren in einer Produktionsumgebung. Das jüngste Release des Tools wurde mit Snort 1.8 und dem zugehören Regelsatz getestet.

Sneeze ist ein mit Perl geschriebenes Kommandozeilenwerkzeug, das nur auf UNIX-basierenden Plattformen ausgeführt werden kann. Die Standardparameter für dieses Tool sind der Ziel-Host und die Regel-Datei. Es stehen zusätzliche Optionen zur Verfügung. Die einzelnen Optionen sind mehr oder minder selbst-erklärend, daher wird hier nur ein Auszug zur Verwendung des Tools gezeigt:

```
Usage C:\sneeze\sneeze.pl -d <dest host> -f <rule file> [options]
-c count        Loop X times.  -1 == forever.  Default is 1.
-s ip           Spoof this IP as source.  Default is your IP.
-p port         Force use of this source port.
-i interface    Outbound interface. Default is eth0.
-x debug        Turn on debugging information.
-h help         Duh? This is it.
```

Für die Ausführung des Tools gibt es nur zwei Vorbedingungen. Zunächst benötigen Sie eine brauchbare Snort-Regeldatei, über die Sie die Daten in die Sneeze-Engine einspeisen können. Verschiedene Kombinationen von Inhalt, Ziel-Port und IP-Adressen zeichnen eine gut geeignete Regeldatei aus. Darüber hinaus müssen Sie das Perl-Modul *Net::RawIP* zuvor installieren. Sneeze nutzt dieses als Grundlage zum Schreiben von Raw-Paketen, Spoof-Paketen und für die allgemeine Paketübertragung. Sie können das Modul *Net::RawIP* unter `www.cpan.org/modules/by-module/Net` herunterladen.

Der größte Nachteil des Tools ist, dass es nur in einer UNIX-basierenden Umgebung ausgeführt werden kann, da es das Modul *Net::RawIP* nutzt. Leider haben die Entwickler es nicht als plattform-neutral erstellt.

Verschiedene Optionen

Neben den drei anderen erwähnten Optionen gibt es einige andere Tools, die es wert sind, kurz erwähnt zu werden. Stick (`www.packetstormsecurity.org/distributed/stick.tgz`), möglicherweise das populärste und unangemessen hochgelobte IDS-Tool, das vor einigen Jahren für die Entwickler von Intrusion Detection-Sensoren herausgegeben wurde. Stick hat viele Vorteile. Bemerkenswert ist vor allem seine Geschwindigkeit. Dennoch hat es auch einen großen Nachteil: es bietet keine effektive Überwachung und Behandlung der Pakete und des Angriffsstatus. Ein ähnliches Programm, Snot, weist dasselbe Problem auf. Es dient aber auch als weiteres passendes Beispiel-Tool, das Angriffe generieren kann. Weitere Information zu Snot finden Sie unter `www.stolenshoes.net/sniph/index.html`.

Das letzte erwähnenswerte Programm ist Ftester. Ftester besteht aus zwei Perl-Skripts, die unter `http://ftester.sourceforge.net` heruntergeladen werden können. Ein Skript sendet Netzwerkangriffe an Remote-Hosts und ermöglicht Ihnen, die Quell-Adressen und -Ports zu spoofen. Das andere Skript entspricht einem Sniffer, der dazu dient, die an das Zielsystem gesendeten Angriffspakete zu lesen. Das erste kann zum Testen von NIDSs und HIDSs verwendet werden. Das zweite wird in Kombination mit dem ersten zum Testen von Netzwerkfiltern und Firewalls genutzt. Ein wichtiger Unterschied zwischen Ftester und Snot/Stick ist, dass Ftester TCP-Verbindungen fast echt simuliert und damit Stateful-Angriffe ermöglicht. Für Ftester müssen Sie die Datei ftest.conf konfigurieren, um die Angriffspakete einzurichten, die an die leistungsfähige Packet-Engine gesendet werden. Außerdem müssen folgende Perl-Module installiert sein:

- Net::RawIP
- Net::PcapUtils
- NetPacket

10.6 Zusammenfassung

Zuerst müssen Sie sich für ein BS entscheiden, das Sie als zugrundeliegende Plattform für Ihren Intrusion Detection-Sensor verwenden möchten. Die goldene Regel lautet: »Wählen Sie die für Ihr Unternehmen vertrauteste Plattform, die sich problemlos in Ihren aktuellen Netzwerkadministrationsprozess integrieren lässt«. Die Überwachung und Verwaltung eines IDSs, oder besser gesagt, eines Netzwerk-Sensors ist eine extrem zeitraubende Tätigkeit. Sie sollten die Komponenten nach

Vertrautheit auswählen, damit Ihr Unternehmen sich nicht auch noch mit der Verwaltung weiterer unbekannter Netzwerksysteme plagen muss. Derzeit kann die öffentlich verfügbare Version von Snort in verschiedenen Konfigurationen auf verschiedenen Plattformen ausgeführt werden. Zu den verschiedenen Plattformen zählen: Windows NT/2000/XP/9x, Red Hat, Mandrake, Solaris, OpenBSD, FreeBSD und verschiedene andere Linux- und UNIX-basierende BSs. Nach dem Auswählen eines BSs müssen Sie die passende Hardware erwerben oder einrichten. Als gute Faustregel gilt, dass Sie beim Einkauf besonderes Augenmerk auf die vier folgenden Bereiche legen sollten: Speicher, Rechenleistung von CPU und Motherboard, NICs und Festplattenplatz. Vielleicht denken Sie, dass dies das ist, was einen Computer ausmacht. Dabei sollten Sie aber beachten, dass hier keine Aussage über grafische Fähigkeiten, Audiokarten, Monitore, Parallel-Laufwerke oder verschiedene Festplattenlaufwerke getroffen wurde.

Der nächste Schritt bei der Einrichtung des Snort-NIDSs ist das Entwickeln und Ausführen eines Plans zum Erstellen eines flexiblen Sensors, so dass zahlreiche Automatisierungstechniken für das Rollout einer unternehmensweiten Gruppierung von Sensoren genutzt werden können. Die Erstellung flexibler Sensorkonfigurationen kann ein breites Spektrum von potentiellen Komponenten erhalten. Beginnend beim Erstellen von Festplatten-Klonen, über Snort-Automatisierungs-Skripts bis hin zur Installation von Remote-Server-Administrationssoftware. Neben den vielen anwendungs-spezifischen Schritten, die möglich sind, sollten Sie Ihre Snort-Regeln und Konfigurationsdateien so gestalten, dass sie für eine Portierung auf andere Systeme leicht zu modifizieren sind. Generische Variablen wie $INTERNAL$, $EXTERNAL$, DMZ und NOT_ME helfen erheblich bei der Konfiguration von Regeldateien, so dass Sie anstatt Hunderte von Snort-Regeln zu ändern, lediglich die dynamischen Variablen ändern müssen. Neben den Variablendeklarationen können sie die Installation »tunen«, indem Sie Ihre Präprozessor- und Ausgabe-Plugins in der Hoffnung, die Effizienz des Sensors zu erhöhen, modifizieren.

Der letzte Aspekt vor der Übernahme Ihres Sensors in die Produktionsumgebung ist die erneute Überprüfung Ihrer Arbeit. Das Entwickeln und Ausführen eines Testplans für Ihre Sensoren sollte obligatorisch sein. In den meisten großen Unternehmen ist eine Qualitätsprüfung/-sicherung ein fester Bestandteil, um die Eignung eines Produkts für den Einsatz in einer Produktionsumgebung zu gewährleisten. Die Bedeutung solcher Qualitätssicherungstests kann nicht oft genug betont werden. Leider ist die Liste der verfügbaren kommerziellen Testanwendungen und -Tools für Intrusion Detection Systems kurz.......oder sollte man besser sagen, sie beschränkt sich auf IDS Informer. IDS Informer von Blade Software ist die einzige Anwendung für Intrusion Detection Systems mit einer grafischen Oberfläche für Win32-Plattformen. Mit dem Tool können Sie Benutzer Quell-IP- und MAC-Adressen konfigurieren und Angriffsmodule angeben, die über das Kabel gesendet werden. Zu den Freeware-Tools, mit denen Sie Ihre Sensor-Implementierung bewerten können, zählen IDSWakeup, Sneeze, Ftester, Stick und weitere Port- und Sicherheitslücken-Scanner, derer Sie habhaft werden können.

Die Snort Intrusion Detection kann eine sehr effektive und nützliche Netzwerkanwendung für Ihre Umgebung sein, wenn während der gesamten Lebensdauer Ihrer NIDS-Implementierung eine entsprechende Verwaltung und Wartung erfolgt und alle zugehörigen Ressourcen entsprechend genutzt werden. Snort kann sich als technologischer Vorteil in der Abwehr digitaler Feinde oder aber nur als vernachlässigter Ressourcenfresser erweisen – Sie haben die Wahl.

10.7 Lösungen im Schnelldurchlauf

Welche Hardware sollte verwendet werden?

- Bei der Hardware sollten Sie nicht am Geld sparen, Leistungsspitzen werden Ihnen schnell die Grenzen einer schwachen Hardware aufzeigen.

- Achten Sie bei den Hardwarespezifikationen auf Features, die Snort unterstützen.

- Stecken Sie Ihr Budget besonders in die CPU-Rechenleistung, den Speicher, den Festplattenplatz und in die Netzwerkgeschwindigkeit durch qualitativ hochwertige und leistungsfähige NICs.

Welches Betriebssystem sollte verwendet werden?

- Linux- und UNIX-basierende Betriebssysteme arbeiten schneller und effizienter, doch wenn Sie keine große Erfahrung mit diesen Systemen haben, erwerben Sie eine leistungsstärkere Hardware, um mit der Microsoft-Plattform zu arbeiten.

- Nutzen Sie die Vorteile des BSs im Sinne einer möglichst leistungsstarken Snort-Installation. Nutzen Sie die Effizienz-, Sicherheits- und Verwaltungsaspekte, des von Ihnen gewählten BSs.

Beschleunigen Ihrer Snort-Installation

- Die Einrichtung einer effizienten und benutzerdefinierten Instanz von Snort ist wesentlich für die Maximierung des Sensorpotenzials. Stellen Sie daher sicher, dass nur zweckdienliche Regeln auf Ihrem System implementiert werden.

- Die Definition von geeigneten Ausgabe- und Präprozessor-Plugins ist von hohem Nutzen, besonders wenn es durch Spitzen in Netzwerkverkehr zu Paketverlusten kommt.

- Das Klonen von Festplatten, Installations-Skripts, Remote-Administration und das Deklarieren von generischen Variablen sind geeignete Mittel, um den zeitlichen Aufwand für den Snort-Installationsprozess zu minimieren.

Benchmark-Tests

- Benchmark-Tests eignen sich besonders gut für das Bewerten und Messen von Systemleistung und Schwellwerten. Solche Tests haben jedoch nur einen Nutzen, wenn Sie mit Vergleichstests durchgeführt werden. Benchmark-Tests sollten auf geschäftlicher, verwaltungstechnischer und technischer Ebene durchgeführt werden.

- Die Automatisierung spielt bei der Entwicklung von aussagekräftigen Snort-Tests eine tragende Rolle.

10.8 Häufig gestellte Fragen (FAQs, Frequently Asked Questions)

- **F:** Wenn ich mich nun zwischen Hardware und Betriebssystem entscheiden muss, welche Komponente ist wichtiger, um zu einer stabil laufenden Snort-Box zu kommen?

- **A:** Wichtiger ist die Auswahl des geeigneten BSs. Sollten Sie keine Erfahrung im Umgang mit Linux haben, tun Sie sich keinen Gefallen, wenn Sie Snort auf diesem BS installieren. Sie können Ihren Regelsatz optimieren oder die Systemlast manipulieren, um mögliche Hardwaredefizite zu kompensieren, doch wirklich wichtig ist, tatsächlich mit dem Computer arbeiten zu können. (Es gibt natürliche kleine Ausnahmen: Es macht wirklich keinen Sinn, auch nur daran zu denken, Snort auf einem 286er auszuführen – die Hardware muss in einem realistischen Rahmen bleiben.)

- **F:** Bestimmt die Netzwerkkonfiguration welches BS gewählt wird?

- **A:** Nein. Die Tatsache, dass Sie ein Windows-Netzwerk betreiben, ist kein K.O.-Kriterium für den Einsatz von Linux als BS für Ihre Snort-Box. Dies gilt auch umgekehrt. Nach diesen Ausführungen sollten Sie die vorangegangene Frage hinsichtlich der BS-Performance als Kriterium für die Auswahl Ihres BSs lesen.

- **F:** Welche Regeln sollten für mobile Sensoren definiert werden, z. B. wenn Snort auf dem Windows-Professionell- XP-Laptop eines Beraters ausgeführt wird?

- **A:** Wir empfehlen die Nutzung eines verschlankten Regelsatzes, der Angriffe, die speziell auf Windows-XP- Professionell-Systeme und andere vorhandene Anwendungen gerichtet sind, behandelt. In den Regelsatz für den mobilen Benutzer sollten spezielle Regeln zum Schutz vor NetBIOS-Benutzer- und -Share-Auflistungen, Plug-in-Play-Angriffen, Registry-Verbindungen, Portscans und anderen Microsoft-XP-spezifischen Angriffen aufgenommen werden.

- **F:** Welches BS ist zu empfehlen, wenn die Erfahrung und Vertrautheit bei der Auswahl keine Rolle spielt?

- **A:** Linux. Da Linux das BS ist, für das Snort ursprünglich geschrieben wurde und es ein leistungsfähiges, portables und optimiertes BS ist, sticht es Windows und Solaris hinsichtlich der Performance leicht aus. Wie bei so vielen Aspekten in der Computerwelt, ist Windows zweifellos ein Moloch, der die Programmleistung beeinträchtigt. Da Linux solche Problem nicht kennt, sollte Ihnen die Entscheidung nicht schwer fallen.

## Kapitel 11

Erforschen von Barnyard

Lösungen in diesem Kapitel:

■ Was ist Barnyard?

■ Vorbereitung und Installation von Barnyard

■ Wie funktioniert Barnyard?

■ Die Ausgabeoptionen für Barnyard

■ Eine spezielle Ausgabe

11.1 Einführung

Mit der immer größer werdenden Popularität des Internets und der wachsenden Anzahl an technisch versierten (oder nicht so versierten) Menschen wird Ihr lokales Netzwerk (LAN) fortwährend mit unerwünschtem Traffic bombardiert. Die Netzwerksicherheit ist ein wichtiger Aspekt für den Internet-Traffic, der in ein Netzwerk eingeht, das gewöhnlich durch verschiedene Firewall-Architekturen geschützt ist. Die interne Bedrohung, manchmal überraschend, ist ebenfalls vorhanden. Sie können ja nicht wissen, wer in Ihrem Unternehmen den neuesten Artikel in »The Computer Security Bugle« gelesen und während Sie dies hier lesen, gerade dabei ist, all seinen Bekannten und Freunden ein Portscan-Tool per E-Mail zukommen lässt. Snort ist ein bemerkenswertes Werkzeug zur Erkennung von Paketen auf Ihrem Netzwerk, die dort nicht hingehören. Es reagiert mit entsprechenden Alarmen, konfigurierten Antworten und protokollierten Informationen, die Sie prüfen können.

In der heutigen Welt hat niemand die Zeit, peinlichst genau endlose Seiten von Log-Dateien zu durchsuchen, besonders dann, wenn nach Etwas gesucht wird, das möglicherweise gar nicht vorhanden ist. Die Fähigkeit von Snort, bestimmte Regeln zu nutzen und spezielle Alarme einzurichten, ist eine große Hilfe bei diesem Problem. Mit einer Reihe von Ausgabe-Plugins (APs), aus denen Sie wählen können, bietet Snort Ihnen eine großartige Möglichkeit, mit der Sie Ihre Ausgabedateien in ein ansprechendes Format bringen können. Es könnte aber zu einem Problem kommen: Während Snort mit dem ressourcen-verbrauchenden Prozess beschäftigt ist, mitgeschnittene Pakete in ein vom Menschen lesbares Format in eine Datenbankdatei zu schreiben, arbeitet das Netzwerk in seiner gewohnten kraftvollen Art weiter.

Wie bei jedem unaufhörlich ausgeführten Computerprozess birgt das Mithalten mit den schnellen Netzwerkprozessen ein Potential für Fehler und die Snort-Sensoren könnten Probleme bei der in Echtzeit ausgeführten Datensammlung bekommen. Wenn der Netzwerkadapter jedes Paket auf der lokalen Broadcast-Domäne analysieren muss, kann es zu Problemen mit der gleichzeitigen Datensammlung kommen. Das Schreiben von Alarmen und Paket-Logs bei gleichzeitigem Mitschneiden von eingehenden Paketen ist ein ressourcen-belastender Prozess, bei dem das ständige Risiko besteht, dass der Snort-Sensor und die Netzwerkkarte Pakete verlieren. Auf einem stark belasteten Netzwerk entziehen vor allen die Datenbankschreibvorgänge dem Snort-Sensor Ressourcen, so dass es zum Verlust von wichtigen Netzwerkstatusinformationen kommen kann.

Es musste ein Tool entwickelt werden, dass Snort bei den Herausforderungen eines ständig wachsenden Netzwerkverkehrs helfen sollte. Dieses Tool musste sehr flexibel sein, verschiedene Datenbanken unterstützen und Ihnen ermöglichen, Einstellungen nach Ihren persönlichen Bedürfnissen zu konfigurieren. Ausschließlich für Snort entwickelt, ist Barnyard (zum Zeitpunkt der Drucklegung dieses Buchs in der Version 0.1.0) ein Tool zum Lesen von vereinheitlichten (unified) Ausgabedateien und binären Log-Dateien, das dann aus diesen Log- und Alarmdateien in den gewünschten Formaten erstellt. Dieses Kapitel beschreibt, wie Barnyard Snort von den ressourcen-intensiven Datenbankschreibvorgängen befreit, wie Barnyard für die Integration mit den Snort-Prozessoren konfiguriert wird und wie Sie Ausgaben erzeugen, die Ihren oder den Ansprüchen Ihres Unternehmens gerecht werden.

11.2 Was ist Barnyard?

Es gibt viele Auswahlmöglichkeiten für das Erstellen und Anzeigen von Alarm- und Log-Dateien. Sie wissen, dass Snort wählbare Eingabe- und Ausgabeoptionen bietet, die mit diesen verschiedenen Ausgabe-Tools und -Datenbanken korrespondieren. Barnyard ist ein Ausgabe-Utility, das das *vereinheitlichte Snort-Ausgabe-Plugin* (*Unified-AP*) und die binäre Log-Ausgabe von Snort nutzt. Das *Unified-AP* akzeptiert Informationen von den Snort-Sensoren und schreibt im binären Format in eine Log-Datei, die Alarmdateien und Paket-Log-Dateien enthalten kann. Da Snort diese rohen Paketdaten durch die Unterstützung des *Unified-APs* (*spo_unified*) nicht in ein lesbares Format konvertieren muss, kann es mit der höchst möglichen Geschwindigkeit ausgeführt werden. Dank der beeindruckenden Geschwindigkeit und der Verfügbarkeit von Tools wie Barnyard, die das vereinheitlichte Format lesen können, wird dieses Format der zukünftige Standard für Snort auf Netzwerken mit hohem Verkehrsaufkommen sein. Eine andere Option für den Snort-Benutzer ist die binäre Log-Ausgabe. Wenn es um die Geschwindigkeit geht, ist auch dies eine gut funktionierende Lösung.

Snort stützt sich auf Barnyard, um die gespoolten Ereignisse, die durch das vereinheitlichte oder das binäre Ausgabesystem bereitgestellt werden, zu akzeptieren
oder abzukoppeln, entweder während die Ausgabe kontinuierlich erzeugt wird
oder durch Lesen der zuvor erstellten Logs. Durch diesen Prozess kann Snort mit
voller Geschwindigkeit betrieben werden, und es ist gewährleistet, dass Snort seine
Ressourcen für das effektive Überwachen des Netzwerkverkehrs nutzt. Barnyard
übernimmt die Last, Ihre Logs in die Datenbank zu schreiben und bietet Ihnen
dabei die Möglichkeit, diese Logs, so ausführlich Sie es benötigen, zu gestalten,
ohne dass die Snort-Sensoren davon beeinträchtigt werden.

Barnyard lässt sich leicht in die Snort-Ausgabe-Plugins (APs) integrieren und kann
für fast alle Arten von Ausgabedateien angepasst werden. Mit verschiedenen Konfigurationsoptionen und Laufzeitschaltern können Sie Ausgabedateien erstellen, die
an Ihre zeitliche Planung und an Ihre Bedürfnisse angepasst sind. Der wichtigste
Aspekt ist jedoch, dass Sie mit Barnyard viel Zeit sparen können.

11.3 Vorbereitung und Installation von Barnyard

Für den Standard-Linux/UNIX-Benutzer ist die Installation von Barnyard recht einfach. Die Grundvoraussetzung ist, dass Snort bereits auf dem System ausgeführt
wird. Ausführliche Informationen zur Installation von Snort finden Sie in Kapitel 3,
»Installieren von Snort«.

Darüber hinaus benötigen Sie eine funktionierende Datenbank, die für Snort konfiguriert ist. Für die Ausführungen in diesem Kapitel wurde der MySQL-Datenbank-Server und eine Datenbank namens *snort* verwendet.

Hinweis

Sie können sich die Dokumentation für die Installation und Konfiguration der
MySQL-Datenbank unter www.mysql.com/doc/en/Quick_install.html beschaffen. Die zugehörigen Binärdateien oder RPMs stehen unter www.mysql.com/
downloads bereit. Die hier angegebene Dokumentation gilt für eine »binäre Distribution« (dies ist die zu bevorzugende Methode für die Installation). Diese Website enthält außerdem Methoden zum Testen Ihrer Installation und Links zu
vielen weiteren MySQL-Dokumentationen.

Darüber hinaus benötigt Barnyard Bibliotheksdateien, die zu den »Client-«,
»Devel-« (für die Entwicklung) und dynamischen Client-Bibliotheken gehören
und auch als »Shared«-Versionen des Programms bezeichnet werden. Auf der
MySQL-Website wird durch die Betreiber die Verwendung der Binärdateien und
die eigene Kompilierung des Programms empfohlen.

Wenn Snort und MySQL installiert und konfiguriert sind, können Sie mit der Installation von Barnyard beginnen. Barnyard können Sie unter der Adresse `www.snort.org/dl/barnyard` herunterladen. Es steht Ihnen aber auch auf der Begleit-CD zu diesem Buch im Verzeichnis für das Kapitel 11 zur Verfügung. Es stehen keine RPMs zur Verfügung, daher müssen Sie das Programm für die individuellen Einstellungen Ihres Systems kompilieren. Für diese Übung wurde die Datei Barnyard-0.1.0.tar.gz in das Verzeichnis /usr/local/ heruntergeladen.

> ## Oink!
>
> Updates und Informationen zu aktuellen oder zukünftigen Änderungen an Barnyard finden Sie auf der SourceForge-Website unter `http://cvs.sourceforge.net/cgi-bin/viewcvs.cgi/barnyard`. Mitunter erweisen sich diese Updates als sehr praktisch. Diese Site enthält auch ein Message-Board für Barnyard. Dort können Sie Fragen, Beschwerden und auch positive Kritiken zu Barnyard ablegen, so dass andere Barnyard-Benutzer diese lesen und bei Bedarf beantworten können.

Nun werden folgende Dateien entpackt:

- **cd /usr/local/**   Sie wechseln in das Verzeichnis, das die herabgeladene Datei enthält.

- **tar –zxvf Barnyard-0.1.0.tar.gz**   Dieser Befehl erstellt ein neues Barnyard-0.1.0-Verzeichnis und extrahiert die Dateien aus dem Archiv in diesem Verzeichnis. Dieser Prozess wird etwa zwei Minuten auf Ihrem System in Anspruch nehmen.

Im nächsten Schritt muss die Datenbankkonfiguration erfolgen. Sie können während des Installationsprozesses aus verschiedenen Konfigurationszeitoptionen wählen: Diese Optionen dienen dazu, den unterschiedlichen Support für die zu verwendende Datenbank einzurichten. Standardmäßig bietet Barnyard keinen Datenbank-Support, daher müssen Sie einen Konfigurationszeitschalter wählen, um dies nachzuholen.

Es folgt eine Liste mit den Konfigurationszeitschaltern von Barnyard:

- *--enable-mysql*   Aktiviert die Unterstützung für die MySQL-Datenbank.

- *--with-mysql-includes=DIR*   Setzt die include-Verzeichnisse für die MySQL-Datenbankunterstützung auf das Verzeichnis, in dem sich die MySQL-include-Dateien befinden.

- *--with-mysql-libraries=DIR* Setzt die Bibliotheksverzeichnisse für die MySQL-Datenbankunterstützung auf das Verzeichnis, in dem sich die MySQL-Bibliotheksdateien befinden.

Oink!

Wenn Sie die beiden Konfigurationszeitschalter *--with-mysql-includes=DIR* und *--with-mysql-libraries=DIR* setzen, aktivieren Sie das MySQL-AP-Modul.

- *--enable-postgres* Aktiviert die Unterstützung für die PostgreSQL-Datenbank.

- *--with-postgres-includes=DIR* Setzt die include-Verzeichnisse für die Postgre-SQL-Datenbankunterstützung auf das Verzeichnis, in dem sich die Postgres-include-Dateien befinden.

- *--with-postgres-libraries=DIR* Setzt die Bibliotheksverzeichnisse für die Postgre-SQL-Datenbankunterstützung auf das Verzeichnis, in dem sich die Postgre-SQL-Bibliotheksdateien befinden.

Oink!

Wenn Sie die beiden Konfigurationszeitschalter *--with-postgres-includes=DIR* und *--with-postgres-libraries=DIR* setzen, aktivieren Sie das Postgres-Ausgabe-Plugin-Modul.

Sie müssen nun die Unterstützung für die MySQL-Datenbank einfügen. Die aktuelle MySQL-Datenbank wurde in den Standardverzeichnissen aufgebaut und installiert. Das Skript *configure* von Barnyard wird sie ohne Probleme finden. Wie zuvor beschrieben, sollten Sie die Optionen wählen, die am besten auf Ihr System zugeschnitten sind.

Wenn es nicht anders mit den *includes-* und *libraries-*Schaltern und den entsprechenden Verzeichnissen angegeben wurde, sucht Barnyard in den Standardinstallationsverzeichnissen nach den Datenbankdateien. Wenn sich die Bibliotheksdateien der Datenbank in einem anderen als dem Standardverzeichnis befinden und Sie nicht die passenden Optionen auswählen, wird eine Fehlermeldung angezeigt und das Skript *configure* beendet. Es folgt ein Beispiel für einen Fehler, der durch ein falsch konfiguriertes Skript erzeugt wurde:

```
**************************************************
ERROR: unable to find mysql headers (mysql.h)
checked in the following places
          yes/mysql.h
**************************************************
```

Dieses Problem kann schnell behoben werden, da die Fehlermeldungen sehr speziell sind und angeben, welche Dateien Barnyard nicht findet. Ab diesem Punkt sollten Sie einfach das Skript *configure* mit den korrekten Schaltern ausführen.

- **cd /usr/local/Barnyard-0.1.0**   Wechseln Sie in das Verzeichnis, indem sich entpackten Barnyard-Dateien befinden.

- **./configure --enable-mysql**   Mit diesem Befehl werden die Systemeinstellungen geprüft und die Speicherorte der Dateien bestimmt, die benötigt werden, um eine Liste für den Aufbau des Programms zu erstellen. Dieser Vorgang benötigte auf dem für diese Übung verwendeten System weniger als drei Minuten.

Sie können Barnyard nun mit folgender Syntax aufbauen:

```
make && make install
```

Mit diesem Befehl wird das Skript *configure*, das Sie gerade zum Aufbau des Programms erstellt haben, genutzt. Durch die Verwendung von *&&* wird festgelegt, dass das Ergebnis von *make* für die Installation verwendet werden soll. Der gesamte Prozess dauerte weniger als eine Minute.

> **Oink!**
>
> Wenn Sie über die entsprechende Zeit verfügen, sollten Sie mit den verschiedenen Methoden für das Barnyard-Setup experimentieren, um ein Gefühl für diesen Installationsprozess und den dabei verwendeten Dateien zu bekommen. Einer der Aspekte, der das Unix-Betriebssystem so attraktiv macht, ist die Tatsache, dass es so viele Optionen gibt, aus denen Sie wählen können.

In anspruchsvolleren Situationen könnten Sie vielleicht Anforderungen haben, die nicht durch das Skript *configure* erkannt werden. Sie könnten beispielsweise nicht den Standard-Compiler nutzen wollen, nach dem *configure* sucht (GNU C/C++). Wenn dies der Fall ist, müssen Sie die Datei *configure* auf Ihrem System bearbeiten, z. B. mit dem Programm *env*, um das Skript *configure* zu überschreiben und den Compiler Ihrer Wahl zu nutzen. Auf diese Weise kann das Skript *configure* eine an die Details Ihres Systems angepasste Kompilierung vornehmen.

Ein anderes nützliches Feature von Barnyard ist die Fähigkeit, das Paket simultan für mehrere Computermodelle zu kompilieren. Wenn Sie eine Version von *make* ausführen würden, die VPATH (bei dem *make* eine angegebene Liste von Verzeichnissen durchsuchen soll) unterstützt, könnten Sie die Objektdateien für die einzelnen Computerarchitekturen in ein eigenes Verzeichnis setzen und das Skript *configure* in diesem Verzeichnis ausführen. *Configure* sucht automatisch in diesem und dem übergeordneten Verzeichnis nach dem Quell-Code, um die Liste zu konstruieren, die *make* zum Aufbau des Programms nutzt. Durch das Lesen dieser Konfigurationsliste kompiliert *make* die binären Dateien eines Programms zu einer Installation, die auf Ihr Computersystem zugeschnitten ist und auf Ihrem System mit dem Befehl *make install* installiert werden kann.

Wenn Sie eine Version von *make* ausführen, die keine Unterstützung für VPATH bietet, müssen Sie die Pakete für die verschiedenen Architekturen einzeln erstellen. Vor der Neukonfiguration für eine andere Architektur müssen Sie den Befehl *make distclean* ausführen. Dieser Befehl löscht sämtliche Dateien, die bei einem vorherigen Ausführen von *make* oder *configure* erstellt wurden. Dies gewährleistet, dass die neue Kompilierung nur mit den ursprünglichen Distributionsdateien durchgeführt wird.

Geschichten aus dem Untergrund...

Persönliche Installationsprobleme

Ich (der Autor) hatte Probleme mit meiner ersten Installation von MySQL. Unter Red Hat Linux 7.2 mit MySQL 3.23.55 und der aktuellen Version von Barnyard 0.1.0 hatte ich die MySQL-Client-, -Devel- und -Shared-RPMs (die vorgepackten Versionen für Red Hat) installiert. Alles schien problemlos zu laufen, und ich war eifrig darauf bedacht, meinen Barnyard-Installationsprozess zu starten.

Während der Vorbereitung meiner Barnyard-Installation unter Verwendung der Optionen *–enable-mysql* mit *mysql-includes* kam es zu einem ungewöhnlichen Fehler. MySQL agierte so, als hätte es die Bibliotheksdateien installiert, doch Barnyard konnte das entsprechende Verzeichnis für meine Bibliotheksdateien nicht finden. Ich schaute nach und fand sie ebenfalls nicht. Ich versuchte MySQL erneut zu installieren, erhielt aber die Nachricht, dass MySQL bereits installiert wäre. Im nächsten Schritt versuchte ich MySQL zu deinstallieren, erhielt aber die Nachricht, dass MySQL nicht installiert wäre.

Recht frustriert und nicht willens noch mehr Zeit mit dieser Installation zu verschwenden, habe ich die binäre Form heruntergeladen und installiert. Es traten keine Probleme auf. Ich führte die Installation sogar über das beschriebene Desaster aus, ohne dass dabei Probleme auftraten. Interessanterweise findet sich im unteren Teil der MySQL-Webseite ein Hinweis, dass die Linux-Version der RPMs für x86 als problembelastet beschrieben sei. Leben und Lernen.

11.4 Wie funktioniert Barnyard?

Wie zuvor erörtert, muss Snort, wenn es als Netzwerk Intrusion Detection System (NIDS) ausgeführt wird, hart arbeiten, wenn es die Regeldateien bearbeitet und verdächtige Pakete entdeckt. In manchen Fällen springt Snort von einer Regel zur nächsten, und sucht die beste Methode für die Behandlung einer speziellen Situation und/oder die Aktivierung anderer dynamischen Regeln, die durch ein spezifisches Ereignis ausgelöst wurden. Es lässt sich leicht erkennen, wie Barnyard für den Snort-Prozess von Vorteil sein kann: Barnyard kann in drei verschiedenen Modi ausgeführt werden:

- **One-Shot-Modus**   In diesem Modus liest Barnyard die angegebene binäre Log-Datei, verarbeitet die Daten entsprechend der Konfiguration und endet. Diesen Betriebsmodus können Sie durch die Verwendung des Schalters *–o* angeben.

- **Continual-Modus**   In diesem Modus liest Barnyard die angegebene binäre Log-Datei, verarbeitet die Daten entsprechend der Konfiguration und fährt dann mit den neuen von Snort erzeugten Daten fort.

- **Continual w/ Checkpoint-Modus**   In diesem Modus wird Barnyard wie im Continual-Modus ausgeführt, jedoch mit einem zusätzlichen Feature. Dieser Modus wird mit dem Schalter *–w* angegeben und nutzt das Write-Ahead-Logging (WAL). WAL, das auch als *waldo* bekannt ist, verwaltet eine Transaktions-Log-Datei, um verfolgen zu können, welche Dateien bereits verarbeitet sind und welche nicht. WAL nutzt eine *Checkpoint*-Datei, um in der Transaktions-Log-Datei bei der Initialisierung und in vordefinierten Abständen einen spezifischen Punkt zu markieren. Wenn Barnyard unerwartet terminiert, kann es durch diese Markierungen die Stelle erkennen, an der die Verarbeitung abgebrochen wurde. Wenn es wieder neu initialisiert wird, kann es an dieser Stelle die Arbeit wieder aufnehmen, so dass keine Daten verloren gehen.

Oink!

Es können viele Schalterkombinationen genutzt werden. Wenn Sie beispielsweise nicht sicher sind, wie Barnyard zuletzt beendet wurde, können Sie die Schalter *–w* und *–f* zusammen verwenden; der Barnyard-Prozess wird dann die Verarbeitung mit der durch den Schalter *–f* angegebenen Datei beginnen. Wenn sich jedoch Informationen in der *waldo*-Datei befinden, erhält der Schalter *–w* den Vorrang, so dass die Verarbeitung durch Barnyard ab dem *Checkpoint* in der Transaktions-Log-Datei beginnt. Auf diese Weise werden Datenverluste vermieden. Die verschiedenen Schalter für die Initialisierung von Barnyard werden an späterer Stelle in diesem Kapitel detailliert beschrieben.

11.4.1 Verwenden der Barnyard-Konfigurationsdatei

Barnyard und Snort funktionieren recht ähnlich. Nach der Initialisierung sucht Barnyard nach der Konfigurationsdatei, die durch den verwendeten Schalter *–c = DIR* angegeben wird. In der Datei barnyard.conf befindet sich eine grundlegende Liste von Instruktionen, oder Richtlinien, die Barnyard befolgen soll. Diese Datei mit ihren Instruktionen ist eines der wichtigsten und anpassungsfähigsten Features. Auf den ersten Blick mag die Datei barnyard.conf ein wenig furchteinflößend erscheinen. Wenn Sie keine entsprechende Erfahrung haben, sollten Sie diese Datei vielleicht ausdrucken und sie mit einem Textmarker in der Hand selbst analysieren. Nach der Untersuchung dieser Datei sollten Sie feststellen, dass sie recht unproblematisch ist und für jede Kategorie eine recht gute Dokumentation enthält.

Anfänglich werden Sie die Dokumentation als recht hilfreich empfinden, doch wenn Sie ein wenig vertrauter mit der Anwendung geworden sind, beschließen Sie möglicherweise, diese zu löschen und nur die für die Nutzung durch Barnyard relevanten Informationen in dieser Datei zu belassen. Auf diese Weise wird die Bewertung und Aktualisierung der barnyard.conf viel einfacher. Wenn Sie diesen Ansatz übernehmen möchten, sollten Sie zu Ihrer eigenen Sicherheit und für Referenzzwecke eine Sicherung der Originaldatei erstellen, nur für den Fall, dass die Konfiguration bei der ersten Ausführung nicht funktioniert. Mitunter ist es besser, wenn Sie mit einer frischen Konfigurationsdatei starten, als zu versuchen, eine fehlerhafte Datei neu aufzubauen. Natürlich ist es in diesen Tagen und in diesem Zeitalter schwierig, zusätzliche Zeit zu finden, doch sollte es Ihnen gelingen, würde der Neuaufbau einer defekten Barnyard-Konfigurationsdatei eine hervorragende Lernerfahrung darstellen.

Geschichten zu Barnyard...

Sollten Sie die Zeit opfern, um die Datei barnyard.conf zu rekonstruieren?

Ich (der Autor) verbürge mich für die Lernerfahrung und die Vertrautheit, die Sie gewinnen werden, wenn Sie versuchen, eine defekte Version der Barnyard-Konfigurationsdatei zu rekonstruieren. Bei meinen ersten Erfahrungen mit Barnyard hatte ich keine Sicherung meiner barnyard.conf-Datei erstellt. Ich versuchte, die verschiedenen Optionen und Datenbankeinstellungen, die ich manuell mit dem Editor *vi* erstellt hatte, zu korrigieren. Dadurch entstanden noch mehr Fehler, und es schien, als würde ich mir ein noch größeres Loch graben.

Ich hatte mir in meinem privaten Zeitplan etwas Zeit reserviert, um einige Aspekte des selbst verursachten Chaos zu ergründen. Leider war dies nicht genug Zeit, um all die fehlerhaften Daten zu bereinigen.

In der Absicht, mein System sauber zu halten, bewahre ich nach der Installation von Programmen nicht die zugehörigen Binärdateien weiter auf. Daher musste ich eine weitere barnyard.conf aus dem Binär-Code herunterladen und extrahieren. Durch die Bearbeitung einer frischen, unverfälschten Version, konnte ich Barnyard innerhalb von Minuten wieder lauffähig machen.

In Hinblick auf die Problemlösung habe ich zugegebenermaßen nicht den kürzesten Weg eingeschlagen. Ich habe viel Zeit mit dem Experimentieren mit einer defekten Konfigurationsdatei verbracht.

Das Ergebnis ist aber, dass ich nun in der Lage bin, eine Barnyard-Konfigurations-datei aus dem »Handgelenk« zu erstellen, ein Umstand, der recht praktisch ist, wenn es darum geht, verschiedene Datenbanken oder Plugins einzubinden. Die Moral dieser Geschichte ist: Ich habe diese Tests in einer kontrollierten Testum-gebung (Zuhause), nicht in dem Produktionsnetzwerk im Büro durchgeführt – um nicht zu erwähnen, dass ich dabei meinen Pyjama tragen konnte.

11.4.2 Barnyard-Interna

Intern ist Barnyard Snort sehr ähnlich. Barnyard liest die Instruktionen in einer Konfigurationsdatei (barnyard.conf), liest die Ausgabedaten von Snort und konver-tiert diese in ein internes Format (wie die Snort-Decoder), verarbeitet die Daten (wie die Detection-Plugins von Snort) und schreibt die Daten schließlich in einem benutzerdefinierten Format (wie die Snort-APs). Damit dies funktioniert, müssen Sie einige der allgemeinen System-Features deklarieren, die Eingabe-Plugins (DPs) einrichten und die Ausgabe-Plugins (APs) konfigurieren.

Es gibt drei Bereiche, mit denen Sie für die Konfiguration der Barnyard-Konfigura-tionsdatei vertraut werden müssen: Konfigurationsdeklarationen, Datenprozesso-ren (Eingabe-Plugins) und Ausgabe-Plugins. Diese Einstellungen sind die Grund-lage, damit Barnyard auf Ihrem System laufen kann und die entsprechenden Features aktiviert. Ausführliche Informationen zu diesen drei Bereichen erfolgen in den kommenden Abschnitten.

Konfigurationsdeklarationen

Innerhalb des Konfigurationsdeklarationsbereiches (Configuration Declaration) können Sie Ihre allgemeinen Einstellungen in Hinblick auf den Host-Namen des Computers und der Schnittstelle, die Snort überwacht, einrichten. Es stehen noch einige weitere Optionen für Sie zur Verfügung, wie z. B. die Möglichkeit, Barnyard für die Ausführung im Dämonenmodus (als Hintergrundprozess) zu konfigurie-ren oder das Einrichten eines Filters. Dieser Teil der Konfigurationsdatei dient dazu, Zeit auf der Kommandozeile zu sparen, damit Sie keine Statements eingeben müssen, die drei oder vier Zeilen lang sind. Zwei der Optionen werden im Folgen-den aufgelistet, sie können derzeit jedoch nur mit dem ACID-Datenbank-AP genutzt werden können.

```
config hostname: (your computer name or localhost)
config interface: (select your sniffing interface)
```

Weitere Informationen zu ACID finden Sie in Kapitel 8, »Tools für die Datenanalyse«.

Datenprozessoren (DPs)

Bei DPs, oder Eingabe-Plugins, handelt es sich um die Übersetzungs-Tools, die erforderlich sind, um die Informationen vom vereinheitlichten (unified) Snort-

Spooler oder dem binären Log-AP abzugreifen und diese Daten in ein für die Barnyard-APs (die im nächsten Absatz erläutert werden) lesbares Format zu bringen. Hier wählen Sie, welchen DP-Typen Sie mit Barnyard nutzen werden. In den meisten Fällen können Sie die ursprünglichen Einstellungen in der Datei barnyard.conf übernehmen. Die Syntax ist für die drei Optionen ist identisch und wird standardmäßig gesetzt:

```
processor <processor_name>
```

Die Standardeinstellung enthält folgende DPs:

- **dp_alert** Dieser Prozessor kann das Alarmformat (auch als Ereignis bekannt) lesen, das vom Snort-Unified-Spooler-Plugin, *spo_unified,* erstellt wurde. Wenn Snort einen Alarm generiert, spoolt es die notwendigen Daten in die entsprechende Log-Datei. Der *dp_alert*-Prozessor liest dann diese Daten. *dp_alert* arbeitet zusammen mit dem Barnyard-AP *alert_fast*, dem AP, das für den Alarm-Eingabetyp genutzt wird. Dieser Prozessor übernimmt keine Argumente und arbeitet in seinen Standardstatus.

- **dp_log** Dieser Prozessor kann das durch das Plugin *spo_unified* produzierte Log-Format lesen. Wenn Snort ein Paket erkennt, das protokolliert werden muss, schreibt das Plugin *spo_unified* diese Daten in die angegebene Log-Datei. Der *dp_log*-Prozessor liest dann diese Daten. *dp_log* arbeitet zusammen mit dem Barnyard-AP *log_dump*, dem AP, das für den Log-Eingabetyp genutzt wird. Auch bei diesem Prozessor müssen keine Argumente übergeben werden, und er arbeitet recht gut in seiner Standardeinstellung.

- **dp_stream_stat** Dieser Prozessor kann die binäre Ausgabe des Snort-Plugins *spp_stream4* lesen. Dieser Prozessor wird mit APs verwendet, die die Stream4-Technologie unterstützen, wie z. B. das AP *alert_syslog.*. Auch dieser Prozessor erfordert keine Argumente.

Ausgabe-Plugins (APs)

In diesem Bereich wählen Sie die AP-Typen, die Sie mit Barnyard einsetzen möchten. Diese müssen, wie zuvor erwähnt, mit den zugehörigen Eingabe-Plugins abgestimmt werden. Wenn Sie beispielsweise zum Lesen der Log-Dateien *dp_log* nutzen möchten, müssen Sie das AP *log_dump* (das im Folgenden beschrieben wird) nutzen, um ein vom Menschen lesbares Format zu erzeugen. Nun erfolgt die Auflistung der drei primären APs, die Sie in Ihrer Barnyard-Konfigurationsdatei nutzen werden. Diese akzeptieren die Daten von den Präprozessoren und erstellen die Ausgabe, so wie Sie es wünschen. Das Format für die APs hat keine Argumente und wird ebenfalls standardmäßig gesetzt.

```
output <plug-in_name>
```

Die folgenden Standard-APs sind in der ursprünglichen barnyard.conf-Datei eingeschlossen:

- *alert_fast* Dieses AP konvertiert die vom Eingabe-Plugin *dp_alert* erhaltenen Daten in ein Format, das dem *fast alert*-Modus von Snort entspricht. Dieses Format besteht aus einer Zeile pro angegebener Ausgabedatei. Das *alert_fast*-Format verringert die Ausgabeproduktionszeit erheblich, da es nicht die gesamten Paket-Header-Informationen an die Ausgabe schreibt.

- *log_dump* Dieses AP konvertiert die von dem Eingabe-Plugin erhaltenen Daten in ein Format, das dem *ASCII packet dump*-Modus von Snort entspricht. Dieses Format enthält umfassende Informationen und ist nützlich für die Analyse von Netzwerkverkehr, wie er vom Eingabe-Plugin *dp_log* über das Snort-Plugin *spo_unified* zur Verfügung gestellt wird.

- *alert_syslog* Dieses AP übernimmt die Daten von dem Eingabe-Plugin *dp_stream_stat* und konvertiert diese Daten in ein Format, das dem AP *alert_syslog* von Snort entspricht. Dieser Prozess gibt Alarme an den Syslog-Dienst aus. Die Features von *alert_syslog* können innerhalb von Barnyard verwendet werden, indem Sie Optionen in der Snort-Regeldatei eingeben. Die vorbestimmten Spezifikationen (z. B. *alert priority*) machen ihren Weg zum AP *alert_syslog* über das Plugin *dp_stream_stat*.

Im Folgenden finden Sie den Abdruck der Barnyard.conf, wie sie für dieses Kapitel genutzt wurde. Diese Konfigurationsdatei gibt Ihnen eine Vorstellung davon, wie diese Datei aussieht und wie die beschriebenen Syntax-Beispiele für die APs und DPs zusammen aufgelistet werden. Wie zuvor erwähnt, wurde die ursprünglich in der Standardkonfigurationsdatei barnyard.conf enthaltene Dokumentation größtenteils entfernt. Durch das Entfernen der Dokumentation konnte die Datei von fast drei Seiten auf weniger als eine reduziert werden, wodurch sie besser lesbar wurde. Hier die bearbeitete Version der Datei Barnyard.conf:

```
# Step 0: Configuration declarations - set up system configurations
to avoid
# excessive typing when running an instance of barnyard
config hostname: localhost
config interface: eth1

# Step 1: setup the data processors - comment out, (or delete), the
# dataprocessors we will not be using by using are indicated by the "#".
processor dp_alert
processor dp_log
# processor dp_stream_stat

# Step 2: setup the output plugins - comment out, (or delete), the
```

```
# output plug-ins we will not be using by using are indicated by the "#".
output alert_fast
output log_dump
# output alert_syslog


# Step 3: database reporting - input the configuration for our database
# needs, this is created for our mysql setup.
output database: log, mysql, dbname=snort user=root host=localhost detail
=full
output database: alert, mysql, dbname=snort user=root host=localhost det
ail=full
```

Oink!

Normalerweise würden Sie aus Sicherheitsgründen den Datenbankbenutzer nicht als root anlegen und lieber ein stärkeres Kennwort benutzen. Während Sie den Umgang mit Barnyard erlernen, ist das Verwenden von *user=root* ohne Kennwort oder eines Benutzernamens mit Root-Privilegien aber geeignet. Für diese Übungen wirft die Verwendung der Root-Privilegien keine Probleme mit den Dateiberechtigungen auf (root entspricht unter UNIX dem Administrator unter Windows).

Wenn in einem realen Szenario ein Cracker in Ihr Netzwerk eindringt, wird er sehr wahrscheinlich nach einem Weg suchen, um seine Spuren zu verbergen – deshalb wird er nach Ihrer Berichtsdatenbank suchen. Der Benutzername »root« steht wahrscheinlich oben auf der Liste der Benutzernamen, wenn ein Tool zum Cracken der Kennwörter auf Ihre Datenbank angewendet wird. Wenn Sie als Benutzernamen für die Datenbank root wählen, hat ein Eindringling »die Hälfte der Miete« schon in der Tasche (ganz abgesehen davon, dass er damit vielleicht schon den halben Zugriff auf Ihr System und damit ungeschätzte Möglichkeiten »in der Tasche« hat).

Es gibt noch einige andere Ausgabeprozessoren im Experimentalstadium, die Sie nutzen können. Beispielsweise gibt *alert_html* die Alarme auf Webseiten aus, während *alert_csv* Daten in durch Kommata getrennte Wertelisten ausgibt. Das AP *alert_csv* verfügt über zahlreiche Optionen, aus denen Sie für die Formatierung der Ausgabe wählen können. Diese Optionen werden in der ursprünglichen barnyard.conf-Datei zusammen mit einer kurzen Beschreibung aufgelistet.

Wenn Sie sich einmal an die Operationen von Snort und Barnyard gewöhnt haben, macht es Spaß, mit den verschiedenen Ausgabeoptionen zu experimentieren und zu spielen. Sie wissen nun, wie einfach die Datei barnyard.conf zu modifizieren ist, um verschiedene persönliche Einstellungen anzugeben. Vielleicht erstellen Sie mit dem Open Source-Code auch etwas Nützliches, auf das andere Benutzer schon lange gewartet haben.

> **Oink!**
>
> Eine kurze Erinnerung: Erstellen Sie eine Sicherung der ursprünglichen Barnyard-Konfigurationsdatei, die Sie bei Bedarf als Referenz oder auch als Ersatz nutzen können.

11.4.3 Erstellen und Anzeigen einer binären Log-Ausgabedatei

Nachdem der Installationsprozess und die Modifikation der Barnyard-Konfigurationsdatei nach Ihren Vorstellungen beschrieben wurde, erfolgt nun eine Beschreibung, wie aus einem Snort-Mitschnitt eine binäre Log-Ausgabedatei erstellt wird. Nach dem Paketmitschnitt wird eine Instanz von Barnyard mit den passenden Schaltern ausgeführt, um eine Ausgabedatei zu erstellen.

1. Zunächst erstellen Sie die *binäre Log-Ausgabedatei*. Führen Sie Snort aus, um eine Log-Datei zu erstellen, die Alarm- und Log-Dateien zusammen in einem binären Logdump-Format kombiniert.

    ```
    Snort -b -c /usr/local/snort/snort.conf - h HOME_NET -i eth1 -
    L youropfile
    ```

2. Wenn Snort ausgeführt wird, können Sie mit Nmap oder einem anderen Portscan-Tool ein wenig verdächtigen Verkehr erzeugen. In diesem Beispiel wird »Angry IP Scanner« ausgeführt, um einige Alarme zu produzieren. Nachdem Sie ein wenig bösartigen Verkehr auf Ihrem Netzwerk erzeugt haben, drücken Sie die Tastenkombination `Strg`+`C`, um Snort zu beenden.

3. Betrachten Sie nun das erzeugte Ergebnis.

    ```
    cd /var/log/snort  Move into the default Snort logging directory.
    ```

    Beachten Sie das Namenschema der Log-Datei: *<month><date>@<time>*. Bei Verwendung des Schalters *-L* fügt Snort dieses Format an das Ende des ausgewählten Ausgabedateinamens. Im vorliegenden Fall wäre dies Test22003@1103 (oder entsprechend der Zeit der Ausführung). Wenn Sie keinen Namen angeben wird die Datei einfach in dem Format Monat/Datum/Zeit benannt. Dieses Namensschema ist für die Unterscheidung verschiedener Log-Dateien in einem Standardverzeichnis nützlich. Es ist auch vorteilhaft, um das versehentliche Überschreiben von älteren Daten zu vermeiden. Notieren Sie sich diesen Namen, da Sie ihn an Barnyard übergeben werden, um dem Programm mitzuteilen, welche Datei bearbeitet werden soll.

4. Nachdem Sie nun eine vereinheitlichte Snort-Ausgabedatei erstellt haben, müssen Sie Barnyard ausführen, um die Log-Datei aufzubereiten und die gewünschte Ausgabe zu produzieren. Bevor Sie Barnyard starten, sollten Sie noch einmal die verschiedenen Optionen untersuchen, aus denen Sie wählen

können. Diese Optionen weisen Barnyard an, in einem bestimmten Modus (*one-time, continual* oder *continual w/ checkpoint*) abzulaufen. Außerdem geben Sie so die Verzeichnisse für zusätzlich benötigte Dateien (waldo- und Bibliotheksdateien usw.) an. Es gibt 15 verschiedene Optionen, mit denen Sie Barnyard in einer spezifischen Umgebung ausführen können. Tabelle 11.1 zeigt diese Optionen.

Option	Erweiterter Name	Aktion
-a (Verzeichnis)	Archive (Archiv)	Gibt das Verzeichnis für die Sicherung der Dateien nach der Verarbeitung an
-c (Konfdat.)	configuration file (Konfigurations-datei)	Ablageort der zu verwendenden barnyard.conf-Datei
-d (Verzeichnis)	directory (Verzeichnis)	Verzeichnis, aus dem die vereinheitlichten Spool-Dateien gelesen werden sollen. Standardeinstellung ist »/var/log/snort«
-D	Daemon mode (Dämonen-modus)	Barnyard im Hintergrund ausführen
-f (Datei)	file (Datei)	Wird mit dem continual-Modus verwendet, um den Namen der zu lesenden Basis-Spool-Datei oder mit dem one-shot-Modus, um den Namen der Zieldatei anzugeben
-g (Datei)	generator (Generator)	Speicherort der zu lesenden Namensgeneratordatei (gen-msg.map). Ordnet Snort-DP-Alarme den entsprechenden Ereignissen zu
-h	Help (Hilfe)	Zeigt die Liste der Laufzeitschalter und deren Verwendung
-L (Verzeichnis)	Logging (Protokollierung)	Dient zur Auswahl des Verzeichnisses und der Datei, in das/die die Ausgabe geschrieben werden soll
-o	one shot mode (One-Shot-Modus)	Verarbeiten der Spool-Datei und Programm beenden
-s (Datei)	sid (SID)	Ablageort der Snort-Regel-ID-Datei (sid-msg.map) Ordnet SIDs den entsprechenden Alarmmeldungen zu
-t (Zeit)	Zeit	Setzt die Zeit (in Sekunden), die mit der Erstellungszeit der vereinheitlichten Spool-Datei verglichen werden soll. Von den verfügbaren, zu verarbeitenden Dateien, wird die Datei zuerst gelesen, die ein jüngeres oder gleiches Alter wie diese Einstellung hat.

Tabelle 11.1: Laufzeitschalter

Option	Erweiterter Name	Aktion
-w (Datei)	waldo (Waldo)	Gibt den Namen der Checkpoint-Datei an und initialisiert diese. Wenn Barnyard unerwartet terminiert, wird durch Waldo der Punkt der Log-Datei markiert, an dem Barnyard die Verarbeitung beendet hatte. Wenn Barnyard neu gestartet wird, beginnt es an diesem Punkt mit dem Lesen. Diesen Prozess bezeichnet man als Write-Ahead Logging (WAL).
-R	(Dry) Run ((Trocken-) Ausführung)	Wird für Debug-Zwecke verwendet, verarbeitet Kommandozeileninformationen und zeigt die Konfigurationsdatei beim Lesen an
-X (Datei)	-X (-X)	Zeigt beim Ausführen im Dämonenmodus die PID-Datei an
-V	Version (Version)	Zeigt die Version an und endet

Tabelle 11.1: Laufzeitschalter (Forts.)

Nachdem Sie die verschiedenen Laufzeitoptionen untersucht haben, können Sie Barnyard ausführen und die vereinheitlichte Snort-Ausgabe verarbeiten. In diesem Beispiel wird der Schalter *-L* implementiert. Um diese Option, wie in der im Folgenden gezeigten Syntax nutzen zu können, müssen Sie ein neues Verzeichnis mit dem Namen *barnyard* innerhalb des Verzeichnisses /var/log/ erstellen. Dies ist zwar ganz und gar optional, doch eine gute Methode, um die verarbeiteten Dateien von unverarbeiteten zu trennen. Erstellen Sie wie folgt ein Verzeichnis.

```
mkdir /var/log/barnyard <enter>
```

Ausführen von Barnyard

Die Syntax für die Aufbereitung der neu erstellen Log-Datei ist wie folgt:

```
[root@localhost /local]# barnyard -o -c /etc/snort/barnyard.conf \
-f /var/log/snort/youropfile.log -L /var/log/barnyard \
-g /etc/snort/gen-msg.map -s /etc/snort/sid-msg.map
```

Es folgt eine Untersuchung der ausgewählten Optionen und ihrer Bedeutungen. Um die Befehlssyntax leichter lesen zu können, wurde jeweils an das Ende einer Zeile das Zeichen »\« gesetzt. Damit wird deutlicher, was sich auf einer Zeile befindet. Mit dem Schalter *–o* wurde festgelegt, dass Barnyard die ausgewählte Datei verarbeiten und dann enden soll. Über den Schalter *–c* wurde angeben, wo sich die entsprechende Konfigurationsdatei befindet (/etc/snort/barnyard.conf). Mit dieser Option werden die DPs und APs festgelegt, die Sie für die Entwicklung Ihrer Ausgabe verwenden wollen, und der Datenbanktyp, in den die Ausgabe geschrieben wird. Die Spool-Datei, die Barnyard verarbeiten soll, befindet sich im Verzeichnis – *f /var/log/snort*, und die gerade erstellte Datei heißt *youropfile.log* Mit dem Schalter -*L* wurde angegeben, dass die verarbeitete Ausgabedatei im Verzeichnis */var/log/barnyard* abgelegt werden soll. Die Schalter –*g* und –*s* geben Barnyard den Speicherort für die Namensgeneratordatei bzw. für die Zuordnung der Snort-Regel-IDs an.

Überprüfen Sie die Ausgabe, die im Folgenden aufgelistet ist. Natürlich variiert die Ausgabe abhängig von Ihren Netzwerkeinstellungen und von dem Datenverkehr, der Ihr Netz passiert. Diese Ausgabe sollte von der Form her aber recht ähnlich sein.

Betrachten Sie die Ausgabe von Barnyard, wie sie in diesem Beispiel in die MySQL-Datenbank geschrieben wurde und mit Hilfe einer Abfrage angezeigt wird:

```
mysql
mysql> connect snort
mysql> select * from event:
+--------------------------------------------------+
| sid | cid | signature | timestamp                |
+---+----+------------+--------------------------+
|   1 |    1 |            2 | 2003-02-10  11:03:44 |
|   1 |    2 |            2 | 2003-02-10  11:03:44 |
|   1 |    3 |            2 | 2003-02-10  11:03:44 |
|   1 |    4 |            2 | 2003-02-10  11:03:44 |
|   1 |    5 |            2 | 2003-02-10  11:03:45 |
|   1 |    6 |            2 | 2003-02-10  11:03:45 |
|   1 |    7 |            2 | 2003-02-10  11:03:45 |
|   1 |    8 |            2 | 2003-02-10  11:03:45 |
|   1 |    9 |            2 | 2003-02-10  11:03:46 |
|   1 |   10 |            2 | 2003-02-10  11:03:46 |
|   1 |   11 |            2 | 2003-02-10  11:03:46 |
|   1 |   12 |            2 | 2003-02-10  11:03:47 |
|   1 |   13 |            2 | 2003-02-10  11:03:47 |
|   1 |   14 |            2 | 2003-02-10  11:03:47 |
|   1 |   15 |            2 | 2003-02-10  11:03:47 |
|   1 |   16 |            2 | 2003-02-10  11:03:48 |
|   1 |   17 |            2 | 2003-02-10  11:03:48 |
|   1 |   18 |            2 | 2003-02-10  11:03:48 |
|   1 |   19 |            2 | 2003-02-10  11:03:48 |
```

Erläuterung der Barnyard-Ausgabe

Durch die Verwendung des Schalters –*b* wurde die Datei *spo_unified binary dump* erstellt. Als nächstes wurde Barnyard mit den entsprechenden Schaltern gestartet, um diese Ausgabedatei in ein für Menschen lesbares Format zu bringen. Das tatsächliche Vorgehen von Barnyard:

1. Barnyard initialisierte und registrierte alle integrierten Funktionen und Plugins.

2. Barnyard las die Kommandozeile, die dazu führte, dass das Programm die Konfigurationsdatei (und die *waldo*-Datei, falls eine ausgewählt war) las.

3. Dann wurden die Dateien gen-msg.map, sid-msg.map und classification.config initialisiert. Wie bei den Laufzeitschaltern erwähnt, ordnet die Datei gen-msg.map den Snort-DP-Alarmen die zugehörigen Ereignisse zu. Die Datei sid-msg.map ordnet die Snort-IDs (oder Sids) den entsprechenden Alarmmeldungen zu. Die Datei classification.config ermöglicht Barnyard die Klassifizierung von Alarmen nach Schweregraden (priorities). Für diese Klassifikationen gibt es Standardwerte. Diese können Sie in dieser Datei ändern, um diese Prioritäten an Ihr Netzwerk anzupassen. Das folgende Beispiel zeigt einen Auszug aus der Datei classification.config. Die Zeilen sind wie folgt aufgebaut: *config classification*: (Initialisierungs-Code) gefolgt von einer kurzen Beschreibung (*attempted-recon*), einem Namen für die Klassifizierung (*Attempted Information Leak*) und der Priorität, die entweder standardmäßig oder von Ihnen gesetzt wird (1 ist die höchste Priorität).

```
config classification: not-suspicious,Not Suspicious Traffic,3
config classification: unknown,Unknown Traffic,3
config classification: bad-unknown,Potentially Bad Traffic, 2
config classification: attempted-recon,Attempted Information Leak,2
```

Diese Klassifizierungen werden in den Regeldateien innerhalb von Snort verwendet. Ein Beispiel:

```
#    alert TCP any any -> any 25 (msg:"SMTP expn root"; flags:A+; \
#          content:"expn root"; nocase; classtype:attempted-recon;)
```

4. Im nächsten Schritt las das *dp_log*-Eingabe-Plugin von Barnyard die *spo_unified*-Ausgabedaten von Snort aus dem Verzeichnis /var/log/snort und übergab sie an das entsprechende AP. Das *log_dump*-AP von Barnyard akzeptierte die Daten und konvertierte sie in ein für Menschen lesbares Format. Der nächste, durch *log_dump* durchgeführte Schritt war, die Informationen in die Snort-Datenbank zu schreiben. Entsprechend der Ausführungsbefehle und der Barnyard-Konfigurationsdatei wurde die ASCII-Packet-Dump-Ausgabedatei unter dem Namen *youropfile.log* im Verzeichnis /var/log/barnyard abgelegt.

11.5 Die Ausgabeoptionen für Barnyard

Barnyard ist mit verschiedenen Ausgabeoptionen ausgestattet. Beim Barnyard-Installationsprozess wird unter dem Verzeichnis /snort ein neues Verzeichnis namens *output plug-ins* angelegt. Dieses Verzeichnis enthält die für Barnyard erforderlichen Informationen, um Daten von den DPs zu akzeptieren und um die Daten in ein für die verwendete Datenbank entsprechendes Format zu bringen.

Wie bereits erwähnt, werden die APs über die Barnyard-Konfigurationsdatei (barnyard.conf) eingeschlossen und aktiviert. Neben der Manipulation der Snort-Regeln zum Sammeln von spezifischen Dateien, können Sie die APs wählen, um diese Daten für Ihre persönlichen oder geschäftlichen Berichtsanforderungen zu präsentieren.

Tool & Traps...

Schalter zum Testen...

Unter all den verschiedenen Laufzeitschaltern gibt es einige, die ein wenig mehr zum Standard für den üblichen Gebrauch gehören. Es gibt aber auch andere (–g und –s), die für den ordnungsgemäßen Gebrauch obligatorisch sind. Im Folgenden sehen Sie ein Beispiel mit diesen Schaltern, bei dem es sich tatsächlich um *einen* Befehl handelt:

```
[root@localhost /bin]# barnyard -c /etc/snort/barnyard.conf\
-f /var/log/snort/file_to_process.log \
-L /var/log/barnyard \
-w /var/log/snort/waldo \
-g /etc/snort/gen-msg.map \
-s /etc/snort/sid-msg.map <enter>
```

Die Verwendung des Zeichens »\« macht das Format lesbarer, damit Sie besser verstehen, was geschieht. In diesem Beispiel nutzt Barnyard die Informationen aus der Datei barnyard.conf, die sich im Verzeichnis /etc/snort/barnyard.conf befindet, um die binäre Log-Datei zu verarbeiten, die mit dem Schalter –f angegeben ist. Die binäre Datei, die Barnyard verarbeiten soll, befindet sich im Verzeichnis –f */var/log/snort*, und die zuvor von Snort erstellte Datei heißt *file_to_process.log*. Die verarbeitete Ausgabe wird im Verzeichnis –L /var/log/barnyard abgelegt werden und mit dem in der in der Barnyard-Konfigurationsdatei angegebenen AP aufgezeichnet. Die Option –w gibt den Ablageort der *waldo*-Datei für die Überwachung des Transaktions-Logs an. Die Schalter –g und –s geben Barnyard den Speicherort für die Namensgeneratordatei bzw. die Snort-Regel-ID-Datei an. Diese beiden Schalter müssen angegeben werden, damit die entsprechenden Dateien gefunden werden, andernfalls tritt ein Fehler auf. Ohne Angabe der Option –o wird Barnyard im *Continous*-Modus ausgeführt. Alle durch Snort bereitgestellten Daten werden, sobald sie eingehen, verarbeitet.

Die zuvor erwähnte Datei *classification.config* muss aus dem Verzeichnis snort/etc in das Verzeichnis barnyard/etc verschoben (kopiert) werden. Es gibt derzeit keinen Schalter, der einen Pfad zu dieser Datei angeben könnte. Wenn sich die Datei nicht an der richtigen Stelle befindet, wird eine Fehlermeldung wie im folgenden Beispiel angezeigt:

```
ERROR => Unable to open Classification file "/usr/local/barnyard/etc/
classification.config": No such file or directory
```

Einige aktuelle Änderungen an der Datei barnyard.conf führen dazu, dass Sie Barnyard ohne die Schalter –g und –s ausführen können. Sie können diese Dateien im Abschnitt »configuration declaration« der Datei barnyard.conf vorkonfigurieren. Zum Beispiel:

```
config generator-map: gen-msg.map
```

```
config signature-map: sid-msg.map
```

Wenn Sie diese beiden Zeilen in die Datei barnyard.conf einfügen, können Sie die letzten beiden Zeilen im vorher gezeigten Befehlsbeispiel auslassen. Die CVS-Website von SourceForge (die im folgenden Abschnitt beschrieben wird) bietet fortwährend Updates für Barnyard-Dateien. Wenn Sie ein fleißiger Barnyard-Benutzer sind, sollten Sie diese Site entsprechend häufig besuchen.

11.5.1 Eine spezielle Ausgabe

Das Erstellen von APs ist eigentlich recht unkompliziert, es kann sich aber, außer für den passionierten C-Programmierer, als ein sehr zeitraubender Prozess gestalten. Leider gibt es keine Vorlagen, die zum Lieferumfang des Releases 0.1.0 von Barnyard gehören. Dennoch gibt es eine gute Neuigkeit. Sie können Vorlagen für Barnyard-Eingabe- und Ausgabe-Plugins auf der Concurrent Version System (CVS) Website von SourceForge unter (`http://cvs.sourceforge.net/cgi-bin/viewcvs.cgi/barnyard/barnyard/`) herunterladen. Diese Vorlagen berücksichtigen die Anforderungen an eine AP-Vorlage.

Wenn Sie das CVS-Konzept noch nicht kennen, erfolgt hier eine Erläuterung. Es enthält Informationen zu verschiedenen Open Source-Code- und -Anwendungsprojekten. In diesem Fall dreht es sich natürlich um Barnyard. Sie finden eine Fülle von Informationen in Zusammenhang mit der aktuellen Entwicklung von APs und den neuesten »bevorzugten« Code-Formaten. Auf dieser Site finden Sie auch Nachrichten über die Zukunft von Barnyard, die von den Entwicklern von Barnyard geschrieben werden. Die Website enthält darüber hinaus ein Nachrichtenbrett, auf dem Sie die Probleme und deren Lösungen durch andere Anwender lesen können. Natürlich können Sie auch Ihre eigenen Fragen auf das Nachrichtenbrett setzten. Die Entwickler von Barnyard sind die wahrscheinlichsten Kandidaten, bei denen Sie Ihre Fragen los werden und Lösungsansätze erhalten können.

Auf der Begleit-CD zu diesem Buch finden Sie die aktuellste Version des APs *alert_csv*. Die Skalierbarkeit des Moduls *alert_csv* wird es sicherlich zur populärsten Ausgabemethode von Barnyard werden lassen. Da das CVS-Format (Comma Separated Values, durch Kommata getrennte Werte) von vielen verschiedenen Betriebssystemen unterstützt wird, lässt es eine Portierung auf Windows-Programme wie Microsoft Excel oder Microsoft Exchange zu und bietet zudem Unterstützung für viele weitere Software-Programme.

Der folgende Code stammt aus einer AP-Vorlage, die durch Andrew Baker, einem der ursprünglichen Entwickler von Snort, erstellt wurde. Mit diesem AP werden Sie ein besseres Verständnis der Struktur erhalten. Vielleicht hilft es Ihnen sogar bei der Erstellung eigener Ausgabemodule. Nach dem Beispiel mit der Vorlage erfolgt eine Schnellanleitung für die Installation des neu erstellten APs, damit es von Barnyard erkannt wird. Wenn dieses Beispiel nicht ganz Ihren Vorstellungen entspricht, sollten Sie es und ein anderes Barnyard-Ausgabemodul ausdrucken und beide mit einen Textmarker in der Hand vergleichen.

11.5.2 Beispiel für eine Ausgabe-Plugin

Das AP besteht aus zwei Dateien: der Header-Datei, die .h-Datei, und der C, oder .c-Datei. (»C« steht für die Programmiersprache, mit der diese Datei erstellt wurde.) Diese Dateien befinden sich im Verzeichnis /barnyard/src/output-plugins. Die Eingabe-Plugins befinden sich im gleichen übergeordneten Verzeichnis. Hier das Beispiel der Header-Datei op_alert_csv.h:

```
/* $Id: op_alert_csv.h,v 1.2 2003/01/30 13:29:53 andrewbaker Exp $ */
/*
** Copyright (C) 2001-2003 Andrew R. Baker <andrewb@snort.org>
**
** This program is free software; you can redistribute it and/or modify
** it under the terms of the GNU General Public License as published by
** the Free Software Foundation; either version 2 of the License, or
** (at your option) any later version.
**
** This program is distributed in the hope that it will be useful,
** but WITHOUT ANY WARRANTY; without even the implied warranty of
** MERCHANTABILITY or FITNESS FOR A PARTICULAR PURPOSE. See the
** GNU General Public License for more details.
**
** You should have received a copy of the GNU General Public License
** along with this program; if not, write to the Free Software
** Foundation, Inc., 59 Temple Place - Suite 330, Boston, MA 02111-
1307, USA.
*/
```

```
/*
These statements will initialize the associated ".c" file for use.
*/
#ifndef __OP_ALERT_CSV_H__
#define __OP_ALERT_CSV_H__


int OpAlertCSV_Init();


#endif  /* __OP_ALERT_CSV_H__ */
```

Es folgt die Darstellung der ».c«-Datei. Für dieses Beispiel wurde die C-Datei op_alert_csv.c verwendet. Diese Datei ist extrem groß; es wurde daher nur der Teil abgedruckt, der für das Verständnis der Struktur wichtig ist.

```
/* $Id: op_alert_csv.c,v 1.5 2003/02/28 23:55:18 andrewbaker Exp $ */
/*
** Copyright (C) 2001-2002 Andrew R. Baker <andrewb@snort.org>
**
** This program is free software; you can redistribute it and/or modify
** it under the terms of the GNU General Public License as published by
** the Free Software Foundation; either version 2 of the License, or
** (at your option) any later version.
**
** This program is distributed in the hope that it will be useful,
** but WITHOUT ANY WARRANTY; without even the implied warranty of
** MERCHANTABILITY or FITNESS FOR A PARTICULAR PURPOSE.  See the
** GNU General Public License for more details.
**
** You should have received a copy of the GNU General Public License
** along with this program; if not, write to the Free Software
** Foundation, Inc., 59 Temple Place - Suite 330, Boston, MA 02111-
1307, USA.
*/

/*
 * BUGS:
 *
 *   Strings are not properly escaped.  (embedded '"' will cause bad things)
 *
 * TODO:
 *
 * Allow multiple timestamp printing formats
 *
```

```
 * Suggestions?
 *
 *
 * Keyword list:
 *   sig_gen           - signature generator
 *   sig_id            - signature id
 *   sig_rev           - signatrue revision
 *   sid               - SID triplet
 *   class             - class id
 *   classname         - textual name of class
 *   priority          - priority id
 *   event_id          - event id
 *   event_reference   - event reference
 *   ref_tv_sec        - reference seconds
 *   ref_tv_usec       - reference microseconds
 *   tv_sec            - event seconds
 *   tv_usec           - event microseconds
 *   timestamp         - prettified timestamp (2001-01-01 01:02:03) in UTC
 *   src               - src address as a u_int32_t
 *   srcip             - src address as a dotted quad
 *   dst               - dst address as a u_int32_t
 *   dstip             - dst address as a dotted quad
 *   sport_itype       - source port or ICMP type (or 0)
 *   sport             - source port (if UDP or TCP)
 *   itype             - ICMP type (if ICMP)
 *   dport_icode       - dest port or ICMP code (or 0)
 *   dport             - dest port
 *   icode             - ICMP code (if ICMP)
 *   proto             - protocol number
 *   protoname         - protocol name
 *   flags             - flags from AlertRecord
 *   msg               - message text
 *   hostname          - hostname (from barnyard.conf)
 *   interface         - interface (from barnyard.conf)
 */


/
 *  I N C L U D E S  *****************************************************
 */
/* These statements will distinguish the other "C" files that are
/* associated with this output plug-in.  It is much easier and less
```

```
/* time consuming to use code previously written, also known as "modular"
/*  programming.  This will also help avoid the "reinventing the wheel"
/*  anamoly and potential code errors that could otherwise occur.
*/
#include "parser.h"
#include "mstring.h"
#include "util.h"
#include "barnyard.h"
#include "by_errno.h"
#include "Dictionary/Class.h"
#include "Dictionary/ClassMap.h"
#include "Dictionary/Signature.h"
#include "Dictionary/SignatureMap.h"
#include "op_plugbase.h"
#include "Event/EventRecord.h"

#include <sys/types.h>
#include <stdio.h>
#include <string.h>
#include <stdlib.h>
#include <syslog.h>
#include <errno.h>


/* KEYWORD DEFINES */
/* This area defines the keywords that will be used throughout the
*/ rest of the file.
*/
#define CSV_SIG_GEN         1
#define CSV_SIG_ID          2
#define CSV_SIG_REV         3
#define CSV_SID             4
#define CSV_CLASS           5
#define CSV_CLASSNAME       6
#define CSV_PRIORITY        7
#define CSV_EVENT_ID        9
#define CSV_EVENT_REFERENCE 10
#define CSV_REF_TV_SEC      11
#define CSV_REF_TV_USEC     12
#define CSV_TV_SEC          13
#define CSV_TV_USEC         14
#define CSV_TIMESTAMP       15
```

```
#define CSV_SRC            16
#define CSV_SRCIP          17
#define CSV_DST            18
#define CSV_DSTIP          19
#define CSV_SPORT_ITYPE    20
#define CSV_SPORT          21
#define CSV_ITYPE          22
#define CSV_DPORT_ICODE    23
#define CSV_DPORT          24
#define CSV_ICODE          25
#define CSV_PROTO          26
#define CSV_PROTONAME      27
#define CSV_FLAGS          28
#define CSV_MSG            29
#define CSV_HOSTNAME       30
#define CSV_INTERFACE      31


/
*  D A T A   S T R U C T U R E S  *****************************************
/
/*
/* This area will define the format and the method for storing data
/* to best work with our chosen output scheme.
*/
typedef struct _OpAlertCSVData
{
    char *filepath;
    FILE *file;
    int num_entries;
    u_int32_t *entry_defs;
} OpAlertCSVData;



/*  P R O T O T Y P E S  ***********************************************/
/*
/* We can notice the "OpAlertCSV" relates to the "OpAlertCSV_Init()"
/* from the header file.  These prototypes will indicate the specifics
/*  of the OP arguments and return values. This area also defines the
/* actual functions and how they will report the data collected.
*/
static int OpAlertCSV_Setup(char *args);
static int OpAlertCSV_Start(OpInstance *);
```

```
static int OpAlertCSV_Stop(OpInstance *);
static int OpAlertCSV_Destroy(OpInstance *);

static int OpAlertCSV(void *context, EventRecord *eventRecord);

static int OpAlertCSV_ParseArgs(char *, OpAlertCSVData **);
static int OpAlertCSV_ParseCustomFormat(OpAlertCSVData *data, char *format);
static char *CSVEscape(char *);

/*
This area will make the OP available to the preprocessor directives.
*/
void OpAlertCSV_Init()
{
    OpRegister("alert_csv", OpAlertCSV_Setup);

    if(pv.verbose)
        LogMessage("AlertCSV registered\n");
}

/*
 * Output plugin opInstance setup
 * process arguments
 * Create a new output plugin opInstance
 * link in functions
 */
static int OpAlertCSV_Setup(char *args)
{
    OpAlertCSVData *data;
    OpInstance *opInstance;
    int rval = 0;

    if((rval = OpAlertCSV_ParseArgs(args, &data)))
        return rval;

    /* create a new output plugin instance */
    if((rval = OpInstantiate((void *)data, &opInstance)))
    {
        /* XXX free data */
        return rval;
    }
```

```
    /* attach functions */
    opInstance->startFunc = OpAlertCSV_Start;
    opInstance->stopFunc = OpAlertCSV_Stop;
    opInstance->destroyFunc = OpAlertCSV_Destroy;

    /* register event handlers */
    if((rval = OpInstallEventHandler(ALERT, opInstance, OpAlertCSV)))
    {
        /* XXX free instance */
        return rval;
    }

    return 0;

}


/*
 * start this opInstance.  Open files, network sockets, etc...
 */
static int OpAlertCSV_Start(OpInstance *opInstance)
{
    OpAlertCSVData *data;

    if(!opInstance)
        return -1;   /* EINVAL */

    data = (OpAlertCSVData *)opInstance->context;

    if(!data)
    {
        LogMessage("ERROR: Unable to find context for AlertCSV\n");
        return -1;
    }

    /* Open file */
    if(!(data->file = fopen(data->filepath, "a")))
    {
        LogMessage("ERROR: Unable to open file '%s': %s\n", data->filepath,
                strerror(errno));
        return -1;
    }
```

```
    return 0;
}



/*
 * stop this opInstance.  Close files, network connections, etc.
 */
static int OpAlertCSV_Stop(OpInstance *opInstance)
{
    OpAlertCSVData *data;

    if(!opInstance)
        return -1;   /* XXX EINVAL */

    data = (OpAlertCSVData *)opInstance->context;

    if(!data)
    {
        LogMessage("ERROR: Unable to find context for AlertCSV\n");
        return -1;
    }

    /* close file */
    fclose(data->file);

    return 0;
}

static int OpAlertCSV_Destroy(OpInstance *opInstance)
{
    OpAlertCSVData *data = (OpAlertCSVData *)opInstance->context;

    if(data)
    {
        if(data->filepath)
            free(data->filepath);
        if(data->entry_defs)
            free(data->entry_defs);
    }

    return 0;
}
```

```
static int OpAlertCSV(void *context, EventRecord *eventRecord)
{
    int i = 0;
    Signature *signature = NULL;
    Class *class = NULL;
    char timestamp[TIMEBUF_SIZE];
    AlertRecord *record = NULL;
    OpAlertCSVData *op_data = NULL;
    FILE *file = NULL;
    char *escaped_string = NULL;

    if(!context || !eventRecord)
        return BY_EINVAL;

    if(eventRecord->type != ALERT)
        return 0;

    record = (AlertRecord *)eventRecord->data;
    op_data = (OpAlertCSVData *)context;
    file = op_data->file;

    if(op_data->num_entries == 0)
    {
        /* default output mode */
        fprintf(op_data->file, "%u,%u,%u,%u,%u,%u,%lu,%lu,%u,%u,%u,%u,
        %u,%u\n",
                  record->event.sig_generator,
                  record->event.sig_id, record->event.sig_rev,
                  record->event.classification, record->event.priority,
                  record->event.event_id, record->ts.tv_sec, record-
>ts.tv_usec,
                  record->sip, record->dip, record->sp, record-
>sp, record->dp,
                  record->protocol);
    }
/*
/* This area will run individual output data files through the
/* previously mentioned keywords until a match is found.
/* If no match is found within the keywords, a function will
/* either print out a "," or a return character (blank line).
/* This would then require some additional research.
*/
```

```
for(i = 0; i < op_data->num_entries; ++i)
{
    switch(op_data->entry_defs[i])
    {
        case CSV_SIG_GEN:
            fprintf(file, "%u", record->event.sig_generator);
            break;
        case CSV_SIG_ID:
            fprintf(file, "%u", record->event.sig_id);
            break;
        case CSV_SIG_REV:
            fprintf(file, "%u", record->event.sig_rev);
            break;
        case CSV_SID:
            fprintf(file, "%u:%u:%u", record->event.sig_generator,
                    record->event.sig_id, record->event.sig_rev);
            break;
        case CSV_CLASS:
            fprintf(file, "%u", record->event.classification);
            break;
        case CSV_CLASSNAME:
            class = ClassMapLookupById(record->event.classification);
            fprintf(file, "\"%s\"",
                    class != NULL ? class->name : "Unknown");
            break;
        case CSV_PRIORITY:
            fprintf(file, "%u", record->event.priority);
            break;
        case CSV_EVENT_ID:
            fprintf(file, "%u", record->event.event_id);
            break;
        case CSV_EVENT_REFERENCE:
            fprintf(file, "%u", record->event.event_reference);
            break;
        case CSV_REF_TV_SEC:
            fprintf(file, "%lu", record->event.ref_time.tv_sec);
            break;
        case CSV_REF_TV_USEC:
            fprintf(file, "%lu", record->event.ref_time.tv_usec);
            break;
        case CSV_TV_SEC:
```

```
            fprintf(file, "%lu", record->ts.tv_sec);
        break;
    case CSV_TV_USEC:
            fprintf(file, "%lu", record->ts.tv_usec);
        break;
    case CSV_TIMESTAMP:
        RenderTimestamp(record->ts.tv_sec, timestamp, TIMEBUF_SIZE);
            fprintf(file, "\"%s\"", timestamp);
        break;
    case CSV_SRC:
            fprintf(file, "%u", record->sip);
        break;
    case CSV_SRCIP:
            fprintf(file, "%u.%u.%u.%u",
                    (record->sip & 0xff000000) >> 24,
                    (record->sip & 0x00ff0000) >> 16,
                    (record->sip & 0x0000ff00) >> 8,
                    record->sip & 0x000000ff);
        break;
    case CSV_DST:
            fprintf(file, "%u", record->dip);
        break;
    case CSV_DSTIP:
            fprintf(file, "%u.%u.%u.%u",
                    (record->dip & 0xff000000) >> 24,
                    (record->dip & 0x00ff0000) >> 16,
                    (record->dip & 0x0000ff00) >> 8,
                    record->dip & 0x000000ff);
        break;
    case CSV_SPORT_ITYPE:
            fprintf(file, "%u", record->sp);
        break;
    case CSV_SPORT:
        if((record->protocol == 6) || (record->protocol == 17))
            fprintf(file, "%u", record->sp);
        break;
    case CSV_ITYPE:
        if(record->protocol == 1)
            fprintf(file, "%u", record->sp);
        break;
    case CSV_DPORT_ICODE:
            fprintf(file, "%u", record->dp);
```

```
        break;
case CSV_DPORT:
    if((record->protocol == 6) || (record->protocol == 17))
        fprintf(file, "%u", record->dp);
    break;
case CSV_ICODE:
    if(record->protocol == 1)
        fprintf(file, "%u", record->dp);
    break;
case CSV_PROTO:
    fprintf(file, "%u", record->protocol);
    break;
case CSV_PROTONAME:
    fprintf(file, "\"%s\"", protocol_names[record->protocol]);
    break;
case CSV_FLAGS:
    fprintf(file, "%u", record->flags);
    break;
case CSV_MSG:
    signature = SignatureMapLookupById(record->event.
    sig_generator,
            record->event.sig_id, 0 /* rev */);
    if(signature)
    {
        /* XXX err check */
        escaped_string = CSVEscape(signature->message);
        fprintf(file, "%s", escaped_string);
        free(escaped_string);
    }
    else
        fprintf(file, "Snort Alert");
    break;
case CSV_HOSTNAME:
    /* XXX err check */
    escaped_string = CSVEscape(pv.hostname);
    fprintf(file, "%s", pv.hostname != NULL ? escaped_string
    : "");
    free(escaped_string);
    break;
case CSV_INTERFACE:
    /* XXX err check */
    escaped_string = CSVEscape(pv.interface);
```

```
                    fprintf(file, "%s", pv.interface != NULL ? escaped_string:
                    "");
                    free(escaped_string);
                    break;
        }
        if(i < op_data->num_entries - 1)
            fprintf(file, ",");
        else
            fprintf(file, "\n");
    }
    fflush(file);
    return 0;
}


/*
/* This area is where the Output Processor is actually started
/* and prepares the data for output for a single data type (instantiation).
*/
/* initialize the output processor for this particular instantiation */
static int OpAlertCSV_ParseArgs(char *args, OpAlertCSVData **data)
{
    OpAlertCSVData *tmp;
    char **toks = NULL;
    int num_toks;

    if(!(tmp = (OpAlertCSVData *)calloc(1, sizeof(OpAlertCSVData))))
    {
        return BY_ENOMEM;
    }

    if(args)
    {
        /* parse out your args */
        toks = mSplit(args, " ", 2, &num_toks, 0);  /* XXX error check
        */
        switch(num_toks)
        {
            case 2:
                if(OpAlertCSV_ParseCustomFormat(tmp, toks[1]))
                    goto error;
            case 1:
                if(!(tmp->filepath = strdup(toks[0])))
```

```
                        goto error; /* ENOMEM */
                break;
            case 0:
                if(!(tmp->filepath = strdup("csv.out")))
                    goto error; /* ENOMEM */
                break;
            default:
                LogMessage("ERROR %s (%d) => Invalid arguments for Alert
                CSV "
                        "plugin: %s\n", current_file, current_line, args);
                goto error;
        }
    }
    else
    {
        if(!(tmp->filepath = strdup("csv.out")))
            goto error;
    }

    if(toks)
        FreeToks(toks, num_toks);

    *data = tmp;

    return 0;

error:
    if(toks)
        FreeToks(toks, num_toks);

    if(tmp)
    {
        if(tmp->filepath)
            free(tmp->filepath);
        if(tmp->entry_defs)
            free(tmp->entry_defs);
        free(tmp);
    }

    return BY_ENOMEM; /* ??? */
}
```

```
int OpAlertCSV_ParseCustomFormat(OpAlertCSVData *data, char *format)
{
    char **toks;
    int num_toks;
    int i;
    toks = mSplit(format, ",", 128, &num_toks, 0); /* Error check */
    data->num_entries = num_toks;

    if(!(data->entry_defs = (u_int32_t *)calloc(num_toks, sizeof
(u_int32_t))))
    {
        return -1; /* ENOMEM */
    }

    for(i = 0; i < num_toks; ++i)
    {
        if(strcasecmp("sig_gen", toks[i]) == 0)
        {
            data->entry_defs[i] = CSV_SIG_GEN;
        }
        else if(strcasecmp("sig_id", toks[i]) == 0)
        {
            data->entry_defs[i] = CSV_SIG_ID;
        }
        else if(strcasecmp("sig_rev", toks[i]) == 0)
        {
            data->entry_defs[i] = CSV_SIG_REV;
        }
        else if(strcasecmp("sid", toks[i]) == 0)
        {
            data->entry_defs[i] = CSV_SID;
        }
        else if(strcasecmp("class", toks[i]) == 0)
        {
            data->entry_defs[i] = CSV_CLASS;
        }
        else if(strcasecmp("classname", toks[i]) == 0)
        {
            data->entry_defs[i] = CSV_CLASSNAME;
        }
        else if(strcasecmp("priority", toks[i]) == 0)
```

```
{
    data->entry_defs[i] = CSV_PRIORITY;
}
else if(strcasecmp("event_id", toks[i]) == 0)
{
    data->entry_defs[i] = CSV_EVENT_ID;
}
else if(strcasecmp("event_reference", toks[i]) == 0)
{
    data->entry_defs[i] = CSV_EVENT_REFERENCE;
}
else if(strcasecmp("ref_tv_sec", toks[i]) == 0)
{
    data->entry_defs[i] = CSV_REF_TV_SEC;
}
else if(strcasecmp("ref_tv_usec", toks[i]) == 0)
{
    data->entry_defs[i] = CSV_REF_TV_USEC;
}
else if(strcasecmp("tv_sec", toks[i]) == 0)
{
    data->entry_defs[i] = CSV_TV_SEC;
}
else if(strcasecmp("tv_usec", toks[i]) == 0)
{
    data->entry_defs[i] = CSV_TV_USEC;
}
else if(strcasecmp("timestamp", toks[i]) == 0)
{
    data->entry_defs[i] = CSV_TIMESTAMP;
}
else if(strcasecmp("src", toks[i]) == 0)
{
    data->entry_defs[i] = CSV_SRC;
}
else if(strcasecmp("srcip", toks[i]) == 0)
{
    data->entry_defs[i] = CSV_SRCIP;
}
else if(strcasecmp("dst", toks[i]) == 0)
{
    data->entry_defs[i] = CSV_DST;
```

```
    }
    else if(strcasecmp("dstip", toks[i]) == 0)
    {
        data->entry_defs[i] = CSV_DSTIP;
    }
    else if(strcasecmp("sport_itype", toks[i]) == 0)
    {
        data->entry_defs[i] = CSV_SPORT_ITYPE;
    }
    else if(strcasecmp("sport", toks[i]) == 0)
    {
        data->entry_defs[i] = CSV_SPORT;
    }
    else if(strcasecmp("itype", toks[i]) == 0)
    {
        data->entry_defs[i] = CSV_ITYPE;
    }
    else if(strcasecmp("dport_icode", toks[i]) == 0)
    {
        data->entry_defs[i] = CSV_DPORT_ICODE;
    }
    else if(strcasecmp("dport", toks[i]) == 0)
    {
        data->entry_defs[i] = CSV_DPORT;
    }
    else if(strcasecmp("icode", toks[i]) == 0)
    {
        data->entry_defs[i] = CSV_ICODE;
    }
    else if(strcasecmp("proto", toks[i]) == 0)
    {
        data->entry_defs[i] = CSV_PROTO;
    }
    else if(strcasecmp("protoname", toks[i]) == 0)
    {
        data->entry_defs[i] = CSV_PROTONAME;
    }
    else if(strcasecmp("flags", toks[i]) == 0)
    {
        data->entry_defs[i] = CSV_FLAGS;
    }
    else if(strcasecmp("msg", toks[i]) == 0)
```

```
            {
                data->entry_defs[i] = CSV_MSG;
            }
            else if(strcasecmp("hostname", toks[i]) == 0)
            {
                data->entry_defs[i] = CSV_HOSTNAME;
            }
            else if(strcasecmp("interface", toks[i]) == 0)
            {
                data->entry_defs[i] = CSV_INTERFACE;
            }
            else
            {
                LogMessage("ERROR %s(%u):  Unrecognized keyword in 'alert_csv': "
                        "%s\n", current_file, current_line, toks[i]);
                FreeToks(toks, num_toks);
                return -1;  /* EINVAL */
            }
    }
    FreeToks(toks, num_toks);
    return 0;
}

char *CSVEscape(char *input)
{
    size_t strLen;
    char *buffer;
    char *current;
    if((strchr(input, ',') == NULL) && (strchr(input, '"') == NULL))
        return strdup(input);
    /* max size of escaped string is 2*size + 3, so we allocate that much */
    strLen = strlen(input);
    /* XXX improve error checking */
    buffer = (char *)calloc((strLen * 2) + 3, sizeof(char));
    current = buffer;
    *current = '"';
    ++current;
    while(*input != '\0')
    {
        switch(*input)
        {
            case '"':
```

```
            *current = '\\';
            ++current;
            *current = '"';
            ++current;
            break;
        case '\\':
            *current = '\\';
            ++current;
            *current = '\\';
            ++current;
            break;
        default:
            *current = *input;
            ++current;
            break;
        }
        ++input;
    }
    *current = '"';
    return buffer;
}
```

Wenn Sie ein eigenes AP erstellen, müssen Sie einige Dinge beachten. Es gibt sieben Funktionen, die von jedem AP exportiert werden. Diese sind *Init*, *Setup*, *Exit*, *Start*, *Stop*, *Restart* und *Func*.

■ Die *Init*-Funktion dient zur Registrierung Ihres APs. Sie läuft zum Systemstart ab oder wenn das gekoppelte AP geladen wird.

■ Die *Setup*-Funktion dient natürlich der Einrichtung des Plugins. Diese Funktion ist dafür verantwortlich, dass die anderen zugehörigen Plugin-Funktionen registriert und die übergebenen Argumente verarbeitet werden.

■ Die *Exit*-Funktion ist das Gegenteil der Setup-Funktion. Diese Funktion beendet ein AP und gibt den von dem AP benutzten Speicher wieder frei.

■ Die *Start*-Funktion dient zum Starten des Plugins. Damit kann das Plugin mit der Verarbeitung der Daten beginnen.

■ Die *Stop*-Funktion ist das Gegenteil der Start-Funktion. Sie stoppt die Ausführung des Plugins.

■ Die *Restart*-Funktion verwaltet die Verwendung der Stop- und Start-Funktionen.

■ Die *Func*-Funktion ist verantwortlich für Verarbeitung der aufgezeichneten Daten.

> **Oink!**
>
> Dieses AP kann sich für einen unerfahrenen C-Programmierer als recht »heftig« gestalten. Um die Funktionen und die Beziehungen innerhalb der .c- und .h-Dateien besser zu verstehen, wäre es gut, wenn Sie ein grundlegendes Verständnis der Programmiersprache C hätten (dies gilt übrigens auch für den Sicherheitsbegeisterten).

Verwenden von plugbase.h und plugbase.c

Nun erfolgt die Beschreibung der Methoden, mit denen Sie erreichen, dass Barnyard benutzerdefinierte APs erkennt. Die Datei plugbase.h enthält Listen, die angeben, wo die Header-Informationen zu finden sind, damit Barnyard das Plugin benutzen kann. Die Datei plugbase.c enthält eine Liste darüber, wo der Plugin-Code zu finden ist. Sobald Sie ein AP erstellt oder modifiziert haben, müssen Sie diese beiden Dateien in Hinblick auf die neue Eingabe oder das AP aktualisieren. Die Dateien befinden sich in den Ausgabe-Plugin (op-plugbase)- bzw. Eingabe-Plugin (dp-plugbase)-Ordnern.

Hinzufügen von Ausgabe-Plugins zu Barnyard Wenn Sie mit dem Format der APs vertraut sind und das neueste Upgrade von der CVS-Website heruntergeladen haben, können Sie folgende Schritte ausführen, um das Plugin so zu installieren, dass es von Barnyard erkannt wird.

1. Wenn Sie ein Modul erstellt haben und bereit sind, es auszuprobieren, stellen Sie sicher, dass Sie es in dem entsprechenden Input- oder Output-Plugin-Ordner gespeichert haben.

```
/usr/local/bin/barnyard/output-plugins/
```

2. Als nächsten Schritt müssen Sie die Datei plugbase.h innerhalb des Plugin-Verzeichnisses bearbeiten. Fügen Sie innerhalb der Liste mit den *#include-Statements* eine Zeile für Ihr Plugin ein.

```
#include "op_your_plugin.h"
```

3. Nun müssen Sie die Datei plugbase.c innerhalb des Plugin-Verzeichnisses bearbeiten. Fügen Sie in die Liste *Global Functions* eine Zeile mit dem Namen Ihrer *Init*-Routine ein.

```
YourOpPluginInit();
```

4. Danach editieren Sie die Datei makefile.am, die sich im Barnyard-Installationsverzeichnis befindet. Fügen Sie in der Liste der Barnyard Sources die Namen der beiden erstellten Dateien ein.

```
op_your_plugin.h
op_your_plugin.c
```

5. Im letzten Schritt müssen Sie Barnyard neu kompilieren.

```
make && make install
```

Welchen Nutzen haben Sie von Barnyard? Barnyard stellt Ihnen acht sehr nützliche AP-Optionen zur Verfügung, aus denen Sie wählen können. Diese befinden sich im Verzeichnis /barnyard/src/output-plugins. Eine gute Methode für die Erstellung eines eigenen APs ist das Kopieren und Umbenennen eines dieser APs in einen aussagekräftigen Namen, der auf die neue Funktion hinweist, die Bearbeitung und das anschließende Testen dieser Datei. Dann können Sie weitere Änderungen vornehmen und erneut Tests durchführen, bis Sie zu den gewünschten Ergebnissen kommen. Wie bereits erwähnt, aktualisieren die Entwickler von Barnyard die Dateien, die kombiniert Barnyard ausmachen, in regelmäßigen Abständen. Während dieses Kapitel geschrieben wurde, wurden viele Dateien bereits wieder aktualisiert, darunter auch die Vorlagen für APs und DPs. Das vorliegende Beispiel *op_alert_csv* diente als detailliertes Anschauungsmaterial für eine wirklich funktionierende Datei. Wenn Sie sich mit den Strukturen zum Erstellen ursprünglicher APs vertraut gemacht haben, können diese Vorlagen ein guter Anfangspunkt sein.

11.6 Zusammenfassung

Barnyard hilft dabei, Snort von den ressourcen-raubenden Pflichten ausgiebiger Datenbankschreibaktionen zu entlasten. Sie können zuverlässig darauf vertrauen, dass Snort dann frei sein wird, um effizient und effektiv auf einem Netzwerk mit hohem Verkehrsaufkommen arbeiten zu können. Da die Entwickler es für eine eng integrierte Zusammenarbeit mit Snort konzipiert haben, können Sie Barnyard als sehr zuverlässige Option ansehen. Die Software wird ständig aktualisiert und die neuesten Dateien können von der Snort-Website und der CVS-Website von SourceForge heruntergeladen werden. Alle Fragen auf den Barnyard-Nachrichtenbrettern werden schnell beantwortet, meist noch am selben Tag, an dem sie gestellt wurden.

Innerhalb von Barnyard können zahlreiche Einstellungen an persönliche Bedürfnisse angepasst werden. Sie können in der Datei barnyard.conf verschiedene Eigenheiten für Ihr System konfigurieren, z. B. die Überwachungsschnittstelle und den Ablageort bestimmter Dateien. Über diese Konfigurationsdatei können Sie auch den Typ des Ausgabe-Plugins wählen, den Sie für das Lesen der von Snort ausgegebenen Daten nutzen möchten. Auch eigene APs werden hier angegeben. Aus den verschiedenen AP-Optionen können Sie jene wählen, die Ihren Anforderungen entsprechen, und den Rest auskommentieren (oder löschen). Die APs, die mit der Standardinstallation von Barnyard zur Verfügung gestellt werden, lassen sich leicht modifizieren. Zudem dienen herabladbare Vorlagen als Startpunkt für die Erstellung eigener APs (natürlich sollten Sie vom Original stets eine Sicherungskopie anfertigen). Barnyard bietet weitere Präferenzen, z. B. die Möglichkeit, eine »One-Shot«-Instanz auszuführen. Sie können die »One-Shot«-Instanz einrichten, um spezifische Daten abzurufen und diese anders als mit den normalen Prozeduren zu bearbeiten und mit einer anderen konfigurierbaren Funktion von Barnyard in eine der vielen kompatiblen Datenbanken zu schreiben.

Wenn Sie Ihre gewünschten Einstellungen vorgenommen haben, können Sie mit dem eigentlichen Barnyard-Prozess, der Erstellung verwaltbarer Informationen, beginnen. Wenn Sie die Snort-Daten mit dem Unified-Spooler-Plugin protokollieren, eine Option, die Sie mit dem Schalter –*b* wählen, kann Snort am schnellsten arbeiten. Barnyard, das in einem von drei Modi (*one-shot, continual, continual w/ checkpoint*) ablaufen kann, liest die Log-Dateien und übersetzt die Daten dann in die zuvor angegebene Datenbanktabelle. Nun können Sie Barnyard testen, indem Sie detaillierte Berichte erstellen, die Ihnen dabei helfen, Netzwerkeindringlinge zu verfolgen und zu stoppen, und Ihrer Geschäftsleitung zu erläutern, weshalb mehr Geld in die IT-Sicherheit gesteckt werden sollte.

11.7 Lösungen im Schnelldurchlauf

Was ist Barnyard?

- Barnyard entlastet Snort von komplexen und ressourcen-intensiven Datenbankschreibvorgängen, so dass Snort mit voller Geschwindigkeit ausgeführt werden kann.

- Barnyard ist ein Ausgabe-Utility, das zusammen mit dem Unified-Output-Spooler-Plugin verwendet wird.

- Barnyard erlaubt Snort die binäre Ausgabe, was der schnellsten Ausgabemethode entspricht, und erstellt aus dieser Ausgabe Alarm- und Log-Dateien.

Vorbereitung und Installation von Barnyard

- Für den Standard-Linux/UNIX-Benutzer ist die Installation von Barnyard recht einfach. Die erste Voraussetzung ist, dass Snort bereits auf dem System ausgeführt wird. Darüber hinaus benötigen Sie eine funktionierende für Snort konfigurierte Datenbank.

- Updates und Informationen zu aktuellen oder zukünftigen Änderungen an Barnyard finden Sie auf der SourceForge-Website unter `http://cvs.sourceforge.net/cgi-bin/viewcvs.cgi/barnyard`.

Wie funktioniert Barnyard?

- Das Unified-Output-Spooler-Plugin sendet binäre Daten in eine Spool-Datei.

- Barnyard liest die Datei und erzeugt lesbare Informationen, die der Administrator lesen und prüfen kann.

- Durch das Parsen der Datei barnyard.conf konvertiert Barnyard die angegebene binäre Ausgabe von Snort und erstellt eine durch den Benutzer definierte Ausgabe.

Die Ausgabeoptionen für Barnyard

- Die Datei barnyard.conf wird genutzt, um spezifischen Eingabe-DPs und APs zu konfigurieren.

- Die Optionen von Barnyard sind eng in die Snort-Ausgabeoptionen integriert und können problemlos durch den Benutzer modifiziert werden.

- Sie können Ihre Ausgabe an bestimmte Speicherorte delegieren, z. B. in Verzeichnisse, die zwischen Alarmen und Logs unterscheiden.

Eine spezielle Ausgabe

- Unter Verwendung einer Vorlage oder eines aktuellen Moduls als Vorlage ist es relativ einfach, ein Modul nach eigenen Bedürfnissen aufzubauen.

- Neue Ausgabeoptionen befinden sich in der Entwicklung und manche wurden in die Barnyard-Installation eingeschlossen. Diese Dateien bieten eine noch größere Flexibilität für Ausgabemethoden.

- Zur Erstellung von Berichten wird das sich in der Entwicklung befindliche CSV-AP zum flexiblen und portierbaren Standard werden.

11.8 Häufig gestellte Fragen (FAQs, Frequently Asked Questions)

- F: Warum erkennt Barnyard meine Datenbank nach der Installation nicht?

- A: Standardmäßig erkennt Barnyard Ihre Datenbank nicht. Sie müssen einen Konfigurationszeitschalter nutzen, um den Datenbank-Support zu aktivieren. Zum Beispiel: ./configure –enable-mysql.

- F: Gibt es eine Version von Barnyard für Windows?

- A: Zum Zeitpunkt der Drucklegung gibt es keine solche Version. Der Windows-Support befindet sich jedoch in der »ToDo-Liste« für Barnyard. Diese können Sie unter http://cvs.sourceforge.net einsehen. Sie sollten eine regelmäßige Prüfung durchführen.

- **F:** Welche Version von Snort benötige ich, um Barnyard erfolgreich nutzen zu können.

- **A:** Version 1.8.7 oder höher funktioniert mit Barnyard; wir empfehlen jedoch den Einsatz der aktuellsten Version mit den aktuellsten Regeln für Snort.

- **F:** Warum sollte ich Barnyard und kein anderes Tool nutzen?

- **A:** Barnyard wurde exklusiv für Snort entwickelt und arbeitet daher hervorragend mit dem Programm zusammen. Die zukünftige Snort-Ausgabe-Architektur für Hochgeschwindigkeitsnetzwerke wird sich auf die Unified-Spooler-Ausgabe konzentrieren. Barnyard nutzt dieses Format brillant. Die Entwickler von Barnyard bieten Unterstützung über E-Mail und verschiedene Mailing-Listen.

- **F:** Welche Datenbanken unterstützt Barnyard?

- **A:** Zum Zeitpunkt der Drucklegung bietet Barnyard Unterstützung für MySQL, PostgreSQL, Oracle, und UNIX ODBC. Barnyard wird ständig aktualisiert. Die aktuellen Änderungen finden Sie auf der SourceForge-Website unter `http://cvs.sourceforge.net/cgi-bin/viewcvs.cgi/barnyard`.

## Kapitel 12

Fortgeschrittenes Snort

Lösungen in diesem Kapitel:

■ Richtlinien-basierendes IDS

■ Inline-IDS

12.1 Einführung

Bis hierhin wurden die Konzepte hinter Snort, die Konfiguration und Installation und viele weitere Themen diskutiert. Während viele dieser Themen sehr anspruchsvolle und detaillierte Informationen abdeckten, ist dieses Kapitel den fortgeschritteneren Themen von Snort gewidmet. Sie erfahren, wie Sie mit Snort eine noch höhere Stufe der Datensicherheit erreichen können.

Snort ist in der Lage, dieselben ausgedehnten Intrusion Detection-Aufgaben durchzuführen wie die kommerziellen Systeme, für die viele Unternehmen Tausende von Euro ausgeben. Mit einer korrekten und auf einer auf einem entsprechenden Wissen basierenden Konfiguration kann Snort die effektive Sicherheit in Ihrem Unternehmen erhöhen und Ihnen dabei gleichzeitig eine Menge Geld sparen. Dies scheint im Kontrast zu den meisten IT-Lösungen zu stehen, doch hier zeigt sich die Leistungsfähigkeit der Open Source-Gemeinde.

In diesem Kapitel werden die *richtlinien-basierende Intrusion Detection* und die *Inline-Intrusion Detection* beschrieben. Es handelt sich um zusätzliche Funktionen von Snort, die neben den normalen Intrusion Detection-Fähigkeiten arbeiten. Wenn Sie einige oder alle dieser Funktionen nutzen, können Sie die Fähigkeiten, die Snort Ihnen bietet, umfassend nutzen, um Ihre Systeme noch sicherer zu machen.

Vergegenwärtigen Sie sich, dass die in diesem Kapitel vorgestellten Technologien, keine andere Art von IDS sind. Letztendlich nutzen Sie Snort für beide Implementierungen. Die richtlinien-basierende Intrusion Detection und die Inline-Intrusion Detection sind lediglich Varianten der normalen Intrusion Detection und unterscheiden sich nur in ihrer Implementierung. Wie gehabt, ist das Konzept der Intrusion Detection die Erkennung von Sicherheitseinbrüchen in Ihre Systeme oder Netzwerke. Ob Sie eine *signatur-basierende* Standard-Intrusion Detection oder eine *anomalie-basierende* Intrusion Detection benutzen, das Ergebnis bleibt immer dasselbe – eine weitaus sicherere Netzwerkumgebung.

12.2 Richtlinien-basierendes IDS

Bei der Definition von Regeln oder Angriffssignaturen für ein normal betriebenes IDS definieren Sie, welche Angriffssignaturen Sie *nicht* auf Ihrem Netzwerk sehen möchten. Wenn beispielsweise ein neuer Angriff bekannt wird, fügen Sie dessen Signatur in Ihr IDS ein, da Sie benachrichtigt werden möchte, wenn ein Paket mit dieser Signatur auf Ihrem Netzwerk entdeckt wird. Mit anderen Worten, Sie möchten ein Paket mit dieser Signatur nicht auf Ihrem Netzwerk sehen, da es anzeigt, dass ein Angriff eines bestimmten Typs ausgeführt wird. Wenn Sie diesem Vorgehen folgen und häufige Regel-Updates durchführen, bleibt Ihr IDS in der Lage, auch die jüngst entstandenen Angriffe auf Ihrem Netzwerk zu erkennen.

Wenn Sie Ihr IDs auf diese Weise betreiben, spielt Ihr IDS fortwährendend »Fangen« mit den Eindringlingen. Wenn irgendwo auf der Welt ein neuer Angriff durchgeführt wird, müssen Sie, um vorbreitet zu sein, auf eine Signatur dieses Angriffs warten und diese in die Regeln für Ihr IDS integrieren. Während dieser Wartezeit könnte eben dieser Angriff auf Ihr Netzwerk stattfinden, und Sie würden es nicht bemerken. Dies ist eins der Hauptprobleme der normalen Intrusion Detection.

Die *richtlinien-basierende* Intrusion Detection ist fast eine komplette Umkehr der normalen Intrusion Detection. Bei einer richtlinien-basierenden Intrusion Detection definiert der IDS-Administrator, was ein normales und akzeptables Verhalten auf dem Netzwerk ist. Dies kann bestimmte Kommunikationstypen zwischen spezifischen Hosts, spezifischen Protokollen usw. einschließen. Der Vorteil der Definition einer solchen Richtlinie liegt darin, dass der Administrator mit bestimmten Richtwerten vorgeben kann, wie der »normale« Betrieb auf dem Netzwerk aussehen sollte. Diese Information kann dann genutzt werden, um zu bestimmen, was als *unübliches* Verhalten zu bewerten ist.

Das Konzept hinter der richtlinien-basierenden Intrusion Detection ist wie folgt: jedes Verhalten, das nicht Teil der Liste mit dem annehmbaren Verhalten ist, wird potentiell als Einbruchsversuch eingestuft. Der IDS-Administrator arbeitet sich durch den häufig langen und mühsamen Prozess, in dem er bestimmt, welches Verhalten *keinen* Alarm auslösen soll. Dann sendet das IDS einen Alarm bei jedem Verhalten und Vorkommnis, das nicht zuvor durch den Administrator als akzeptabler Traffic eingestuft wurde.

Die Verwendung eines richtlinien-basierenden Intrusion Detection Systems hat einige Vorteile gegenüber dem normalen IDS. Mit einem richtlinien-basierenden Intrusion Detection System können Sie feststellen, ob Ihre Firewall ordnungsgemäß arbeitet, indem Sie prüfen, ob Traffic im internen Netzwerk zu erkennen ist, der durch die Firewall hätte blockiert werden müssen. So erhalten Sie eine weitere Ebene der Redundanz für ihr vorhandenes Sicherheitssystem, indem Sie im Falle eines unerwarteten Fehlers benachrichtigt werden. Dies funktioniert neben Firewalls auch mit anderen vorhandenen Sicherheitssystemen. Sie können u. a. sicherstellen, dass Switches keinem ARP-Spoof-Angriff ausgesetzt sind.

Ein weiterer sehr vorteilhafter Aspekt bei der Verwendung eines richtlinien-basierenden Intrusion Detection Systems ist die Möglichkeit, damit neue und noch undokumentierte Angriffe zu erkennen. Während ein normales IDS auf der Basis der vordefinierten Regeln reagiert, agiert ein sauber konfiguriertes richtlinienbasierendes Intrusion Detection System im Vorfeld und alarmiert Sie bei *jeder* unerwarteten Aktivität auf dem Netzwerk. Auf diese Weise können Sie eine neue Angriffsform diagnostizieren, die von einem Standard- oder typischen IDS möglicherweise nicht erkannt worden wäre.

In vielen Fällen kann Sie ein richtlinien-basierendes Intrusion Detection System schneller über einen Angriff informieren als ein typisches IDS. Da für die Definition des akzeptablen Datenverkehrs weniger Regeln als für die Definition aller bekannten Angriffssignaturen erforderlich sind, kann ein richtlinien-basierendes IDS manchmal eine bessere Performance bieten als ein normales IDS. Darüber hinaus entspricht der Anfang eines Angriffs mitunter nicht einer bekannten Angriffssignatur. Bei einem richtlinien-basierenden IDS würde dies vielleicht als ungewöhnliches Verhalten erkannt. Dadurch können Sie dem Angriff einen Schritt voraus sein.

12.2.1 Definieren einer Netzwerkrichtlinie

Der erste Schritt beim Einrichten eines richtlinien-basierenden IDSs ist die Definition einer Netzwerkrichtlinie. Dies sollte eine *sehr* detaillierte Richtlinie sein, die genau angibt, was auf dem Netzwerk erlaubt ist. Dies kann die Kommunikation zwischen bestimmten Systemen, die Verwendung bestimmter Protokolle auf dem Netzwerk usw. umfassen. Der wichtigste Punkt bei der Definition dieser Richtlinie ist, dass Sie beachten, dass *jeder* Traffic, der nicht Ihrer Richtlinie über das erlaubte Verhalten entspricht, als verdächtig eingestuft wird und einen Alarm auslöst. Sie werden keine so strenge Richtlinie erstellen wollen, die alle fünf Minuten einen Alarm auslöst. Andererseits darf sie nicht so »lax« geraten, dass Sie einen tatsächlichen Angriff nicht erkennen. Die korrekte Definition dieser Richtlinie ist die schwierigste Aufgabe bei der Einrichtung Ihres richtlinien-basierenden IDSs.

Bei der Definition Ihrer Richtlinie können Sie den gestatteten Traffic auf der Basis von IP-Adressen, Protokollen, Ports usw. bestimmen. Als erster Teil Ihrer Richtliniendefinition müssen Sie wissen, welche Systeme auf Ihrem Netzwerk kommunizieren und wie diese kommunizieren. Wenn Sie beispielsweise einen Webserver betreiben, müssen Sie dessen IP-Adresse und die Ports kennen, die er für die Kommunikation nutzt. Sie beginnen diesen Prozess am besten mit einer Bestandsaufnahme Ihrer Systeme und deren Aufgaben. In einem großen Unternehmen kann dies eine gewaltige Aufgabe sein, bei kleineren Netzwerken ist dies erheblich einfacher. Um die Definition einer Netzwerkrichtlinie zu demonstrieren, soll ein Beispiel mit einem fiktiven Netzwerk mit einigen Servern und Clients dienen. Abbildung 12.1 zeigt das Netzwerkdiagramm für die beispielhafte Umgebung.

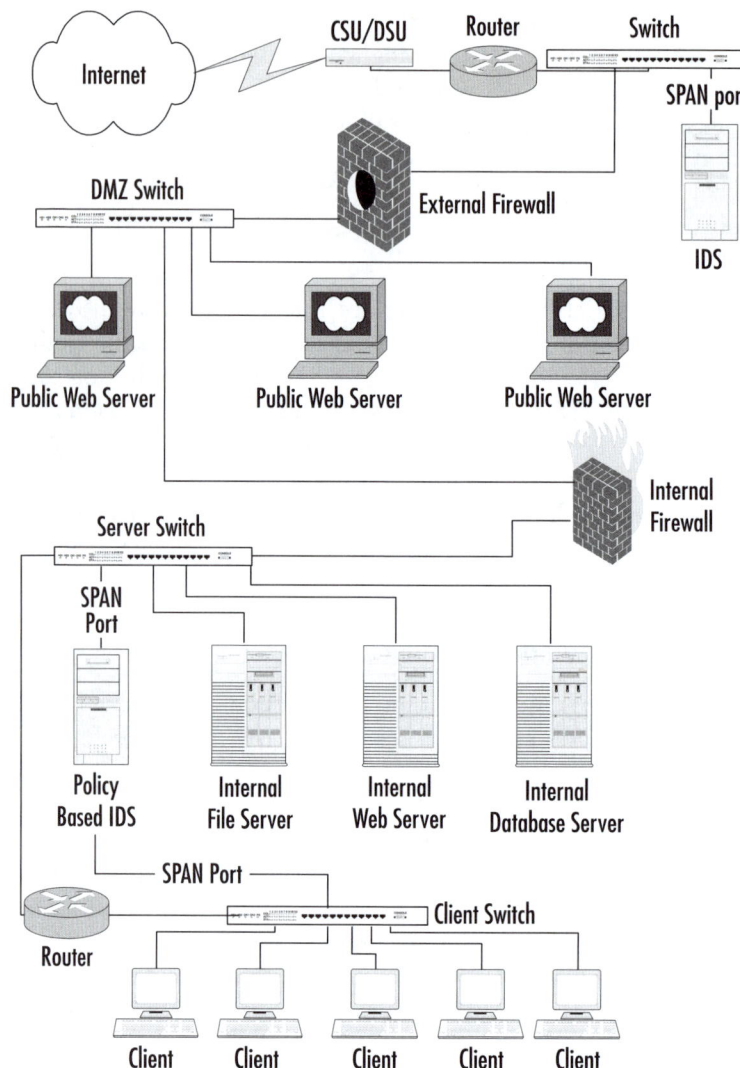

Abb. 12.1:   Netzwerkdiagramm

Erscheint das Diagramm aus Abbildung 12.1 auch relativ komplex, es zeigt ein sehr gut konzipiertes Basisnetzwerk für ein kleines Büro mit einer öffentlichen Web-Präsenz und Plänen für ein zukünftiges Wachstum. Die Clients sind an einen dedizierten Switch angeschlossen, der wiederum an einen Router und einen weiteren dedizierten Switch, der für die Server der Umgebung dient, angeschlossen ist. Ein System, das als richtlinien-basierendes IDS fungiert, ist mit den SPAN-Ports auf jedem dieser Switches angeschlossen und nutzt dabei zwei Schnittstellen, um IDS-Funktionen auf beiden Netzwerken durchzuführen. Der dedizierte Server-Switch ist mit einigen Servern verbunden, und es gibt eine Verbindung zur internem Firewall. Diese Firewall trennt die DMZ vom internen Netzwerk und fungiert als Router.

Innerhalb der DMZ werden drei öffentlich zugängliche Server betrieben. Diese Server und der externe Port auf der internen Firewall sind mit einen Switch für das DMZ-Netzwerk verbunden. Ebenfalls an diesen Switch angeschlossen ist der interne Port der externen Firewall. Der externe Port der externen Firewall ist an einen weiteren Switch angeschlossen, der ebenfalls Verbindungen zu dem Router für die CSU/DSU und zu einem normalen IDS hat.

Es könnten zwar viele Änderungen an diesem Design durchgeführt werden, um die Sicherheit zu verbessern, z. B. das Einfügen einer weiteren Firewall zwischen CSU/DSU und dem Switch, doch dieses Design ist recht typisch für einen Großteil der kleineren Unternehmen. Eine zusätzliche Sicherheit erfordert zusätzliche Gelder, die nicht immer vorhanden sind. Dieses Diagramm wird für die Ausführungen in diesem Abschnitt regelmäßig als Beispiel referenziert.

Für die Entwicklung der Richtlinie wird unterstellt, dass dieses Diagramm jedes System zeigt, das an das fragliche Netzwerk angeschlossen ist. In der Praxis gibt es gewöhnlich einige Systeme, die den Administratoren nicht bekannt sind, doch zu diesem Aspekt erfolgen Ausführungen an späterer Stelle in diesem Abschnitt.

Der nächste Schritt bei der Definition einer Netzwerkrichtlinie ist, festzulegen, welche Art von Datenverkehr zwischen diesen bekannten Hosts erlaubt ist. Beginnen Sie mit der Client-/Server-Kommunikation. Betrachten Sie zunächst den File-Server des internen Netzwerks. In diesem Netzwerk wird unterstellt, dass es sich um einen Microsoft Windows-2000-Standard-Server handelt, auf dem Dateien für die gemeinsame Nutzung (Shares) durch das Netzwerk abgelegt sind. Dieser Server führt auch die Authentifizierung für das Netzwerk aus, um den Zugriff auf seine Dateien zu gewähren. In Tabelle 12.1 werden die Ports, die ein Windows-2000-Server nutzt, aufgelistet. Die Angaben stammen aus der Microsoft Knowledge Base, Artikel 150543.

Funktion	Statische Ports
Browsing	UDP:137,138
DHCP Lease	UDP:67,68
DHCP Manager	TCP: 135
Directory Replication	UDP:138 TCP:139
DNS Administration	TCP: 135
DNS Resolution	UDP: 53
Event Viewer	TCP: 139
File Sharing	TCP: 139
Logon Sequence	UDP:137,138 TCP:139
NetLogon	UDP: 138

Tabelle 12.1: Ports, die ein Windows-200-Server nutzt

Funktion	Statische Ports
Pass Through Validation	UDP:137,138 TCP:139
Performance Monitor	TCP: 139
PPTP	TCP: 1723 IP:47
Printing	UDP: 137,138 TCP:139
Registry Editor	TCP: 139
Server Manager	TCP: 139
Trusts	UDP: 137,138 TCP:139
User Manager	TCP: 139
WinNT Diagnostics	TCP: 139
WinNT Secure Channel	UDP: 137,138 TCP:139
WINS Replication	TCP: 42
WINS Manager	TCP: 135
WINS Registration	TCP: 137
SMB	TCP,UDP: 445
ISAKMP (IPSec)	UDP: 500
ESP (IPSec)	IP: 50
AH (IPSec)	IP: 51
Kerberos	TCP,UDP: 88
RSVP	IP: 46

Tabelle 12.1: Ports, die ein Windows-200-Server nutzt (Forts.)

Basierend auf den Port-Informationen aus Tabelle 12.1 können Sie erkennen, dass die Clients für die Kommunikation mit diesem Server auf eine Reihe dieser Ports zugreifen können müssen. Unterstellen Sie, dass all diese Dienste irgendwann einmal benötigt werden. Dies führt zu dem Schluss, dass die Clients in der Lage sein müssen, auf den in Tabelle 12.2 aufgelisteten Ports mit dem File-Server zu kommunizieren.

IP	TCP	UDP
46	42	53
47	88	67
50	135	68
51	137	88
	139	137
	445	138
	1723	445
		500

Tabelle 12.2: Kommunikations-Ports des File-Servers

Da Sie nun die Kommunikationsanforderungen der Clients für die Verbindung zu dem File-Server erhoben haben, müssen Sie nun die verbleibenden Server untersuchen. Der nächste Server in dem Diagramm ist ein interner Webserver. Wenn Sie unterstellen, dass der gesamte Traffic zu diesem Server entweder HTTP oder HTTPS auf den Standard-Ports nutzt, brauchen Sie lediglich den Datenverkehr zu den TCP-Ports 80 und 443 auf diesem Server zulassen. Der letzte Server ist ein interner Datenbank-Server. Es wird unterstellt, dass es sich um einen Microsoft-SQL-Server handelt. In diesem Fall findet die Kommunikation zu dem Server standardmäßig über den TCP-Port 1433 statt. Beim Zulassen von Traffic zu diesem Server auf TCP-Port 1433 werden die Anforderungen der Client-Kommunikation berücksichtigt.

Die Kommunikation von den Clients zu den Servern scheint nun klar zu sein, daher muss nun die Kommunikation von den Servern zurück zu den Clients untersucht werden. Unter Verwendung von Microsoft Windows öffnet ein Client-System in den meisten Fällen eine TCP- oder UDP-Verbindung zu einem entfernten System unter Verwendung eines Ports zwischen 1024 und 5000. Dies können Sie ändern, in dem Sie die Registry auf dem Windows-Client modifizieren. Andere Betriebssysteme nutzen andere Standards, doch für dieses Beispiel wird unterstellt, dass es sich um nicht-modifizierte Windows-Clients handelt. Auf der Grundlage dieser Ausführungen können Sie unterstellen, dass der Datenverkehr zwischen dem Server-Subnetz und dem Client-Subnetz auf diesen Ports akzeptabel ist. Darüber hinaus könnten einige der Clients Windows-Dienste ausführen, so dass Sie auch die Port-Liste aus Tabelle 12.2 auf die Client-Systeme und Server anwenden sollten.

An diesem Punkt haben Sie im Wesentlichen Ihre Netzwerkrichtlinie definiert, sie muss nur noch entsprechend zusammengesetzt werden. Die Kommunikation mit jedem System wurde untersucht, also müssen Sie nun zusammenfassen, was Sie als akzeptablen Traffic definieren.

- Clients zum File-Server auf den Ports, die in Tabelle 12.2 definiert sind

- Clients zum Webserver auf den TCP-Ports 80 und 443

- Clients zum Datenbank-Server auf TCP-Port 1433

- Server zu Clients auf den TCP- und UDP-Ports 1024 bis 5000

- Server zu Clients auf den Ports, die in Tabelle 12.2 definiert sind.

Alles, was sich außerhalb dieser Liste befindet, wird bei der Definition der Regeln für das richtlinien-basierende IDS als nicht akzeptabler Traffic betrachtet. Tatsächlich wurden damit nicht alle Ports berücksichtigt, die verwendet werden, doch so haben Sie eine Richtlinie, anhand der Sie bestimmen können, was sonst noch als akzeptabel betrachtet werden muss. Weitere Einzelheiten zur Feineinstellung erfolgen im Abschnitt *Ein richtlinien-basierendes IDS im Produktionsbetrieb.*

12.2.2 Ein Beispiel für ein richtlinien-basierendes IDS

Da Sie nun die grundlegende Netzwerkrichtlinie definiert haben, werden Sie nun erfahren, wie Sie die Informationen tatsächlich nutzen. Im ersten Schritt müssen Sie diese Richtlinie in tatsächliche Snort-Regeln übersetzten. Wie zuvor erwähnt, ist die Verwendung eines richtlinien-basierenden Intrusion Detection Systems tatsächlich das Gegenteil von der Nutzung eines normalen Intrusion Detection Systems. Daher müssen Sie einen Parameter an Snort übergeben, der das Programm veranlasst, die Regeln in einer anderen Reihenfolge zu nutzen.

Standardmäßig verarbeitet Snort Alarmregeln zuerst, darauf folgen die Pass-Regeln. Für Ihr jetziges Anliegen müssen Sie Snort dazu bringen, die Pass-Regeln *vor* den Alarmregeln auszuführen. Andernfalls würden Sie bei dem gesamten Verkehr Alarme auslösen, da Snort nicht einmal prüfen würde, ob es sich auf der Basis Ihrer Pass-Regeln um akzeptablen Datenverkehr handelt. Wenn Sie beim Start von Snort den Kommandozeilenparameter –o eingeben, wird Snort veranlasst, die Pass-Regeln vor den Alarmregeln zu verarbeiten. Sie könnten Snort beispielsweise wie folgt starten:

```
./snort -c /etc/snort/snort.conf -o
```

Zudem benötigen Sie einen Eintrag in der Datei snort.conf, um auf eine neue Regeldatei zu verweisen. Dabei handelt es sich einfach um ein weiteres *include*-Statement im Regelabschnitt der Datei snort.conf. Fügen Sie folgende Zeile in die Datei ein:

```
include $RULE_PATH/policy-based.rules
```

Die Datei policy-based.rules wird alle Regeln enthalten, die Sie für das richtlinien-basierende IDS definieren. Der erste Teil beim Definieren dieser Regeln umfasst das Einrichten der Alarmregeln. In diesem Fall sollen nur Alarme bei solchem TCP-, UDP oder IP-basierenden Traffic generiert werden, der nicht explizit in einer Pass-Regel definiert ist. Abbildung 12.2 zeigt, wie Sie diese Alarmregeln in der Datei policy-based.rules konfigurieren.

```
# $Id$ policy-based.rules,v 1.0 2003/02/
08 16:00:00 jeremyfaircloth Exp $
# ----------------
# POLICY BASED RULES
# ----------------
# These rules are defined for policy based intrusion detection.
#
# Alert Rules
# This will alert on ANY TCP connections on these subnets
```

```
alert tcp any any <> [10.10.10.0/24,10.10.11.0/24] any
# This will alert on ANY UDP connections on these subnets
alert udp any any <> [10.10.10.0/24,10.10.11.0/24] any
# This will alery on ANY IP connections on these subnets
alert ip any any <> [10.10.10.0/24,10.10.11.0/24] any
```

Abb. 12.2: Alarmregeln für die Datei policy-based.rules

In dieser Regeldatei wurde zunächst ein Alarm für TCP-Traffic eingerichtet von einer beliebigen IP-Adresse und einem beliebigen Port, der an oder von zwei Subnetzen auf jeden beliebigen Port geht bzw. kommt. Bei diesen beiden Subnetzen, 10.10.10.0/24 und 10.10.11.0/24, handelt es sich um das Client- bzw. Server-Subnetz. Dann wurde die Regel dupliziert, um die UDP- und IP-Protokolle abzudecken. Wenn Sie die Alarmregeln auf diese Weise definieren, erhalten Sie einen Alarm bei jedem Verbindungsversuch in diesen beiden Netzwerken.

Im nächsten Schritt müssen Sie die zuvor definierte Netzwerkrichtlinie in Snort-Regeln transformieren. Untersuchen Sie diese Netzwerkrichtlinie noch einmal. Es gibt 5 spezifische Direktiven in der Richtlinie, die den zulässigen Traffic bestimmen:

- Clients zum File-Server auf den Ports, die in Tabelle 12.2 definiert sind
- Clients zum Webserver auf den TCP-Ports 80 und 443
- Clients zum Datenbank-Server auf TCP-Port 1433
- Server zu Clients auf den TCP- und UDP-Ports 1024 bis 5000
- Server zu Clients auf den Ports, die in Tabelle 12.2 definiert sind.

Der erste Arbeitsschritt ist die Definition von Regeln, die Systemen auf dem Client-Subnetz (10.10.10.0/24) die Kommunikation mit dem File-Server (10.10.11.1) auf den spezifischen, in Tabelle 12.2 definierten Ports gestatten. Beginnen Sie mit dem IP-Traffic, und fahren Sie mit dem TCP- und UDP-Traffic fort. Für die IP-Ports 46, 47, 50 und 51 können Sie in zwei Zeilen Pass-Regeln definieren, die nur diese spezifischen Ports umfassen. Sie könnten den Bereich Port 46 bis 50 in einer einzelnen Regel angeben, doch Sie sollten so restriktiv wie möglich vorgehen.

```
pass ip 10.10.10.0/24 any -> 10.10.11.1 46:47
pass ip 10.10.10.0/24 any -> 10.10.11.1 50:51
```

Diese Regeln weisen Snort an, den gesamten Traffic vom Subnetz 10.10.10.0/24 von jedem beliebigen Port zu den Ports 46, 47, 50, and 51 im Netzwerk 10.10.11.1 zuzulassen und keinen Alarm zu generieren. Fahren Sie nun fort mit der Definition der Regeln für die TCP-Kommunikation zu dem File-Server. Definieren Sie die Regeln auf gleiche Weise, nur nutzen Sie statt IP nun TCP. So sollten die Regeln aussehen:

```
pass tcp 10.10.10.0/24 any -> 10.10.11.1 42
pass tcp 10.10.10.0/24 any -> 10.10.11.1 88
pass tcp 10.10.10.0/24 any -> 10.10.11.1 135
pass tcp 10.10.10.0/24 any -> 10.10.11.1 137
pass tcp 10.10.10.0/24 any -> 10.10.11.1 139
pass tcp 10.10.10.0/24 any -> 10.10.11.1 445
pass tcp 10.10.10.0/24 any -> 10.10.11.1 1723
```

Auch hier weisen diese Regeln Snort einfach nur an, jeden beliebigen Traffic vom Subnetz 10.10.10.0/24 von jedem beliebigen Port zu 10.10.11.1 auf den definierten Ports ohne Generieren von Alarmen zuzulassen. Definieren Sie nun die Regeln für die UDP-Ports aus Tabelle 12.2.

```
pass udp 10.10.10.0/24 any -> 10.10.11.1 53
pass udp 10.10.10.0/24 any -> 10.10.11.1 67:68
pass udp 10.10.10.0/24 any -> 10.10.11.1 88
pass udp 10.10.10.0/24 any -> 10.10.11.1 137:138
pass udp 10.10.10.0/24 any -> 10.10.11.1 445
pass udp 10.10.10.0/24 any -> 10.10.11.1 500
```

Sie haben nun alle Regeln definiert, um Ziel eins der Netzwerkrichtlinie zu erreichen. Abbildung 12.3 zeigt all diese Regeln.

```
# Rules for Network Policy Objective One
pass ip 10.10.10.0/24 any -> 10.10.11.1 46:47
pass ip 10.10.10.0/24 any -> 10.10.11.1 50:51
pass tcp 10.10.10.0/24 any -> 10.10.11.1 42
pass tcp 10.10.10.0/24 any -> 10.10.11.1 88
pass tcp 10.10.10.0/24 any -> 10.10.11.1 135
pass tcp 10.10.10.0/24 any -> 10.10.11.1 137
pass tcp 10.10.10.0/24 any -> 10.10.11.1 139
pass tcp 10.10.10.0/24 any -> 10.10.11.1 445
pass tcp 10.10.10.0/24 any -> 10.10.11.1 1723
pass udp 10.10.10.0/24 any -> 10.10.11.1 53
pass udp 10.10.10.0/24 any -> 10.10.11.1 67:68
pass udp 10.10.10.0/24 any -> 10.10.11.1 88
pass udp 10.10.10.0/24 any -> 10.10.11.1 137:138
pass udp 10.10.10.0/24 any -> 10.10.11.1 445
pass udp 10.10.10.0/24 any -> 10.10.11.1 500
```

Abb. 12.3: Netzwerkrichtlinie- Regeln für Ziel 1

Nun müssen Sie sich dem zweiten Ziel für Ihre Netzwerkrichtlinie zuwenden. Sie müssen Regeln definieren, die den Client-Systemen die Kommunikation mit dem internen Webserver gestatten. Der interne Webserver hat die IP-Adresse 10.10.11.11, und die Clients befinden nach wie vor auf dem Subnetz 10.10.10.0/24. Auf der Basis dieser Informationen lassen sich die zu definierenden Regeln ganz einfach ableiten. Da nur TCP verwendet wird, definieren Sie die Regeln wie folgt:

```
pass tcp 10.10.10.0/24 any -> 10.10.11.11 80
pass tcp 10.10.10.0/24 any -> 10.10.11.11 443
```

Diese beiden einfachen Regeln decken das zweite Ziel für die Netzwerkrichtlinie ab. Sie lassen Traffic zu, der von einem beliebigen Port auf dem Subnetz 10.10.10.0/24 stammt und an die Ports 80 oder 443 gerichtet ist, ohne einen Alarm zu generieren. Das nächste Ziel ist genauso leicht zu realisieren und erfordert nur eine Regel. Sie müssen den Clients die Kommunikation mit dem Datenbank-Server auf TCP-Port 1433 ermöglichen. In diesem fiktiven Netzwerk befindet sich der Datenbank-Server auf IP-Adresse 10.10.11.21.

```
pass tcp 10.10.10.0/24 any -> 10.10.11.21 1433
```

Ziel 4 der Netzwerkrichtlinie definiert Traffic, der in die andere Richtung geht – von den Servern zu den Clients. Zum Erreichen dieses Ziels müssen sie den Servern eine Verbindung zurück zu den Clients auf den TCP- und UDP-Ports 1024 bis 5000 gestatten. Diese Regeln sind recht einfach zu definieren, da Sie problemlos mehr als eine Quell-Adresse angeben können.

```
pass tcp [10.10.11.1,10.10.11.11,10.10.11.21] any -> 10.10.10.0/
24 1024:5000
pass udp [10.10.11.1,10.10.11.11,10.10.11.21] any -> 10.10.10.0/
24 1024:5000
```

Die bisher definierten Regeln decken die ersten vier Ziele für die Netzwerkrichtlinie ab. Das fünfte Ziel ist ein wenig trickreicher – Sie müssen den Servern eine Kommunikation zurück zu den Clients auf den in Tabelle 12.2 definierten Ports gestatten. Sie können dies auf verschiedene Weise erreichen. Sie können einfach die gesamte Kommunikation zwischen dem Server-Subnetz und dem Client-Subnetz auf diesen Ports zulassen. Alternativ könnten Sie die spezifischen Server-IP-Adressen definieren und den gesamten Datenverkehr von den Servern zum Subnetz der Clients auf diesen Ports gestatten. Schließlich könnten Sie die IP-Adressen der Server und der Clients definieren und den Datenverkehr von den spezifischen IP-Adressen der Server zu den spezifischen IP-Adressen der Clients auf diesen Ports zulassen.

Da Sie in den vorherigen Regeln mit dem gesamten Client-Subnetz gearbeitet haben, sollten Sie konsistent sein und die zweite Option nutzen. Die Regeldefinition ist so einfacher und bietet dennoch eine gute Sicherheitsgrundlage. Darüber hinaus wird auf diese Weise ein zukünftiges Wachstum in der Anzahl der Client-Systeme, der bei den Client-Systemen wahrscheinlicher ist als bei den Server-Systemen, berücksichtigt. Abbildung 12.4 zeigt die Regeln, die zum Erreichen dieses Ziels definiert werden müssen.

```
# Rules for Network Policy Objective Five
pass ip [10.10.11.1,10.10.11.11,10.10.11.21] any -> 10.10.10.0/24 46:47
pass ip [10.10.11.1,10.10.11.11,10.10.11.21] any -> 10.10.10.0/24 50:51
pass tcp [10.10.11.1,10.10.11.11,10.10.11.21] any -> 10.10.10.0/24 42
pass tcp [10.10.11.1,10.10.11.11,10.10.11.21] any -> 10.10.10.0/24 88
pass tcp [10.10.11.1,10.10.11.11,10.10.11.21] any -> 10.10.10.0/24 135
pass tcp [10.10.11.1,10.10.11.11,10.10.11.21] any -> 10.10.10.0/24 137
pass tcp [10.10.11.1,10.10.11.11,10.10.11.21] any -> 10.10.10.0/24 139
pass tcp [10.10.11.1,10.10.11.11,10.10.11.21] any -> 10.10.10.0/24 445
pass tcp [10.10.11.1,10.10.11.11,10.10.11.21] any -> 10.10.10.0/24 1723
pass udp [10.10.11.1,10.10.11.11,10.10.11.21] any -> 10.10.10.0/24 53
pass udp [10.10.11.1,10.10.11.11,10.10.11.21] any -> 10.10.10.0/24 67:68
pass udp [10.10.11.1,10.10.11.11,10.10.11.21] any -> 10.10.10.0/24 88
pass udp [10.10.11.1,10.10.11.11,10.10.11.21] any -> 10.10.10.0/
·24 137:138
pass udp [10.10.11.1,10.10.11.11,10.10.11.21] any -> 10.10.10.0/24 445
pass udp [10.10.11.1,10.10.11.11,10.10.11.21] any -> 10.10.10.0/24 500
```

Abb. 12.4: Regeln für Ziel fünf der Netzwerkrichtlinie

Die Regeln, die in Abbildung 12.4 definiert wurden, entsprechen den Regeln, die Sie für den Traffic definiert haben, der vom Client-Subnetz an den File-Server gerichtet ist. Der Hauptunterschied ist, dass diese Regeln die Quell-IPs aller Server und eine Ziel-IP-Adresse für das Client-Subnetz definieren. Ansonsten sind die Port-Definitionen identisch und die Funktionalität der Regeln gleich.

Sie haben nun alle Ziele für Ihre Netzwerkrichtlinie erreicht. Jedes dieser fünf Ziele wurde in Snort-Regeln übersetzt und in der Datei policy-based.rules definiert. Die Inhalte dieser Datei werden in Abbildung 12.5 gezeigt. Diese Datei befindet sich auch auf der Begleit-CD zu diesem Buch.

```
# $Id: policy-based.rules,v 1.0 2003/02/
08 16:00:00 jeremyfaircloth Exp $
# ----------------
# POLICY BASED RULES
# ----------------
```

```
# These rules are defined for policy based intrusion detection.
#
# Alert Rules
# This will alert on ANY TCP connections on these subnets
alert tcp any any <> [10.10.10.0/24,10.10.11.0/24] any
# This will alert on ANY UDP connections on these subnets
alert udp any any <> [10.10.10.0/24,10.10.11.0/24] any
# This will alery on ANY IP connections on these subnets
alert ip any any <> [10.10.10.0/24,10.10.11.0/24] any
#
#
# Pass Rules
# These rules define acceptable network traffic
# Rules for Network Policy Objective One
pass ip 10.10.10.0/24 any -> 10.10.11.1 46:47
pass ip 10.10.10.0/24 any -> 10.10.11.1 50:51
pass tcp 10.10.10.0/24 any -> 10.10.11.1 42
pass tcp 10.10.10.0/24 any -> 10.10.11.1 88
pass tcp 10.10.10.0/24 any -> 10.10.11.1 135
pass tcp 10.10.10.0/24 any -> 10.10.11.1 137
pass tcp 10.10.10.0/24 any -> 10.10.11.1 139
pass tcp 10.10.10.0/24 any -> 10.10.11.1 445
pass tcp 10.10.10.0/24 any -> 10.10.11.1 1723
pass udp 10.10.10.0/24 any -> 10.10.11.1 53
pass udp 10.10.10.0/24 any -> 10.10.11.1 67:68
pass udp 10.10.10.0/24 any -> 10.10.11.1 88
pass udp 10.10.10.0/24 any -> 10.10.11.1 137:138
pass udp 10.10.10.0/24 any -> 10.10.11.1 445
pass udp 10.10.10.0/24 any -> 10.10.11.1 500
# Rules for Network Policy Objective Two
pass tcp 10.10.10.0/24 any -> 10.10.11.11 80
pass tcp 10.10.10.0/24 any -> 10.10.11.11 443
# Rules for Network Policy Objective Three
pass tcp 10.10.10.0/24 any -> 10.10.11.21 1433
# Rules for Network Policy Objective Four
pass tcp [10.10.11.1,10.10.11.11,10.10.11.21] any -> 10.10.10.0/
24 1024:5000
pass udp [10.10.11.1,10.10.11.11,10.10.11.21] any -> 10.10.10.0/
24 1024:5000
# Rules for Network Policy Objective Five
pass ip [10.10.11.1,10.10.11.11,10.10.11.21] any -> 10.10.10.0/24 46:47
pass ip [10.10.11.1,10.10.11.11,10.10.11.21] any -> 10.10.10.0/24 50:51
```

```
pass tcp [10.10.11.1,10.10.11.11,10.10.11.21] any -> 10.10.10.0/24 42
pass tcp [10.10.11.1,10.10.11.11,10.10.11.21] any -> 10.10.10.0/24 88
pass tcp [10.10.11.1,10.10.11.11,10.10.11.21] any -> 10.10.10.0/24 135
pass tcp [10.10.11.1,10.10.11.11,10.10.11.21] any -> 10.10.10.0/24 137
pass tcp [10.10.11.1,10.10.11.11,10.10.11.21] any -> 10.10.10.0/24 139
pass tcp [10.10.11.1,10.10.11.11,10.10.11.21] any -> 10.10.10.0/24 445
pass tcp [10.10.11.1,10.10.11.11,10.10.11.21] any -> 10.10.10.0/24 1723
pass udp [10.10.11.1,10.10.11.11,10.10.11.21] any -> 10.10.10.0/24 53
pass udp [10.10.11.1,10.10.11.11,10.10.11.21] any -> 10.10.10.0/24 67:68
pass udp [10.10.11.1,10.10.11.11,10.10.11.21] any -> 10.10.10.0/24 88
pass udp [10.10.11.1,10.10.11.11,10.10.11.21] any -> 10.10.10.0/
24 137:138
pass udp [10.10.11.1,10.10.11.11,10.10.11.21] any -> 10.10.10.0/24 445
pass udp [10.10.11.1,10.10.11.11,10.10.11.21] any -> 10.10.10.0/24 500
```

Abb. 12.5:   Die Datei policy-based.rules, die alle Ziele der Netzwerkrichtlinie enthält

12.2.3 Ein richtlinien-basierendes IDS im Produktionsbetrieb

An diesem Punkt haben Sie die Datei snort.conf so modifiziert, dass Sie die neue Datei policy-based.rules enthält. Sie haben auch die Datei policy-based.rules erstellt und die Regeln für die Implementierung der Netzwerkrichtlinie. Nun wird es Zeit, dass Sie Snort starten und die Regeln in Aktion bringen.

Es wurde bereits erwähnt, dass Snort mit dem Parameter *–o* gestartet werden muss, damit die Pass-Regeln vor den Alarmregeln verarbeitet werden. Wenn Sie unterstellen, dass sich die Datei snort.conf im Verzeichnis /etc/snort befindet, starten Sie Snort mit folgender Syntax:

```
Snort –c /etc/snort/snort.conf –o
```

Wenn Ihre Konfiguration korrekt ist und sich keine Fehler in den neuen Regeln befinden, sollte Snort erfolgreich starten und seine Scan-Tätigkeit beginnen. Sie sollten an dem Startbildschirm erkennen (außer Sie führen Snort im Dämonenmodus aus), dass Snort tatsächlich die Pass-Regeln vor den Alarmregeln ausführt (Abbildung 12.6).

Während Snort nun aktiv scannt, können Sie Ihre Regeln auf der Basis des *tatsächlichen* Verkehrs auf Ihrem Netzwerk feiner abstimmen. Die definierten Regeln decken zwar den erwarteten Datenverkehr auf Ihrem Netzwerk ab, doch meistens gibt es unerwarteten Datenverkehr, der möglicherweise als akzeptabel eingestuft werden müsste. Wenn Sie während dieser Anfangsphase Ihre Alarm-Log-Datei aktiv überwachen, sind Sie in der Lage, Ihre Regeln feiner abzustimmen.

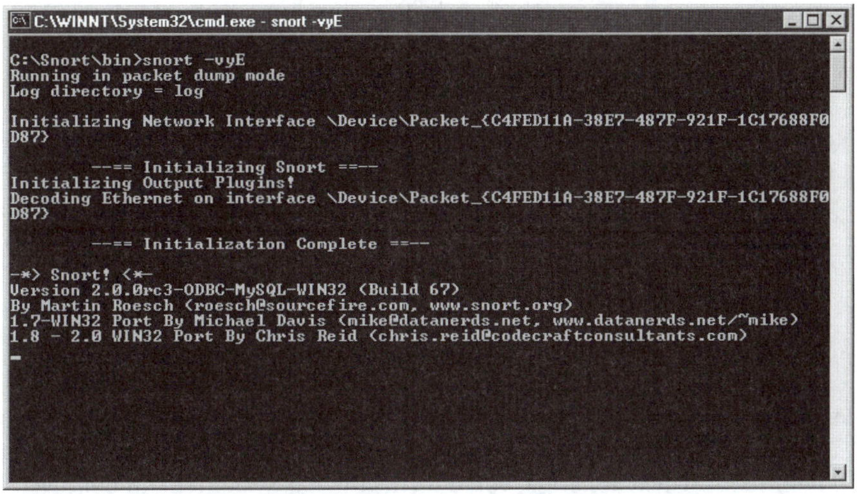

```
C:\WINNT\System32\cmd.exe - snort -vyE                              _□×

C:\Snort\bin>snort -vyE
Running in packet dump mode
Log directory = log

Initializing Network Interface \Device\Packet_{C4FED11A-38E7-487F-921F-1C17688F0
D87}

        ---== Initializing Snort ==---
Initializing Output Plugins!
Decoding Ethernet on interface \Device\Packet_{C4FED11A-38E7-487F-921F-1C17688F0
D87}

        ---== Initialization Complete ==---

-*> Snort! <*-
Version 2.0.0rc3-ODBC-MySQL-WIN32 (Build 67)
By Martin Roesch (roesch@sourcefire.com, www.snort.org)
1.7-WIN32 Port By Michael Davis (mike@datanerds.net, www.datanerds.net/~mike)
1.8 - 2.0 WIN32 Port By Chris Reid (chris.reid@codecraftconsultants.com)
```

Abb. 12.6: Snort-Startbildschirm

Sie könnten beispielsweise bei der Überprüfung Ihrer Alarm-Log-Datei auf folgende Einträge stoßen:

```
[**] Snort Alert! [**]
[Priority: 0]
02/09-15:49:03.042888 10.10.10.1:3137 -> 10.10.11.21:21
TCP TTL:128 TOS:0x0 ID:33435 IpLen:20 DgmLen:48 DF
******S* Seq: 0x57E7A50F  Ack: 0x0  Win: 0x4000  TcpLen: 28
TCP Options (4) => MSS: 1460 NOP NOP SackOK

[**] Snort Alert! [**]
[Priority: 0]
02/09-15:49:05.946778 10.10.10.1:3137 -> 10.10.11.21:21
TCP TTL:128 TOS:0x0 ID:33572 IpLen:20 DgmLen:48 DF
******S* Seq: 0x57E7A50F  Ack: 0x0  Win: 0x4000  TcpLen: 28
TCP Options (4) => MSS: 1460 NOP NOP SackOK

[**] Snort Alert! [**]
[Priority: 0]
02/09-15:49:11.963321 10.10.10.1:3137 -> 10.10.11.21:21
TCP TTL:128 TOS:0x0 ID:33848 IpLen:20 DgmLen:48 DF
******S* Seq: 0x57E7A50F  Ack: 0x0  Win: 0x4000  TcpLen: 28
TCP Options (4) => MSS: 1460 NOP NOP SackOK
```

Diese Log-Einträge weisen daraufhin, dass eines der Client-Systeme versucht, den Webserver über Port 21 zu erreichen. Dies ist der Well-Known-Port für FTP, also scheint ein Anwender offensichtlich eine FTP-Verbindung zum Webserver aufbauen zu wollen. Wenn Sie an dieser Stelle nachforschen, stellen Sie möglicherweise fest, dass der Web-Content-Entwickler FTP benutzt, um neue Inhalte auf den Webserver zu laden. Wenn die Geschäftsleitung diese Operation zulässt, müssen Sie Ihre Netzwerkrichtlinie entsprechenden anpassen, um dieses Ziel ebenfalls zu berücksichtigen. Darüber hinaus müssen Sie eine neue Regel erstellen, die anzeigt, dass es sich hier um akzeptablen Traffic für Snort handelt. Diese Regel könnte wie folgt definiert werden:

```
# Rules for Network Policy Objective Six
pass tcp 10.10.10.1 any -> 10.10.11.21 21
```

Sie werden während der Anlaufphase Ihres richtlinien-basierenden IDSs auf viele dieser Ausnahmen treffen. Die Feineinstellung Ihres IDSs kann eine Weile in Anspruch nehmen. Dies ist abhängig von der Anzahl von Systemen auf dem Netzwerk, der Art der ausgeführten Arbeit und von vielen anderen Faktoren. Darüber hinaus ist das Hinzufügen und Modifizieren von Regeln ein Non-Stop-Job für den Administrator. Es wird immer etwas geben, das in das Netzwerk eingefügt werden muss, vielleicht auch ein neuer Dienst, der in ein existierendes System eingebaut werden muss. Die andauernden Modifikationen mögen mühselig sein, doch auf der anderen Seite erhalten Sie eine hohe Sicherheitsebene für Ihre Netzwerkumgebung.

Bitte beachten Sie, dass bei der Konfiguration des Systems als richtlinien-basierendes Intrusion Detection System keine der vorhandenen Snort-Regeln gelöscht wurden. Wenn Sie ein richtlinien-basierendes IDS nutzen, ist es wichtig, dass die normalen IDS-Regeln ebenfalls verarbeitet werden. Viele Angriffe könnten durch die richtlinien-basierenden Regeln, die Sie definiert haben, schnell übersehen werden, doch die normalen IDS-Regeln erkennen diese. Die vorliegenden richtlinien-basierenden Regeln definieren beispielsweise keinerlei Restriktionen für den ICMP-Traffic. Dies lässt die Tür offen für einen ICMP (Ping)-Flood-Angriff.

Darüber hinaus wird der Traffic zu Port 80 auf dem Webserver zugelassen, ohne dass die richtlinien-basierenden Regeln den Inhalt dieser Pakete prüfen. Es besteht ein Problem in Zusammenhang mit der Tatsache, dass das IDS nun so konfiguriert ist, dass es die Pass-Regeln vor den Alarmregeln verarbeitet. Das bedeutet, dass, selbst wenn sich ein maliziöser Inhalt in einem an den Webserver gerichteten Paket befände, kein Alarm durch das IDS ausgelöst würde.

Die einzig wirkliche Lösung für dies Problem ist die Ausführung eines IDSs im richtlinien-basierenden Modus und eines anderen im normalen Modus oder die Erstellung einer neuen Regelaktion. In dem fiktiven Netzwerk-Design wurde dies vernachlässigt, da es unwahrscheinlich ist, das jemand vom internen Netzwerk aus die internen Webserver angreift – aber es könnte geschehen. Wenn Sie eine weitere Erhöhung des Sicherheitsaspekts anstreben, können Sie einfach ein weiteres IDS hinzufügen oder eine neue Regelaktion in Ihre Regeldatei einfügen.

```
#####
ruletype passgood
{
    type alert
    output log_null
}

ruletype everything
{
    type log
    output log_tcpdump: suspicious.log
}

config order: alert passgood everything

# insert all your normal rules here

passgood tcp any any <> $HTTP_SERVERS $HTTP_PORTS
passgood tcp any any <> $SMTP_SERVERS 25
passgood tcp any any <> $DNS_SERVERS 53
passgood udp any any <> $DNS_SERVERS 53
everything ip any any <> any any
```

Der größte Nachteil bei der Implementierung eines richtlinien-basierenden IDSs ist der zeitliche und sonstige Aufwand für die Definition der Richtlinie, die den akzeptablen Traffic bestimmt. In kleinen Netzwerken ist diese Aufgabe recht überschaubar, doch in einem großen Unternehmensnetzwerk kann sich die Aufgabe als sehr mühsam gestalten. Mitunter ist der Einsatz eines richtlinien-basierenden Intrusion Detection Systems bedingt durch die Größe des Netzwerks oder den administrativen Aufwand nicht praktikabel. Merken Sie sich, dass die Kombination eines richtlinien-basierenden IDSs mit einem normalen IDS eine unglaublich hohe Sicherheitsstufe bieten kann, aber dass die Implementierung dieser Strategie nicht immer möglich ist.

12.3 Inline-IDS

Ein Inline-IDS ist die neuste Technologie, die im Umfeld der *Intrusion Prevention* (Einbruchsprävention) genutzt wird. Intrusion Prevention ist der nächste Schritt in der Evolution der Intrusion Detection. Während die Intrusion Detection dazu dient, den Sicherheitsadministrator auf potentielle Angriffe aufmerksam zu machen, geht die Intrusion Prevention einen Schritt weiter und arbeitet aktiv daran, die Intrusion zu verhindern.

Das grundlegende Konzept der Intrusion Prevention liegt darin, die während der Intrusion Detection gesammelten Daten aufzunehmen und über einen automatisierten Prozess bestimmte Aktionen auf Basis dieser Daten durchzuführen. Dies bietet eine schnellerer Reaktion als ein auf Abruf arbeitender Administrator leisten könnte. Ein Beispiel für eine Intrusion Prevention wäre eine aktive Firewall, die die Kommunikation von einer spezifischen IP-Adresse beendet, wenn ein von dieser Adresse angehender Angriff erkannt wurde.

Ein Inline-IDS arbeitet auf ähnliche Weise wie eine aktive Firewall, doch es bietet mehrere Vorteile. Zunächst kann es als IDS so konfiguriert werden, dass es auf die neuesten bekannten Angriffssignaturen reagiert. Außerdem agiert es intelligenter als eine Firewall, weil es die Kommunikation von einer(m) spezifischen IP-Adresse bzw. Port nicht einfach blockiert. Ein Inline-IDS hat die Möglichkeit, die Pakete, die den Angriff beinhalten, zu verwerfen, und normalen Traffic passieren zu lassen.

Schaden & Abwehr

Verwenden einer Firewall gegen sich selbst

Ein großes Problem bei »intelligenten« Firewalls ist deren Fähigkeit, automatisch und ohne Eingriff eines Administrators auf einen Angriff zu reagieren. Obwohl es sich scheinbar um eine sehr nützliche Funktion handelt, kann sie leicht missbraucht werden. Nehmen Sie beispielsweise an, Sie hätten eine Firewall eingerichtet und so konfiguriert, dass sie den Zugriff einer bestimmten IP-Adresse blockiert, wenn ein Portscan von dieser IP-Adresse erkannt wird. Ein Eindringling sendet Probes an Ihr Netzwerk und führt einen Portscan von einem seiner Systeme aus. Nach einigen Augenblicken bemerkt der Eindringling, dass er sich über diese IP nicht mehr mit Ihrem Netzwerk verbinden kann. Dies zeigt ihm, dass Sie seine IP-Adresse durch eine Firewall blocken, die zum Blockieren von Portscans konfiguriert ist. Der nächste Schritt für den Eindringling wäre, wenn er auf Ihrem Netzwerk ein Chaos anrichten wollte, das Ausspionieren Ihres Upstream-Routers und das Ausführen eines Portscans über die gespoofte Adresse. Die Firewall wird den Portscan erkennen und annehmen, dieser Angriff würde direkt von Ihrem Upstream-Router kommen. Daher erledigt die Firewall Ihren Job und blockiert den Zugriff für die IP-Adresse des Upstream-Routers Ihres Netzwerk. Nun kann Ihr Netzwerk keine Daten mehr an den Upstream-Router senden bzw. von diesem empfangen. Die externe Kommunikation ist nun für das Netzwerk nicht mehr möglich, und dies geschah nur, weil Ihre Firewall »intelligent« auf einen Angriff reagiert hat.

Wenn Sie ein Inline-IDS nutzen, erhalten Sie die Fähigkeiten eines guten IDSs und Sie können die von diesem System gesammelten Daten an eine intelligente Firewall weitergeben. Auf diese Weise erhalten Sie eine großartige Methode zum Absichern Ihres Netzwerks vor Eindringlingen.

12.3.1 Woher stammt das Inline-IDS für Snort?

Snort hatte zunächst durch ein Projekt namens *Hogwash* die Fähigkeit, ein Inline-IDS zu sein. Hogwash basierte auf der Snort-Engine und wurde entwickelt, um inline mit Ihrer Internetverbindung, ähnlich wie eine Firewall, zu arbeiten. Statt wie eine Firewall zu arbeiten, bietet Hogwash die Möglichkeit, individuelle Pakete auf Basis einer Reihe von Snort-ähnlichen Regeln zu verwerfen. Diese Regeln definieren das Verhalten von Hogwash. Sie bestimmen, welche Pakete zugelassen oder verworfen werden oder Alarme auslösen.

Die Hogwash-Implementierung war für die Arbeit auf der Datenverbindungs-schicht des OSI-Modells (Schicht 2) konzipiert, um für das System, auf dem Hog-wash ausgeführt wurde, eine höhere Sicherheitsstufe zu bieten. Bedingt durch dieses Design musste auf dem System, auf dem Hogwash ausgeführt wurde, noch nicht einmal zwingend ein IP-Stack vorhanden sein, daher ist es gegen IP-basierende Angriffe geschützt. Dieses Feature macht das System für Eindringlinge nahezu unsichtbar.

Es bestehen derzeit Anstrengungen, Hogwash wieder zurück in das ursprüngliche Snort-System einzubringen, besonders wegen der Schwierigkeiten, Hogwash auf dem neuesten Stand mit den Änderungen innerhalb von Snort zu halten. Aus Sicht der Entwicklung macht es mehr Sinn, die erweiterten Fähigkeiten von Hogwash wieder in die Snort-Anwendung zu integrieren. Auf diese Weise können Snort und Hogwash ohne größeren Verwaltungsaufwand auf demselben Build-Level gehalten werden.

Diese Anstrengungen haben zum Release eines Patches für den Snort-Inline-Modus geführt, das durch Jed Haile entwickelt wurde. Dieses Patch dient dazu, die Fortschritte des Hogwash-Projektes wieder in Snort einzubringen. Sie finden es unter der Adresse `www.snort.org/dl/contrib/patches/inline/` oder auf der Begleit-CD zu diesem Buch. Weitere Informationen zu Hogwash finden Sie unter `http://hogwash.sourceforge.net`.

12.3.2 Installation von Snort im Inline-Modus

Bevor Sie Snort im Inline-Modus installieren, müssen Sie einige Anforderungen beachten. Um Snort im Inline-Modus auszuführen, müssen Sie Ihrem System die Möglichkeit geben, inline mit einer Netzwerkverbindung zu sein. Das heißt, dass Sie Ihr IDS in irgendeiner Form als Bridge ausführen. Es gibt zwei Optionen dafür: Entweder führen Sie Ihr System als normale Netzwerk-Bridge aus, oder Sie über-brücken den Traffic und sorgen gleichzeitig für die Network Address Translation (NAT). Für das vorliegende Beispiel wird das System als normale Bridge ausge-führt. Abbildung 12.7 zeigt ein einfaches Netzwerk, in dem das System inline mit einer Netzwerkverbindung zum Internet platziert wurde. Tabelle 12.3 listet die Soft-ware auf, die Sie benötigen, um Snort im Inline-Modus auszuführen. Diese Software steht unter den genannten Adressen oder auf der Begleit-CD zu diesem Buch zur Verfügung .

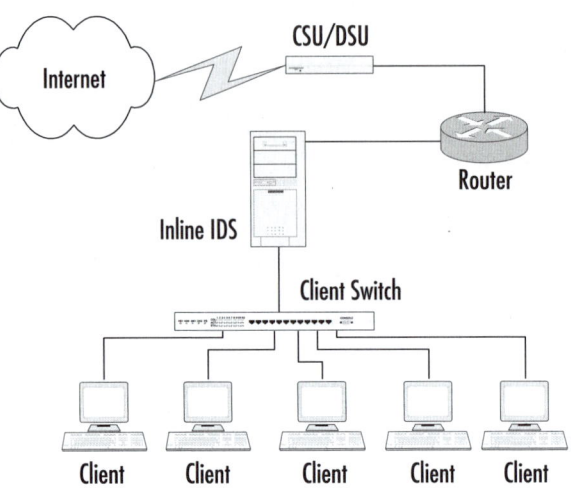

Abb. 12.7: Inline-Netzwerkdiagramm

Name	Ablageort	Dateiname auf der CD
Red Hat 8.0 Linux Distribution	`ftp://ftp.redhat.com/pub/redhat/linux/8.0/en/iso/i386/`	(nicht vorhanden)
IPTables	`www.netfilter.org/downloads.html#1.2.7a`	iptables-1.2.7a.tar.bz2
libpcap	`http://freshmeat.net/projects/libpcap`	libpcap-0.7.1.tar.gz
Linux Bridge Patch	`http://bridge.sourceforge.net/devel/bridge-nf/bridge-nf-0.0.7-against-2.4.19.diff`	bridge-nf-0.0.7-against-2.4.19.diff.txt
bridge-utils	`http://bridge.sourceforge.net/download.html`	bridge-utils-0.9.6.tar.gz
Snort Inline Patch	`www.snort.org/dl/contrib/patches/inline/`	snort-inline.tgz
Snort Rules (Snort-Regeln)	`www.snort.org/dl/rules/snortrules-current.tar.gz`	snortrules-current.tar.gz
rc.firewall Script	`www.honeynet.org/papers/honeynet/tools/`	rc.firewall (Hinweis: Bei dem bereitgestellten Skript rc.firewall handelt es sich nicht um die Originalversion, sondern um eine modifizierte.)

Tabelle 12.3: Erforderliche Software für die Installation von Snort im Inline-Modus

In Kapitel 3, »Installieren von Snort«, wurde die Installation von Snort auf der Red Hat 8.0-Linux-Distribution beschrieben. Um konsistent zu bleiben, werden die Beispiele in diesem Kapitel mit derselben Distribution durchgeführt. Eines der Features des Linux 2.4-Kernel-Builds ist das Vorhandensein von *IPtables*. Es handelt sich um ein Open Source-Stateful (oder Stateless)-Firewall-Subsystem, das den Vorgänger *IPchains* ersetzt. IPtables untersucht die einzelnen Pakete auf einer Reihe von *chains* (Ketten), die Sie definieren.

Leider erfordert das Snort-Inline-Patch einige zusätzliche Bibliotheks- und Header-Dateien für IPtables, die nicht zum Lieferumfang der Distribution gehören. Daher müssen Sie IPtables 1.2.7a unter der in Tabelle 12.3 genannten Adresse herunterladen, oder Sie kopieren die Datei von der Begleit-CD. Extrahieren Sie die Datei nach dem Download in einem temporären Verzeichnis. Die Installation ist ein wenig anders und erfordert, dass Sie die Linux-Kernel-Source-Dateien zur Hand haben. Führen Sie die Installation mit den folgenden Befehlen durch:

```
make KERNEL_DIR=/usr/src/linux-2.4.18-14
make install KERNEL_DIR=/usr/src/linux-2.4.18-14
make install-devel
```

Diese Befehle verweisen den Compiler auf das Kernel-Source-Verzeichnis und installieren IPtables und die *libipq*-Bibliotheken, die für das Snort-Inline-Patch erforderlich sind.

Tool & Traps...

Upgrades

Falls Sie ein Upgrade auf Red Hat 8 durchgeführt haben, sollten Sie berücksichtigen, dass Sie möglicherweise noch IPchains auf Ihrem System haben könnten. IPchains und IPtables sind nicht kompatibel und können nicht zusammen ausgeführt werden. Wenn Sie Probleme haben, den IPtables-Service zu starten, müssen Sie u. U. den IPchains-Service beenden.

Eine weitere Anforderung für die Ausführung von Snort im Inline-Modus ist die Installation der *libpcap*. Die Installation dieser Software wurde detailliert in Kapitel 3 beschrieben, daher wird dieser Vorgang an dieser Stelle nicht wiederholt. Sollten Sie diese Bibliothek noch nicht installiert haben, holen Sie es jetzt nach, indem Sie die Anweisungen aus Kapitel 3 befolgen.

 Standardmäßig verfügt der in Red Hat 8 eingeschlossene Kernel über Bridge- und Firewall-Funktionen, es ist jedoch nicht möglich, beides zur gleichen Zeit auszuführen. Um dies zu erreichen, müssen Sie den Kernel patchen und neu kompilieren. Das Linux-Bridge-Patch finden Sie unter der in Tabelle 12.3 angegebenen Adresse oder auf der Begleit-CD. Laden Sie dieses Patch herunter, und setzen Sie es in ein temporäres Verzeichnis. Wenden sie das Patch schließlich mit folgendem Befehl an:

```
patch –p1 < bridge-nf-0.0.7-against-2.4.18.diff
```

Die Beschreibung der spezifischen Methoden zum Konfigurieren und Rekompilieren Ihres Kernels würden den Rahmen dieses Buchs sprengen. Daher werden nur die spezifischen Änderungen erläutert, die Sie durchführen müssen, um die erforderlichen Features auf dem System zu aktivieren. Nach der Anwendung des Bridge-Patches müssen Sie den Kernel konfigurieren. Geben Sie dazu einen der beiden folgenden Befehle in Ihrem Kernel-Source-Verzeichnis an:

```
make menuconfig
make xconfig
```

Die Auswahl der Konfigurationswerkzeuge hängt davon ab, ob Sie das X-Window-System oder ein menü-basierendes Kommandozeilen-Tool nutzen. In diesem Beispiel wurde *xconfig* verwendet (siehe Abbildung 12.8).

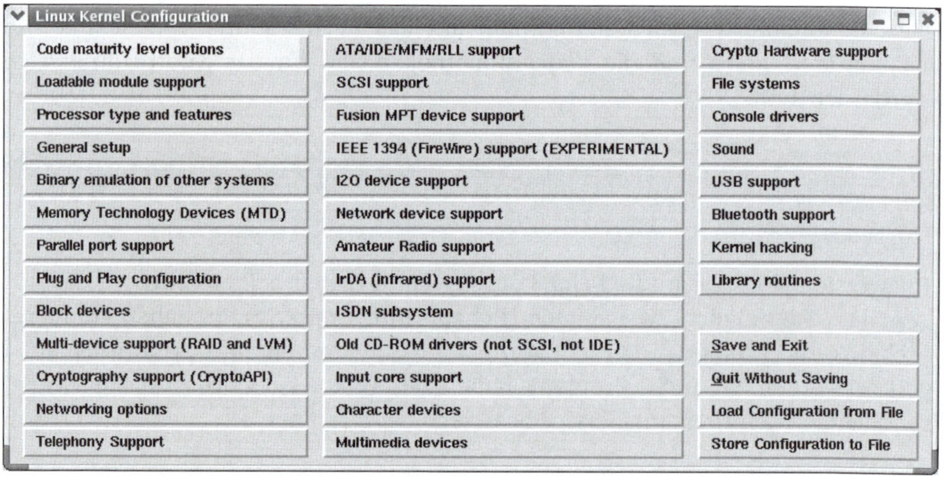

Abb. 12.8: Linux-Kernel-Konfiguration mit xconfig

Navigieren Sie durch die verschiedenen Menüoptionen, und stellen Sie sicher, dass die für Ihr System erforderlichen Kernel-Optionen aktiviert sind. Darüber hinaus müssen folgende Optionen aktiviert werden und in den Kernel kompiliert werden, damit die Bridging-Firewall arbeiten kann:

- Code Maturity Level Options
  - Prompt for Development and/or incomplete code/drivers

- Networking Options
  - Network packet filtering (replaces ipchains)
  - IP: Netfilter Configuration
  - All options
  - 802.1d Ethernet Bridging
  - Netfilter (firewalling) support

Abbildung 12.9 zeigt, wie der Bereich NETWORKING OPTIONS von xconfig aussehen sollte, nachdem die Konfiguration für den Snort-Inline-Modus erfolgt ist. Es ist sehr wichtig, dass Sie diese Konfigurationsoptionen überprüfen und sicherstellen, dass die zusätzlich erforderlichen Optionen für die Ausführung von Linux auf Ihrem System ausgewählt wurden.

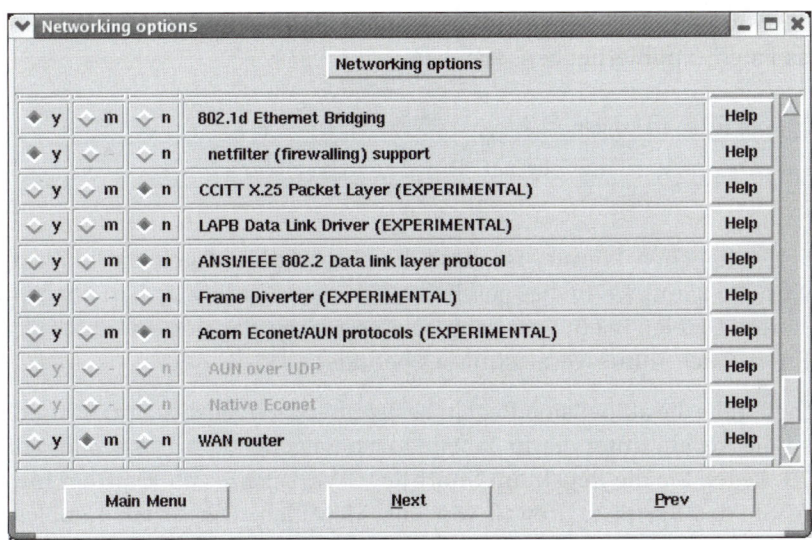

Abb. 12.9: Das Dialogfeld Networking Options von xconfig

Im nächsten Schritt müssen Sie den Kernel mit dem neuen Patch und den neuen Optionen neu kompilieren. Auch die Beschreibung dieses Prozesses würde den Rahmen dieses Buchs sprengen. Nutzen Sie jedoch folgende Syntax, die automatisch einen neuen Eintrag für den neuen Kernel in die Datei *grub.conf* setzt.

```
make dep clean bzImage install modules modules_install
```

Außerdem benötigen Sie auch die bridge-utils-Software zur Steuerung der Bridging-Features auf Ihrem System. Diese Software finden Sie unter der in Tabelle 12.3 angegebenen Adresse. Extrahieren Sie die Dateien aus dem Tar-Archiv in einem temporären Verzeichnis. Installieren Sie die Datei anschließend mit den folgenden Befehlen:

```
./configure
make
make install
```

 Im nächsten Schritt benötigen Sie das Snort-Inline-Patch. Laden Sie es von der in Tabelle 12.3 angegebenen Adresse herunter, oder kopieren Sie es von der Begleit-CD. Entpacken Sie das Patch in einem temporären Verzeichnis. Wenn Sie auf dem System, auf dem Sie das Patch installieren möchten, Snort ausführen, sollten Sie Snort zunächst beenden. Bitte beachten Sie, dass es sich, obwohl es als Patch bezeichnet wird, um eine komplette Snort-Installation handelt. Daher ist es nicht erforderlich, dass eine normale Version von Snort bereits installiert ist. Führen Sie die Patch-Installation durch, indem Sie die folgenden Befehle in dem Verzeichnis, in dem Sie das Patch extrahiert haben, angeben:

```
./configure --enable-inline
make
make install
```

Ein Fehler, der auftauchen könnte, ist, dass das Snort-Inline-Patch die libpcap-Dateien nicht finden kann. Wenn dies geschieht, kopieren Sie die aus dem libpcap-Archiv extrahierten Dateien in ein Verzeichnis namens *pcap*, das sich innerhalb des temporären Snort-Patch-Inline-Verzeichnisses befindet.

 Wenn Sie nicht bereits die aktuellsten Regeln besitzen, sollten Sie dies nun nachholen. Sie finden die Regeln unter der in Tabelle 12.3 angegebenen Adresse oder auf der Begleit-CD. Legen Sie die Regeln im Snort-Regel-Verzeichnis ab. Darüber hinaus benötigen Sie das Skript rc.firewall von Rob McMillen. Dies it ein IPtables-Skript für das Zählen und Kontrollieren von Outbound-Verbindungen. Sie finden es unter der in Tabelle 12.3 angegebenen Adresse oder auf der Begleit-CD. Um das Skript optimal zu nutzen, sollten Sie es mit Ihrem System starten. Kopieren Sie daher das Skript rc.firewall in das Verzeichnis /etc/rc.d, und modifizieren Sie es mit folgenden Befehlen:

```
cp rc.firewall /etc/rc.d
chmod 700 /etc/rc.d/rc.firewall
```

Nachdem die Datei kopiert wurde, müssen Sie die Datei /etc/rc.d/rc.local mit ihrem bevorzugten Texteditor bearbeiten und folgende Zeilen unten in der Datei einfügen:

```
if [ -x /etc/rc.d/rc.firewall ]; then
```

```
        /etc/rc.d/rc.firewall
fi
```

Nun müssen Sie die neu installierte Software konfigurieren. Für die Snort-Inline-Installation benötigen Sie eine snort.conf-Datei, die an Ihre Umgebung angepasst ist. Dies ist zufällig die Konfiguration, die in Kapitel 3 beschrieben ist. Zur Konfiguration dieser Datei sollten Sie also das Kapitel 3 konsultieren.

Im nächsten Schritt konfigurieren Sie das Skript rc.firewall. Laden Sie das Skript in den *vi* oder in Ihren bevorzugten Texteditor. Es sind viele Änderungen erforderlich, damit dieses Skript für eine normale Firewall (nicht für eine Honeynet-Firewall) arbeiten kann. Fügen Sie zunächst alle Systeme, die auf die externe Schnittstelle zugreifen sollen, in die Zeile ein, die wie folgt aussieht: *PUBLIC_IP="192.168.1.144"*. Sie können mehrere Adressen einfügen, indem Sie zwischen den einzelnen Adressen Leerzeichen einfügen. Stellen Sie sicher, dass die in der Zeile *INET_IFACE="eth0"* genannte Schnittstelle mit der externen Netzwerkkarte übereinstimmt. Folgende drei Variablen sollten geändert werden, um Ihr internes Netzwerk zu reflektieren. Wenn Ihr internes Netzwerk 10.10.10.* entspricht, ändern Sie die Variablen, wie hier gezeigt:

```
LAN_IFACE="eth1"                    # Firewall interface on internal
  network
LAN_IP_RANGE="10.10.10.0/24"        # IP Range of internal network
LAN_BCAST_ADRESS="10.10.10.255"     # IP Broadcast range for internal
  network
```

Die nächste Konfigurationsänderungen im Skript rc.Firewall richtet die Schnittstelle zu Snort ein. Ändern Sie die Einstellungen wie folgt:

```
QUEUE="yes"            # Use experimental QUEUE support
#QUEUE="no"            # Do not use experimental QUEUE support
```

Der Abschnitt *Location of Programs Used by This Script*, der sich etwas weiter unten in der Datei befindet, muss an Ihre Umgebung angepasst werden. Für die gewünschte Installation sind folgende Änderungen erforderlich:

```
#########################################
# LOCATION OF PROGRAMS USED BY THIS SCRIPT #
#########################################
IPTABLES="/usr/local/sbin/iptables"
BRIDGE="/usr/local/sbin/brctl"
IFCONFIG="/sbin/ifconfig"
ROUTE="/sbin/route"
MODPROBE="/sbin/modprobe"
```

Es ist sehr wichtig, dass Sie für die einzelnen Programme den korrekten Ablageort angeben, da Sie möglicherweise andere Versionen unter anderen Ablageorten geladen haben. Die Red Hat 8.0-Installation von Linux hat beispielsweise eine Binary für *iptables* im Verzeichnis /sbin abgelegt. Dabei handelt es sich aber um eine ältere Version.

Sie müssen außerdem die Art, wie das Skript rc.firewall IPtables nutzt, verändern. Verwenden Sie einen einfachen IPtables-Befehl, damit Snort alle Pakete mitschneidet, die durch das System weitergeleitet werden. Dieser Befehl muss anstelle der anderen aktuellen rc.firewall-IPtables-Befehle verwendet werden:

```
$IPTABLES -A FORWARD -j QUEUE
```

Wenn Sie sehen möchten, was das Skript tut, wenn es gestartet wird, gehen Sie an den Anfang der Datei zurück, und entfernen Sie das Symbol # am Anfang der Zeile *#set –x*. Damit sind die notwendigen Änderungen an dem Skript rc.firewall abgeschlossen. Sie können jedoch einige optionale Handlungen vornehmen, z. B. das automatische Starten von Snort. Abbildung 12.10 zeigt das vollständig modifizierte Skript rc.firewall. Es enthält Befehle zum automatischen Starten von Snort (auf der Grundlage des Skripts snort.sh (www.honeynet.org)). Sie finden diese Datei auf der Begleit-CD zu diesem Buch.

```
#!/bin/bash
#
# rc.firewall, ver 0.6.1
# http://www.honeynet.org/papers/honeynet/tools/
# Rob McMillen <rvmcmil@cablespeed.com>
#
# CHANGES:
# 14 Feb 2003: Modified extensively to support Snort Inline mode for
#              a bridging firewall.  Snort controls all packet decisions
#              and IPTABLES simply queues everything. - J. Faircloth


#### If you want to see all the commands or which command is giving your
#       problems, remove the comment below.
set -x



#*********************************************************************
# USER VARIABLE SECTION
#*********************************************************************
```

```
##############
# COMMON VARS #
##############

# The MODE variable tells the script to #setup a bridge HoneyWall
# or a NATing HoneyWall.
#MODE="nat"
MODE="bridge"

# A space delimited list of honeypots IPs (public IP)
# If you are in "bridge" mode, this is the list of your
# honeypot IP's that will be behind the bridge.  If you are
# in "nat" mode, this is the list of public IPs you will
# be using for IP address translation.  Still confused?  Its
# the list of IPs the hackers will attack.
PUBLIC_IP="10.10.11.100"


### Variable for external network
INET_IFACE="eth0"                         # Firewall Public interface

### Variables for internal network
LAN_IFACE="eth1"                          # Firewall interface on internal
 network
LAN_IP_RANGE="10.10.11.0/24"              # IP Range of internal network
LAN_BCAST_ADRESS="10.10.11.255"           # IP Broadcast range for internal
 network

### IPTables script can be used with the Snort-Inline filter
### You can find the current release at
###   http://www.snort.org/dl/contrib/patches/inline/
QUEUE="yes"              # Use experimental QUEUE support
#QUEUE="no"              # Do not use experimental QUEUE support


PID=/var/run/snort_eth0.pid # Location for Snort's PID
DIR=/var/log/snort # Logging Directory
DATE=`date +%b_%d` # Date for creating log directories


####################
# END OF COMMON VARS #
####################
```

```
###########################
# VARIABLES FOR NAT MODE #
###########################
#  You use these variables ONLY if you are using NAT mode.
#  If you are in bridging mode, then these variables will
#  not be used.
#

ALIAS_MASK="255.255.255.0"           # Network mask to be used alias

HPOT_IP="192.168.0.144"      # Space delimited list of Honeypot ips
                                 # NOTE: MUST HAVE SAME NUMBER OF IPS
AS
                                 # PUBLIC_IP VARIABLE.

#############################
# END OF NAT MODE VARIABLES #
#############################


#####################################
# VARIABLES FOR MANAGEMENT INTERFACE #
#####################################


# Interface for remote management.  If set to br0, it will assign
# MANAGE_IP to the bridge logical interface and allow its use
# as a management interface.  If you do not want to use a
#  management interface, set it to "none"
#MANAGE_IFACE="br0"
#MANAGE_IFACE="eth2"
MANAGE_IFACE="none"

MANAGE_IP="192.168.0.104"            # IP of management Interface
MANAGE_NETMASK="255.255.255.0"       # Netmask of management Interface

# Space delimited list of tcp ports allowed into the management interfac
e
ALLOWED_TCP_IN="22"

# IP allowed to connect to the management interface
# If set to "any", it will allow anyone to attempt to connect.
# The notation ip/mask or a space delimited list of ips are
# allowed.
```

```
#MANAGER="any"
MANAGER="10.1.1.1 172.16.1.0/24"


####################
# END OF MANAGE VARS
####################


############################################################
# VARIABLES THAT RESTRICT WHAT THE FIREWALL CAN SEND OUT #
############################################################


# This variable will limit outbound Firewall connections
# to ports identified in the ALLOWED_TCP_OUT and
# ALLOWED_UDP_OUT variables.  If set to yes, it will
# restrict the firewall.  If set to no, it will allow all
# outbound connections generated by the firewall.
# NOTE:  There must be a management interface in bridge
# mode in order to have a firewall interface to restrict.

#RESTRICT="yes"
RESTRICT="no"

ALLOWED_UDP_OUT="53 123"
ALLOWED_TCP_OUT="22"


##########################
# END RESTRICT VARIABLES #
##########################


############################################
# LOCATION OF PROGRAMS USED BY THIS SCRIPT #
############################################
IPTABLES="/usr/local/sbin/iptables"
BRIDGE="/usr/local/sbin/brctl"
IFCONFIG="/sbin/ifconfig"
ROUTE="/sbin/route"
MODPROBE="/sbin/modprobe"
SNORT="/usr/local/bin/snort"


####################
# END OF PROG VARS #
```

```
####################

#***************************************************************************
# END OF USER VARIABLE SECTION (DO NOT EDIT BEYOND THIS POINT)
#***************************************************************************

#########
# First, confirm that IPChains is NOT running.  If
# it is running, clear the IPChains rules, remove the kernel
# module, and warn the end user.

lsmod | grep ipchain
IPCHAINS=$?

if [ "$IPCHAINS" = 0 ]; then
  echo ""
  echo "Dooh, IPChains is currently running! IPTables is required by"
  echo "the rc.firewall script. IPChains will be unloaded to allow"
  echo "IPTables to run.  It is recommened that you permanently"
  echo "disable IPChains in the /etc/rc.d startup scripts and enable"
  echo "IPTables instead."
  ipchains -F
  rmmod ipchains
fi

#########
# Flush rules
#
$IPTABLES -F
$IPTABLES -F -t nat
$IPTABLES -F -t mangle
$IPTABLES -X

echo ""

##########
# Let's setup the firewall according to the Mode selected: bridge or nat
#
if [ $MODE = "bridge" ]
then

    echo "Starting up Bridging mode."
```

```
#########
# Let's clean up the bridge.  This will only work if this script
#    started the bridge.
#
$BRIDGE delif br0 ${INET_IFACE} 2> /dev/null
$BRIDGE delif br0 ${LAN_IFACE} 2> /dev/null
$IFCONFIG br0 down 2> /dev/null
$BRIDGE delbr br0 2> /dev/null


#########
# Let's make sure our interfaces don't have ip information
#
$IFCONFIG $INET_IFACE 0.0.0.0 up -arp
$IFCONFIG $LAN_IFACE 0.0.0.0 up -arp



#########
# Let's start the bridge
#
$BRIDGE addbr br0
$BRIDGE addif br0 ${LAN_IFACE}
$BRIDGE addif br0 ${INET_IFACE}

# Let's make sure our bridge is not sending out
#    BPDUs (part of the spanning tree protocol).
$BRIDGE stp br0 off

if [ "$MANAGE_IFACE" = "br0" ]
then
    $IFCONFIG br0 $MANAGE_IP netmask $MANAGE_NETMASK up
else
    $IFCONFIG br0 0.0.0.0 up -arp
fi

elif [ $MODE = "nat" ]
then

    echo "Starting up Routing mode and enabling Network Address Translati
on."

    i=0
```

```
    z=1
    tempPub=( $PUBLIC_IP )

    for host in $HPOT_IP; do

        # Bring up eth aliases
        $IFCONFIG $INET_IFACE:${z} ${tempPub[$i]} netmask ${ALIAS_MASK} up

        # Ensure proper NATing is performed for all honeypots
        $IPTABLES -t nat -A POSTROUTING -s ${host} -j SNAT --to-
        source ${tempPub[$i]}
        $IPTABLES -t nat -A PREROUTING -d ${tempPub[$i]} -j DNAT --to-
        destination ${host}
        let "i += 1"
        let "z += 1"
    done
fi


# Let's figure out dns
if [ $DNS_HOST -z ]
then
    if [ $MODE = "bridge" ]
    then
        DNS_HOST=$PUBLIC_IP
    else
        DNS_HOST=$HPOT_IP
    fi
fi



#########
# Load all required IPTables modules
#

### Needed to initially load modules
/sbin/depmod -a

### Add iptables target LOG.
$MODPROBE ipt_LOG

### Add iptables QUEUE support (Experimental)
if test $QUEUE - "yes"
```

```
then
    # Insert kernel mod
    $MODPROBE ip_queue

   # check to see if it worked, if not exit with error
   lsmod | grep ip_queue
   IPQUEUE=$?

   if [ "$IPQUEUE" = 1 ]; then
     echo ""
     echo "It appears you do not have the ip_queue kernel module compiled"
     echo "for your kernel.  This module is required for Snort-Inline and"
     echo "QUEUE capabilities.  You either have to disable QUEUE, or compile"
     echo "the ip_queue kernel module for your kernel.  This module is part"
     echo "of the kernel source."
     exit
   fi


   echo "Enabling Snort-Inline capabilities, make sure Snort-Inline is"
   echo "running in -Q mode, or all outbound traffic will be blocked"
fi

### Support for connection tracking of FTP and IRC.
$MODPROBE ip_conntrack_ftp
$MODPROBE ip_conntrack_irc

### Enable ip_forward
echo "1" > /proc/sys/net/ipv4/ip_forward

### Queue everything and let Snort figure out what to do with each packe
t.

$IPTABLES -A FORWARD -j QUEUE

##########
# Kill off old Snort and start a new instance

### Kill snort
if [ -s $PID ]; then
  PRO=`cat $PID`
  echo ""
```

```
  echo "Previous version of Snort running"
  echo "Killing Snort, PID $PRO"
  echo ""
  kill -9 $PRO
fi


# Make directory based on date, if already exists do nothing.
if [ -d $DIR/$DATE ]; then

        :

else

        mkdir $DIR/$DATE


fi


# Snort options explanation
# -c configuration file
# -d log packet details
# -D daemon mode
# -l log directory
# -i interface in our case eth0, this option is required when using
#    the -Q option.
# -Q (used ONLY with Snort-Inline for QUEUE mode)

### Start snort for the Honeynet
$SNORT -D -d -c /etc/snort/snort.conf -Q -l $DIR/$DATE


Now, change to the /etc/
rc.d directory and run the script by issuing the following commands:
cd /etc/rc.d
./rc.firewall
```

Abb. 12.10: Das Skript rc.firewall

Wenn Sie in der Datei rc.firewall den Befehl *set –x* aktiviert haben, sollten Sie eine Menge von Daten den Bildschirm passieren sehen, wenn das Skript die Bridging-Funktionen einrichtet und die Firewall konfiguriert. Sie können diese Daten durchblättern, um sicherzustellen, dass alles ordnungsgemäß funktioniert. An diesem Punkt sollte Ihnen eine Firewalling-Bridge zur Verfügung stehen.

Wenn alles korrekt funktioniert, wird es Zeit, Snort neu zu konfigurieren. Die primäre Änderung erfolgt in den Regeldateien. Alle Standardregeln sind auf *Alert* gesetzt. Damit das Inline-IDS funktioniert, müssen Sie die Aktionen von einigen oder allen *Alert*-Regeln in *Drop*-Regeln verändern – abhängig von Ihren Bedürfnissen. Dadurch wird Snort veranlasst, das Paket zu verwerfen statt einen Alarm aus-zugeben. Welche Regeln Sie auf das Verwerfen umstellen hängt vom Zweck Ihres IDSs und von der Struktur Ihres Netzwerks ab. Wenn Sie ein Honeynet betreiben, können Sie eine geeignete Liste mit *Drop*-Regeln unter www.honeynet.org finden.

Sie können die Regeln manuell bearbeiten, indem Sie die einzelnen Regeln im *vi* oder einem anderen Editor Ihrer Wahl bearbeiten. Dies müssen Sie für jede Regel durchführen, die Sie als *Drop*-Regel verwenden möchten. Welche Regeln Sie modi-fizieren hängt von den Bedürfnissen Ihrer Netzwerkumgebung ab. Wenn Sie den Editor *vi* benutzen, können Sie mit folgenden Befehl alle Instanzen von *Alert* durch *Drop* ersetzen.

```
:%s/alert/drop/
```

Ab diesem Punkt sollten Sie bereit sein, Snort im Inline-Modus durchzuführen. Sie müssen Snort neu starten, damit die Regeln Wirkung erhalten. Führen Sie also ein-fach das Skript rc.firewall mit folgendem Befehl aus:

```
/etc/rc.d/rc.firewall
```

Snort sollte fehlerfrei starten und mit der Überwachung des die Bridge passieren-den Netzwerk-Traffics beginnen. Wenn alles gut gegangen ist, haben Sie nun eine betriebsfähige Snort-Inline-Installation. Wenn Probleme bei der Installation oder Konfiguration der Software auftreten, wenden Sie sich an die Website, von der Sie die entsprechende Software bezogen haben. Vergessen Sie auch nicht die anderen wertvollen Ressourcen auf dem Web, die Ihnen Hilfe bei der Einrichtung eines Intrusion Detection Systems oder von Snort anbieten. Tabelle 12.4 listet einige der Websites auf, die bei der Einrichtung von Snort im Inline-Modus hilfreich sein könnten.

URL	Beschreibung
www.snort.org	Die Hauptquelle für Snort-Informationen und entsprechende Dokumentationen.
http://groups.google.com	Eine Such-Engine für Newsgroups, die Ihnen dabei hilft, Hilfe zu nahezu jedem Thema zu finden
www.honeynet.org	Informationen zu Honeynets und zur Konfiguration eines IDSs für Honeynets.
www.redhat.com	Informationen zur Red Hat Linux-Distribution

Tabelle 12.4: Web-Ressourcen

12.3.3 Verwenden eines Inline-IDSs zum Schutz Ihres Netzwerks

Nachdem Sie nun ein funktionierendes Inline-IDs vorliegen haben, sollten Sie es testen und dabei erfahren, wie es zum Schutz Ihres Netzwerks verwendet werden kann. Die Beispiele beziehen sich wieder auf das Netzwerkdiagramm aus Abbildung 12.7. Auf diese Weise können Sie einige grundlegenden Regeln konfigurieren und beobachten, wie das IDS darauf reagiert.

Es erfolgt eine kurze Rekapitulation: Sie haben das Linux-System so konfiguriert, dass es als Bridge fungiert. Das System verfügt über zwei Netzwerkarten, wobei eine an das externe Netzwerk und die andere an das interne Netzwerk angeschlossen ist. IPtables wird als Bridge zwischen den Netzwerkkarten genutzt und leitet den Datenverkehr in eine Warteschlange für die Verarbeitung. Das Snort-Inline-Patch wurde installiert und konfiguriert, um diese Warteschlange zu überwachen und um das Schicksal aller Pakete, die die Bridge überqueren, zu bestimmen. Indem die Regeldateien mit *Drop*-Statements konfiguriert werden, können Sie festlegen, dass spezifische Pakete verworfen und nicht zwischen den Schnittstellen geroutet werden.

Richten Sie für den ersten Test einen Webserver auf einem der Client-Systeme ein. Dieser Webserver soll ohne SSL konfiguriert werden und Port 80 abhorchen. Um diese Situation zu testen, benötigen Sie Zugriff auf ein System außerhalb des geschützten Netzwerks. Für diesen Test können Sie eine frei verfügbare Online-Scanning-Site unter `www.securitymetrics.com/portscan.adp` nutzen. Wenn Sie diesen Test von den System ausführen, das den Webserver beherbergt, erhalten Sie eine ähnliche Reaktion, wie die aus Abbildung 12.11.

Wie Sie in Abbildung 12.11 sehen können, wurde der Port 80 als »Offen« erkannt, was bedeutet, dass dieser Port von einem externen System erkannt werden kann. Um dies zu verhindern, müssen Sie eine Regel für Snort erstellen, die an Port 80 auf dem internen Netzwerk gerichtete Pakete verwirft.

Öffnen Sie die Datei »local.rules« im Regel-Verzeichnis mit dem *vi* oder Ihrem bevorzugten Texteditor. Fügen Sie eine ähnliche Regel wie die hier gezeigte ein, damit Snort den an diesen Port gerichteten Traffic verwirft.

```
drop tcp any any -> 10.10.10.0/24 80
```

Diese einfache Regel führt dazu, dass Ihr IDS jeden Datenverkehr, der an den Port 80 Ihres internen Netzwerks gerichtet ist, verwirft. Stellen Sie sicher, dass die Datei »local.rules« in der Datei »snort.conf« aktiviert ist, und starten Sie Snort anschließend neu, damit die Änderung an den Regeln übernommen wird. Wenn Sie den Portscan von dem Remote-System wiederholen, sollten Sie ein Ergebnis erhalten, wie es in Abbildung 12.12 gezeigt wird.

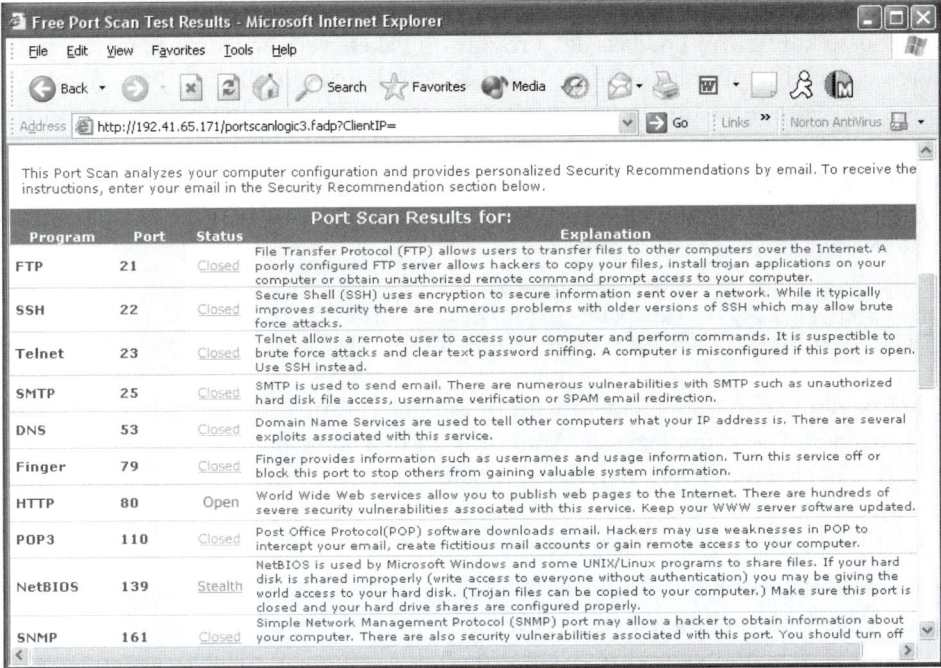

Abb. 12.11: Portscan von einem Webserver aus

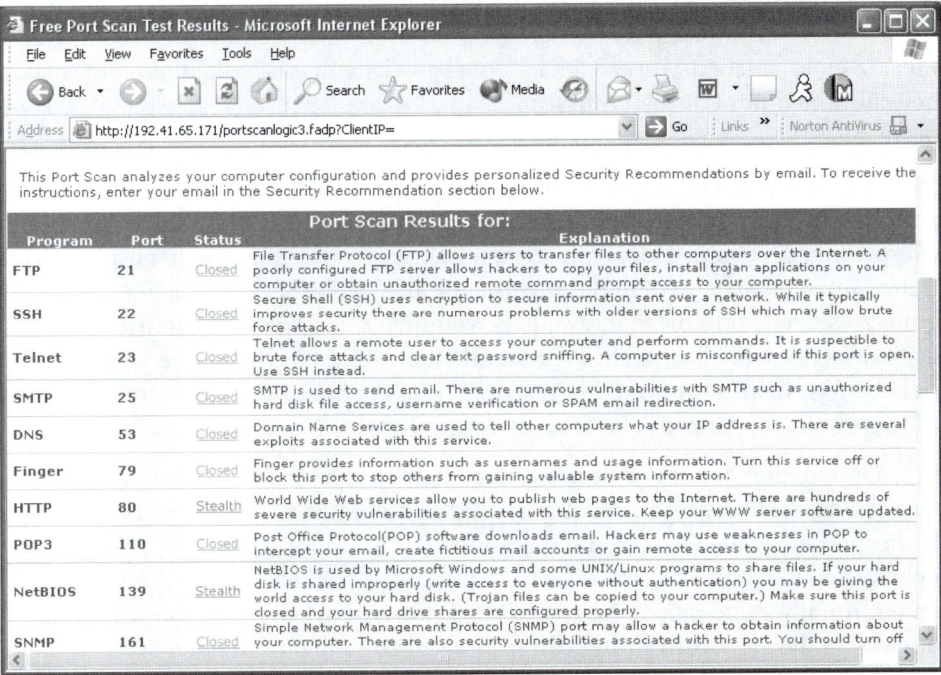

Abb. 12.12: Portscan von einem Webserver mit Snort-Filterung

Wie Sie sehen, ist es sehr einfach, Snort nach der korrekten Installation der Software so zu konfigurieren, dass das Programm Pakete verwerfen kann. Ein komplexeres Beispiel könnte beinhalten, Snort so konfigurieren, dass es Pakete auf der Basis von Ports und Inhalten verwirft. Dies ist ebenfalls ganz einfach. Wie zuvor erwähnt, müssen Sie nur die aktuellen Snort-*Alert*-Regeln in Snort-*Drop*-Regeln abändern. Die folgende Regel würde beispielsweise jedes Paket verwerfen, dass die Bridge über eine bestehende TCP-Verbindung passiert und den Text »nudie pictures« (Nacktbilder) enthält.

```
drop tcp any any -> any any (msg:"Adult Content"; content:
"nudie pictures"; nocase; flow:to_client,established;)
```

Die Erstellung von Snort-Regeln wird in Kapitel 5, »Spiel nach Regeln«, detailliert beschrieben. Die grundlegende Änderung in den Regeldefinitionen ist, dass Sie den Befehl *alert* durch den Befehl *drop* ersetzen.

Ist das Inline-IDS für Sie das geeignete Tool?

Ein Inline-IDS bietet nicht immer den besten Schutz für Ihr Netzwerk. Wenn Sie ein großes Unternehmensnetzwerk betreiben, kann die Ausführung eines Inline-IDSs die Geschwindigkeit Ihres Netzwerk-Traffics auf nicht mehr zu akzeptierende Raten verlangsamen. Darüber hinaus besteht die Möglichkeit, dass das IDS, wenn es nicht richtig konfiguriert ist oder fehlerhaft arbeitet, die normale Netzwerkfunktionalität unterbrechen kann. Legitimer Datenverkehr könnte versehentlich verworfen oder Verbindungen könnten ganz unterbunden werden. Der sachgemäße Einsatz eines solchen Werkzeugs ist eine sehr wichtige Fähigkeit, die ein Sicherheitsadministrator erlernen muss.

Wenn Sie ein typisches Firmennetzwerk betreiben, ist es sehr wahrscheinlich, dass mehrere hochgeschwindige Internet-Verbindungen vorhanden sind. Diese werden gewöhnlich durch eine leistungsstarke Firewall geschützt, die dazu konzipiert wurde, mit der Menge der von diesen schnellen Verbindungen empfangenen Daten umzugehen. Um dem Benutzern eine akzeptable Service-Qualität zur Verfügung zu stellen, sind diese Firewalls gewöhnlich mit Regeln konfiguriert, die den Datenverkehr schnell und effizient verarbeiten. Im Falle von Inline-IDSs können sich die Regeln als sehr komplex gestalten, und die durch das IDS durchgeführten Aktionen können länger dauern als es Ihrem Netzwerk zuzumuten wäre.

Eine Option, die Sie für die Verwendung eines Inline-IDS in Betracht ziehen sollten, ist eine Honeynet-Implementierung. Eine Menge von Informationen zu Honeynets bietet die Website www.honeynet.org. Es gibt Situationen, in denen Sie neben Ihrer normalen Netzwerkverbindung ein Honeynet einrichten möchten, um zu erfahren, welche neuen Angriffsformen ausgeführt werden oder um Anhaltspunkte für die Feinabstimmung Ihrer Firewall zu erhalten. In einer solchen Situation wäre ein Inline-IDS in zweifacher Hinsicht geeignet: zum Schutz vor verheerenden Angriffen und als Methode, um Ihr Netzwerk davor zu bewahren, als »Bühne« für die Ausführung weiterer Angriffe missbraucht zu werden.

Wenn Sie ein Honeynet aufsetzen müssen Sie mit großer Zuverlässigkeit vorgehen und dabei sicherstellen, dass ein Eindringling ihr Honeynet nicht für den Angriff auf andere Systeme nutzen kann. Ein Inline-IDS kann dies verhindern helfen, indem es ausgehende maliziöse Pakete blockiert oder neu schreibt.

Ein weiterer nützlicher Zweck für ein Inline-IDS wäre eine Implementierung an einer Position, wo sich nur ein spezifischer Teil des Netzwerks hinter einem IDS befindet. Dies kann für Systeme mit besonders vertraulichen Daten eine zusätzliche Sicherheitsebene bieten. Wenn Sie die Inhalte der Pakete als Richtlinie nutzen, können Sie Ihr IDS so konfigurieren, dass der Zugriff auf diese vertraulichen Daten nur durch spezifische Entitäten erfolgen kann, die eine explizite Zugriffsberechtigung besitzen.

Was immer Ihre Absichten auch sein mögen, wägen Sie die Vor- und auch die Nachteile für die Installation eines Inline-IDSs auf Ihrem Netzwerk sorgfältig ab. Es gibt viele Situationen, in denen dieser Typ von Sicherheitssystem sehr nützlich sein kann, doch es gibt genauso viele Situationen, wo es Ihre Benutzergemeinde erheblich behindern kann.

12.4 Zusammenfassung

In diesem Kapitel wurden die fortgeschritteneren Features von Snort beschrieben. Es begann mit Ausführungen zur richtlinien-basierenden Intrusion Detection. Bei der richtlinien-basierenden Intrusion Detection wird der gesamte akzeptable Datenverkehr auf dem Netzwerk im Voraus durch den Sicherheitsadministrator definiert, woraus eine Netzwerkrichtlinie entwickelt wird. Diese Netzwerkrichtlinie wird dann in Snort-Regeln umgesetzt, und Snort wird für die Überwachung des Netzwerkverkehrs konfiguriert, der nicht mit dieser Netzwerkrichtlinie übereinstimmt. Die richtlinien-basierende Intrusion Detection kann in kleineren Netzwerken oder in sehr sicheren Umgebungen genutzt werden, um sicherzustellen, dass der gesamte Traffic, der das Netzwerk passiert, mit der angenommenen Netzwerkrichtlinie übereinstimmt.

Danach erfolgte die Untersuchung der Konzepte hinter einem Inline-IDS. Ein Inline-IDS ist ein IDS, dass zwischen zwei Teilen des Netzwerks arbeitet, indem es für den Datenverkehr zwischen den beiden Netzwerkkarten die Funktion einer Bridge übernimmt. Auf diese Weise kann das IDS Aktionen für den Datenverkehr, der zwischen den Schnittstellen fließt, durchführen, bevor dieser sein Ziel erreicht. Wenn Sie Snort im Inline-Modus verwenden, können Sie selektiv individuelle Pakete auf der Basis des Ziel-Hosts, des Ports oder des Inhalts verwerfen. Durch die Verwendung einer Kombination vieler verschiedener Software-Stücken, die zusammenarbeiten, kann Snort Ihr Netzwerk aktiv vor Netzwerkangriffen schützen, statt Sie nur über einen Alarm darüber zu informieren, dass ein Angriff stattfindet.

12.5 Lösungen im Schnelldurchlauf

Richtlinien-basierendes IDS

■ Ein richtlinien-basierendes IDS arbeitet umgekehrt wie ein normales IDS, indem es zuvor definierten Traffic zulässt und der Rest verwirft.

■ Snort kann problemlos für die Arbeit als richtlinien-basierendes Intrusion Detection System konfiguriert werden, indem Sie für den zulässigen Traffic einfach *Pass*-Regeln und für den restlichen Datenverkehr *Alert*-Regeln konfigurieren.

■ Damit Snort diese Regeln ordnungsgemäß verarbeitet, muss es so konfiguriert werden, dass es die *Pass*-Regeln vor den *Alert*-Regeln verarbeitet. Dazu verwenden Sie den Parameter –o.

Inline-IDS

■ Ein Inline-IDS läuft inline mit dem Netzwerk und arbeitet als Bridge für den Datenverkehr zwischen den beiden Schnittstellen, um selektiv Pakete verwerfen zu können.

■ Ein Inline-IDS hat einen großen Vorteil gegenüber einer normalen Firewall, da bestimmte Pakete verworfen und nicht komplette Verbindungen blockiert werden.

■ Wenn Sie Snort im Inline-Modus ausführen, erfordert dies eine Menge zusätzlicher Software und Konfigurationen, aber es ist möglich und kann entweder im NAT- oder im Bridge-Modus durchgeführt werden.

12.6 Häufig gestellte Fragen (FAQs, Frequently Asked Questions)

■ **F:** Ich betreibe ein richtlinien-basierendes IDS, weshalb sollte ich auch ein normales IDS betreiben?

■ **A:** Ein richtlinien-basierendes IDS alarmiert Sie bei Datenverkehr auf Ihrem Netzwerk, der nicht mit Ihren vordefinierten Regeln übereinstimmt. Das Problem ist, dass viele Angriffe durchgeführt werden können, die tatsächlich mit Ihrer Netzwerkrichtlinie übereinstimmen. Um diese Angriffe zu erkennen, ist es notwendig, dass Sie auch ein normales IDS ausführen.

■ **F:** Ist ein richtlinien-basierendes IDS eine praktikable Lösung für die meisten Netzwerke?

- **A:** Es hängt von der Größe Netzwerks und der erforderlichen Sicherheitsebene für das Netzwerk ab. Für ein sehr großes Netzwerk ist ein richtlinien-basierendes Intrusion Detection System aufgrund des enormen Verwaltungsaufwands sicherlich nicht die geeignete Lösung. Ein richtlinien-basierendes IDS könnte aber auf einem kleineren Teil des Netzwerks verwendet werden, der eine höhere Sicherheitsanforderung hat.

- **F:** Ist die Ausführung von Snort im Inline-Modus besser als die einer normalen Firewall?

- **A:** Abhängig von dem verwendeten Firewall-Typ, ja. Einige Angriffsformen nutzen die Möglichkeit einer Firewall, dynamisch eine IP-Adresse aufgrund von Angriffen, die von dieser Adresse ausgehen, zu blockieren. Wenn Snort im Inline-Modus ausgeführt wird, werden nur die betroffenen Pakete verworfen. Die Verbindungsmöglichkeit zu oder von der Remote-Adresse bleibt bestehen.

- **F:** Warum sollte ich statt der Verwendung der NAT mein Snort-Inline-IDS als Bridge benutzen?

- **A:** Die Verwendung einer Bridge statt der NAT ist in DMZ- oder Honeynet-Umgebungen sehr nützlich. In diesen Situationen brauchen Sie möglicherweise keine Adressübersetzung, entweder weil es schon erfolgt ist, bevor das Paket das IDS erreicht oder weil Sie wollen, dass Ihre Systeme für Angreifer zugänglich bleiben, um deren Aktivitäten zu protokollieren.

Stichwortverzeichnis

GNU GENERAL PUBLIC LICENSE

Version 2, Juni 1991

Vorwort

Die meisten Software-Lizenzen verbieten die Weitergabe und Veränderung der Software. Im Gegensatz dazu wird Ihnen durch die GNU General Public License eben diese Freiheit gegeben, um sicherzustellen, dass die Software durch alle Benutzer frei und kostenlos genutzt werden kann. Diese allgemeine frei zugängliche Lizenz gilt für den Großteil der durch die Free Software Foundation herausgegebenen Software und ebenfalls für alle anderen Programme, für die Autoren ihre Codes und Executables dieser Lizenz unterstellt haben. (Andere Software der Free Software Foundation unterliegt der GNU Library General Public License.) Auch dieser Lizenz können Sie Ihre Programme unterstellen.

Der Ausdruck »freie Software« bezieht sich auf die freie Nutzung, nicht aber auf etwaige Kosten. Die General Public Licenses sollen Ihnen die Freiheit bieten, Kopien freier Software zu verbreiten (wobei Sie Gebühren für diesen Service berechnen dürfen), den Quell-Code der Software zu erhalten oder bei Bedarf nachzufordern zu können sowie die Software abzuwandeln oder Teile davon in neuen freien Programmen zu nutzen. Mit dieser Art von Lizenz erhalten Sie die Garantie, dass Sie genau all diese Aktionen ausführen dürfen.

Zum Schutz Ihrer Rechte müssen bestimmte Einschränkungen erfolgen, die jedem verbieten, Ihnen Ihre Rechte vorzuenthalten oder Sie aufzufordern, auf diese –Ihre Rechte– zu verzichten. Durch diese Einschränkungen werden Ihnen bestimmte Verantwortlichkeiten auferlegt, wenn Sie Kopien der Software verbreiten oder die Software modifizieren.

Wenn Sie als Beispiel Kopien eines solchen Programms verbreiten – ob kostenfrei oder gegen Gebühr –, müssen Sie den Empfängern genau dieselben Rechte zugestehen, die Sie selbst innehaben. Sie müssen sicherstellen, dass auch diese Empfänger den Quell-Code erhalten bzw. bei Bedarf anfordern können. Zudem müssen Sie dafür sorgen, dass diese Empfänger die entsprechenden Bedingungen schriftlich erhalten, um damit sicherzustellen, dass auch sie über Ihre Rechte informiert sind.

Ihre Rechte werden in zwei Schritten geschützt: (1) Die Software wird unter ein Urheberrecht (Copyright) gestellt, und (2) bieten wir Ihnen diese Lizenz an, mit der Sie die rechtliche Befugnis erhalten, die Software zu kopieren, verteilen und/oder zu verändern.

Zum Schutze der GNU-Organisation und der einzelnen Autoren muss sehr deutlich gemacht werden, dass für diese freie Software keinerlei Garantieansprüche abgeleitet werden können. Wird die Software durch eine dritte Person modifiziert und weitergegeben, muss den Empfängern deutlich mitgeteilt werden, dass sie nicht mehr das Original erhalten haben. Auf diese Weise wird verhindert, dass auftretende Probleme den Ruf und das Ansehen des ursprünglichen Autoren schaden.

Schließlich ist jedes freie Programm stetig durch Software-Patentierungen bedroht. Es soll verhindert werden, dass die Vertreiber eines freien Programmes individuell Patente lizenzieren, mit dem Ergebnis, dass proprietäre Programme entstehen würden. Damit dies verhindert wird, muss jedes Patent für die freie Nutzung aller Anwender lizenziert werden. Andernfalls darf es generell nicht lizenziert werden.

Es folgen nun die Bedingungen für die Vervielfältigung, Verbreitung und Abänderung:

BEDINGUNGEN FÜR DIE VERVIELFÄLTIGUNG, VERBREITUNG UND ABÄNDERUNG

0. Diese Lizenz gilt ausschließlich für alle Programme oder Arbeiten, die durch den Vermerk des Urhebers darauf hinweisen, dass sie nur unter den Bedingungen der General Public Licence verbreitet werden dürfen. Im Folgenden bezieht sich der Begriff »Programm« auf derartige Programme und Arbeiten. Mit dem Ausdruck einer »auf dem Programm basierenden Arbeit« ist also entweder das Programm oder ein Derivat, das dem Urheberrecht unterliegt, gemeint: also eine Abwandlung, die das Programm oder Teile davon entweder wortgetreu oder mit Modifikationen und/oder einer Übersetzung in eine andere Sprache enthält. (Im Folgenden werden die Übersetzungen ohne Einschränkung in den Begriff »Abwandlung« eingeschlossen und jeder Lizenzinhaber mit »Sie« angesprochen.)

Ausschließlich Aktionen wie Kopieren, Verbreitung und Abwandlung unterliegen dieser Lizenz. Andere Aktionen liegen außerhalb des Geltungsbereiches. Somit unterliegt die Ausführung des Programms keiner Einschränkung, und die Ausgabe des Programms wird nur berührt, wenn ihr Inhalt eine auf dem Programm basierende Arbeit darstellt (dabei spielt keine Rolle, ob die Ausgabe aufgrund der Ausführung des Programms entstand). Ob dies zutrifft, hängt von der Funktion des Programms ab.

1. Sie dürfen nach Erhalt des Programms wortgetreue Kopien des Programm-Quell-Codes auf einem beliebigen Datenträger anfertigen und verbreiten. Einzige Voraussetzung, Sie fügen jeder Kopie einen entsprechenden Urheber- und einen Haftungsausschlussvermerk, alle Hinweise, die sich auf diese Lizenz und auf das Fehlen einer Garantie beziehen, hinzu und sorgen dafür, dass jeder Empfänger der Programmkopie gleichzeitig eine Kopie dieser Lizenz erhält.

   Sie dürfen eine Gebühr für die tatsächliche Übertragung einer Kopie berechnen. Optional können Sie gegen eine Gebühr auch Garantie für die Programmkopie anbieten.

2. Sie dürfen die Kopie(n) des Programms oder beliebige Teile davon modifizieren, um so ein Derivat des Programms zu erstellen, und dieses unter den in Abschnitt 1 genannten Bedingungen vervielfältigen und verbreiten, unter der Vorraussetzung, dass alle im Folgenden genannten Bedingungen erfüllt werden:

   a) Die abgeänderten Dateien müssen mit sichtbaren Vermerken versehen werden, die die entsprechende Modifikation und das zugehörige Datum deutlich machen.

   b) Sie müssen dafür sorgen, dass jede verbreitete oder veröffentlichte Arbeit, die das komplette Programm oder Teile davon enthält oder ein Derivat davon ist, Dritten gegenüber als Ganzes unter den Bedingungen dieser Lizenz ohne Gebühren zur Verfügung gestellt wird.

   c) Wenn das abgewandelte Programm bei der Ausführung normalerweise interaktiv Befehle einliest, müssen Sie dafür sorgen, dass es, wenn es auf übliche Weise für solch eine interaktive Nutzung gestartet wird, eine Meldung mit Hinweisen auf das entsprechende Urheberrecht und die fehlende Gewährleistung ausgibt (oder andernfalls Ihre Garantieerklärung enthält). Darüber hinaus muss der Anwender darüber informiert werden, dass er dieses Programm unter diesen Bedingungen weitergeben darf. Versäumen Sie es nicht, zu erläutern, wo und wie der Anwender eine Kopie dieser Lizenz erhalten kann. (Ausnahme: wenn das Programm selbst interaktiv ist, aber normalerweise keine derartige Meldung ausgibt, muss die auf dem Programm basierende Arbeit keine solche Meldung ausgeben

Diese Anforderungen beziehen sich auf die modifizierte Arbeit als Ganzes. Wenn erkennbare Komponenten dieser Arbeit nicht von dem Programm abgeleitet werden und daher logischerweise als unabhängige und eigenständige Arbeiten zu betrachten sind, gilt diese Lizenz und die enthaltenen Bedingungen nicht auf diese Bereiche, wenn Sie sie als eigenständige Arbeiten verbreiten. Wenn Sie jedoch eben diese Komponenten als Teil eines Ganzen, das als Derivat des Programmes einzustufen ist, weitergeben, dann muss die Weitergabe des Ganzen nach den Bedingungen dieser Lizenz erfolgen, deren Bedingungen für weitere Lizenznehmer und somit auf das gesamte Ganze ausgedehnt werden – und somit auf jeden einzelnen Teil, unabhängig vom jeweiligen Autor.

Es ist nicht die Absicht dieses Abschnittes, Rechte für Arbeiten in Anspruch zu nehmen oder Ihnen die Rechte an Arbeiten streitig zu machen, die komplett von Ihnen geschrieben wurden; vielmehr ist Ziel, die Rechte zur Kontrolle der Verbreitung von Derivaten oder von Teilen des Programms auszuüben.

Ferner fällt auch das einfache Zusammenlegen eines anderen Programmteils, das sich nicht auf das Programm selbst stützt, mit dem Programm oder einem Derivat des Programms auf ein- und demselben Speicher- oder Vertriebsmedium dieses Derivats nicht in den Anwendungsbereich dieser Lizenz.

3. Sie dürfen das Programm (oder Derivate nach Paragraph 2) als Objekt-Code oder in ausführbarer Form unter den Bedingungen der Paragraphen 1 und 2 kopieren und weitergeben – vorausgesetzt, dass Sie außerdem eine der folgenden Leistungen erbringen:

   a) Liefern Sie das Programm zusammen mit dem vollständigen entsprechenden maschinenlesbaren Quell-Code auf einem üblichen Medium für den Datenaustausch aus, wobei die Verteilung unter den Bedingungen der Paragraphen 1 und 2 erfolgen muss. Oder:

   b) Liefern Sie das Programm zusammen mit einem mindestens drei Jahre lang gültigen schriftlichen Angebot aus, jedem Dritten eine vollständige maschinenlesbare Kopie des Quell-Code zur Verfügung zu stellen – zu nicht höheren Kosten als denen, die durch den physikalischen Kopiervorgang anfallen – wobei der Quell-Code unter den Bedingungen der Paragraphen 1 und 2 auf einem üblichen Medium für den Datenaustausch weitergegeben wird. Oder:

   c) Liefern Sie das Programm zusammen mit dem schriftlichen Angebot der Zurverfügungstellung des Quell-Codees aus, das Sie selbst erhalten haben. (Diese Alternative ist nur für nicht-kommerzielle Verbreitung zulässig und nur, wenn Sie das Programm als Objekt-Code oder in ausführbarer Form mit einem entsprechenden Angebot gemäß Absatz b erhalten haben.)

Unter dem Quell-Code einer Arbeit wird diejenige Form des Datenwerkes verstanden, die für Bearbeitungen vorzugsweise verwendet wird. Für ein ausführbares Programm bedeutet »der komplette Quell-Code«: Der Quell-Code aller im Programm enthaltenen Module einschließlich aller zugehörigen Modulschnittstellen-Definitionsdateien sowie der zur Kompilation und Installation verwendeten Skripts. Als besondere Ausnahme jedoch braucht der verteilte Quell-Code nichts von dem zu enthalten, was üblicherweise (entweder als Quell-Code oder in binärer Form) zusammen mit den Hauptkomponenten des Betriebssystems (Kernel, Compiler usw.) geliefert wird, unter dem das Programm läuft – es sei denn, diese Komponente selbst gehört zum ausführbaren Programm.

Wenn die Verbreitung eines ausführbaren Programms oder von Objekt-Code dadurch erfolgt, dass der Kopierzugriff auf eine dafür vorgesehene Stelle gewährt wird, so gilt die Gewährung eines gleichwertigen Zugriffs auf den Quell-Code als Verbreitung des Quell-Codes, auch wenn Dritte nicht dazu gezwungen sind, den Quell-Code zusammen mit dem Objekt-Code zu kopieren.

4. Sie dürfen das Programm nicht vervielfältigen, verändern, weiter lizenzieren oder verbreiten, sofern es nicht durch diese Lizenz ausdrücklich gestattet ist Jeder anderweitige Versuch der Vervielfältigung, Modifizierung, Weiterlizenzierung und Verbreitung ist nichtig und beendet automatisch Ihre Rechte unter dieser Lizenz. Jedoch werden die Lizenzen Dritter, die von Ihnen Kopien oder Rechte unter dieser Lizenz erhalten haben, nicht beendet, solange diese die Lizenz voll anerkennen und befolgen.

5. Sie sind nicht verpflichtet, diese Lizenz anzunehmen, da Sie sie nicht unterzeichnet haben. Jedoch gibt Ihnen nichts anderes die Erlaubnis, das Programm oder Derivate davon zu verändern oder zu verbreiten. Diese Handlungen sind gesetzlich verboten, wenn Sie diese Lizenz nicht anerkennen. Indem Sie das Programm (oder ein darauf basierendes Derivat) verändern oder verbreiten, erklären Sie Ihr Einverständnis mit dieser Lizenz und mit allen ihren Bedingungen bezüglich der Vervielfältigung, Verbreitung und Veränderung des Programms oder eines darauf basierenden Datenwerks.

6. Jedes Mal, wenn Sie das Programm (oder ein Derivat des Programms) weitergeben, erhält der Empfänger automatisch vom ursprünglichen Lizenzgeber die Lizenz, das Programm entsprechend der hier festgelegten Bestimmungen zu vervielfältigen, zu verbreiten und zu verändern. Sie dürfen keine weiteren Einschränkungen der Durchsetzung der hierin zugestandenen Rechte des Empfängers vornehmen. Sie sind nicht dafür verantwortlich, die Einhaltung dieser Lizenz durch Dritte durchzusetzen.

7. Sollten Ihnen infolge eines Gerichtsurteils, des Vorwurfs einer Patentverletzung oder aus einem anderen Grunde (nicht auf Patentfragen begrenzt) Bedingungen (durch Gerichtsbeschluss, Vergleich oder anderweitig) auferlegt werden, die den Bedingungen dieser Lizenz widersprechen, so befreien Sie diese Umstände nicht von den Bestimmungen dieser Lizenz. Wenn es Ihnen nicht möglich ist, das Programm unter gleichzeitiger Beachtung der Bedingungen in dieser Lizenz und Ihrer anderweitigen Verpflichtungen zu verbreiten, dann dürfen Sie als Folge das Programm überhaupt nicht verbreiten. Wenn zum Beispiel ein Patent nicht die gebührenfreie Weiterverbreitung des Programms durch diejenigen erlaubt, die das Programm direkt oder indirekt von Ihnen erhalten haben, dann besteht der einzige Weg, sowohl das Patentrecht als auch diese Lizenz zu befolgen, darin, ganz auf die Verbreitung des Programms zu verzichten.

Sollte sich ein Teil dieses Paragraphen als ungültig oder unter bestimmten Umständen nicht durchsetzbar erweisen, so soll dieser Paragraph seinem Sinne nach angewandt werden; im übrigen soll dieser Paragraph als Ganzes gelten.

Zweck dieses Paragraphen ist nicht, Sie dazu zu bringen, irgendwelche Patente oder andere Eigentumsansprüche zu verletzen oder die Gültigkeit solcher Ansprüche zu bestreiten; dieser Paragraph hat einzig den Zweck, die Integrität des Verbreitungssystems der freien Software zu schützen, das durch die Praxis öffentlicher Lizenzen verwirklicht wird. Viele Leute haben großzügige Beiträge zu dem großen Angebot der mit diesem System verbreiteten Software im Vertrauen auf die konsistente Anwendung dieses Systems geleistet; es liegt am Autor/Geber, zu entscheiden, ob er die Software mittels irgendeines anderen Systems verbreiten will; ein Lizenznehmer hat auf diese Entscheidung keinen Einfluss.

Dieser Paragraph ist dazu gedacht, deutlich klarzustellen, was als Konsequenz aus dem Rest dieser Lizenz betrachtet wird.

8. Wenn die Verbreitung und/oder die Benutzung des Programms in bestimmten Staaten entweder durch Patente oder durch urheberrechtlich geschützte Schnittstellen eingeschränkt ist, kann der Urheberrechtsinhaber, der das Programm unter diese Lizenz gestellt hat, eine explizite geografische Begrenzung der Verbreitung angeben, in der diese Staaten ausgeschlossen werden, so dass die Verbreitung nur innerhalb und zwischen den Staaten erlaubt ist, die nicht ausgeschlossen sind. In einem solchen Fall beinhaltet diese Lizenz die Beschränkung, als wäre sie in diesem Text niedergeschrieben.

9. Die *Free Software Foundation* kann von Zeit zu Zeit überarbeitete und/oder neue Versionen der *General Public License* veröffentlichen. Solche neuen Versionen werden vom Grundprinzip her der gegenwärtigen entsprechen, können aber im Detail abweichen, um neuen Problemen und Anforderungen gerecht zu werden.

Jede Version dieser Lizenz hat eine eindeutige Versionsnummer. Wenn in einem Programm angegeben wird, dass es dieser Lizenz in einer bestimmten Versionsnummer oder »jeder späteren Version» (*»any later version«*) unterliegt, so haben Sie die Wahl, entweder den Bestimmungen der genannten Version zu folgen oder denen jeder beliebigen späteren Version, die von der *Free Software Foundation* veröffentlicht wurde. Wenn das Programm keine Versionsnummer angibt, können Sie eine beliebige Version wählen, die je von der *Free Software Foundation* veröffentlicht wurde.

10. Wenn Sie den Wunsch haben, Teile des Programms in anderen freien Programmen zu verwenden, deren Bedingungen für die Verbreitung anders sind, schreiben Sie an den Autor, um ihn um die Erlaubnis zu bitten. Für Software, die unter dem Copyright der *Free Software Foundation* steht, schreiben Sie an die *Free Software Foundation*; wir machen zu diesem Zweck gelegentlich Ausnahmen. Unsere Entscheidung wird von den beiden Zielen geleitet werden, zum

einen den freien Status aller von unserer freien Software abgeleiteten Daten-
werke zu erhalten und zum anderen das gemeinschaftliche Nutzen und Wiederverwenden von Software im allgemeinen zu fördern.

KEINE GEWÄHRLEISTUNG

11. DA DAS PROGRAMM OHNE JEGLICHE KOSTEN LIZENZIERT WIRD,
BESTEHT KEINERLEI GEWÄHRLEISTUNG FÜR DAS PROGRAMM.
SOWEIT DIES GESETZLICH ZULÄSSIG IST UND SOFERN NICHT ANDER-
WEITIG SCHRIFTLICH BESTÄTIGT, STELLEN DIE COPYRIGHT-INHABER
UND/ODER DRITTE DAS PROGRAMM SO ZUR VERFÜGUNG, »WIE ES
IST«. DAS BEDEUTET OHNE IRGENDEINE GEWÄHRLEISTUNG, WEDER
AUSDRÜCKLICH NOCH IMPLIZIT, EINSCHLIESSLICH – ABER NICHT
BEGRENZT AUF – MARKTREIFE ODER VERWENDBARKEIT FÜR EINEN
BESTIMMTEN ZWECK. DAS VOLLE RISIKO BEZÜGLICH QUALITÄT UND
LEISTUNGSFÄHIGKEIT DES PROGRAMMS LIEGT BEI IHNEN. SOLLTE
SICH DAS PROGRAMM ALS FEHLERHAFT HERAUSSTELLEN, LIEGEN
DIE KOSTEN FÜR NOTWENDIGEN SERVICE, REPARATUR ODER KOR-
REKTUR AUSSCHLIESSLICH BEI IHNEN.

12. IN KEINEM FALL, AUSSER WENN DURCH GELTENDES RECHT GEFOR-
DERT ODER SCHRIFTLICH ZUGESICHERT, IST IRGENDEIN COPY-
RIGHT-INHABER ODER IRGENDEIN DRITTER, DER DAS PROGRAMM
WIE OBEN ERLAUBT MODIFIZIERT ODER VERBREITET HAT, IHNEN
GEGENÜBER FÜR IRGENDWELCHE SCHÄDEN HAFTBAR, EIN-
SCHLIESSLICH JEGLICHER ALLGEMEINER ODER SPEZIELLER SCHÄ-
DEN, SCHÄDEN DURCH SEITENEFFEKTE (NEBENWIRKUNGEN) ODER
FOLGESCHÄDEN, DIE AUS DER BENUTZUNG DES PROGRAMMS ODER
DER UNBENUTZBARKEIT DES PROGRAMMS FOLGEN (EINSCHLIESS-
LICH – ABER NICHT BESCHRÄNKT AUF – DATENVERLUSTE, FEHLER-
HAFTE VERARBEITUNG VON DATEN, VERLUSTE, DIE VON IHNEN ODER
ANDEREN GETRAGEN WERDEN MÜSSEN, ODER DEM UNVERMÖGEN
DES PROGRAMMS, MIT IRGENDEINEM ANDEREN PROGRAMM ZUSAM-
MENZUARBEITEN), SELBST WENN EIN COPYRIGHT-INHABER ODER
DRITTER ÜBER DIE MÖGLICHKEIT SOLCHER SCHÄDEN UNTERRICH-
TET WORDEN WAR.

ENDE DER BEDINGUNGEN

Wie Sie diese Bedingungen auf Ihre eigenen, neuen Programme anwenden können

Wenn Sie ein neues Programm entwickeln und anstreben, dass es vom größtmöglichen Nutzen für die Allgemeinheit ist, dann erreichen Sie das am besten, indem Sie es zu freier Software machen, die jeder unter diesen Bestimmungen weiterverbreiten und verändern kann.

Um dies zu erreichen, fügen Sie die folgenden Vermerke zu Ihrem Programm hinzu. Am sichersten ist es, sie an den Anfang einer jeden Quelldatei zu stellen, um den Gewährleistungsausschluss möglichst deutlich darzustellen; zumindest aber sollte jede Datei eine Copyright-Zeile besitzen sowie einen kurzen Hinweis darauf, wo die vollständigen Vermerke zu finden sind.

Eine Zeile für den Namen und Ziel des Programms.
Copyright (C) *yyyy name of author*

This program is free software; you can redistribute it and/or
modify it under the terms of the GNU General Public License
as published by the Free Software Foundation; either version 2
of the License, or (at your option) any later version.

This program is distributed in the hope that it will be useful,
but WITHOUT ANY WARRANTY; without even the implied warranty of
MERCHANTABILITY or FITNESS FOR A PARTICULAR PURPOSE. See the
GNU General Public License for more details.

You should have received a copy of the GNU General Public License
along with this program; if not, write to the Free Software
Foundation, Inc., 59 Temple Place - Suite 330, Boston, MA 02111-1307, USA.

Fügen Sie ebenfalls einen kurzen Hinweis hinzu, wie Sie elektronisch und per Brief erreichbar sind.

Wenn Ihr Programm interaktiv ist, sorgen Sie dafür, dass es nach dem Start einen kurzen Vermerk ausgibt:

Gnomovision version 69, Copyright (C) *year name of author*
Gnomovision comes with ABSOLUTELY NO WARRANTY; for details
type `show w'. This is free software, and you are welcome
to redistribute it under certain conditions; type `show c'
for details.

Die hypothetischen Kommandos »*show w*« und »*show c*« sollten die entsprechenden Teile der GNU-GPL anzeigen. Natürlich können die von Ihnen verwendeten Kommandos anders heißen als »*show w*« und »*show c*«; es könnten auch Mausklicks oder Menüpunkte sein – was immer am besten in Ihr Programm passt.

Soweit vorhanden, sollten Sie auch Ihren Arbeitgeber (wenn Sie als Programmierer arbeiten) oder Ihre Schule einen Copyright-Verzicht für das Programm unterschreiben lassen. Hier ein Beispiel. Die Namen müssen Sie natürlich ändern.

Yoyodyne, Inc., hereby disclaims all copyright
interest in the program `Gnomovision'
(which makes passes at compilers) written
by James Hacker.

signature of Ty Coon, 1 April 1989
Ty Coon, President of Vice

Diese *General Public License* gestattet nicht die Einbindung des Programms in proprietäre Programme. Ist Ihr Programm eine Funktionsbibliothek, so kann es sinnvoller sein, das Binden proprietärer Programme mit dieser Bibliothek zu gestatten. Wenn dies in Ihrem Sinne ist, sollten Sie die GNU Library General Public License anstelle dieser Lizenz verwenden.

ISBN 3-8266-0996-4
www.mitp.de

Thomas W. Shinder

ISA Server
Die Microsoft-Firewall im Einsatz

- Planung und Design
- Schritt für Schritt: Setup und Konfiguration
- Bisher undokumentierte Troubleshooting-Tipps

Dieses Buch richtet sich an Systemadministratoren und Sicherheitsprofis, die wissen wollen, wie man den ISA Server, der sowohl auf dem Windows 2000 Server als auch auf dem neuen Server 2003 läuft, erfolgreich im Unternehmen einsetzt. Leser finden darin Schritt-für-Schritt-Anleitungen für die Planung, das Design und die Administration von Microsofts Firewall, viele Installations- und Konfigurationstipps sowie präzise Erklärungen auch bisher undokumentierter Funktionalitäten.

ISBN 3-8266-1305-8
www.mitp.de

Syngress

Cisco PIX Firewall

Dieses umfassende Handbuch für Netzwerk- und Sicherheitsspezialisten deckt die komplette Linie der PIX-Firewall-Produkte ab. Es liefert Expertenwissen von Autoren, die in der Praxis ständig ausgefeilte Sicherheitslösungen unter Einsatz von Cisco-PIX-Firewalls für ihre Kunden entwickeln und implementieren. Ausführlich werden die neuesten und besten Features der PIX-Firewall beschrieben, darunter TurboACLs, Objektgruppierung, NTP, HTTP-Failover-Replikation, PIX Device Manager (PDM) und viele andere Leistungsmerkmale.

Dieses Buch wurde so konzipiert, dass es zu Lernzwecken, aber auch als Referenzwerk verwendet werden kann. Es wird sich als nützlich und wertvoll für jeden erweisen, der ein umfassendes Verständnis rund um Cisco-PIX-Firewalls erlangen möchte!

Aus dem Inhalt:

- Sicherheit und Firewalls: Grundkonzepte
- Architektur der PIX Firewall
- PIX Comand Line Interface: Bedienung der Befehlszeilenschnittstelle
- Traffic Handling, Access Lists
- Fortgeschrittene PIX-Konfiguration
- Konfiguration von AAA: Authentifizierung, Autorisierung und Accounting
- Konfigration des Systemmanagement
- Konfiguration von VPNs
- Standard Failover. LAN-basiertes Failover
- GUI für den Administrator: PIX Device Manager:
- Troubleshooting und Leistungsüberwachung

ISBN 3-8266-0905-0
www.mitp.de

Melissa Craft, Thomas Shinder, Debra Shinder, Tony Hinkle

Windows 2000 Server
Active Directory und Network Services

Thema dieses Buchs sind die Netzwerk-Features von Windows 2000 sowie deren Design, Planung und Umsetzung im Unternehmen. Ein besonderer Schwerpunkt liegt dabei auf den Active Directory Services. Denn um Multiserver-Umgebungen komfortabel und von einem Standort aus verwalten zu können, ist ein funktionierender Verzeichnisdienst unerlässlich.

Active Directory leistet für den Netzwerk-Administrator genau das, was er von einem Verzeichnisdienst erwarten darf. Es ermöglicht ihm eine einheitliche Anmeldung, Administration und unternehmensweite Ansicht des Netzes auch in komplexen Umgebungen.

Diese IT-Studienausgabe präsentiert Ihnen erstmals zwei mitp-Bestseller aus dem Bereich Netzwerktechnik in einem Band: Melissa Crafts *Windows 2000 Server – Active Directory* und Thomas Shinders (u.a.) *Windows 2000 – Network Services*.